KB039596

형사
소송법

Criminal Procedure Law

김형만 저

刑
事
訴
訟
法

박영사

서 문

　　형사소송법은 형벌권을 구체적으로 실현하는 절차법으로 우리들의 일상생활에 있어서 매우 중요한 법률 중의 하나이다. 특히 형사소송은 실체적 진실발견과 적정절차의 보장이라는 두 개의 대립된 목적을 향한 절차로서 결코 그 안이한 처리를 허용하고 있지 않을 뿐만 아니라 우리 모두가 그 절차의 대상이 되어 있다. 그럼에도 불구하고 법률론으로서 형사소송법은 그다지 관심이 없어 보인다.

　　본서는 형사소송법을 수강하는 학생들에게는 물론 스스로 공부하는 사람들을 위해 2003년 「형사소송법강의」로 출간되었다. 그 주된 이유는 형사소송의 기본원칙과 논의의 핵심이 무엇이고, 학설과 판례는 어디서 왜 대립하고 있는지를 한정된 시간에 학생들에게 정확하게 이해시키기 위해서는 콤팩트한 강의안이 필요하다고 생각을 하였기 때문이다. 이러한 생각은 2005년의 개정판과 이번에 기본서로서 새롭게 저술되는 이 책에서도 그대로 유지되었다고 생각한다. 다만 본서에서는 2016년 5월에 형사소송법의 일부가 개정되어 그에 관한 내용과 그동안 변경된 판례를 반영하였다. 또한 우리 법체계의 전반에 걸쳐 많은 영향을 주고 있는 일본의 형사법을 비교법적으로 검토하여 좀 더 이해하기 쉽게 서술하였다는 점을 부언하고 싶다.

　　형사소송법과 민사소송법은 실체법을 실현하는 과정을 학습하는 법영역이라는 점에서 동일하다. 그러나 민사사건에서는 당사자 간의 화해나 조정과 같은 소송에 의하지 않은 분쟁해결의 수단도 예정되어 있지만, 형사사건에서는 이와 같은 소송에 의하지 않는 분쟁해결은 원칙적으로 상상할 수 없다. 반드시 소송을 통해서 형벌권이 실현될 뿐만 아니라 형사소송의 대상이 되는 사건은 실체법의 범죄개념에 의해서 규제되어 있기 때문에 형사소송법을 학습하기 위해서는 실체법인 형법의 이해가 선행되지 않으면 안 된다.

   특히 형사소송법을 학습하기 위해서는 소송절차 전반에 대한 이해가 필요하다. 소송절차상의 사상(事象)은 절차의 단계에서 서로 깊이 관련되어 있기 때문에 동적인 관점에서 전체적으로 검토하지 않으면 안 된다. 예컨대 수사단계에서의 위법한 체포 후에 구속을 위한 영장청구가 허용되는지 또는 위법한 수사에 근거한 공소제기가 적법한지 여부는 물론 위법한 체포 중에 얻은 자백을 증거로 하는 것이 가능한지 등, 하나의 사상에 대해서 절차전반에 걸친 종합적인 검토를 하지 않으면 안 된다. 이를 위해서 가장 중요한 것은 형사소송법의 이념과 구조를 확실히 이해하고 이를 전제로 실체적 진실발견과 적정절차의 보장이라는 형사소송의 근간에 있는 대항축을 중심으로 개별문제를 이해하는 자세가 무엇보다도 필요하다고 생각한다.

   끝으로 본서의 출간에 도움을 주신 안종만 회장님을 비롯한 이영조 차장님 그리고 한두희 선생님께도 감사의 마음을 전한다.

2017. 8

저자 김형만 씀

차   례

제1편 서   론

제2편 수사와 공소

제1장 수   사 77

제1절 수사의 기본개념 ·· 77

제3편 공　　판

제1장 공판절차　227

제1절 공판절차 일반···227

제 4 편   상소·비상구제절차·특별절차·재판의 집행과 형사보상

제 1 장 상   소   441

주요 참고교과서 목록

〈한국〉

노명선/이완규	형사소송법(2017년)[제5판]	성균관대학교 출판부
박상열 외 2인	형사소송법(2017년)[개정3판]	형설출판사
배종대 외 3인	형사소송법(2015년)	홍문사
백형구	형사소송법강의(2012년)	법원사
신동운	형사소송법(20012년)[제4판]	법문사
신양균	형사소송법(2010년)[신판]	화산미디어
손동권/신이철	형사소송법(2013년)	세창출판사
이은모	형사소송법(2015년)[제5판]	박영사
이재상/조균석	형사소송법(2017년)[제11판]	박영사
임동규	형사소송법(2003년)[제8판]	법문사
정웅석/백승민	형사소송법(2014년)[전정증보제6판]	대명출판사
차용석/최용성	형사소송법(2008년)[제3판]	세영사
최영승	형사소송법(2016년)[제4판]	피엔씨미디어
법원실무제요	형사 I , II (2014년)	법원행정처

〈일본〉

安富 潔	刑事訴訟法(2009年)[第2版]	慶應義塾大學出版部
	やさしい刑事訴訟法(2005年)[第5版]	法學書院
池田修/前田雅英	刑事訴訟法講義(2012年)[第4版]	東京大學出版部
石川才顯	刑事訴訟法講義(1992年)	三省堂
川端 博	刑事訴訟法(2012年)	成文堂
光藤景皎	口述刑事訴訟法(2005年)	成文堂
白取祐司	刑事訴訟法(2012年)[第7版]	日本評論社
田口守一	刑事訴訟法(2012年)[第6版]	弘文堂
田宮 裕	刑事訴訟法講義(1992年)	有斐閣
寺崎嘉博	刑事訴訟法(2006年)	成文堂
庭山英雄/岡部泰昌	刑事訴訟法(2006年)	靑林書院
福井 厚	刑事訴訟法(2012年)[第7版]	有斐閣
司法協會	刑事訴訟法講義案(2015年)[四訂補訂版]	

법령 약어

국민의 형사재판 참여에 관한 법률	국민참여재판법
즉결심판에 관한 절차법	즉결심판법
소송촉진에 관한 특례법	소송촉진법
형사소송비용 등에 관한 법률	형사비용법
검사의 사법경찰관에 대한 수사지휘 및 　사법경찰관의 수사준칙에 관한 규정	수사지휘규정
성폭력범죄의 처벌 등에 관한 특례법	성폭력처벌법
가정폭력범죄의 처벌 등에 관한 특례법	가정폭력처벌법
아동학대범죄의 처벌에 관한 특례법	아동학대처벌법
형의 집행 및 수용자처우에 관한 법률	형집행법
형사보상 및 명예회복에 관한 법률	형사보상법
아동청소년 성보호에 관한 법률	청소년성보호법
성폭력범죄 등에 관한 특례법	성폭력처벌법
헌정질서파괴범죄의 공소시효에 관한 법률	헌정범죄시효법
채무자회생 및 파산에 관한 법률	채무회생법

형사소송법의 기초

[1] 제1 형사소송법의 개념

I. 형사소송법의 의의와 성격

1. 형사소송법의 의의

범죄와 형벌에 관한 법을 형사법이라고 하며 형사법은 형사실체법과 형사절차법으로 구분된다. 즉 형벌권의 조건과 내용에 관한 법이 형사실체법이고, 형벌권 행사의 절차에 관한 법을 형사절차법 또는 형사소송법이라고 한다.

형사절차법은 형사실체법인 형법에 의하여 확정된 범인에게 국가의 형벌권을 실현하기 위한 「절차(節次)」를 규정한 법률을 말한다. 범인을 처벌하기 위해서는 수사 → 공소제기 → 재판 → 형의 확정이라는 절차를 거쳐 범인에게 형벌이 적용된다. 이러한 형사소송은 그 성격상 개인의 인권침해가 수반될 개연성이 크기 때문에 이를 방지·억제하기 위하여 절차를 반드시 법률로 규정하지 않으면 안 된다. 이것을 「형사절차법정주의(刑事節次法定主義)」라고 한다.

우리 헌법 제12조 제1항은 '누구든지 법률에 의하지 아니하고는 체포·구속·압수·수색 또는 심문을 받지 아니하며, 법률과 적법한 절차에 의하지 아니하고는 처벌·보안처분 또는 강제노역을 받지 아니한다'고 규정하여 이를 명문화하고 있다. 이처럼 형사소송법은 헌법의 기본원칙을 형사절차에 실현한 법률이기 때문에 형사소송법을 「응용된 헌법」이라고 하는 이유가 여기에 있다.

2. 형사소송법의 성격

형사소송법은 형벌권의 주체인 국가와 피의자·피고인 및 기타 개인과의 관계를 규율하는 공법이며, 국가의 사법작용에 관한 행사 방법을 규율하고 있는 사법법(司法法)으로서 합목적성을 중시하는 행정법과 달리 법적 안정성을 그 원리로 하고 있다. 사법법은 다시 민사법과 형사법으로 구분할 수 있는데 형사소송법은 형법과 함께 형사법에 속하고, 형법이 실체법으로서 도덕적·윤리적·정적 성격이 강한 반면, 정치에 민감한 형사소송법은 절차법으로서 기술적·동적·발전적 성격이 강하다.

Ⅱ. 형사소송법의 법원과 적용범위

1. 형사소송법의 법원(法源)

형사소송법의 법원으로서 가장 중요한 것은 헌법이 있다. 헌법이 중요한 것은 국가 최고의 근본규범으로서 모든 법률의 상위규범이기 때문이다. 또한 헌법은 과거 제정과정에서 수사기관의 권한남용과 자백강요 등에 대한 반성으로부터 형사절차법정주의를 비롯한 형사절차를 상세하게 규정하고 있다. 즉 헌법 제12조 이하의 조항들은 형사소송법의 직접·간접적인 법원으로써 「형사소송의 헌법화」[1]를 이루고 있다.

또한 형사절차법정주의에 따라 형사소송법의 법원으로 중요한 것은 무엇보다도 법률이다. 법률 가운데 형사절차를 규정한 형식적 의미의 형사소송법(1954년 제정 법률 제341호)은 그 중에서도 가장 중요한 법원이 된다. 이에 대하여 명칭은 형사소송법은 아니지만, 그 내용에 형사절차를 규정한 법률인 실질적 의미의 형사소송법도 역시 중요한 법원이 된다. 실질적 의미의 형사소송법은 그 성격에

---

1) 이재상/조균석, 7.

따라 ① 조직에 관한 법률,[2] ② 특별절차에 관한 법률,[3] ③ 기타[4]로 구분할 수 있다.

그리고 대법원은 '법률에 저촉되지 아니하는 범위 안에서 소송에 관한 절차, 법원의 내부규율과 사무처리에 관한 규칙'을 제정(헌법 제108조)할 수 있기 때문에 대법원규칙도 형사소송법의 법원이 된다. 다만 명령은 형식적 의미의 법률이 아닐 뿐만 아니라, 소송관계인의 권리·의무와도 무관하여 법원성을 부정하고 있다.[5] 헌법재판소[6]와 대법원[7]도 각각 검찰사무규칙과 사법경찰관집무규칙의 법원성을 부정하고 있다.

2. 형사소송법의 적용범위

(1) 인적 적용범위

형사재판권은 영토에 대한 주권작용의 하나이다. 따라서 형사재판권은 대한민국의 영토 내에 있는 내·외국인을 불문하고 모든 사람에게 적용된다. 다만 국내법상 대통령은 내란 또는 외환의 죄 이외의 범죄를 범한 경우를 제외하고는 재직 중 형사소추가 금지된다(헌법 제84조). 또한 국회의원은 국회에서 직무상 행한 발언과 표결에 관하여 국회 밖에서 책임을 지지 않으며(동법 제45조), 현행범인인 경우를 제외하고는 회기 중 국회의 동의 없이 체포 또는 구금되지 않는다(동법 제44조). 그리고 국제법상 치외법권을 가진 외국의 원수 및 외교사절[8]과 한미방위조약에 따른 한·미행정협정에 의해 국내에 체류하는 미국군대의 구성원, 군속 및 그들 가족의 일정한 범죄[9]에 대해서는 우리나라의 형사재판권이 제한된다.

---

2) 법원조직법, 검찰청법, 경찰법, 변호사법 등
3) 소송촉진에관한특례법, 소년법, 즉결심판에관한절차법, 군사법원법, 조세범처벌절차법 등
4) 형사보상법, 형의집행및수용자처우에관한법률, 사면법, 관세법 등
5) 대통령령이나 법무부령 등의 행정입법은 헌법적 근거가 없을 뿐만 아니라 수사기관 자체 내의 업무처리지침을 규정한 것에 불과하여 형사소송법의 법원을 구성하지 못한다고 주장하고 있다(신동운, 23).
6) 헌재 2008.7.22. 2008헌마496.
7) 대결 1987.7.15. 84모22.
8) 외교관계에 관한 비엔나협약 제31조
9) 여기에 해당하는 범죄는 ① 오로지 미합중국의 재산이나 그들의 신체나 재산에 관한 범죄, ② 공무집행 중의 작위 또는 부작위에 의한 범죄에 대해서는 한국의 형사재판권이 제한되고 예외적으로 미군 당국이 제1차 재판권을 갖는다(한미행정협정 제22조 ③항).

(2) 장소적 적용범위

형사소송법은 대한민국의 법원에서 형사사건으로 심판되는 모든 사건에 적용된다. 따라서 대한민국 영토 내에 있는 피의자·피고인의 국적을 불문하고 모든 사람에게 적용되지만, 대한민국 국민이더라도 외국에서 발생한 사건에 대해서는 우리나라의 수사기관·법원이 외국의 승인 없이는 형사소송법을 현실화할 수 없다. 즉 형사소송법의 현실적인 적용은 영토주권의 영향을 받아 원칙적으로 우리나라에서만 가능하기 때문이다.

(3) 시간적 적용범위

형사소송법도 다른 법령과 마찬가지로 시행 시부터 폐지 시까지 적용된다. 다만 형사소송법이 변경된 경우에 신·구의 어느 법률을 적용하는지 또는 어디를 기준시점으로 하는지가 문제된다. 형사소송법은 원칙적으로 소급효금지의 원칙이 적용되지 않을 뿐만 아니라, 소송행위 시의 법을 적용하는 것이 원칙이다. 또한 형사소송법 부칙 제1조는 '본법 시행 전에 공소를 제기한 사건에는 구법을 적용한다'고 규정하여 공소제기를 그 기준으로 하고 있다. 따라서 신법시행 후에 공소제기의 절차를 개시한 때는 모두 신법이 적용되지만, 신법시행 시에 이미 절차가 종료된 경우는 구법을 적용하는 것이 원칙이다. 이러한 신·구법주의를 혼용하는 주의를 혼합주의라고 한다.

Ⅲ. 형사절차의 흐름

형사절차는 일반적으로 ① 범죄의 혐의에 의해서 개시되는 수사절차, ② 수사의 결과에 따라 기소여부를 결정하는 공소절차, ③ 유·무죄 여부를 확정하는 공판절차, ④ 확정된 판결을 집행하는 집행절차로 나눈다. 이 가운데 형의 집행에 대한 구체적인 내용을 규율하는 것은 행형(行刑)의 문제로 「형의집행및수용자의처우에관한법률」에 따른다. 이 분야는 형사소송법의 영역이 아니고 형사정책에 속한다. 다만 집행의 형식은 형사소송법 제5편(제459조~제493조)에 규정되어 있다.

1. 수 사

수사기관인 사법경찰관(리)과 검사는 범죄의 혐의가 있다고 인정되는 때 수사를 개시한다(제195조, 제196조 ②항). 범죄의 피해자로부터 신고가 있는 경우 사법경찰관은 그 신고의 진위를 확인하는 한편, 증거를 수집하고 피의자를 특정하여야 한다. 피의자가 특정되면 사법경찰관은 검사에게 신청하여 판사가 발부한 체포영장을 발부받아 피의자를 체포한다. 그 후 피의자의 신병은 검찰로 송치한다. 검사는 이 단계에서 피의자를 석방할 수도 있으며, 법원에 영장실질심사를 청구하여 피의자를 구속할 필요가 있다고 인정되는 경우는 사법경찰관을 지휘하여 구속을 집행한다. 이 신병구속 중에 검사는 필요가 있으면 보충수사를 할 수 있고, 그 결과를 종합하여 법원에 공소제기의 여부를 결정하여야 한다. 또한 변호인은 이 기간 동안 피의자와 접견하고, 방어활동을 위한 증거수집활동을 하게 된다.

2. 공판준비 및 공판

공소장이 법원에 제출되면 「법관등의사건분담및사건배당에관한예규」에 따라 사건을 담당하는 소송법상 법원, 즉 수소(受訴)법원이 결정된다. 수소법원은 우선 공소장부본을 피고인에게 송달하고, 재판장은 공판기일을 정하여 피고인을 소환한다. 공판에서는 ① 우선 피고인의 방어권을 강화하기 위하여 진술거부권의 고지를 한 후, 피고인을 확인하기 위한 인정신문, 검사의 모두진술, 피고인의 의견진술권, 재판장의 쟁점정리를 위한 질문 등의 순으로 모두절차가 종료된다. 이어서 ② 사실심리절차에서는 증거조사, 피고인신문, 변론절차 순으로 진행된다. 그러나 그 중에서도 증거조사절차는 법원이 피고사건에 관한 사실인증과 형의 양정에 관한 심증을 얻기 위하여 각종의 증거방법을 조사하는 절차로써 가장 중요하며, 그 후 피고인신문과 검사의 진술·입증, 그 다음 변호인 측의 입증, 그리고 마지막으로 정상관련사실에 관한 입증을 하고, 피고인에게 증거조사에 대한 결과에 관하여 의견을 듣고 피고인의 최종진술이 종료되면 ③ 판결선고의 절차만을 남겨놓게 된다. 즉 검사의 논고, 구형 및 변호인의 최종변론, 피고인의 최종진술로 심리를 종결한다. 여기서 법원은 유죄·무죄 또는 면소·공소기각·관할위반 등의 판결을 하여 제1심이 종료된다.

3. 상 소

제1심 판결에 대하여 불복하는 항소와 항소판결에 불복하는 상고가 법의 규정에 따라 행하여진다. 그러나 1심판결에 대하여 상소가 없으면 그 재판은 그대로 확정된다. 항소심은 원칙으로 항소이유서에 포함된 사유에 한하여 심판한다(제364조 ①항). 다만 판결에 영향을 미친 사유에 관해서는 항소이유서에 포함되지 아니한 사유도 직권심판의 대상이 될 수 있다(동조 ②항). 따라서 항소심은 그 신청에 이유가 있는지의 여부를 심사하는 사후심(事後審)의 성격도 가지고 있다. 이에 대하여 상고심은 판결에 영향을 미친 헌법위반과 법령위반을 주된 이유로 하기 때문에 법률적 사후심의 성격을 띠지만, 재심청구의 사유가 있거나 중대한 사건에 대해서는 사실오인과 양형부당을 이유로 하는 경우도 있다. 또한 상고심은 법률심으로서 변호인이 아니면 피고인을 위하여 변호할 수 없다. 항소심과 상고심은 이러한 과정을 거쳐 판결이 확정된다. 확정된 판결이 유죄로 실형판결인 경우는 검사의 지휘 하에 형이 집행된다(제460조 ①항). 또한 확정된 재판에 대해서도 그 당부를 다투는 비상구제절차(재심·비상상고)가 있다.

이상과 같이 형사절차의 전체구조는 수사 → 공소제기 → 공판절차 → 형의 집행이라는 순서에 따라 각각의 과정에서 형사소송의 주체·보조자가 관여하는 형태로 구성된다.

[2] 제2 형사소송법의 목적과 기본구조

I. 형사소송법의 목적

형사소송법은 헌법상의 인권보장규정과 그 정신을 구현하기 위하여 법의 적정절차에 따라 형사사건의 진상을 밝혀 형벌법령의 적정하고 신속하게 적용할 것을 목적으로 한다. 즉 형사소송법은 실체적 진실주의와 법의 적정절차의 보장 및 신속한 형벌권의 실현을 그 목적으로 한다.

1. 실체적 진실주의

실체적 진실주의는 소송의 실체인 범인과 범죄사실에 대한 객관적 진실을 발견하여 사안의 진상을 명백히 하는 주의를 말한다. 법원은 당사자의 주장, 사실의 인부(認否) 또는 제출된 증거에 구속되지 않고 사안의 진상을 규명하여 객관적 진실을 발견하려는 소송법상의 원리가 「실체적 진실주의」이다.[10] 그러나 실체적 진실주의를 너무 강조하면 형사절차의 운용에 있어서 ① 수사가 가혹하게 자행되어 피의자·피고인 등의 인권을 침해하게 되며, ② 공판이 수사결과에 좌우되기 쉽고 또한 법관이 적극적으로 개입하게 되어 오히려 오판의 위험성이 발생할 단점이 있다.

2. 법의 적정절차의 보장

형사소송은 범인의 처벌만을 지향하는 적극적 진실을 추구하는 것이 아니고 공정한 절차, 특히 피의자와 피고인의 절차상 권리와 이익을 보장하면서 진실을 찾아 형벌권을 실현하는 절차이다. 이와 같이 피의자·피고인의 권리와 이익의 총체가 절차상 확실히 보장되어야 한다는 요청이 「법의 적정절차(due process of law)」이다.

3. 신속한 재판의 원칙

「신속한 재판의 원칙」은 헌법 제27조 제3항에 '모든 국민은 신속한 재판을 받을 권리를 가진다'고 규정하여 신속한 재판을 받을 권리를 피고인의 기본적 인권으로서 보장하고 있다. 그러나 피고인의 인권을 보호하기 위하여 적정절차와 신속한 재판을 강조하게 되면 실체적 진실발견은 제한을 받게 되기 때문에 이와 같은 이념 사이의 모순을 어떻게 조화시킬 것인지의 문제가 형사소송법의 중요한 과제이다.

II. 형사소송의 기본구조

형사소송의 기본구조란, 형사절차에 참여하는 소송주체 사이의 관계를 규정

---

10) 배종대/이상돈/정승환/이주원, 17.

하는 원리로써 소송구조론이라도 한다. 소송구조는 우선 소송을 누가 개시하는 지에 따라 규문주의와 탄핵주의로 구별하고, 이 때 개시된 소송의 주도권을 법원이 가지는지 또는 당사자가 가지는지에 따라 직권주의와 당사자주의로 구별할 수 있다.

1. 규문주의와 탄핵주의

「규문주의」는 형사절차의 개시와 심리를 일정한 소추기관의 소추에 의하는 것이 아니라 법원(규문관)의 직권에 의하여 행하여지는 주의를 말한다. 이에 대하여 「탄핵주의」는 심판기관과 소추기관을 분리하여, 소추기관의 공소제기에 의하여 법원이 소송절차를 개시하기 때문에 소추주의(訴追主義)라고도 한다. 따라서 규문주의 하의 소송당사자는 법원과 피고인의 2면 관계에 있는데 반하여, 탄핵주의 하의 소송당사자는 소추기관을 포함한 3면 관계에 있다는 점에서 구별된다.

2. 직권주의와 당사자주의

탄핵주의는 개시된 소송의 주도권을 누가 가지느냐에 따라 다시 직권주의와 당사자주의로 나눌 수 있다. 「직권주의(職權主義)」는 공권적 판단을 내리는 법원이 적극적으로 소송에 개입하여 주도적 지위를 갖게 되는 구조를 말한다. 이에 대해 「당사자주의(當事者主義)」는 소송당사자인 검사와 피고인에게 소송의 주도적 지위를 인정하고, 당사자 사이의 공격과 방어에 의하여 심리가 진행되면 법원은 단지 중립적 지위에서 양당사자의 주장과 입증을 근거로 판단하는 소송구조를 말한다. 그러나 형사소송은 국가의 형벌권의 유·무라고 하는 공공적 사항을 소송의 객체로 하기 때문에 민사소송과 달리 실체적 진실의 확보가 강하게 요청된다. 따라서 현행 형사소송법은 당사자에게 소송추행의 과정을 맡기는 것이 실체적 진실발견이라는 형사소송의 목적에 반하는 경우에는 법원이 직권으로 소송을 추행할 수 있도록 하여 당사자주의와 직권주의를 조화시킨 소송구조를 채택하고 있다. 즉 현행 형사소송법은 ① 법원에 의한 직권증거조사(제161조의2 ②항, ③항, ⑤항, 제295조), ② 피고인신문(제296조의2), ③ 공소장변경요구제도(제298조 ②항) 등의 직권주의요소들을 보충적으로 규정하고 있다.

제 2 장

형사소송의 주체와 소송행위

제1절 형사소송의 주체

소송은 대립하는 두 당사자가 법원의 심판을 받는 일련의 과정으로 이 소송을 이끌어나가는 자를 소송주체(訴訟主體)라고 한다. 형사소송은 국가의 공소권을 행사하는 검사와 그에 의하여 소추된 피고인을 대립 당사자로 하여 제3자인 법원이 이를 판단하는 구조를 취하고 있으므로 형사소송의 주체는 법원·검사·피고인이다. 따라서 법원사무관·사법경찰관·변호인 등은 소송의 주체가 아니라 이들의 보조자에 불과하다. 다만 우리나라와 유사한 형사구조를 가지고 있는 독일과 일본에서는 피해자의 인권보장 측면에서 피해자에게 '소송의 당사자' 또는 '당사자 지위에 준하는 지위'를 인정하여 소송의 주체성을 인정하고 있다.

우리나라도 2005년 12월 「범죄피해자보호법」을 제정하는 등 형사절차에서 피해자지위를 강화하고 있지만, 아직 위와 같은 지위를 인정하고 있지는 않다. 본장에서는 소송의 주체로서 법원·검사·피고인은 물론 일정한 사건에 있어서 일반국민이 형사재판에 직접 참여하는 국민참여재판법상의 배심원도 살펴보고, 이와 함께 피고인의 보조자로서 변호인 그리고 피해자도 살펴보기로 한다.

[3] 제1 법 원

Ⅰ. 법원의 의의와 구성

법원은 국법상 의미의 법원과 소송법상 의미의 법원으로 분류된다. 국법상 의미의 법원은 사법행정상의 단위가 되는 국가기관으로 법원조직법상의 법원을 의미하며, 대법원장과 법원장의 지휘·감독을 받는다. 법원에는 최고법원인 대법원과 그 밑의 각급법원인 고등법원, 특허법원, 지방법원, 가정법원, 행정법원, 회생법원 등이 있다(헌법 제101조 ②항, 법원조직법 제3조). 지방법원과 가정법원은 그 사무의 일부를 처리하기 위하여 관할구역 안에 지원, 소년부지원, 시·군법원 및 등기소를 둘 수 있다. 이 밖에 군사재판을 관할하기 위한 특별법원으로서 군사법원이 있다.

한편 소송법상 법원은 구체적인 사건에 대하여 실제 재판권을 행사하는 기관인 법원을 뜻한다. 법관 3인으로 구성되는 합의부와 법관 1인으로 구성되는 단독판사가 여기에 해당한다. 형사소송법상의 법원은 일반적으로 이것을 의미한다.

Ⅱ. 소송법상 법원의 구성

현행 형사소송법상 법원은 공정한 재판을 하기 위하여 ① 조직과 구성의 측면에서 그리고 ② 소송절차와 내용의 측면에서 각각 일정한 제도를 규정하고 있다. 즉 전자에 해당하는 제도로서는 제척, 기피, 회피가 있고, 후자에 해당하는 제도로서는 공판중심주의, 공소장일본주의, 피고인의 실질적 방어권 보장과 같은 제도가 있다. 여기서는 전자에 해당하는 제도를 살펴보고 후자에 관해서는 각각 해당 부분에서 살펴보기로 한다.

1. 제척(除斥)

(1) 의 의

제척은 재판의 공평성을 저해할 우려가 현저한 법정의 사유가 있을 때에 그 법관을 당해 재판에 관한 모든 직무집행으로부터 당연히 배제하는 제도이다(제17조). 제척의 효과는 당사자의 신청(기피)이나 법관의 신청(회피)과 무관하게 법률에 규정된 정형화된 사유의 존재만으로 당연히 발생하는데 그 특징이 있다.

(2) 제척사유

형사소송법 제17조에 규정되어 있는 제척사유는 유형적 · 제한적으로 열거되어 있다. 따라서 이러한 사유에 해당되지 않는 한 아무리 불공편한 재판을 할 우려가 있는 경우에도 제척사유가 되지 않는다.

(가) 법관이 피해자인 때(제17조 1호).

(나) 법관이 피고인 또는 피해자의 친족 또는 친족관계가 있었던 자인 때(동조 2호)

(다) 법관이 피고인 또는 피해자의 법정대리인 · 후견감독인인 때(동조 3호)

(라) 법관이 사건에 관하여 증인 · 감정인 · 피해자의 대리인으로 된 때(동조 4호)

(마) 법관이 사건에 관하여 피고인의 대리인 · 변호인 · 보조인으로 된 때(동조 5호)

(바) 법관이 사건에 관하여 검사 또는 사법경찰관의 직무를 행한 때(동조 6호)

(사) 법관이 사건에 관하여 전심재판 또는 그 기초되는 조사 · 심리에 관하여 한 때(동조 7호)

이상의 열거된 제척사유 중에서 가장 문제가 되는 것은 전심재판과 그 기초가 되는 조사 · 심리에 관여한 때에 해당하는지의 여부이다. 우선 ① '전심재판'이란, 심급제도를 전제로 한 개념으로서 상소에 의해서 불복이 신청된 재판을 말한다. 즉 제2심에 대한 제1심, 제3심에 대한 제2심 또는 제1심이 이에 해당한다. 따라서 파기환송 전의 원심에 관여한 법관이 환송 후의 재판에 관여하는 경우,[11] 재심청구대상인 확정판결에 관여한 법관이 재심청구사건을 처리하는 경우,[12] 상고심판결을 내린 법관이 제400조에 의한 판결정정사건을 처리하는 경우[13]는 전심재판이 아니므로 제척사유에 해당하지 않는다.

---

11) 대판 1979.2.27. 78도3204.
12) 대결 1982.11.15. 82모11.
13) 대결 1967.1.18. 66초67.

또한 약식명령이나 즉결심판을 행한 법관이 정식재판을 담당한 경우에도 제척사유에 해당하는지가 문제되나, 약식재판과 즉결심판은 심급을 같이하고 서로 절차만 달리하는 공판절차일 뿐이다. 따라서 약식명령을 발부한 법관이 정식재판절차의 제1심 판결에 관여하였다고 하여 제척의 원인이 된다고 볼 수 없다.[14]

그리고 ② '전심재판의 기초되는 조사·사실에 관여한 때'란, 전심재판의 내용형성에 사용될 자료의 수집·조사에 관여하여 그 결과가 사실인정의 자료로 사용된 경우를 말하며,[15] 공소제기 전후를 불문한다. 따라서 구속영장을 발부한 법관이 피고사건을 심판하는 경우,[16] 보석허가결정에 관여한 법관 등은 여기에 해당하지 않는다. 그러나 수탁판사로서 증거조사를 한 경우, 증거보전절차[17]나 증인신문절차에 관여한 경우, 재정신청절차에서 공소제기결정을 한 경우에는 제척사유에 해당한다. 따라서 이러한 제척사유가 있는 법관이 재판에 관여한 때에는 절대적 항소이유(제361조의5 7호)와 상고이유(제383조 1호)가 된다.

2. 기피(忌避)

(1) 의 의

기피는 법관이 제척사유가 있음에도 불구하고 재판에 관여하거나 또는 법관이 불공평한 재판을 할 우려가 있을 때 당사자인 검사 또는 피고인의 신청에 의하여 그 법관을 당해 직무집행으로부터 탈퇴하게 하는 제도이다(제18조). 따라서 기피는 제척제도를 보완하는 제도이다.

(2) 기피사유

(가) 법관이 제척사유에 해당하는 때(제18조 1호)

형사소송법 제17조에 규정된 제척사유가 존재하면 법관은 당연히 직무집행

---

14) 대판 2002.4.12. 2002도944. 학설은 부정설과 긍정설이 대립하고 있으나 부정설이 다수설이다(노명선/이완규, 57; 배종대/이상돈/정승환/이주원, 298; 이재상/조균석, 81).
15) 대판 1999.4.13. 99도155.
16) 대판 1989.9.12. 89도612.
17) 대판 1971.7.6. 71도974는, 증거보전절차에서 증인신문한 판사가 원심재판에 관여한 때에는 제척사유에 해당하지 않는다고 판시하였다. 그러나 이에 대하여 학설은 대립하고 있지만, 증거보전절차에 관여한 판사는 사건에 대하여 예단이 생긴다는 점에서 제척사유로 보는 적극설이 타당하다(배종대/이상돈/정승환/이주원, 299; 신동운. 720; 신양균, 380; 이은모, 56; 이재상/조균석, 82; 임동규, 41).

에서 배제된다. 그런데 이를 기피사유로 다시 규정한 것은 제척사유의 존부가 불분명하거나 법관이 이를 간과한 경우에 당사자의 신청에 의하여 법원으로 하여금 그 사유의 심사를 강제하고 있다는 점에서 의의가 있다.

(나) 법관이 불공평한 재판을 할 염려가 있는 때(동조 2호)

법관이 불공평한 재판을 할 염려가 있는 때란, 통상인의 판단으로서 법관과 사건의 관계로 보아 법관이 편파적이거나 불공평한 재판을 할 것이라는 의혹을 갖는 것이 합리적이라고 인정할 만한 객관적인 사정이 존재하는 때를 말한다.[18] 따라서 법원이 검사 또는 피고인 측의 증거신청을 채택하지 아니하였거나[19] 공소장 변경허가신청에 대하여 불허가결정[20]을 한 것만으로는 기피사유에 해당한다고 할 수 없다. 실무에서는 소송지휘권행사[21]에 대한 불만으로부터 기피신청을 하는 경우가 많으나, 그 자체만으로는 기피신청의 사유가 되지 않는다.

(3) 기피신청의 재판

(가) 기피신청의 절차

기피신청권자는 검사와 피고인이다(제18조 ①항). 변호인은 피고인의 명시한 의사에 반하지 아니하는 때에 한하여 법관에 대한 기피신청을 할 수 있다(동조 ②항). 합의부 법관에 대한 기피는 그 법관 소속법원에 신청하고, 수명법관·수탁판사·단독판사에 대한 기피는 당해 법관에게 신청하여야 한다(제19조 ①항). 이 경우 기피원인이 되는 사실을 구체적으로 명시하여야 하며(규칙 제9조 ①항), 기피사유는 신청한 날로부터 3일 이내에 서면으로 소명하여야 한다.

기피신청의 시기에 대하여 명문의 규정은 없으나,[22] 판례[23]는 판결선고 후의 기피신청은 그 목적의 소멸로 부적법하다고 판시하여 판결선고시설을 따르고

---

18) 대결 2001.3.21. 2001모2.
19) 대판 1994.11.3. 94모73.
20) 대결 2001.3.21. 2001모2.
21) 대결 1996.2.9. 95모93.
22) 일본 형사소송법 제22조는 '사건에 관하여 청구 또는 진술을 한 후에는 불공평한 재판을 할 우려가 있음을 이유로 재판관을 기피할 수 없다'고 규정하여 기피신청시기를 원칙적으로 변론종결 시로 하고 있다.
23) 대결 1995.1.9. 94모77; 最決 昭和59年3月29日[刑集38卷5号2095頁]은, 판결선고 후의 기피신청은 각하재판을 취소할 실익을 잃었다고 해석하는 것이 상당하다.

있으며, 다수설[24]도 이를 지지하고 있다.

(나) 기피신청에 대한 재판

ⅰ) 기피신청이 적법한 경우

기피신청사건에 대한 재판은 기피당한 법관의 소속 법원합의부에서 결정으로 행한다(제21조 ①항). 기피당한 법관은 여기에 관여하지 못한다(동조 ②항). 적법한 기피신청의 있으면 그 이유를 판단하기 위하여 소송진행을 정지하여야 한다(제22조). 이 경우 기피당한 법관은 지체 없이 기피신청에 대한 의견서를 제출하여야 한다(제20조 ②항). 법원은 이를 심사하여 기피당한 법관이 기피의 신청을 이유 있다고 인정하는 때에는 기피결정이 있는 것으로 간주한다(동조 ③항).

기피신청에 대한 재판은 결정으로 한다. 기피신청이 이유 없다고 인정한 때에는 기피신청을 기각한다. 기각결정에 대해서는 즉시항고를 할 수 있다(제23조 ①항). 이 즉시항고는 간이기각결정에 대한 즉시항고와 달리 집행정지의 효력이 있다(동조 ②항). 기피신청을 인용하는 결정에 대하여는 항고하지 못한다(제403조).

ⅱ) 기피신청이 부적한 경우(간이기각결정)

기피신청이 소송의 지연을 목적으로 함이 명백하거나 기피신청이 부적법한 때에는 신청을 받은 법원 또는 법관은 결정으로 이를 기각한다(제20조 ①항). 이를 간이기각결정이라고 한다. 간이기각결정에 대해서는 즉시항고 할 수 있다.

3. 회피(回避)

법관 자신이 기피의 원인에 해당하는 사유가 있다고 판단한 때에는 스스로 그 사건의 직무집행으로부터 탈퇴하는 제도이다(제24조 ①항). 그러나 법관의 회피는 개별 법관의 독자적 권한이 아니라 직무상 의무이며, 소속 법원의 결정이 있어야 비로소 가능하지만 실무상 법관이 회피한 경우는 그리 많지 않다.

4. 법원사무관 등에 대한 제척 · 기피 · 회피

법원서기관, 법원사무관, 법원주사 또는 법원주사보와 통역인은 사건을 직접 심리나 재판하는 사람은 아니지만, 재판에 밀접한 직무를 수행하고 있어 재판에 영향을 줄 수 있기 때문에 법관의 제척 · 기피 · 회피에 관한 규정이 준용된다

---

24) 신동운, 723; 신양균, 384; 이재상/조균석, 84; 임동규, 44. 이에 대하여 기피신청의 남용을 방지하기 위하여 변론종결 시까지 제한하는 견해로는 배종대/이상돈/정승환/이주원, 303.

(제25조 ①항).

Ⅲ. 법원의 관할

1. 관할의 의의와 종류

(1) 관할의 의의

형사사건에 관한 재판권은 일정한 기준에 의하여 각 법원에 배분된다. 이 배분에 의하여 사건에 대한 심리와 재판의 권한을 가지는 법원을 수소법원(受訴法院)이라고 하며, 이 경우 법원이 갖는 재판권한의 분배를 관할(管轄)이라고 한다.

관할권은 재판권과 구별해야 한다. 재판권은 사법권을 의미하는 일반적·추상적 심판권을 의미하는 국법상의 개념임에 반하여, 관할권은 재판권을 전제로 특정사건에 대하여 특정법원이 가지는 재판권 행사에 관한 구체적 한계를 정한 소송법상의 개념이다. 재판권이 없을 때는 공소기각판결(제327조 1호)을 해야 하지만, 관할권이 없는 경우에는 관할위반의 판결(제319조)을 하여야 한다.

(2) 관할의 종류

(가) 사건관할과 직무관할

사건관할은 피고사건의 심판에 관한 관할을 뜻하며, 일반적으로 관할이라고 할 때 사건관할을 의미한다. 이에 대하여 직무관할은 특수한 절차의 심판에 관한 관할을 의미한다. 예컨대 재심(제423조), 비상상고(제441조), 재정신청사건(제260조)의 관할이 이에 속한다.

(나) 법정관할과 재정관할

사건관할은 법률의 규정에 따라 관할이 정하여지는 법정관할과 법원의 재판에 의하여 관할이 결정되는 재정관할이 있다. 법정관할에는 고유관할과 관련사건의 관할이 있으며, 고유관할에는 다시 사물관할·토지관할·심급관할이 포함된다. 그리고 재정관할에는 관할의 지정과 이전이 있다.

2. 법정관할

(1) 고유관할

(가) 사물관할

사물관할은 사건의 경중 또는 성질에 따른 제1심 법원의 관할분배를 말한다. 사물관할은 지방법원 또는 지원의 단독판사 또는 합의부에 속한다. 그러나 제1심의 사물관할은 원칙적으로 단독판사에 속한다(법원조직법 제7조 ④항). 다만 지방법원과 그 지원의 합의부는 ① 합의부에서 심판할 것으로 합의부가 결정한 사건, ② 사형·무기 또는 단기 1년 이상의 징역 또는 금고에 해당하는 사건 및 이와 동시에 심판할 공범사건, ③ 지방법원판사에 대한 제척·기피사건, ④ 다른 법률에 의하여 지방법원합의부의 권한에 속하는 사건에 대하여 제1심으로 심판한다(동법 제32조 ①항).

(나) 토지관할

토지관할은 동등한 법원 사이에서 범죄와 특별한 관계가 있는 토지를 관할하는 법원이 가지는 재판상의 권한을 말하며 이를 재판적(裁判籍)이라고도 한다. 토지관할은 범죄지, 피고인의 주소, 거소 또는 현재지로 하며(제4조 ①항), 제1심 법원의 관할에 한정된다.

(다) 심급관할

서로 종류를 달리하는 법원에서 차례로 재판을 받을 경우 법원의 상하관계에 따라 관할을 배분하는 것을 심급관할이라고 한다. 즉 상소사건에서의 관할배분을 말한다. ① 지방법원과 그 지원의 단독판사의 판결·결정·명령에 대한 항소 또는 항고사건은 지방법원본원 합의부 및 일정한 지방법원지원 합의부에서 관할하고(법원조직법 제32조 ②항), ② 지방법원합의부의 제1심 판결·결정·명령에 대한 항소 또는 항고사건은 고등법원이 관할한다(동법 제28조 1호). ③ 항소심판결에 대한 상고사건과 항고법원·고등법원 또는 항소법원의 결정·명령에 대한 재항고사건은 대법원이 관할한다(동법 제14조 1호, 2호).

(2) 관련사건의 관할

(가) 관련사건의 의의

관련사건은 관할이 인정된 하나의 사건을 전제로 그 사건과 주관적 또는 객관적 관련성이 인정되는 사건을 말한다. 주관적 관련이란 1인이 범한 수죄를 의미하고, 객관적 관련이란 수인이 공동으로 범한 죄를 의미한다. 즉 ① 1인이 범한 수죄, ② 수인이 공동으로 범한 죄, ③ 수인이 동시에 동일한 장소에서 범한 죄, ④ 범인은닉죄·증거인멸죄·위증죄·허위감정통역죄 또는 장물죄와 그 본범의 죄를 관련사건으로 인정하고 있다(제11조). 이러한 경우 형사소송법은 절차의 중복과 동일한 사건에 대한 모순된 판결을 피하기 위하여 고유관할을 수정하여 본래 관할권이 없는 법원에 대해서도 관할권을 인정하고 있다.

(나) 관련사건의 병합관할

① 사물관할을 달리하는 수개의 사건이 관련된 때는 법원합의부가 병합관할한다(제9조). 사물관할의 병합관할은 제1심뿐만 아니라 항소심에서도 인정된다. ② 토지관할을 달리하는 수개의 사건이 관련된 때에는 1개의 사건에 대해 관할권이 있는 법원이 다른 사건까지 관할할 수 있다(제5조). 이것은 사물관할이 동일한 사건에 대해서만 적용된다.

(다) 관련사건의 병합심리·분리

관련사건은 병합관할이 가능하므로 심리의 편의를 위하여 심리의 병합 또는 분리가 가능하다.

ⅰ) 사물관할의 병합심리·분리

사물관할을 달리하는 수개의 관련사건이 각각 법원합의부와 단독판사에 계속된 때에는 합의부는 결정으로 단독판사에 속한 사건을 병합하여 심리할 수 있다(제10조). 또한 관련사건을 병합심리하는 합의부는 병합심리의 필요가 없는 때에는 결정으로 관할권 있는 법원의 단독판사에게 이송할 수 있다(제9조).

ⅱ) 토지관할의 병합심리·분리

토지관할을 달리하는 수개의 관련사건이 각각 다른 법원에 계속된 때에는 공통되는 직근 상급법원이 검사 또는 피고인의 신청에 의하여 1개 법원으로 하여금 병합심리하게 할 수 있다(제6조). 또한 토지관할을 달리하는 수개의 관련사건이 동일법원에 계속된 경우에 병합심리의 필요가 없는 때에는 법원은 결정으로 이를 분리하여 관할권 있는 다른 법원에 이송할 수 있다(제7조).

3. 재정관할

재정관할(裁定管轄)은 법원의 재판에 의하여 정해지는 관할로써 여기에는 관할의 지정·이전이 있다. ① 관할의 지정(제14조)은 관할법원이 명확하지 아니하거나, 관할법원이 없는 경우에 상급법원이 사건을 심판할 법원을 지정하는 것을 말한다. 또한 ② 관할의 이전(제15조)은 관할법원이 재판권을 행사할 수 없거나, 재판의 공평을 유지하기 어려운 경우에 검사 또는 피고인의 신청에 의하여 관할권을 다른 법원으로 이전하는 것을 말한다.

4. 관할의 경합

관할은 여러 기준에 의해서 정하여지기 때문에 동일한 사건에 대해서 2개 이상의 법원이 동시에 관할권을 갖는 경우가 발생할 수도 있다. 이것을 관할의 경합(競合)이라고 한다. ① 동일한 사건이 수개의 법원에 계속되는 경우에 우선 사물관할을 달리하는 경우는 법원의 합의부가 심판(제12조)하고, ② 사물관할을 같이 하는 경우는 먼저 공소를 제기 받은 법원이 심판한다(제13조). 그 결과 심판을 해서는 안 되는 법원은 결정으로 공소를 기각하여야 한다(제328조 ①항 3호).

5. 관할의 부존재

수소법원은 계속 중인 사건에 대하여 관할권 없음이 명백한 때에는 판결로써 관할위반을 선고하여야 한다(제319조). 다만 토지관할에 대하여는 피고인의 관할위반신청이 필요하고, 그 신청은 피고사건에 대한 진술 전에 하지 않으면 안 된다(제320조 ②항). 관할위반이 명백한 경우에도 그동안 행해진 소송절차는 무효가 아니기 때문에 그 효력에 영향을 미치지 않는다(제2조).

〈법원의 관할〉

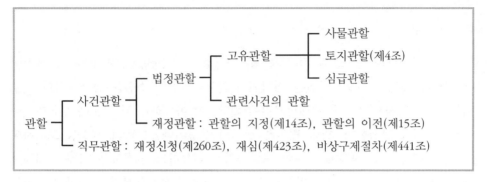

[4]　제 2 국민참여재판과 배심원

Ⅰ. 국민참여재판의 의의와 대상

1. 국민참여재판의 의의

국민참여재판은 재판에 대한 국민의 신뢰성을 높이기 위하여 일반국민 중에서 선정된 배심원이 형사재판에 직접 참여하는 제도로써 배심재판이라도 한다(국민참여재판법 제2조 2호). 다만 배심원의 평결과 의견이 법원을 기속(羈束)하는 영미의 전통적인 배심제도와 구별되기 때문에 완전한 의미의 국민참여재판이라고는 할 수 없다.

2. 국민참여재판의 대상사건 및 관할

(1) 대상사건

국민참여재판의 대상사건은 지방법원과 그 지원의 합의부가 제1심으로 심판하는 모든 형사사건이다. 즉 ① 합의부에서 심판할 것으로 합의부가 결정한 사건(제척·기피사건은 제외), ② 합의부 관할 사건의 미수죄, 교사죄, 방조죄, 예비·음모죄에 해당하는 사건, ③ 위의 사건과 관련사건(제11조)으로 병합하여 심리하는 사건이 그것이다(동법 제5조 ①항).

국민참여재판의 대상사건은 모두 필요적 변호사건으로 변호인이 없는 때에는 법원은 직권으로 변호인을 선정하여야 한다(동법 제7조).

(2) 관 할

국민참여재판은 제1심 절차(지방법원 본원합의부, 지방법원 지원합의부)에 한하여 인정되기 때문에 상소심사건은 인정되지 않는다. 또한 법원은 공소사실의 일부 철회 또는 변경으로 인하여 대상사건에 해당하지 아니하게 된 경우에도 국민참여 재판을 계속 진행한다. 다만 법원은 심리의 상황이나 그 밖의 사정을 고려하여 국민참여재판으로 진행하는 것이 적당하지 아니하다고 인정하는 때에는 결정으로 당해 사건을 지방법원 본원합의부가 국민참여재판에 의하지 아니하고 심판하게 할 수 있다. 이 결정에 대해서는 불복할 수 없다(동법 제6조 ①항, ②항).

Ⅱ. 국민참여재판의 개시

1. 피고인의 의사확인

(1) 법원의 확인의무

누구든지 국민참여재판을 받을 권리가 있지만 피고인이 원하지 않으면 국민 참여재판을 할 수 없다(동조 제5조 ②항). 따라서 법원은 대상사건의 피고인에 대하여 국민참여재판을 원하는지 여부에 관한 의사를 서면 등의 방법으로 반드시 확인하여야 한다(동법 제8조).[25) 피고인은 공소장 부본을 송달받은 날로부터 7일 이내에 국민참여재판을 원하는지 여부에 관한 의사가 기재된 서면을 제출하여야 하며, 제출하지 않은 때에는 국민참여재판을 원하지 아니하는 것으로 본다.

(2) 피고인의사의 번복제한

피고인은 국민참여재판을 하지 아니하기로 하는 법원의 배제결정(동법 제9조

---

25) 제1심법원이 국민참여재판 대상사건의 피고인에게 국민참여재판을 원하는지 확인하지 아니한 채 통상의 공판절차에 따라 재판을 진행하였는데, 원심법원이 제1회 공판기일에 피고인과 변호인이 이에 대하여 이의가 없었다고 진술하자 같은 날 변론을 종결한 후 제2회 공판기일에 피고인의 항소를 기각하는 판결을 선고한 사안에서 …… 단지 피고인과 변호인이 제1심에서 통상의 공판절차에 따라 재판을 받은 것에 대하여 이의가 없다고 진술한 사실만으로 제1심의 공판절차상 하자가 모두 치유되어 그에 따른 판결이 적법하게 된다고 볼 수 없다고 판시하였다(대판 2012.4.26. 2012도1225).

①항) 또는 지방법원 본원합의부로 이송한다는 지방법원 지원합의부의 회부결정이 있거나 공판준비기일이 종결되거나 제1회 공판기일이 열린 이후에는 종전의 의사를 바꿀 수 없다(동법 제8조 ④항).

2. 법원의 결정

법원이 국민참여재판의 대상사건을 피고인의 의사에 따라 국민참여재판으로 하는 것에 대해서는 별도의 개시결정이 필요하지 않지만,[26] 피고인의 의사에도 불구하고 아래와 같은 사유가 있는 경우에는 국민참여재판 배제결정을 하거나 통상절차 회부결정을 통해 통상의 재판절차에 의할 수 있다.

(1) 배제결정

법원은 공소제기 후부터 공판준비기일이 종결된 다음 날까지 ① 배심원·예비배심원·배심원후보자 또는 그 친족의 생명, 신체, 재산에 대한 침해 또는 침해의 우려가 있어서 출석의 어려움이 있거나 이 법에 따른 직무를 공정하게 수행하지 못할 염려가 있다고 인정되는 경우, ② 공범관계에 있는 피고인들 중 일부가 국민참여재판을 원하지 아니하여 국민참여재판의 진행에 어려움이 있다고 인정되는 경우, ③ 성폭력처벌법 제2조의 범죄로 인한 피해자 또는 법정대리인이 국민참여재판을 원하지 아니하는 경우, ④ 그 밖에 국민참여재판으로 진행하는 것이 적절하지 아니하다고 인정되는 경우 중의 어느 하나에 해당하는 사유가 있으면 국민참여재판을 하지 아니하기로 하는 결정을 할 수 있다(동법 제9조 ①항).

법원이 배제결정을 함에 있어서는 검사·피고인 또는 변호인의 의견을 들어야 하고, 법원의 배제결정에 대해서는 즉시항고를 할 수 있다(동조 ②항, ③항). 따라서 피고인이 국민참여재판을 신청하였음에도 배제결정 없이 재판을 진행하면 중대한 절차적 권리를 침해한 것으로 그 재판을 포함한 소송행위는 무효가 된다.[27]

(2) 통상절차 회부

법원은 직권 또는 검사·피고인 또는 변호인의 신청에 따라 결정으로 대상사

---

26) 대결 2009.10.23. 2009모1032.
27) 대판 2011.9.8. 2011도7106; 2012.4.6. 2012도1225; 2013.1.31. 2012도13896.

건을 통상절차에 회부할 수 있다. 그 회부사유로는 ① 피고인의 질병 등으로 공판절차가 장기간 정지되거나, ② 피고인에 대한 구속기간의 만료, ③ 성폭력범죄 피해자의 보호, 그 밖에 심리의 제반 사정에 비추어 국민참여재판을 계속 진행하는 것이 부적절하다고 인정되는 경우에는 지방법원 본원합의부가 국민참여재판에 의하지 아니하고 심판하게 할 수 있다(동법 제11조 ①항). 이를 통상절차에 회부라고 한다. 다만 법원은 결정을 하기 전에 당사자의 의견을 들어야 하며, 법원의 결정에 대해서는 불복할 수 없다(동조 ②항, ③항).

Ⅲ. 배심원

1. 배심원의 자격 및 배심원의 구성

(1) 배심원의 자격

배심원은 국민참여재판법에 따라 일반 국민 중에서 선정된 사람으로 형사재판에 직접 참여하는 사람을 말한다(동법 제2조 제1호). 배심원은 만 20세 이상의 대한민국 국민 중에서 무작위의 방법으로 선정된다(동법 제16조). 다만 피성년후견인 등 법이 정한 일정한 결격사유에 해당하는 자(동법 제17조)와 대통령과 국회의원 등 직업상 제외사유에 해당하는 자(동법 제18조) 및 불공평한 재판을 할 우려가 있는 제척사유에 해당하는 자(동법 제19조)는 배심원으로 선정될 수 없다. 그리고 70세 이상인 사람 등 배심원 직무를 수행하기 어려운 사람에 대해서는 배심원 직무의 수행을 면제할 수 있다(동법 제20조).

(2) 배심원의 구성

배심원은 사건의 경중에 따라 9인, 7인, 5인으로 구성된다. ① 법정형이 사형·무기징역 또는 무기금고에 해당하는 대상사건에 대한 국민참여재판에는 9인의 배심원이 참여하고, ② 그 외의 대상사건에 대한 국민참여재판에는 7인의 배심원이 참여한다. 다만 ③ 법원은 피고인 또는 변호인이 공판준비절차에서 공소사실의 주요내용을 인정한 때에는 5인의 배심원이 참여하게 할 수 있다(동법 제13조 ①항). 또한 법원은 배심원의 결원 등에 대비하여 5인 이내의 예비배심원을 둘 수 있다(동법 제14조 ①항).

(3) 배심원의 선정절차

지방법원장은 매년 행정자치부장관으로부터 송부 받은 관할구역 내에 거주하는 20세 이상 국민의 주민등록자료를 활용하여 배심원후보예정자의 명부를 작성하고(동법 제22조), 그 명부 중에서 필요한 수의 배심원후보자를 무작위 추출방식으로 정하여 배심원과 예비배심원의 선정을 통지하여야 한다(동법 제23조 ①항). 법원은 선정기일의 2일전까지 검사와 변호인에게 배심원후보자의 명단을 송부하여야 하며, 그 선정기일에 출석할 수 있도록 선정기일을 통지하여야 한다(동법 제26조 ①항, 제27조 ①항). 선정기일에서 법원은 배심원후보자에게 결격사유, 제외사유, 제척사유 및 불공평한 판단을 할 우려가 있는지를 판단하기 위하여 질문을 할 수 있고, 검사·피고인 또는 변호인은 법원으로 하여금 필요한 질문을 요청할 수 있다(동법 제28조 ①항). 검사와 변호인은 배심원이 9인인 경우는 5인, 7인인 경우는 4인, 5인인 경우는 3인의 범위 내에서 무이유부기피신청을 할 수 있고, 무이유부기피신청이 있는 때에는 당해 배심원후보자를 배심원으로 선정할 수 없다(동법 제30조).

2. 배심원의 권한과 의무

배심원은 국민참여재판을 하는 사건에 관하여 ① 사실의 인정, ② 법령의 적용 및 ③ 형의 양정에 관한 의견을 제시할 권한이 있다(동법 제12조 ①항). 다만 배심원의 평결과 의견은 법원을 기속하지 못한다(동법 제46조 ⑤항). 또한 배심원은 법령을 준수하고 독립하여 성실히 직무를 수행하여야 하는 의무와 직무상 알게 된 비밀을 누설하거나 재판의 공정을 해하는 행위를 하지 아니할 의무를 지닌다(동법 제12조 ②항, ③항).

3. 배심원의 해임과 사임

법원은 배심원 또는 예비배심원이 그 의무를 위반하거나 직무를 행하는 것이 적당하지 아니한 때 또는 불공평한 판단을 할 우려가 있는 등 일정한 사유가 있는 때에는 직권 또는 검사·피고인·변호인의 신청에 의하여 해임할 수 있고(동법 제32조), 배심원과 예비배심원도 직무를 계속 수행하기 어려운 사정이 있는 때에는 사임할 수 있다(동법 제33조).

4. 배심원의 보호와 벌칙

배심원이 그 직무를 효율적으로 수행할 수 있도록 하기 위하여 배심원이라는 이유로 해고하거나 불이익한 처우를 해서는 안 되는 등의 보호조치가 규정되어 있다(동법 제50조). 또한 배심원에 대한 벌칙으로 배심원 등에 대한 청탁죄(동법 제56조)와 위협죄(동법 제57조)를 규정하고 있는 한편, 배심원에 대해서도 비밀누설죄(동법 제58조), 금품수수죄(동법 제59조)의 처벌규정을 두고 있다.

[5] 제3 검 사

Ⅰ. 검사의 의의와 성격

검사는 검찰권을 행사하는 국가기관이다. 즉 검사는 범죄수사로부터 공판은 물론 재판을 집행하는 등 형사절차의 전반에 걸쳐 검찰권을 행사한다. 또한 검사는 법무부에 소속된 행정관청으로서 검찰사무를 처리하는 단독제의 관청이다. 이처럼 검찰권의 행사가 범죄수사, 공소제기와 유지, 형집행 등 사법권과 밀접한 관계에 있기 때문에 「준사법기관」 내지 「법조기관」으로서의 성격을 갖는다고 할 수 있다.

Ⅱ. 검사동일체원칙

1. 검사동일체원칙의 의의

모든 검사는 검찰총장을 정점으로 하는 피라미드형의 계층적 조직체를 형성하고, 일체불가분의 유기적 통일체로서 활동하는 원칙을 「검사동일체원칙(檢事同一體原則)」이라고 한다.28) 이것은 범죄수사와 공소제기·유기 및 재판의 집행을 그 내용으로 하는 검찰권의 행사가 전국적으로 균형을 이루게 하여 검찰권행사의 공정을 기하려는데 주된 이유가 있으며, 범죄수사의 효과상 전국적인 수사망을

---

28) 이 원칙은 2003년 검찰청법의 개정에 의하여 폐지되었으나, 그 내용인 직무승계권과 이전권이 개정법에서도 그대로 유지되고 있어 명목상 폐지되었다고 할 수 있다.

필요로 한다는 점에 그 존재이유가 있다.[29]

2. 내 용

(1) 검사의 지휘 · 감독권

검찰청법 제7조 제1항은 '검사는 검찰사무에 관하여 소속 상급자의 지휘 · 감독에 따른다'고 규정하여, 검사의 지휘 · 감독관계는 검찰사무는 물론 검찰행정사무에 대해서도 적용된다. 그러나 구체적 사건과 관련된 상급자의 지휘 · 감독에 대한 적법성 또는 정당성 여부에 관하여 이견이 있는 때에는 이의를 제기할 수 있다고 하여 검사의 이의제기권(異議提起權)을 보장하고 있다(동조 ②항).

또한 검사는 법무부에 소속된 공무원이므로 법무부장관이 검사에 대하여 지휘 · 감독권을 가진다는 것은 당연하다. 그러나 검찰청법 제8조는 '법무부장관은 검찰사무의 최고감독자로서 일반적으로 검사를 지휘 · 감독하고, 구체적인 사건에 대하여는 검찰총장만을 지휘 · 감독한다'고 규정하여 구체적인 사건처리에 있어서 정치적 영향을 배제하려는 것이다. 즉 검찰총장을 완충지대로 하여 행정부의 부당한 간섭을 방지하는 데 그 취지가 있다.

(2) 직무승계와 직무이전 및 위임의 권한

검찰총장과 각급 검찰청의 검사장 및 지청장은 ① 소속검사의 직무를 자신이 직접처리하거나(「직무승계권」, 검찰청법 제7조의2 ②항 전단), ② 소속이 다른 검사로 하여금 이를 처리하게 할 수 있으며(「직무이전권」, 동조 ②항 후단). 또한 ③ 소속검사로 하여금 그 권한에 속하는 직무의 일부를 처리하게 할 수 있다(「직무위임권」, 동조 ①항).

(3) 직무대리권

각급 검찰청의 차장검사는 소속장을 보좌하며, 소속장에 사고가 있을 때에는 특별한 수권이 없이도 그 직무를 대리하는 권한을 가진다(「직무대리권」, 동법 제18조 ②항, 제23조 ②항).

---

29) 신동운, 47; 이재상/조균석, 99; 임동규, 50.

(4) 제척·기피

현행법상 검사는 당사자이고 검사동일체원칙의 취지에 비추어 볼 때, 특정 검사를 직무집행으로부터 배제하는 것은 아무런 의미를 가지지 않는다는 이유로부터 법관에게 인정되는 제척·기피는 인정되지 않는다.[30]

Ⅲ. 검사의 소송법상 지위

검사는 공익의 대표자로서 형사소송법상 ① 수사의 주재자, ② 공소권의 주체, ③ 재판의 집행주체, ④ 인권옹호기관으로서의 지위 등 형사절차의 전반에 걸쳐 다양한 권리를 갖는다. 그러나 이러한 광범위한 검찰권 행사가 한편으로는 권한의 집중으로 비판의 대상이 되기도 한다.

1. 수사의 주체로서의 지위

수사기관은 검사와 사법경찰관(리)이 있으며 그 주체는 검사이지만, 대부분의 수사는 사법경찰관리에 의해 행해진다. 이 경우 사법경찰관은 독립된 수사기관이지만 사법경찰관리는 수사의 보조기관에 불과하다(제196조 ⑤항). 다만 수사에서 사법경찰관리는 검사의 지휘·감독을 받아야 한다(동조 ①항, ③항). 또한 검사는 사건에 대한 수사 후 공소제기를 할 것인지 여부를 결정할 수 있는 권한, 즉 수사종결권이 있으며 이 권한은 검사에게만 인정된다(제246조, 제247조). 따라서 사법경찰관이 조사한 사건은 관계서류와 증거물을 신속하게 검사에게 송부하여야 한다(제238조).

2. 공소권의 주체로서의 지위

검사는 공소제기의 권한을 가질 뿐만 아니라 공소제기 후 공소사실을 입증하고 공소를 유지하는 공소수행의 담당자이기도 하다. 현행 형사소송법은 공소의 권한을 검사에게 독점하는 기소독점주의(제246조)와 더 나아가 공소제기에 관한

---

30) 손동권/신이철, 59; 이재상/조균석, 101; 임동규, 52; 같은 취지, 대판 2013.9.12. 2011도12918. 이에 대하여 검사는 단순한 반대당사자가 아니라 공익의 대표자이고 객관의무를 지고 있기 때문에 검사에게도 제척·기피제도가 적용되어야 한다고 보는 견해로서 배종대/이상돈/정승환/이주원, 54; 신동운, 51; 신양균, 409; 차용석/최용성, 86.

검사의 재량을 인정하는 기소편의주의(제247조) 및 기소변경주의(제255조)를 채택하고 있다. 이와 같이 검사에게 소송물의 부분적 처리권한을 인정하거나 피고인과 대등한 지위에서 형사소송을 입증하고 법령의 정당한 적용을 청구하는 것은 당사자주의의 반영이라고 할 수 있다.

3. 재판의 집행기관으로서의 지위

재판의 집행은 검사가 한다(제460조, 검찰청법 제4조 ①항 4호). 검사는 사형 또는 자유형의 집행을 위하여 형집행장을 발부하여 구인하도록 하고 있으며(제473조), 검사가 발부한 형집행장은 구속영장과 같은 효력이 있다.

4. 인권옹호기관으로서의 지위

검사는 공익의 대표자로서 진실과 정의의 원칙에 따라 검찰권을 행사하여야 한다. 이를 검사의 객관의무(客觀義務)라고 한다. 또한 검사는 사법기관으로서 인권옹호에 관한 직무를 담당하며, 인권침해방지를 위하여 특히 구속장소감찰의무가 있다(제198조의2 ①항).

[6] 제4 피고인

Ⅰ. 피고인의 의의

형사절차는 피고인을 중심으로 전개된다. 피고인은 공소제기 전에 수사기관의 수사대상이 되어 있다는 의미에서의 피의자(被疑者), 그리고 유죄판결이 확정된 수형자(受刑者)와도 구별된다. 피의자는 공소제기에 의해 피고인(被告人)이 되고, 피고인은 형의 확정에 의해 수형자가 된다. 그러나 피의자와 피고인 사이에는 명칭 이외의 본질적인 차이가 없다. 이것은 공판단계뿐만 아니라 수사단계에서의 피의자에게도 소송주체로서 충분한 방어권을 보장하여야 한다고 하는 입장에 따르면 더욱 피의자와 피고인 사이의 차이를 인정할 필요가 없다.

Ⅱ. 피고인의 특정

소송법상 공소장에 피고인으로 기재된 자가 피고인(제254조 ③항 1호)이지만, 성명모용이나 위장출석의 경우, 누가 피고인인지 형식적인 기준만으로는 특정하기가 곤란한 경우가 있다. 이것을 피고인의 특정문제라고 한다. 즉 피고인은 원칙적으로 표시설에 따라 공소장에 표시된 자를 기준으로 하지만, 그 기준만으로 피고인을 특정할 수 없는 경우가 있기 때문에 다수설인 실질적 표시설[31]은 표시설을 중심으로 행위설[32]과 의사설[33]을 함께 고려하여 피고인을 특정하고 있다.

1. 성명모용(冒用)의 경우

수사절차에서 피의자 甲이 타인 乙의 성명을 사칭하여 공소장에 乙이 피고인으로 표시되어 공소가 제기된 경우를 성명모용이라고 한다. 이 경우 피모용자 乙이 공소장에 기재되어 있다하더라도 검사는 모용자 甲에 대하여 공소를 제기한 것이므로 모용자만이 피고인이 된다.[34] 그러나 성명모용의 사실이 공소제기 단계에서 밝혀지면, 이는 피고인의 표시상의 착오에 불과하기 때문에 공소장을 변경을 하는 것이 아니라 검사는 공소장을 정정하여 피고인을 모용자 甲으로 정정하여야 한다.[35]

2. 위장출석의 경우

공소장에는 甲이 피고인으로 기재되어 있음에도 불구하고 乙이 위장출석하여 재판을 받은 경우 甲은 실질적 피고인, 乙이 형식적 피고인이 된다. 따라서 공소제기의 효력은 실질적 피고인인 甲에게만 발생한다. 다만 위장출석자인 乙이 실질적 피고인이 아니라는 사실이 ① 인정신문단계에서 밝혀지면 법원은 乙을 퇴정시켜 소송절차에서 배제하고 甲을 소환하여 공판절차를 진행하면 되지만, ②

31) 신양균, 415; 이은모, 75; 이재상/조균석, 109; 임동규, 57; 정웅석/백승민, 298; 차용석/최용성, 108. 이에 대하여 배종대/이상돈/정승환/이주원, 270; 신동운, 543에서는 의사설을 원칙으로 표시설과 행위설을 고려하는 의사기준설(실질적 표시설)을 따르고 있다. 일본도 실질적 표시설이 통설의 입장이다(寺崎嘉博, 38).
32) 피고인으로 취급되는 자를 피고인으로 보는 설
33) 검사가 실제 기소하려는 자를 피고인으로 보는 설
34) 대판 1997.11.28. 97도2215.
35) 대판 1993.1.19. 92도2554.

사실상 소송계속의 효력이 발생하는 사실심리단계에서 밝혀진 경우에는 乙에 대해 공소기각의 판결(제327조 2호 유추적용)을 선고36)하고, 甲을 소환하여 다시 공판절차를 진행하여야 한다. 또한 ③ 乙에게 판결선고 후 판결이 확정되기 전에 위장출석의 사실이 밝혀진 경우, 판결의 효력은 형식적 피고인인 乙에게만 발생하기 때문에 乙은 상소에 의해 원심을 파기하여야 한다. 이와 더불어 ④ 乙에게 판결확정 후 위장출석의 사실이 밝혀진 경우, 판결의 효력은 역시 형식적 피고인인 乙에게만 그 효력이 미치기 때문에 乙의 구제방법은 재심설37)과 비상상고설38)이 대립하고 있다.

Ⅲ. 피고인의 당사자능력과 소송능력

1. 당사자능력

(1) 당사자능력의 의의

국가기관인 검사와 달리 피고인에게는 당사자능력(當事者能力)이 필요하다. 형사소송은 형벌을 실현하는 절차이기 때문에 수형가능성이 전혀 없는 피고인은 소송법상 당사자가 될 수 있는 능력이 없다. 즉 당사자능력은 소송법상 당사자가 될 수 있는 일반적·추상적 능력 내지는 법적 지위를 말한다. 따라서 구체적인 특정사건에서 당사자가 될 수 있는 자격인 당사자적격(當事者適格)39)과는 구별된다. 또한 당사자능력은 소송법상 능력이라는 점에서 실체법상 책임능력과도 구별된다. 당사자능력이 없을 때에는 공소기각사유(제328조 ①항 2호)가 되지만, 책임능력이 없으면 무죄판결(제325조)을 하여야 한다.

---

36) 대판 1993. 1. 19. 92도2554.
37) 비상상고는 검찰총장만이 할 수 있고 형식적 피고인이 직접 할 수 없다는 점을 고려한다면 피고인의 보호차원에서 구제의 폭이 넓은 재심이 타당하다는 견해로서 박상열/박영규/배상균, 113; 신양균, 417; 이은모, 74; 임동규, 60; 차용석/최용성, 109; 최영승, 207.
38) 배종대/이상돈/정승환/이주원, 271; 신동운, 546에서 위장출석에 대한 확정판결 후의 구제방법은 확정된 판결에 대한 사실관계의 오류를 시정하는 것이 아니라 형식적 소송조건의 흠결을 간과한 위법을 바로잡는다는 의미에서 비상상고의 방법이 타당하다고 한다.
39) 우리 입법자는 사건 자체에 특수한 성격을 이유로 피고인을 제한하는 규정을 두고 있지 않기 때문에 당사자적격은 형사절차에서 원칙적으로 문제가 되지 않는다. 따라서 별도로 당사자적격을 논할 실익이 없다(신동운, 731).

(2) 당사자능력자와 그 능력의 소멸

자연인은 연령·국적을 묻지 않고 누구나가 당사자능력이 있지만, 법인 및 책임무능력자는 특별법[40]에 의하여 처벌될 가능성이 있는 경우에 한하여 형사소송법상 당사자능력자가 된다. 이처럼 당사자능력은 피고인의 존재를 전제로 하기 때문에 피고인이 사망하거나, 피고인인 법인이 존속하지 아니하게 되었을 때에는 당사자능력도 소멸한다. 이 경우 법원은 공소기각의 결정(제328조 ①항 2호)을 하여야 한다. 다만 법인이 청산법인으로 존속하는 경우에도 당사자능력이 소멸하는지에 대한 견해의 대립이 있지만, 판례[41]는 민법상 청산법인(민법 제81조)을 인정한 취지와 법률관계의 명확성에 비추어 보면 청산의 실질적 종결이 있을 때 당사자능력이 소멸된다고 보아야 한다.

(3) 당사자능력의 흠결효과

당사자능력은 소송조건이므로 법원의 직권조사사항이다. 피고인에게 당사자능력이 없으면 공소기각의 재판을 하여야 한다. 즉 공소제기 후 피고인이 당사자능력을 상실하면 공소기각의 결정을 하여야 한다. 그러나 공소제기 시 이미 피고인에게 당사자능력이 결여된 경우에는 공소기각판결(제327조 2호)을 해야 한다는 견해가 있지만, 통설[42]은 제328조 제1항 2호를 준용하여 공소기각의 결정을 하여야 한다고 한다.

2. 소송능력

(1) 소송능력의 의의

피고인이 소송당사자로서 유효하게 소송행위를 할 수 있는 능력을 말한다.

---

40) 담배사업법 제31조에 따르면, 형법 제9조, 제10조 제2항, 제11조 등 책임무능력자에 대한 적용제한 규정을 두고 있다.

41) 대판 1982.3.23. 81도1450 '비록 피고인 회사의 청산종료의 등기가 경료되었다 하더라도 그 피고시간이 종결되기까지는 피고인 회사의 청산사무는 종료되지 아니하고 형사소송법상 당사자능력도 그대로 존속한다고 해석함이 상당하다'고 판시하여 소송계속이 되고 있는 한, 당사자능력이 소멸되지 않는다는 견해를 지지하고 있다. 같은 취지, 배종대/이상돈/정승환/이주원, 325; 이재상/조균석, 129; 임동규, 62.

42) 배종대/이상돈/정승환/이주원, 325; 신동운, 734; 이은모, 76; 이재상/조균석, 130; 임동규, 63; 차용석/최용성, 112.

즉 피고인이 소송행위를 함에 있어 그 행위를 이해하고, 자기의 권리를 방어할 수 있는 능력을 소송능력(訴訟能力)이라고 한다.[43] 이러한 소송능력은 의사능력을 그 본질적 내용으로 한다는 점에서 형법상 책임능력과 유사하다. 그러나 소송능력은 소송수행상 이해득실을 판단하여 이에 따라 행동하는 능력으로 소송행위 시에 존재하여야 하지만, 책임능력은 사물을 변별하고 이에 따른 행위능력으로 범죄행위 시에 그 존재 여부가 문제된다는 점에서 양자는 구별된다.

(2) 소송능력 흠결의 효과

(가) 공판절차의 정지

소송능력은 소송행위의 유효요건이다. 따라서 소송능력이 없는 자가 한 소송행위는 무효이다. 그러나 소송능력은 소송조건이 아니므로 소송능력이 없는 자에 대한 공소제기 그 자체는 무효가 아니다. 다만 이 경우 그대로 소송절차를 진행하면 피고인에게 불이익하므로 공판절차를 정지하여야 한다(제306조 ①항).

(나) 공판절차정지의 특칙

그러나 피고인에게 소송능력이 없는 경우일지라도 ① 피고인에게 유리한 재판을 하는 경우, 즉 무죄·면소·형의 면제·공소기각의 재판을 할 것이 명백한 경우(제306조 ④항)에는 피고인의 출정 없이 재판을 진행할 수 있다. 다만 ② 형법 제9조 내지 제11조의 적용을 받지 않는 범죄사건[44]에 관하여 피고인 또는 피의자가 의사능력이 없는 때에는 그 법정대리인(제26조)이나 법원이 선임한 특별대리인이 소송행위를 대리할 수 있으며(제28조), ③ 의사능력이 없는 법인 기타 단체도 소송능력이 없으면 법인이 피고인이 때에는 자연인인 그 대표자가 소송행위를 대표한다(제27조 ①항).

Ⅳ. 피고인의 소송법상 지위

1. 소송구조론과 피고인의 지위

근대 형사소송법체계가 성립하기 이전의 규문절차에서는 규문판사가 소추의

---

43) 대판 2014.11.13. 2013도1228; 最決 昭和29年7月30日[刑集8卷7号1231頁].
44) 담배사업법이나 세법과 같은 행정범.

권한도 가지고 있어 피고인은 단지 심판의 객체로써 당사자지위에서 파생하는 방어를 위한 모든 권리가 인정되지 않았다. 그 후 피고인의 소송주체성이 인정되기 시작한 것은 19세기 탄핵주의가 도입된 이래이다. 다만 탄핵주의 형사소송구조에서도 대륙법계의 직권주의와 영미의 당사자주의에 따라 피고인의 지위가 달라진다.

(1) 직권주의 소송구조

직권주의 소송구조에서 피고인은 당사자지위를 갖는다고 하지만 형식적인 것에 불과하고, 실질적으로는 소송객체의 성격을 벗어나지 않았다. 따라서 법원은 진실발견의무에 따라 소송절차를 주도하고 피고인은 그 진실발견에 협력하여야 한다.

(2) 당사자주의 소송구조

당사자주의 소송구조에서 피고인은 법의 적정절차에 따라 그를 보호하기 위한 권리가 확립되어 있기 때문에 피고인은 검사와 대등한 지위를 갖게 되는 당사자주의가 실현된다. 따라서 피고인은 소송의 객체가 아닐 뿐만 아니라, 검사의 유죄입증을 위한 공격적 소송행위에 대립하여 주체적으로 방어적 소송활동을 할 수 있는 당사자적 지위를 갖게 되었다.

2. 당사자로서의 지위

(1) 수동적 당사자로서 피고인

현행 형사소송법은 당사자주의를 대폭 도입하여 검사와 피고인을 대립 당사자로 하는 공판절차를 진행하도록 규정하고 있다. 따라서 검사의 공격에 대하여 피고인은 무죄입증을 중심으로 자기를 방어하는 수동적 당사자로서 방어권의 주체가 되고 검사는 공소권의 주체가 된다.[45]

(2) 방어 및 소송절차참여의 주체

피고인은 공소권의 주체인 검사에 대하여 자기의 정당한 이익을 방어할 수

---

45) 이재상/조균석, 112.

있는 권리46)와 소송절차참여권47)이 보장되어 있다. 이것은 피고인의 당사자적
지위를 인정하는 근거인 동시에 그 지위에서 유래되는 권리이기도 하다.

3. 증거방법으로서의 지위

피고인은 소송의 주체로서 당사자의 지위에 있는 동시에 증거방법으로서의
지위도 갖는다. 즉 피고인은 인적 증거방법 및 물적 증거방법이 된다.

(1) 인적 증거방법

피고인은 공소사실을 직접 체험한 자로서 그가 임의로 한 진술은 증거가 될
수 있다. 여기서 피고인을 증인으로 신문할 수 있는지 문제가 된다. 영미에서는
피고인의 증인적격(證人適格)을 인정하고 있다. 그러나 형사소송법상 증인은 제3자
임을 요할 뿐만 아니라, 피고인에게 증인적격을 인정하게 되면 진술의무를 강제
하게 된다. 따라서 이것은 피고인에게 보장하고 있는 진술거부권을 무의미하게
만들어 결국 피고인의 당사자지위를 침해하는 결과가 되기 때문에 피고인의 증인
적격을 부정하지 않을 수 없다.48)

(2) 물적 증거방법

피고인의 정신상태나 신체는 검증(제172조 ③항)의 대상이 된다는 점에서 피고
인은 물적 증거방법의 성격을 가지고 있다. 다만 피고인의 신체에 대한 검증 시
에는 피고인의 인격에 손상이 가지 않도록 하여야 한다.

4. 절차대상으로서의 지위

피고인은 진실발견을 위하여 소환(제68조), 구속(제69조), 압수·수색(제106조,
제109조) 등의 강제처분의 객체가 된다. 따라서 피고인은 적법한 소환·구속에
응할 의무가 있으며, 신체 또는 물건에 대한 압수·수색도 거부할 수 없다. 이
와 같이 피고인이 강제처분의 대상이 되는 것은 피고인의 출석확보, 도망방지,

---

46) 진술거부권(제283조), 자신에게 이익이 되는 진술을 할 권리(제286조), 최종의견진술권(제303조)
　등이 있다.
47) 법원구성에 관여할 권리, 공판정에 출석할 권리, 증거조사 및 강제처분절차에 참여권 등에
　의 참여권 등이 있다.
48) 배종대/이상돈/정승환/이주원, 332; 신동운, 744; 이재상/조균석, 114; 임동규, 69.

증거인멸의 방지를 위하여 부득이 하기 때문이다. 이 지위를 절차대상의 지위라고 한다.[49]

V. 피고인의 진술거부권

1. 의 의

수사절차 또는 공판절차에서 피의자·피고인이 이들 기관의 신문에 대하여 진술을 거부할 수 있는 권리를 진술거부권(陳述拒否權)이라고 한다. 헌법 제12조 제2항에서 '모든 국민은 고문을 받지 아니하며, 형사상 자기에게 불리한 진술을 강요당하지 아니한다'고 하여 진술거부권을 헌법상 기본적 인권으로 보장하고 있다. 또한 형사소송법은 이것을 구현하기 위하여 피고인(제283조의2)뿐만 아니라, 피의자(제244조의3)의 진술거부권도 규정하고 있다. 즉 진술거부권은 피의자·피고인은 물론 모든 국민에게 인정되는 권리로서 그 주체에 대한 제한이 없다.

2. 진술거부권의 고지·범위·효과

(1) 진술거부권의 고지

형사소송법은 진술거부권의 실효성을 확보하기 위하여 피의자나 피고인에게 고지하도록 의무를 부과하고 있으며, 그 고지는 피의자·피고인이 충분히 이해할 수 있도록 사전에 적극적·명시적으로 하지 않으면 안 된다. 즉 진술거부권의 고지는 수사기관과 법원의 의무(제200조 ②항, 규칙 제127조)로, 이것을 고지하지 않고 얻은 진술의 증거능력은 부정된다.[50] 또한 고지의무의 발생시점에 관해서, 피의자에 대해서는 '검사 또는 사법경찰관이 피의자를 신문하기 전에'(제244조의3), 그리고 피고인에 대해서는 '인정신문을 하기 전에'(규칙 제127조) 진술거부권을 고지하여야 한다. 다만 그 고지는 신문이나 심리 전 1회 고지하면 충분하고, 최초 고지 후 오랜 기간 신문이 중단되었다가 다시 신문할 때나 조사자가 경질된 때에는 다시 고지하여야 한다.

---

49) 배종대/이상돈/정승환/이주원, 332; 손동권/신이철, 74; 신동운, 744; 이은모, 87; 임동규, 69; 차용석/최용성, 116.
50) 대판 1992.6.23. 92도682; 2010.5.27. 2010도1755.

(2) 진술거부권의 범위

헌법 제12조 제2항은 '형사상 자기에게 불리한 진술'의 강요를 금지하고 있지만, 형사소송법은 진술을 거부할 사항에 대하여 특별히 규정하고 있지 않기 때문에 그 내용을 제한할 수 없다고 하여야 할 것이다. 즉 ① 형사책임에 관한 진술이라면 ② 그 진술내용이 피의자 또는 피고인에게 이익·불이익을 묻지 않고 강요하여서는 안 된다.[51] 또한 ③ 진술이란, 언어를 통하여 생각이나 지식, 경험사실을 표출하는 것을 의미할 뿐만 아니라 진술인 이상 서면에 대해서도 적용되므로 수사기관의 진술서 제출요구에 대해서도 거부할 수 있다.[52] 따라서 지문의 채취, 사진촬영, 신체검사, 음주단속을 위한 호흡식 음주측정[53] 등에 대하여는 진술거부권이 적용되지 않지만, 거짓말탐지기에 의한 검사[54]와 마취분석의 경우에는 진술내용과 관련되는 것으로 진술거부권의 대상이 된다. 그러나 ④ 인정신문에 대하여도 진술을 거부할 수 있는지에 대하여 다툼이 있었으나, 형사소송규칙 제127조가 '인정신문하기 전에' 진술거부권을 고지하도록 규정하여 이에 대해서도 진술을 거부할 수 있음을 분명히 하였다.[55]

(3) 진술거부권의 효과

진술거부권은 국가가 불이익한 사실에 관한 진술을 개인에게 강요하는 것을 금지하는 것을 말한다. 따라서 진술거부권의 효과로, ① 형벌 또는 그 외의 어떤

---

51) 배종대/이상돈/정승환/이주원, 335; 손동권/신이철, 81; 신동운, 931; 이은모, 93; 임동규, 389; 차용석/최용성, 98.

52) 배종대/이상돈/정승환/이주원, 335; 손동권/신이철, 81; 신동운, 932; 이은모, 93; 차용석/최용성, 99.

53) 헌재 1997.3.27. 96헌가11에서 도로교통법 제41조 제2항에 규정된 음주측정은 호흡측정기에 입을 대고 호흡을 불어넣음으로써 신체의 물리적, 사실적 상태를 그대로 드러내는 행위에 불과하므로 이를 두고 진술이라고 할 수 없다.

54) 그러나 거짓말탐지기에서 증거가 되는 것은 질문에 대한 회답(진술)내용이 아니고, 그 질문에 대해 진술자가 반응한 생리적 변화이기 때문에 진술거부권의 대상이 아니라는 학설이 다수의 견해이다(池田修/前田雅英, 205).

55) 배종대/이상돈/정승환/이주원, 336; 손동권/신이철, 81; 이재상/조균석, 123. 그러나 일본의 최고재판소는 「이른바 묵비권(진술거부권)을 규정한 헌법 제38조 제1항의 법문에서는, 단지 '누구라도 자기에게 불이익한 진술을 강요당하지 않는다'라고 규정하고 있을 뿐, 그 법의는, 누구도 자기가 형사상의 책임을 지게 될 염려가 있는 사항에 대해서 진술을 강요당하지 않는다는 것을 보장한 것으로 해석해야 하는 것은 이 제도발달의 연혁에 비추어 명확하다. 그렇다면, 이름과 같은 것은 원칙적으로 여기의 이른바 불이익한 사항에 해당하지 않는다」고 판시하고 있다(最大判 昭和32年2月20日[刑集11卷2号802頁]).

제재로든 진술을 강요하는 것을 금지하고, ② 진술거부권을 침해하여 얻은 진술 증거의 증거능력을 배제하지 않으면 안 된다. 판례56)는 수사기관이 피의자를 신문함에 있어 피의자에게 미리 진술거부권을 고지하지 않은 때에는 그 피의자의 진술은 위법하게 수집된 증거로서 진술의 임의성이 인정되는 경우라도 증거능력을 부인하고 있다. 이것은 진술의무가 없다고 하면서 진술거부권을 침해하여 얻은 진술증거를 유죄의 증거로 인정하는 것과 상호 모순되기 때문이다. 또한 ③ 진술을 하지 않은 것으로부터 유죄를 추정하는 불이익추정금지 등이 있다. 즉 진술거부권을 행사하였다고 하여 이를 피고인에게 불리한 간접증거로 하거나 유죄추정을 하여서는 안 된다. 그러나 ④ 진술거부권의 행사를 양형에서 고려할 수 있는지에 대해 견해가 대립하고 있으나, 개전(改悛)의 정을 표시한 자와 진술거부권을 행사한 자를 같이 처벌하는 것은 합리적이라고 할 수 없으므로 이를 허용하는 견해57)가 타당하다. 판례58)는 진술거부권의 행사를 가중적 양형의 조건으로 삼는 것은 허용되지 아니하나, 그러한 태도가 방어권 행사의 범위를 넘어 진실의 발견을 적극적으로 숨기거나 법원을 오도하려는 시도에 기인한 경우에는 가중적 양형의 조건으로 참작할 수 있다고 한다.

3. 진술거부권의 포기

진술거부권의 포기를 인정할 것인지에 대하여 견해가 대립하고 있다. 그러나 피의자 또는 피고인이 진술거부권을 행사하지 않고 진술하는 것은 당연히 허용되나, 이것은 진술거부권의 불행사이지 포기가 아니다. 즉 진술거부권은 헌법상 기본적 인권으로서 포기할 수 없기 때문에,59) 일단 진술을 시작한 경우에도 피의자 또는 피고인은 각개의 신문의 일부 또는 전부에 대하여 진술을 하거나 거부할 수 있다. 따라서 피고인에게 증인의 지위를 인정하여 증언의무를 부담하게 하는 것은 진술거부권을 무의미하게 함으로 피고인에 대한 증인적격을 부정하는 것이 타당하다.60) 또한 공범인 공동피고인도 다른 공범인 공동피고인에 대한 범죄사실에

---

56) 대판 1992.6.23. 92도682; 2009.8.20. 2008도8213; 2010.5.27. 2010도1755.
57) 이재상/조균석, 127; 임동규, 390.
58) 대판 2001.3.9. 2001도192.
59) 배종대/이상돈/정승환/이주원, 338.
60) 배종대/이상돈/정승환/이주원, 338; 손동권/신이철, 86; 이은모, 97; 이재상/조균석, 125; 임동규, 391.

대해서 증인적격을 부정하여야 할 것이다.

제 2 절 소송관계인

[7] 제 1 변호인

Ⅰ. 변호인의 의의

변호인은 피고인 또는 피의자의 방어권 보충을 임무로 하는 보조자를 말한다. 이와 같은 보조자를 두는 것은 당사자주의 하에서 피고인의 정당한 이익을 보호하고, 당사자로서의 지위를 실질적으로 보장하여 공정한 재판을 실현하기 위한 것이다. 따라서 헌법은 구속된 피고인·피의자가 변호인의 도움 받을 권리를 국민의 기본권으로 보장하고 있으며(헌법 제12조 ④항), 현행 형사소송법도 이를 구현하기 위하여 변호권의 범위를 현저히 강화·확대하고 있다. 변호인은 그 선임방법에 따라 사선변호인과 국선변호인으로 구분한다.

Ⅱ. 변호인의 선임

1. 사선변호인

(1) 선임권자

피고인 또는 피의자는 언제든지 변호인을 선임할 수 있다(제30조 ①항). 또한 이들의 법정대리인·배우자·직계친족·형제자매는 독립하여 변호인을 선임할 수 있다(제30조 ②항). 전자를 고유선임권자라 하며, 후자를 선임대리권자라고 한다.

(2) 피선임자

변호인은 변호사 중에서 선임하여야 하며, 다만 대법원 이외의 법원은 특별한 사정[61]이 있으면 변호사 아닌 자를 변호인으로 선임하는 것을 허가할 수 있다 (제31조). 이를 특별변호인이라고 한다. 그러나 법률심인 상고심에서는 변호사 아닌 자를 변호인으로 선임하지 못하지만(제386조), 선임할 수 있는 변호인의 수에는 제한이 없다. 다만 수인의 변호인이 있는 때에는 재판장은 피고인·피의자 또는 변호인의 신청이나 직권으로 대표변호인을 지정할 수 있고, 그 지정을 철회 또는 변경할 수 있다(제32조의2 ①항, ②항)

(3) 선임방식

변호인의 선임은 변호인과 선임자가 연명날인한 선임신고서를 공소제기 전에는 그 사건을 취급하는 검사 또는 사법경찰관에게, 공소가 제기된 후에는 법원에 제출하여야 한다고 규정하여 서면주의(書面主義)를 취하고 있다(제32조 ①항). 또한 변호인의 선임은 법원 또는 수사기관에 대한 소송행위이므로 그 기초가 되는 선임자와 변호인 사이의 계약관계가 취소 또는 무효가 되어도 변호인선임의 효력에는 영향을 미치지 않는다.

(4) 선임의 효과

변호인의 선임효과는 그 심급에 한하며, 공소사실의 동일성이 인정되는 사건의 전부에 미친다. 다만 공소제기 전의 변호인선임은 제1심에도 그 효력이 미친다(제32조 ①항, ②항). 여기서 심급이란, 종국재판의 선고 시를 의미하는 것이 아니라 상소에 의하여 이심(移審)의 효력이 발생할 때까지를 말한다는 점에서 견해가 일치하고 있다.[62]

2. 국선변호인

(1) 국선변호인의 의의

법원에 의하여 선정된 변호인을 국선변호인이라 한다. 이는 사선변호제도를 보충하여 피고인의 변호권을 강화하기 위한 것으로 헌법상 보장된 제도이다(헌법

---

61) 법원실무제요(형사) I , 97. 특별한 사정으로는 외국변호사의 변론을 허용하는 경우가 있으나 실무상 인정되는 예는 거의 없다.
62) 배종대/이상돈/정승환/이주원, 345; 신동운, 80; 이재상/조균석, 135; 임동규, 74; 차용석/최용성, 120.

제12조 ④항 단서).

(2) 선 정

법원은 다음과 같은 경우에는 국선변호인을 선정해야 한다. 또한 선정된 변호인이 출석하지 아니한 때에는 법원 또는 재판장은 직권으로 변호인을 선정하도록 하여 구법보다 국선변호제도를 강화하였다(제283조).

(가) 형사소송법 제33조

법원은 피고인이 ① 구속된 때, ② 미성년자인 때, ③ 70세 이상인 때, ④ 농아자인 때, ⑤ 심신장애의 의심이 있는 때, ⑥ 사형·무기 또는 단기 3년 이상의 징역이나 금고에 해당하는 사건으로 기소된 때 중에서 어느 하나에 해당하는 경우에 변호인이 없는 때에는 직권으로 변호인을 선정하여야 한다(동조 ①항). 또한 ⑦ 법원은 피고인이 빈곤 그 밖의 사유로 변호인을 선임할 수 없는 경우에 피고인의 청구가 있는 때에는 변호인을 선정하여야 한다(동조 ②항). 그리고 ⑧ 법원은 피고인의 연령·지능 및 교육 정도 등을 참작하여 권리보호를 위하여 필요하다고 인정하는 때에는 피고인의 명시적 의사에 반하지 아니하는 범위 안에서 변호인을 선정하여야 한다(동조 ③항).

(나) 필요적 변호사건

형사소송법 제33조 제1항 각 호의 어느 하나에 해당하는 사건 및 동조 제2항과 제3항의 규정에 따라 변호인이 선정된 사건에서 변호인이 출석하지 아니한 때는 법원은 직권으로 변호인을 선정하여야 한다(제282조, 제283조). 공판준비기일이 지정된 사건(제266조의8 ④항), 군사법원사건(군사법원법 제62조 ①항)에서 변호인이 없거나 치료감호가 청구된 사건에서 변호인이 없거나 변호인이 출석하지 않을 때에는 국선변호인을 선정하여야 한다(치료감호법 제15조 ②항).

(다) 체포·구속적부심사

체포 또는 구속의 적부심사를 청구한 피의자가 형사소송법 제33조 각 호의 사유에 해당하고 사선변호인이 없는 때에는 국선변호인을 선정하여야 한다(제214조의2 ⑩항).

(라) 구속 전 피의자심문

구속영장을 청구받은 지방법원판사가 피의자를 심문하는 경우에 심문할 피의자에게 변호인이 없는 때에는 직권으로 변호인을 선정하여야 한다(제201조의2 ⑧항). 이 경우 변호인의 선정은 피의자에 대한 구속영장청구가 기각되어 효력이 소멸한 경우를 제외하고는 제1심까지 효력이 있다(동조 ⑧항). 또한 법원은 변호인의 사정이나 그 밖의 사유로 변호인 선정결정이 취소되어 변호인이 없게 된 때에는 직권으로 변호인을 다시 선정할 수 있다(동조 ⑨항). 이 규정에 의하여 수사절차는 물론 공판절차에서 전면적인 국선변호제도가 도입되었다.

(마) 재심사건

재심개시의 결정이 확정된 사건에 있어서 ① 사망자 또는 회복할 수 없는 심신장애를 위하여 재심의 청구가 있는 때, ② 유죄의 선고를 받은 자가 재심의 판결 전에 사망하거나 회복할 수 없는 심신장애자로 된 때에 재심청구자가 변호인을 선임하지 아니한 경우에도 재판장은 직권으로 국선변호인을 선임하여야 한다(제438조 ④항).

(3) 선정의 법적 성질

국선변호인선정의 법적 성질에 대하여 재판설, 공법상 일방행위설, 공법상 계약설 등이 대립하고 있다. 다수설[63]인 재판설은 국선변호인제도의 효율성과 절차의 명확성이라는 관점에서 국선변호인의 선정을 법원이 행하는 단독의사표시인 명령이라고 파악하고 있다.

(4) 선정의 절차

국선변호인의 선정은 법원의 결정에 의한다. 다만 ① 공소제기 전의 피의자가 구속 전 피의자심문(제201조의2)이나 체포·구속적부심사(제214조의2)를 청구한 사건에서 국선변호인의 선정사유에 해당하는 경우에는 '법원은 지체 없이' 국선변호인을 선정하고 피의자 및 변호인에게 그 뜻을 고지하여야 한다(규칙 제16조 ①항). ② 공소제기된 피고인이 국선변호인 선정사유에 해당하지만 변호인이 없는 때에는, '변호인이 없이 개정할 수 없는 취지와 스스로 변호인을 선임하지 아니할

---

63) 배종대/이상돈/정승환/이주원, 350; 신동운, 90; 이재상/조균석, 140; 차용석/최용성, 123.

경우에는 법원이 국선변호인을 선정하거나'(제33조 ①항에 해당하는 경우), '국선변호
인의 선정을 청구할 수 있는 취지'(제33조 ②항) 또는 '국선변호인의 선정을 희망하
지 아니한다는 의사를 표시할 수 있다는 취지'(제33조 ③항)를 서면으로 고지하여
야 한다(규칙 제17조 ①항, ②항).

(5) 선정의 취소와 사임·보수

국선변호인의 선정취소에는 ① 피고인·피의자에게 변호인이 선임되었을 때,
② 국선변호인이 자격을 상실한 때, ③ 국선변호인의 사임을 허가한 때, ④ 국선
변호인이 그 직무를 성실히 수행하지 아니하거나 기타 상당한 이유가 있는 때에
는 필요적으로 법원은 그 선정을 취소하여야 한다(규칙 제18조 ①항). 이외에도 ⑤
국선변호인이 직무를 성실히 수행하지 아니하거나, ⑥ 기타 상당한 이유가 있는
때에는 법원은 임의적으로 변호인의 선정을 취소할 수 있다(동조 ②항). 이 경우
지체 없이 국선변호인과 피고인에게 통지하여야 한다(동조 ③항).

국선변호인의 사임은 형사소송규칙 제20조에 규정된 사유[64]가 있으면 법원
은 사임을 허가하고 선정을 취소하여야 한다(규칙 제18조 ①항). 국선변호인은 일
당·여비·숙박료 및 보수를 청구할 수 있다(형사소송비용법 제2조 3호).

Ⅲ. 변호인의 지위

1. 보호자로서의 지위

변호인은 피의자·피고인의 정당한 이익을 보호하는 것을 그 임무[65]로 하는
점에서 사선변호인과 국선변호인은 차이가 없다. 변호인은 피의자·피고인의 단

---

64) 국선변호인의 사임사유는 ① 질병 또는 장기여행으로 인하여 국선변호인의 직무를 수행하
기 곤란한 때, ② 피고인 또는 피의자로부터 폭행·협박 또는 모욕을 당하여 신뢰관계를 지
속할 수 없을 때, ③ 피고인 또는 피의자로부터 부정한 행위를 할 것을 종용받았을 때, ④
기타 국선변호인으로서의 직무를 수행할 수 없다고 인정할 만한 상당한 사유가 있을 때 등
이다(형사소송규칙 제20조).
65) 대판 2012.8.30. 2012도6027. '형사변호인의 기본적인 임무가 피고인 또는 피의자를 보호하고
그의 이익을 대변하는 것이라고 하더라도, 그러한 이익은 법적으로 보호받을 가치가 있는
정당한 이익으로 제한되고, 변호인이 의뢰인의 요청에 따른 변론행위라는 명목으로 수사기
관이나 법원에 대하여 적극적으로 허위의 진술을 하거나 피고인 또는 피의자로 하여금 허
위진술을 하도록 하는 것은 허용되지 않는다'고 판시하고 있다.

순한 대리인이 아니라 그 보호자이기 때문에 피의자·피고인과 변호인 사이에는 신뢰관계가 유지되어야 하는 것이 불가결의 조건이다. 따라서 변호인에게는 비밀유지의무가 부과되어 이를 위반하면 형법의 업무상비밀누설죄(형법 제317조)가 성립한다.

2. 공익적 지위

변호인은 법원·검사와 함께 법조기관에 속하므로 진실발견에 협력하여야 한다. 즉 변호사법은 '변호인은 그 직무를 수행함에 있어서 진실을 은폐하거나 허위의 진술을 하여서는 안 된다'고 규정하여(동법 제24조 ②항), 변호인의 공익적 지위를 강조하고 있다. 그러나 이 규정은 변호인이 검사나 법원을 적극적으로 협조하여 진실발견에 기여해야 한다는 것이 아니라, 진실을 은폐하는 등 그 발견을 방해하지 않는 것과 같은 소극적 의미의 직무라고 하는 점에서 이들과 구별된다.

Ⅳ. 변호인의 권리

피의자·피고인의 보호자인 변호인의 소송활동을 보장하기 위하여 변호인에게는 여러 가지 권리가 보장되어 있다. 이러한 권리에는 피의자·피고인의 소송행위를 대리하는 대리권과 변호인에게 고유하게 인정되는 고유권이 있다.

1. 대리권

변호인의 대리권은 본인의 의사에 반하여 허용되는 독립대리권과 본인의 의사에 종속하여 할 수 있는 종속대리권으로 구분할 수 있다. ① 독립대리권은 피고인의 명시적 의사에 반하여 할 수 있는 대리권으로 구속취소의 청구(제93조), 보석의 청구(제94조), 증거보전의 청구(제184조), 공판기일변경신청(제270조 ①항), 증거조사에 대한 이의신청(제296조 ①항)이 있다. 또한 피고인의 명시적 의사에는 반할 수 없으나 묵시적 의사에 반할 수 있는 대리권으로 기피신청(제18조 ②항), 상소제기(제341조) 등이 있다. 이에 대하여 ② 종속대리권은 관할이전의 신청(제15조), 관할위반의 신청(제320조), 증거동의(제318조), 상소취하(제349조), 정식재판의 청구(제453조) 등이 있다.

2. 고유권

변호인의 권리로 특별히 규정된 것 중에서 성질상 대리권이라고 볼 수 없는 것을 고유권이라 한다. 고유권 중에는 ① 피고인 또는 피의자와 중복하여 가지는 권리로서 서류·증거물의 열람복사권(제35조), 압수·수색·검증영장의 집행참여권(제121조, 제145조), 증인신문참여권(제163조), 증인신문신청(제294조), 증인신문권(제161조의2), 증거보전절차참여권(제184조 ②항), 최후진술권(제303조), 공판기일출석권(제275조) 등이 있다. 또한 ② 변호인만이 가지고 있는 권리로는 피의자·피고인에 대한 접견교통권(제34조), 피의자신문참여권(제243조의2 ①항), 피고인에 대한 신문권(제296조의2), 상고심에서 변론권(제387조) 등이 있으며, 이를 협의의 고유권이라고도 한다.

3. 변호인의 접견교통권

변호인 또는 변호인이 되려는 자는 신체구속을 당한 피고인 또는 피의자와 접견하고 서류 또는 물건을 수수할 수 있으며, 의사로 하여금 진료하게 할 수 있다(제34조). 이를 변호인의 접견교통권(接見交通權)이라고 하며, 이에 관해서는 장을 바꾸어서 설명하기로 한다.

4. 변호인의 피의자신문참여권

2007년 개정 형사소송법은 변호인의 도움을 받을 권리를 실질적으로 보장하기 위하여 피의자신문과정에 변호인이 참여할 수 있도록 신설하였다(제243조의2 ①항). 즉 피의자신문에 참여한 변호인은 그 신문이 끝난 후 의견을 진술할 수 있고, 검사 또는 사법경찰관의 승인을 얻어 신문 중이라도 부당한 신문방법에 대하여 이의를 제기할 수 있다(동조 ③항). 따라서 수사기관은 사전에 변호인에게 신문기일과 장소를 통지하여야 한다. 다만 검사 또는 사법경찰관은 ① 수사방해, ② 수사기밀누설 및 ③ 증거인멸의 위험이 있는 등 '정당한 사유'가 있는 때에는 변호인참여권을 제한할 수 있다(동조 ①항). 그러나 이러한 정당한 사유 이외의 사유로 변호인의 참여를 제한하는 처분에 대해서는 준항고를 할 수 있다(제417조). 또한 변호인의 피의자신문참여권을 침해하여 작성한 피의자신문조서는 위법한 절차에 의하여 얻은 증거이므로 그 증거능력이 부정된다.[66]

---

66) 대판 2013.3.28. 2010도3359에서는, 피의자가 변호인의 참여를 원한다는 의사를 명백하게 표

5. 변호인의 기록열람권 · 복사권

변호인은 소송계속 중인 관계서류 또는 증거물을 열람 또는 복사할 수 있다(제35조 ①항). 이것은 변호인이 수사결과 및 증거를 정확히 파악하지 않으면 효과적인 방어를 할 수 없을 뿐만 아니라, 공판절차를 원활하고 신속하게 진행하는데도 도움이 되지 않기 때문이다. 특히 형사소송법은 ① 피고인과 변호인에게 소송계속 중의 관계서류 또는 증거물에 대한 열람 · 복사권(제35조 ①항)뿐만 아니라, ② 공소제기 후 검사가 보관하고 있는 서류 등의 열람 · 등사권, 즉 증거개시(證據開示, 제266조의3 ①항)를 인정하고 있다. 이 외에도 ③ 피고인에게는 공판조서의 열람 · 등사권이 인정된다(제55조 ①항).

[8] 제2 피해자

Ⅰ. 피해자와 형사절차

종래 형사절차의 주된 관심사는 국가권력과 처벌의 위험에 놓인 개인인 피의자 · 피고인 사이에 매몰되어,[67] 피해자는 범죄로 인하여 직접 피해를 입은 사건의 당사자임에도 불구하고 형사절차상 잊혀진 존재로 인식되어 왔다. 따라서 피해자의 의사가 형사절차에 반영되지 않았음은 물론 오히려 프라이버시의 침해 등 새로운 제2차 피해를 당하는 경우가 종종 발생하여 왔다. 그러나 이것은 피해자의 인권보장적 측면에서도 타당하지 않을 뿐만 아니라, 형사사법 전반에 대한 불신을 초래하여 각국은 피해자를 다양한 형태로 소송에 참가시켜 그의 법적 지위를 강화하고 있다. 특히 우리나라와 유사한 소송구조를 취하고 있는 독일은 물론 일본에서도 피해자에게 '당사자' 또는 '당사자에 준하는 지위'를 인정하고 있다.[68]

시하였음에도 수사기관이 정당한 사유 없이 변호인을 참여하게 하지 아니한 채 피의자를 신문하여 작성한 피의자신문조서는 형사소송법 제312조에 정한 '적법한 절차와 방식'에 위반된 증거일 뿐만 아니라, 형사소송법 제308조의2에서 정한 '적법한 절차에 따르지 아니하고 수집한 증거'에 해당하므로 이를 증거로 할 수 없다.

67) 차용석/최용성, 137.

68) 직권주의적 소송구조를 취하고 있는 독일에서는 피해자에게 독립된 당사자로서의 포괄적 지위를 인정하는 '공소참가제도'를 도입하고 있으며, 우리나라와 유사한 당사자적 소송구조를

II. 현행 소송법상 피해자의 지위

1. 수사단계에서의 피해자의 지위

피해자는 범죄로 인한 피해를 수사기관에 신고하거나 고소권의 행사로 수사단계에 관여하게 된다(제223조). 또한 수사기관은 수사에 필요한 때에는 피해자를 참고인으로 출석시켜 진술(제221조 ①항 전단)을 들을 수 있어 피해자의 의사를 수사절차에 반영하고 있다. 특히 이 경우 수사기관은 피해자의 연령, 심신의 상태, 그 밖의 사정을 고려하여 증인이 현저하게 불안 또는 긴장을 느낄 우려가 있다고 인정하는 때에는 직권 또는 피해자·법정대리인의 신청에 따라 피해자와 신뢰관계에 있는 자를 동석하게 할 수 있다(제221조 ③항).

2. 공소제기단계에서의 피해자의 지위

현행 소송법은 공소권을 검사가 독점하는 기소독점주의(제246조)를 취하고 있기 때문에 피해자는 원칙적으로 공소에 관여할 수 없다. 그러나 ① 친고죄나 반의사불벌죄와 같은 범죄유형에서는 피해자의 고소 또는 불처벌의사가 공소제기단계에 반영되고 있다. 또한 ② 피해자는 자기가 고소한 사건에 대하여 검사가 공소를 제기 또는 제기하지 아니하는 처분을 한 경우에 그 처분의 통지(제258조 ①항) 및 그 청구가 있는 경우에는 그 이유를 서면으로 설명하도록 하여(제259조) 피해자를 배려하고 있다. 나아가 ③ 고소한 피해자가 검사로부터 불기소처분의 통지를 받은 경우에는 고등법원에 그 당부에 관한 재정신청(제260조)을 할 수 있도록 하여, 공소제기단계에서 피해자의 정당한 권리를 주장할 수 있도록 하고 있다.

3. 공소단계에서의 피해자의 지위

우리 헌법은 범죄피해자의 형사절차상 지위를 헌법적 차원에서 보장하기 위하여 형사피해자의 재판절차에서의 진술권을 명시하고 있다(헌법 제27조 ⑤항). 이

취하고 있는 일본도 2007년 「범죄피해자권리이익의보호를도모하기위한형사소송법일부를개정하는법률」을 제정하여 '피해자참가인'이라는 당사자에 준하는 지위를 인정하여 피해자참가제인제도를 실시하고 있다(졸고, 「일본의 범죄피해자 형사재판참가제도에 관한 고찰」, 비교형사법연구 제10권 2호, 2008, 283 이하).

에 따라 2007년 개정 형사소송법에서 '법원은 피해자 등의 신청이 있는 경우에는 원칙적으로 피해자 등을 증인으로 신문하여야 한다'고 규정하여, ① 피해자의 법정진술권(제294조의2)을 비롯한 ② 피해자진술의 비공개(제294조의3), ③ 피해자 등의 공판기록 열람·등사권(제294조의4), ④ 비디오 중계방식에 의한 신문(제165조의2), ⑤ 공판진행상황의 통지(제259조의2), ⑥ 신뢰관계자의 동석(제163조의2, 제221조) 등을 규정(이 규정들에 관한 자세한 내용은 281면「피해자의 진술권」이하를 참조)하여, 피해자를 독일이나 일본처럼 당사자 또는 당사자에 준하는 지위를 인정하고 있지는 않지만 그 지위를 대폭 강화하고 있다.

Ⅲ. 소송법상 범죄피해자의 구제

범죄피해자 등이 가해자로부터 손해배상을 받기 위해서는 민사소송이 필요하다. 그러나 피해자가 손해배상을 위하여 새롭게 민사소송을 제기하는 것은 절차의 번잡함은 물론 막대한 소송비용 등 제약이 있어 민사소송을 거치지 않고 형사판결에 의하여 신속히 손해배상까지도 함께 명하는 제도를 「배상명령절차」라고 한다. 즉 ① 배상명령절차는 공소가 제기된 범죄로 인하여 피해자에게 손해가 발생한 경우 법원의 직권 또는 피해자의 신청에 의해 가해자인 피고인에게 손해배상을 명하는 절차를 말한다(소송촉진법 제25조). 그러나 이 제도는 피고인이 무자력자이거나 가해자가 불명인 경우에는 실효성이 없다. 따라서 범죄피해자의 구제를 위한 국가적 제도가 요구되는데 이것이 바로 범죄피해자보호법에 의한 「범죄피해자구조제도」이다. ② 범죄피해자구조제도는 범죄행위로 인하여 사망·장해·중상해를 입은 피해자가 범죄로 인한 손해의 전부 또는 일부를 배상받지 못할 경우 국가가 피해자에게 구조금을 지급하도록 하여 헌법 제30조의 범죄피해구조청구권을 국민의 기본권으로 보장하고 있다.

제 3 절	소송행위와 소송조건

[9] 제 1 소송행위의 의의와 종류

Ⅰ. 소송행위의 의의

1. 소송행위의 개념

소송행위는 소송절차를 조성하는 개개의 행위로서 형사소송법상 효과가 인정되는 행위를 말한다. 협의로는 공소제기에서 확정판결에 이르기까지의 공판절차를 조성하는 행위를 의미하며, 광의로는 수사절차와 형의 집행절차를 포함한 모든 형사절차를 조성하는 행위를 말한다. 그러나 소송에 관계에 있는 행위라 할지라도 소송절차 자체를 형성하는 행위가 아니거나,[69] 소송절차를 형성하는 행위라 하더라도 소송법적 효과가 인정되지 않는 행위[70]는 소송행위가 아니다. 다만 소송법상 효과가 인정되는 동시에 실체법상 효과가 인정되는 행위는 소송행위라고 하지 않을 수 없다. 이를 이중기능적 소송행위[71]라고 한다.

2. 소송행위의 특질

소송행위는 소송목적을 향한 절차의 연속을 전제로 하는 행위이므로 절차의 발전단계에 따라 이미 이루어진 행위를 바탕으로 하여 다른 소송행위가 이루어진다. 이를 「절차유지(節次維持)의 원칙」이라 하며, 이 원칙에 따라 이미 이루어진 소송행위를 무효로 하는 것을 억제할 필요가 있다. 따라서 소송행위에는 사법(私法)상 법률행위이론, 특히 의사의 하자(瑕疵)에 관한 이론, 대리이론, 부관(附款)이론 등은 그대로 적용되지 않고 특칙이 인정되고 있다.

---

69) 예컨대 법관의 임면, 사법사무의 배분 등은 사법행정상의 행위로서 직접적으로 형사절차를 구성하지 않기 때문에 소송행위에 해당하지 않는다.
70) 예컨대 법정경위의 법정정리, 개정준비행위 등은 형사절차의 진행을 현실적으로 촉진하는 행위이지만 소송법적 효과가 발생하지 않기 때문에 소송행위에 해당하지 않는다.
71) 예컨대 자수와 자백

Ⅱ. 소송행위의 종류

소송행위는 다양한 관점으로부터 분류할 수 있지만 아래에서는 소송행위를 주체·기능·성질·목적에 따라서 살펴보기로 한다.

1. 행위의 주체에 의한 분류

(1) 법원의 소송행위

법원이 하는 소송행위를 말한다. 법원의 가장 중요한 소송행위는 피고사건에 대한 심리와 재판이지만, 강제처분과 증거조사도 여기에 포함된다. 수소법원을 구성하는 재판장·수명법관·수탁판사의 소송행위도 법원의 소송행위에 준하며, 법원사무관의 조서작성행위도 법원의 소송행위에 포함된다.

(2) 당사자의 소송행위

소송의 당사자인 검사와 피고인의 소송행위를 말한다. 피고인의 변호인·대리인·보조인 등이 행하는 소송행위도 당사자의 소송행위에 준한다. 당사자의 소송행위에는 청구와 신청, 입증 및 진술이 있다.

(3) 제3자의 소송행위

법원과 당사자 이외의 자가 행하는 소송행위를 말한다. 예컨대 고소, 고발, 증언, 감정과 피고인 아닌 자가 행하는 압수물에 대한 환부·가환부(제133조 이하) 등이 있다.

2. 행위의 기능에 의한 분류

(1) 효과요구 소송행위(취효적 소송행위)

소송행위 그 자체만으로는 행위자가 원하는 소송법적 효과가 발생하지 않고, 법원의 재판을 통하여 비로소 소송법적 효과가 나타나는 소송행위를 말한다.[72]

---

[72] 효과부여적 소송행위는 그 행위의 형식적 요건과 실질적 요건이 단계적으로 심사된다. 따라서 형식적 요건의 불비가 있는 경우에 '부적법하므로 각하'한다는 판단을 내리며, 형식적 요건은 갖추었으나 실질적 요건을 갖추지 못한 경우에는 '이유 없으므로 기각한다'는 판단을 내리게 된다(신동운, 629).

공소제기, 기피신청, 관할위반신청, 증거신청 등이 있다.

(2) 효과부여 소송행위(여효적 소송행위)

법원의 행위와 관계없이 소송행위 그 자체만으로 일정한 소송법적 효과가 발생하는 소송행위를 말한다. 상소의 포기나 취하, 약식명령에 대한 정식재판청구의 취하(제454조), 고소의 취소 등이 있다.

3. 행위의 성질에 의한 분류

(1) 법률행위적 소송행위

일정한 소송법적 효과를 목적으로 하는 의사표시를 요소로 하고 그에 상응하는 효과가 인정되는 소송행위를 말한다. 공소제기, 재판의 선고, 상소의 제기 등이 여기에 해당한다. 법률행위적 소송행위는 소송법에 규정된 일정한 소송법적 효과가 발생한다는 점에서 사적 자치(私的自治)의 원칙에 따라 그 의사표시대로 효과가 발생하는 사법상 법률행위와 구별된다.

(2) 사실행위적 소송행위

행위자의 의사표시와 관계없이 소송행위 자체에서 일정한 소송법적 효과가 발생하는 소송행위를 말한다. 여기에는 의사가 외부로 표현되기는 하지만 의사에 상응하는 소송법적 효과가 발생하지 않는 표시행위와 단순한 사실행위가 있다. 전자에 해당하는 행위에는 논고, 구형, 변론, 증인의 증언 등이 있고 후자로는 구속, 압수, 수색 등의 영장집행이 있다.

4. 행위의 목적에 의한 분류

(1) 실체형성행위

피고사건에 대한 법관의 심증형성에 직접적인 역할을 하는 소송행위를 말한다. 즉 피고인의 진술, 증인의 증언, 법원의 검증, 증거조사 등을 말한다.

(2) 절차형성행위

절차의 형식적 진행과 발전에 기여하는 행위로서 절차면의 형성을 목적으로 하는 행위를 말한다. 따라서 절차형성행위는 절차유지의 원칙이 적용되어 원칙적으로 취소가 인정되지 않는다.[73] 즉 공소제기, 증거조사신청, 기피신청, 상소제기 등이 여기에 해당한다.

[10] 제 2 소송행위의 일반적 요소

소송행위는 소송절차의 확실성이라는 관점으로부터 원칙적으로 형사소송법에 규정된 행위의 정형성(定型性)이 요구된다. 소송행위의 정형은 각각의 소송행위에 따라 다르지만, 일반적으로 모든 소송행위에 공통된 요소를 소송행위의 일반적 요소라고 하며, 주체·내용·방식 및 일시와 장소가 그것이다.

Ⅰ. 소송행위의 주체

1. 소송행위적격의 의의와 종류

(1) 소송행위적격의 의의

소송행위의 주체가 되기 위해서는 소송능력[74]뿐만 아니라, 소송행위능력이 있어야 한다. 이러한 주체가 자기의 이름으로 소송행위를 할 수 있는 자격을 소송행위의 적격(適格)이라고 한다. 여기에는 일반적 행위적격과 특별한 행위적격이 있다.

(2) 소송행위적격의 종류

(가) 일반적 행위적격

소송행위 일반에 대해서 요구되는 행위적격을 말한다. 소송행위의 주체가 되기 위해서는 소송능력을 구비하여 소송행위의 의미를 이해하고, 자신의 이익·권

---

73) 신동운, 630.
74) 소송능력은 소송주체가 유효하게 소송행위를 할 수 있는 능력을 의미하기 때문에 의사능력이 있을 때 인정되지만, 소송행위능력은 소송을 수행하면서 자신의 이익과 권리를 방어할 수 있는 사실상의 능력을 말한다.

리를 방어할 수 있는 사실상 행위능력 또는 변론능력을 가지고 있어야 한다.[75]

(나) 특별한 행위적격

개개의 소송행위에 대해서 요구되는 행위적격으로 여기에는 두 종류가 있다. ① 행위적격이 소송행위의 개념요소로 일정한 주체가 특정되어 있는 경우에는 행위적격이 없는 자의 소송행위는 소송행위로서 성립하지 않는다. 예컨대 검사 아닌 자가 제기한 공소처럼 행위적격이 없는 자의 공소제기는 소송행위로서 성립조차하지 않는다(제246조 참조). ② 소송행위가 일정한 자의 권한으로 규정되어 있는 경우에는 행위적격 없는 자의 소송행위는 일단 성립하지만 무효가 된다. 예컨대 고소권자가 아닌 자의 고소와 상소권자가 아닌 자의 상소 등이 여기에 속한다. 그러나 이 경우는 소송행위가 성립하지 않는 전자와 달리 일단 소송행위는 성립하였기 때문에 제3자가 그 행위를 대리(代理)할 수 있는지, 즉「소송행위의 대리 문제」가 발생한다.

2. 소송행위의 대리

(1) 대리의 개념

대리는 대리인의 소송행위에 의하여 본인에게 직접 법률상 효과가 발생하는 제도를 말한다. 다만 소송행위에서는 소송행위적격이 요구되므로 소송행위의 대리란 결국 대리인이 소송행위적격자를 대리하여 소송행위를 할 수 있는지 하는 문제가 발생한다.[76] 또한 대리는 본래 민법상 인정된 제도로서 의사표시를 요소로 하는 법률행위에 대해서만 원칙적으로 인정된다. 그러나 형사소송에서는 사실행위도 소송법상 효과가 부여되기 때문에 법률행위적 소송행위와 사실행위적 소송행위의 구별은 상대적인 것에 불과하다. 다만 소송주체 상호간의 조화를 꾀하기 위하여 소송행위의 대리에 일정한 제한을 두고 있을 뿐이다.

---

75) 배종대/이상돈/정승환/이주원, 368.
76) 법원과 검사의 소송행위에 대해서는 그 주체가 법률로 엄격하게 제한되어 있기 때문에 대리를 인정할 필요가 없다. 따라서 피고인 또는 제3자의 소송행위의 대리가 문제가 된다(이재상/조균석, 163).

(2) 대리의 허용범위

(가) 명문의 규정이 있는 경우

형사소송법이 명문으로 소송행위의 대리를 인정하는 경우는 ① 포괄적 대리를 인정하는 경우와 ② 개개의 소송행위에 대리를 인정하는 경우로 구분할 수 있다. 우선 전자의 경우로는 의사무능력자의 법정대리인이 행하는 소송행위의 대리(제26조), 법인의 대표자가 행하는 소송행위의 대리(제27조), 변호인·보조인에 의한 소송행위의 대리(제36조, 제29조), 경미한 사건에 대한 피고인의 대리(제277조) 등이 있다. 후자에 해당하는 것으로는 변호인선임의 대리(제30조 ②항), 체포·구속적부심사청구의 대리(제214조의2), 고소 또는 그 취소의 대리(제236조), 재정신청의 대리(제264조), 상소의 대리(제341조) 등이 있다.

(나) 명문의 규정이 없는 경우

형사소송법에 대리를 인정하는 명문의 규정이 없는 경우에 이를 인정할 것인지에 대해 긍정설과 부정설이 대립되어 있다. 소송행위의 대리에 대해 명문의 규정이 없는 경우에 이것을 인정하게 되면 ① 형사소송의 형식적 확실성을 침해할 위험이 있을 뿐만 아니라, ② 소송행위는 원칙적으로 대리에 친하지 않은 일신전속적 성격을 가지고 있기 때문에 부정설[77]의 입장이 타당하다고 생각한다. 판례[78]도 부정설의 입장이다.

(3) 대리권의 행사

소송행위의 대리가 허용되는 경우에도 대리권의 행사는 본인의 의사에 따라야 한다. 즉 종속대리인 경우는 대리권의 행사에 관하여 본인의 의사에 따라야 한다. 그러나 독립대리인 경우는 본인의 명시적 또는 묵시적 의사에 반하여 대리권을 행사할 수 있다. 따라서 소송대리권이 없는 자의 소송행위는 무효이지만, 그 소송행위에 관하여 본인이 추인한 경우에는 절차의 확실성을 해치지 않는 범위에서 치유(治癒)된다고 본다.

---

77) 배종대/이상돈/정승환/이주원, 370; 손동권/신이철, 125; 신동운, 633; 임동규, 103.
78) 대판 2014.11.13. 2013도1228.

II. 소송행위의 내용

1. 형식적 확실성

소송행위는 형사절차의 명확성 및 안정성을 확보하기 위하여 그 내용이 명확하고 특정되어야 한다. 따라서 각 소송행위는 그 표시내용이 소송행위 자체에 명확히 나타나지 않으면 안 된다. 그러나 형식적 확실성을 해하지 않는 범위 내에서 다른 서면에 기재된 내용을 인용하는 것[79]은 절차의 편의를 위하여 허용된다고 하여야 한다(제369조, 제399조 참조). 또한 동시 제출된 다른 서면을 인용하는 것도 일반적으로 허용된다.

2. 소송행위의 부관(附款)

소송행위는 형식적 확실성이 요청되는 행위이므로 조건이나 기한 등의 부관에 친하지 않는 행위이다. 따라서 조건부·기한부 소송행위는 원칙적으로 허용되지 않는다. 만약 이것을 허용하게 되면 소송당사자를 불확실한 상태에 방치시킬 위험이 있기 때문이다. 다만 형식적 확실성을 해하지 않고, 피고인의 이익에 중대한 영향을 미치지 않는 범위 내에서는 조건부 소송행위도 허용된다.[80]

III. 소송행위의 방식

1. 소송행위의 방식

소송행위는 형사소송법이 규정한 일정한 방식으로 이루어져야 한다. 이것은 형사절차의 형식적 확실성과 피고인의 이익을 보호하기 위한 것이다. 다만 어느 방식에 의하든 국어를 사용하여야 하며, 소송관계인이 국어에 통하지 아니하는 경우에는 통역을 사용하여야 한다(법원조직법 제62조).

소송행위의 방식으로는 구두주의와 서면주의가 있다. ① 구두주의는 소송행위를 구두로 행하는 방식으로서 피고사건에 관하여 법원의 심증형성에 직접 영향

---

79) 상소심의 재판서를 기재할 때 원심판결의 판결에 기재한 사실과 증거를 인용하는 것을 의미한다.

80) 예컨대 공소사실과 적용법조의 예비적·택일적 기재, 조건부 또는 택일적 증거신청 등이 그 것이다.

을 미치는 실체형성행위[81]의 원칙적 방법이다(제37조 ①항). ② 서면주의는 소송행위를 서면에 의하여 행하도록 하는 방식으로서 절차형성행위[82]의 원칙적 방법이다. 이에 대하여 ③ 구두주의와 서면주의 어느 방식에 의하여도 무방한 소송행위가 있다(규칙 제176조 ①항).[83]

2. 서류와 송달

(1) 소송서류

(가) 소송서류의 개념

소송서류는 피고사건 또는 피의사건에 관하여 작성된 모든 서류를 말한다.[84] 따라서 법원에서 작성된 서류뿐만 아니라 소송관계인이 작성하여 제출된 서류도 포함한다. 그러나 작성되거나 제출된 서류이어야 하므로 압수된 서류는 단순한 증거물일 뿐 소송서류가 아니다. 이러한 소송서류는 법원이 소송절차에 따라 편철하는데 이것을 소송기록이라고 한다.

(나) 소송서류 비공개의 원칙

'소송에 관한 서류는 공판의 개정 전에는 공익상 필요 기타 상당한 이유가 없으면 공개하지 못한다'(제47조). 여기서 '공판의 개정 전'이란, 제1회 공판기일 전에 한하지 않고, 제2회 공판기일의 개정 전이라도 1회 공판기일에 공개하지 않았던 서류나 그 후 작성된 서류는 공개하지 못한다. 이것은 피고인의 명예보호와 재판에 대한 외부로부터의 부당한 간섭을 배제하기 위한 것이다. 다만 피고인과 변호인 등은 소송계속 중의 서류 또는 증거물을 열람하거나 복사할 수 있는 권리(제35조 ①항)가 있기 때문에 그 점에서 「소송서류비공개의 원칙」은 일정한 한계가 있다고 할 수 있다.

---

81) 예컨대 검사의 모두진술(제285조), 피고인신문(제296조의2)과 같은 실체형성행위 이외에도 소송지휘(퇴정명령[제281조], 인정신문[제284조], 불필요한 변론의 제한[제299조])과 판결선고 (제43조, 제324조) 등도 구두에 의하여야 한다.
82) 예컨대 공소제기(제254조)와 상소제기(제343조 ①항)와 같은 절차형성행위는 서면에 의하여야 한다.
83) 예컨대 고소·고발 및 그 취소(제237조 ①항), 공소취소(제255조), 상소의 포기 또는 취하(제352조), 정식재판청구의 취하(제458조) 등은 구두 또는 서면으로도 가능하다.
84) 법원실무제요(형사) I , 146.

(다) 소송서류의 종류

ⅰ) 의사표시적 문서와 보고적 문서

문서는 일정한 소송법적 효과의 발생을 요구하는 의사표시의 유무에 따라 의사표시적 문서와 보고적 문서로 나눌 수 있다. 공소장·고소장·고발장·상소장 등은 의사표시적 문서에 해당하고, 공판조서·검증조서·각종의 신문조서 등은 일정한 사실의 보고를 내용으로 하는 보고적 문서에 해당한다. 의사표시적 문서는 형사절차에서 증거능력이 인정되지 않는다는 점에서 일정한 조건(제311조 이하)하에서 그것이 인정되는 보고적 문서와 구별된다.

ⅱ) 공무원의 서류와 비공무원의 서류

소송서류는 그 작성주체에 따라 공무원의 서류와 공무원이 아닌 자가 작성하는 비공무원의 서류로 나눌 수 있다. 공무원이 작성하는 서류는 법률에 다른 규정이 없는 때에는 작성 연월일과 소속공무소를 기재하고 기명날인 또는 서명하여야 하며, 서류는 간인하거나 이에 준하는 조치를 하여야 한다(제57조). 공무원이 서류를 작성할 때에는 문자의 변개 등을 하지 못한다(제58조). 그러나 비공무원이 작성하는 서류는 연월일을 기재하고 기명날인하여야 하며, 인장이 없는 경우는 지장으로 한다(제59조).

(라) 조 서

ⅰ) 조서의 의의

조서는 보고적 문서 중, 소송절차의 진행경과와 내용을 인증하기 위하여 작성된 공권적 문서를 말하며, ① 수사기관이 작성하는 조서와 ② 법원이 작성하는 조서로 구분할 수 있다. 법원이 작성하는 조서는 다시 공판기일 이외의 조서(각종 신문조서, 압수·수색 검증조서)와 공판기일의 조서(공판조서)로 구분할 수 있다.

ⅱ) 각종 신문조서

㉠ 의의와 기재사항

신문조서는 피고인·피의자·증인·감정인·통역인 또는 번역인을 신문하는 경우에 참여한 법원사무관 등이 작성하는 조서(제48조 ①항)를 말한다. 신문조서에는 피고인·피의자·증인·감정인 등의 진술과 증인·감정인 등이 선서하지 아니한 때에는 그 사유를 기재하여야 한다(제48조 ②항).

ⓛ 조서의 작성방법

신문조서의 작성방법에 관하여 ① 조서는 진술자에게 읽어주거나 열람하게 하여 기재내용의 정확 여부를 물어야 하고, ② 진술자가 증감변경의 청구를 한 때에는 그 진술을 조서에 기재하야야 한다. 또한 ③ 신문에 참여한 검사, 피고인, 피의자 또는 변호인이 조서의 기재의 정확성에 대하여 이의를 진술한 때에는 그 진술의 요지를 조서에 기재하여야 하고, ④ 이 경우 재판장 또는 신문한 법관은 그 진술에 대한 의견을 기재하게 할 수 있다. 그리고 ⑤ 조서에는 진술자로 하여금 간인한 후 서명날인하게 하여야 한다. 단 진술자가 서명날인을 거부한 때에는 그 사유를 기재하여야 한다(제48조 ③항~⑦항).

ⅲ) 압수·수색 및 검증조서

공판기일 외에서의 압수·수색·검증에 관하여는 조서를 작성하여야 한다(제49조 ①항). 검증조서에는 검증목적물의 현상을 명확하게 하기 위하여 도화나 사진을 첨부할 수 있다(동조 ②항). 압수조서에는 품종, 외형상의 특징과 수량을 기재하여야 한다(동조 ③항).

ⅳ) 공판조서

㉠ 의 의

공판조서는 공판기일의 소송절차가 법정의 방식에 따라 적법하게 행하여졌는지 여부를 확인하기 위해 공판에 참여한 법원사무관 등이 작성하는 조서를 말한다. 공판조서는 ① 공판절차를 기재한 기본조서 외에 ② 증인 등의 신문조서, ③ 증거목록의 세부분으로 구성된다.[85] 공판조서는 법관면전조서의 일종으로 그 조서만으로 증명하며 다른 자료에 의한 반증이 허용되지 않는다(제56조).

ⓛ 공판조서작성의 특례

공판조서는 진술자의 간인·서명날인 등 조서작성의 정확성을 담보하기 위한 절차(제48조 ③항~⑦항)가 적용되지 않는다. 다만 진술자의 청구가 있는 때에는 그 진술에 관한 부분을 읽어주고 증감변경의 청구가 있는 때에는 그 진술을 기재하여야 한다(제52조).

ⓒ 공판조서의 정리

공판조서는 각 공판기일 후 신속히 정리하여야 하며(제54조 ①항), 다음 회의 공판기일에는 전회의 공판심리에 관한 주요사항의 요지를 조서로 고지하여야 하

---

85) 법원실무제요(형사)Ⅰ, 161.

고, 다만 다음 회의 공판기일까지 전회의 공판조서가 정리되지 아니한 때에는 조서에 의하지 아니하고 고지할 수 있다(동조 ②항).

ⓔ 공판조서의 속기와 녹취

법원은 검사, 피고인 또는 변호인의 신청이 있는 때에는 특별한 사정이 없는 한 공판정에서의 심리의 전부 또는 일부를 속기사로 하여금 속기하게 하거나 녹음장치 또는 영상녹화장치를 사용하여 녹음 또는 영상녹화하여야 하며, 필요하다고 인정하는 때에는 직권으로 이를 명할 수 있다(제56조의2 ①항).

ⓜ 공판조서의 열람 및 등사권

피고인은 공판조서의 열람 또는 등사를 청구할 수 있으며, 피고인이 읽지 못하는 경우에는 공판조서의 낭독을 청구할 수 있다(제55조 ①항, ②항).

ⓗ 작성방법에 대한 위반효과

공판조서의 작성방법을 위반한 조서는 원칙적으로 무효이다. 다만 공판조서에 판사의 서명만 있고, 날인이 없다거나 간인이 없다는 사유만으로는 조서를 무효라고 할 수 없다.[86]

(2) 소송서류의 송달

(가) 송달의 의의

법원 또는 법관이 검사·피고인·변호인 기타 소송관계인에게 법률이 정한 방식에 따라 소송서류의 내용을 알리는 직권적 소송행위를 말한다. 따라서 송달은 소송법상 일정한 강제적 효과가 부여된다. 또한 송달은 요식행위라는 점에서 통지와 구별되며, 특정인을 대상으로 한다는 점에서 공시 또는 공고와도 구별된다.

(나) 송달의 방법

서류의 송달은 법률에 다른 규정이 없을 때에는 민사소송법을 준용한다(제65조, 민사소송법 제174조 이하). 따라서 송달은 받을 사람의 주소·거소·영업소 또는 사무소에서 서류를 교부하는 교부송달이 원칙이다(민사소송법 제178조). 그러나 주거·사무소 또는 송달영수인의 선임을 신고하여야 할 자가 그 신고를 하지 아니

---

86) 대판 1960.1.29. 4292형상747. 다만 공판조서에 관여한 법관의 서명이 전혀 기재되지 않은 경우(대판 1970.9.22. 70도1312)나, 공판기일에 열석하지 아니한 판사가 재판장으로 공판조서(대판 1983.2.8. 82도2940)에 서명날인한 경우는 무효가 된다.

하는 때에는 법원사무관 등은 서류를 우편으로 부치거나 기타 적당한 방법[87]에 의하여 송달할 수 있다. 서류를 우편으로 부친 경우에는 도달된 때에 송달된 것으로 간주한다(제61조).[88] 검사에 대한 송달은 소속검찰청으로 하며(제62조), 교도소 또는 구치소에 구속된 자에 대한 송달은 그 소장에게 한다(민소법 제182조). 이때 구속된 자에게 전달되었는지는 불문한다.[89]

(다) 송달영수인의 신고

피고인·대리인·대표자·변호인 또는 보조인이 법원소재지에 서류의 송달을 받을 수 있는 주소 또는 사무소를 두지 아니한 때에는 법원소재지에 주거 또는 사무소가 있는 자를 송달영수인으로 선임하여 연명한 서면으로 신고하여야 한다(제60조 ①항). 송달영수인은 송달에 관하여 본인으로 간주한다. 그리고 그 주거 또는 사무소는 본인의 주거 또는 사무소로 간주된다(동조 ②항). 다만 송달영수인에 관한 규정은 신체구속을 당한 자에게는 적용하지 아니한다(동조 ④항). 여기서 신체구속을 당한 자란, 당해 사건에서 신체를 구속당한 자를 말한다.[90]

(라) 공시송달

공시송달은 법원사무관 등이 송달할 서류를 보관하고 그 사유를 법원게시판에 공시하는 방법으로 하는 송달을 말한다(제64조 ②항). 공시송달은 피고인의 방어권행사에 중대한 장애를 초래할 수 있기 때문에 대법원규칙이 정하는 바에 따라 법원이 명하는 때에 한하여 할 수 있다(제64조 ①항). 따라서 공시송달의 원인으로는 ① 피고인의 주소·사무소·현재지를 알 수 없거나,[91] ② 피고인이 재판권이 미치지 않는 장소에 있기 때문에 다른 방법으로 송달할 수 없는 경우에만 가능하다(제63조). 최초의 공시송달은 공시한 날로부터 2주일이 경과하면 그 효력이 발생한다. 다만 제2회 이후의 공시송달은 5일을 경과하면 효력이 발생한다(제64조 ④항).

---

87) 소송서류의 송달에는 교부송달(민사소송법 제178조 ①항, 제183조 ①항), 조우송달(동법 제183조 ②항, ③항), 보충송달(동법 제186조 ①항, ②항), 유치송달(동법 ③항), 우편송달(동법 제187조), 송달함 송달(동법 제188조), 공시송달(동법 제195조) 등의 방법이 있다.
88) 우편송달의 경우 민사소송법은 발신주의를 취하고 있으나(동법 제189조), 형사소송법은 도달주의를 취하고 있다.
89) 대결 1972.2.18. 72모3.
90) 대결 1976.11.10. 76모69.
91) 기록상 피고인의 주거가 나타나 있는 경우에는 공시송달을 할 수 없다(대결 1986.2.27. 85모6).

Ⅳ. 소송행위의 일시와 장소

1. 소송행위의 일시

(1) 기 일

기일은 법률이나 법관에 의해 소송관계인이 소송행위를 하기 위하여 정하여 진 때를 말하며, 공판기일·증인신문기일·검증기일 등이 그것이다. 기일은 일과 시로써 지정되며 지정된 시각에 개시되나 종기에는 제한이 없다.

(2) 기 간

기간은 법률이나 법관에 의해 일정한 소송행위를 할 수 있는 시작점으로부 터 끝나는 점에 이르는 시간의 길이를 말한다. 기간은 종기가 있다는 점에서 기 일과 구별되며, 소송법상 기간은 다시 아래와 같이 구분할 수 있다.

(가) 행위기간과 불행위기간

행위기간은 그 기간 내에서만 적법한 소송행위를 할 수 있는 기간으로써 고 소기간(제230조), 상소기간(제358조, 제374조) 등이 있다. 이에 대하여 불행위기간은 일정한 기간 내에는 소송행위를 할 수 없는 기간을 말한다. 제1회 공판기일의 유 예기간(제269조), 소환장송달의 유예기간(규칙 제123조) 등이 그것이다.

(나) 법정기간과 재정기간

기간의 길이가 법률에 의해 규정되어 있는 것을 법정기간이라고 하고, 법원 의 재판에 의하여 정해지는 기간을 재정기간이라고 한다. 구속기간(제92조), 상소 제기기간(제358조, 제374조)과 같이 소송행위의 기간은 대부분 법정기간이다. 그러 나 구속기간의 연장(제205조 ①항), 7일이 넘는 영장의 유효기간(제75조, 제114조 등) 등은 재정기간에 해당한다.

(다) 불변기간과 훈시기간

기간이 경과한 후에 행한 소송행위가 무효가 되는 기간을 불변기간이라고 하고 고소기간(제230조), 재정신청기간(제260조 ③항) 등이 있으며 이를 효력기간이 라고도 한다. 이에 대하여 기간이 경과한 후에 소송행위를 하더라도 그 효력에 영향이 없는 기간을 훈시기간이라고 하며, 재정결정기간(제262조 ①항), 재판기간

(소송촉진법 제21조, 제22조) 등이 있다. 이외에도 형사소송법은 소송관계인을 보호하기 위하여 법정기간을 연장할 수 있는 특칙을 두고 있다(제67조 참조).

(3) 기간의 계산

기간을 계산할 때 시로써 계산하는 경우는 즉시로부터 기산하고, 일·월·년으로 계산하는 것은 초일을 산입하지 아니한다. 이를 「초일불산입의 원칙」이라고 한다. 다만 시효와 구속기간의 초일은 시간을 계산함이 없이 1일로 산정한다. 연 또는 월로써 정한 기간은 역서에 따라 계산한다. 기간의 말일이 공휴일 또는 토요일에 해당하는 날은 기간에 산입하지 않는다. 다만 시효와 구속기간에 관해서는 예외로 한다(제66조).

2. 소송행위의 장소

공판기일의 소송행위는 법원 또는 지원의 건물 안에 있는 법정에서 행한다(제275조 ①항, 법원조직법 제56조 ①항). 그러나 법원 이외의 장소에서 개정할 필요가 있는 경우는 법원장의 허가를 받아야 한다(동조 ②항).

[11] 제 3 소송행위의 가치판단

Ⅰ. 소송행위의 해석

소송행위는 소송절차의 형식적 확실성의 관점으로부터 정형성이 요구되지만, 소송행위 그 자체만으로는 의미가 명확하지 않은 경우가 있기 때문에 해석이 필요하다. 즉 소송행위의 해석은 소송행위의 객관적 표시내용은 물론 행위자의 주관적 의도 등을 고려하여 소송행위의 의미를 분명하게 하는 것을 말한다. 이 경우 소송행위의 해석을 전제로 하여 그 의미에 따라 소송행위에 대한 소송법적 효과를 인정하게 되는데 이것을 「소송행위의 가치판단(價値判斷)」이라고 한다. 여기에는 ① 성립·불성립, ② 유효·무효, ③ 적법·부적법, ④ 이유의 유·무 등이 있다.

Ⅱ. 소송행위의 성립·불성립

어떤 행위가 소송행위의 본질적 요소를 구비하여 소송법상 정형을 구비하였는지에 대한 가치판단을 말한다. 즉 소송행위가 어느 정도의 본질적인 요소를 갖추어 그 정형을 구비하면 일단 소송행위가 성립한 것으로 본다. 그러나 소송행위의 본질적 요소가 결여되어 소송행위로서의 정형성조차 인정할 수 없을 때 그 소송행위는 불성립으로 된다.[92]

소송행위는 일단 성립하면 소송법상 일정한 효과가 발생할 뿐만 아니라, 무효라고 하더라도 사후적으로 하자가 치유(治癒)되어 유효할 수 있기 때문에 그 소송행위를 방치할 수 없다. 그러나 소송행위가 성립하지 않는 경우에는 객관적으로 소송행위가 존재하지 않아 이를 무시하거나 방치할 수 있으며 별도의 법적 판단도 필요하지 않는다.

Ⅲ. 소송행위의 유효·무효

1. 유효·무효의 의의 및 종류

(1) 유효·무효의 의의

소송행위의 성립을 전제로 하여 그 소송행위가 의도하는 본래의 효력을 인정할 것인지에 대한 가치판단을 말한다. 즉 소송행위의 유효란, 소송행위의 본래적 효력이 발생하는 것을 말하고, 무효란, 소송법상 아무런 효력도 발생하지 않는 것이 아니라 소송행위가 의도한 본래의 효력이 발생하지 않는 것을 말한다. 예컨대 공소사실을 특정하지 않은 공소제기는 무효로서, 실체심판을 받을 효력은 발생하지 않지만 공소시효의 정지효력(제253조 ①항)은 발생한다.

(2) 무효의 종류

소송행위의 무효는 그 정도에 따라서 ① 당연무효(기재사항을 전혀 기재하지 않은 검사의 공소제기, 동일사건에 대한 이중의 판결), ② 법원의 무효선언이 필요한 무효

---

[92] 검사의 공소제기라는 소송행위는 공소장제출이 본질적 요소이다. 따라서 공소장 제출이 없는 공소제기는 처음부터 소송행위로서 성립하지 않는다(대판 2003.11.14. 2003도2735).

(공소기각이나 면소판결을 해야 하는 경우)가 있다.

2. 무효의 원인

(1) 행위주체에 관한 무효원인

(가) 소송행위적격의 부존재

소송행위의 주체에게 소송행위적격이 없는 경우에는 소송행위가 무효가 된다. 고소권자가 아닌 자의 고소, 대리권 없는 자가 한 소송행위 등이 여기에 해당한다. 이처럼 대리권이 없거나 소송능력이 없는 자가 한 절차형성행위는 무효이지만, 피고인의 진술이나 증인의 증언 등과 같은 실체형성행위는 무효라고 할 수 없다.[93] 판례[94]도 소송능력이 결여된 사건 당시 만 4세 또는 5세 미만의 자에 대하여 증언능력을 긍정한 경우가 있다.

(나) 의사표시의 하자

소송행위가 착오·사기·강박에 의하여 이루어진 경우는, 그 행위가 실체형성행위인지 또는 절차형성행위인지에 따라 그 결론을 달리한다. ① 실체형성행위는 그 성격상 행위자의 진의와의 합치여부가 중요한 것이 아니라 실체와 합치하는지 여부가 중요하기 때문에 그 실체와 합치하는 한 착오 등이 무효의 원인이 되지 않는다. 이에 대해 ② 절차형성행위는 견해가 대립되어 있지만, 다수설[95]은 형식적 확실성을 요구하는 소송행위에 관하여는 사법상의 의사표시의 하자에 관한 규정이 적용될 수 없다. 다만 소송행위가 적정절차의 원칙에 반하여 이루어진 경우에는 무효원인이 될 수 있다.

(2) 내용에 관한 무효원인

소송행위의 내용이 법률상 또는 사실상 불능인 경우, 즉 법정형을 초과하여 선고한 유죄판결, 허무인에 대한 공소제기 등의 소송행위는 무효이다. 또한 이중기소와 같이 이익이 없는 소송행위는 물론 내용이 불분명한 소송행위도 무효가 된다.

---

93) 신양균, 448; 이재상/조균석, 175; 임동규, 109.
94) 대판 1999.11.26. 99도3786; 2006.4.14. 2005도9561.
95) 배종대/이상돈/정승환/이주원, 385면; 신양균, 476; 이재상/조균석, 174; 임동규, 109.

(3) 방식에 대한 하자

소송행위의 방식위반[96]과 소송행위와 관련된 사전절차를 위반한 경우[97]는 그 방식을 요구하는 목적과 필요성을 고려하여 판단하여야 한다. 따라서 효력규정이 요구하는 방식 또는 사전절차를 위반한 소송행위는 위법을 이유로 무효가 된다. 예컨대 피고인이 법원에 대하여 국민참여재판을 신청하였음에도 불구하고 법원이 배제결정도 하지 않고 통상의 공판절차로 진행한 것은 피고인의 국민참여재판을 받을 권리에 대한 중대한 절차적 권리를 침해한 것으로 무효이다.[98]

3. 무효의 치유

(1) 의 의

소송행위는 소송행위 시를 기준으로 판단하기 때문에 행위 시에 무효이던 소송행위가 행위 후에 사정변경에 의하여 유효로 되는 것을 무효의 치유라고 한다. 여기에는 ① 소송행위의 추완(追完)과 ② 공격방어방법의 소멸에 의한 하자의 치유가 있다.

(2) 소송행위의 추완

법정기간이 경과한 후에 이루어져 무효인 소송행위에 대해 그 법정기간 내에 행해진 소송행위와 같이 효력을 인정하는 제도를 소송행위의 추완(追完)이라고 한다. 여기에는 단순추완과 보정적 추완이 있다.

(가) 단순추완

법정기간이 경과한 후에 이루어진 소송행위를 추완행위에 의해서 유효하게 하는 경우를 말한다. 예컨대 상소기간만료 후의 상소권회복청구(제345조)와 약식명령에 대한 정식재판청구권의 회복(제458조)에 의해 각각 다시 상소를 제기하거나 정식재판의 청구를 인정하고 있다.

---

96) 예컨대 구두에 의한 공소제기, 영장에 의하지 않은 구속, 재판서에 의하지 않은 재판 등
97) 예컨대 선서를 하지 않고 한 증인신문
98) 대판 2011.9.8. 2011도7106.

(나) 보정적 추완

사후의 일정한 소송행위를 통하여 다른 소송행위의 하자를 보정(補正)하는 경우를 말한다. 학설[99]은 소송경제의 관점을 고려하여 인정하여야 한다는 점에서는 일치하고 있지만, 그 범위에 대해서는 아래의 세 가지가 특히 논란이 되고 있다.

ⅰ) 변호사선임의 추완

변호인선임서를 제출하기 이전에 변호인으로서 한 소송행위가 사후의 변호인선임신고서의 제출에 의해 유효하게 되는지의 문제이다. 판례[100]는 형사절차의 동적·발전적 성격을 고려하여 이를 부정하고 있으나, 다수설[101]은 피고인의 이익을 보호하기 위하여 선임신고서의 제출에 의한 보정적 추완을 인정하고 있다.

ⅱ) 공소사실의 추완

공소장에 기재된 공소사실은 법원의 심판범위와 피고인의 방어대상 등을 결정하기 때문에 엄격한 형식성을 요구한다(제254조). 따라서 공소사실이 특정되지 않으면 공소기각판결(제327조 2호)의 대상이 된다. 다만 공소제기 시에 공소사실이 어느 정도 특정되고 피고인의 방어권보장에 특별한 영향이 없는 한, 공소장변경에 의한 보정을 인정하는 것은 소송경제적 관점에서 보아도 타당하다.[102]

ⅲ) 고소의 추완

친고죄에 있어서 고소는 소송조건이기 때문에 공소제기 후에 비로소 고소를 제기한 경우, 법원이 실체판단을 할 수 있는지의 문제가 고소의 추완문제이다. 이에 대하여 학설이 대립되어 있으나, 다수설[103] 및 판례[104]는 친고죄의 고소는 공소제기의 적법·유효요건이므로 고소의 추완을 인정하지 않는다.

99) 배종대/이상돈/정승환/이주원, 388.
100) 대결 1969.10.4. 69모68; 2005.1.20. 2003모429.
101) 배종대/이상돈/정승환/이주원, 388; 이은모, 134; 이재상/조균석, 176; 정웅석/백승민, 715; 차용석/최용성, 447
102) 이재상/조균석, 176; 신동운, 647; 신양균, 481. 대판 1993.1.19. 92도2554.
103) 배종대/이상돈/정승환/이주원, 390; 손동권/신이철, 143; 신동운, 648; 이은모, 135; 이재상/조균석, 177; 임동규, 112.
104) 대판 1970.7.28. 70도942. 조세범칙사건에 있어서 검사가 공소제기 후에 세무공무원이 고발한 경우에는 고소의 추완을 인정하지 않고 있다.

4. 소송행위의 취소와 철회

(1) 소송행위의 취소

소송행위의 취소는 소송행위의 효력을 소급하여 소멸시키는 것을 말하며, 형사절차에서는 원칙적으로 인정되지 않는다. 이것은 절차유지의 원칙에 따른 당연한 요청이다. 다만 형사소송법은 공소의 취소(제255조), 고소의 취소(제232조), 재정신청의 취소(제264조 ②항), 상소의 취하(제349조), 재심청구의 취하(제429조), 정식재판청구의 취하(454조) 등을 규정하고 있지만, 이 경우의 취소는 엄밀히 말해서 철회에 해당한다.

(2) 소송행위의 철회

소송행위의 철회는 소송행위의 효력을 장래에 향하여 상실시키는 것을 말한다. 따라서 철회는 소송행위의 취소와 달리 명문의 규정이 없는 경우에도 절차형성행위에 대해서는 널리 인정하고 있다. 각종의 신청이나 청구105)는 그에 대한 재판이 있을 때까지 철회가 허용된다. 다만 실체형성행위에 대해서는 성질상 철회가 허용되지 않는다고 해야 한다.

Ⅳ. 소송행위의 적법·부적법

소송행위가 법률의 규정에 합치하는지의 여부에 대한 가치판단을 적법·부적법이라고 한다. 소송행위가 법률의 규정에 합치하면 적법이고, 불합치하면 부적법한 것이 된다. 소송행위가 적법하려면 소송행위의 요건과 방식을 규율하는 효력규정과 훈시규정에 대한 양자의 요건을 모두 갖추어야 한다. 따라서 효력규정에 위반한 소송행위는 부적법할 뿐만 아니라 무효인 반면, 훈시규정에 위반한 소송행위는 부적법하지만 유효할 수 있다. 예컨대 관할권 없이 법원이 한 소송행위(제2조), 재판권 없이 법원이 한 소송행위(제16조의2) 등은 부적법하지만 유효하다.

이처럼 소송행위의 적법·부적법의 판단과 유효·무효에 대한 판단은, 소송

---

105) 예컨대 공소의 취소(제255조), 고소의 취소(제232조), 재정신청의 취소(제264조 ②항), 상소의 취하(제349조), 증거조사의 신청(제294조), 증거동의(제318조) 등은 절차의 안정을 해하지 않는 범위 내에서 철회가 허용된다.

행위의 성립을 전제로 하는 점에서 동일하다. 다만 소송행위에 대한 적법·부적법의 판단이 소송행위의 형식적·객관적 요건과 방식에 관한 판단인데 대하여, 유효·무효는 소송행위가 추구하는 본래의 효과를 인정할 것인지에 대한 판단이라는 점에서 구별된다.

V. 소송행위의 이유의 유·무

법률행위적 소송행위에 관하여 그 의사표시의 내용이 정당한지 여부에 대한 가치판단을 말한다. 즉 소송행위의 의사표시내용이 사실적·법률적·논리적 관점에서 정당한 이유가 있는지 그 유·무에 대한 판단이다. 따라서 소송행위의 의사표시내용이 이유 없다고 판단되면, 법원은 그 신청 또는 청구에 대하여 기각재판을 하게 된다. 그러나 소송행위가 이유 있다고 판단되면 소송행위의 주체가 원하는 대로 소송법적 효과를 발생시키는 재판을 하게 된다.

이처럼 소송행위의 이유의 유·무에 대한 판단은, 법률행위적 소송행위 가운데 당사자의 신청과 청구처럼 법원의 재판을 구하는 효과요구적 소송행위에 대해서만 행해진다. 그러나 재판도 이유의 유·무의 판단대상이 될 수 있는지 하는 논란이 있지만, 재판과 같은 효과부여소송행위에 대해서는 이유의 유·무를 판단할 수 없다고 보는 것이 다수설[106]이다.

[12] 제4 소송조건

I. 소송조건의 의의

1. 개 념

검사가 공소를 제기하면 사건은 법원에 계속되며 이 경우 법원은 공소사실의 존부에 대하여 심리하고 유·무죄의 판결을 하지 않으면 안 된다. 그러나 소송이 계속된다고 하여 항상 그 사건의 실체에 대해서 심리하고 판결을 할 수 있는 것은 아니다. 이 때 사건의 실체에 대하여 심판할 수 있는 전제조건을 소송조건

---

106) 배종대/이상돈/정승환/이주원, 393; 신동운, 650; 이재상/조균석, 179.

(訴訟條件)이라고 한다.107) 즉 소송조건이란, 유효하게 공소를 제기하고 수행하기 위한 조건을 말한다. 따라서 공소제기 시에 소송조건이 결여되거나 또는 심리도 중에 결여된 경우에 법원은 유죄 또는 무죄의 실체재판을 하는 것이 아니라, 형식재판108)으로 절차를 종결하여야 한다. 이처럼 소송조건이 결여된 것을 소송장애(訴訟障碍)라고 한다.

2. 구별개념

(1) 처벌조건과의 구별

소송조건은 소송법상 실체심판의 전제조건인데 대하여, 처벌조건은 실체법상 형벌권발동의 조건이다. 따라서 공판절차에서 소송조건이 흠결되면 형식재판에 의하여 형사절차를 종결하여야 하지만, 처벌조건이 결여되면 무죄판결을 하여야 한다.109)

(2) 소송행위의 유효요건과 구별

소송조건은 전형사절차의 허용조건, 즉 형사절차 전과정을 통해 충족되어야 할 조건이라는 점에서 개별소송행위가 소송법적 효과를 발생하기 위한 조건,110) 즉 소송행위의 유효조건과 구별된다.

(3) 공판절차정지조건과의 구별

소송조건이 흠결된 경우는 형사절차가 종국적으로 종결된다는 점에서, 소송계속 중 공판절차를 일시적으로 정지시키는 공판절차정지조건111)과도 구별된다.

---

107) 이재상/조균석, 179.
108) 형식재판은 사건의 실체가 아닌 절차적·형식적 법률관계를 판단하는 재판으로 관할위반(제319조), 공소기각재판(제327조, 제328조), 면소재판(제326조)이 있다.
109) 예컨대 친족상도례(형법 제328조)에 있어서 직계혈족 등의 친족관계가 인정되는 경우에는 실체재판인 형면제의 판결(제321조, 제322조)을 하는데 대하여, 그 외의 친족관계가 인정되는 경우에는 상대적 친고죄로서 고소가 없거나 고소가 취소된 경우 소송조건의 결여로 공소기각의 판결을 하여야 한다.
110) 예컨대 당사자의 기피신청
111) 형사소송법상 공판절차정지조건에는 ① 기피신청이 있는 경우(제22조), ② 공소장변경으로 인하여 피고인의 방어준비가 필요한 때, ③ 피고인이 사물의 변별능력 또는 의사결정능력이 없는 때(제306조 ①항), ④ 피고인이 질병으로 인하여 출정할 수 없는 때(제306조 ②항)가 있다.

Ⅱ. 소송조건의 종류

1. 일반적 소송조건과 특별소송조건

법원의 재판권(제327조 1호) 또는 관할권(제319조)과 같이 일반적인 사건에 공통으로 필요로 하는 소송조건을 일반적 소송조건이라고 하고, 이에 대하여 특별소송조건은 친고죄에 있어서 고소나 반의사불벌죄에 있어서 처벌희망표시(제327조 5호, 6호) 등과 같이 특수한 사건에 대하여 필요한 소송조건을 말한다.

2. 절대적 소송조건과 상대적 소송조건

대부분의 소송조건처럼 법원이 공익을 위하여 직권으로 조사하여야 할 소송조건을 절대적 소송조건이라고 하며, 토지관할(제320조)의 존재처럼 당사자의 신청을 기다려서 법원이 조사하는 예외적인 소송조건을 상대적 소송조건이라고 한다.

3. 적극적 소송조건과 소극적 소송조건

법원의 재판권이나 관할권의 존재와 같이 일정한 사실의 존재가 소송조건이 되는 것을 적극적 소송조건이라고 하고, 동일사건에 대한 확정판결이 없는 경우처럼 일정한 사실의 부존재가 소송조건이 되는 것을 소극적 소송조건이라고 한다.

4. 형식적 소송조건과 실체적 소송조건

절차면에 관한 사유를 소송조건으로 하는 것을 형식적 소송조건이라 하고, 실체면에 관한 사유를 소송조건으로 하는 것을 실체적 소송조건이라고 한다. 형식적 소송조건이 결여되면 그 사유에 따라 공소기각(제327조, 제328조), 관할위반의 재판(제319조)으로 소송을 종결하는데, 실체적 소송조건이 결여되면 면소재판(제326조)의 선고를 통하여 소송을 종결한다.

Ⅲ. 소송조건의 심사

1. 직권조사의 원칙

소송조건은 소송이 유지되고 있는 한 소송절차의 모든 단계에 있어서 요구되는 요건이므로 공소제기 시뿐만 아니라 판결 시에도 존재하여야 한다. 따라서 법원은 소송의 전과정에 걸쳐서 소송조건의 존부를 직권으로 조사하지 않으면 안된다. 다만 상대적 소송조건인 토지관할위반은 당사자의 신청이 있는 경우에 한하여 그 존부를 판단하여야 한다(제320조 ①항).

2. 소송조건의 판단기준

소송조건의 존부는 기본적으로 공소장에 기재된 공소사실을 기준으로 판단하여야 하지만, 소송조건은 전형사절차의 허용조건이기 때문에 공소제기의 시점 뿐만 아니라 심리 및 재판 시에도 그 구비가 요구된다. 따라서 형사소송의 각 시점에서 밝혀진 피고사건을 기준으로 소송조건의 존부를 판단하여야 한다.[112] 다만 공소장이 변경된 경우에는 변경된 공소사실을 기준으로 소송조건의 존부를 판단하여야 한다.[113]

3. 소송조건의 증명

소송조건은 소송법적 사실에 해당하므로 자유로운 증명으로 족하다.[114] 따라서 법원은 소송조건의 존부를 판단하기 위하여 증거능력이 있는 증거에 의한 정식 증거조사를 할 필요가 없다. 또한 소송조건의 존부가 증명되지 않으면 실체법적 사실의 경우와 마찬가지로 「의심스러운 때에는 피고인의 이익으로의 원칙」을 적용하여 형식재판으로 절차를 종결하여야 한다. 즉 소송조건에 대한 거증책임은 검사에게 있다.

---

112) 신동운, 622; 이재상/조균석, 182; 임동규, 95; 정웅석/백승민, 438.

113) 대판 2015.11.17. 2013도7987에서 고소권자가 비친고죄로 고소한 사건이더라도 검사가 사건을 친고죄로 구성하여 공소를 제기하였다면 공소장 변경절차를 거쳐 공소사실이 비친고죄로 변경되지 아니하는 한, 법원으로서는 친고죄에서 소송조건이 되는 고소가 유효하게 존재하는지를 직권으로 조사·심리하여야 한다.

114) 친고죄에 있어서 적법한 고소가 있었는지는 자유로운 증명의 대상이다(대판 2011.6.24. 2011도4451).

Ⅳ. 소송조건흠결의 효과

1. 형식재판

소송이 계속된 사건에 대해 소송조건이 흠결되면 실체재판을 할 수 없고, 각해당사유에 따라 형식재판으로 소송을 종결하여야 한다. 즉 ① 형식적 소송조건이 흠결되면, 그 사유에 따라 공소기각의 결정(제328조), 공소기각의 판결(제327조), 관할위반의 판결(제319조)을 하여야 하며, ② 실질적 소송조건을 흠결한 때에는 면소판결(제326조)을 선고하여야 한다.

2. 소송조건흠결의 경합

소송조건의 흠결사유가 경합하는 경우는 논리상의 순서와 판단의 난이도 등에 따라 형식재판의 내용을 정해야 한다. 따라서 ① 형식적 소송조건과 실체적 소송조건의 흠결이 경합하는 경우는 형식적 소송조건의 흠결을 이유로 재판하여야 한다. 또한 수개의 형식적 소송조건의 흠결이 경합할 때에는 하자의 정도가 중한 것을 기준으로 한다. 예컨대 ② 관할위반과 공소기각의 사유가 경합하면 공소기각의 재판을 하여야 하고, ③ 공소기각의 판결사유와 공소기각의 결정사유가 경합하면 법원은 공소기각의 결정을 하여야 한다.

Ⅴ. 소송조건의 추완

공소제기 시에 소송조건이 구비되어 있지 않았으나 소송계속 중에 그것이 추완된 경우에 공소제기의 하자가 치유되는지 하는 문제를 소송조건의 추완이라고 한다. 즉 친고죄에 있어서 공소제기 후에 비로소 고소가 있는 경우에 문제가 된다. 긍정설은 형사절차의 동적·발전적 성격을 고려하여 소송추완을 인정하지만, 다수설[115]인 부정설은 소송조건이 전형사절차에 있어서 구비되어야 할 유효조건이기 때문에 소송추완을 인정하지 않는다. 그리고 절충설[116]은 검사의 모두

---

115) 배종대/이상돈/정승환/이주원, 398; 신동운, 625; 이재상/조균석, 183; 임동규, 97; 정웅석/백승민, 439.

116) 일본도 소송조건의 추완을 인정하지 않는 것이 다수설 및 판례의 입장이다(白取祐司, 276). 다만 일부 판례에서는 소송조건을 흠결한 소인으로 소인을 변경한 경우, 예컨대 비친고죄인 강간치상죄에서 친고죄인 강간죄로 소인을 변경한 경우에는 검사가 고소를 할 수 있는

절차가 개시되기 전까지 또는 피고인의 동의가 있는 경우에 한하여 소송추완을
제한적으로 허용하고 있다.

시간을 얻기 위하여 비친고죄로 기소한 경우를 제외하고는 고소의 추완을 인정할 수 있다
고 판시하고 있다(東京地判 昭和58年9月30日[判時1091号159頁]).

제
2
편

수사와 공소

제 1 장

수　사

제1절　수사의 기본개념

[13]　제1 수사의 의의

Ⅰ. 수사의 의의와 목적

　수사(搜査)란 범죄혐의의 유무를 명백히 하여 공소제기 및 유지 여부를 결정하기 위하여 범인을 발견·확보하고 증거를 수집·보전하는 수사기관의 활동을 말한다.[1] 따라서 수사의 목적은 범죄혐의의 유무를 명백히 하여 공소제기 및 유지 여부를 결정하는데 있다. 이러한 수사는 주로 공소제기 전에 행해지지만, 공소를 유지하기 위해서도 보충적으로 행해진다. 다만 공소제기의 전후에 수사기관의 권한에 대한 차이가 있다.

---

1) 대판 1999.12.7. 98도3329.

Ⅱ. 수사와 내사의 구별

수사는 범죄의 혐의가 있다고 인정되는 때 개시되는 수사기관의 활동이다. 따라서 그에 앞서 범죄혐의의 유무를 확인하기 위하여 행해지는 내사(內査)와 구별된다. 다만 형식설은 범죄인지서를 작성하였는지 여부에 따라 내사와 수사를 구별하지만, 판례[2]는 범죄인지서를 작성하기 이전이라도 범죄혐의가 있다고 보아 수사를 개시하였다면 이는 수사라고 하여 실질설에 따르고 있다. 이와 같이 수사와 내사를 구별하는 실익으로는 피내사자에게는 원칙적으로 피의자에게 인정되는 권리, 예컨대 증거보전청구권(제184조)[3]이나 내사종결처분에 대한 재정신청(제260조)[4]이 인정되지 않는다는 점에 있다.

Ⅲ. 수사와 인권의 조화

수사는 수사기관의 활동과 피의자 및 그와 관계있는 사람들의 인권이 끊임없이 서로 모순되고 대립하는 과정이다. 즉 수사기관은 범죄가 발생하면 치안유지를 위해서도 범인을 정확하게 그리고 능률적으로 검거하여야 하며 이것은 사회의 요청이기도 하다. 반면 범죄는 그 성질상 은밀하게 행해지는 경우가 많기 때문에 범인의 검거 및 증거를 수사하는 것은 용이하지 않다. 여기서 범인검거라는 목적을 위하여 수사상 일정한 경우에 강제처분이 불가결하지만 그 남용은 피의자의 인권침해를 동반하지 않을 수 없게 된다. 따라서 수사는 항상 그 필요성과 인권보장과의 합리적인 조화를 꾀하면서 적정하게 행사하지 않으면 안 된다. 이 문제를 해결하기 위해 형사소송법은 ① 수사에 관하여 일정한 조건이 구비된 경우에 허용하고 있을 뿐만 아니라 그 방법도 '임의수사'를 원칙으로 하고 있으며, ② 강제처분에 의한 수사는 법률에 특별한 규정이 있을 때 예외적으로 허용하고 있다. 이 경우에도 법관이 발부한 영장을 요구하는 '영장주의'를 채택하고 있다(제199조 ①항). 또한 ③ 수사과정의 투명성과 적법성을 보장하기 위하여 피의자신문에 변호인의 참여(제243조의2) 및 '수사과정의 기록제도'(제244조의4 ①항)를 도입하여 피의자신문의 법적 규제를 강화하고 있다.

---

2) 대판 2001.10.26. 2000도2968.
3) 대판 1979.6.12. 79도792.
4) 대판 1991.11.5. 91모68.

[14]　제2 수사기관

Ⅰ. 수사기관의 의의

수사기관은 법률상 범죄수사를 할 수 있는 권한이 인정되는 국가기관을 의미한다. 현행법상 검사와 사법경찰관리가 있다. 검사는 수사의 주재자이고 사법경찰관은 검사의 지휘를 받아 수사를 개시·진행하여야 한다(제196조 ①항, ②항). 이 경우 검사의 지휘에 관한 구체적 사항은 대통령령[5]으로 정하고 있다.

Ⅱ. 수사기관의 종류

사법경찰관(리)은 일반사법경찰관(리)과 특별사법경찰관(리)이 있다. 일반사법경찰관에는 수사관, 경무관, 총경, 경정, 경감, 경위(제196조 ①항)가 있고, 일반사법경찰리에는 경사, 경장, 순경이 있으며, 이들은 검사 또는 사법경찰관의 지휘를 받아 수사를 보조하여야 한다(동조 ⑤항). 그리고 특수분야의 수사를 담당하는 특별사법경찰관리로는 삼림, 해사, 전매, 세무, 군수사를 담당하는 기관이 있으며, 이들의 권한과 직무범위는 사항적·지역적으로 제한되어 있을 뿐 그 이외에는 일반사법경찰관리와 차이가 없다.

Ⅲ. 검사와 사법경찰관(리)과의 관계

1. 입법유형

수사기관으로서의 검사와 사법경찰관리의 관계는 국가에 따라 다르지만, 대체로 두 개의 유형으로 분류할 수 있다. 사법경찰관리를 제1차적 수사기관으로 하고 검사와의 관계를 상호협력관계로 하는 법제[6]와 검사를 수사의 주재자로 하여 사법경찰관리에 대한 지휘·감독권을 인정함으로써 양자의 관계를 상명하복

---

5) 「검사의사법경찰관리에대한수사지휘및사법경찰관의수사준칙에관한규정」(대통령령　제25751호, 시행 2014. 11. 19).
6) 미국, 일본

관계로 하는 법제[7]가 있다.

2. 현행법의 태도

(1) 상명하복관계

사법경찰관리는 모든 수사에 관하여 검사의 지휘를 받는다(제196조 ①항). 즉 지방검찰청검사장 또는 지청장은 사법경찰관리에게 필요한 일반적 수사준칙 또는 지침을 마련하여 시행할 수 있으며(수사지휘규정 제3조 ①항), 이에 따라 검사는 사법경찰관에게 구체적 사건의 수사에 관하여 필요한 지휘를 할 수 있다(동조 ②항).

(2) 지휘 · 감독권의 제도적 보장

현행 형사소송법은 검사의 사법경찰관리에 대한 지휘 · 감독권을 제도적으로 보장하고 있다. 즉 ① 검사장의 수사중지요구권 및 교체임용요구권(검찰청법 제54조), ② 검사의 구속장소감찰권(제198조의2 ①항), ③ 긴급체포에 관한 사후승인권(제200조의3 ②항), ④ 영장신청의 검사경유제도(제201조, 제215조), ⑤ 압수물처분에 관한 검사의 지휘(제219조) 등이 있다.

[15] 제 3 수사의 구조

Ⅰ. 수사구조론의 의의

수사의 목적과 기능을 검토하는 경우에 이를 어떻게 파악할 것인지에 대해 몇 가지의 견해가 있다. 이러한 견해의 차이는 개별 소송절차의 운용론과 관련되어 있다. 특히 형사사건에서 수사절차 이후에 일반적으로 공판절차가 예정되어 있기 때문에 수사절차를 기소 후 공판절차와의 관계를 어떻게 성격을 규정할 것인지가 문제이다. 이것을 「수사구조론」[8]이라고 한다.

---

7) 프랑스, 독일, 한국
8) 수사구조론이 명확한 형태를 갖게 된 것은 일본의 平野龍一교수가 규문적 수사관은 '수사는 본래 수사기관이 피의자를 신문하는 절차'임에 반하여, 탄핵적 수사관은 '수사는 수사기관이 단독을 행하는 (공판)준비활동에 불과하여, 따라서 피의자도 함께 준비활동을 할 수 있다'고 규문적 수사관과 탄핵적 수사관을 대조적으로 파악한 것에 의해 발단이 되었다(田宮 裕, 46).

Ⅱ. 수사구조론의 종류

1. 규문적 수사관과 탄핵적 수사관

규문적 수사관은 수사를 본래 수사기관이 피의자를 신문하기 위한 절차라고 이해하여, 수사기관에게는 그 절차의 필요에 따라 임의수사는 물론 강제처분의 권한이 인정된다. 다만 그 남용을 방지하기 위하여 법원에 의한 통제가 행해진다고 주장하고 있다. 이것에 대해서 이른바 탄핵적 수사관에 의하면, 수사는 수사기관이 피의자와 관계없이 단독으로 행하는 재판의 준비활동에 불과하기 때문에 강제처분은 장래 법원이 공판을 위하여 범인 및 증거를 보전하기 위한 행위이다. 따라서 수사기관은 물론 피의자 측도 이 강제처분의 결과를 이용할 수 있다고 한다. 이러한 두 개의 수사관은 수사기관이 피의자를 단순한 수사의 '객체'로 보는지 또는 수사의 '주체'로 보는지에 따라 결정적인 차이가 있다. 그 구체적인 차이는 아래의 표에서 볼 수 있다.

〈규문적 수사관과 탄핵적 수사관의 비교〉

	규문적 수사관	탄핵적 수사관
수사	• 수사를 수사기관 중심으로 파악 • 피의자신문을 수사기관이 피의자를 조사하는 절차로 파악하여 수사기관은 조사를 위하여 당연히 필요한 강제처분을 할 수 있는 권한이 있음	• 수사를 법원의 재판준비활동으로 파악 • 수사는 수사기관의 독자적인 활동이 아니고, 재판의 전단계로 파악하여 피의자도 독립하여 재판의 준비활동을 할 수 있음
강제처분의 판단자	• 강제처분의 판단자는 수사기관이 판단하고, 법원은 범죄의 혐의의 유무만을 판단함	• 강제처분은 법원이 장래 재판을 위하여 행하는 것으로 그 판단자도 법원임
영장의 성질	• 강제처분을 행사하는 것은 본래 수사기관이지만, 법원은 그 남용을 방지하기 위하여 영장으로 억제한다. 따라서 영장은 강제처분권행사에 대한 허가장임	• 강제처분은 본래 수사기관이 행하는 것이 아니고 법원만이 행할 수 있다. 따라서 영장은 법원이 수사기관에 대해서 강제처분을 하도록 명하는 명령장임

2. 소송적 수사관

소송적 수사관은 수사를 공판과는 별개의 검사가 기소·불기소를 결정하는 독자의 목적을 가진 일련의 절차로 파악하였다. 즉 수사의 독자성을 솔직히 인정하고, 검사를 정점으로 하여 사법경찰관리와 피의자가 서로 대립하는 소송구조로 파악하여 수사절차의 '소송(訴訟)구조화'를 도모하고 있는 점에 그 특징이 있다.[9]

Ⅲ. 현행법상 수사구조

1. 수사구조와 영장의 성질

현행법상 수사의 주체는 수사기관이며, 수사는 수사기관에 의한 일방적 활동이다. 따라서 수사기관은 임의수사권과 함께 그 고유의 기능으로서 강제수사권(처분)이 부여되어 있으며, 반면 피의자에게는 이러한 강제수사권에 대한 수인의무(受忍義務)가 부과되어 있다. 이처럼 강제수사권이 운용면에서 수사기관에 있는 것처럼 보이지만, 이론적으로는 그 권한은 법원에 있다. 따라서 수사기관은 그 권한의 결과를 실행하고 있을 뿐이다. 즉 영장은 수사기관의 청구에 의하여 법원이 그 남용의 방지를 위해 발부하는 일종의 '허가장'이기 때문에 강제수사를 무제한 허용하는 규문적 소송구조와는 근본적으로 다르다.

2. 수사구조와 피의자의 인권보장

헌법 및 형사소송법은 수사절차상에서 피의자의 인권을 보장하기 위하여 각종 「피의자의 인권보장제도」를 두고 있다. 즉 강제처분법정주의, 수사기관의 강제처분에 대한 사법적 통제인 영장주의, 피의자의 진술거부권, 변호인선임권, 체포·구속적부심사청구권, 구속기간의 제한, 재구속금지의 원칙, 압수·수색·검증에 의한 참여권 등이 있다. 그러나 이러한 권리의 보장은 수사절차가 탄핵적 구조 또는 소송구조를 갖기 때문에 인정되는 것이 아니다. 이것은 수사절차가 형사절차의 일부로써 형사소송의 이념인 피의자의 인권보장을 실현하기 위하여 인정되는 것에 불과하다.

---

9) 井戸田 侃, 69.

이처럼 수사절차는 공판구조와 달리 '구조화(構造化)'되어 있지 않기 때문에 수사구조에 관한 논의는 규문적 수사관과 탄핵적 수사관 중 그 어느 일방을 선택할 것인지의 문제가 아니다. 즉 수사절차는 수사의 필요성과 피의자의 인권과의 합리적 조화를 어떻게 실현할 것인지의 해석 및 그 입법지침을 제공하는 데 의미를 가질 뿐이다. 따라서 이 논의의 목적은 수사의 현상을 설명하는 데 있는 것이 아니라 끊임없이 수사절차의 개선을 구하는 이론으로써 기능하는 것에 있다고 해야 할 것이다.

제 2 절 수사의 개시

[16] 제 1 수사의 단서

Ⅰ. 수사단서의 의의와 종류

1. 수사단서의 의의

검사와 사법경찰관은 범죄의 혐의가 있다고 인식하는 때에는 수사를 하여야 한다(제195조, 196조 ②항). 이처럼 수사기관은 범죄혐의의 유무를 판단하는 기관으로서 수사는 수사기관의 주관적 혐의에 의하여 개시된다. 이때 수사기관이 범죄의 혐의가 있다고 판단하게 된 원인을 수사의 단서(端緒)라고 하며, 그 전형적인 예로는 피해자 또는 제3자의 신고와 수사기관이 범죄현장을 목격하는 경우 등이 있고, 그 사유와 동기를 묻지 않는다. 다만 수사기관은 범죄혐의의 유무를 판단함에 있어서 수사관의 자의적(恣意的) 판단이 아닌 특정한 범죄가 행하여졌다고 의심할만한 구체적 사정이 존재하여야 한다.

2. 수사단서의 종류

형사소송법은 수사의 단서에 관하여 그 일부만을 규정하고 있을 뿐 일반적인 규정을 두고 있지 않다. 그 규정에 관하여 우선 ① 수사기관이 스스로 직접 체험한 사실을 수사의 단서로 하는 경우와 ② 타인이 체험한 사실을 수사기관이 듣고 이것을 수사의 단서로 하는 경우로 구분할 수 있다. 전자에 해당하는 것으로는 현행범인의 체포(제212조), 변사자의 검시(제222조), 불심검문(경찰관직무집행법 제3조), 자동차검문 등이 있고, 후자에 해당하는 것으로는 고소(제223조), 고발(제234조), 자수(제240조) 등이 있다. 이외에도 수사의 단서는 많지만 일정한 법적 효과를 부여하는 것에 대해서만 법률에 규정을 두고 있다.

Ⅱ. 수사기관의 직접 체험에 의한 단서

1. 변사자의 검시

(1) 의 의

변사자 또는 변사의 의심이 있는 사체란, 자연사 또는 병사가 아닌 범죄로 인하여 사망한 것으로 의심이 되는 사체를 말한다. 따라서 이러한 사체를 발견한 수사기관은 그 사망의 원인이 범죄로 인한 것인지, 즉 범죄혐의의 유무를 조사하여야 하는데 이것을 변사자의 검시(檢視)라고 한다.

(2) 검시의 절차

(가) 검시의 주체

변사자 또는 변사의 의심이 있는 사체가 있는 때에는 그 소재지를 관할하는 지방검찰청의 검사가 검시하여야 하며(제222조 ①항), 검사는 사법경찰관에게 변사자의 검시를 명할 수 있다(동조 ③항). 변사자검시에 있어서 현장보존, 유류품보관, 지문채취 등에 유의하고 검시조서를 작성하며 의사에게 사체검안서를 작성하게 하여야 한다(수사지휘규정 제52조).

(나) 영장주의와 관계

검시는 수사의 단서에 불과하여 법관의 영장을 요하지 않는다. 검시에 의하여 범죄의 혐의가 인정될 때 비로소 수사가 시작되고, 긴급을 요할 때에는 영장 없이 검증할 수 있다(제222조 ②항). 그러나 사체의 해부(부검) 등은 수사가 개시된 이후의 처분이므로 변사자검시와 구별되며 검증영장에 의하여야 한다.

2. 불심검문

(1) 불심검문의 개념

(가) 의 의

경찰관이 거동수상자를 발견한 때에 이를 정지시켜 질문하는 것을 말하며 직무질문이라고도 한다. 거동수상자란, ① 수상한 거동 또는 기타 주위의 사정을 합리적으로 판단하여 어떠한 죄를 범하였거나 범하려 하고 있다고 의심할 만한 상당한 이유가 있는 자 또는 ② 이미 행하여진 범죄나 행하여지려고 하는 범죄행위에 관하여 그 사실을 안다고 인정되는 자를 말한다(경찰관직무집행법 제3조 ①항).

(나) 대 상

불심검문의 대상자를 거동수상자라고 한다. 다만 거동수상자의 요건 중 '어떠한 죄를 범하려 하고 있다고 의심할 만한 상당한 이유'란, 준현행범인(제211조 ②항)이나 체포(제200조의2) 또는 긴급체포(제200조의3)의 요건에 이를 정도로 범죄가 특정되지 않은 경우를 말한다.[10] 이것은 형사소송법상 아직 구체적인 범죄혐의는 없지만, 범죄수사학적 범죄혐의가 인정되는 자를 말한다.

(다) 법적 성격

경찰관직무집행법 제3조 제1항에 따르면, 불심검문은 수사개시의 전후를 불문하고 할 수 있다. 따라서 수사 이전단계에서 행하는 '범죄예방'을 위한 불심검문과 수사개시 이후에 행해지는 '범인발견'을 위한 불심검문은, 각각 행정경찰작용과 사법경찰작용의 성격을 갖는다고 볼 수 있다.[11]

(2) 불심검문의 방법

(가) 정지와 그 한계

거동수상자에게 질문하기 위해서는 우선 그를 정지시켜야 한다. 이 경우 경

---

10) '경찰관이 불심검문 대상자에 대한 해당 여부를 판단할 때에 불심검문 당시의 구체적 사정은 물론 사전에 얻은 정보나 전문 지식 등에 기초하여 불심검문 대상자인지를 객관적·합리적인 기준에 따라 판단하여야 하나, 반드시 불심검문 대상자에게 형사소송법상 체포나 구속에 이를 정도의 혐의가 있을 것을 요한다고 할 수는 없다'(대판 2014.2.27. 2011도13999).
11) 노명선/이완규, 144; 배종대/이상돈/정승환/이주원, 87.

찰관은 원칙적으로 상대방의 동의를 얻어야 한다. 그러나 이 정지요구에 응하지 않거나 질문도중에 떠나는 경우에 어느 정도의 실력행사를 할 수 있는지에 대해 학설이 대립되어 있다. 사태의 긴급성, 혐의의 정도에 따라 질문의 필요성과 수단의 상당성을 고려하여 강제에 이르지 않는 정도의 유형력 행사는 가능하다고 하는 제한적 허용설이 다수설[12] 및 판례[13]의 입장이다.

(나) 질문의 방법

불심검문의 핵심은 질문이며, 정지와 임의동행은 그 질문을 위한 수단에 불과하다. 질문은 거동수상자에게 ① 행선지나 용건 또는 성명·주소·연령 등을 묻거나 신분증제시를 요구할 수 있다. 또한 ② 필요할 경우 소지품의 내용을 물어서 수상한 점을 밝힐 수도 있다. 다만 질문은 어디까지나 임의수단이기 때문에 그것을 강제하거나 또는 질문을 거부하고 그곳을 떠나려는 자에게 강제력을 행사할 수 없다(경찰관직무집행법 제3조 ⑦항).

(다) 동행요구

ⅰ) 요 건

경찰관이 불심검문 중에 동행을 요구하기 위해서는 정지한 장소에서 질문하는 것이 본인에게 불리하거나 교통의 방해가 된다고 인정되는 때에 질문을 하기 위하여 부근의 경찰서·지구대·파출소 또는 출장소에 동행할 것을 요구할 수 있다(경찰관직무집행법 제3조 ②항 전단). 다만 동행은 상대방의 승낙이 있는 경우에만 가능하기 때문에 경찰관의 동행요구에 대해 상대방은 언제든지 거절할 수 있다. 이것을 '경찰관직무집행법상의 임의동행'이라고 하며, 수사기관이 구체적 범죄혐의가 있다고 인식한 때 행하는 형사소송법상의 임의수사 중 하나인 임의동행과 구별된다.

ⅱ) 절 차

경찰관이 임의동행을 요구하기 위해서는 다음의 절차에 따라야 한다. 우선 ① 상대방에게 자신의 신분을 표시하는 증표를 제시하면서 소속·성명을 밝히고, 동행목적과 이유 및 장소를 고지하여야 한다(경찰관직무집행법 제3조 ④항). ② 동행을 한 때에는 가족 또는 친지 등에게 동행한 경찰관의 신분·동행장소·동행목적

---

12) 노명선/이완규, 147; 손동권/신이철, 174; 신동운, 145, 이재상/조균석, 206; 임동규, 156.
13) 대판 2014.2.27. 2011도13999.

과 이유를 고지하거나 본인으로 하여금 즉시 연락할 기회를 부여하여야 하며, ③ 변호인의 조력을 받을 권리가 있음을 고지하여야 한다(동조 ⑤항). ④ 동행한 경우에도 경찰관은 상대방을 6시간[14]을 초과하여 경찰관서에 머물게 해서는 안 된다(동조 ⑥항). ⑤ 질문을 받거나 동행을 요구받은 사람은 형사소송에 관한 법률에 따르지 아니하고는 신체를 구속당하지 아니하며, 그 의사에 반하여 답변을 강요당하지 아니한다(동조 ⑦항).

(3) 소지품 검사

불심검문 중에 거동수상자가 흉기 기타 물건의 소지여부를 확인하기 위하여 거동수상자의 착의나 휴대품을 조사하는 것을 소지품검사라고 한다. 다만 경찰관직무집행법 제3조 제3항이 '흉기의 소지여부'로 제한하고 있어, 흉기 이외의 다른 물건에 대한 조사는 법적 근거가 없는 한 허용되지 않는다는 견해도 있다.[15] 그러나 불심검문의 안전을 확보하거나 질문의 실효성을 유지하기 위하여 실력행사에 의하지 않는 외표검사(Stop and Frisk) 등 합리적인 소지품검사는 허용된다고 하는 견해가 다수설[16]이다.

(4) 자동차검문

자동차검문은 범죄의 예방과 범인의 검거를 목적으로 통행 중인 자동차를 정지시켜 운전자 또는 동승자에게 질문하는 것을 말한다. 자동차검문의 유형으로는 ① 교통위반의 예방·검거를 목적으로 하는 교통검문, ② 범죄일반의 예방·검거를 목적으로 하는 경계검문, ③ 특정한 범죄가 발생한 경우에 범인의 검거와 정보수집을 목적으로 하는 긴급수배검문 등이 있다. 이 가운데 수사단서를 찾는 자동차검문은 경계검문이다.

교통검문은 도로교통법 제47조의 일시정지권에서 그 근거를 찾을 수 있으나,

---

14) 임의동행은 상대방의 동의 또는 승낙을 그 요건으로 하는 것이므로 경찰관으로부터 임의동행 요구를 받은 경우 상대방은 이를 거절할 수 있을 뿐만 아니라 임의동행 후 언제든지 경찰관서에서 퇴거할 자유가 있다고 할 것이고, 경찰관직무집행법 제3조 제6항이 임의동행한 경우 당해인을 6시간을 초과하여 경찰관서에 머무르게 할 수 없다고 규정하고 있다고 하여 그 규정이 임의동행한 자를 6시간 동안 경찰관서에 구금하는 것을 허용하는 것은 아니다 (대판 1997.8.22. 97도1240).
15) 배종대/이상돈/정승환/이주원, 91; 신동운, 148; 신양균, 95.
16) 손동권/신이철, 179; 이재상/조균석, 208; 임동규, 158; 차용석/최용성, 165.

경계검문과 긴급수배검문에 대해서는 직접적인 근거규정이 없다. 그러나 현실에
비추어 자동차검문을 모두 위법하다고 할 수 없기 때문에 경계검문은 경찰관직무
집행법 제3조 제1항에서, 그리고 긴급수배검문은 동법 제3조 제1항과 형사소송법
의 임의수사규정(제199조 ①항, 제200조)에 각각 근거를 두고 있다고 해석함이 타당
하다. 다만 명백한 근거규정이 없는 경계검문과 긴급수배검문에 대해서는 자동차
를 이용한 중대한 범죄에 제한되어야 하며, 그것도 범죄예방과 검거에 필요한 최
소한도에 그쳐야 한다고 해석하여야 한다.17)

Ⅲ. 타인의 간접 체험에 의한 단서

1. 고　소

(1) 고소의 의의

고소(告訴)는 범죄의 피해자 및 그와 일정한 관계가 있는 고소권자가 수사기
관에 대하여 범죄사실을 신고하여 범인의 처벌을 구하는 의사표시를 말한다. 따
라서 단순한 범죄사실의 신고와 구별된다. 또한 고소는 모든 범죄에 있어서 수사
의 단서가 되지만 친고죄에 있어서는 소송조건이며 공소제기의 요건이 된다.

(2) 고소권자

(가) 피해자

범죄로 인한 피해자는 고소할 수 있다(제223조). 피해자란 형법 각 조항이 보
호하는 피해법익의 주체를 의미한다. 따라서 사회적 법익에 대해서는 고소권을
생각할 수 없고 개인적 법익만이 문제가 된다.18) 다만 공무집행방해죄(형법 제136
조)의 공무원처럼 행위의 객체가 되는 자도 고소권을 갖는다. 또한 피해자는 범죄
로 인하여 직접 피해를 입은 자를 의미하며, 자연인뿐만 아니라 법인과 법인격
없는 사단·재단도 될 수 있다.

---

17) 이재상/조균석, 210; 정웅석/백승민, 95.
18) 신동운, 156.

(나) 피해자의 법정대리인

법정대리인은 무능력자의 행위를 대리하는 자를 말한다. 따라서 무능력자인 피해자의 법정대리인도 독립하여 고소할 수 있다(제225조 ①항). 다만 법정대리인의 고소권의 성격에 대하여 고유권설[19]과 독립대리권설[20]이 대립되어 있다. 판례[21]는 무능력자의 보호를 위하여 법정대리인에게 특별히 주어진 권리이므로 법정대리인의 고유권으로 보고 있다. 따라서 법정대리인은 피해자의 고소권 소멸 여부에 관계없이 고소할 수 있음은 물론 그의 명시한 의사에 반해서도 행사할 수 있다.[22]

(다) 피해자의 배우자 · 친족

피해자의 배우자 · 친족도 다음과 같은 경우에는 예외적으로 고소권자가 될 수 있다. ① 피해자의 법정대리인이 피의자이거나 법정대리인의 친족이 피의자인 때에는 피해자의 친족은 독립하여 고소할 수 있다(제226조). ② 피해자가 사망한 때에는 그 배우자 · 직계친족 또는 형제자매가 고소권을 행사할 수 있다. 다만 피해자의 명시한 의사에 반하지 못한다(제225조 ②항). ③ 사자의 명예를 훼손한 죄에 대하여는 그 친족 또는 자손이 고소할 수 있다(제227조).

(라) 지정고소권자

검사는 친고죄에 대해서 고소할 자가 없는 경우에 이해관계인의 신청이 있으면 10일 이내에 고소권자를 지정하여야 한다(제228조).

(3) 고소의 절차

(가) 고소의 방식

고소는 서면 또는 구술로써 검사 또는 사법경찰관에게 하여야 한다(제237조 ①항). 일반적으로 고소는 서면으로 제출하지만, 구술로 고소를 받은 검사 또는 사법경찰관은 조서를 작성하여야 한다(동조 ②항). 사법경찰관이 고소를 받은 때에는 신속히 조사하여 관계서류와 증거물을 검사에게 송부하여야 한다(제238조). 또

---

19) 배종대/이상돈/정승환/이주원, 73; 신동운, 157; 임동규, 132.
20) 이재상/조균석, 212.
21) 대판 1984.9.11. 84도1579; 1987.6.9. 87도857.
22) 대판 1999.12.24. 99도3784.

한 고소에 조건을 붙일 수 있는지에 대해서는 견해의 대립이 있지만, 다수설[23]은 소송진행에 영향을 주지 않는 범위 내에서 이를 인정하고 있다.

(나) 고소의 대리

고소권자는 대리인을 통하여 고소를 할 수 있다(제236조). 대리권의 수여방식에는 특별한 제한이 없으므로 고소할 때 위임장을 제출하거나 대리라는 표시를 반드시 해야 하는 것도 아니다.[24] 다만 고소대리의 범위에 관하여 학설이 대립하고 있으나, 현행법이 고소권자의 범위를 제한하고 있는 취지에서 보면 고소의 의사표시를 전달하는 표시대리만을 인정하는 입장[25]이 타당하고, 판례[26]의 태도이기도 하다. 즉 고소여부의 결정 자체를 대리하는 의사표시의 대리는 허용하지 않는다.

(다) 고소의 기간

고소가 수사단서에 지나지 않는 일반범죄에 대한 고소는 그 기간에 제한이 없다. 그러나 친고죄의 경우에는 '범인을 알게 된 날로부터 6월을 경과하면 고소하지 못한다'(제230조 ①항)고 규정하여, 그 기간을 제한하고 있다. 이것은 친고죄에 있어서 고소가 소송조건이기 때문에 공소제기의 여부를 개인의 의사에 무한정 맡겨 둘 경우 불안정한 법률관계가 오랫동안 지속되기 때문이다. 반면 성폭력범죄의 피해자에 대해서는 정신적인 충격과 범인과의 특별한 관계로부터 단기간에 고소를 결정하는 것이 곤란하다는 이유로 그 고소기간을 1년으로 하고 있다(성폭력처벌법 제18조). 또한 고소할 수 있는 자가 수인인 경우에는 1인의 기간해태는 타인의 고소에 영향을 미치지 아니한다(제231조).

(라) 고소의 제한

자기 또는 배우자의 직계존속은 고소하지 못한다(제224조). 다만 성폭력범죄(성폭력처벌법 제18조), 가정폭력범죄(가정폭력처벌법 제6조 ②항), 아동학대범죄(아동학

---

23) 손동권/신이철, 187; 이재상/조균석, 214; 임동규, 135; 정웅석/백승민, 106. 이에 대하여 절차의 형식성을 해친다는 이유로 이를 부정하는 견해로는 배종대/이상돈/정승환/이주원, 75; 신동운, 166; 신양균, 105.

24) 대리인에 의한 고소의 경우, 대리권이 정당한 고소권자에 의하여 수여되었음이 실질적으로 증명되면 충분하고, 그 방식에 특별한 제한은 없으므로, 고소를 할 때 반드시 위임장을 제출한다거나 '대리'라는 표시를 하여야 하는 것은 아니다(대판 2001.9.4. 2001도3081).

25) 신동운, 166; 임동규, 134; 차용석/최용성, 177.

26) 대판 2010.11.11. 2010도11550.

대처벌법 제10조 ②항)에 대하여는 자기 또는 배우자의 직계존속도 고소할 수 있다.

(4) 고소의 효력

(가) 고소의 일반적 효력

수사기관은 고소에 의하여 범죄혐의를 인식하면 수사를 하여야 한다. 다만 사법경찰관은 부적법한 고소의 경우에도 사건을 종결할 수 없고, 신속히 조사하여 관계서류와 증거물을 검사에게 송부하여야 한다(제238조). 이 경우 ① 사법경찰관은 고소가 있는 날로부터 2개월 이내에 수사를 마쳐야 한다. 만약 그 기간 내에 수사를 마치지 못하였을 때에는 검사에게 수사기일의 연장지휘를 건의하여야 한다(수사지휘규정 제57조). 또한 ② 검사는 고소에 의하여 범죄를 수사한 때에는 고소를 수리한 날로부터 3월 이내에 수사를 완료하여 공소제기여부를 결정하여야 하며(제257조), 그 처분한 날로부터 7일 이내에 서면으로 고소인에게 그 취지를 통지하여야 한다(제258조).

(나) 고소불가분의 원칙

ⅰ) 의 의

고소불가분(告訴不可分)의 원칙은 친고죄에서 고소의 효력이 미치는 범위에 관한 원칙을 말한다. 범죄사실의 일부에 대한 고소 또는 고소의 취소는 그 범죄사실 전부에 대해 효력이 발생한다고 하는 「객관적 불가분의 원칙」과, 공범자 일부에 대한 고소는 다른 공범자에 대해서도 그 효력이 미친다고 하는 「주관적 불가분의 원칙」이 있다. 현행법은 주관적 불가분의 원칙만을 규정하고(제233조), 객관적 불가분의 원칙은 규정하고 있지 않다.

이것은 고소가 범죄사실에 대해 소추를 구하는 것으로써 특정한 범인을 대상으로 하는 것이 아니므로 그 본질로부터 객관적으로는 물론 주관적으로도 불가분이라고 하는 것이 이론상 당연하기 때문에 일부러 명문의 규정을 둘 필요가 없기 때문이다. 다만 이러한 의미의 주관적 불가분은 「공소불가분(公訴不可分)의 원칙」에는 없다는 점에서 고소에 특유한 것이라고 말할 수 있어 특별히 규정하였다고 할 것이다.

ⅱ) 객관적 불가분의 원칙

객관적 불가분의 원칙은 한 개의 범죄사실의 일부에 대한 고소 또는 고소의 취소는 그 범죄사실 전부에 대하여 효력이 발생하는 것을 말한다. 이 원칙을 인정하는 근거는, 국가의 형벌권이 고소인의 의사에 의해 처벌범위가 좌우되는 것을 방지하기 위한 것이다. 따라서 이 원칙은 ① 단순일죄에 있어서는 예외 없이 적용된다.[27] 그러나 ② 과형상 일죄에 있어서 '각 부분이 모두 친고죄이고 피해자가 같은 경우'에는 객관적 불가분의 원칙이 그대로 적용된다.[28] 또한 ③ 과형상 일죄에서 '각 부분이 모두 친고죄이고 그 피해자가 다른 경우'에 1인에 대한 고소는 다른 피해자의 범죄사실에 영향을 미치지 아니한다.[29] 그리고 ④ 과형상 일죄의 일부분만이 친고죄인 경우에는 비친고죄에 대한 고소의 효력은 친고죄에 그 효력이 미치지 아니한다.[30] 이처럼 ⑤ 객관적 불가분의 원칙은 1개의 범죄사실을 전제로 한 원칙이므로 수죄(실체적 경합범)에는 적용되지 아니한다.

iii) 주관적 불가분의 원칙

주관적 불가분의 원칙은 친고죄의 공범 중 그 1인 또는 수인에 대한 고소 또는 고소의 취소는 다른 공범자에 대하여 그 효력이 발생하는 것을 말한다(제233조). 여기서 공범이란, 임의적 공범은 물론 필요적 공범도 포함한다. 따라서 이 원칙은 범인의 신분과 관계없이 친고죄가 되는 절대적 친고죄[31]의 경우에는 항상 적용된다. 이에 반하여 범인과 피해자 사이의 일정한 신분관계가 있는 경우에만 친고죄가 되는 상대적 친고죄[32]의 경우에 있어서 비신분자에 대한 고소는 공범인 신분자에게 그 효력이 미치지 아니한다. 판례[33]도 반의사불벌죄의 공범자 사이에는 고소불가분의 원칙이 적용되지 아니한다고 판시하고 있다.

iv) 공범자와 고소불가분의 원칙

고소는 제1심 판결선고 전까지 취소할 수 있다(제232조 ①항). 그런데 공범 중 일부의 자에 대하여 제1심 판결이 선고되어 취소할 수 없는 상태에서 아직 제1심

---

27) 공갈죄(형법 제350조)의 수단인 폭행·협박에 대해서만 고소한 경우 공갈죄 전부에 대하여 그 효력이 미친다.

28) 여러 사람의 앞에서 특정인에 대해 모욕적인 언사로 그의 업무상 비밀을 누설한 경우에 모욕죄에 대한 고소는 친고죄인 업무상비밀누설죄(형법 제317조)에 대해서도 그 효력이 미친다.

29) 1개의 문서로 갑·을·병을 모욕(형법 제311조)한 경우의 갑에 대한 고소는 을·병에게는 그 효력이 미치지 않는다.

30) 강제추행행위를 공연히 행하여 그 행위가 모욕행위에도 해당하는 경우에 강제추행행위(형법 제298조)에 대한 고소는 친고죄인 모욕죄(형법 제311조)에는 미치지 아니한다.

31) 사자에 대한 명예훼손죄(형법 제308조)

32) 친족상도례(형법 제328조 ②항)

33) 대판 1994.4.26. 93도1689; 1999.5.14. 99도900.

판결이 선고되지 않은 다른 공범자에 대한 고소를 취소할 수 있는지에 관하여 견해의 대립이 있다. 이에 대하여 통설[34]과 판례[35]의 입장은, 이를 인정하게 되면 형사사법권의 발동이 사인(私人)의 의사에 좌우될 위험성이 있다는 이유로 이를 부정하는 소극설을 취하고 있다.

(5) 고소의 취소와 포기

(가) 고소의 취소

고소는 제1심 판결선고 전까지 취소할 수 있으며(제232조 ①항), 그 방법은 고소와 같이 서면 또는 구술로써 할 수 있다(제239조). 고소를 취소한 자는 다시 고소하지 못한다(제232조 ②항). 이러한 고소취소의 제한은 반의사불벌죄의 경우에도 준용되므로 피해자는 처벌을 희망하는 의사표시의 철회를 제1심 판결선고 전까지 하여야 한다(제232조 ③항). 따라서 항소심에서 공소사실의 변경이나 법원의 축소사실의 인정에 의하여 일반범죄가 친고죄(반의사불벌죄)로 변경된 경우에 고소(처벌의사표시)를 취소하였다면, 이는 친고죄에 대한 고소취소로서의 효력은 없다.[36] 그리고 고소의 취소가 있으면 검사는 불기소처분을 하여야 하고, 수소법원은 공소기각의 판결(제327조 5호)을 하여야 한다. 고소의 취소에 대해서도 고소불가분의 원칙이 적용된다.

(나) 고소의 포기

고소 또는 고소권의 포기는 친고죄의 고소기간 내에 장차 고소권을 행사하지 아니한다는 의사표시적 소송행위를 말한다. 고소 또는 고소권의 포기에 관하여 학설이 대립되어 있다. 소극설[37] 및 판례[38]의 입장은, 고소권은 공법상 권리로서 사적인 처분이 허용되지 않으며, 고소취소(제232조 ①항)와 달리 고소의 포기

---

34) 배종대/이상돈/정승환/이주원, 84; 신동운, 174; 이재상/조균석. 218; 임동규, 144; 정웅석/백승민, 110.
35) 대판 1985.11.12. 85도1940.
36) 대판 1988.3.8. 85도2518; 1999.4.15. 96도1922. 그러나 상소심에서 제1심판결을 파기하고 사건을 제1심법원에 환송함에 따라 다시 제1심절차가 진행되는 경우에는 환송 후의 제1심판결선고 전에 간통죄의 고소가 취소되면, 형사소송법 제327조 5호에 의하여 판결로서 공소기각을 하여야 한다(대판 2011.8.25. 2009도9112). 이것은 종전의 제1심판결이 이미 파기되어 효력을 상실하기 때문이다.
37) 이재상/조균석, 220; 신동운, 178; 정웅석/백승민, 119.
38) 대판 1967.5.23. 67도471.

에 대해서는 명문의 규정을 두고 있지 않다는 점을 이유로 이를 부정하고 있다. 그러나 다수설[39]인 절충설은, 고소권은 공법상의 권리이지만 기본적으로는 피해자의 이익을 위한 것으로 고소권의 포기를 부정할 이유가 없고, 다만 고소취소와 동일한 방식으로 포기한 경우에 한하여 유효하다는 입장이다.

(다) 고소의 추완

친고죄에 있어서 공소제기 후에 고소가 있는 경우, 이 공소가 적법한 공소제기인지 하는 문제가 있다. 즉 고소의 추완에 의해서 공소제기의 하자가 치유되는가의 문제이다. 판례[40]는 소수설[41]을 따라 세무공무원의 고발 없이 조세범칙사건의 공소가 제기된 후에 세무공무원이 고발하였다 하여 그 공소절차의 무효가 치유된다고 볼 수 없다고 하였다. 그러나 소송의 동적·발전적 성격과 소송경제의 원칙을 고려하여 고소의 추완을 인정하는 적극설[42]과 대립되어 있다.

2. 고 발

고발(告發)은 고소권자와 범인 이외의 사람이 수사기관에 대하여 범죄사실을 신고하여 그 소추를 구하는 의사표시를 말한다. 즉 누구든지 범죄가 있다고 사료하는 때에는 고발할 수 있을 뿐만 아니라, 공무원은 그 직무를 행함에 있어 범죄가 있다고 사료하는 때에는 고발하여야 한다(제234조 ①항, ②항). 고발은 원칙적으로 수사의 단서에 불과하지만, 예외적으로 관세법이나 조세범처벌법 위반사건의 경우는 소송조건이 되기도 한다.

자기 또는 배우자의 직계존속은 고발하지 못한다(제235조). 고발은 그 방식과 취소의 절차 등은 고소의 경우와 같다(제237조, 제238조, 제239조). 다만 대리인에 의한 고발이 인정되지 않고 고발기간도 제한이 없다. 또한 고발은 취소 후에도 다

---

39) 배종대/이상돈/정승환/이주원, 85; 손동권/신이철, 198; 신양균, 117; 차용석/최용성, 184. 절충설의 근거로는 친고죄에 대한 수사를 조속히 종결할 수 있다는 장점이 있지만 피해자에게 고소권의 포기를 강요할 위험성이 있기 때문에 수사기관이 고소권의 포기를 확인하는 절차가 필요하다. 따라서 고소의 취소방식, 즉 구두 또는 서면으로 하는 경우에 그 효력이 발생한다고 한다.
40) 대판 1970.7.28. 70도942.
41) 배종대/이상돈/정승환/이주원, 390; 이재상/조균석, 176; 손동권/신이철, 142; 차용석/최용성, 437.
42) 이러한 경우에 일단 형식재판으로 소송을 종결한 후 다시 공소제기를 하여 심리하면 소송경제와 절차유지의 원칙에 반하기 때문에 고소의 추완을 인정해야 한다는 입장이다(백형구, 218).

시 고발할 수 있다는 점에서 고소와 구별된다.

3. 자 수

자수(自首)는 범인이 스스로 수사기관에 대하여 자기의 범죄사실을 신고하여 그 수사와 소추를 구하는 의사표시를 말한다. 따라서 반의사불벌죄에 있어서 피해자에게 자신의 범죄사실을 알리고 용서를 구하는 자복(自服)과 구별된다(형법 제52조 ②항). 자수는 형법상 임의적 감면사유이며(형법 제52조 ①항), 형사소송법상 수사의 단서에 불과하다. 자수의 방식과 절차에 관하여는 고소와 고발에 관한 규정이 준용된다(제240조).

[17] 제2 수사의 조건

I. 수사조건의 의의

수사기관이 수사의 단서에 의하여 범죄혐의를 인식한 경우라도 언제나 수사를 개시할 수 있는 것은 아니다. 수사는 개인의 기본권 침해를 동반할 위험성이 큰 행위로써 일정한 조건이 갖춰질 때 비로소 개시할 수 있다. 이러한 조건을 수사의 조건이라고 하며, 일반적으로 ① 수사의 필요성과 ② 수사의 상당성이 논해진다.

II. 수사의 조건

1. 수사의 필요성

수사는 임의수사는 물론 강제수사도 그 목적을 달성하기 위하여 필요한 경우에 한하여 인정된다(제199조 전단). 따라서 수사의 필요성은 수사의 조건이 되며, 그 조건으로는 수사기관에 의한 범죄혐의의 인지와 소송조건이 존재하여야 한다.

(1) 범죄혐의의 인지

수사는 수사기관이 범죄혐의가 있다고 사료하는 때에 개시된다(제195조, 제192

조 ②항). 여기서의 범죄혐의는 '구체적 사실에 근거한 수사기관의 주관적 혐의'를 요한다. 따라서 수사기관이 자신의 수사경험만을 바탕으로 한 범죄수사학적 범죄혐의[43]는 물론 체포(제200조의2) 등 강제수사에 있어서 요구되는 객관적 혐의와도 구분된다.

(2) 소송조건과 수사

수사는 공소제기의 준비절차이기 때문에 공소제기의 가능성이 전혀 없는 사건에 대하여는 수사의 필요성이 없다. 따라서 친고죄에 있어서 고소가 없거나 반의사불벌죄에 있어서 처벌의사표시가 철회된 경우에 수사기관은 수사를 할 수 있는지에 대해 학설이 대립되어 있다.

(가) 학 설

친고죄에 관하여 고소가 없는 경우에도 임의수사·강제수사를 불문하고 수사가 전면적으로 허용된다고 하는 전면적 허용설[44]과 이를 전면적으로 허용하지 않는 전면적 부정설이 대립되어 있다. 또한 고소가 없어도 그 가능성이 있으면 임의수사·강제수사를 불문하고 수사는 허용되지만, 고소의 가능성이 없는 때에는 임의수사와 강제수사 모두가 허용되지 않는다는 제한적 허용설[45] 등이 주장되고 있다.

전면적 허용설은 친고죄의 입법취지에 반할 뿐만 아니라, 수사가 공소제기를 위한 준비절차라고 하는 그 본질에도 반한다. 또한 전면적 부정설은 고소 전에도 수사의 필요성이 존재하는 경우가 있다는 점을 간과하고 있어 제한적 허용설이 다수설이며 타당하다.

---

43) 경찰관직무집행법 제3조 제1항은 '어떠한 죄를 범하려 하고 있다고 의심할 만한 상당한 이유'가 있는 때 불심검문이 가능한데 이 때 '상당한 이유'란, 수사기관의 수사경험에 의한 범죄수학적 범죄혐의를 의미한다.

44) 일본의 학설(安冨 潔, 64)과 판례(最決 昭和35年12月23日[刑集14卷14号2213頁])는, 고소는 소송조건이지만 수사의 조건이 아니기 때문에 범죄의 성립여부에 직접적인 영향을 미치지 않는다. 따라서 친고죄에 있어서 고소가 없는 경우에도 수사가 가능하다고 해석하여 전면적 허용설을 취하고 있다. 다만 이 설에 따르더라도 공소제기의 가능성이 전혀 없는 경우, 예컨대 모든 고소권자의 고소기간이 만료한 경우 등에는 수사가 허용되지 않는다고 해석한다고 하면, 실질적으로 제한적 허용설과의 차이가 없다. 이를 원칙적 허용설이라고 하고 이 입장으로는 신동운, 133.

45) 배종대/이상돈/정승환/이주원, 96; 이재상/조균석, 196; 임동규, 122; 정웅석/백승민, 58; 차용석/최용석, 185.

(나) 판 례

친고죄나 세무공무원 등의 고발이 있어야 논할 수 있는 죄에 있어서 고소나 고발의 가능성이 없는 상태 하에서 행해졌다는 등의 특단의 사정이 없는 한, 고소나 고발이 있기 전에 수사를 하였다는 이유만으로 그 수사가 위법하다고 볼 수 없다[46]고 하여 제한적 허용설의 입장에 따르고 있다.

2. 수사의 상당성

수사의 필요성이 인정되는 경우에도 수사기관이 추구하는 목적에 상당하지 않다고 판단되면 수사는 허용되지 않는다. 이를 수사의 상당성이라고 하며 그 내용으로는 수사의 신의칙과 수사비례의 원칙이 있다.

(1) 수사의 신의칙

함정수사(陷穽搜査)는, 일반적인 수사방법으로는 범인의 검거가 어려운 마약범죄 등에서 수사기관이 상대방에게 그 신분을 속이고 범죄를 교사하여 그 실행을 기다려 범인을 체포하는 수사방법을 말한다. 이처럼 함정에 빠진 국민을 국가가 처벌하는 것이 수사의 신의칙에 반하는지 문제가 된다.

함정수사는 기회제공형과 범의유발형으로 구분한다. 즉 ① 범죄의사를 가지고 있는 자에게 그 기회를 제공한 「기회제공형 함정수사」는 허용되는 것이 판례[47]의 입장이지만, ② 범죄의사가 없는 자에게 그 범의를 유발시키는 「범의유발형 함정수사」는 위법한 수사방법으로 허용되지 않는다.[48] 따라서 이에 의하여 기소된 피고인에 대해서는 가벌설[49]과 불가벌설[50]이 대립되어 있으나,

---

46) 대판 1995.2.24. 94도252; 2011.3.10. 2008도7724.

47) 피고인이 수사기관의 사술이나 계략 등에 의하여 범행을 유발한 것이 아니라, 이미 범행을 저지른 피고인을 검거하기 위하여 수사기관이 정보원을 이용하여 피고인을 검거장소로 유인한 것에 불과하므로, 피고인의 이 사건 범행이 함정수사에 의한 것으로 볼 수도 없다 (대판 2007.7.26. 2007도4532)

48) 대판 2007.5.31. 2007도1903; 2007.7.13. 2007도3672; 2008.10.23. 2008도7362.

49) 이재상/조균석, 201. 일본 최고재판소는, '함정(おとり)수사는 이것에 의하여 범의를 유발한 자의 범죄구성요건해당성, 위법성 또는 책임성을 조각하는 것이 아니고 또한 공소제기의 절차에 위반하거나 공소권을 소멸시키는 것도 아니다'라고 판시하여 가벌설을 취하고 있다 (最決 昭和28年3月5日[刑集7卷3号482頁]).

50) 노명선/이완규, 159; 배종대/이상돈/정승환/이주원, 99; 이은모, 185. 차용석/최용석, 185. 함정수사에 의한 공소제기는 적정절차에 위반하는 수사이므로 공소제기의 절차가 법률 규정

판례51)는 공소기각의 판결(제327조 2호)을 하고 있어 불가벌설의 입장을 취하고 있다.

(2) 수사비례의 원칙

수사는 그 목적 달성을 위한 최소한에 그쳐야 한다는 원칙을 수사비례의 원칙이라고 한다. 형사소송법은 강제처분에 관하여 '법률에 특별한 규정이 있는 경우에 한하며, 필요한 최소한도의 범위 안에서만 하여야 한다'고 하여 비례성의 원칙을 규정하고 있다(제199조 ①항 단서).

제 3 절   임의수사

[18] 제 1 수사의 방법

Ⅰ. 임의수사와 강제수사의 의의

수사의 방법에는 임의수사와 강제수사가 있다. 임의수사는 강제력을 행사하지 않고 상대방의 동의 또는 승낙을 받아서 하는 수사를 말하며, 강제수사는 강제처분에 의한 수사를 말한다. 형사소송법은 '수사에 관하여 그 목적을 달성하기 위하여 필요한 조사를 할 수 있다. 다만 강제처분은 이 법률에 특별한 규정이 없으면 하지 못한다'(제199조 ①항)고 규정하여, 임의수사를 원칙으로 하고 강제수사는 법률에 특별한 규정이 있는 경우에 예외적으로 허용하고 있다. 그런데 과학기술의 발달에 따라 형사소송법이 예상하지 못한 새로운 수사방법들이 등장하면서 임의수사와 강제수사의 한계에 관한 논란이 제기되고 있다.

종래의 임의수사와 강제수사는 상대방의 동의의 유무에도 불구하고 강제력 행사여부에 의하여 구분하는 형식설52)이 다수설이었다. 이 설에 따르면 과학기술

에 위반하여 무효인 때에 해당하므로 제327조 2호에 의하여 공소기각의 판결을 해야 한다.

51) 대판 2008.10.23. 2008도7362.

52) 현재 우리나라에서 형식설을 지지하는 학자는 없다.

의 발달에 의한 새로운 수사방법인 전기통신의 감청이나 사진촬영에 의한 개인의 프라이버시를 침해하는 수사를 강제수사의 개념에 포함시킬 수 없게 된다. 따라서 임의수사와 강제수사의 구별기준은 상대방의 의사에 반하여 권리·법익을 침해하였지 여부에 의하여 구분하는 실질설53)이 타당하다.

Ⅱ. 임의수사의 종류

임의수사의 종류는 대인적 임의수사와 대물적 임의수사로 구분할 수 있다. ① 대인적 임의수사는, 수사기관의 피의자신문(제200조), 피의자 이외의 자의 조사(제221조 ①항), 감정 등의 위촉(제221조 ②항), 사실조회(제199조 ②항) 등이 있다. 그리고 ② 대물적 임의수사는 상대방의 승낙에 의한 수사기관의 수색·검증, 공도(公道)나 산야에서의 수사기관의 수색·검증·실황조사 등이 있으며, 이것들은 임의수사로 법관의 영장을 필요로 하지 아니한다.

Ⅲ. 임의수사의 적법성의 한계

1. 임의수사의 한계

강제처분 또는 강제수사에 대해서는 영장주의에 의한 사법적 통제를 원칙으로 하고 있지만, 임의수사는 그 성격상 비유형적이고 다양하여 법적 제재로부터 비교적 자유로운 영역이다. 그러나 임의수사도 형사절차인 이상 형사소송의 모든 절차를 지배하는 적정절차에 의한 규제를 받지 않을 수 없으며 그 한계는 임의수사의 성격상 개개 수사방법에 대해서 논하지 않을 수 없다.

일반적으로 임의수사는 헌법 제12조 제1항에 규정된 적정절차의 원칙과 형사소송법의 기본구조에 반하지 않는 범위 내에서 허용된다고 할 수 있다. 따라서 임의수사가 허용되기 위해서는 ① 형사소송법의 기본원칙인 적정절차의 원칙을 준수하여야 하며, 임의수사도 수사절차인 이상 ② 수사의 조건으로서 수사의 필요성과 상당성의 요건이 요구됨은 물론이다. 또한 ③ 상대방의 자유의사에 의한 승낙이 전제되어야 한다.

---

53) 손동권/신이철, 208; 이은모, 218; 이재상/조균석, 222; 임동규, 161; 정웅석/백승민, 149.

2. 임의수사의 적법성이 문제되는 수사방법

(1) 임의동행

임의동행은 수사기관이 피의자의 동의를 얻어 그를 수사기관까지 동행하는 것을 말한다. 임의동행에는 형사소송법과 경찰관직무집행법에 의한 두 가지가 있다. ① 형사소송법에 의한 '수사상의 임의동행'(제199조 ①항)은 피의자의 동의를 얻어 행하는 임의수사의 성질을 가지는 데 반하여 ② 경찰관직무집행법상의 임의동행'(동법 제3조)은 불신검문을 위한 것으로 행정경찰작용에 속하기 때문에 양자를 구별하지 않으면 안 된다.

임의동행의 법적 성격에 대해 임의수사설과 강제수사설이 있지만, 임의동행은 상대방의 동의를 전제로 하기 때문에 형사소송법 제199조 제1항의 본문이 예정하고 있는 임의수사의 일종이라는 다수설[54]이 타당하다. 다만 다수설에 의하는 경우에도 임의동행은 피의자가 그 동행요구를 거절할 수 있어야 하며, 동행한 경우에도 언제든지 퇴거할 수 있는 자유가 보장되어 있지 않으면 강제수사가 된다고 본다.[55] 따라서 임의동행은 상대방의 진정한 동의가 있으면 일반적으로 허용되지만, 그 허용 한계를 벗어나 강제로 연행하는 등 실질적으로 긴급체포나 구속에 이르는 경우에 실무상 종종 문제가 되어 왔다. 형사소송법은 이러한 임의동행의 탈법적 수사관행을 근절하기 위하여 체포장제도(제200조의2)를 도입하였다.

(2) 보호실유치

경찰서에 사실상 설치·운영하고 있는 보호실 등에 피의자를 유치하는 것을 말한다. 보호실유치는 수사기관의 강제에 의한 강제유치와 피의자의 승낙을 받아 유치시키는 승낙유치로 구분할 수 있지만 현행법상 보호실유치는 법적 근거가 없다. 또한 판례[56]도 구속영장을 발부받음이 없이 피의자를 보호실에 유치함은 영장주의에 위배되는 위법한 구금으로서 적법한 공무라고 할 수 없다고 판시하고 있다. 따라서 경찰관직무집행법상의 보호조치(동법 제4조 ①항) 또는 형사소송법상

---

54) 배종대/이상돈/정승환/이주원, 111; 신동운, 197; 이은모, 220; 이재상/조균석, 227; 임동규, 164.
55) 대판 2013.3.14. 2012도13611.
56) 대판 1994.3.11. 93도958.

에 의한 영장 없이 할 수 있는 현행범체포(제212조)나 긴급체포(제200조의3)에 해당하지 않는 한, 경찰서의 보호실유치는 피의자의 승낙여부에 관계없이 허용되지 않는다고 보아야 한다.57)

(3) 거짓말탐지기(Polygraph)

거짓말탐지기는 피의자나 기타 피검사자에게 피의사실과 관계있는 질문을 하고 그에 대한 대답 시 피검사자의 호흡·혈압·맥박·피부전기반사 등의 생리적 변화를 검사지에 기록하는 장치를 말하며 심리·생리검사라고도 한다. 검사자는 이 기록을 관찰·분석하여 답변의 진위 또는 피의사실에 대한 인식의 유무를 판단한다.

거짓말탐지기의 사용에 대해 피검사자가 동의를 하였다면 기본권을 침해하였다고 볼 수 없음으로 임의수사로써 적법하다고 한다.58) 다만 판례59)는 거짓말탐지기의 검사결과 증거능력이 인정되어도 공소사실의 존부를 인정하는 직접증거로 사용할 수 없고, 피검자의 진술에 대한 신빙성 유무를 판단하는 정황증거로만 사용할 수 있을 뿐이라고 하고 있다.

(4) 사진촬영

사진촬영은 수사기관이 범인의 식별이나 행동을 감시하기 위한 수단으로 이용되는데 이 경우 상대방의 의사에 반하는 사진촬영은 초상권을 침해한다는 점에서 강제수사라고 하는 다수설60)과 공공장소에서 이루어지는 경우는 임의수사라고 하는 설61)이 있다. 다수설에 의하면, 사진촬영은 피의자의 초상권을 침해한다고 하는 점에서 강제수사에 해당한다. 즉 사진촬영은 강제처분 가운데 검증의 성

---

57) 일본의 하급심판례는 피의자를 임의동행 후, 그의 동의를 얻어 3일 밤을 경찰이 준비한 호텔에 숙박하면서 매일 조사받은 사안에 대하여 '실질적으로 체포와 동일시하여야 하는 상황하에 있었다'고 하여, 그 체포를 위법하다고 판시하였다(東京地決 昭和55年8月13日[判時972号 136頁]).
58) 배종대/이상돈/정승환/이주원, 110; 손동권/신이철, 215; 이재상/조균석, 230; 임동규, 166; 정웅석/백승민, 730; 차용석/최용성, 264. 이에 대하여 거짓말탐지기의 사용은 인격권에 대한 중대한 침해로 적법절차의 원칙에 반하는 것이라고 하지 않을 수 없다고 주장하고 있다(신동운, 1245).
59) 대판 1986.11.25. 85도2208.
60) 배종대/이상돈/정승환/이주원, 109; 손동권/신이철, 225; 이재상/조균석, 235.
61) 신동운, 1228.

질을 가지고 있으므로 원칙적으로 영장주의가 적용되어야 한다. 다만 판례[62]는
사진촬영이 무제한으로 보호되는 것이 아니고, …… 상당한 제한이 따르는 것으
로, ① 수사기관이 범죄를 수사함에 있어서 현재 범행이 행해지고 있거나 행하여
진 직후이고, ② 증거보전의 필요성과 긴급성이 있으며, ③ 일반적으로 허용되는
상당한 방법에 의하여 촬영을 한 경우라면 위 촬영이 영장 없이 이루어졌다 하여
이를 위법하다고 단정할 수 없다고 판시하고 있다.

(5) 마취분석(Narkoanalyse)

마취분석은 마약의 작용에 의하여 진술의 자제력을 이완시킨 상태에서 진술
을 획득하는 조사방법을 말한다. 따라서 진술을 한 피의자가 동의하였다고 하여
이를 임의처분이라고 할 수 있는지 문제가 된다. 이에 대해 임의성만 있으면 자
백으로서 증거능력을 인정하는 설도 있으나, 마취분석은 피의자의 동의에도 불구
하고 통일체로서 인간의 정신을 해체·분열시키는 것으로 허용되지 않는 수사방
법이라고 하여야 한다.[63]

(6) 감 청[64]

수사기관이 타인의 전화 또는 회화를 그 본인의 부지중에 청취하는 것을 감
청 또는 도청이라고도 한다. 따라서 수사기관이 옥외연설이나 피의자신문 시 문
답을 녹음하는 것은 감청이 아니다. 감청은 전화감청이 일반적이고 전자장비를
이용한 전자감청[65]도 있다. 이러한 감청은 물리적 강제력을 행사하지는 않지만
개인의 프라이버시에 대한 중대한 침해를 하기 때문에 강제수사라고 하는 것이
통설[66]이다. 다만 통신비밀보호법은 일정한 요건 하에서 법원의 허가를 얻은 경
우에 전기통신의 감청을 허용하고 있다. 즉 ① 통신비밀보호법 제5조에 규정된
중범죄를 계획 또는 실행하고 있거나 실행하였다고 의심할 만한 충분한 이유가

---

62) 대판 1999.9.3. 99도2317, 最大判 昭和44年12月24日[刑集23卷12号1625頁].
63) 배종대/이상돈/정승환/이주원, 607; 손동권/신이철, 216; 이재상/조균석, 231; 정웅석/백승민, 149.
64) 통신비밀보호법은 감청을 '전기통신에 대하여 당사자의 동의 없이 전자장치·기계장치 등을
    사용하여 통신의 음향·문언·부호·영상을 청취·공독하여 그 내용을 지득 또는 채록하거나
    전기통신의 송·수신을 방해하는 것'으로 정의하고 있다(동법 제2조 7호).
65) 유선·무선·광선 등 전기통신에 의하지 아니하고, 전자적 방식에 의하여 모든 종류의 음
    향·문언·부호·영상을 송신하거나 수신하는 것을 말한다(통신비밀보호법 제2조 3호).
66) 손동권/신이철, 221.

있고, ② 다른 방법으로는 그 범죄실행을 저지하거나 범인의 체포 또는 증거의 수집이 어려운 경우에 한하여 감청을 허가할 수 있다(동법 제5조 ①항).

[19] 제2 현행법상의 임의수사

수사기관은 수사의 목적달성을 위하여 그 방법을 결정하여야 하며, 수사방법에는 임의수사와 강제수사가 있다. 임의수사의 방법으로 형사소송법은 ① 피의자신문(제200조)과 ② 피의자 이외의 자의 조사로서 참고인조사(제221조 ①항)와 감정·번역·통역의 위촉(제221조 ②항)이 있으며, ③ 사실조회(제199조 ②항)가 있다.

I. 피의자신문

1. 피의자신문의 의의

피의자신문은 검사 또는 사법경찰관이 수사에 필요한 때에 피의자의 출석을 요구하여 진술을 들을 수 있는 절차를 말한다(제200조). 즉 피의자신문은 수사기관이 범죄혐의가 있는 피의자의 진술을 통하여 사건의 해명에 필요한 증거를 수집하는 절차인 동시에 피의자가 자신에게 유리한 사실을 진술할 기회를 부여하는 절차로서의 의미도 있다. 다만 출석을 요구받은 피의자에게는 출석할 의무는 물론 진술거부권이 보장되어 있어 그 성격은 임의수사에 불과하다.[67]

2. 피의자신문의 절차

(1) 출석요구

수사기관은 피의자를 신문하기 위하여 피의자의 출석을 요구하여야 한다(제200조). 피의자신문을 위한 출석요구는 원칙적으로 출석요구서의 발부에 의하지만, 그 방법이나 장소에 대한 제한이 없다. 또한 피의자에게는 출석요구에 대한 출석의무가 없기 때문에 출석을 거부할 수 있고, 출석한 때에도 언제든지 퇴거할 수 있다.

---

67) 대결 2013.7.1. 2013모160.

(2) 진술거부권의 고지

검사 또는 사법경찰관은 피의자를 신문하기 전에 피의자에게 진술거부권과 변호인의 피의자신문참여권을 고지하여야 한다. 즉 피의자를 출석시켜 진술을 들을 때에 검사 또는 사법경찰관은 ① 일체의 진술을 하지 아니하거나 개개의 질문에 대하여 진술을 하지 아니할 수 있다는 것, ② 진술을 하지 아니하더라도 불이익을 받지 아니한다는 것, ③ 진술을 거부할 권리를 포기하고 행한 진술은 법정에서 유죄의 증거로 사용할 수 있다는 것, ④ 신문을 받을 때에는 변호인을 참여하게 하는 등 변호인의 조력을 받을 수 있다는 것을 미리 고지하여야 한다(제244조의3 ①항). 따라서 진술거부권을 고지하지 않고 작성한 피의자신문조서는 그 권리를 침해한 것으로서 증거능력이 인정되지 않는다. 또한 피의자의 진술거부권은 적극적·명시적으로 고지하여야 하며, 그 내용에 있어도 피의자에게 이익이 되는 사실은 물론 불이익한 내용에 대해서도 할 수 있다. 다만 수사기관은 일련의 수사과정에서 진술거부권을 신문 시마다 고지할 필요가 없으며, 진술거부권을 고지한 때에는 피의자가 그 진술을 거부할 권리와 변호인의 조력을 받을 권리를 행사할 것인지 여부를 질문하고, 이에 대한 피의자의 답변을 조서에 기재하여 한다. 이 경우 피의자로 하여금 기명날인 또는 서명하게 하여야 한다(동조 ②항).

(3) 신문사항

검사 또는 사법경찰관이 피의자를 신문함에는 먼저 그 성명·연령·등록기준지·주거와 직업을 물어 피의자임에 틀림없음을 확인하여야 한다(제241조). 이를 인정신문(認定訊問)이라고 하며, 이에 대한 진술거부도 가능하다.[68] 피의자에 대한 신문사항은 범죄사실과 정상에 관하여 필요한 사항이며, 피의자에 대하여 이익이 되는 사실도 진술할 기회를 주어야 한다(제242조). 또한 검사와 사법경찰관은 사실을 발견하기 위하여 필요한 때에는 피의자와 다른 피의자 또는 피의자 아닌 자와

---

[68] 일본도 인정신문에 관해서 진술을 거부할 수 있는 권리가 있다는 점에서 우리나라와 동일하다(池田水/前田雅英, 204). 다만 최고재판소는 변호인선임계처럼 피의자와 변호인의 연서가 형식적 요건으로 되어 있는 경우에, 피의자가 성명을 묵비하여 감방번호로 자서·무인한 변호인선임계를 부적법하다고 각하한 地裁의 판단을 시인하였다. 이것은 헌법 제38조 제1항의 '누구도 자기에게 불리한 진술을 강요당하지 않는다'는 진술거부권을 규정한 그 범위에 '성명'은 이른바 불리한 진술에 해당하지 않는다고 판시하고 있다(最大 昭和32年2月20日[刑集11卷2号802頁]). 따라서 진술거부권의 범위가 제한되고 있음을 알 수 있다.

대질하게 할 수 있다(제245조).

(4) 피의자신문과 참여자

(가) 변호인 참여권

현행 소송법은 변호인에게 검사 또는 사법경찰관의 피의자신문에 참여할 권리를 명문으로 인정하고 있다. 즉 피의자 또는 변호인 등의 신청에 따라 변호인을 피의자와 접견하게 하거나 정당한 사유가 없는 한 피의자에 대한 신문에 참여하게 하여야 한다(제243조의2 ①항). 이처럼 현행법은 '정당한 사유가 없는 한' 신문에 변호인을 참여하게 하여야 한다고만 규정하고 있어 그 판단에 대한 재량을 전적으로 수사기관에 부여하고 있다.

(나) 신뢰관계자[69]의 동석

검사 또는 사법경찰관은 피의자를 신문하는 경우에 ① 피의자가 신체적 또는 정신적 장애로 사물을 변별하거나 의사를 결정·전달할 능력이 미약한 때, ② 피의자의 연령·성별·국적 등의 사정을 고려하여 그 심리적 안정의 도모와 원활한 의사소통을 위하여 필요한 경우에는 직권 또는 피의자·법정대리인의 신청에 따라 피의자와 신뢰관계에 있는 자를 동석하게 할 수 있다(제244조의5). 이것은 사회적 약자들이 심리적으로 위축되어 방어권을 충분히 행사하지 못하는 것을 고려한 규정이다.

(다) 보조자의 참여

조서의 정확성과 신문절차의 적법성을 보장하기 위하여, 검사는 피의자를 신문함에는 검찰청수사관·서기관·서기를 참여하게 하고, 사법경찰관이 피의자를 신문함에는 사법경찰관리를 참여하게 하여야 한다(제243조).

(5) 피의자신문조서의 작성

① 피의자의 진술은 조서에 기재하여야 한다(제244조 ①항). ② 신문조서는 피의자에게 열람하게 하거나 읽어 들려주어야 하며, ③ 진술한 대로 기재되지 아니

---

69) 신뢰관계자는 피의자의 직계친족, 형제자매, 배우자, 가족, 동거인, 보호시설 또는 교육시설의 보호 또는 교육담당자 등 피의자의 심리적 안정과 원활한 의사소통에 도움을 줄 수 있는 자를 말한다(검찰사건사무규칙 제12조의2 ①항).

하였거나 사실과 다른 부분의 유무를 물어 피의자가 증감 또는 변경의 청구 등 이의를 제기하거나 의견을 진술한 때에는 이를 조서에 추가로 기재하여야 한다. 이 경우 ④ 피의자가 이의를 제기하였던 부분은 읽을 수 있도록 남겨두어야 한다 (제244조 ②항). ⑤ 피의자가 조서에 대하여 이의나 의견이 없음을 진술한 때에는 피의자로 하여금 그 취지를 자필로 기재하게 하고 조서에 간인한 후 기명날인 또는 서명하게 한다(동조 ③항). 피의자신문조서에 기재된 진술은 일정한 조건 하에서 증거능력이 인정된다(제312조).

3. 피의자진술의 영상녹화

형사소송법은 피의자진술의 영상녹화제도를 도입하고 있다(제244조의2 ①항). 영상녹화는 피의자의 진술내용을 사실대로 녹화하여 재생시킬 수 있는 과학적 증거방법이다. 따라서 검사작성의 피의자신문조서와 검사 및 사법경찰관의 참고인 진술조서의 진정성립을 인정(제312조 ②항)하는 방법으로, 진술자의 기억이 불명확한 경우에 '기억환기용'으로 사용할 수 있게 하고 있다(제318조의2 ②항).

피의자의 진술을 영상녹화할 때에는 ① 미리 영상녹화사실을 알려주어야 하며,[70] 조사의 개시부터 종료까지의 전 과정 및 객관적 정황을 영상녹화하여야 한다(제244조의2 ①항). ② 이 경우 피의자에게 미리 영상녹화한다고 하는 사실을 알려주면 족하며 피의자 또는 변호인의 동의를 받을 필요는 없다. 또한 ③ 영상녹화가 완료된 때에는 피의자 또는 변호인 앞에서 지체 없이 그 원본을 봉인하고 피의자로 하여금 기명날인 또는 서명하게 하여야 한다(동조 ②항). ④ 이 경우 피의자 또는 변호인의 요구가 있는 때에는 영상녹화물을 재생하여 시청하게 하여야 한다. 그리고 ⑤ 그 내용에 대하여 이의를 진술한 때에는 그 취지를 기재한 서면을 첨부하여야 한다(동조 ③항).

4. 피의자신문의 법적 규제

우리나라의 수사실무는 거의 피의자의 자백에 의존하고 있으므로 피의자신

---

70) 「검찰사건사무규칙(동규칙 제13조의8)」과 「검사의사법경찰관리에대한수사지휘및사법경찰관리의수사준칙에관한규정」(동법 제25조 ④항)에는 영상녹화 시 피의자에게 고지하여 할 내용으로 1. 조사자·참여자의 성명과 직책, 2. 영상녹화 사실 및 장소, 시작 및 종료시각, 3. 법 제244조의3에 따른 진술거부권 등, 4. 조사를 중단·재개하는 경우 중단 이유와 중단 시각, 중단 후 재개하는 시각을 규정하고 있다.

문을 통하여 자백을 얻어내기 위해 강압수사의 위험과 유혹이 항상 뒤따른다. 따라서 현행법은 피의자신문을 전후로 이를 규제하고 있다. 우선 ① '사전적 규제방법'으로 피의자신문에 있어서 자백을 얻기 위한 고문 또는 기타 강제를 방지하기 위하여 신문 이전에 진술거부권(제244조의3)을 고지하도록 하고 있을 뿐만 아니라, 피의자신문 시에 변호인을 참여(제243조의2)하게 하고 있다. 또한 피의자신문에 대한 ② '사후적 규제방법'으로는, 고문·폭행·협박 기타 임의성에 의심이 있는 자백의 증거능력을 부정(제309조)하고 있으며, 이외에도 수사과정을 투명하게 하여 절차의 적법성과 진술의 임의성을 보장하기 위한 '수사과정의 기록제도'(제244조의4 ①항, ②항)[71]를 도입하여 신문과정에서의 피의자의 행적을 자세히 기록하도록 하고 있다.

Ⅱ. 피의자 이외의 자에 대한 조사

1. 참고인조사

검사 또는 사법경찰관은 수사에 필요하면 피의자가 아닌 자도 출석시켜 진술을 들을 수 있다(제221조). 이것을 참고인조사(參考人調査)라고 한다. 참고인은 피의자 이외의 제3자라는 점에서 넓은 의미의 증인에 해당하나, 참고인은 경험사실을 수사기관에 대해 진술한다는 점에서 증인과 구별된다. 참고인조사는 임의수사로써 증인과 달리 강제로 소환·신문 당하지 아니한다. 다만 범죄수사에 없어서는 아니 될 사실을 안다고 명백히 인정되는 자가 출석 또는 진술을 거부하면, 검사는 제1회 공판기일 전에 한하여 판사에게 그에 대한 증인신문을 청구할 수 있다(제221조의2 ①항). 또한 참고인진술의 영상녹화는 피의자진술의 영상녹화와 달리 참고인의 동의를 받아 그 진술을 영상녹화할 수 있으며(제221조 ①항), 참고인을 조사하는 경우에도 수사과정을 기록하여야 하는 것은 피의자신문의 경우와 같다(제244조의4 ③항). 참고인의 진술을 기재한 진술조서는 일정한 조건 하에서 증거능력이 인정된다(제312조, 제313조).

---

71) 검사 또는 사법경찰관은 피의자가 조사장소에 도착한 시각, 조사를 시작하고 마친 시각, 그 밖에 조사과정의 진행경과를 확인하기 위하여 필요한 사항을 피의자신문조서에 기록하거나 별도의 서면에 기록한 후 수사기록에 편철하여야 한다(제244조의4 ①항). 또한 수사과정의 기록내용에 대해 피의자에게 열람하게 하거나 읽어 들려주게 하고, 이에 대하여 증감, 변경의 청구가 있는 때에는 이를 추가로 기재하여야 한다(제244조의4 ②항).

2. 감정·통역·번역의 위촉

검사 또는 사법경찰관은 수사에 필요한 경우 감정·통역 또는 번역을 위촉할 수 있다(제221조 ②항). 위촉받은 자의 수락여부는 그의 자유에 속함은 물론, 출석을 거부하거나 출석 후 퇴거하는 것도 자유이다. 즉 임의수사이므로 이를 강제할 수 없다.

Ⅲ. 사실조회

수사에 관하여 공무소 기타 공사단체에 조회하여 필요한 사항의 보고를 요구할 수 있다(제199조 ②항). 이 경우 조회를 받은 상대방은 보고의무가 있으나 임의수사의 일종이므로 이를 강제할 수는 없다. 이러한 사실조회(事實照會)로서 대표적인 것은 전과조회와 신원·신분조회 등이 있다.

제 2 장

강제처분과 강제수사

제 1 절 총 설

[20] 제 1 강제처분

I. 강제처분의 의의

소송의 진행과 형벌의 집행을 확보하기 위하여 강제력을 사용하는 법원의 공권적 처분을 강제처분(强制處分)이라고 하며, 이러한 강제처분의 의한 수사를 강제수사라고 한다. 그러나 강제처분과 강제수사는 강제력의 행사라는 성질상 신체의 자유는 물론 개인의 기본권을 제한하는 결과를 초래하기 때문에 형사소송법에 특별한 규정이 있는 경우에만 허용된다(제199조 ①항 후단). 이것을 「강제처분법정주의」라고 한다.

Ⅱ. 강제처분의 분류

강제처분은 그 처분의 대상이 되는 객체, 실시주체, 처분의 시점에 따라 구분할 수 있다. 우선 강제처분은 ① 객체를 기준으로 대인적 강제처분[72]과 대물적 강제처분[73]으로 구분할 수 있으며, 또한 ② 처분의 주체에 따라 법원에 의한 강제처분과 그 밖의 기관에 의한 강제처분[74]으로 구분할 수 있다. 마지막으로 ③ 처분의 시점을 기준으로 공소제기 전의 수사상 강제처분[75]과 공소제기 후의 강제처분[76]으로 구분할 수도 있다. 본서는 강제처분을 그 객체에 따라 대인적 강제처분과 대물적 강제처분으로 구분하여 서술하기로 한다.

[21] 제 2 강제처분과 인권보장

Ⅰ. 강제처분의 필요성

수사기관은 수사의 목적을 달성하기 위하여 그 필요에 따라 일정한 강제력의 행사가 불가피하다. 즉 임의수사의 방법으로는 피의자의 신병확보는 물론 증거의 수집·보전을 위해서도 목적을 달성할 수 없는 경우가 적지 않기 때문이다. 따라서 법률은 일정한 범위 내에서 강제처분을 허용하고 있다. 다만 강제처분은 형벌권을 실현하기 위하여 불가피한 개인의 자유 및 법익을 제한하는 처분으로 본질적으로 헌법이 보장하는 기본적 인권과 대립한다.

형사소송법은 강제처분에 대하여 피고인구속(제69조 이하) 등을 중심으로 한 법원의 강제처분에 대한 상세한 규정(제68조~제145조)을 두고 있는 반면, 수사상의 강제처분에 대해서는 체포와 구속(제200조의2~제214조의3) 및 압수·수색·검증(제215조~제218조의2)을 규정한 이외 대부분 법원의 강제처분에 관한 규정을 준용하

---

72) 소환·체포·구속(구인+구금)·신체검사·감정유치·증인신문
73) 제출명령·압수·수색·검증
74) ① 수사기관의 강제처분(피의자의 체포와 구속, 압수·수색·검증)과 ② 수사기관의 청구에 의해 판사가 하는 강제처분(증거보전처분(제184조), 참고인에 대한 증인신문(제221조의2))이 있다.
75) 이것을 수사기관의 강제처분이라고 한다.
76) 이것을 법원의 강제처분이라고 한다.

고 있다(제200조의6, 제209조, 제213조의2).

Ⅱ. 강제처분의 허용범위

헌법 제12조 제1항과 형사소송법 제199조 제1항에 따라 강제처분은, ① 법률에 '법정(法定)'되어 있어야 하는 것(강제처분법정주의)은 물론 그것이 단순히 법정되어 있는 것에 그치지 않고, ② 그 법정의 방식에 관해서도 '법원이나 법관이 사전에 발부한 영장'에 의할 것을 요구하고 있다(영장주의 원칙). 또한 ③ 강제처분은 그 '목적달성을 위하여 필요 최소한의 범위 내'에서만 허용하고 있다(비례성의 원칙). 따라서 강제처분은 이 세 가지의 요건을 모두 충족한 경우에 한하여 예외적으로 허용된다.

1. 강제처분법정주의

법원의 강제처분은 물론 수사기관의 강제수사도 법률에 특별한 규정이 없으면 하지 못한다는 원칙을 「강제처분법정주의」라고 한다. 이러한 강제처분법정주의는 그 처분의 종류와 요건 및 절차를 법률로써 규정할 것을 요구하고 있다(헌법 제12조 ①항). 따라서 강제처분의 종류는 법률에 규정되어 있어야 하고, 그 요건과 절차 또한 법률을 준수한 경우에 한하여 허용된다.

2. 영장주의

법원 또는 법관이 발부한 적법한 영장[77)]에 의하지 않으면 형사절차상 강제처분을 할 수 없다는 원칙을 「영장주의」라고 한다. 즉 법원이 강제처분 및 강제수사로 인한 권한 남용을 억제하기 위하여 행하는 사법적 통제를 영장주의라고 한다. 이러한 영장주의는 강제처분을 할 당시에 영장이 발부되어 있을 것을 요하기 때문에 사전영장을 원칙으로 하지만, 현행범인의 체포(제212조)와 긴급체포(제200조의3)는 물론 체포현장·범죄현장(제216조), 긴급체포 시(제217조 ①항)의 압수·수색·감정 등은 수사목적을 달성하기 위하여 예외적으로 사후영장을 인정하고 있다.

---

77) 영장은 강제처분의 허용여부에 대한 법원의 판단을 기재한 재판서로서, 법원 또는 법관이 발부한 영장을 의미하기 때문에 검사가 발부한 형집행장은 영장이 아니다.

3. 비례성의 원칙

강제처분에 의한 개인의 기본권 침해가 범죄사실의 중대성과 균형성이 인정될 때만 허용된다는 원칙을 말한다. 형사소송법은, 강제처분은 필요한 최소한도의 범위 안에서만 하여야 한다(제199조 ①항)고 규정하여, 「비례성의 원칙」을 명시하고 있지만, 이 원칙은 수사방법을 제한하는 이념으로서 강제처분뿐만 아니라 임의수사에도 적용된다.

제 2 절   대인적 강제처분

[22] 제 1 피의자의 체포

Ⅰ. 체포의 의의

체포(逮捕)는 피의자가 죄를 범하였다고 의심할 만한 상당한 이유가 있는 경우에 구속에 앞서 단기간 동안 피의자의 신체를 수사관서 등 일정한 장소에 인치하는 제도를 말한다. 이와 같은 체포제도는 1995년 12월 형사소송법의 개정에 의해서 도입되었다. 개정 전의 형사소송법에 의하면 피의자를 동행하여 조사할 수 있는 방법으로 구속과 임의동행 및 보호실유치가 있었으나, ① 구속은 그 요건이 너무 엄격하고 ② 임의동행과 보호실유치는 구속의 탈법적 운영으로 법원의 비판에 직면하였다. 따라서 체포제도는 수사기관에 의한 신병확보(身柄確保)의 수단으로 도입되었으며, 그 방법으로 형사소송법은 영장에 의한 체포(제200조의2)를 원칙으로 하고, 다만 예외적으로 영장 없이 체포할 수 있는 긴급체포(제200조의3)와 현행범인의 체포(제212조)를 규정하고 있다.

II. 영장에 의한 체포

1. 체포의 요건

(1) 범죄혐의의 상당성

체포영장을 발부하기 위해서는 피의자가 죄를 범하였다고 의심할 만한 상당한 이유가 있어야 한다. 여기서 '상당한 이유'란, 구속영장을 발부하는 경우와 마찬가지로 피의자가 구체적인 범죄를 범하였다고 하는 객관적 혐의를 말하며,[78] 그 혐의의 정도는 무죄추정의 원칙을 깨트릴 수 있을 정도의 유죄판결에 대한 고도의 개연성 내지는 충분한 범죄혐의가 있어야 한다. 이러한 범죄혐의의 유무에 대한 판단은 영장담당판사가 체포영장청구서에 첨부된 피해신고서·진술조서 등의 소명자료에 의하여 하게 된다.

(2) 체포사유

피의자를 체포하기 위해서는 피의자가 정당한 이유 없이 수사기관의 '출석요구에 응하지 아니하거나 응하지 아니할 우려'가 있어야 한다(제200조의2 ①항). 다만 다액 50만원 이하의 벌금, 구류 또는 과료에 해당하는 경미한 사건에 관하여는 피의자가 일정한 주거가 없는 경우 또는 정당한 이유 없이 출석요구에 불응한 때에 한하여 체포를 할 수 있다(동조 ①항 단서). 따라서 일정한 주거가 없는 피의자는 출석요구에 응하였다고 하더라도 체포할 수 있다.

(3) 체포의 필요성

범죄혐의와 체포사유가 인정되더라도 명백히 체포의 필요가 인정되지 아니하는 경우에는 체포할 수 없다(제200조의2 ②항). 즉 구체적인 경우에 있어서 체포의 필요성은 '피의자의 연령과 경력, 가족관계나 교우관계, 범죄의 경중 및 태양 기타 제반 사정'(규칙 제96조의2)을 종합적으로 판단하여야 하지만, 일반적으로 체포의 사유가 있으면 그 필요성이 인정된다. 따라서 명백하게 도망할 염려나 증거

---

78) 배종대/이상돈/정승환/이주원, 129; 신동운, 252; 신양균, 158; 이은모, 243; 이재상/조균석, 246. 이에 대하여 체포는 피의자신문 이전의 수사초기 단계에서 행해지는 것이므로 구속보다 낮은 정도의 혐의로 족하다는 견해로는 노명선/이완규, 182; 박상열/박영규/배상균, 254; 손동권/신이철, 240; 임동규, 177.

인멸의 우려가 없는 경우에 한하여 체포영장의 청구가 기각된다고 한다.

2. 체포의 절차

(1) 체포영장의 청구

체포영장은 검사의 청구에 의하여 관할 지방법원판사가 발부한다. 사법경찰 관은 검사에게 신청하여 검사의 청구로 체포영장을 발부받아 피의자를 체포할 수 있다(제200조의2 ①항). 체포영장의 청구에는 체포의 사유 및 필요를 인정할 수 있 는 자료를 제출하여야 한다(규칙 제96조 ①항). 또한 검사가 체포영장을 청구함에 있어서 동일한 범죄사실에 관하여 그 피의자에 대하여 전에 체포영장을 청구하였 거나 발부 받은 사실이 있는 때에는 다시 체포영장을 청구하는 취지 및 이유를 기재하여야 한다(제200조의2 ④항).

(2) 체포영장의 발부

체포영장의 청구를 받은 지방법원판사는 체포함이 상당하다고 인정할 때에 는 체포영장을 발부한다(제200조의2 ②항). 판사가 체포영장을 발부하지 아니할 때 에는 청구서에 그 취지 및 이유를 기재하고 서명날인하여 청구한 검사에게 교부 한다(제200조의2 ③항). 그러나 체포영장은 구속영장의 경우와 달리 지방법원판사 가 피의자를 심문하는 것이 인정되지 않지만, 그 기재사항이나 방식은 구속영장 에 관한 규정이 준용된다(제75조, 제200조의6). 대법원[79]은 체포영장의 발부 또는 기각결정에 대하여 항고 또는 준항고의 불복을 허용하지 않는 대신에 간접적으로 체포구속적부심사를 청구하거나 체포영장의 발부를 재청구할 수 있도록 하고 있다.

---

[79] 대결 2006.12.18. 2006모646. '검사의 영장청구가 기각된 경우에는 그로 인한 직접적인 기본 권침해가 발생할 여지가 없다는 점 및 피의자에 대한 체포영장 또는 구속영장의 청구에 관 한 재판 자체에 대하여 항고 또는 준항고를 통한 불복을 허용하게 되면 그 재판의 효력이 장기간 유동적인 상태에 놓여 피의자의 지위가 불안하게 될 우려가 있으므로 그와 관련된 법률관계를 가급적 조속히 확정시키는 것이 바람직하다는 점 등을 고려하여, 체포영장 또는 구속영장에 관한 재판 그 자체에 대하여 직접 항고 또는 준항고를 하는 방법으로 불복하는 것은 이를 허용하지 아니하는 대신에, 체포영장 또는 구속영장이 발부된 경우에는 피의자에 게 체포 또는 구속의 적부심사를 청구할 수 있도록 하고 그 영장청구가 기각된 경우에는 검사로 하여금 그 영장의 발부를 재청구할 수 있도록 허용함으로써, 간접적인 방법으로 불 복할 수 있는 길을 열어 놓고 있는 데 그 취지가 있다.

(3) 체포영장의 집행

체포영장의 집행에는 구속영장의 집행에 관한 규정이 준용된다(제200조의9). 즉 체포영장은 검사의 지휘로 사법경찰관 또는 교도관이 집행한다(제81조 ①항, ③항). 이 경우 영장을 제시하여야 하고(제85조 ①항), 체포 전에 피의자에게 범죄사실의 요지, 체포의 이유와 변호인을 선임할 수 있음을 말하고 변명할 기회를 주어야 한다(제72조). 또한 체포영장을 집행함에는 영장 없이 타인의 주거에서 피의자를 수색하거나 체포현장에서 압수·수색·검증을 할 수 있다(제216조 ①항). 나아가 체포 시에 그 실효성의 확보를 위하여 합리적으로 필요한 범위 내의 실력행사와 필요 최소한 범위 내에서 무기사용도 허용된다(경찰관직무집행법 제10조의4).

3. 집행 후의 절차

피의자를 체포한 때에는 즉시 영장에 기재된 인치·구금된 장소로 인치 또는 구금하여야 한다(제85조 ①항, 제200조의6). 구금장소의 변경은 판사의 허가사항으로 수사기관의 임의변경은 위법하다.[80] 피의자를 체포한 때에는 변호인이 있는 경우에는 변호인에게, 변호인이 없는 경우에는 변호인선임권자 가운데 피의자가 지정한 자에게 피의사건명, 체포일시·장소, 범죄사실의 요지, 체포의 이유와 변호인을 선임할 수 있음을 알려야 한다(제87조, 제200조의6). 그 밖에 피의자는 법률의 범위 내에서 타인과 접견하고 서류 또는 물건을 수수하며 의사의 진료를 받을 수 있다(제89조, 제200조의6).

4. 체포 이후의 조치

피의자를 체포한 후 그를 다시 구속하고자 할 때에는, 체포한 때로부터 48시간 이내에 구속영장을 청구하여야 하고 그 기간 내에 구속영장을 청구하지 아니하는 때에는 피의자를 즉시 석방하여야 한다(제200조의2 ⑤항). 체포 후 피의자 등은 체포의 적부심사를 청구할 수 있고(제214조의2 ①항), 이 경우 법원이 수사관계서류와 증거물을 접수한 때부터 결정 후 검찰청에 반환된 때까지의 기간은, 48시간의 청구제한기간에 산입하지 않는다(제214조의2 ⑬항). 다만 체포영장을 발부받은 후 피의자를 체포하지 아니하거나 체포한 피의자를 석방한 때에는 지체 없이

---

80) 대결 1996.5.15. 95모94.

검사는 영장을 발부한 법원에 그 사유를 서면으로 통지하여야 한다(제204조).

<중심 체포와 압수·수색의 차이>

	체포	압수·수색
헌법상 근거	헌법 제12조 ③항	헌법 제12조 ③항
영장에 피의사실의 기재	영장에 기재(규칙 제95조)	영장에 기재(규칙 제107조)
혐의 정도	죄를 범하였다고 의심할 만한 상당한 이유(객관적 혐의): 압수·수색보다 높음	피의자가 죄를 범하였다고 의심할 만한 정황(단순한 혐의): 체포·구속보다 낮음
영장주의 예외	긴급성(현행범, 긴급체포)	임의제출물, 긴급성, 공판정
영장의 유효기간	7일(규칙 제178조)	7일(규칙 제178조)
영장의 발부재판에 대한 구제	불복방법이 없음	불복방법이 없음

Ⅲ. 긴급체포

1. 긴급체포의 의의

긴급체포(緊急逮捕)는 수사기관이 중대한 죄를 범하였다고 의심할 만한 상당한 이유가 있는 피의자를 영장 없이 체포하는 것을 말한다. 긴급체포는 현행범인의 체포(제212조)와 함께 영장주의의 예외를 인정하는 점에서 유사하다. 다만 긴급체포는 ① 중대한 범죄에 한정되고 현행범인임을 요하지 아니한다는 점과 ② 범행과 체포사이에 시간적 근접성이 인정되지 않는다는 점에서 현행범인의 체포와 구별된다.

2. 긴급체포의 요건

(1) 범죄의 중대성

수사기관이 긴급체포를 하기 위해서는 '피의자가 사형·무기 또는 장기 3년 이상의 징역이나 금고에 해당하는 죄를 범하였다고 의심할 만한 상당한 이유'가 있어야 한다. 체포는 물론 긴급체포에 있어서도 '상당한 이유'를 요건으로 하고 있어, 그 혐의의 정도에 있어서도 체포와 같이 현저한 혐의 또는 객관적인 혐의를 필요로 한다.[81] 그러나 일본은 통상체포의 상당한 이유와 달리 긴급체포의 요건으로서 '충분한 이유'를 요구하고 있어, 범죄혐의의 정도가 통상의 체포보다 상대적으로 높을 것을 요구하고 있다.[82]

(2) 체포의 필요성

긴급체포를 하기 위해서는 구속사유가 있어야 한다. 즉 ① 피의자가 증거를 인멸할 염려가 있거나(제70조 ①항 2호), ② 피의자가 도망하거나 도망할 염려가 있어야 한다(동조 ①항 3호). 따라서 주거가 일정하지 않은 것(동조 ①항 1호)은 독자적인 긴급체포의 사유가 되지 않는다.

(3) 체포의 긴급성

긴급체포는 긴급을 요하여 지방법원판사의 체포영장을 발부 받을 수 없어야 한다. 여기서 '긴급을 요한다' 함은 피의자를 우연히 발견한 경우 등과 같이 체포영장을 받을 시간적 여유가 없을 때를 말한다(제200조의3 ①항).

3. 긴급체포의 절차

(1) 긴급체포의 방법

검사 또는 사법경찰관은 피의자에게 체포영장이나 구속영장을 발부 받을 수 없는 사유를 알리고 긴급체포하여야 한다(제200조의3 ①항). 사법경찰관이 긴급체포를 한 경우에는 즉시 검사의 승인을 얻어야 한다(동조 ②항). 이 경우 구속과 마찬가지로 범죄사실의 요지와 변호인을 선임할 수 있음을 말하고 변명의 기회를 주어야 한다(제72조, 제200조의5).

---

81) 신양균, 163; 이은모, 249; 이재상/조균석, 251; 임동규, 181, 정웅석/백승민, 162; 차용석/최용성, 217. 이에 대하여 긴급체포를 위해서는 일반적 인신구속사유보다 더 엄격한 중대한 범죄의 상당한 혐의가 있어야 한다고 주장하고 있다(배종대/이상돈/정승환/이주원, 133).
82) 영장주의를 규정한 일본 헌법 제33조에 따르면 체포의 종류로 통상체포와 현행범인의 체포만을 인정하고 있다고 할 수 있다. 따라서 긴급체포(제210조 ①항)를 합헌이라고 해석하기 위해서 대부분의 학설(安富 潔, 71; 白取裕司, 157)은, ① 범죄를 범하였다고 의심할 만한 상당한 이유가 아닌「충분한 이유」와, ②「사후라고 하지만 영장이 발부될 것」을 그 요건으로 하여 영장에 의한 통상체포의 일종으로 해석하여 합헌성을 긍정하고 있다(最大判 昭和30年12月14日[刑集9卷13号2760頁]).

(2) 긴급체포에 수반한 강제처분

검사 또는 사법경찰관이 피의자를 긴급체포하는 경우에 영장 없이 타인의 주거나 타인이 간수하는 가옥 등에서 피의자를 수색하거나, 체포현장에서 압수·수색·검증할 수 있다(제216조 ③항). 또한 피의자가 소유·소지 또는 보관하는 물건에 대하여 긴급히 압수할 필요가 있는 경우에는 체포한 때부터 24시간 이내에 한하여 영장 없이 압수·수색 또는 검증을 할 수 있다(제217조 ①항). 그리고 긴급체포의 경우에도 무기사용의 필요성과 상당성이 있는 경우에 경찰관은 무기를 사용할 수 있다(경찰관집무집행법 제10조의4).

4. 긴급체포 후의 절차

(1) 긴급체포서의 작성

검사 또는 사법경찰관이 피의자를 긴급체포한 때에는 즉시 긴급체포서를 작성하여야 한다(제200조의3 ③항). 긴급체포서에는 범죄사실의 요지와 긴급체포의 사유 등을 기재하여야 한다(동조 ④항).

(2) 구속영장의 청구

검사 또는 사법경찰관이 피의자를 긴급체포한 경우 피의자를 구속하고자 할 때에는 지체 없이 검사는 관할지방법원판사에게 구속영장을 청구하여야 하고, 사법경찰관은 검사에게 신청하여 검사의 청구로 구속영장을 청구하여야 한다(제200조의4 ①항). 이 경우 구속영장은 피의자를 체포한 때로부터 48시간 이내 청구하여야 하며, 이 때 긴급체포서를 첨부하여야 한다(제200조의4 ①항). 그러나 48시간 이내에 구속영장을 청구하지 아니하거나 발부받지 못한 때에는 피의자를 즉시 석방하여야 한다(동조 ②항).

(3) 재체포의 제한

긴급체포한 후 구속영장을 청구하지 아니하거나 구속영장을 발부받지 못하여 석방된 자는 영장 없이는 동일한 범죄사실에 관하여 다시 체포하지 못한다(동조 ③항). 다만 법관의 체포영장 또는 구속영장을 발부받아 체포하는 경우에는 다

시 체포할 수 있다.83)

(4) 법원에 석방통지

검사가 구속영장을 청구하지 아니하고 피의자를 석방한 경우에는 그가 석방된 날로부터 30일 이내에 긴급체포서를 첨부하여 서면으로 ① 긴급체포 후 석방된 자의 인적사항, ② 긴급체포의 일시·장소와 긴급체포하게 된 구체적인 이유, ③ 석방의 일시·장소 및 사유, ④ 긴급체포 및 석방한 검사 또는 사법경찰관의 성명을 법원에 통지하여야 한다(동조 ④항). 또한 사법경찰관은 긴급체포한 피의자에 대하여 구속영장을 신청하지 아니하고 석방한 경우는 즉시 검사에게 보고하여야 한다(동조 ⑥항). 이와 같이 긴급체포된 피의자를 석방한 경우에 법원에 통지하도록 한 것은 일종의 사법적 통제장치라고 할 수 있다.

Ⅳ. 현행범인의 체포

1. 현행범인의 의의

범죄의 실행 중84)이거나 실행의 즉후85)인 자를 현행범인이라고 한다(제211조 ①항). 또한 형사소송법은 ① 범인으로 호창되어 추적되고 있는 자, ② 장물이나 범죄에 사용되었다고 인정함에 충분한 흉기 기타의 물건을 소지하고 있는 자, ③ 신체 또는 의복류에 현저한 증적(證迹)이 있는 자, ④ 누구임을 물음에 대하여 도망하려 하는 자 등의 준현행범을 현행범인으로 간주하고 있다(제211조 ②항). 이러한 현행범인은 누구든지 체포할 수 있고 긴급체포와 함께 영장주의의 예외를 인정하고 있다(제212조).

현행범인은 범죄의 증거가 명백하여 수사기관의 권한남용의 위험이 없고, 또

---

83) 대판 2001.9.28. 2001도4291
84) 범죄의 실행중이란, 범죄의 실행에 착수하여 종료하지 못한 상태를 말하며, 범죄는 특정된 범죄임을 요하지만 죄명이나 형의 경중은 묻지 않는다.
85) 범죄의 실행의 즉후란, 범죄의 실행행위를 종료한 직후를 말하며, 결과발생의 유무와 관계없이 실행행위의 전부를 종료하였을 것도 요하지 않는다. 예컨대 목욕탕탈의실에서 피해자를 구타한 지 25분 이내에 목욕탕탈의실에서 체포한 경우는 현행범으로 인정하였으나(대판 2006.2.10. 2005도7518), 음주운전을 종료한 후, 40분 이상이 경과한 시점에서 길가에 앉아 있던 운전자를 술 냄새가 난다는 점만을 근거로 현행범으로 체포한 것은 적법한 직무집행으로 볼 수 없다(대판 2007.4.13. 2007도1249).

초동수사의 필요성이 높기 때문에 수사기관의 독자적 판단에 의하여 인신구속을
할 수 있도록 한 것이다.

2. 현행범인 체포의 요건

(1) 범죄의 명백성

현행범인은 범죄의 실행 중이거나 실행 즉후인 자 또는 준현행범인을 말하
기 때문에 이들을 체포하기 위해서는 체포 시에 특정한 범죄를 범한 범인임이 명
백하여야 한다. 따라서 이들이 형식상 죄를 범한 것처럼 보일지라도 범죄가 성립
하지 않을 때에는 현행범인으로 체포할 수 없다.[86] 다만 소송조건의 존재는 체포
의 요건이 아니기 때문에 친고죄의 경우, 고소가 없더라도 현행범인으로 체포는
가능하나 처음부터 고소의 가능성이 없는 경우는 수사할 수 없기 때문에 체포할
수 없다고 하여야 한다.

(2) 체포의 필요성

긴급체포의 경우와 달리 현행범인의 체포요건으로 도망이나 증거인멸의 우
려와 같은 구속사유가 필요하다는 명문의 규정이 없다. 그러나 현행범인의 체포
는 영장에 의한 체포나 긴급체포와 달리 '누구든지 영장 없이 체포할 수 있다'(제
212조)고 규정하고 있어, 영장을 필요로 하지 않기 때문에 체포의 필요성에 대한
판단을 보다 엄격히 하지 않으면 안 된다.[87] 판례[88]도 현행범인의 체포요건으로
서 행위의 가벌성, 범죄의 현행성·시간적 접착성, 범인·범죄의 명백성 외에 체
포의 필요성, 즉 도망 또는 증거인멸의 염려가 있을 것을 요하다고 한다.

---

86) 예컨대 형사미성년자는 현행범인으로 체포할 수 없다.
87) 손동권/신이철, 250; 임동규, 187. 이에 대하여 형사소송법은 현행범인의 체포를 통상체포의
예외적인 경우로 규정하고 있으며, 통상체포의 경우에도 구속사유가 존재할 필요가 없기
때문에 현행범인의 체포에서도 구속사유가 존재할 필요가 없다고 하는 견해가 다수설이다
(신동운, 269; 이은모, 257; 이재상/조균석, 256; 정웅석/백승민, 169).
88) 대판 1999.1.26. 98도3029. 일본의 형사소송법도 우리와 같이 통상체포와 현행범인의 체포에
대해 「체포의 필요성」을 규정하고 있지 않지만, 판례는 이를 요구하고 있다. 예컨대 도망이
나 증거인멸의 우려 없음에도 경미한 도로교통법위반으로 현행범인을 체포하는 것은 「필
요성」을 결한 현행범인의 체포로 위법하다(大阪高判 昭和60年12月18日[判時1201号93頁]).

(3) 비례성의 원칙

경미한 범죄에 대해서는 인권보장의 차원에서 현행범인의 체포가 제한된다. 즉 다액 50만원 이하의 벌금, 구류 또는 과료에 해당하는 죄의 현행범인에 대해서는 범인의 주거가 분명하지 않을 경우에만 그 체포가 허용된다(제214조).

3. 현행범인 체포의 절차

(1) 체포의 방법

현행범인은 누구든지 영장 없이 체포할 수 있다(제212조). 따라서 검사 또는 사법경찰관리는 물론 일반인도 현행범인을 체포할 수 있다. 다만 검사 또는 사법경찰관리가 현행범인을 체포하거나 일반인이 체포한 현행범인을 인도받은 경우에는 범죄사실의 요지, 체포의 이유와 변호인을 선임할 수 있음을 말하고 변명할 기회를 주어야 한다(제200조의5, 제213조의2).

(2) 체포에 수반하는 강제처분

검사 또는 사법경찰관이 현행범인을 체포하는 경우에 필요한 때에는 영장 없이 타인의 주거에 들어가 피의자를 수색할 수 있고, 체포현장에서 압수·수색·검증할 수 있다(제216조 ①항). 그러나 사인은 현행범인을 체포하기 위하여 타인의 주거에 들어갈 수 없다.

4. 현행범인 체포 후의 절차

(1) 현행범인의 인도

검사 또는 사법경찰관리가 아닌 자가 현행범인을 체포한 때에는 즉시 검사 또는 사법경찰관리에게 인도하여야 한다(제213조 ①항). 사법경찰관리가 현행범인을 인도받으면 체포자의 성명·주거·체포사유를 묻고 필요한 때에는 체포자에 대하여 경찰관서에 동행을 요구할 수 있다(동조 ②항).

(2) 구속영장의 청구

현행범인의 체포의 경우에도 영장에 의한 체포의 규정에 따라 구속영장을 청구하여야 한다. 즉 검사 또는 사법경찰관리가 체포한 현행범인을 구속하고자 할 때에는 체포한 때로부터 48시간 이내에 구속영장을 청구하여야 하고, 그 기간 내에 구속영장을 청구하지 아니한 때에는 피의자를 즉시 석방하여야 한다(제213조 의2, 제200조의2 ⑤항).

〈현행법상 체포의 종류와 그 요건〉

종 류	체포요건	재체포 제한
체 포 (제200조의2)	• 범죄혐의의 상당성 • 체포의 사유	동일한 범죄사실에 관하여 다시 체포영장을 청구하는 경우 그 취지 및 이유를 기재(제200조의2 ④항)
긴급체포 (제200조의3)	• 범죄의 중대성 • 체포의 필요성 • 체포의 긴급성	동일한 범죄에 관하여 영장 없이 다시 체포하지 못함(제200조의4 ③항)
현행범인체포 (제211조)	• 범죄의 명백성 • 체포의 필요성 • 비례성의 원칙	성격상 재체포 제한이 적용되지 않음

[23] 제2 피의자와 피고인의 구속

Ⅰ. 구속의 의의와 목적

1. 구속의 의의

구속(拘束)은 피의자 또는 피고인의 신체자유를 제한하는 대인적 강제처분을 말한다(제70조, 제201조). 피의자구속은 수사기관이 법관의 영장을 발부받아 행하는 구속[89]이고, 피고인구속은 공소제기 후 법원이 행하는 구속으로서 이것들은 비교적 장기라는 점에서 단기간 강제처분인 체포와 구별된다.

구속은 구인과 구금을 포함하는 개념이다(제69조). ① 구인(拘引)은 피의자 또는 피고인을 법원 또는 기타 장소에 인치하는 강제처분이며, ② 구금(拘禁)은 피의자 또는 피고인을 교도소 또는 구치소 등에 감금하는 강제처분이다. 구인한 피의자 또는 피고인을 인치한 경우에 계속 구금할 필요가 없다고 인정한 때에는 인

---

89) 피의자구속은 ① 피의자를 체포한 후, 구속하는 경우와 ② 처음부터 구속영장에 의해 구속하는 두 가지가 있다.

치한 날로부터 24시간 이내에 석방하여야 한다(제71조, 제209조). 피의자에 대한 구인은 체포되지 아니한 피의자의 구속 전 피의자심문(영장실질심사)을 위한 수단으로 이용될 수 있다(제201조의2 ②항). 구인도 구속의 일종이므로 구인을 위한 구속영장이 발부되어야 하며, 구인을 위한 구속영장이 발부되기 위해서는 구속사유가 있어야 한다.

2. 구속의 목적

구속의 목적은 형사소송의 진행과 형벌의 집행을 확보하려는 데 있다. 구체적으로는 ① 피의자·피고인의 형사소송에의 출석을 보장하고, ② 증거인멸에 의한 수사와 심리의 방해를 제거하며, ③ 확정된 형벌의 집행을 확보하기 위한 제도이다. 이처럼 구속은 형사소송의 진행을 확보하기 위한 것으로써 단순히 수사를 용이하게 하기 위한 제도가 아니다. 따라서 수사의 편의를 위하여 구속이 결코 허용되어서는 안 된다.

II. 구속의 요건

형사소송법 제201조 제1항은 피의자에 대한 구속요건으로서, ① 범죄혐의의 상당성, ② 제70조 제1항 각 호에 해당하는 구속사유, 그리고 ③ 구속의 비례성을 요구하고 있다.

1. 범죄혐의

피의자를 구속하기 위해서는 '피의자가 죄를 범하였다고 의심할 만한 상당한 이유'가 있어야 한다(제201조 ①항). 여기서 범죄혐의는, 수사기관의 수사단서가 되는 주관적 혐의로는 부족하고 객관적 혐의, 즉 무죄의 추정을 깨트릴 정도의 유죄판결에 대한 고도의 개연성이 있어야 한다.[90] 이러한 범죄혐의에 대한 판단은 구속 시를 기준으로 검사가 제출한 수사자료(제201조 ②항)를 근거로 법관이 자유심증주의에 따라 한다.

---

90) 배종대/이상돈/정승환/이주원, 142; 신동운, 275; 이재상/조균석, 260; 임동규, 190; 정웅석/백승민, 173 .

2. 구속사유

구속영장을 발부하려면 범죄혐의 이외에 구속사유가 있어야 하는데, 현행법은 구속사유로서 ① 주거부정, ② 도망 또는 도망할 염려, ③ 증거인멸의 염려를 규정하고 있다(제70조 ①항).

(1) 주거부정

형사소송법 제70조 제1항 1호는 피의자가 일정한 주거가 없는 것도 구속사유로 규정하고 있다. 그러나 주거가 일정하지 않다고 하여 항상 도망의 위험이 있는 것이 아니므로 주거부정은 독자적인 구속사유가 아니고 도망의 염려를 판단하는 구체적인 자료가 될 뿐이다.[91]

(2) 도망 또는 도망할 염려

도망은 피의자가 도망의사로 장기간에 걸쳐 숨는 것을 말하고, 도망할 염려란 피의자가 도망할 고도의 개연성이 있는 경우를 말한다. 따라서 도망의 위험은 피의자가 잠적하는 경우뿐만 아니라 피의자가 약물복용 등으로 심신상실의 상태를 초래하여 소송무능력상태에 빠진 경우에도 인정된다. 도망할 염려의 판단은 단순한 추측이 아니라 특정한 사실로부터 추론될 수 있어야 한다. 즉 범죄의 경중, 피의자의 전과와 가족관계 및 사회적 환경을 종합적으로 판단하여야 한다.[92]

(3) 증거인멸의 염려

증거인멸의 염려란 인적·물적 증거방법에 대하여 부정한 영향을 미쳐 진실발견과 사실인정을 곤란하게 하는 것을 말한다.[93] 따라서 수사의 미종결, 피의자의 자백거부 또는 피의사실을 다투는 것만으로는 증거인멸의 위험이 있다고 할 수 없다. 그리고 피의자가 진술거부권을 행사하거나 유리한 증거를 수집하는 것도 부정한 방법이 아니므로 증거인멸의 위험을 인정할 수 없다.[94]

---

91) 배종대/이상돈/정승환/이주원, 143; 이재상/조균석, 262; 임동규, 191.
92) 임동규, 190.
93) 예컨대 증거물·증거서류의 위조, 변조, 손괴, 멸실 등이 있다.
94) 배종대/이상돈/정승환/이주원, 144; 이재상/조균석, 262; 임동규, 191.

(4) 구속사유의 심사 시 고려사항

형사소송법은 재범의 위험성이나 범죄의 중대성을 독립된 구속사유로 규정하고 있지 않다. 그러나 법원은 구속사유를 심사함에 있어서 ① 범죄의 중대성, ② 재범의 위험성, ③ 피해자 및 중요 참고인 등에 대한 위해우려 등을 '의무적'으로 고려해야 할 사항으로 규정하고 있다(제70조 ②항). 따라서 범죄의 중대성이 인정되어도 구속사유가 없다면 구속할 수 없다.[95]

3. 구속의 비례성

피의자가 범죄혐의에 대한 고도의 개연성이 있고 또 구속사유가 있다고 하더라도 법관은 구속의 목적과 구속이라는 수단 사이에 비례성이 인정되지 않으면 영장을 발부할 수 없다. 즉 법관은 영장심사 시 ① 구속으로 인하여 침해되는 피고인에 대한 개인의 신체자유와 구속을 통하여 달성하려는 수사상 또는 소송상 이익과를 비교형량하여 비례성이 인정되어야 하고(비례성의 원칙), ② 다른 방법에 의해서는 구속의 목적을 달성할 수 없을 경우(보충성의 원칙)에 한하여 구속영장을 발부할 수 있다고 해석하여야 한다.

Ⅲ. 구속절차

1. 구속영장의 청구

(1) 청구권자

구속영장은 검사가 직접 관할지방법원판사에게 청구하거나, 사법경찰관이 검사에게 신청하여 검사의 청구로 발부받을 수 있다(제201조 ①항, 제200조의4 ①항).

(2) 청구의 방식

구속영장의 청구는 서면으로 하여야 하며(규칙 제93조 ①항), 검사는 구속의 필요를 인정할 수 있는 자료를 제출하여야 한다(제201조 ②항). 이 경우 피의자는 구속영장의 청구를 받은 판사에게 유리한 자료를 제출할 수 있다(규칙 제96조 ③항).

---

95) 이재상/조균석, 261.

또한 검사가 구속영장을 청구함에 있어서 동일한 범죄사실에 관하여 그 피의자에 대하여 전에 구속영장을 청구하거나 발부받은 사실이 있을 때에는 구속영장을 재청구하는 취지 및 이유를 기재하여야 한다(제201조 ⑤항).

2. 구속 전 피의자심문(영장실질심사)

(1) 의 의

구속 전 피의자심문제도는 구속영장의 청구를 받은 판사가 피의자를 구속 전에 직접 심문하여 구속사유를 판단하는 제도로서 「영장실질심사제도」라고도 한다. 이것은 검사가 송부한 수사자료만을 가지고 형식적으로 구속여부를 심사하던 종래의 형사소송법과 달리 판사가 피의자를 면전에서 직접 심문하여 실질적으로 심사한다는 점에서 영장주의의 기본취지에도 부합한다.

(2) 영장실질심사의 유형과 필요적 피의자심문

형사소송법은 체포제도와 관련하여 영장실질심사의 방식을 이원적으로 규정하고 있다. 즉 ① 피의자가 이미 체포되어 있는 경우96)는, 판사는 '지체 없이 피의자를 심문'하여 구속사유를 판단하여야 한다(제201조의2 ①항). 또한 ② 체포되지 아니한 피의자에 대해서는, 구속영장을 청구받은 판사는 '피의자가 죄를 범하였다고 의심할 만한 이유가 있는 경우'에 구속사유를 판단하기 위하여 구인을 위한 구속영장을 발부하여 피의자를 구인한 후 심문하여야 한다(제201조의2 ②항).

이처럼 현행 형사소송법은 종전에 피의자의 의사나 법관의 필요성에 따라 임의적으로 피의자를 심문하던 것과는 달리, 피의자가 도피하여 심문할 수 없는 경우를 제외하고는 '필요적'으로 심문하도록 하여, 영장주의의 실효성을 확보함과 동시에 피의자의 법적 청문권을 보장하고 있다.

(3) 구속 전 피의자심문의 절차

(가) 심문기일의 지정과 통지

구속영장을 청구받은 판사는 심문기일을 정하여 ① 체포된 피의자의 경우에

---

96) 예컨대 영장에 의한 체포(제200조의2), 긴급체포(제200조의3), 현행범인의 체포(제212조)에 의해 체포된 피의자를 말한다.

는 즉시, 체포되지 아니한 피의자의 경우에는 피의자를 인치한 후 즉시 검사·피의자 및 변호인에게 심문기일과 장소를 통지하여야 한다(제201조의2 ③항). ② 심문기일은 체포된 피의자에 대하여는 특별한 사정이 없는 한 구속영장이 청구된 날의 다음날까지 심문하여야 한다(제201조의2 ①항). 또한 체포되지 아니한 피의자에 대한 심문기일은 관계인에 대한 심문기일의 통지 및 그 출석에 소요되는 시간 등을 고려하여 피의자가 법원에 인치된 때로부터 가능한 한 빠른 일시로 지정하여야 한다(규칙 제96조의12 ②항). ③ 심문기일의 통지는 서면 이외에 구술·전화·모사전송·전자우편·휴대전화 문자전송 그 밖의 적당한 방법으로 신속하게 하여야 한다(동조 ③항).

(나) 피의자의 인치

판사가 구속 전 피의자를 심문하기 위하여 먼저 피의자를 법원에 인치(引致)하여야 한다. 피의자를 법원에 인치하는 방법은, ① 체포된 피의자에 대하여 검사는 체포의 효력을 이용하여 심문기일에 피의자를 출석시켜야 한다(제201조2 ③항). 또한 ② 체포되지 않은 피의자는 구인을 위한 구속영장을 발부하여 피의자를 구인해야 한다. 다만 피의자가 도망하는 등의 사유로 심문할 수 없는 경우는 그러하지 아니하다(동조 ②항). 이 경우 법원이 인치 받은 피의자를 유치할 필요가 있는 때에는 교도소·구치소 또는 경찰서 유치장에 유치할 수 있다. 이 경우 유치기간은 인치한 때로부터 24시간을 초과할 수 없다(제71조의2, 제201조의2 ⑩항).

(다) 심문기일의 절차와 방법

i) 피의자의 출석

검사는 심문기일에 피의자를 출석시켜야 하며(제201조의2 ③항), 지방법원판사는 심문기일에 구속사유를 판단하기 위하여 피의자를 심문하고, 검사와 변호인은 심문기일에 출석하여 의견을 진술할 수 있다(동조 ④항). 이 경우 판사는 공범의 분리심문 기타 수사상의 비밀보호를 위하여 필요한 조치를 하여야 한다(동조 ⑤항). 다만 판사는 피의자가 심문기일에 출석을 거부하거나 질병 기타 사유로 출석이 현저하게 곤란한 때에는 피의자의 출석 없이 심문절차를 진행할 수 있다(규칙 제96조의13 ①항).

ii) 국선변호인의 선정

심문할 피의자에게 변호인이 없는 때에는 판사는 직권으로 변호인을 선정해야 한다. 이 경우 변호인의 선정은 피의자에 대한 구속영장청구가 기각되어 효력이 소멸한 경우를 제외하고 제1심까지 효력이 있다(제201조의2 ⑧항). 피의자 심문에 참여할 변호인이 열람할 수 있는 서류 중(구속영장청구서 및 그에 첨부된 고소·고발장, 피의자의 진술을 기재한 서류와 피의자가 제출한 서류) 구속영장청구서에 대해서는 지방법원판사가 그 열람을 제한할 수 없다(규칙 제96조의21 ②항). 이것은 피의자의 방어권과 변호인의 변호권을 충실하게 보장하기 위한 것이다.

iii) 심문의 절차

① 판사는 심문 전에 피의자에게 구속영장청구서에 기재된 범죄사실의 요지를 고지하고, 일체의 진술을 거부하거나 이익되는 사실을 진술할 수 있음을 알려 주어야 한다(규칙 제96조의16 ①항). ② 검사와 변호인은 판사의 심문이 끝난 후에 의견을 진술할 수 있으며, 필요한 경우에는 심문 도중에 판사의 허가를 얻어 진술할 수 있다(동조 ③항). ③ 피의자는 판사의 심문 도중에도 변호인에게 조력을 구할 수 있다(동조 ④항). ④ 판사는 구속여부의 판단을 위하여 필요하다고 인정하는 때에는 심문장소에 출석한 피해자 그 밖의 제3자를 심문할 수 있다(동조 ⑤항). 또한 구속영장이 청구된 피의자의 법정대리인, 배우자, 직계친족, 형제자매나 가족, 동거인 또는 고용주는 판사의 허가를 얻어 사건에 관한 의견을 진술을 할 수 있다(동조 ⑥항).

iv) 심문의 방법

피의자에 대한 심문은 원칙적으로 공개하지 아니하며, 그 심문은 법원청사 내에서 하여야 하지만 피의자가 출석을 거부하거나 출석할 수 없는 때에는 경찰서·구치소 기타 적당한 장소에서 할 수 있다(규칙 제96조의15). 이 경우 판사는 상당하다고 인정되는 경우에는 피의자의 친족, 피해자 등 이해관계인의 방청을 허가할 수 있다(규칙 제96조의14).

v) 심문조서의 작성

구속영장이 청구되어 법원이 구속 전 피의자심문을 하는 경우, 법원사무관 등은 심문의 요지 등을 조서로 작성하여야 하며, 그 방식은 공판조서와 같다(제201조의2 ⑥항, ⑩항). 이 조서는 형사소송법 제311조의 법원 또는 법관의 조서에 해당하지 않지만, 제315조의 기타 특히 신빙할 만한 정황에 의하여 작성된 서류로서 증거능력을 갖는다.[97]

---

97) 대판 2004.1.16. 2003도5693.

vi) 구속기간의 불산입

법원이 피의자심문을 위하여 구속영장청구서·수사관계서류 및 증거물을 접수한 날부터 구속영장을 발부하여 검찰청에 반환한 날까지의 기간은 검사와 사법경찰관의 구속기간에 산입하지 아니한다(제201조의2 ⑦항).

3. 구속영장의 발부

(1) 구속영장의 발부

구속영장을 청구받은 지방법원판사는 신속히 구속영장의 발부여부를 결정하여야 하고(제201조 ③항), 또 그것이 상당하다고 인정할 때에는 발부하여야 한다. 다만 지방법원판사가 구속영장을 발부하지 아니할 때에는 구속영장청구서에 영장을 발부하지 아니한다는 취지 및 이유를 기재하고 서명날인하여 청구한 검사에게 교부하여야 한다(제201조 ④항). 이와 같은 영장청구를 기각하는 결정에 대해서는 항고나 재항고가 허용되지 않지만,[98] 구속영장을 재청구할 수 있다(제201조 ⑤항).

(2) 구속영장의 방식

구속영장에는 피의자의 성명·주거·죄명·피의사실의 요지, 구금할 장소, 발부연월일, 그 유효기간과 그 기간을 경과하면 집행에 착수하지 못하며 영장을 반환해야 한다는 취지를 기재하고 재판장 또는 수명법관이 서명날인하여야 한다(제75조 ①항, 제209조). 피의자 성명이 분명하지 아니한 때에는 인상·체격 기타 피의자를 특정할 수 있는 사항으로 피의자를 표시할 수 있고(제75조 ②항), 주거가 분명하지 아니한 때에는 주거의 기재를 생략할 수 있다(동조 ③항, 제209조). 또한 구속영장은 수통을 작성하여 사법경찰관리 수인에게 교부할 수 있으며(제82조 ①항), 이때 그 사유를 구속영장에 기재하여야 한다(동조 ②항, 제209조).

4. 구속영장의 집행

(1) 구속영장의 법적 성질

구속영장의 법적 성질에 관한 다수설[99]에 따르면, ① 피고인에 대한 구속영

---

98) 대결 2006.12.18. 2006모646. 이에 대하여 불복을 해야 한다는 입장으로는 노명선/이완규, 205; 정웅석/백승민, 170.

99) 노명선/이완규, 205; 손동권/신이철, 259; 이재상/조균석, 264; 임동규, 197; 정웅석/백승민,

장은 명령장(命令狀)인데 대하여 ② 피의자에 대한 구속영장은 허가장(許可狀)이라고 한다. 즉 피고인에 대한 구속영장의 집행주체는 법원으로 그 집행기관인 검사는 집행을 지휘할 의무가 있으며 또한 법관도 그 집행을 직접 지휘할 수도 있다. 반면에 피의자에 대한 구속영장의 집행주체는 검찰이므로 구속영장은 법관이 발부하는 일종의 구속에 대한 허가장이다. 따라서 검사는 피의자를 반드시 구속할 의무를 지는 것은 아니다.

(2) 영장의 집행기관

피의자에 대한 구속영장은 검사의 지휘에 의하여 사법경찰관리가 집행하며 (제81조 ①항, 제209조), 교도소 또는 구치소에 있는 피의자에 대하여는 검사의 지휘에 의하여 교도관이 집행한다(제81조 ③항, 제209조). 다만 피고인의 구속에 있어서 급속을 요하는 경우는 재판장·수명법관 또는 수탁판사가 집행을 지휘할 수 있다 (제81조 ①항 단서).

(3) 집행의 절차

구속영장을 집행하기 위해서는 피의자 또는 피고인에게 범죄사실의 요지, 구속의 이유와 변호인을 선임할 수 있음을 말하고 변명을 할 기회를 준 후가 아니면 구속할 수 없다(제200조의5). 이 경우 피의자 또는 피고인에게 구속영장을 제시하여야 하며 신속히 지정된 법원 기타 장소에 인치하여야 한다(제85조 ①항). 다만 구속영장을 소지하지 아니한 경우에 급속을 요하는 때에는 공소사실의 요지와 영장이 발부되었음을 고하고 집행할 수 있으며, 그 집행을 완료한 후에는 신속히 구속영장을 제시하여야 한다(동조 ③항, 209조).

(4) 집행 후의 절차

피의자 또는 피고인을 구속한 때에는 즉시 피의사실 또는 공소사실의 요지와 변호인을 선임할 수 있음을 다시 알려야 한다(제88조, 제200조의5). 또한 변호인 또는 변호인선임권자(제30조 ②항) 중 피의자 또는 피고인이 지정한 자에게 피의사건명·구속일시·장소·범죄사실의 요지·구속의 이유와 변호인을 선임할 수 있

---

175. 이에 대하여 피의자의 구속의 경우에도 구속영장은 명령장이라고 해석하는 견해로는 배종대/이상돈/정승환/이주원, 147; 신양균, 181; 신동운, 123; 이은모, 270.

는 취지를 지체 없이 서면으로 알려야 한다(제87조 ①항, ②항, 제209조). 그리고 구속된 피의자와 피고인은 법률의 범위 내에서 타인과 접견하고 서류 또는 물건을 수수하며 의사의 진료를 받을 수 있다(제89조, 제209조).

5. 구속기간 및 구속기간의 연장

(1) 구속기간과 그 연장

(가) 수사기관의 구속기간

① 사법경찰관이 피의자를 구속한 때에는 10일 이내에 피의자를 검사에게 인치하지 아니하면 석방하여야 한다(제202조). ② 검사가 피의자를 구속한 때 또는 사법경찰관으로부터 피의자의 인치를 받은 때에는 10일 이내에 공소를 제기하지 아니하면 석방하여야 한다(제203조). 검사는 지방법원판사의 허가를 얻어 10일을 초과하지 않는 한도에서 1회에 한하여 구속기간을 연장할 수 있다(제205조 ①항).

구속기간 연장을 허가하지 않는 지방법원판사의 결정에 대해서는 항고 또는 준항고의 방법으로 불복할 수 없다.[100] 다만 국가보안법 제3조부터 제10조에 해당하는 죄에 대해 지방법원판사는 사법경찰관에게 1회, 검사에게 2회에 한하여 구속기간을 연장할 수 있다(동법 제19조).[101]

(나) 법원의 구속기간

법원의 피고인에 대한 구속기간은 2개월로 한다(제92조 ①항). 그러나 특히 구속을 계속할 필요가 있는 경우에는 심급마다 2개월 단위로 2차에 한하여 결정으로 갱신할 수 있다. 다만 상소심은 피고인 또는 변호인이 신청한 증거의 조사, 상소이유를 보충하는 서면의 제출 등으로 추가 심리가 필요한 부득이한 경우에는 3차에 한하여 갱신할 수 있다(동조 ②항). 이것은 상소심에서 심리기간의 부족을 고려한 규정이다.

---

100) 대결 1997.6.16. 97모1.
101) 헌법재판소는 국가보안법 제7조(찬양·고무) 및 제10조(불고지)의 죄에 대하여 구속기간을 연장한 것은 과잉금지의 원칙을 현저히 위배한 것으로 위헌결정을 하였다(헌재 1992.4.14, 90헌마82).

(2) 구속기간의 기산점

구속의 기산점은 ① 피의자가 체포영장에 의한 체포·긴급체포·현행범인의 체포에 의하여 체포되거나 구인을 위한 구속영장에 의하여 구인된 경우에는 검사 또는 사법경찰관의 구속기간은 피의자를 체포 또는 구인한 날로부터 기산한다(제 203조의2). ② 피고인이 공소제기 전부터 구속된 경우는 공소제기된 날로부터 구속기간을 기산하고, 공소제기 후 수소법원이 불구속 피고인을 구속한 경우는 구속영장을 집행하여 그를 사실상 구속한 때 기산한다. 이것은 공소제기 전의 구속기간을 피고인의 구속기간에 산입하지 않기 때문이다(제92조 ③항). 또한 ③ 구속기간의 계산에 관하여 초일은 시간을 계산함이 없이 1일로 산정하며(제66조 ①항 단서), 기간의 말일이 공휴일 또는 토요일에 해당하는 경우에도 이를 기간에 산입한다(동조 ③항 단서).

6. 재구속의 제한

검사 또는 사법경찰관에 의해 구속되었다가 석방된 자는 다른 중요한 증거를 발견한 경우를 제외하고는 동일한 범죄사실에 대하여 재차 구속할 수 없다(제 208조 ①항). 이 경우 1개의 목적을 위하여 동시 또는 수단·결과의 관계에서 행하여진 행위는 동일한 범죄사실로 간주한다(동조 ②항). 이러한 재구속의 제한은 동일한 사건에 대한 수사기관의 중복적 구속을 방지하여 피의자의 인권을 보호하기 위한 것으로 검사 또는 사법경찰관이 피의자를 구속하는 경우에만 적용될 뿐이며 법원이 피고인을 구속하는 경우는 적용되지 않는다.[102]

Ⅳ. 이중구속과 별건구속

1. 이중구속

구속영장에 의하여 이미 구속된 피의자 또는 피고인에 대하여 다시 구속영장을 발부하여 이중으로 구속하는 것을 말한다. 이에 대해서 다수설[103]은, 구속

---

102) 대결 1985.7.23. 85모12.
103) 박상열/박영규/배상균, 291; 손동권/신이철, 269; 신동운, 948; 이은모, 281; 임동규, 406; 정웅석/백승민, 182.

영장의 효력은 구속영장에 기재된 범죄사실과 그와 동일성이 인정되는 사실에 대하여 미치기 때문에(사건단위설), 구속된 피의자·피고인이 석방될 경우를 대비하여 미리 구속해 둘 필요성이 있어 이를 긍정하고 있다. 그러나 부정설[104]은 이미 구속된 피의자에 대하여 구속사유를 인정하기 어렵고, 만약 피의자·피고인이 석방되더라도 그 시점에서 다른 사건으로 구속영장을 발부받아 구속을 집행하면 되기 때문에 이를 인정할 필요가 없다고 한다. 이에 대하여 판례[105]는 이중구속을 하였다는 사정만으로 위법하지 않다고 하여 긍정설을 따르고 있다.

2. 별건구속

수사기관이 본래 수사하려는 사건(본건)에 대해서는 구속의 요건이 구비되어 있지 않은 경우에 본건을 수사할 목적으로 구속의 요건이 구비된 비교적 경미한 사건(별건)으로 피의자를 구속하는 것을 말한다. 이러한 별건구속(別件拘束)은 별건을 기준으로 구속의 적부를 판단하면 적법하지만, 실질적으로는 ① 구속요건을 구비하지 못한 본건을 수사하기 위한 것으로서 영장주의에 반한다고 하지 않을 수 없다. 또한 별건구속을 인정할 경우 ② 별건의 구속기간 만료 후에 본건으로 다시 구속하게 되면 구속기간의 제한을 탈법적으로 이용할 염려가 있을 뿐 아니라, ③ 별건구속을 이용하여 본건에 대한 자백강요 내지는 수사의 편의에 이용할 위험성이 있다는 점에서 위법한 수사가 된다.[106] 다만 본건에 대하여 적법한 구속영장으로 여죄(餘罪)를 수사하는 것은 수사의 합목적성 관점에서 허용된다고 할 것이다.

V. 구속의 집행정지와 실효

1. 구속의 집행정지

(1) 구속집행정지의 의의

구속의 집행정지는 구속의 집행력을 정지시켜 피고인 또는 피의자를 석방하

---

104) 배종대/이상돈/정승환/이주원, 153; 이재상/조균석, 276; 신양균, 184.
105) 대결 2000.11.10. 2000모134.
106) 배종대/이상돈/정승환/이주원, 152; 신동운, 279; 이은모, 282; 이재상/조균석, 276; 정웅석/백승민, 184.

는 제도를 말한다. 즉 ① 법원은 상당한 이유가 있는 때에는 결정으로 구속된 피고인을 친족·보호단체 기타 적당한 자에게 부탁하거나 피고인의 주거를 제한하여 구속의 집행을 정지할 수 있다(제101조 ①항). 또한 ② 구속된 피의자에 대하여는 검사 또는 사법경찰관이 구속의 집행을 정지할 수 있다(제101조 ①항, 제209조). 다만 사법경찰관은 검사의 지휘를 받아야 한다(수사지휘규정 제36조 ①항). 구속을 집행정지하는 경우는 구속의 집행만이 정지될 뿐이고, 그 영장에는 효력을 미치지 아니한다. 또한 구속의 집행정지는 보증금을 조건으로 하지 않고 직권에 의해 행해지며, 피고인뿐만 아니라 피의자에 대하여도 인정된다는 점에서 보석과 구별된다.

(2) 구속집행정지의 절차

법원이 피고인의 구속집행정지를 결정함에는 검사의 의견을 물어야 한다. 단 급속을 요하는 경우는 그러하지 아니하다(제101조 ②항). 구속의 집행정지결정에 대한 검사의 즉시항고는 허용되지 않는다.[107] 구속된 국회의원에 대한 국회의 석방요구가 있으면 당연히 구속영장의 집행이 정지된다(헌법 제44조, 제101조 ④항). 이 경우 국회의 석방의결을 통보받은 검찰총장은 즉시 석방을 지휘하고 그 사유를 수소법원에 통지하여야 한다(제101조 ⑤항). 법원의 결정을 요하지 않는 점에서 그 특색이 있다.

(3) 구속집행정지의 취소

법원은 직권 또는 검사의 청구에 의하여 결정으로 구속의 집행정지를 취소할 수 있다(제102조 ②항). 구속된 피의자에 대하여는 검사 또는 사법경찰관이 결정으로 구속의 집행정지를 취소할 수 있다(제102조 ②항, 제209조). 구속집행정지의 취소사유는 보석의 취소사유와 같다. 다만 국회의원이 국회의 석방요구로 구속집행이 정지된 경우는 그 회기 중 구속집행정지를 취소하지 못한다(제102조 ②항 단서).

2. 구속의 실효

(1) 구속의 취소

구속사유가 없거나 소멸된 때에는 법원이 직권 또는 검사·피고인·변호인

---

107) 헌재 2012.6.27. 2011헌가11.

과 변호인선임권자의 청구에 의하여 결정으로 구속을 취소하여야 한다(제93조). 피의자에 대하여는 검사·사법경찰관이 결정으로 취소하여야 한다(제93조, 제209조). 구속사유가 없는 때란, 구속사유가 처음부터 존재하지 않은 것이 판명된 경우이고, 구속사유가 소멸된 때란, 존재하던 구속사유가 사후적으로 소멸한 경우를 말한다.

법원이 피고인에 대한 구속취소를 결정함에는 검사의 청구에 의하거나 급속을 요하는 경우 이외에는 검사의 의견을 물어야 하고, 검사는 지체 없이 의견을 표명하여야 한다(제97조 ②항, ③항). 구속을 취소하는 결정에 대하여 검사는 즉시 항고할 수 있다(동조 ④항).

(2) 구속의 당연실효

구속영장의 효력은 ① 구속기간의 만료, ② 구속영장의 실효, ③ 사형·자유형의 확정에 의해서 당연히 상실한다. 이것을 구속의 당연실효라고 한다. 여기서 구속영장의 실효란, 무죄·면소·형의 면제·형의 선고유예·집행유예·공소기각 또는 벌금이나 과료를 과하는 판결이 선고된 때를 말한다(제331조). 또한 구속 중인 소년에 대한 피고사건에 관하여 법원의 소년부송치결정이 있는 경우에도 구속영장의 효력은 상실한다(소년법 제52조 ①항).

〈피의자 구속과 피고인 구속의 비교〉

	피의자 구속	피고인 구속
주체	• 수사기관 • 법관의 영장을 발부받아 실행	• 법원 • 집행의 지휘도 가능(제81조 ①항 단서)
영장의 성질	• 허가장 • 수사기관은 반드시 피의자를 구속할 필요 없음	• 명령장 • 수사기관은 집행의무가 있음
구속의 요건	ⅰ) 범죄혐의의 상당성 (제201조 ①항) ⅱ) 구속사유 (제70조 ①항 1호, 2호, 3호) ⅲ) 구속의 비례성	좌동
영장실질심사	필요적 심문제도(201조의2)	

구속기간	i) 사법경찰관 10일(제202조) ii) 검사 10일, 연장 10일(제203조)	i) 구속기간 2개월(제92조 ①항) ii) 심급마다 2차 연장가능 　　상소심 추가심리필요 시 3차 　　연장(제92조 ②항)
구속의 집행정지	검사 또는 사법경찰관이 구속집행 정지(제101조 ①항, 제209조)	법원이 상당한 이유가 있는 경우 주거를 제한하여 구속집행정지(제 101조 ①항)
재구속의 제한	피의자의 도망, 죄증인멸할 경우를 제외하고, 동일 범죄사실에 대하여 재차 체포·구속하지 못함(제214조 의3 ①항). → 수사기관의 중복적 구속방지를 위하여 인정	적용되지 않음
영장에 대한 불복	항고나 재항고가 인정되지 않음	재청구 가능(제201조 ⑤항)
접견교통권	인정(제34조)	
체포·구속적부 심사의 청구	인정(제214조의2 ①항)	인정되지 않음
보석	직권보석(제214조의2 ⑤항)	원칙적으로 필요적 보석(제95조), 보충적 임의적 보석(제96조)

[24] 제 3 체포·구속된 자의 권리

I. 접견교통권

1. 접견교통권의 의의와 기능

(1) 의 의

접견교통권(接見交通權)은 체포 또는 구속된 피의자나 피고인이 변호인 등 타인과 접견하고 서류 또는 물건을 수수하며, 의사의 진료를 받을 수 있는 권리를 말한다(제34조, 제89조, 제91조, 제209조). 이것은 헌법이 보장하고 있는 변호인의 조력을 받을 권리(헌법 제12조 ④항)의 핵심으로 체포·구속된 피의자나 피고인의 기본적 권리임과 동시에 변호인의 고유권 중에 가장 중요한 권리 중 하나이다.[108]

---

108) 最判 昭和53年7月10日[民集32卷5号820頁].

(2) 기 능

접견교통권은 체포 또는 구속된 피의자·피고인 등의 심리적 고립감과 정신적·육체적 고통을 최소한도로 감소시키는 동시에 피의자·피고인 등이 반증(反證)을 준비하는 등 효과적인 방어활동을 하기 위한 것이다. 또한 특히 변호인과의 접견을 통하여 신문절차가 법정의 절차에 따라 행하여지고 있는지에 대한 감시 및 억제적 역할도 기대된다.

2. 변호인의 접견교통권

(1) 접견교통권의 주체와 상대방

(가) 주 체

변호인과 접견교통권의 주체는 체포 또는 신체구속을 당한 피의자·피고인이다. 구속영장에 의하여 구속된 자(제70조, 제201조)는 물론 체포(제200조의2)·긴급체포(제200조의3)·현행범인의 체포(제212조) 또는 감정유치(제172조, 제221조의3)에 의하여 구속된 자와 임의동행의 형식으로 연행된 피의자나 피내사자도 포함된다.[109]

(나) 상대방

접견교통권의 상대방은 변호인 또는 변호인이 되려고 하는 자이다(제34조). 변호인은 특별변호인(제31조 단서)도 포함된다. 또한 변호인이 되려고 하는 자에는 변호인선임을 의뢰받은 자는 물론 스스로 변호인이 되고자 하는 자도 포함된다.

(2) 접견교통권의 내용과 제한

(가) 내 용

신체구속을 당한 피의자 또는 피고인은 변호인 또는 변호인이 되려고 하는 자와 ① 자유롭게 접견하고 ② 서류 또는 물건을 수수하며, ③ 의사의 진료를 받을 수 있다(제34조). 이 경우 변호인과의 접견교통은 비밀이 보장[110]되어야 하기 때문에 교도관이나 경찰관이 참여하거나 그 내용을 청취 또는 녹취할 수 없다(형

---

109) 대결 1996.6.3. 96모18.
110) 헌재 1992.1.28. 91헌마111.

집행법 제84조). 또한 수수한 서류와 물건에 대한 압수도 허용되지 않는다.

(나) 제 한

변호인과의 접견교통권은 현행법상 제한하는 규정을 두고 있지 않기 때문에 절대적으로 보장된다. 즉 법령에 의한 제한이 없는 한, 수사기관의 처분은 물론 법원의 결정으로도 이를 제한할 수 없다. 다만 국가안전보장·질서유지 또는 공공복리를 위하여 미결수용자의 변호인과 접견권은 법률로서 제한할 수 있으므로,[111] 구금장소의 질서유지를 위해 공휴일이나 업무시간 이후의 접견을 제한하는 것은 허용된다.

3. 비변호인과 접견교통권

(1) 주체와 상대방

비변호인과 접견교통권의 주체는 체포 또는 신체구속을 당한 피의자 또는 피고인이며, 그 범위는 변호인의 접견교통권의 주체와 같다. 한편 접견교통권의 상대방은 변호인 또는 변호인이 되려는 자를 제외한 타인이다(제89조, 제200조의6, 제209조).

(2) 접견교통권의 내용과 제한의 근거

비변호인의 접견교통권의 내용으로는 ① 타인과 접견하고 ② 서류 또는 물건을 수수하며, ③ 의사의 진료를 받을 수 있다. 다만 변호인과 달리 법률의 범위 내에 제한된다는 점에서 구별된다. 또한 법원은 피고인이 도망 또는 증거인멸의 상당한 염려가 있는 때에는 직권 또는 검사의 청구에 의하여 결정으로 타인과의 접견을 금지하거나, 수수할 서류 기타 물건의 검열, 수수의 금지 또는 압수할 수 있다(제91조). 그러나 의류·양식 또는 의료품의 수수를 금지하거나 압수하는 것은 허용되지 아니한다(동조 단서).

(3) 접견교통의 제한절차

피고인에 대한 접견제한은 법원이 직권으로 하거나 검사의 청구에 의한 법원의 결정이 있어야 한다(제91조). 이에 대하여 피의자에 대한 접견제한은 수사기

---

111) 헌재 2011.5.26. 2009헌마341.

관이 독자적으로 결정할 수 있는지에 대하여 견해의 대립이 있다. 그러나 접견교
통권의 제한은 피의자의 방어권을 제한하는 강력한 처분이므로 법원의 결정이 필
요하다는 견해[112]가 타당하다.

(4) 접견교통권의 침해에 대한 구제

접견교통권의 침해는 법원 또는 수사기관이 적법한 절차에 의하지 않고 접
견교통권을 제한하거나 그것을 행사하기 어렵게 하는 것을 말한다. 예컨대 수사
기밀유지를 위해 제한하거나 의류·양식·의료품의 수수를 금지하는 것은 물론
수사기관이 구금장소를 임의적으로 변경하여 접견교통권의 행사에 중대한 장애
를 초래한 경우도 여기에 해당한다.[113] 이러한 ① 법원의 접견교통제한의 결정에
대해서는 보통항고(제402조)를 할 수 있으며, ② 수사기관의 접견교통권의 침해에
대해서는 준항고(제417조)로써 구제할 수 있다. 또한 접견교통권을 침해하고 얻은
자백에 대해서는 증거능력을 부정하여야 한다.[114]

II. 체포·구속의 적부심사제도

1. 체포·구속적부심사의 개념

(1) 의 의

체포 또는 구속의 적부심사제도(適否審査制度)는 수사기관에 의해 체포 또는
구속된 피의자에 대하여 법원이 체포·구속의 적법 여부와 그 계속의 필요성 여
부를 심사하여 피의자를 석방하는 제도를 말한다(제214조의2 ①항). 이는 수사기관
의 불법·부당한 인신구속에 대하여 법원이 사후적으로 사법통제를 하여 피의자
의 인권을 보장하기 위하여 인정된 제도이다. 따라서 그 성격은 영장을 발부한
법원에 대해 다시 그 적법 여부의 심사를 요구한다는 점에서 재심절차 내지는 항
고적 성격으로 이해하고 있다.[115]

---

112) 배종대/이상돈/정승환/이주원, 162; 신동운, 309; 신양균, 201; 이은모, 298. 이에 대하여 수
　　사기관의 결정으로 제한이 가능하다는 견해로는 노명선/이완규, 214; 이재상/조균석, 282.
113) 대결 1996.6.3. 95모94.
114) 대판 1990.8.24. 90도1285.
115) 배종대/이상돈/정승환/이주원, 163; 이재상/조균석, 284. 이에 대하여 체포·구속적부심사제
　　도는 우리 헌법에 '누구든지' 체포 또는 구속을 당한 때에는 적부의 심사를 법원에 청구할

(2) 구별개념

① 체포·구속적부심사제도는 수사단계에서 구속의 부적법을 이유로 구속된 피의자를 석방시키는 제도라는 점에서 보석금의 납입을 조건으로 구속된 피고인을 석방시키는 보석(保釋)제도와 구별된다. 그러나 현행법은 구속적부의 청구가 있는 경우 법원이 임의적으로 보증금 납입을 조건으로 구속된 피의자의 석방을 명할 수 있다(제214조의2 ⑤항). 또한 ② 체포·구속적부심사제도는 법원의 결정으로 피의자를 석방하는 제도라는 점에서 검사가 피의자를 석방하는 구속취소와도 구별된다(제93조, 제200조의6).

2. 체포·구속적부심사의 청구

(1) 청구권자

체포·구속적부심사의 청구권자는 구속영장에 의해 체포 또는 구속된 피의자 또는 그 변호인·법정대리인·배우자·직계친족·형제자매·가족 및 동거인 또는 고용주이다(제214조의2 ①항). 또한 피의자를 체포 또는 구속한 검사 또는 사법경찰관은 피의자가 지정한 자에게 적부심사를 청구할 수 있음을 알려야 한다(동조 ②항). 이처럼 청구권자는 '피의자'로 제한되어 있으므로 피고인은 체포·구속적부심사를 청구할 수 없다. 다만 피의자라 하더라도 구속영장이 발부되지 않고 불법체포나 임의동행에 의하여 보호실에 유치되어 있는 자에 대해서도 체포 또는 구속적부심사청구권이 있는지 견해가 대립되어 있다.

이에 대하여 헌법 제12조 제6항은 '누구든지' 체포 또는 구속을 당한 때에는 적부의 심사를 법원에 청구할 권리를 갖는다고 규정하고 있어 이를 긍정하는 것이 타당하다고 생각된다.[116] 따라서 체포·구속적부심사청구권은 수사기관의 구속영장발부 여부와 관계없이 피의자에게 제한된 권리로써 피고인은 물론 사인(私人)에 의하여 불법 구속된 자에게는 그 청구권이 인정되지 않는다.[117]

권리를 가진다(헌법 제12조 ⑥항)고 명시하고 있기 때문에 불법하게 구속된 피의자의 헌법적 권리구제장치라고 한다(신동운, 313).

116) 신동운, 315; 이재상/조균석, 288.

117) 배종대/이상돈/정승환/이주원, 164; 신동운, 315; 이재상/조균석, 288.

(2) 청구사유

체포·구속적부심사의 청구사유는 수사기관에 의한 체포·구속의 적부(適否)이다. 여기의 체포 또는 구속이란 ① 불법한 체포·구속[118]은 물론 ② 부당한 구속[119]도 포함한다. 이 경우 체포·구속에 대한 적부의 판단은 심사 시를 기준으로 하여야 한다.

(3) 청구방법

체포 또는 구속적부심사의 청구권자는 피의사건의 관할법원에 적부심사를 청구하여야 한다(제214조의2 ①항). 청구방식은 서면에 의하며, 그 청구서에는 체포·구속된 피의자의 성명·주민등록번호 등 주거, 체포·구속된 일자, 청구의 취지와 청구의 이유, 청구인의 성명과 체포·구속된 피의자와의 관계를 기재하여야 한다(규칙 제102조).

3. 법원의 심사절차

(1) 심사법원

체포·구속적부심의 청구사건은 지방법원합의부 또는 단독판사가 심사한다. 그러나 체포영장 또는 구속영장을 발부한 법관은 이 심사에 관여하지 못한다. 다만 체포영장 또는 구속영장을 발부한 법관 이외에는 심문·조사·결정을 할 판사가 없는 경우는 그러하지 아니하다(제214조의2 ⑫항).

(2) 심문기일의 지정 및 통지

체포·구속의 적부심사의 청구를 받은 법원은 청구서가 접수된 때로부터 48시간 이내에 피의자를 심문하여야 한다(제214조의2 ④항). 이 경우 법원은 지체없이 청구인과 변호인, 검사 및 피의자를 구금하고 있는 관서의 장에게 심문기일과 장소를 통지하여야 한다(규칙 제104조 ①항). 통지는 서면 외에 전화·모사전송·전자

---

118) 예컨대 적법한 체포영장이나 구속영장 없이 피의자를 구속한 경우나 영장은 발부되었으나 그 적법요건을 결여한 경우 등

119) 예컨대 적법한 구속영장에 의하여 피의자가 구속되었으나 그 후 고소의 취소 등 사정변경으로 구속을 계속할 필요성이 인정되지 않은 경우 등

우편·휴대전화 문자전송 그 밖에 적당한 방법으로 할 수 있다(규칙 제104조 ③항, 규칙 제54조의2 ③항).

(3) 법원의 심사

체포·구속적부심의 청구를 받은 법원은 심문기일에 피의자를 심문하고 수사관계서류와 증거물을 조사하여야 하며(제214조의2 ④항), 국선변호인이 선정된 경우에는 심문기일에 변호인을 반드시 출석시켜야 한다(규칙 제19조 ①항). 피의자출석 및 국선변호인의 출석은 절차의 개시요건이다. 관할법원은 심문을 할 때 공범의 분리심문 기타 수사상의 비밀보호를 위한 적절한 조치를 취하여야 한다(제214조의2 ⑪항). 심문기일에 출석한 검사·변호인과 청구인은 법원의 심문이 끝난 후에 체포 또는 구속된 피의자를 심문할 수 있고(규칙 제105조 ①항), 체포 또는 구속된 피의자·변호인·청구인은 피의자에게 유리한 자료를 제출할 수 있다(동조 ③항).

(4) 체포·구속적부심사조서의 작성

심문기일에 피의자를 심문하는 경우 법원사무관 등은 심문의 요지 등을 조서로 작성하여야 한다(제201조의2 ⑥항, 제214조의2 ⑭항). 이 체포·구속적부심문조서는 제315조 제3항의 당연히 증거능력이 있는 서류에 해당한다.[120]

4. 법원의 결정

법원은 체포 또는 구속된 피의자에 대한 심문이 종료된 때로부터 24시간 이내에 체포·구속적부심사청구에 대한 결정을 하여야 한다(규칙 제106조). 결정에는 기각결정과 석방결정, 보증금납입조건부 석방결정이 있다.

(1) 기각결정

법원은 심사결과 청구가 이유 없다고 인정되면 그 청구를 기각하여야 한다(제214조의2 ④항). 다만 ① 청구권자가 아닌 자가 청구하였거나, ② 동일한 체포영장 또는 구속영장의 발부에 대하여 재청구할 때, ③ 공범 또는 공동피의자의 순

---

120) 구속적부심문조서는 형사소송법 제311조가 규정한 문서에는 해당하지 않는다 할 것이나, 특히 신용할 만한 정황에 의하여 작성된 문서라고 할 것이므로 특별한 사정이 없는 한, 피고인이 증거로 함에 부동의 하더라도 형사소송법 제315조 제3호에 의하여 당연히 그 증거능력이 인정된다(대판 2004.1.16. 2003도5693).

차청구가 수사방해임이 명백한 때에는 심문 없이 청구를 기각할 수 있다(동조 ③항). 이것을 간이기각결정(簡易棄却決定)이라고 한다.

(2) 석방결정

법원은 심사청구가 이유 있다고 인정되면 결정으로 구속된 피의자의 석방을 명하여야 한다(제214조의2 ④항). 석방결정은 그 결정등본이 검찰청에 송달된 때에 효력을 발생한다(제42조). 심사청구 후 피의자에 대하여 공소제기가 있는 경우, 이른바 전격기소에도 같다(제214조의2 ④항).

(3) 보증금납입조건부 피의자석방(피의자 보석)

(가) 의 의

보증금납입조건부 피의자석방제도는 구속된 피의자가 구속적부심사를 청구한 경우에 법원이 보증금의 납입을 조건으로 하여 구속된 피의자를 석방하는 제도를 말한다(제214조의2 ⑤항). 즉 구속적부심사의 결정으로는 석방하기에 다소 미흡한 피의자에게 보증금납입을 조건부로 석방하여, 보석을 피의자에게까지 확대한다고 하여「피의자보석」이라고도 한다. 다만 피의자보석은 피의자에게 보석청구권이 직접 인정되지 않는 점에서 직권보석이며, 보석여부가 법원의 재량사항이라는 점에서 재량보석이다.

(나) 적용범위

보증금납입조건부 피의자석방은 구속적부심사를 청구한 '구속된 피의자'(심사청구 후 공소제기 된 자를 포함한다)에 대해서만 인정되는 제도이다(제214조의2 ⑤항). 따라서 체포된 피의자에 대해서는 보증금납입을 조건으로 석방이 허용되지 않는다.[121]

(다) 피의자보석의 절차

ⅰ) 보증금의 결정

보증금의 결정에 관해서는 보석에 관한 규정이 준용된다(제214조의2 ⑦항). 즉 ① 범죄의 성질·죄상, ② 증거의 증명력, ③ 피의자의 전과·성격·환경과 자산, ④ 피해자에 대한 배상 등 범행 후의 정황 등을 고려하여 피의자의 출석을 보증

---

121) 대판 1997.8.27. 97모21.

할 만한 보증금을 정하여야 하며, 법원은 피의자의 자산정도로 납부하기 불가능한 보석금액을 정해서는 안 된다(제99조).

ⅱ) 석방의 조건과 집행

법원이 피의자를 석방결정하는 경우에는 ① 주거의 제한, ② 법원 또는 검사가 지정한 일시·장소에 출석할 의무, ③ 기타 적당한 조건을 부가할 수 있다(제214조의2 ⑥항). 피의자보석의 집행절차에 관해서는 보석에 관한 규정이 준용된다(제100조, 제214조의2 ⑦항). 따라서 보증금을 납입한 후가 아니면 석방결정을 하지 못한다.

ⅲ) 보석의 불허사유

법원은 ① 피의자에게 죄증을 인멸할 염려가 있다고 믿을 만한 충분한 이유가 있는 때, ② 피해자, 당해사건의 재판에 필요한 사실을 알고 있다고 인정되는 자 또는 그 친족의 생명·신체나 재산에 해를 가하거나 가할 염려가 있다고 믿을 만한 충분한 이유가 있는 때에는 보석결정을 할 수 없다(제214조의2 ⑤항).

(라) 보증금의 몰수

ⅰ) 임의적 몰수

법원은 보석결정에 의하여 피의자가 석방된 후, ① 재체포 또는 재구속의 사유로 피의자를 재차 구속할 때, ② 공소가 제기된 후 법원이 피의자보석결정에 의해 석방된 자를 동일한 범죄사실에 관하여 다시 구속할 때(제214조의4 ①항)는, 직권 또는 검사의 청구에 의하여 납입된 보증금의 전액 또는 일부를 몰수할 수 있다.

ⅱ) 필요적 몰수

법원은 보석결정에 의해 석방된 자가 ① 동일한 범죄사실에 관하여 형의 선고를 받고 그 판결이 확정된 후, 집행하기 위한 소환을 받고 정당한 이유 없이 출석하지 아니하거나, ② 도망한 때에는 직권 또는 검사의 청구에 의하여 결정으로 보증금의 전부 또는 일부를 몰수하여야 한다(동조 ②항).

5. 재체포 및 재구속의 제한

체포 또는 구속적부심사결정에 의하여 석방된 피의자가 ① 도망하거나 ② 죄증을 인멸하는 경우를 제외하고는 '동일한 범죄사실'에 관하여 재차 체포 또는 구속을 하지 못한다(제214조의3 ①항). 그리고 보증금납입을 조건으로 석방된 피의자에 대해서도 '동일한 범죄사실'에 관하여 재차 체포 또는 구속하지 못한다(제214조의3 ②항). 다만 피의자가 ① 도망한 때, ② 도망하거나 죄증을 인멸할 염려가 있다고 믿을 만한 충분한 이유가 있는 때, ③ 출석요구를 받고 정당한 이유 없이 출석하지 아니한 때, ④ 주거의 제한 기타 법원이 정한 조건을 위반한 때에는 재차 구속할 수 있다(제214조의3 ②항).

6. 기 타

(1) 항고의 불허

체포·구속적부심사에 관한 법원의 기각결정 또는 석방결정에 대해 항고가 허용되지 않는다(제214조의2 ⑧항). 이것은 항고로 인한 수사의 지연과 심사의 장기화를 피하기 위한 것이다. 다만 보증금납입조건부 석방결정에 대한 그 취소의 실익이 있는 경우는 항고를 허용하고 있다.[122]

(2) 체포·구속기간에의 불산입

체포·구속적부심사가 청구된 경우에 법원이 수사관계서류와 증거물을 접수한 때부터 결정 후 검찰청에 반환된 때까지의 기간은 수사기관의 체포 또는 구속기간에 산입하지 않는다(동조 ⑬항).

Ⅲ. 보 석

1. 보석의 의의

보석은 일정한 보증금의 납부 등을 조건으로 하여 구속의 집행을 정지하여 구속된 피고인을 석방하는 제도를 말한다. 보석은 구속영장의 효력을 유지하면서 그 집행만을 정지하는 제도라는 점에서 구속집행정지(제101조)와 동일하다. 그러나 보석은 보증금의 납부 등 일정한 조건을 전제하고, 피고인에게 보석신청권이 있다는 점에서 구속집행정지와 구별된다. 또한 보석은 유효한 구속영장을 전제로 하면서 구속의 집행을 정지한다는 점에서 구속영장을 전면적으로 실효시키는 구

---

122) 대결 1997.8.27. 97모21.

속취소(제93조)와도 구별된다.

보석제도는, 인권보장적 측면에서 불필요한 구속을 제한하여 피고인으로 하여금 자신의 방어권을 준비하게 할뿐만 아니라, 형사정책적으로는 구금에 의한 악영향을 배제하여 피고인을 보호할 수 있다는 제도적 의의가 있다.[123]

2. 보석의 종류

보석은 법원의 보석결정에 대한 재량(裁量)의 유무에 따라 필요적 보석과 임의적 보석으로 구분할 수 있다.

(1) 필요적 보석

보석의 청구가 있는 때에는 다음과 같은 보석의 제외사유가 없는 한 보석을 허가하여야 한다(제95조)고 하여, 필요적 보석을 원칙으로 하고 있다. 필요적 보석은 피고인 등의 청구에 의한 청구보석만을 인정하고 있다.

(가) 중대한 범죄(1호)

피고인이 사형, 무기 또는 장기 10년이 넘는 징역이나 금고에 해당하는 중대한 범죄를 범한 때에는, 실형을 받을 개연성이 높기 때문에 보증금만으로 피고인의 출석을 담보할 수 없다는 점을 고려한 것이다.

(나) 누범 또는 상습범(2호)

피고인이 누범에 해당하거나 상습범인 죄를 범한 때에는, 실형선고의 개연성이 높아 도망의 우려가 현저하기 때문이다.

(다) 증거인멸 또는 증거인멸의 위험(3호)

피고인이 죄증을 인멸하거나 인멸할 염려가 있다고 믿을 만한 충분한 이유가 있는 때에는, 피고인이 보석결정으로 석방되어 있는 동안 증인과 접촉하여 증언을 방해하거나 증거를 인멸함으로써 형사사법작용을 그릇되게 하는 것을 방지하기 위한 것이다.

(라) 도망 또는 도망할 염려(4호)

피고인이 도망하거나 도망할 염려가 있다고 믿을 만한 충분한 이유가 있

---

123) 배종대/이상돈/정승환/이주원, 171.

는 때에는, 보증금 또는 보석의 조건만으로 피고인의 출석을 확보할 수 없기 때문이다.

(마) 주거불명(5호)

피고인의 주거가 분명하지 않은 때에는, 법원이 피고인의 주거를 알 수 없는 경우를 말한다.

(바) 피해자 등에 대한 위해 및 위해의 위험(6호)

피고인의 피해자, 당해사건의 재판에 필요한 사실을 알고 있다고 인정되는 자 또는 그 친족의 생명·신체나 재산에 해를 가하거나 가할 염려가 있다고 믿을 만한 충분한 이유가 있는 때에는, 피해자에게 보복을 가하는 것을 방지하고 자유로운 증언을 할 수 있도록 보장하기 위한 것이다.

(2) 임의적 보석

필요적 보석의 제외사유에 해당하는 경우에도 법원은 상당한 이유가 있는 때에는 직권 또는 보석청구권자의 청구에 의하여 결정으로 보석을 허가할 수 있다(제96조). 피고인의 건강을 이유로 보석을 허가하는 경우가 여기에 해당하며, 임의적 보석에는 청구보석과 직권보석이 있다.

3. 보석의 절차

(1) 보석의 청구

(가) 보석의 청구권자

보석의 청구권자는 피고인·변호인·법정대리인·배우자·직계친족·형제자매와 가족·동거인 또는 고용주이다(제94조). 피고인 이외의 자의 보석청구권은 독립대리권이다.

(나) 보석의 청구방법

보석의 청구는 서면에 의하여야 한다(규칙 제53조 ①항). 보석청구는 공소제기 후 재판의 확정 전까지 심급을 불문하고 할 수 있으며 상소기간 중에도 가능하다(제105조). 피고인을 구속하는 경우에는 구속영장이 집행된 후이면 지정된 장소에 인치하기 전에도 보석청구를 할 수 있다. 또한 보석청구는 그 허가결정이 있기 전까지 철회할 수 있다.

(2) 검사의 의견청취와 의견서 제출

재판장은 보석에 관한 결정을 하기 전에 검사의 의견을 물어야 한다(제97조 ①항). 이 경우 검사는 지체 없이 의견을 표명하여야 하며(동조 ③항), 보석에 관한 의견서와 소송서류 및 증거물을 지체 없이 법원에 제출하여야 한다(규칙 제54조 ①항). 다만 검사의 의견이 법원을 구속하는 것이 아니기 때문에 법원은 검사의 의견을 듣지 않고도 보석의 허부(許否)를 결정할 수 있다.[124]

(3) 법원의 심리

청구권자의 보석청구가 있으면 법원은 지체 없이 심문기일을 정하여 구속된 피고인을 심문하여야 한다(규칙 제54조의2 ①항). 심문기일을 정한 법원은 즉시 검사·변호인·보석청구인 및 피고인을 구금하고 있는 관서의 장에게 심문기일과 장소를 통지하여야 하고, 피고인을 구금하고 있는 관서의 장은 위 심문기일에 피고인을 출석시켜야 한다(동조 ②항). 피고인·변호인·보석청구인은 피고인에게 유리한 자료를 제출할 수 있으며, 법원이 지정한 심문기일에 출석하여 의견을 진술할 수도 있다(동조 ④항, ⑤항)

(4) 보석의 결정

법원은 특별한 사정이 없는 한 보석을 청구 받은 날로부터 7일 이내에 그 청구에 관한 결정을 하여야 한다(규칙 제55조). 보석을 허가하는 경우에는 필요하고 상당한 범위 안에서 제98조에 규정된 피고인의 출석을 담보할 조건 중 하나 이상의 조건을 정하여야 한다. 보석의 청구가 이유 없을 경우에는 보석청구를 기각하여야 한다. 다만 필요적 보석의 경우는 그 제외사유에 해당하지 않는 한 보석청구를 기각할 수 없다. 이 경우에 법원이 보석을 허가하지 아니하는 결정을 하는 때에는 결정이유에 그 제외사유를 명시하여야 한다(규칙 제55조의2).

상당한 범위 안에서 제98조에 규정된 피고인의 출석을 담보할 조건 중 하나 이상의 조건을 정하여야 한다. 보석의 청구가 이유 없을 경우에는 보석청구를 기각한다. 다만 필요적 보석의 경우는 제외사유에 해당하지 않는 한 보석청구를 기

---

[124] 대결 1997.11.27. 97모88.

각할 수 없다. 이 경우에 법원이 보석을 허가하지 아니하는 결정을 하는 때에는
결정이유에 그 제외사유를 명시하여야 한다(규칙 제55조의2)

〈보석의 절차〉

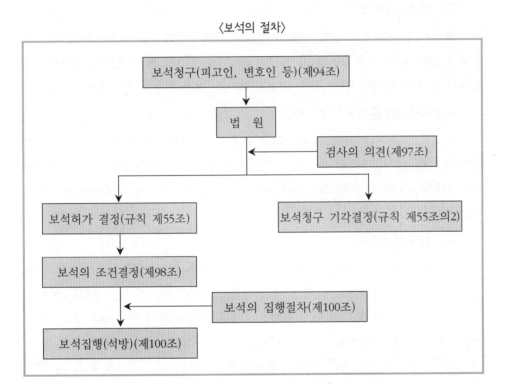

4. 보석의 조건

법원이 보석을 허가하는 경우에는 피고인의 출석을 담보할 수 있는 조건을
정하여야 한다(제98조). 그 조건을 유형별로 살펴보면 다음과 같다.

(1) 보석조건의 종류

(가) 보증금의 납부

보증금의 납부는 보석의 전형적인 조건으로서 피고인의 출석을 담보할 상당
한 금액이어야 한다. 즉 ① 피고인 또는 법원이 지정하는 자가 보증금을 납입하
거나 담보를 제공하여야 한다(제98조 8호). 이 경우 피고인뿐만 아니라 제3자도 보
증금을 납입할 수 있다. 또는 ② 법원이 정하는 보증금 상당의 금액을 납입할 것

을 약속하는 약정서를 제출하여야 한다(동조 2호). 다만 법원은 피고인의 자력 또는 자산 정도로는 이행할 수 없는 조건을 정하여서는 안 된다(제99조 ②항).

(나) 피해금액의 공탁

피해자의 과다한 요구로 인하여 합의가 이루어지지 않은 경우에 보석을 가능하게 하기 위한 조건으로는 ③ 법원이 지정하는 방법으로 피해자의 권리회복에 필요한 금원을 공탁하거나 그에 상당한 담보를 제공하여야 한다(제98조 7호).

(다) 서약서와 출석보증서의 제출

경제적으로 곤란한 피고인에 대한 보석을 허용하기 위한 조건으로는 ④ 법원이 지정한 일시·장소에 출석하고 증거를 인멸하지 아니하겠다는 서약서를 제출하거나(동조 1호), ⑤ 피고인 이외의 자가 작성한 출석보증서를 제출하여야 한다(동조 5호).

(라) 기타 보석조건

이 외에 보석의 부가적 조건으로는 다음과 같은 것이 있다. 즉 ⑥ 법원이 지정하는 장소로 주거를 제한하고 이를 변경할 필요가 있는 경우는 법원의 허가를 받는 등 도주를 방지하기 위하여 행하는 조치를 수인하여야 한다(동조 3호). ⑦ 피해자, 당해 사건의 재판에 필요한 사실을 알고 있다고 인정되는 자 또는 그 친족의 생명·신체·재산에 해를 가하는 행위를 하지 아니하고 주거·직장 등 그 주변에 접근하지 아니하여야 한다(동조 4호). ⑧ 법원의 허가 없이 외국으로 출국하지 아니할 것을 서약하여야 한다(동조 6호). ⑨ 그 밖에 피고인의 출석을 보증하기 위하여 법원이 정하는 적당한 조건을 이행하여야 한다(동조 9호).

(2) 보석조건의 결정기준

법원은 보석의 조건을 정함에 있어서 ① 범죄의 성질 및 죄상, ② 증거의 증명력, ③ 피고인의 전과·성격·환경 및 자산, ④ 피해자에 대한 배상 등 범행 후의 정황에 관련된 사항 등을 고려하여야 한다(제99조 ①항).

(3) 보석조건의 변경

법원은 직권 또는 보석청구권자의 신청에 따라 결정으로 보석조건을 변경하거나 일정한 기간 동안 당해 조건의 이행을 유예할 수 있다(제102조 ①항). 이것은 사정변경에 의하여 보석결정 당시에 부과한 조건을 변경하거나 유예하여 보석의 실효성을 확보하기 위한 것이다.

(4) 보석허가결정에 대한 항고

보석허가결정에 대하여 검사는 즉시항고를 할 수 없다(제97조 ④항 참조). 그러나 검사는 형사소송법 제403조 제2항에 의한 보통항고의 방법으로 보석허가결정에 대해 불복할 수 있고,[125] 보통항고는 그 제기기간에 대한 제한이 없어 보석허가결정을 취소할 실익이 있는 한 언제든지 할 수 있다(제404조 참조).

5. 보석의 집행

보석허가의 결정은 제98조 1호(서약서), 2호(보증금납입 약정서), 5호(출석보증서), 7호(공탁 또는 담보제공), 8호(보증금 납입)의 조건을 이행한 후가 아니면 보석허가결정을 집행하지 못한다. 즉 선이행 후석방 조건이다. 또한 법원은 필요하다고 인정하는 때에는 다른 조건에 관하여도 그 이행 이후 보석허가결정을 집행하도록 정할 수 있다(제100조 ①항). 보석의 집행기관은 검사이므로 보증금은 검사에게 납부하여야 한다. 법원은 보석청구권자 이외의 자에게 보증금납입을 허가할 수 있으며(동조 ②항), 보증금은 현금납부를 원칙으로 한다.

6. 보석의 취소·실효

(1) 보석의 취소

법원은 직권 또는 검사의 청구에 의하여 결정으로 보석을 취소할 수 있다. 보석의 취소사유는 ① 피고인이 도망한 때, ② 도망 또는 죄증을 인멸할 염려가 있다고 믿을 만한 충분한 이유가 있는 때, ③ 소환을 받고 정당한 사유 없이 출석하지 아니한 때, ④ 피해자·당해 사건의 재판에 필요한 사실을 알고 있다고 인정되는 자 또는 친족의 생명·신체나 재산에 해를 가하거나 가할 염려가 있다고 믿을 만한 충분한 이유가 있는 때, ⑤ 법원이 정한 조건을 위반할 때이다(제102조 ②항).

보석의 취소여부는 법원의 재량에 속한다. 법원의 보석취소결정이나 보석취

---

125) 대판 1997.4.18. 97모26

소청구에 대한 기각결정에 대해서는 피고인과 검사 모두 항고할 수 있다(제403조 ②항). 보석을 취소한 때에는 그 취소결정의 등본에 의하여 피고인을 재구금하여 야 한다(규칙 제56조 ①항).

(2) 보석조건위반에 대한 제재

법원은 피고인이 정당한 이유 없이 보석조건을 위반한 경우에는 결정으로 피고인에 대하여 1천만원 이하의 과태료를 부과하거나 20일 이내의 감치에 처할 수 있다(제102조 ③항). 이와 같은 제재는 보석조건의 위반행위에 대한 것으로 보석 취소의 경우는 물론 보석을 취소하지 않는 경우에도 부과할 수 있다.

(3) 보석의 실효

보석은 보석의 취소와 구속영장의 실효에 의하여 효력을 상실한다. 그러나 보석 중의 피고인에게 보석이 취소되지 않는 한, 제1심이나 제2심에서 실형이 선 고되었다고 하여도 그것이 확정되지 않거나 보석이 취소되지 않는 한 보석의 효 력은 상실하지 않는다.

7. 보증금의 몰수와 환부

(1) 보증금의 몰수

법원은 보석을 취소하는 때에는 직권 또는 검사의 청구에 따라 결정으로 보 증금 또는 담보의 전부 또는 일부를 몰수할 수 있다(제103조 ①항). 즉 보석금의 몰 수는, ① 보석이 취소되는 경우에 법원의 재량에 의해 행하는 임의적 몰수(동조 ① 항 후단)와 ② 피고인이 확정판결 후 형집행을 위한 소환을 받고 정당한 이유 없 이 출석하지 아니하거나 도망한 때에 행하는 필요적 몰수가 있다(동조 ②항). 이 경우 몰수의 시기에 대한 견해의 대립이 있으나, 이에 대한 명문규정이 없을 뿐 만 아니라 불이익을 부과하는 것이므로 보석취소와 동시에 하여야 한다고 해석하 는 것이 타당하다.[126] 따라서 보증금의 몰수는 법원의 결정에 의하여 검사에게 결정서의 교부 또는 송달함으로써 즉시 집행할 수 있다.[127] 그러나 판례[128]는 보

---

126) 이재상/조균석, 308.
127) 대결 1983.4.21. 83모19.
128) 대결 2001.5.29. 2000모22.

석보증금을 몰취하려면 반드시 보석취소와 동시에 하여야만 가능한 것이 아니라, 보석취소 후에 별도로 보증금몰수결정을 할 수도 있다고 판시하였다.

(2) 보증금의 환부(還付)

법원은 구속 또는 보석을 취소하거나 구속영장의 효력이 소멸되면 몰수하지 않은 보증금을 청구한 날로부터 7일 이내에 환부하여야 한다(제104조). 보석을 취소한 경우에는 그와 동시에 보증금몰수의 결정이 없으면 보증금의 전부를 환부하여야 하고, 보증금의 일부만을 몰수하는 결정이 있으면 보증금의 일부를 환부하여야 한다. 구속을 취소하거나 구속영장실효의 경우에는 보증금의 전부를 환부하여야 한다.

〈피의자보석과 피고인보석의 비교〉

	피의자보석(제214조의2 ⑤항)	피고인보석(제94조~제105조)
조건	• 구속된 피의자가 구속적부심사의 청구 • 보증금을 납부한 경우	• 법정에 출석을 담보할 만한 보증금 등의 다양한 조건 i) 제95조 각 호에 규정된 보석제외 사유 이외에 필요적 보석 ii) 제96조 상당한 이유가 있는 경우 임의적 보석
보석의 성격	• 법원의 직권보석(재량보석)	• 원칙: 필요적 보석, 보충: 임의적 보석
보석의 청구	• 법원의 직권	• 피고인·변호인·법정대리인·배우자·직계친족·형제자매·가족·동거인·고용주(제94조)
조건의 부가	i) 주거의 제한, ii) 법원 또는 검사가 지정한 일시·장소에 출석할 의무 등, iii) 기타 적당한 조건의 부가 가능(동조 ⑥항)	• 필요하고 상당한 범위 내에서 피고인의 출석을 담보할 조건 중 하나 이상의 조건을 정하여야 함(제98조 1호~9호)
보석의 불허사유	i) 죄증을 인멸할 염려(동조 ⑤항 1호) ii) 피해자, 당해사건의 재판에 필요한 사실을 알고 있다고 인정되는 자 또는 친족의 생명, 신체 재산에 손해를 가할 염려(동조 2호)	• 제95조 각 호에 규정된 필요적 보석제외 사유(1호~6호)

보석의 결정기한	• 제한 없음	• 특별한 사정이 없는 한 보석 또는 구속취소의 청구 받은 날로부터 7일 이내 (규칙 제55조)
보석의 취소와 실효		• 법원은 직권 또는 검사의 청구에 의하여 결정으로 보석을 취소가능(제102조 ②항, 취소사유(동조 1호~4호)
몰 수	• 임의적 몰수(제214조의4 ①항) • 필요적 몰수(제214조의4 ②항)	• 임의적 몰수(제103조 ①항) • 필요적 몰수(제103조 ②항)
보증금의 환부		• 보석을 취소하거나 구속영장의 효력이 소멸된 때에는 몰수하지 아니한 보증금을 청구한 날로부터 7일 이내에 환부하여야 함(제104조).
재체포·구속의 제한	• 동일한 범죄사실에 대하여 재체포 제한(제214조의3 ②항) 단, 피의자가 ⅰ) 도망, ⅱ) 죄증인멸할 염려, ⅲ) 출석요구를 받고 출석하지 아니한 때, ⅳ) 법원이 정한 조건을 위반한 경우	
체포·구속 기간산입 여부	• 심사를 접수한 때로부터 검찰청에 반환될 때까지 기간은 불산입(제214조의2 ⑬항)	
항고여부	• 항고 불인정(제214조의2 ⑧항) • 다만, 판례는 취소의 실익이 있는 경우 항고허용	• 보석의 허가결정에 대해 검사는 즉시 항고할 수 없으나(제94조 ④항 참조), 보석의 취소결정에 대해서는 검사·피고인은 항고가능(제403조 ②항)

제 3 절   대물적 강제처분

증거물이나 몰수물의 수집과 보전을 목적으로 하는 강제처분을 대물적 강제처분이라고 한다. 대물적 강제처분은 처분의 대상이 물건이라는 점에서 대인적 강제처분과 구별되며, 압수(押收)·수색(搜索)·검증(檢證)이 있다. 다만 법원이 행하는 검증은 증거조사의 일종이므로 수사기관의 검증만이 강제처분에 해당한다.

대물적 강제처분은 그 실시 주체에 따라 ① 법원이 증거수집을 위하여 행하는 압수·수색과 ② 수사기관이 범죄수사에 필요한 때 행하는 압수·수색·검증으로 구분할 수 있다. 그러나 양자는 증거물이나 몰수할 물건의 수집과 보전을 목적으로 하는 강제처분이라는 점에서 그 성질을 같이한다. 따라서 형사소송법은 법원의 압수·수색과 검증을 규정하고(제106조~제145조), 수사상 압수·수색과 검증에 이를 준용하고 있다(제219조).

[25] 제 1 압수와 수색

Ⅰ. 압수·수색의 의의

압수(押收)는 증거방법으로서 의미가 있는 물건이나 몰수가 예상되는 물건의 점유를 취득하는 강제처분으로 압류·영치·제출명령이 있다(제106조). ① 압류(押留)는 강제력을 사용하여 유체물의 점유를 점유자 또는 소유자의 의사에 반하여 수사기관 또는 법원에 이전하는 강제처분을 말한다. 또한 ② 영치(領置)는 소유자 등이 임의로 제출한 물건이나 유류(遺留)한 물건을 계속하여 점유하는 것을 말하며, ③ 제출명령은 일정한 물건의 제출을 명하는 강제처분이다. 단지 수사기관에 의한 강제처분에는 제출명령이 포함되지 않는다.

수색(搜索)은 압수할 물건이나 피의자 또는 피고인을 발견하기 위한 목적으로 사람의 신체나 물건 또는 일정한 장소를 뒤져 찾는 강제처분을 말한다(제109조). 수색은 일반적으로 압수의 전제로 행해지거나 압수와 함께 행해지고 있어 실무상으로도 압수·수색영장이라는 단일영장이 사용되고 있다.[129]

Ⅱ. 압수·수색의 요건

강제처분은 대인적·대물적 강제처분을 불문하고 강제력을 행하는 것으로서 개인의 자유와 법익을 제한하는 처분이다. 따라서 대물적 강제처분인 압수·수색

---

129) 법원실무제요(형사) Ⅰ, 343.

도 이미 강제처분과 인권보장[21]에서 살펴 본 강제처분법정주의와 그 남용을 방지하기 위한 영장주의가 적용됨은 물론이다. 그 외에도 압수·수색의 요건으로 ① 범죄혐의, ② 강제처분의 필요성 및 ③ 비례성의 원칙이 요구된다.

1. 범죄혐의

수사기관이 압수·수색을 하기 위해서는 '피의자가 죄를 범하였다고 의심할 만한 정황', 즉 범죄의 혐의가 있어야 한다(제215조). 그러나 법원의 압수·수색에 있어서는 범죄혐의를 명문으로 요구하고 있지 않지만(제106조 ①항, 제109조 ①항), 당연히 전제되어 있다고 할 수 있다. 다만 범죄혐의의 정도에 관하여 구속에 이를 정도인지 또는 수사를 개시할 정도로 족한지에 대해 견해의 대립이 있다.

이에 대해 형사소송규칙이 압수·수색영장의 기재사항에 피의사실의 요지를 들고 있다는 점(규칙 제107조 ①항)을 이유로 구속에 있어서와 같이 고도의 개연성이 있어야 한다는 설[130]이 주장되고 있다. 그러나 형사소송법은 구속에 있어서 '죄를 범하였다고 의심할 만한 상당한 이유'(제70조)를 요구하는 반면, 압수·수색영장을 청구함에 있어서는 '혐의가 있다고 인정되는 자료'를 제출하도록 규정(규칙 제108조)하고 있는 점에 비추어 본다면 범죄혐의의 정도는 체포 또는 구속의 경우보다는 낮은 정도의 혐의, 즉 수사를 개시할 정도의 범죄혐의 또는 구체적 혐의로 충분하다고 보는 것이 타당하며 다수설[131]의 입장이다.

2. 압수·수색의 필요성

압수·수색은 범죄수사와 증거수집을 위하여 필요한 때에만 인정된다. 즉 법원은 '필요한 때'에는 피고사건과 관계가 있다고 인정할 수 있는 것에 한정하여 압수 또는 수색할 수 있고(제106조, 제109조), 수사기관도 범죄수사에 '필요한 때'에는 … 해당사건과 관계가 있다고 인정할 수 있는 것에 한정하여 압수·수색 또는 검증할 수 있다(제215조)고 규정하고 있다. 따라서 압수·수색의 필요성이란, 결국 ① 압수·수색·검증의 대상물과 피의사실 또는 공소사실과의 관련성 및

---

130) 차용석/최용성, 248에서 사람에 대한 것이든, 물건에 대한 것이든 강제처분인 점에서는 차이가 없고, 강제처분에 대하여 헌법의 영장주의가 차별적으로 적용되어야 할 이유가 없기 때문에 범죄의 상당한 혐의를 요구하고 있다.

131) 노명선/이완규, 227; 배종대/이상돈/정승환/이주원, 186; 이재상/조균석, 314; 손동권/신이철, 295; 임동규, 220; 정웅석/백승민, 211, 최영승, 136.

② 압수·수색·검증의 대상물이 존재할 개연성이 있음을 의미한다고 해석하여야 한다.

3. 압수·수색의 비례성

압수·수색은 '필요한 때'에 할 수 있다고 규정(제106조, 제109조, 제215조)하고 있어 그 필요성뿐만 아니라 비례성까지 요구된다. 그러므로 압수·수색은 ① 임의수사로 목적을 달성할 수 있는 경우에는 허용되지 않을 뿐만 아니라(보충성의 원칙), ② 증거물이나 몰수물의 수집·보전에 불가피한 최소한의 범위에 그쳐야 하며(최소 침해의 원칙), 또한 ③ 그 침해로 인한 기본권의 침해는 범죄혐의의 중대성 사이에 균형관계를 이루어야 한다(균형성의 원칙).

Ⅲ. 압수·수색의 대상

1. 압수의 대상

(1) 증거물과 몰수물

압수의 대상은 증거물 또는 몰수할 것으로 사료되는 물건이다. 즉 증거물과 몰수물은 원칙적으로 압수할 수 있다. 단 법률에 다른 규정이 있는 때에는 예외로 한다(제106조). 증거물의 압수는 증거물의 멸실을 방지하여 장래의 형사절차의 진행을 대비하기 위함이고, 몰수물의 압수는 장래의 형의 집행을 확보하기 위함이다.

(2) 우체물과 전기통신의 압수

법원 또는 수사기관은 필요한 때에는 '사건과 관계가 있다고 인정할 수 있는 것'에 한정하여 우체물 또는 통신비밀보호법 제2조 3호에 따른 전기통신에 관한 것으로서 체신관서, 그 밖의 관련기관 등이 소지 또는 보관하는 물건을 압수할 수 있다(제107조 ①항). 이 경우 발신인이나 수신인에게 그 취지를 통지하여야 한다. 다만 심리나 수사에 방해가 될 염려가 있는 경우는 예외로 한다(제107조 ③항, 제219조).

(3) 정보저장매체 등의 압수

법원 또는 수사기관은 압수의 목적물이 컴퓨터용디스크, 그 밖의 이와 비슷한 정보저장매체인 경우에는 '기억된 정보의 범위를 정하여 출력하거나 복제'하여 제출받아야 한다.[132] 다만 범위를 정하여 출력 또는 복제하는 방법이 불가능하거나 압수의 목적을 달성하기에 현저히 곤란하다고 인정되는 때에는 정보저장매체 등을 압수할 수 있다(제106조 ③항, 제219조). 이에 따라 정보를 제공받은 경우 그 정보주체에게 해당사실을 지체 없이 알려야 한다(제106조 ④항, 제219조).

2. 수색의 대상

수색은 피고인의 신체·물건 또는 주거 기타의 장소를 그 대상으로 할 수 있다(제109조 ①항, 제219조). 그러나 피고인 등이 아닌 자의 신체·물건 또는 주거·기타의 장소에 관하여는 압수할 물건이 있음을 인정할 수 있는 경우에 한하여 수색할 수 있다(제109조 ②항, 제219조).

3. 압수·수색의 제한

(1) 군사상 비밀

군사상 비밀을 요하는 장소에 소재하고 있는 물건은 그 책임자의 승낙 없이는 압수·수색할 수 없다. 다만 그 책임자는 국가의 중대한 이익을 해하는 경우를 제외하고는 승낙을 거부하지 못한다(제110조, 제219조).

(2) 공무상 비밀

공무원 또는 공무원이었던 자가 소지 또는 보관하는 물건에 대하여는 본인 또는 그 해당 공무소가 직무상의 비밀에 관한 신고를 한 때에는 그 소속 공무소

---

132) 대결 2011.5.26. 2009모1190. '전자정보에 대한 압수·수색영장을 집행할 때에는 원칙적으로 영장 발부의 사유인 혐의사실과 관련된 부분만을 문서 출력물로 수집하거나 수사기관이 휴대한 저장매체에 해당 파일을 복사하는 방식으로 이루어져야 하고, 집행현장 사정상 위와 같은 방식에 의한 집행이 불가능하거나 현저히 곤란한 부득이한 사정이 존재하더라도 저장매체 자체를 직접 혹은 하드카피나 이미징 등 형태로 수사기관 사무실 등 외부로 반출하여 해당 파일을 압수·수색할 수 있도록 영장에 기재되어 있고 실제 그와 같은 사정이 발생한 때에 한하여 위 방법이 예외적으로 허용될 수 있을 뿐이다.'

또는 당해 감독관공서의 승낙 없이는 압수하지 못한다. 이 때 소속 공무소 또는 당해 감독관공서는 국가의 중대한 이익을 해하는 경우를 제외하고는 승낙을 거부하지 못한다(제111조, 제219조).

(3) 업무상 비밀

변호사 · 변리사 · 공증인 · 공인회계사 · 세무사 · 대서업자 · 의사 · 한의사 · 치과의사 · 약사 · 약종상 · 조산사 · 간호사 · 종교의 직에 있던 자 또는 이러한 직에 있던 자가 그 업무상 위탁을 받아 소지 또는 보관하는 물건으로 타인의 비밀에 관한 것은 압수를 거부할 수 있다. 다만 그 타인의 승낙이 있거나 중대한 공익상 필요가 있는 경우는 예외로 한다(제112조, 제219조).

Ⅳ. 압수 · 수색의 절차

1. 압수 · 수색영장의 청구

검사는 범죄수사에 필요한 때에는 지방법원판사에게 청구하여 발부받은 영장에 의하여 압수 · 수색 또는 검증할 수 있고, 사법경찰관은 검사에게 신청하여 검사의 청구로 지방법원판사가 발부한 영장에 의하여 압수 · 수색 또는 검증할 수 있다(제215조 ①항, ②항). 이 경우 검사는 피의자에게 범죄혐의가 있다고 인정되는 자료와 압수 · 수색의 필요 및 해당사건과 관련성을 인정할 수 있는 자료를 제출하여야 한다(규칙 제108조 ①항). 압수 · 수색의 영장은 서면으로 하여야 한다(규칙 제93조 ①항).

2. 압수 · 수색영장의 발부

영장청구가 범죄혐의와 압수 · 수색의 필요성을 갖추고 비례성이 인정되면 지방법원판사는 검사에게 압수 · 수색영장을 발부하여야 한다. 이것은 법원이 행하는 압수 · 수색이라 할지라도 공판정 외에서 압수 · 수색을 할 때에는 영장을 발부하여야 한다(제113조).

압수 · 수색영장에는 피의자 또는 피고인의 성명 · 죄명 · 압수할 물건 · 수색할 장소 · 신체 · 물건 · 발부연월일 · 유효기간과 그 기간을 경과하면 집행에 착수하지 못하며 영장을 반환하여야 한다는 취지, 압수·수색의 사유를 기재하고 재판장 또는 수명법관이 서명날인하여야 한다(제114조 ①항, 규칙 제58조). 피고인의 성명이 분명하지 아니한 때에는 인상·체격, 기타 피고인을 특정할 수 있는 사항으로 피고인을 표시할 수 있다(제75조 ②항, 제114조 ②항, 제219조).

압수·수색영장의 유효기간은 7일이며, 법원 또는 법관이 상당하다고 인정하는 때에는 7일을 넘는 기간을 정할 수 있다(규칙 제178조). 그러나 영장의 유효기간 내일지라도 동일한 영장으로 수회 같은 장소에서 압수·수색을 할 수 없다.[133] 또한 동일한 물건 또는 장소에 대한 처분인 때에도 영장기재사실과 다른 피의사실에 대해서는 그 영장을 사용할 수 없다.

3. 압수·수색영장의 집행

(1) 영장의 집행기관

압수·수색영장은 검사의 지휘에 따라 사법경찰관리가 집행한다. 다만 필요한 경우에는 재판장은 법원사무관 등에게 그 집행을 명할 수 있다(제115조). 법원사무관은 필요한 때에 사법경찰관리에게 보조를 구할 수 있다(제117조).

(2) 영장의 집행방법

(가) 영장의 제시와 기타 필요한 처분

압수·수색영장은 그 처분을 받는 자에게 반드시 제시하여야 한다(제118조, 제219조). 압수·수색영장의 집행 중에는 타인의 출입을 금지할 수 있으며, 이 금지를 위반한 자에게는 퇴거하게 하거나 집행종료 시까지 간수자를 붙일 수 있다(제119조). 영장을 집행할 때에는 자물쇠를 열거나 개봉 기타 필요한 처분을 할 수 있다. 압수물에 대해서도 같은 처분을 할 수 있다(제120조, 제219조). 압수·수색영장의 집행에는 타인의 비밀을 지켜야 하며 처분받은 자의 명예를 해하지 않도록 하여야 한다(제116조).

---

133) 수사기관이 압수·수색영장을 제시하고 집행에 착수하여 압수·수색을 실시하고 그 집행을 종료하였다면 이미 그 영장은 목적을 달성하여 효력이 상실되는 것이고, 같은 사유가 있어 동일한 장소 또는 목적물에 대하여 다시 압수·수색할 필요가 있는 경우라면 그 필요성을 소명하여 법원으로부터 새로운 압수·수색영장을 발부 받아야 하는 것이지, 앞서 발부 받은 압수·수색영장의 유효기간이 남아있다고 하여 이를 제시하고 다시 압수·수색을 할 수는 없는 것이다(대결 1999.12.1. 99모161).

(나) 당사자 · 책임자의 참여

검사 · 피고인 · 변호인은 압수 · 수색영장의 집행에 참여할 수 있다(제121조, 제219조). 압수 · 수색영장을 집행함에는 미리 집행일시와 장소를 참여권자에게 통지하여야 한다. 다만 참여권자가 참여하지 않는다는 의사를 명시한 때 또는 급속을 요하는 때에는 예외로 한다(제122조, 제219조). 공무소 · 군사용의 항공기 또는 선차 내에서 압수 · 수색영장을 집행할 때에는 그 책임자에게 참여할 것을 통지하여야 한다. 이 이외의 타인의 주거, 간수자 있는 가옥, 건조물, 항공기 또는 선차 내에서 압수 · 수색영장을 집행할 때에는 주거주, 간수자 또는 이에 준하는 자를 참여하게 하여야 한다(제123조 ①항, ②항, 제219조). 주거주나 간수자를 참여하게 하지 못할 때에는 인거인(隣居人) 또는 지방공공단체의 직원을 참여하게 하여야 한다(제123조 ③항, 제219조). 여자의 신체에 대하여 수색할 때에는 성년의 여자를 참여하게 하여야 한다(제124조, 제219조).

(다) 야간집행의 제한

일출 전 일몰 후에는 압수 · 수색영장에 야간집행을 할 수 있다는 기재가 없는 한 영장집행을 위해 타인의 주거 · 간수자 있는 가옥 · 건조물 · 항공기 또는 선차에 들어가지 못한다(제125조, 제219조). 다만 도박 기타 풍속을 해하는 행위에 상용된다고 인정하는 장소나 여관 · 음식점 · 기타 야간에 공중이 출입할 수 있는 장소에 대하여는 이러한 제한을 받지 않는다(제126조, 제219조).

(라) 일시폐쇄

압수 · 수색영장의 집행을 중지한 경우에 필요한 때에는 그 집행이 종료될 때까지 그 장소를 폐쇄하거나 간수자를 둘 수 있다(제127조, 제219조).

(마) 수색증명서 · 압수목록의 교부

수색한 결과 증거물 또는 몰수할 물건이 없는 때에는 그 취지의 증명서를 교부하여야 하고(제128조, 제219), 압수한 경우는 목록을 작성하여 소유자 · 소지자 · 보관자 그리고 기타 이에 준하는 자에게 교부하여야 한다(제129조, 제219조).

4. 압수 · 수색영장 집행 후의 조치

증거물 또는 몰수할 물건을 압수하였을 때에는 압수조서 및 압수목록을 작성하여야 한다(제49조 ①항). 압수조서에는 품종, 외형상의 특징과 수량을 기재하여야 한다(동조 ③항).

V. 압수 · 수색에서 영장주의 예외

대인적 강제수사와 마찬가지로 대물적 강제수사에 있어서도 압수 · 수색의 긴급성을 고려하여 일정한 경우에 영장에 의하지 않는 압수 · 수색 및 검증을 허용하고 있다.

1. 체포 · 구속 목적의 피의자 수사(수색)

검사 또는 사법경찰관이 피의자를 영장에 의한 체포(제200조의2), 긴급체포(제200조의3), 현행범인의 체포(제212조)에 의하여 체포하거나 구속영장에 의하여 피의자를 구속(제201조)하는 경우에 필요한 때에는 영장 없이 타인의 주거나 타인이 간수하는 가옥 · 건조물 · 항공기 · 선차 내에서 피의자 수사를 할 수 있다. 이 경우 수사란, 피의자를 발견하기 위한 수색의 의미로 피의자의 체포 또는 구속을 위한 불가결의 전제이기 때문에 허용된다(제216조 ①항 1호).

2. 체포 · 구속현장에서의 압수 · 수색 · 검증

검사 또는 사법경찰관이 피의자를 영장에 의한 체포(제200조의2), 긴급체포(제200조의3), 구속(제201조) 또는 현행범인의 체포(제212조)를 하는 경우에 필요하면 영장 없이 체포 · 구속현장에서 압수 · 수색 · 검증을 할 수 있다(제216조 ①항 2호). 다만 체포 후에 구속영장을 발부받지 못한 때에는 압수물을 즉시 환부하여야 한다. 또한 영장 없이 체포현장에서 압수 · 수색 · 검증을 한 경우라도 압수를 계속할 필요가 있는 때에는 압수 · 수색영장의 발부를 받아야 한다(제217조 ②항).

3. 피고인 구속현장에서의 압수 · 수색 · 검증

검사 또는 사법경찰관이 피고인에 대한 구속영장을 집행할 경우에 필요한 때에는 그 집행현장에서 영장 없이 압수 · 수색 · 검증을 할 수 있다(제216조 ②항). 피고인에 대한 구속영장을 집행하는 검사 또는 사법경찰관은 재판의 집행기관으로서 행하는 것이지만, 집행현장에서의 압수 · 수색 · 검증은 수사기관의 수사처분으로 행하는 것이다.[134] 따라서 후자의 경우는 그 결과를 법관에게 보고하거나 압수물을 제출할 필요가 없다.

4. 범죄장소에서의 압수 · 수색 · 검증

범행 중 또는 범행 직후의 범죄현장[135]에서 긴급을 요하여 판사의 영장을 받을 수 없는 때에는 영장 없이 압수 · 수색 또는 검증을 할 수 있다. 그러나 이 경우에는 사후에 지체 없이 영장을 받아야 한다(제216조 ③항). 이 규정은 현행범인으로 체포할 수 없는 상황에서 발생하는 긴급사정에 대처하기 위한 것이기 때문에 피의자가 현장에 있거나 체포되었을 것을 요건으로 하지 않는다.

5. 긴급체포 시의 압수 · 수색 · 검증

검사 또는 사법경찰관은 긴급체포의 규정에 따라 체포된 자의 소유 · 소지 또는 보관하는 물건에 대하여 긴급히 압수할 필요가 있는 경우에는 피의자를 체포한 때로부터 24시간 이내에 한하여 영장 없이 압수 · 수색 또는 검증할 수 있다(제217조 ①항). 이것은 긴급체포된 사실이 밝혀지면 피의자와 관련된 사람이 증거물을 은닉하는 것을 방지하기 위한 제도이다.

6. 임의제출물의 압수

법원은 소유자 · 소지자 또는 보관자가 임의로 제출한 물건[136] 또는 유류한 물건을 영장 없이 압수할 수 있다(제108조). 검사 또는 사법경찰관도 피의자 · 기타인의 유류한 물건이나 소유자 · 소지자 또는 보관자가 임의로 제출한 물건을 영장 없이 압수할 수 있다(제218조). 이것을 영치(領置)라고 한다. 영치는 점유취득과정에 강제력이 행사되지 않지만, 일단 영치되면 임의로 점유를 회복하지 못한다는

---

134) 이재상/조균석, 326.
135) 음주운전 중 교통사고를 일으켜 의식불명이 된 경우, 운전자의 생명신체를 구조하기 위하여 사고현장으로 부터 곧바로 후송된 병원응급실 등의 장소는 범죄장소에 준한다 할 수 있다. 따라서 영장 없이 응급실에서 혈액을 채취하는 것은 적법하나 사후에 지체없이 영장을 발부 받아야 한다(대판 2012.11.15. 2011도15258).
136) 임의제출은 수사기관의 요구와 상관없이 당사자들이 자발적으로 제출한 것으로 한정하여야 한다. 즉 수사기관의 요구에 의하여 제출한 것은 강압적이지 않더라도 형사소송법 제106조 제2항의 '제출명령'에 해당하는 것으로 수사기관의 경우는 압수에 해당한다(배종대/이상돈/정승환/이주원, 200).

점에서 강제처분으로 볼 수 있다. 영치된 물건의 법률효과는 압수와 동일하다.

VI. 압수물의 처리

1. 압수물의 보관

(1) 자청보관의 원칙

압수물은 압수한 법원 또는 수사기관의 청사로 운반하여 보관하는 것이 원칙이다. 이를 「자청보관(自廳保管)의 원칙」이라고 한다. 법원 또는 수사기관은 압수물을 보관할 때 그 상실 또는 파손 등의 방지를 위하여 상당한 조치를 하여야 한다(제131조, 제219조). 이 경우 법원과 수사기관은 선량한 관리자로서의 주의의무를 다하여야 한다.

(2) 위탁보관

운반 또는 보관이 불편한 압수물은 간수자를 두거나 소유자 또는 적당한 자의 승낙을 얻어 보관하게 할 수 있다(제130조 ①항, 제219조). 또한 위험발생의 우려가 있는 물건은 폐기할 수 있다(동조 ②항). 여기서 위탁보관은 압수와 달리 공법상의 권력작용이 아닌 단순한 임치계약(任置契約)의 성질을 가진다. 따라서 임치계약의 일반원칙에 따라 특별한 약정이 없으면 보관자는 임치료를 청구할 수 없다.137)

(3) 대가보관

몰수하여야 할 압수물이 멸실·파손 또는 부패의 염려가 있거나 보관하기 불편한 경우는 이를 매각한 대가를 보관할 수 있다(제132조, 제219조). 이를 환가처분(換價處分)이라고도 한다. 대가보관(對價保管)은 목적물의 재산권행사에 중대한 영향을 미치므로 몰수하여야 할 압수물에 대해서만 할 수 있으나, 목적물이 증거물인 경우는 그 자체가 소송법상 중요하므로 대가보관을 할 수 없다.138) 대가보관을 할 때는 검사·피해자·피고인 또는 변호인에게 미리 통지하여야 한다(제135

---

137) 대판 1968.41.6. 68다285.
138) 배종대/이상돈/정승환/이주원, 202.

조). 대가보관금은 몰수와의 관계에서 압수물과 동일성이 인정되므로 법원은 몰수할 수 있으며,[139] 몰수하지 아니할 때에는 대가를 소유자에게 인도하여야 한다.

(4) 폐기처분

위험발생의 염려가 있는 압수물은 폐기할 수 있다(제130조 ②항, 제219조). 이것을 폐기처분이라고 한다. 압수물을 폐기할 때에는 폐기조서를 작성하고 사진을 촬영하여 이에 첨부하여야 한다(수사지휘규정 제46조 ②항).

2. 압수물의 가환부

(1) 가환부의 대상

가환부(假還付)는 압수의 효력을 존속시키면서 압수물을 소유자·소지자 또는 보관자 등에게 잠정적으로 환부하는 제도를 말한다. 가환부의 대상은 '증거에 사용할 압수물'에 제한되어(제133조 ①항, 제219조), 몰수의 대상이 되는 압수물은 가환부의 대상이 되지 않는다.[140] 증거에만 사용할 목적으로 압수한 물건으로서 소유자 또는 소지자가 계속 사용하여야 할 물건은 사진촬영 기타 원형보존의 조치를 취하고 신속히 가환부하여야 한다(제133조 ②항, 제219조).

(2) 가환부의 절차

가환부는 소유자·소지자·보관자 또는 제출인의 청구에 의하여 법원(제133조 ①항, 제219조) 또는 수사기관(제218조의2)의 결정에 의한다. 가환부처분의 결정을 함에 있어서 피해자·피의자 또는 변호인에게 미리 통지하여야 한다(제135조).

(3) 가환부의 효력

가환부는 압수 자체의 효력을 잃게 하는 것은 아니다. 따라서 가환부를 받은 자는 압수물의 보관의무를 지며, 법원 또는 수사기관의 요구가 있으면 제출하여야 한다. 또한 가환부한 장물에 대하여 별단의 선고가 없는 때에는 환부가 있는 것으로 간주한다(제333조 ③항).

---

139) 신동운, 367.
140) 대결 1984.7.24. 84모43.

3. 압수물의 환부

(1) 환부의 대상

환부는 압수물을 종국적으로 소유자 또는 제출인에게 반환하는 법원 또는 수사기관의 처분을 말한다. 압수물의 환부에는 두 가지 종류가 있다. 우선 ① 사후에 영장을 발부받지 못한 경우에 행해지는 압수물의 환부가 있다. 피의자를 긴급체포하거나 현행범인을 체포하는 경우에 체포현장에서 압수한 물건(제216조 ①항 2호) 및 긴급체포된 자가 소유·소지 또는 보관하는 물건으로서 영장청구기간 내에 법관으로부터 구속영장을 발부받지 못한 때에는 압수한 물건을 즉시 환부하여야 한다(제217조 ③항). 또한 ② 압수를 계속할 필요가 없다고 인정되는 경우에 행해지는 압수물의 환부가 있다. 즉 압수를 계속할 필요가 없다고 인정되는 압수물은 피고사건 종결 전이라도 결정으로 환부하여야 한다(제133조 ①항 전단).

(2) 환부의 절차

환부는 법원 또는 수사기관의 결정에 의한다. 다만 사법경찰관이 환부하는 경우에는 검사의 지휘를 받아야 한다(제218조의2 ①항, ④항). 소유자 등의 청구에 대하여 수사기관이 이를 거부하는 경우에는 신청인은 해당 검사의 소속 검찰청에 대응한 법원에 압수물의 환부결정을 청구할 수 있다(동조 ②항). 이 청구에 대하여 법원이 환부를 결정하면 수사기관은 신청인에게 압수물을 환부하여야 한다(동조 ③항, ④항).

법원 또는 수사기관이 환부의 결정을 함에는 미리 검사, 피해자, 피의자·피고인 또는 변호인에게 통지하여야 한다(제135조, 제219조). 피압수자가 소유권을 포기한 경우에도 법원 또는 수사기관은 환부결정을 해야 한다.[141]

(3) 환부의 효력

환부에 의하여 압수는 그 효력을 상실한다. 그러나 환부는 압수를 해제할 뿐이며, 환부를 받은 자에게 목적물에 대한 소유권 등 실체법상의 권리를 부여하거나 확정시키는 효력은 없다. 따라서 이해관계인은 민사소송에 의하여 그 권리를

---

141) 대결 1996.8.16. 94모51.

주장할 수 있다(제333조 ④항). 압수한 서류 또는 물건에 대하여 몰수의 선고가 없는 때에는 압수를 해제한 것으로 간주한다(제332조).

(4) 압수장물의 피해자 환부

압수한 장물은 피해자에게 환부할 이유가 명백한 때에는 피고사건의 종결 전이라도 피해자에게 환부할 수 있다(제134조, 제219조). 압수한 장물로서 피해자에게 환부할 이유가 명백한 것은 판결로써 피해자에게 환부하는 선고를 하여야 하며, 장물을 처분하였을 때에는 판결로써 그 대가로 취득한 것을 피해자에게 교부하는 선고를 하여야 한다(제333조 ①항, ②항).

[26] 제2 수사상 검증과 감정

Ⅰ. 수사기관의 검증

1. 검증의 의의와 구별개념

(1) 검증의 의의

검증(檢證)은 사람, 장소, 물건의 성질·형상을 오관의 작용에 의하여 인식하는 강제처분을 말한다. 검증에는 법원의 검증과 수사기관의 검증이 있지만, ① 법원·법관의 검증은 증거조사의 일종으로 영장을 필요로 하지 않는다(제139조, 제184조). 그러나 ② 수사상의 검증은 증거를 수집·보전하기 위한 강제처분이므로 원칙적으로 영장에 의하여야 한다(제215조).[142]

형사소송법은 압수·수색과 마찬가지로 법원의 검증규정(제139조)을 수사상의 검증에 준용하고 있으며(제219조), 그 검증목적물에 대해서도 제한을 두고 있지 않다. 다만 수사상의 검증은 검증대상에 따라 신체에 대한 검증과 물건이나 장소에 대한 검증으로 구분할 수 있으며, 특히 신체에 대한 검증을 신체검사라고 하여 그 절차에 관한 별도의 규정(제141조, 제219조)을 두고 있다.

---

142) 검증도 강제처분의 일종으로 원칙적으로 영장에 의하여야 하지만, 예외적으로 영장에 의하지 않는 검증으로 긴급강제처분에 의한 검증과 실황조사와 같이 임의수사로서 하는 검증이 있다.

(2) 실황조사와 구별

실황조사는 사법경찰관이 수사상 필요하다고 인정되면 범죄현장이나 그 밖의 장소에 가서 실황을 조사하는 활동을 말한다(수사지휘규정 제43조 ①항). 즉 실황조사는 수사기관이 주로 교통사고나 화재현장에서 법관의 영장 없이 그 실황을 자체적으로 조사하는 것이다. 따라서 실황조사를 검증과 구별하는 것보다는 임의수사의 성격을 가진 검증으로서 수사상 검증에 포함시켜 파악하는 것이 타당하다고 생각한다.[143]

2. 검증의 절차

(1) 검증영장의 청구와 발부

검사가 검증을 하기 위해서는 지방법원판사가 발부하는 영장이 있어야 한다. 사법경찰관은 검사에게 신청하여 검사의 청구로 지방법원판사가 발부하는 영장에 의하여 검증을 할 수 있다(제215조). 수사상의 검증에도 ① 사전영장에 의한 검증(제215조), ② 사후영장에 의한 검증(제216조 ③항), ③ 영장 없이 할 수 있는 검증(제216조 ①항 2호, 제217조 ①항)이 있다. 또한 변사자의 검시에 의하여 범죄의 혐의가 인정되고 긴급을 요할 때에도 영장 없이 검증할 수 있다(제222조 ②항).

(2) 검증영장의 집행

수사기관이 검증을 할 때에는 신체검사 · 사체해부 · 분묘발굴 · 물건의 파괴 기타 필요한 처분을 할 수 있다(제140조, 제219조). 사체의 해부 또는 분묘의 발굴을 하는 때에는 예의를 잃지 않도록 주의하고 미리 유족에게 통지하여야 한다(제141조 ④항, 제219조).

3. 검증조서의 작성

검증에 관해서는 그 결과를 기재한 검증조서를 작성하여야 한다(제49조 ①항).

---

143) 손동권/신이철, 618; 이은모, 716; 임동규, 233; 차용석/최용성, 594. 이에 대하여 실황조사와 수사상의 검증은 그 목적이 달라 엄격히 구별되어야 한다. 즉 수사기관의 검증은 법관의 심증형성에 직접적으로 영향을 미치기 때문에 법률에 특별히 근거가 있어야 하며 동시에 법관에 영장에 의하여야 한다(신동운, 347).

검증조서에는 검증목적물의 현상을 명확하게 하기 위하여 도화나 사진을 첨부할 수 있다(동조 ②항). 검사 또는 사법경찰관이 검증의 결과를 기재한 조서는 적법한 절차와 방식에 따라서 작성된 것으로서 공판준비 또는 공판기일에서의 작성자의 진술에 따라 그 성립의 진정함이 증명된 때에는 증거로 할 수 있다(제312조 ⑥항).

4. 신체검사

(1) 신체검사의 의의

신체검사는 신체 자체를 검사의 대상으로 하는 '검증으로서의 신체검사'와 전문지식과 경험을 요하는 '감정으로서의 신체검사'로 구분할 수 있다. ① 검증으로서의 신체검사에는 피의자의 지문을 채취하거나 신체의 문신 등을 확인하는 것이 있고, ② 감정(제221조의4)으로서의 신체검사에는 혈액검사나 X선 촬영 등이 있다. 이 가운데 검증으로서의 신체검사는 신체외부와 착의에서 증거물을 찾는 신체수색(제109조, 제219조)과도 구별된다.

(2) 검증으로서의 신체검사

(가) 신체검사의 대상

수사기관의 신체검사의 대상은 원칙적으로 피의자이다. 피의자 아닌 자의 경우에는 증적의 존재를 확인할 수 있는 현저한 사유가 있어야 한다(제141조 ②항, 제219조).

(나) 신체검사의 절차

신체검사를 내용으로 하는 검증은 검증영장에 의하여야 한다. 검증을 위한 영장청구서에는 일반적 기재사항 외에 신체검사를 필요로 하는 이유와 신체검사를 받을 자의 성별, 건강상태를 기재하여야 한다(규칙 제107조 ②항). 이에 따라 신체검사를 할 경우 피검사자의 성별·연령·건강상태 기타 사정을 고려하여 그 사람의 건강과 명예를 해하지 않도록 주의하여야 한다(제141조 ①항, 제219조). 또한 여자의 신체를 검사하는 경우는 의사나 성인의 여자를 참여하게 하여야 한다(제141조 ③항).

(3) 체내검사

(가) 체내검사의 의의

체내검사는 신체검사의 특수한 유형으로서 신체의 내부에 대한 검사를 말한
다. 따라서 체내검사는 인간의 존엄성을 침해할 위험성이 크기 때문에 엄격한 수
사비례의 원칙이 적용되어야 한다. 체내검사에는 체내강제수색과 강제채뇨와 강
제수혈이 있다.

(나) 체내강제수색

체내강제수색은 항문내부·위장내부 등 신체의 내부를 관찰하여 증거물을 찾
는 강제처분을 말한다. 따라서 신체내부에 대한 수색은 신체수색인 동시에 검증의
성격도 가지므로 수사기관은 압수·수색영장과 함께 검증영장도 발부받아야 한다.

(다) 강제채뇨와 강제수혈

수사기관이 혈액·정액·오줌 등을 강제로 채취하는 강제처분을 말한다. 이러
한 체내검사는 전문의료인의 특별한 감정이 필요하므로 감정의 성격을 갖기 때문
에 압수·수색영장과 감정처분허가장을 법관으로부터 발부받아야 한다. 판례[144]
는 강제채혈의 법적 성질을 감정에 필요한 처분 또는 압수영장의 집행에 필요한
처분으로 이해한다. 따라서 감정처분허가장 또는 압수영장을 발부받아야 강제채
혈을 할 수 있다는 입장이다.

Ⅱ. 수사상의 감정

1. 감정의 개념

(1) 의 의

감정(鑑定)은 수사기관이 수사에 필요한 전문지식이나 경험의 부족을 보충하
기 위하여 일정한 사항을 제3자로 하여금 조사시키거나 전문지식을 이용하여 얻
은 의견이나 판단을 말한다. 따라서 검사 또는 사법경찰관은 수사에 필요한 때에
는 감정을 위촉할 수 있도록 하고 있는데 감정위촉 그 자체는 임의수사이다(제221

---

144) 대판 2012.11.15. 2011도15258.

조 ②항). 그러나 감정 시에 강제력의 행사가 불가피한 경우가 발생하는데, 이 경우 수사상 감정은 강제수사가 되어 법관의 영장을 필요로 한다. 여기에는 감정유치(제221조의3 ①항)와 감정처분(제221조의4 ①항)이 있다.

(2) 법원의 감정과 구별

검사 또는 사법경찰관이 하는 수사상 감정위촉은 증거조사의 일종인 법원의 감정(제169조, 제184조)과 구별된다. 수사기관으로부터 감정을 위촉받은 감정수탁자는 선서의 의무도 없고, 허위감정죄(형법 제154조)의 적용을 받지 않는다. 또한 그 절차에서 소송관계인의 반대신문도 허용되지 않는다는 점에서 법원으로부터 감정의 명을 받은 감정인과 구별된다.

2. 감정유치

(1) 의의와 요건

검사가 감정을 위촉하는 경우에 감정유치처분이 필요하면 판사에게 감정유치를 청구하여야 한다(제221조의3 ①항, 제172조 ③항). 감정유치(鑑定留置)는 감정을 위하여 일정한 기간 동안 병원 기타 적당한 장소에 피의자를 유치하는 강제처분으로서(제172조 ③항), 신체의 감정을 위하여 계속적인 유치와 관찰이 필요한 때에 인정된다. 따라서 피의자가 아닌 제3자나 피고인에게는 감정유치를 청구할 수 없다.[145]

(2) 감정유치의 절차

(가) 감정유치의 청구

감정유치는 감정유치청구서에 의해 검사가 청구한다. 판사는 검사의 청구가 상당하다고 인정할 때에는 감정유치장을 발부하여(제172조 ④항) 유치처분을 하여야 한다(제221조의3 ②항). 수사상 감정유치장의 법적 성격에 대해서 학설의 대립이 있으나, 수사상 감정유치는 수사기관의 강제수사에 해당하기 때문에 허가장으로 보아야 한다.[146] 또한 감정유치를 기각하는 결정에 대하여는 물론 감정유치장의

---

145) 감정유치의 요건으로 구속사유를 필요로 하지 않으나 피의자에 대해서만 인정되는 감정유치라는 실질에 비추어 본다면 범죄혐의가 필요하다(이재상/조균석, 337).
146) 박상열/박영규/배상균, 325; 손동권/신이철, 330; 이재상/조균석, 338; 임동규, 204. 이에 대

발부에 대한 피의자의 준항고도 허용되지 않는다.

(나) 감정유치장의 집행

감정유치장의 집행은 구속영장집행에 관한 규정이 준용된다(제221조의3 ②항). 감정유치에 필요한 유치기간에는 제한이 없으나, 판사는 기간을 정하여 병원 기타 적당한 장소에 피의자를 유치할 수 있고 감정이 완료되면 즉시 유치를 해제하여야 한다(제172조 ③항).

(3) 감정처분

수사기관으로부터 감정을 위촉받은 자는 감정에 관하여 필요한 때에는 판사의 허가를 얻어 타인의 주거, 간수자 있는 가옥·건조물, 항공기·선차 안에 들어갈 수 있고, 신체검사·사체해부·분묘발굴·물건파괴를 할 수 있다(제221조의4 ①항, 제173조 ①항). 이와 같은 처분에 대한 허가는 검사가 청구하며(제221조의4 ②항), 판사는 검사의 청구가 상당하다고 인정한 때에는 허가장을 발부해야 한다(동조 ③항). 이를 감정처분허가장이라고 한다.

제 4 절   수사상의 증거보전

증거조사는 수소법원이 공판기일에 행하는 것이 원칙이다. 그러나 공판기일에서의 증거조사가 있을 때까지 기다릴 경우 수사기관이나 피의자·피고인 측이 수집·확보하고 있는 증거방법의 사용이 불가능하거나 현저하게 곤란한 경우가 있다. 이러한 경우 판사에게 미리 청구하여 증거를 보전하여 두는 제도를 「증거보전(證據保全)」이라고 한다. 이처럼 수사절차상에서 판사에게 미리 청구하여 증거조사(제184조)나 증인신문(제221조의2)을 함으로써 증거를 보전하는 제도를 수사상의 증거보전이라고도 한다.

하여 수사상의 감정유치는 구속에 준하여 취급되며(제221조의3 ②항), 신체구속은 법관의 고유한 권한(헌법 제12조 ③항)에 속하므로 수사상의 감정유치장은 구속영장의 경우와 같이 명령장으로 보아야 한다는 견해로는 신동운, 396; 신양균, 216; 이은모, 315.

[27] 제 1 증거보전

Ⅰ. 증거보전의 의의

1. 증거보전절차의 의의

증거보전은 공판정에서 정상적인 증거조사가 있을 때까지 기다릴 경우 그 증거방법의 사용이 불가능하거나 현저히 곤란한 사정이 있는 때에는 검사·피고인·피의자 또는 변호인의 청구에 의하여 판사가 미리 증거조사를 하고 그 결과를 보전하여 두는 제도를 말한다(제184조).

2. 제도의 기능

검사는 수사단계에서 다양한 강제처분권을 행사하여 유죄를 입증할 수 있는 각종 증거를 수집·보전할 수 있다. 그러나 피의자 또는 피고인에게는 공판절차가 개시되기 전까지는 본격적인 방어활동을 할 수 없어 자신들에게 유리한 증거를 수집·보전하기가 어렵다. 따라서 증거보전절차는 현행법상 검사에게도 인정되지만, 특히 피의자 또는 피고인에게 유리한 증거를 수집·보전할 수 있도록 하여 수사절차상에서 당사자의 「무기대등원칙(武器對等原則)」을 실현하는데 중요한 의미가 있다.

Ⅱ. 증거보전의 요건

1. 증거보전의 필요성

증거보전은 미리 증거를 보전하지 않으면 그 '증거를 사용하기 곤란한 사정'이 있어야 한다. 즉 ① 해당 증거에 대한 증거조사가 불가능하거나 곤란한 경우뿐만 아니라 ② 본래의 증명력에 변화가 예상되는 경우도 포함된다.

2. 청구기간

증거보전은 공소제기의 전후를 불문하고 제1회 공판기일 전에 한하여 할 수 있다. 이것은 제1회 공판기일 후에는 수소법원이 직접 증거조사를 할 수 있어 증거보전의 필요가 없기 때문이다. 따라서 제1회 '공판기일 전'이란, 수소법원의 증거조사가 개시되기 전을 의미하기 때문에 모두절차가 끝난 때까지로 해석하여야 한다.[147] 또한 증거보전은 제1심 제1회 공판기일 전에 한하여 인정되므로 항소심에서는 물론, 파기환송 후 절차에서도 청구할 수 없고 재심청구사건에서도 인정되지 않는다.[148]

Ⅲ. 증거보전의 절차

1. 증거보전의 청구

(1) 청구권자

증거보전의 청구권자는 검사·피고인·피의자 또는 변호인이다. 여기서 피고인은 공소제기 후 제1회 공판기일 이전의 피고인을 말한다.[149] 변호인의 청구권은 독립대리권이므로 피의자·피고인의 명시적 의사에 반해서도 증거보전을 청구할 수 있다.

(2) 청구의 방식

증거보전의 청구는 수소법원이 아닌 관할지방법원판사에게 하여야 한다. 판사의 관할지역은, ① 압수에 관하여는 압수할 물건의 소재지, ② 수색과 검증에 관하여는 수색 또는 검증할 장소·신체 또는 물건의 소재지, ③ 증인신문에 관하여는 증인의 주거지 또는 현재지, ④ 감정에 관하여는 감정대상의 소재지 또는 현재지를 각각 기준으로 결정하여야 한다(규칙 제91조 ①항).

증거보전의 청구는 서면으로 하여야 하며, 그 청구서에는 사건의 개요, 증명할 사실, 증거 및 보전의 방법, 증거보전에 필요로 하는 사유를 기재하여야 하고(규칙 제92조 ①항), 증거보전사유를 소명하여야 한다(제184조 ③항).

---

147) 배종대/이상돈/정승환/이주원, 213; 손동권/신이철, 325; 이재상/조균석, 342. 임동규, 256; 차용석/최용성, 270. 이에 대하여 검사의 모두진술종료 전이라고 주장하는 견해로는 신동운, 403; 신양균, 275; 정웅석/백승민, 249.

148) 대결 1984.3.29. 84모15.

149) 따라서 피내사자나 거동수상자와 같이 형사입건이 되기 이전의 자는 증거보전을 청구할 수 없다.

(3) 청구의 내용

증거보전을 청구할 수 있는 것은 압수·수색·검증·증인신문 또는 감정이다 (제184조 ①항). 따라서 피의자 또는 피고인 등의 신문은 청구할 수는 없다. 그러나 증거보전절차를 이용하여 공동피고인 또는 공범자를 증인으로 신문하는 것은 가능하다.150)

2. 증거보전의 처분

(1) 지방법원판사의 결정

증거보전청구를 받은 판사는 청구가 적법하고 필요하다고 인정될 경우에는 증거보전을 하여야 한다. 이 경우 청구에 대한 별도의 결정은 필요하지 않으나, 그 청구가 부적법하거나 필요 없다고 인정할 때에는 청구기각의 결정을 하여야 한다.151) 청구기각결정에 대하여는 3일 이내에 항고할 수 있다(제184조 ④항).

(2) 판사의 권한

증거보전청구의 요건이 구비된 경우에 판사는 압수·수색·검증·증인신문 또는 감정을 하여야 한다. 이 경우 판사는 그 처분에 관해 법원 또는 재판장과 동일한 권한이 있다(제184조 ②항). 따라서 판사는 증인신문의 전제가 되는 소환·구인을 할 수 있으며, 법원 또는 재판장이 행하는 경우와 같이 압수·수색·검증·증인신문 및 감정에 관한 규정이 준용된다. 그러므로 증인신문에 있어서는 검사 또는 피고인이나 피의자의 참여권을 보장하여야 한다(제163조, 제184조 ②항).

3. 증거보전 후의 절차

(1) 증거물의 보관

증거보전에 의하여 압수한 물건 또는 작성한 조서는 증거보전을 한 판사가 소속한 법원에서 보관한다. 따라서 검사가 청구인인 때에도 증거보전기록을 검사에게 송부하지 아니한다.

---

150) 대판 1988.11.8. 86도1646.
151) 법원실무제요(형사) I , 426.

(2) 증거물의 열람·등사권

검사·피고인·피의자 또는 변호인은 판사의 허가를 얻어 그 서류와 증거물을 열람 또는 등사할 수 있다(제185조). 증거보전을 청구한 피고인뿐만 아니라 공동피고인도 포함되며, 열람·등사를 청구할 수 있는 시기에 대해서는 제한이 없다. 따라서 제1회 공판기일 전은 물론 제1회 공판기일 이후에도 가능하다.

(3) 조서의 증거능력

증거보전에 의해 작성된 조서는 법원 또는 법관의 조서로서 절대적 증거능력이 인정된다(제311조). 그러나 증거보전에 의해 보전된 증거를 이용하려면 검사·피고인 또는 변호인은 수소법원에 증거신청을 하여야 한다(제294조 ①항). 이 경우 수소법원은 증거보전을 한 법원에서 기록과 증거물을 송부받아 증거조사를 하여야 한다.

[28] 제 2 증인신문의 청구

Ⅰ. 증인신문청구의 의의

증인신문청구는 중요한 참고인이 출석 또는 진술을 거부하는 경우에 제1회 공판기일 전까지 검사의 청구에 의하여 판사가 그를 증인으로 신문하는 제도를 말하며, 참고인에 대한 증인신문이라고도 한다(제221조의2). 본래 참고인조사는 임의수사이므로 참고인의 출석과 진술을 강요할 수 없다. 그러나 국가 형벌권의 신속·적정한 실현과 실체진실의 발견을 위하여 일정한 범위에서 참고인의 출석과 진술을 강제할 필요성에 의하여 인정된 제도이다.

Ⅱ. 증인신문청구의 요건

1. 증인으로서의 요건

판사에 의하여 증인신문의 대상이 되는 참고인은 '범죄수사에 필요한 사실'

을 진술할 수 있는 자일 것을 요한다. 따라서 대체적 전문지식을 가진 감정인에 대해서는 증인신문을 할 수 없다. 그러나 공범자 및 공동피고인은 다른 피의자에 대한 관계에서는 증인이 될 수 있으므로 증인신문을 청구할 수 있다.[152)

2. 증거보전의 필요성

(1) 출석 또는 진술거부

증인신문의 필요성은 참고인이 수사기관에 출석과 진술을 거부하는 경우에 인정된다. 즉 범죄수사에 없어서 아니 될 사실을 안다고 명백히 인정되는 자가 수사기관의 출석요구에 대하여 출석과 진술을 거부한 경우이다(제221조의2 ①항). 이 경우 참고인이 출석과 진술거부에 대한 정당한 이유가 있는 경우에도 해당한다.[153) 따라서 증언거부권이 있는 자에 대하여도 증인신문을 청구할 수 있다. 또한 진술을 하였으나 진술조서에 서명날인을 거부하는 경우에도 진술거부에 준하여 증인신문이 허용된다.[154)

(2) 범죄수사에 없어서는 아니 될 사실

증인신문청구는 참고인의 진술이 '범죄수사에 없어서는 아니 될 사실'인 경우에 한하여 인정된다(제221조의2 ①항). 따라서 증인의 진술로써 증명할 대상인 범죄사실 또는 피의사실이 존재하여야 하며, 여기서 범죄수사에 없어서 아니 될 사실이란, 범죄의 성립 여부에 관한 사실과 정상에 관한 사실로서 기소·불기소의 결정과 형의 양정에 중대한 영향을 미치는 사실도 포함한다.[155) 피의자의 소재를 알고 있는 자나 범죄의 증명에 필요한 지식을 가지고 있는 참고인의 소재를 알고 있는 자도 여기에 해당한다.

3. 제1회 공판기일 전

증인신문청구는 제1회 공판기일 전에 한하여 허용되며 공소제기의 전후를 불문한다. 여기서 제1회 공판기일 전은 증거보전과 마찬가지로 '모두절차가 끝난

---

152) 대판 1988.11.8. 86도1646.
153) 이재상/조균석, 346.
154) 신동운, 408.
155) 이재상/조균석, 345.

때'까지를 말한다.

Ⅲ. 증인신문절차

1. 증인신문의 청구와 심사

증인신문은 검사만이 청구할 수 있다(제221조의2 ①항). 증인신문을 청구함에는 서면으로 그 사유를 소명하여야 한다(동조 ③항). 판사는 증인신문의 청구가 적법하고 요건을 구비한 때에는 즉시 증인신문을 하여야 하며, 이 경우 증인신문은 '의무적'이다. 그러나 청구절차가 적법하지 않거나 요건을 구비하지 않은 경우는 기각결정을 하여야 하며, 이 결정에 대해서는 증거보전청구(제184조 ④항 참조)와 달리 불복할 수 없다.

2. 증인신문의 방법

증인신문을 하는 판사는 증인신문에 관하여 법원 또는 재판장과 동일한 권한이 있으며(제221조의2 ④항), 증인신문에는 원칙적으로 피고인·피의자 또는 변호인의 참여권이 인정된다. 즉 판사는 특별히 수사에 지장이 있다고 인정되는 경우를 제외하고는 피고인·피의자 또는 변호인을 증인신문에 참여하게 하여야 한다(동조 ⑤항). 판례156)는 피의자와 변호인에게 그 일시와 장소를 통지하지 아니하여 증인신문에 참여할 수 있는 기회를 주지 아니한 증인신문조서의 증거능력을 부정하고 있다.

Ⅳ. 증인신문 후의 절차

1. 기록의 송부

판사가 증인신문을 하는 경우에 참여한 법원사무관 등은 증인신문조서를 작성하여야 한다(제48조). 이 경우 판사는 지체 없이 이에 관한 서류를 검사에게 송부하여야 한다(제221조의2 ⑥항). 그러나 증인신문의 청구에는 증거보전(제184조)과 달리 피고인·피의자·변호인에게 증인신문에 관한 서류의 열람·등사권에 관한

---

156) 대판 1992.2.28. 91도2337.

규정을 두고 있지 않아 그것이 인정되지 않는다.

2. 조서의 증거능력

증인신문조서는 법관의 면전조서로서 당연히 증거능력이 인정된다(제311조). 그러나 이를 증거로 사용하기 위해서는 검사가 증인신문조서를 수소법원에 제출하여 증거조사를 거쳐야 한다. 증인신문을 한 판사는 당해 사건의 직무집행에 있어서 제척된다고 해석하여야 한다.

〈증거보전과 증인신문청구의 비교〉

	증거보전(제184조)	증인신문청구(제221조의2)
요건	ⅰ) 증거보존의 필요성(증거를 미리 보전하지 않으면 증거조사가 불가능하거나 곤란한 경우) ⅱ) 제1회 공판기일 전(모두절차가 끝난 때까지)	ⅰ) 증인신문의 필요성(참고인출석 또는 진술거부) ⅱ) 제1회 공판기일 전(모두절차가 끝난 때까지)
청구권자	검사, 피고인·피의자, 변호인	검사
내용	압수·수색과 검증, 증인신문, 감정	증인신문
작성된 조서	• 증거보전한 판사가 소속한 법원에 보관 • 검사, 피고인·피의자 또는 변호인은 판사의 허가를 얻어 열람·등사 가능(제185조)	• 증인신문조서를 지체 없이 검사에게 송부(제221조의2 ⑥항) • 당사자에게 열람·등사 부정
불복의 방법	• 청구기각결정에 대해 3일 이내에 항고 가능(제184조 ④항)	• 기각결정에 대하여 불복할 수 없음
공통점	ⅰ) 제1회 공판기일 전까지 청구가능(모두 절차가 끝난 때까지) ⅱ) 수임판사에 의하여 행해지며 판사의 권한도 동일(제184조 ②항, 제221조의2 ④항) ⅲ) 작성된 조서는 당연히 증거능력 인정(제311조) ⅳ) 당사자 참여권 인정(제163조, 제221조의2 ⑤항)	

제 3 장

수사의 종결과 공소의 제기

제1절　수사의 종결

[29]　제 1 수사종결의 의의와 종류

Ⅰ. 수사종결의 의의

　　수사는 범죄혐의의 유무를 밝혀 공소의 제기 및 유지를 결정하기 위한 수사기관의 합목적적 활동이다. 즉 수사기관이 공소제기의 유무를 결정할 수 있을 정도로 피의사건이 규명되면 수사절차는 공소제기 또는 불기소의 형태로 종결된다. 그러나 공소제기 후에도 공소유지를 위하여 수사를 할 수 있으며, 또한 불기소처분을 한 때에도 언제든지 수사를 재개할 수 있다. 이것은 검사의 불기소처분에 대해서 확정력이 인정되지 않기 때문이다.

　　수사의 개시는 검사 또는 사법경찰관이 각각 실행할 수 있으나(제195조, 제196조 ②항), 수사의 주재자는 검사이기 때문에 그 종결권은 검사만이 가지고 있다. 따라서 사법경찰관이 범죄를 수사한 때에는 관계서류와 증거물을 검사에게 송부하여야 한다(제196조 ④항). 다만 20만원 이하의 벌금 또는 구류나 과료에 처할 범죄사건으로서 즉결심판절차에 의하여 처리될 경미사건의 경우는 예외적으로 관할경찰서장이 시·군법원에 즉결심판을 청구함으로써 수사절차를 종결한다(법원조직법 제34조 ③항, 즉결심판법 제3조 ①항).

II. 수사종결처분의 종류

검사의 수사종결처분은 ① 공소제기와 ② 불기소처분 그리고 ③ 기타 처분으로 구분할 수 있다.

1. 공소제기

검사는 수사결과 범죄의 객관적 혐의가 충분하고 소송조건을 구비하여 유죄판결을 받을 수 있다고 인정되면 공소를 제기한다(제246조). 공소제기는 공소장을 관할법원에 제출함으로써 이루어진다(제254조 ①항). 다만 검사는 벌금·과료 또는 몰수에 해당하는 사건에 대해서는 약식명령을 청구할 수 있다(제448조 ①항). 약식명령의 청구는 공소의 제기와 동시에 서면으로 하여야 한다(제449조).

2. 불기소처분

불기소처분은 수사결과 피의자에 대해 공소를 제기하지 않는 처분으로 ① 협의의 불기소처분과 ② 기소유예가 있다.

(1) 협의의 불기소처분

협의의 불기소처분에는 혐의 없음, 죄가 안 됨, 공소권 없음, 각하 처분 등이 있다.

(가) 혐의 없음

피의사실이 범죄를 구성하지 아니하거나 인정되지 않는 경우 또는 피의사실을 인정할 만한 충분한 증거가 없는 경우에 혐의 없음의 결정을 한다(검찰사건사무규칙 제69조 ③항 2호).

(나) 죄가 안 됨

피의사실이 범죄구성요건에 해당하지만 법률상 범죄의 성립을 조각하는 사유가 있어 범죄를 구성하지 않는 경우이다(동항 3호). 즉 위법성조각사유 또는 책임조각사유가 있는 경우를 말한다.

(다) 공소권 없음

피의사건에 관하여 소송조건이 결여되었거나 형이 면제되는 경우를 말한다(동항 4호).

(라) 각 하

① 고소 또는 고발이 있는 사건에 관하여 고소인 또는 고발인의 진술이나 고소장 또는 고발장에 의하여 혐의 없음·죄가 안 됨·공소권 없음의 사유에 해당함이 명백한 경우, ② 자기 또는 배우자의 직계존속에 대한 고소·고발을 하거나(제234조, 제235조) 또는 고소취소 후 재고소한 경우, ③ 동일한 사건에 관하여 검사의 불기소처분이 있는 경우, ④ 고소권자가 아닌 자가 고소한 경우, ⑤ 고소·고발장 제출 후 고소인 또는 고발인이 출석요구에 불응하거나, 소재불명이 되어 고소·고발사실에 대한 진술을 청취할 수 없는 경우에는 각하결정을 한다(검찰사건사무규칙 제69조 ③항 5호).

(2) 기소유예

피의사건에 관하여 범죄의 혐의가 인정되고 소송조건이 구비된 경우에도 형법 제51조 각 호의 사항, 즉 범인의 연령·성행·지능과 환경, 범행동기·수단과 결과, 범행 후의 정황 등을 참작하여 공소를 제기하지 않는 경우를 말한다(제247조 ①항). 이것을 기소유예(起訴猶豫)라고 한다.

(3) 기타 처분

(가) 기소중지와 참고인 중지

검사가 피의자의 소재불명 등의 사유로 수사를 종결할 수 없는 경우에 그 사유가 해소될 때까지 하는 처분이다(검찰사건사무규칙 제73조). 따라서 기소중지(起訴中止)는 수사의 종결이라기보다는 수사중지처분에 해당하기 때문에 협의의 불기소처분과 구분된다. 피의자뿐만 아니라 고소인 또는 중요 참고인의 소재가 불명인 때에도 기소중지를 할 수 있다(동규칙 제74조).

(나) 타관송치

① 검사는 사건이 소속검찰청에 대응한 법원의 관할에 속하지 아니한 때에는 사건을 서류와 증거물과 함께 관할법원에 대응한 검찰청 검사에게 송치하여야 한다(제256조). 이것을 타관송치(他管送致)라고 한다. 그리고 ② 검사는 사건이 군사법원의 재판권에 속하는 때에는 그 사건을 서류와 증거물과 함께 재판권을 가진 관할 군검찰부 군검사에게 송치하여야 한다. 이 경우에 송치 전에 행한 소송행위는 송치 후에도 그 효력에 영향을 미치지 않는다(제256조의2). 또한 ③ 검사는 소년에 대한 피의사건을 수사한 결과 보호처분에 해당하는 사유가 있다고 인정한 때에는 사건을 관할소년부에 송치하여야 한다(소년법 제49조 ①항).

III. 수사종결처분 이후의 절차

1. 수사종결처분의 통지

(1) 고소인 등에 대한 통지처분

검사가 고소 또는 고발에 의하여 범죄를 수사를 한 때에는 고소 또는 고발을 수리한 날로부터 3월 이내에 수사를 완료하여 공소제기의 여부를 결정하여야 한다(제257조). 이 경우 검사가 공소를 제기하거나 제기하지 아니하는 처분, 공소취소 또는 타관송치를 한 때에는 그 처분을 한 날로부터 7일 이내에 서면으로 고소인 또는 고발인에게 그 취지를 통지하여야 한다(제258조 ①항). 이것은 고소인의 권리를 보호하기 위하여 검사의 기소독점주의에 대한 규제로서의 의미를 갖는다.

(2) 피의자에 대한 통지처분

검사는 불기소 또는 타관송치의 처분을 한 때에는 피의자에게 즉시 그 취지를 통지하여야 한다(제258조 ②항).

2. 불기소이유의 고지

검사는 고소 또는 고발있는 사건에 관하여 공소를 제기하지 아니하는 처분을 한 경우에 고소인 또는 고발인의 청구가 있는 때에는 7일 이내에 고소인 또는 고발인에게 그 이유를 서면으로 설명하여야 한다(제259조).

Ⅳ. 불기소처분에 대한 구제제도

1. 항고 · 재항고

(1) 의 의

검사의 불기소처분에 불복하는 고소인 또는 고발인은 그 검사가 속한 지방검찰청 또는 지청을 거쳐 서면으로 관할 고등검찰청검사장에게 항고할 수 있다. 이 경우 해당 지방검찰청 또는 지청의 검사는 항고가 이유 있다고 인정하는 때에는 그 처분을 경정(更正)하여야 한다(검찰청법 제10조 ①항). 이에 대하여 항고를 기각하는 처분에 불복하거나 항고를 한 날로부터 항고에 대한 처분이 행해지지 아니하고 3개월이 경과한 때에는 그 검사가 속한 고등검찰청을 거쳐 서면으로 검찰총장에게 재항고할 수 있다(동조 ③항).

(2) 항고 · 재항고의 기간

항고는 고소인 등이 불기소처분을 통지를 받은 날로부터 30일 이내에(동조 ④항), 재항고는 항고기각결정의 통지를 받은 날 또는 항고에 대한 처분이 행하여지지 아니하고 3개월이 경과한 날로부터 30일 이내에 하여야 한다(동조 ⑤항). 다만 항고인에게 책임 없는 사유로 인하여 항고 또는 재항고를 하지 못한 것을 소명한 때에는 그 사유가 해소된 때로부터 항고기간을 기산한다(동조 ⑥항). 다만 새로운 증거가 발견된 때에는 그 사유를 소명하면 위의 기간에도 불구하고 항고 또는 재항고할 수 있다(동조 ⑦항).

2. 재정신청

고소권자로서 고소를 한 자와 형법 제123조 내지 제126조까지의 죄에 대하여 고발을 한 자가 검사로부터 공소를 제기하지 아니한다는 통지를 받은 때에는 그 검사 소속의 지방검찰청 소재지를 관할하는 고등법원에 그 당부에 관한 재정을 신청할 수 있다(제260조 ①항). 다만 재정신청을 하려면 검찰청법 제10조에 따른 항고를 거쳐야 한다. 이를 「재정신청(裁定申請)」 또는 「기소강제절차」라고 한다. 즉 고등법원은 그 신청이 이유 있는 때에는 공소제기를 결정하여야 하므로(제262조 ②항), 이에 따라 검사의 공소제기가 강제된다.

[30] 제 2 공소제기 후의 수사

Ⅰ. 의의와 필요성

수사절차는 원칙적으로 공소제기에 의하여 종결된다. 그러나 공소제기 후에도 공소유지 및 공소유지의 여부를 결정하기 위하여 그 필요성이 인정되는 경우에 하는 수사를 공소제기 후의 수사라고 한다. 이것은 공소가 제기되면 피의자는 피고인으로서 검사와 대등한 소송주체의 지위를 가지게 되므로 무제한 허용되는 것이 아니라 수사의 필요성과 법원의 심리에 지장을 초래하지 않는 범위 등 일정한 범위 내에서 제한적으로 허용된다.

Ⅱ. 공소제기 후의 강제수사

1. 피고인의 구속

공소제기 후의 피고인구속은 법원의 권한에 속한다(제70조). 불구속으로 기소된 피고인이 증거를 인멸하거나 도주할 우려가 있어 구속하여야 할 필요성이 있는 경우에도 검사는 수소법원의 직권에 의한 구속을 촉구할 수 있을 뿐이다.

2. 압수 · 수색 · 검증

공소제기 후의 수사기관에 의한 압수 · 수색과 검증이 허용되는지에 관하여 학설이 대립하고 있다. 그러나 공소제기 후 제1회 공판기일 전에 압수 · 수색과 검증의 긴급한 사정을 대비하기 위하여 증거보전절차(제184조)를 별도로 규정하고 있을 뿐만 아니라, 제1회 공판기일 후의 강제처분이 법원의 권한에 해당하기 때문에 이를 부정[157]하고 있으며, 판례[158]도 부정설을 취하고 있다. 그러나 예외적으로 다음과 같은 경우에는 강제처분을 허용하지 않을 수 없다.

(1) 임의제출물의 압수

공소제기 후에도 수사기관은 피고인이나 제3자가 임의로 제출한 피고사건에 대한 증거물을 압수할 수 있다. 다만 임의로 제출된 물건이라도 제출자가 수사기관에 그 반환을 요구할 수 없다고 하는 점에서 강제수사라고 하여야 한다. 즉 임의제출물의 압수는 강제수사이지만, 그 점유취득의 방법이 임의적이므로 공소제기 후에도 허용된다고 할 수 있다.

(2) 피고인에 대하여 구속영장을 집행하는 경우

검사 또는 사법경찰관이 피고인에 대한 구속영장을 집행하는 경우에 그 현장에서 영장 없이 압수·수색과 검증을 할 수 있다(제216조 ②항). 이 경우 검사 또는 사법경찰관은 구속영장의 집행기관에 불과하지만, 압수·수색·검증은 수사기관이 주체가 되어 하는 강제수사의 일종이므로 공소제기 후의 수사에 해당한다. 따라서 압수·수색·검증을 통한 압수물은 법원에 제출하지 않고 수사기관에서 보유할 수 있다.

Ⅲ. 공소제기 후의 임의수사

형사소송법 제199조 제1항은 '수사에 관하여는 그 목적을 달성하기 위하여

---

157) 배종대/이상돈/정승환/이주원, 227; 이재상/조균석, 357; 임동규, 277. 이에 대하여 제1회 공판기일 이전에는 수사기관에 의한 압수·수색·검증을 허용하여야 한다고 하는 견해로는 노명선/이완규, 320.

158) 대판 2011.4.28. 2009도10412. 이에 대하여 일본최고재판소는 '이미 공판기일에 증인으로서 심문 받은 자에 대해서 수사기관이 그 작성한 진술조서를 다음 공판기일에 제출할 예정으로 동일사항에 대한 신문을 하는 것은 공판중심주의 관점으로부터 바람직한 것이 아닐 뿐만 아니라 가능한 한 피해야 하지만, 위 증인이 진술조서작성 후, 공판준비 또는 공판기일에 새로이 심문을 받고 진술조서의 내용과 다른 진술을 한 이상, 동인이 진술조서의 작성 전에 동일사항에 대해서 증언한 것이 있다고 하여 진술조가가 제321조 제11항 2호에서 말하는 「전의 조서」의 요건을 결하는 것은 아니라'고 하여 기소 후 제1회 공판기일 전의 피고인신문을 위법하다고 해석하고 있지는 않다(最決 昭和58年6月30日[刑集37巻5号592頁]).

필요한 조사를 할 수 있다'고 규정하여 검사 또는 사법경찰관은 공소유지를 위한 임의수사는 가능하다고 하는 것이 일반적인 견해이다. 그러나 공소제기 후에는 임의수사라고 하더라도 무제한으로 허용되는 것이 아니다.

1. 피고인신문

피고인신문은 피의자신문과 마찬가지로 임의수사에 해당하기 때문에 공소제기 후에 수사기관이 피고인신문을 할 수 있는지에 대해서 견해의 대립이 있다. ① 긍정설[159]은 임의수사를 규정한 제199조가 그 시기를 제한하고 있지 않으므로 공소제기 후에도 공판기일의 전후를 불문하고 신문할 수 있다고 해석한다. 그러나 ② 다수설[160]인 부정설에 의하면, 당사자주의와 공판중심주의의 요청에 의하여 공소제기 후에는 제1회 공판기일의 전후를 불문하고 수사기관은 피고인을 신문할 수 없다고 한다. 이에 대하여 ③ 판례[161]는 공소제기 후 검사가 작성한 피고인에 대한 진술조서의 증거능력을 인정하고 있어 간접적으로 긍정설의 입장에 따르고 있다.

2. 참고인조사

참고인조사는 임의수사이므로 제1회 공판기일 전후를 불문하고 허용된다. 다만 공판기일 후에는 수소법원에 대해 증인신문(제294조)을 신청하야 한다. 그러나 피고인에게 유리한 증언을 한 증인을 수사기관이 법정 외에서 다시 참고인으로 조사하여 법정에서 행한 진술을 번복하게 하는 것은 적법절차에 위배되는 수사로서 허용되지 않는다.[162]

3. 기타의 임의수사

검사 또는 사법경찰관은 공판절차의 소송구조에 저촉되지 않는 범위 내에서 임의수사를 할 수 있으므로 감정·통역·번역의 위촉(제221조 ②항), 공무소의 조회(제199조 ②항) 등은 제1회 공판기일 전후를 불문하고 허용된다.

---

159) 박상열/박영규/배상균, 385; 임동규, 279.
160) 배종대/이상돈/정승환/이주원, 228; 신양균, 298; 이은모, 379; 이재상/조균석, 361.
161) 대판 1984.9.25. 84도1646.
162) 대판 1993.4.27. 92도2171.

제2절	공소의 제기

[31] 제 1 공소와 공소권

I. 공소의 의의

공소는 검사가 법원에 대하여 특정한 형사사건의 심판을 요구하는 법률행위적 소송행위를 말한다. 즉 공소제기에 의하여 공판절차가 개시되고 본래적 의미의 소송이 진행된다. 국가기관으로서 검사가 법원에 대하여 공소를 제기하는 권한을 공소권(公訴權)이라고 한다. 당사자주의적 소송구조 하에서 검사의 공소제기방식은 형사사법이 적정하게 작용되는지를 결정짓는 매우 중대한 의미를 갖는다.

II. 공소권이론

1. 공소권의 개념

검사가 특정한 형사사건에 관하여 유효하게 공소를 제기하고 이를 유지하는 권한을 공소권이라고 한다. 이러한 공소권의 본질과 성격을 규명하기 위한 이론이 공소권이론이다. 즉 법원의 심판권과의 관계에서 공소권의 구체적 의미와 내용을 어떻게 이해할 것인지에 대한 이론을 말한다. 공소권은 검사의 법원에 대한 「형사재판청구권」이라는 점에서 법원의 형사재판권 또는 피고인의 방어권과는 구별된다.

2. 공소권 이론에 관한 학설

(1) 추상적 공소권설

검사가 형사사건에 대하여 공소를 제기하고 형사재판을 받을 수 있는 일반적 권한을 공소권이라고 한다. 이 설은 국가소추주의에 따른 검사의 국법상 권한을 공소권으로 보기 때문에 공소권의 구체적 의미를 밝히는 데는 무의미하다는 비판을 받고 있다.

(2) 구체적 공소권설

검사가 구체적인 사건에 관하여 유죄판결을 청구할 수 있는 권리를 공소권이라고 이해하여, 유죄판결청구권이라고도 하며 다수설163)이다. 구체적 공소권설은 다시 형식적 공소권과 실체적 공소권으로 구분된다.

(가) 형식적 공소권

공소제기를 위한 형식적 적법요건을 구비한 경우의 공소권을 의미한다. 예컨대 법원의 관할권, 동일사건에 대한 다른 소송계속의 부존재, 공소제기절차의 적법, 친고죄에 있어서 고소의 존재 등과 같은 형식적 소송조건이 구비된 경우의 공소권을 말한다.

(나) 실체적 공소권

실체적으로 범죄의 혐의가 충분하고 유죄판결을 받을 법률상의 이익이 존재하는 경우의 공소권을 말한다. 예컨대 확정판결의 부존재, 공소시효의 미완성 등과 같은 실체적 소송조건이 구비된 경우의 공소권을 말한다. 실체적 공소권이 존재하지 않는 경우는 면소의 판결(제326조)을 해야 한다.

(3) 실체판결청구권설

검사가 구체적 사건에 관해서 유·무죄의 실체판결을 청구하는 권리가 공소권이라고 하는 견해로써 일본의 통설164)이다. 이 설은 구체적 공소권설이 무죄판결에 대한 공소권을 설명하지 못하는 단점은 해소할 수 있으나, 공소권을 단순히 실체판결과 연결시켜 검사의 공소권남용을 방지할 수 없다는 비판이 있다.

---

163) 손동권/신이철, 348; 신동운, 482; 이은모, 386; 임동규, 282.
164) 石川才顯, 168; 특히 일본의 田宮교수는, 실체판결청구설은 유죄·무죄에 대한 실체적 판결을 법원에 청구하는 소송의 평범한 본질과 양당사자가 법원으로부터 등거리에서 평등하게 공격을 하는 것은 당사자주의의 구조에 비추어 볼 때도 타당한 결론이라고 한다(田宮 裕, 210). 우리나라에서는 이재상/조균석, 364, 정웅석/백승민, 338.

(4) 공소권이론무용설

공소권이론이 소송법상 중요한 의의를 가지는 것은 공소권이 존재하는 경우가 아니고, 그것이 부존재하는 경우인 것에 착안하여 공소권이론을 부인하는 이른바 공소권이론무용(부인)설이 주장되었다. 이 설은 공소권이론을 소송조건론에 해소시켜 이해하기 때문에 소송조건이 구비되면 검사에게는 공소권이 생기며, 피고인은 방어권 그리고 법원은 실체적 심판할 권리와 의무가 생긴다. 따라서 형식적·실체적 소송조건의 구비여부를 논하면 충분하고 공소권을 형식적 공소권과 실체적 공소권으로 구분할 필요가 없다고 한다.

Ⅲ. 공소권남용이론

1. 공소권남용의 의의

공소권남용이란 외견상 소송조건을 구비하고 있는 것처럼 보이지만 실질적으로는 부당·불공평한 공소제기를 말한다. 현행법상 이에 관한 법적 근거가 없기 때문에 법원은 실체재판을 통하여 유·무죄의 판단을 하여야 한다. 그러나 이 경우 법원은 피고인을 조기에 형사절차에서 해방시킴은 물론 검사의 부당한 공소권행사를 통제하기 위해서도 공소기각 또는 면소판결과 같은 형식재판으로 소송을 종결시켜야 한다는 이론이 「공소권남용이론(公訴權濫用理論)」이다. 즉 검사의 공소권행사가 남용에 이르지 않을 것을 소송조건의 하나로 이해하려고 하는 이론이다.

2. 공소권남용의 유형 및 효과

(1) 무혐의 사건에 대한 기소

범죄의 객관적 혐의가 없음에도 불구하고 검사가 공소를 제기한 경우에 법원은 형식적 재판으로 소송을 종결시킬 수 있는지에 관하여 학설이 대립되어 있다. 그러나 현행법상 범죄혐의가 없는 경우는 형식재판인 공소기각의 사유(제327조, 제328조)에 해당하지 않기 때문에 사건의 실체에 대한 판단을 하여 무죄판결설(제325조)을 선고해야 한다.165)

---

165) 박상열/박영규/배상균, 392; 배종대/이상돈/정승환/이주원, 234; 이재상/조균석, 367; 임동규,

(2) 소추재량권의 남용

피의사건의 성질이나 내용 등에 비추어 볼 때 기소유예를 함이 타당함에도 불구하고 검사가 공소를 제기한 경우, 법원은 어떠한 재판을 하는지에 대하여 학설이 대립되어 있다. 현행법상 소추재량을 일탈하여 기소한 경우는 공소기각 또는 면소의 사유가 아닐 뿐만 아니라, 기소유예의 권한은 검사의 고유권한이므로 법원의 판단대상이 아니다. 따라서 공소사실을 유죄로 인정하는 유죄판결설이 타당하다.166)

(3) 선별 기소(차별적 공소제기)

범죄의 성질과 내용이 비슷한 여러 피의자들 가운데 일부만을 선별하여 공소제기하고 다른 사람들에 대해서는 수사에 착수하지 않거나 기소유예하는 것을 선별(選別)기소라고 한다. 이러한 선별기소에 대하여 법원은 어떠한 재판을 하여야 하는지에 대하여 공소기각판결설과 실체판결설이 대립되어 있다. 그러나 현행법은 기소편의주의를 채택하고 있으므로 공소제기된 사건에 대하여는 유죄 또는 무죄의 실체판결을 하여야 한다는 실체판결설167)이 타당하며 판례168)의 입장이기도 하다.

(4) 누락기소(분리기소)

피의자가 여러 개의 범행을 자백하였지만 검사가 그 중 일부 범죄사실을 제외하고 기소한 후, 기소된 범죄사실에 대하여 판결이 확정되기 전에 특히 항소심 판결선고 후에 제외되었던 범죄사실을 추가로 기소한 경우를 누락(漏落)기소라고 한다. 이 경우 피고인의 입장에서는 병합심리를 통한 양형의 혜택을 받을 수 없으므로 공소권남용을 인정하여 형식재판으로 사건을 종료할 수 있는지 문제가 된다. 판례169)는 검사가 자의적으로 공소권을 행사하여 피고인에게 실질적인 불이

---

284. 이에 대하여 공소기각결정설(차용석/최용성, 392)과 공소기각판결(이영란, 424; 이은모, 355; 최영송, 179)도 주장되고 있다.

166) 배종대/이상돈/정승환/이주원, 235; 이재상/조균석, 368; 임동규, 284.
167) 이재상/조균석, 369; 임동규, 285. 이에 대하여 검사의 소추재량권을 현저히 일탈하여 공소권을 남용하였다면 공소기각의 판결을 하여야 한다(배종대/이상돈/정승환/이주원, 236).
168) 대판 1990.6.8. 90도646.
169) 대판 2004.7.8. 2004도2189.

익을 줌으로써 소추재량권을 현저히 일탈한 경우에 공소권남용이론을 인정하여 공소제기의 효력을 부인하고 있다.

■ **참 고** ■

일본에서는 공소권남용의 유형으로 ① 범죄의 객관적 혐의가 불충분한 사건의 기소, ② 기소유예처분이 상당한 사건의 기소, ③ 위법한 수사에 근거한 기소 등이 학설상 논의되어 왔으나,[170] 우리나라에서는 ③의 경우에는 위법수집증거의 증거능력만을 문제로 하고 있을 뿐이다.[171]

일본에서는 위법수집증거의 증거능력은 물론 수사절차와 공소제기의 효력은 별개의 고찰대상이라고 하여 이를 구분하여 판단하고 있다. 수사과정에 중대한 위법이 있음에도 불구하고 그 공소제기를 유효하다고 하면, 수사상 적정절차를 실현할 수 없다. 따라서 수사에 중대한 위법이 있어 증거조사조차 할 필요가 없는 경우에 검사가 소추재량을 일탈하여 기소하였다면 공소를 기각해야 한다고 하는 것이 유력설의 입장이다.

---

[32] 제 2 공소제기의 기본원칙

공소제기의 기본원칙은 공소를 제기·수행하는 주체와 공소재량의 유·무에 따라 각각 국가소추주의와 사인소추주의 및 기소법정주의와 기소편의주의로 구분할 수가 있다.

I. 국가소추주의와 기소독점주의

1. 국가소추주의

'공소의 제기는 검사가 제기하여 수행한다'(제246조)고 규정하여 공소의 주체를 개인이 아닌 국가기관인 검사라고 명시하고 있다. 이와 같이 ① 공소제기의 권한을 국가기관에게 전담하게 하는 것을 「국가소추주의」라고 한다. 이에 대하여 ② 사인(私人)에게 소추권한을 인정하는 사인소추주의는, 피해자에게 소추권한을

---

170) 池田修/前田雅英, 246.
171) 대판 1990.9.25. 90도1586.

인정하는 피해자소추주의와 대배심(Grand Jury)에게 소추권을 인정하는 공중소추주의(公衆訴追主義)로 구분할 수 있다. 우리나라 형사소송법은 사인소추를 인정하지 않고 국가기관만이 소추권을 행사하는 국가소추주의를 채택하고 있다.

2. 기소독점주의

국가기관 중에서도 검사만이 공소권을 갖는 것을 「기소독점주의」라고 한다. 형사소송법 제246조는 국가소추주의와 함께 기소독점주의를 규정하고 있다.

(1) 기소독점주의의 장점

공정한 재판을 하기 위해서는 공정한 공소의 제기가 선행되어야 하는 것이 기본적인 전제조건이다. 따라서 기소독점주의는 ① 검사동일체의 원칙과 결합하여 전국적으로 통일된 기준 하에 공소권을 행사하게 하여 공소제기의 적정성을 확보할 수 있다. 또한 ② 검사는 공익의 대표자로서 사인소추에서 발생하기 쉬운 보복감정이나 남소(濫訴)의 폐해를 막을 수 있기 때문에 부적합한 공소제기로부터 피의자의 권익을 보호할 수 있다.

(2) 기소독점주의의 단점

기소독점주의가 공소권행사의 공정을 기하기 위한 제도이지만 검사동일체원칙 및 기소편의주의와 결합하여 ① 공소권행사가 검사의 자의·독선에 흐르거나 ② 정치적 영향에 좌우될 수 있다는 단점이 있다.

3. 기소독점주의에 대한 규제

국가소추주의와 기소독점주의는 위와 같은 장점이 있는 반면, 검사의 공소권행사가 적정·타당성을 결할 때에는 형사사법의 공정성을 잃게 되므로 기소독점주의와 기소편의주의에 대한 현행법상 법적 규제와 그 예외를 인정하여 폐해를 최소화하고 있다.

(1) 법적 규제제도

(가) 불기소처분에 대한 항고제도

고소 또는 고발사건에 관한 검사의 불기소처분에 대하여 불복하는 고소인 또는 고발인은 상급검찰청검사장에게 항고 또는 재항고하여 검찰 자체적으로 부당한 불기소처분을 시정하고자 하는 제도이다(검찰청법 제10조). 실질적으로 기소독점주의를 규제할 수 있는 가장 효과적인 제도라고 할 수 있다. 다만 검사동일체원칙이 적용되는 검찰조직 자체에 의한 시정책이라는 점에서 그 한계를 인정하지 않을 수 없다.

(나) 불기소처분의 고지제도

검사가 고소·고발사건에 대하여 공소를 제기하지 않을 경우에 고소인 또는 고발인에게 불기소처분의 취지를 통지하게 하는(제258조 ①항), 한편 고소인·고발인의 청구가 있는 때에는 그 이유를 서면으로 설명하여야 한다(제259조). 이 제도는 재정신청과 항고의 기초자료를 제공한다는 점에서 검사의 공소권행사를 심리적으로 견제하여 기소독점주의에 대한 소극적 규제제도라고 할 수 있다.

(다) 재정신청

검사의 불기소처분에 대하여 불복하는 고소인·고발인이 그 처분의 당부에 대하여 고등법원에 재정신청하고, 고등법원은 그 신청이 이유 있는 경우에는 공소제기를 결정하여(제262조 ②항), 검사의 공소제기를 강제하는 제도이다.

(라) 소송조건으로서의 친고죄 및 고발의 인정

고소 및 고발이 소송조건으로 되어 있는 범죄에 대해서는 이를 결여하면 공소제기를 할 수 없다는 의미에서 이러한 범죄들도 기소독점주의에 대한 일종의 소극적 제한이라 할 수 있다.

(2) 기소독점주의의 예외

(가) 경찰서장의 즉결심판청구

즉결심판은 검사가 아닌 경찰서장이 하는 형사재판의 청구라는 점에서 실질적으로 공소제기와 동일하기 때문에 일종의 기소독점주의의 예외이다. 다만 경찰서장의 즉결심판청구권은 20만원 이하의 벌금·구류 또는 과료에 처할 사건에 제한된다(법원조직법 제34조 ①항 3호).

(나) 법정경찰권에 의한 제재

법정의 질서문란행위에 대하여 법원조직법상 감치나 과태료는 검사의 소추없이 법원의 직권으로 한다(동법 제61조 ①항). 다만 감치와 과태료는 형벌이 아니라 사법적 질서벌이다.

Ⅱ. 기소법정주의와 기소편의주의

1. 기소법정주의의 의의

수사 결과 범죄의 객관적 혐의가 인정되고 소송조건이 구비된 경우에는 반드시 기소를 하여야 하는 주의를 「기소법정주의」라고 한다. 이는 검사의 독선과 자의적인 불기소처분의 행사를 방지하기 위한 것으로 대표적인 입법례로는 독일의 형사소송법이 있다. 독일에서는 경미사건이나 국가보호사건을 제외하고는 기소법정주의를 취하고 있다.[172]

2. 기소편의주의의 의의

형사사법의 합목적적 운영을 꾀한다는 형사정책적 관점에서 검사에게 기소·불기소의 재량권을 인정하는 주의를 말한다. 현행 소송법은 '검사는 형법 제51조(양형의 조건)의 사항을 참작하여 공소를 제기하지 아니할 수 있다'(제247조)고 규정하여 「기소편의주의」를 채택하고 있다.

(1) 기소편의주의의 내용

(가) 기소유예제도

형사소송법 제247조에 규정된 기소편의주의를 근거로 하여 행하여지는 불기소처분을 기소유예(起訴猶豫)라고 한다. 기소유예는 범죄의 객관적 혐의가 충분하고 소송조건이 구비된 경우에도 검사의 재량에 의해서 기소를 하지 않는 처분을

---

172) 김환수/문성도/박노섭, 32; 배종대/이상돈/정승환/이주원, 241.

말한다. 이 경우 검사는 기소유예처분을 하기 위해서 ① 범인의 연령·성행·지능과 환경, ② 피해자에 대한 관계, ③ 범행의 동기·수단과 결과, ④ 범행 후의 정황 등을 고려하여야 한다(제247조, 형법 제51조). 다만 기소유예는 피의사건에 대하여 공소를 제기하지 않는다고 하는 검사의 종국처분이지만, 법원의 확정판결과는 달리 일사부재리(一事不再理)의 효과가 발생하지 않기 때문에 기소유예가 처분된 사건에 대해서도 재기소가 가능하다.

(나) 기소변경주의

기소변경주의는 검사가 일단 공소를 제기한 후에 그 공소의 취소를 인정하는 주의를 말한다. 형사소송법은 '공소는 제1심판결 선고 전까지 공소를 취소할 수 있다'(제255조)고 하여 기소변경주의를 취하고 있다. 그러나 기소법정주의의 법제 하에서는 범죄의 정상을 불문하고 언제나 공소제기를 강요하는「공소불변경주의(公訴不變更主義)」가 당연한 논리적 귀결로서 그 공소취소도 인정되지 않는다.

(2) 기소편의주의에 대한 규제

(가) 불기소처분에 대한 규제

기소독점주의에 대한 법적 규제는 동시에 기소편의주의에 대한 규제도 된다. 따라서 검사의 공소권에 대한 적정한 행사를 담보하기 위한 ① 재정신청절차(제260조~제264조), ② 불기소처분에 대한 항고제도(검찰청법 제10조) 그리고 ③ 불기소처분의 취지와 이유고지제도(제258조, 제259조) 등이 있다.

(나) 공소제기에 대한 규제

현행법은 검사가 소추권을 행사하지 않거나 그 재량권을 남용한 부당한 공소제기에 대한 규제를 할 수 있는 아무런 규정도 두고 있지 않다. 따라서 공소가 제기되면 법원은 원칙적으로 실체판결에 의하여 유죄나 무죄의 판결을 선고하지 않을 수 없기 때문에 일반적으로 부당기소의 문제는 일어날 여지가 없다. 그러나 앞에서 설명한 부당한 기소를 규제하자고 하는 이론이 바로 공소권남용론(公訴權濫用論)이다.

Ⅲ. 공소의 취소

1. 공소취소의 의의 및 사유

(1) 공소취소의 의의

공소취소는 검사가 이미 제기한 공소를 철회하는 법률행위적 소송행위를 말한다. 형사소송법 제255조 제1항은 '공소는 제1심 판결의 선고 전까지 취소할 수 있다'고 규정하여 「공소변경주의(公訴變更主義)」를 취하고 있다. 공소취소는 공소장변경의 한 형태인 공소사실의 철회와 구별된다. 즉 공소취소는 공소사실의 동일성이 인정되지 않는 수개의 공소사실의 전부 또는 일부를 철회하는 것이라는 점에서, 동일성이 인정되는 공소사실의 일부를 철회하는 데 그치는 공소사실의 철회와 구분된다(제298조 ①항).

(2) 공소취소의 사유

공소취소의 사유에는 법률상 제한이 없으며 원칙적으로 공소제기 후에 발생한 사정변화에 의하여 불기소처분하는 것이 상당하다고 인정되는 경우이다. 따라서 기소유예에 해당하는 사유가 있거나 증거불충분 또는 소송조건의 결여 등의 경우에는 공소취소가 가능하다.

2. 공소취소의 절차

(1) 공소취소권자

기소독점주의의 원칙상 공소를 취소할 수 있는 자는 검사만이 할 수 있다. 이것은 기소독점주의의 당연한 결론이다. 다만 재정신청에 대한 고등법원의 공소제기의 결정에 따라 공소를 제기한 때에는 검사도 공소를 취소할 수 없다(제264조의2).

(2) 공소취소의 방법과 시기

공소의 취소는 그 이유를 기재한 서면을 수소법원에 제출하여야 한다. 다만 공판정에서는 구술로 할 수 있고(제255조 ②항), 그 취소는 제1심판결 선고 전까지 허용된다. 약식명령도 법원의 종국판단이므로 선고된 후에는 공소취소가 허용되지 않으나, 정식재판의 청구에 의하여 공판절차가 개시되면 가능하다. 이와 같이 취소시기를 제한한 것은 법원의 종국재판이 검사의 공소취소에 의해서 좌우되는 것을 방지하기 위한 것이다. 또한 공소를 취소한 때에는 7일 이내에 서면으로 고소인 또는 고발인에게 그 취지를 통지하여야 한다(제258조 ①항).

3. 공소취소의 효과

(1) 공소기각의 결정

검사가 공소를 취소하면 법원은 결정으로 공소를 기각하여야 한다(제328조 ①항 1호). 공소취소의 효력은 공소제기의 효력과 같다. 즉 공소취소의 효력은 단일사건의 전부에 미치기 때문에 단일사건의 일부에 대해 공소의 취소가 있는 경우에는 그 전부에 대해서 공소취소의 효력이 발생한다.

(2) 재기소의 제한

공소취소에 의해 공소기각의 결정이 확정된 때에는 공소취소 후 그 범죄사실에 대하여 다른 중요한 증거가 발견되지 않는 한[173] 다시 공소를 제기할 수 없다(제329조). 이와 같이 동일사건에 대하여 재기소를 제한하는 것은 기판력에 의한 일사부재리의 효과가 아니라 법적 안정성과 인권보호를 고려한 결과이다.

(3) 공소취소에 대한 불복방법

공소취소는 불기소처분이 아니므로 이에 대하여 항고 및 재정신청이 허용되지 않는다. 그러나 법원의 공소기각결정에 대해서는 즉시항고를 할 수 있다(제328조 ②항).

---

173) 공소취소에 의한 공소기각결정이 확정된 후 다시 종전 범죄사실 그대로 재기소하는 경우뿐만 아니라 범죄의 태양, 수단, 피해의 정도, 범죄로 얻은 이익 등 범죄사실의 내용을 추가 변경하여 재기소하는 경우에도 마찬가지로 적용된다. 따라서 단순일죄의 범죄사실에 대하여 공소취소로 인한 공소기각결정이 확정된 후에 종전의 범죄사실을 변경하여 재기소하기 위하여는 변경된 범죄사실에 대한 다른 중요한 증거가 발견되어야 한다(대판 2009.8.20. 2008도9634).

[33] 제 3 공소제기의 절차

I. 공소제기의 방식

1. 공소장의 제출

검사가 공소를 제기할 때에는 공소장을 관할법원에 제출하여야 한다(제254조 ①항). 공소장은 형사소송의 기초로서 ① 법원의 심판범위를 명백히 함과 동시에, ② 피고인에게 공소장에 기재된 내용에 관해 방어활동을 하게 하는 기능이 있기 때문에 현행법은 형식적 확실성의 관점에서 공소제기의 서면주의를 철저히 요구하고 있다. 또한 공소장에는 피고인수에 상응하는 부본을 첨부하여야 하며, 이 부본은 피고인 또는 변호인에게 늦어도 제1회 공판기일 전 5일까지 송달하여야 한다(제266조).

2. 공소장의 기재사항

공소장의 기재사항에는 필요적 기재사항과 임의적 기재사항이 있다(제254조 ③항, ⑤항).

(1) 필요적 기재사항

(가) 피고인의 성명 기타 피고인을 특정할 수 있는 사항

공소장에는 피고인을 특정하여야 한다. 피고인을 특정할 수 있는 사항으로 피고인의 성명·주민등록번호·직업·주거 및 등록기준지를 기재하여야 한다. 피고인이 법인인 경우는 사무소 및 대표자의 성명과 주소를 기재하여야 한다(규칙 제117조 ①항). 다만 이와 같은 사항이 명백하지 않은 때에는 그 사유를 공소장에 기재하여야 한다(동조 ②항). 따라서 피고인이 특정되지 않은 공소의 제기는 무효이며, 공소기각의 판결사유가 된다(제327조 2호).

(나) 죄 명

죄명은 살인죄·강도죄와 같이 범죄의 유형적 성질에 해당하는 구체적 명칭을 말한다. 죄명은 적용법조와 함께 심판대상을 법률적으로 구성하는데 중요한 역할을 한다. 따라서 죄명은 구체적으로 표시하여야 하며, 다만 그 표시가 틀린 경우에도 피고인의 방어권행사에 실질적인 불이익을 초래하지 않는 한 공소제기의 효력에는 영향이 없다.

(다) 공소사실

ⅰ) 공소사실의 특정

공소사실은 법원에 심판을 청구하는 '구체적 사실'을 말한다. 따라서 공소사실의 기재는 범죄의 시일·장소와 방법을 명시하여 다른 범죄사실과 구별될 수 있을 정도로 구체적 범죄사실의 기재가 있어야 한다.[174] 이와 같은 공소사실의 특정은 법원의 심판대상을 한정함으로써 심판의 능률과 신속을 기하는 동시에 피고인의 방어권 행사를 용이하게 하려는 데 그 목적이 있다.[175] 다만 공소사실의 특정을 지나치게 엄격하게 요구하면 공소제기 및 유지가 어렵게 된다. 따라서 판례[176]는 공소범죄의 성격에 비추어 그 개괄적 표시가 부득이한 경우에는 개괄적 기재를 허용하고 있다.

ⅱ) 공소사실 불특정의 효과

공소사실의 특정은 공소제기의 유효요건이다. 따라서 공소사실이 특정되지 않은 공소제기는 '공소제기의 절차가 법률의 규정에 위반하여 무효인 때(제327조 제2호)'에 해당하여 법원은 판결로써 공소를 기각하여야 한다. 다만 공소장의 기재사실 중 일부가 불특정 또는 불명확한 때에는 검사 스스로 또는 법원의 석명(釋明)에 의하여 이를 보정할 수 있다.[177]

(라) 적용법조

적용법조는 공소사실에 적용된 법적 평가를 의미한다. 공소장에 공소사실 이

---

174) 대판 1986.10.28. 86도1764; 2001.4.27. 2001도506.
175) 대판 2000.11.24. 2000도2119.
176) 대판 2002.10.11. 2002도2939; 2005.1.14. 2004도6646. 공소사실의 개괄적 기재가 허용되는 대표적인 범죄가 마약류 범죄이다. 이러한 범죄에 있어서는 공소장에 범죄의 일시, 장소, 방법 등이 구체적으로 적시되지 않았더라도 공소사실의 불특정으로 인하여 공소제기가 위법한 것으로 되지 않는다.
177) 배종대/이상돈/정승환/이주원 248; 손동권/신이철, 신동운, 514; 신양균, 326; 이재상/조균석, 395; 임동규, 296. 또한 대법원도 공소장의 기재가 불명확한 경우 법원은 형사소송규칙 제141조의 규정에 의하여 검사에게 석명을 구한 다음, 그래도 검사가 이를 명확하게 하지 않은 때에야 공소사실의 불특정을 이유로 공소를 기각함이 상당하다고 판시하고 있다(대판 2006.5.11. 2004도5972).

외에 적용법조의 기재를 요구하는 것은 공소사실의 법률적 구성을 명확히 하여 피고인의 방어권을 보장하고자 하는데 있다. 그러나 적용법조의 기재에 오기가 있거나 그것이 누락된 경우라 할지라도 이로 인하여 피고인의 방어에 실질적 불이익이 없는 한 공소제기의 효력에는 영향이 없다.[178]

(2) 임의적 기재사항

(가) 범죄사실과 적용법조의 예비적·택일적 기재

공소장에는 수개의 범죄사실과 적용법조를 예비적 또는 택일적으로 기재할수 있다(제254조 ⑤항). 예비적 기재란 수개의 범죄사실 또는 적용법조에 대하여 심판순서를 정하여 기재하는 방법을 말한다. 예컨대 제1차적으로 甲사실(본위적 또는 주위적 공소사실)에 대한 심판을 구하고, 이것이 인정되지 않을 경우에 乙사실(예비적 공소사실)을 심판해 달라는 기재방식을 말한다. 이에 대하여 수개의 범죄사실 또는 적용법조에 대하여 심판순서를 정하지 아니하고 심판을 구하는 기재방법을 택일적 기재라고 한다. 이처럼 예비적·택일적 기재를 인정하는 이유는 공소제기시의 범죄사실은 수사결과의 잠정적 혐의에 불과하여 검사의 심증형성이 충분하지 않을 수도 있기 때문이다. 따라서 검사에게는 공소제기 및 유지를 용이하게함과 동시에 법원에 대해서는 그 문제점을 예고하여 심판을 신중하게 하고자 하는데 있다.

(나) 기재의 허용범위

범죄사실과 적용법조의 예비적·택일적 기재가 허용되는 범위에 대해서는견해가 대립되어 있다. 다수설[179]은 범죄사실과 동일성이 인정되는 범위에 대해서만 허용된다고 한다. 판례[180]도 종전에는 다수설과 같은 입장을 취하고 있었으나, 이를 변경하여 공소사실의 동일성이 인정되지 아니하는 경우에도 예비적·택일적 기재가 허용된다는 입장을 취하고 있다. 그러나 판례와 같이 해석하면, 불확정적 공소를 인정하게 되어 피고인의 방어권보장에도 충실할 수 없게 된다. 따라

---

178) 대판 2001.2.23. 2000도6113.
179) 노명선/이완규, 331; 신양균, 328; 손동권/신이철, 379.; 이은모, 408; 이재상/조균석, 397. 이에 대하여 범죄사실과 동일성이 인정되지 않는 경우에도 허용된다고 주장하는 입장으로 배종대/이상돈/정승환/이주원, 251; 신동운, 517; 임동규, 298.
180) 대판 1966.3.24. 65도114; 1969.2.18. 68도172.

서 공소사실의 동일성의 범위 내에서 허용하는 다수설의 입장이 타당하다.

(다) 법원의 심리 및 판단

공소장에 기재된 모든 범죄사실은 그것이 본위적 공소사실이든 예비적·택일적으로 기재된 공소사실이든 모두 법원의 심판대상이 된다. 이 경우 법원은 심리판단의 순서에 있어서 예비적 기재인 경우는 검사의 기소순위에 따라야 하지만, 택일적 기재인 경우는 어느 사실을 먼저 심리하여도 무방하다. 또한 그 판단방법은 예비적·택일적 기재인 경우에 법원은 그 어느 하나를 유죄로 선고하여 판결주문에 유죄만을 선고하면 충분하고 다른 사실에 대해서는 판단을 요하지 않는다. 따라서 유죄로 하지 않은 것을 이유로 상소할 수 없다.[181] 그러나 전부에 대하여 무죄를 선고한 경우는 판결이유에서 공소사실의 전부에 대하여 배척의 이유를 명시하여야 한다.

Ⅱ. 공소장일본주의

1. 공소장일본주의와 근거

(1) 공소장일본주의의 의의

검사가 공소를 제기할 때에는 공소장을 관할법원에 제출하여야 한다(제254조 ①항). 이 경우 공소사건에 관하여 법원에 예단이 생기게 할 수 있는 서류 기타 물건을 첨부하여서는 안 된다는 원칙을 「공소장일본주의(公訴狀一本主義)」라고 한다(규칙 제118조 ②항). 이것은 공소제기의 방식에 관한 원칙으로서 법원으로 하여금 백지상태에서 공판심리에 임하도록 하여 헌법 제27조 제1항에 규정된 '공평한 법원'의 이념을 구체화한 것이다.

(2) 이론적 근거

우리 형사소송규칙은 1983년 시행 이래 일본의 형사소송법(제256조 ⑥항)[182]

---

181) 대판 1981.6.9. 81도1269.
182) 일본 형사소송법 제256조 ⑥에는 '기소장에는 재판관에게 사건에 대하여 예단을 생기게 할 우려가 있는 서류 기타의 물건을 첨부하거나 그 내용을 인용하여서는 안 된다'고 명문으로 기소장일본주의를 규정하고 있다.

처럼 공소장일본주의를 채택하고 있다. 다만 그 이론적 근거인 ① 예단배제의 원칙, ② 공판중심주의, ③ 위법증거의 배제 등에 관해서는 학설의 대부분이 일치하고 있지만, ④ 당사자주의 소송구조와 관련해서는 견해가 대립되고 있다.

(가) 예단배제의 원칙

형사소송규칙은 공판절차가 개시되기 전에 심증형성에 영향을 줄 수 있는 자료를 차단하여 법관이 백지상태에서 공판심리에 임하도록 하는 공소장일본주의를 규정하여 「예단배제의 원칙」을 단적으로 표현하고 있다.

(나) 공판중심주의

공판중심주의란 사건의 실체에 관한 법관의 심증형성은 공판기일의 심리를 통하여 이루어져야 한다는 원칙을 말한다. 따라서 공판정에서 양당사자의 공격·방어를 통한 심증형성을 요구하는 공소장일본주의는 공판중심주의에 기여한다고 할 수 있다.

(다) 위법증거의 배제

공소장일본주의는 수사상의 서류나 공판정 이외의 진술(전문증거)이 직접 공판절차에 유입되는 것을 방지하는 기능을 하기 때문에 위법증거(違法證據)의 배제를 위해서도 필요하다.

(라) 당사자주의적 소송구조

현행소송법은 공소제기와 동시에 모든 서류와 증거물을 법원에 제출하는 직권주의적 소송구조를 취하고 있지 않다. 따라서 법관은 공판이 개시되기 전까지는 사건에 관하여 백지상태에 있을 뿐만 아니라 소송의 진행 또한 양당사자에게 맡겨져 있다. 이러한 당사자주의적 소송구조 하에서는 양당사자의 주장과 입증활동을 근거로 심증을 형성하기 때문에 공소장일본주의는 그 기본적 전제조건이 된다.183)

---

183) 신양균, 331; 이은모, 410. 이에 대하여 배종대/이상돈/정승환/이주원, 253; 손동권/신이철, 383; 임동규, 302 이하에서, 공소장일본주의는 예단배제의 원칙과 공판중심주의 및 증거재판주의를 실현하기 위한 제도로서 당사자주의적 소송구조뿐만 아니라 직권주의적 소송구조에도 적용될 수 있다고 하여 당사자주의 소송구조가 공소장일본주의를 논리적으로 전제한다는 도식적 추론은 무리라고 주장하고 있다.

2. 공소장일본주의의 내용

(1) 첨부와 인용의 금지

공소장일본주의는 사건에 관하여 법원에 예단이 생기게 할 수 있는 서류 기타 물건을 첨부하거나 그 내용을 인용하는 것을 금지한다(규칙 제118조 ②항).

(가) 첨부의 금지

공소장에 첨부가 금지되는 것은 사건에 관하여 법원에 예단이 생기게 할 수 있는 서류 기타 물건이다. 법원에 예단이 생기게 할 수 있는 서류와 물건이란 실체심리에 앞서서 법관의 심증형성에 영향을 줄 수 있는 자료로서 각종의 수사서류 및 증거물을 말한다. 따라서 공소사실을 증명하는 수사서류나 증거물을 제출하는 것은 허용되지 않는다.

(나) 인용의 금지

공소장에 증거 기타 예단을 생기게 할 수 있는 문서내용의 전부나 일부를 인용하는 것도 금지되어 있다(규칙 제188조 ②항). 다만 증거물의 인용이 금지되는 경우에도 문서를 수단으로 한 협박·공갈·명예훼손 등의 사건에서는 문서의 기재내용 자체가 범죄구성요건에 해당하는 중요한 요소이므로 공소사실을 특정하기 위하여 문서의 전부 또는 일부를 인용하는 것은 적법하다고 판시하고 있다.[184]

(2) 여사기재의 금지

(가) 의 의

공소장에 필요적 기재사항(제254조 ③항) 이외의 사항을 기재하는 것을 여사기재(餘事記載)라고 한다. 법관에게 사건에 관하여 예단을 갖게 할 수 있는 피고인의 전과·악성격·경력·소행·범죄의 동기[185]·여죄의 기재 등은 여사기재로써 허용

---

184) 일본의 최고재판소는 '공갈수단으로 피해자에게 우송된 협박문서의 취지가 완곡하고 암시적이어서 기소장에 이것을 요약 적시하기 위해서는 상당히 상세하게 하지 않으면 그 문서의 취지를 판명하기 어려운 경우에는 기소장에 그 문서의 전문과 거의 같이 기재되어 있다하더라도 기소장일본주의에 반하지 않는다'고 판시하였다(最決 昭和33년5月20日[刑集12卷7号1398頁]).
185) 범죄의 동기나 원인은 범죄사실이 아니므로 일반적으로 기재가 허용되지 않는다. 그러나 살인죄·방화죄와 같은 동기범죄나 중대범죄에서는 동기가 공소사실과 밀접한 관련이 있고, 공소사실을 명확하게 하기 위하여 필요한 것이므로 기재가 허용된다(대판 2007.5.11. 2007도748).

되지 않는다. 그러나 예단을 갖게 할 염려가 없는 단순한 여사기재는 공소장일본
주의에 위반하지 않는다.186)

(나) 전과의 기재

공소사실에 피고인의 동종 또는 이종의 전과를 기재하는 것은 여사기재로서
원칙적으로 허용되지 않는다. 그러나 전과가 범죄구성요건에 해당(상습누범·상습
범)하거나 사실상 범죄사실의 내용(전과를 수단으로 한 공갈)을 이루는 경우에는 공
소사실의 특정과 명확화를 위하여 불가피한 경우로 당연히 허용된다. 더구나 판
례187)는 공소사실과 무관한 전과라도 피고인을 특정할 수 있는 사항에 해당하는
경우에는 그 기재가 허용된다고 판시하고 있다.

3. 공소장일본주의의 적용범위

(1) 공소제기

공소장일본주의는 공소제기에 대하여 적용되는 원칙이므로 공소제기 이후의
단계에서 행해지는 절차, 즉 공판절차경신 후의 절차, 상소심의 절차, 파기환송
후의 절차에서는 적용되지 않는다.

(2) 정식재판절차

공소장일본주의는 법원이 사건에 대하여 미리 예단을 갖지 않고 공판절차에
임하여 실체적 진실을 발견하도록 하는 것이 목적이다. 따라서 공판절차가 아닌
서면심리의 방식으로 형사사건을 처리하는 약식절차에 있어서는 공소의 제기와
함께 검사는 수사기록과 증거물을 법원에 제출하기 때문에 공소장일본주의가 적
용되지 않는다.

(3) 공판기일 전의 증거제출

형사소송법 제273조는 '공판기일 전의 증거조사', 제274조는 '당사자의 공판

---

186) 대판 1999.5.14. 99도202.
187) 대판 1966.7.19. 66도793; 1990.10.16. 90도1813. '공소장의 공소사실 첫머리에 피고인이 전
    에 받은 소년부송치처분과 직업 없음을 기재하였다 하더라도 이는 형사소송법 제254조 제
    3항 제1호에서 말하는 피고인을 특정할 수 있는 사항에 속하는 것이어서 그와 같은 기재
    의 내용이 있다고 하여 공소제기의 절차가 법률의 규정에 위반된 것이라고 할 수 없다.'

기일 전의 증거제출'을 인정하고 있다. 이처럼 공판기일 전에 증거조사나 증거제
출을 인정하면 수소법원이 사건의 실체에 대하여 예단을 가지게 되므로 공소장일
본주의에 반하는 것은 아닌지 하는 해석상 의문이 제기된다. 그러나 증거보전절
차(제184조)와의 관계에 비추어 제273조와 제274조의 공판기일 전이란, 제1회 공
판기일 이후의 공판기일 전을 의미한다고 해석하기 때문에 공소장일본주의와 모
순되지 않는다.

4. 공소장일본주의 위반의 효과

공소장일본주의의 위반은 공소제기의 방식에 관한 중대한 위반이므로 이에
위반한 공소제기는 무효이며, 따라서 법원은 판결로써 공소기각(제327조 2호)을 선
고하여야 한다는 것이 다수설[188]의 입장이다. 판례[189]도 원칙적으로 이를 지지하
고 있지만, 예외적으로 공소장일본주의의 위반정도에 따라 하자의 치유를 인정하
고 있다. 예컨대 피고인 측의 이의제기 없이 증거조사절차가 완료되었다면 공소
장일본주의 위반의 하자는 치유된다고 판시하고 있다.[190] 이에 반하여 예단을 생
기게 할 염려가 없는 단순한 여사기재는 공소장일본주의의 적용대상이 아니기 때
문에 검사 스스로 또는 법원이 삭제를 명하여 공소장을 보완하면 공소장일본주의
위반의 하자가 치유된다.[191]

5. 공소장일본주의와 증거개시

공소장일본주의에 의하여 검사는 공소제기 시에 공소장만 법원에 제출하고
수사서류와 증거물은 공판과정에서 제한적으로 제출한다. 그럼에도 불구하고 현

---

188) 배종대/이상돈/정승환/이주원, 256; 손동권/신이철, 387; 신동운. 528; 신양균, 336; 이은모,
415; 이재상/조균석, 403; 임동규, 305; 차용석/최용성, 305.
189) 대판 2009.10.22. 2009도7436. '공소장일본주의에 위배된 공소제기라고 인정되는 때에는 그
절차가 법률규정에 위반하여 무효인 때에 해당하는 것으로 보아 공소기각의 판결을 선고
하는 것이 원칙이다'.
190) 대판 2009.10.22. 2009도7436. '공소장일본주의에 위반한 경우라 하더라도 공소장 제기의 방
식에 관하여 피고인 측으로부터 아무런 이의가 제기되지 아니하였고 법원 역시 범죄사실
의 실체를 파악하는 데 지장이 없다고 판단하여 그대로 공판절차를 진행한 결과 증거조사
가 마무리되어 법관의 심증형성이 이루어진 단계에서는 …… 더 이상 공소장일본주의위배
를 주장하여 이미 진행된 소송절차의 효력을 다툴 수 없다'고 판시하고 있다.
191) 배종대/이상돈/정승환/이주원, 256; 이재상/조균석, 404; 임동규, 305; 차용석/최용성, 305.
그러나 이것은 공소장일본주의 적용대상이 아니기 때문에 공소장일본주의에 대한 하자치
유의 문제가 발생하지 않는다는 입장으로 손동권/신이철, 388; 이은모, 416.

행 소송법은 공소제기 후 검사가 보관하고 있는 서류 등에 대해서도 열람·등사를 인정(제266조의3, 동조의4)하는 「증거개시(證據開示)제도」를 규정하고 있다. 이것은 예단배제의 원칙을 제도적으로 표현한 공소장일본주의와 모순되는 것이 아닌지 하는 의문이 제기된다. 그러나 공소장일본주의 하에서 증거개시를 인정하더라도 법관에게 직접증거가 현출되지 않을 뿐만 아니라 어느 정도 법관에게 증거의 내용이 알려지는 상황이 발생하여도 그것은 피고인의 실질적 방어권 행사와 공판절차의 효율적 진행에 부수되는 것에 불과하다고 하여 서로 모순되지 않는다고 해석하고 있다.[192]

[34] 제 4 공소제기의 효과

검사의 공소제기에 의하여 수사절차는 종결되고 법원의 공판절차가 개시된다. 즉 공소제기에 의하여 ① 피의사건은 피고사건이 되어 법원이 심리 할 수 있는 상태가 되며, 이에 따라 ② 공소시효도 정지된다. 또한 검사의 공소제기에 의하여 ③ 법원의 심판범위는 공소장에 기재된 공소사실에 제한된다.

Ⅰ. 소송계속

1. 소송계속의 의의와 종류

(1) 의 의

공소제기에 의해 수사기관이 지배하고 있던 사건은 법원의 지배 하로 옮겨진다. 이와 같이 공소가 제기된 사건에 대해 법원이 배타적으로 심리할 수 있는 상태를 소송계속(訴訟係屬)이라고 한다.

(2) 종 류

소송계속은 원칙적으로 검사의 공소제기에 의하여 발생한다. 법원이 피고사건에 대하여 유죄판결을 하기 위한 전제로서 형식적 소송조건과 실체적 소송조건

---

192) 이재상/조균석, 406; 차용석/최용성, 308.

이 구비되어야 한다. 그러나 형식적 소송조건과 실체적 소송조건이 구비되지 않더라도 일단 공소가 제기되면 소송계속의 효과가 발생한다. 즉 소송계속에는 형식적 소송계속과 실체적 소송계속이 있다.

(가) 형식적 소송계속

형식적 소송조건이나 실체적 소송조건이 구비되지 않은 경우, 즉 공소제기가 부적법하거나 무효인 경우의 소송계속을 의미한다. 이 경우 법원은 공소기각·관할위반·면소와 같은 형식재판으로 재판을 종결하여야 한다.

(나) 실체적 소송계속

형식적 소송조건과 실체적 소송조건이 모두 구비된 경우, 즉 공소제기가 적법하고 유효한 경우의 소송계속을 의미한다. 이 경우 법원은 유죄 또는 무죄의 실체재판을 하여야 한다.

2. 소송계속의 효과

(1) 적극적 효과

공소제기에 의하여 법원은 사건에 대해 심리와 재판을 할 권리와 의무가 있고, 당사자인 검사·피고인은 재판에 관여하여 심판을 받을 권리와 의무를 지게 된다. 이러한 관계는 공소제기의 적법·부적법과 관계가 없는 공소제기의 본질적 효과로서 이를 소송계속의 적극적 효과 또는 공소제기의 내부적 효과라고도 한다.

(2) 소극적 효과

검사가 공소를 제기하면 동일한 사건에 대하여 다시 기소할 수 없다고 하는 것을 「이중기소」 또는 「재소(再訴)금지의 원칙」이라고 한다. 공소제기가 검사의 공소권행사를 제한한다는 의미에서 공소제기의 소극적 효과 또는 외부적 효과라고도 한다. 따라서 동일한 사건이 법원에 이중으로 공소가 제기되면 나중에 제기된 사건에 대하여 공소기각의 판결(제327조 3호)을 하여야 한다. 또한 동일한 사건이 수개의 법원에 이중으로 기소된 경우는 ① 사물관할을 달리하는 법원 사이에 계속된 때에는 법원합의부가 심판하고(제12조), ② 사물관할을 같이하는 법원 사이에 계속된 때에는 원칙적으로 먼저 공소를 받은 법원이 심판한다(제13조). 이 경우 심판할 수 없게 된 법원은 공소기각의 결정(제328조 ①항 3호)을 하여야 한다.

Ⅱ. 공소시효의 정지

공소가 제기되면 공소시효의 진행은 정지되며 공소기각 또는 관할위반의 재판이 확정된 때로부터 다시 진행한다(제253조 ①항). 이것은 공소제기가 소송조건을 구비하지 않은 경우도 동일하다. 공범의 1인에 대한 시효정지는 다른 공범자에 대하여도 효력이 미친다(동조 ②항). 공소제기의 효력은 당해 피고인에 대하여만 미치는 것이 원칙이지만, 공범사건의 획일적 처리와 공범자의 처벌에 대한 형평의 관점에서 그 특례를 인정한 것이라고 할 수 있다.

Ⅲ. 심판대상의 확정

공소제기는 법원의 심판대상을 확정하는 효력을 갖는다. 즉 「불고불리(不告不理)의 원칙」에 의하여 법원은 검사가 공소를 제기한 사건에 대해서만 심판할 수 있으며, 또한 그 심판대상도 공소장에 기재된 피고인과 범죄사실에 한정된다. 이것을 각각 공소효력의 인적 범위와 물적 범위라고 한다.

1. 인적 범위

공소는 검사가 지정한 피고인 이외의 다른 사람에게는 그 효력이 미치지 아니한다(제248조 ①항). 따라서 공소제기 후에 진범이 발견되어도 공소제기의 효력은 진범인에게는 효력이 미치지 아니하고, 또한 공범 중 1인에 대한 공소제기는 다른 공범자에게도 효력이 미치지 않는다. 이 점에서 공범자 1인에 대한 고소의 효력은 다른 공범자 전원에 대하여 미치는 고소의 효력과 구분된다. 고소에 있어서는 원칙적으로 주관적 불가분(主觀的不可分)을 인정하고 있기 때문이다(제233조). 다만 공소제기로 인한 시효정지의 효력은 다른 공범자에게도 미친다(제253조 ②항).

2. 물적 범위

(1) 공소불가분의 원칙

공소제기의 효력은 공소장에 기재한 범죄(공소)사실의 전부에 미친다(제248조
②항). 즉 범죄사실이 단일한 경우에 공소제기의 효력은 전부에 대해 불가분적으
로 미치는데 이를 「공소불가분(公訴不可分)의 원칙」이라고 한다. 따라서 포괄적 일
죄나 과형상 일죄의 일부에 대해서만 공소가 제기된 경우에도 공소제기의 효력은
그 전부에 대해서 미친다.

(2) 공소사실의 단일성과 동일성

공소제기의 효력은 공소장에 기재된 단일사건의 전체는 물론 그 동일성이
인정되는 사실의 전부에 대해서도 미친다. 여기서 공소사실의 단일성은 다수
설193)에 의하면 소송법적 행위의 단일성(객관적 자기동일성)194)을 의미하며, 동일성
은 기본사실의 동일성(시간적 자기동일성)195)을 의미한다. 다만 법원은 공소장에 기
재된 사실에 대해서만 현실적으로 심판할 수 있기 때문에 잠재적 심판대상인 공
소장에 기재되지 않은 공소사실과 동일성이 인정되는 사실은 공소장변경절차를
통하여 현실적으로 심판할 수 있게 된다. 따라서 공소제기의 물적 범위는 공소장
에 기재된 단일사건의 전체와 공소장에 기재되지 않은 사실이라도 공소사실과 동
일성이 인정되는 사실의 전부에 대해서도 미친다.

---

193) 배종대/이상돈/정승환/이주원, 272; 손동권/신이철, 425; 신양균, 513; 이은모, 460; 이재상/
조균석, 412; 임동규, 343; 정웅석/백승민, 452.
194) 일정한 시점에서 소송법상 범죄사실의 단복을 결정하는 문제로서 사건의 객관적 자기동일
성에 대한 판단을 내용으로 한다. 예컨대 면허 없이 운전하던 중 사람을 치어 사망하게 한
경우(과형상 일죄), 무면허운전과 과실에 의한 사람의 사망이라는 두 가지 사건은 소송법
상 하나의 범죄사실로 다루어진다.
195) 시간적으로 전후에 있는 수개의 사실이 동일성을 유지하는지를 판단하는 문제로서 사건의
시간적 자기동일성에 대한 판단을 내용으로 한다. 예컨대 앞의 각주 사례에서 업무상 과실
치사죄로 공소가 제기된 후에 검사가 피고인이 사고 당시 무면허였다는 사실을 밝혀내고,
이 부분을 추가한 경우 무면허운전과 자동차로 사람을 치어 사망케 한 사건은 공소사실의
동일성이 있다고 할 수 있다.

(3) 일죄의 일부에 대한 공소제기

(가) 의 의

소송법상 일죄로 취급되는 단순일죄나 과형상 일죄의 전부에 대해 범죄혐의가 인정되고 소송조건이 구비되어 있음에도 불구하고 검사가 일죄의 일부에 대해서만 공소를 제기하는 것을 말한다. 예컨대 강도상해죄의 충분한 혐의가 인정됨에도 불구하고 검사가 강도죄로 공소를 제기한 경우에 그 공소제기의 적법성과 공소제기의 효력이 어디까지 미치는지 문제가 된다.

(나) 일부기소의 적법성

공소제기의 적법성과 관련하여 소극설[196]은 공소불가분의 원칙상 범죄사실의 일부에 대한 공소제기는 전부에 대해 그 효력이 미치기 때문에 그 일부기소를 인정하는 것은 검사의 자의를 인정하는 결과로 허용되지 않는다고 한다. 이에 대해여 다수설인 적극설[197]은 ① 기소편의주의를 취하고 있는 현행법 하에서 공소권의 행사는 검사의 권한에 속하고, ② 공소불가분의 원칙을 규정한 제248조 제2항도 일부기소를 허용하는 전제에서 규정된 것이므로 일죄의 일부기소도 적법하다고 한다. 판례[198]도 적극설을 따르고 있으며 타당한 견해라고 생각된다.

(다) 일부기소의 효력

공소불가분의 원칙상 일죄의 일부만을 기소한 경우에도 일죄의 전부에 대하여 공소제기의 효력이 미친다(제248조 ②항). 따라서 이중기소금지의 원칙과 기판력은 일죄의 전부에 미친다. 다만 법원의 현실적 심판대상은 공소장에 기재되어 있는 일죄의 일부에 한정되므로 법원이 일죄의 전부에 대하여 심판하기 위해서는 검사의 공소장변경이 있어야 한다.

---

196) 배종대/이상돈/정승환/이주원, 274; 차용석/최용성, 310.
197) 손동권/신이철, 393; 신양균, 351; 이은모, 443; 이재상/조균석, 414, 임동규, 309.
198) 대판 2008.2.14. 2005도4202. '하나의 행위가 부작위범인 직무유기죄와 작위범인 허위공문서 작성행사죄의 구성요건을 동시에 충족하는 경우에 공소제기권자는 작위범인 허위공문서작성ㆍ행사죄로 공소를 제기하지 않고 부작위범인 직무유기죄로만 공소제기를 할 수 있다'라고 판시하여 적극설에 따르고 있다.

[35] 제 5 공소시효

I. 공소시효의 의의와 본질

1. 공소시효의 의의

공소시효는 범죄행위가 종료된 후에 공소제기 없이 일정한 기간이 경과하면 그 범죄에 관한 공소권이 소멸하는 제도를 말한다(제249조). 이러한 형사상 시효에는 형의 시효(형법 제77조~제80조)와 공소시효(제249조)가 있다. 양자는 일정한 기간이 경과함으로써 형성된 사실상태를 유지·존속하기 위한 제도라는 점에서 동일하다. 그러나 ① '형의 시효'는 확정판결 후에 형벌권의 효력을 소멸하게 하는 형법상의 제도인 반면, ② '공소시효'는 확정판결 전에 발생한 실체법상의 형벌권을 소멸하게 하는 형사소송법상의 제도라는 점에서 구별된다. 또한 형의 시효가 완성되면 형의 집행이 면제되지만(형법 제77조), 공소시효의 완성은 면소판결(제326조)의 사유가 된다.

2. 공소시효의 존재이유

공소시효의 근거는 시간의 경과에 따른 사실관계를 존중하여 사회와 개인생활의 안정을 도모하기 위한 것에 있다. 즉 ① 범죄 후 장시간의 경과에 따라 이미 파괴된 법질서가 회복되어 형사절차의 목표가 사라졌을 뿐만 아니라, ② 증거의 멸실 등에 의하여 적정한 재판을 할 수 없기 때문이다.

3. 공소시효의 본질론

(1) 실체법설

공소시효는 시간의 경과에 따라 피해자의 감정이 치유됨은 물론 사회의 응보감정이나 범인의 악성도 소멸되기 때문에 형벌권을 소멸시키는 제도라고 보는 견해이다. 이 설에 따르면 형벌권의 소멸이 소송에 반영되어 실체판결을 저지하는 소송법적 효과를 가진다고 한다. 헌법재판소의 다수의견[199]은 실체법설을 지

---

199) 헌재 1993. 9.27. 92헌마284.

지하고 있다.

(2) 소송법설

공소시효는 형벌권과는 관계없이 시간의 경과에 따라 증거멸실 등에 의한 진실발견의 곤란으로 국가의 소추권만이 상실된다고 하는 견해이다.[200] 공소시효가 완성(제326조 3호)되면, 면소판결을 선고한다는 점을 근거로 공소시효는 공소권의 소멸사유라고 한다.

(3) 결합설

공소시효의 본질이 가벌성의 감소와 증거의 산일에 있다고 하여 실체법적 성격과 소송법적 성격을 함께 인정하는 견해이다.[201] 즉 공소시효란 실체면에서는 미확정 형벌권의 소멸사유로서 처벌제한의 성격을 가지고, 절차면에서는 소송조건으로서 작용하여 소추제한의 성격을 가진다고 한다.

II. 공소시효의 기간

1. 시효기간

공소시효는 각 구성요건에 규정되어 있는 '법정형'을 기준으로 다음 기간이 경과하면 완성된다(제249조 ①항). 즉 ① 사형에 해당하는 범죄에는 25년, ② 무기징역 또는 무기금고에 해당하는 범죄에는 15년, ③ 장기 10년 이상의 징역 또는 금고에 해당하는 범죄에는 10년, ④ 장기 10년 미만의 징역 또는 금고에 해당하는 범죄에는 7년, ⑤ 장기 5년 미만의 징역 또는 금고, 장기 10년 이상의 자격정지 또는 벌금에 해당하는 범죄에는 5년, ⑥ 장기 5년 이상의 자격정지에 해당하는 범죄에는 3년, ⑦ 장기 5년 미만의 자격정지·구류·과료 또는 몰수에 해당하는 범죄에는 1년이다.

---

200) 이재상/조균석, 416; 정웅석/백승민, 413.
201) 배종대/이상돈/정승환/이주원, 262; 손동권/신이철, 395; 신동운, 486; 신양균, 339; 이은모, 418; 임동규, 314.

2. 시효기간의 기준

(1) 법정형의 기준

공소시효의 기간은 법정형을 기준으로 결정한다. 2개 이상의 형을 병과하거나 2개 이상의 형에서 그 1개를 과할 범죄에는 중한 형을 기준으로 한다(제250조). 형법에 의하여 형을 가중 또는 감경할 경우에는 가중 또는 감경하지 아니한 형에 의하여 시효기간을 결정한다(제251조). 가중·감경은 필요적인 경우와 임의적인 경우를 모두 포함한다. 특별법에 의한 형의 가중·감경은 특별법상의 법정형을 기준으로 공소시효의 기간을 결정한다.[202] 교사범과 종범은 정범의 법정형을 기준으로 한다. 또한 법률의 변경에 의하여 법정형이 변경된 경우에는 신법의 법정형을 기준으로 하며,[203] 시효기간이 변경된 경우에는 형법 제1조를 유추하여 가장 짧은 시효기간에 따라야 한다.

(2) 공소장에 기재된 공소사실

공소시효는 공소장에 기재된 공소사실에 대한 법정형이 기준이 된다. 공소장에 공소사실이 예비적·택일적으로 기재된 경우에는 각 범죄사실에 대하여 개별적으로 결정하여야 한다.[204] 또한 과형상 일죄인 상상적 경합(형법 제40조)의 경우에도 본래 수죄이므로 각 범죄에 대하여 개별적으로 공소시효를 결정하여야 한다.[205]

(3) 공소장이 변경된 경우

공소제기 후에 공소장이 변경된 경우에 공소제기의 효력은 공소장에 기재된 공소사실과 동일성이 인정되는 사실에 대해서도 미치므로 공소를 제기한 때를 기준으로 변경된 공소사실의 공소시효의 완성여부를 결정하여야 한다.[206] 다만 공

202) 형사소송법 제251조는 형법 이외의 법률에 의하여 형을 가중·감경하는 경우에는 적용되지 않는다(대판 1973.3.13. 72도2976).
203) 범죄 후 법률의 개정에 의하여 법정형이 가벼워진 경우에는 형법 제1조에 의하여 당해 범죄사실에 적용될 가벼운 법정형이 공소시효기간의 기준으로 된다(대판 1987.12.22. 87도84).
204) 배종대/이상돈/정승환/이주원, 263; 신동운, 489; 신양균, 340; 이재상/조균석, 419; 임동규, 316; 차용석/최용성 331.
205) 배종대/이상돈/정승환/이주원, 263; 신양균, 316; 이재상/조균석, 419; 임동규, 316. 그러나 일본 판례는 가장 중한 형을 기준으로 전체로서 시효기간을 산정하고 있다(最判 昭和41年4月21日[刑集20卷4号275頁]).
206) 대판 2008.12.11. 2008도4376.

소사실의 변경으로 법정형이 달라진 경우에는 변경된 공소사실에 대한 법정형이 공소시효기간의 기준이 된다.[207]

3. 공소시효의 계산방법

(1) 공소시효의 기산점

(가) 범죄행위의 종료시

공소시효는 '범죄행위가 종료한 때'로부터 진행한다(제252조 ①항). 범죄행위가 종료한 때란, 실행행위의 종료를 의미하는 것이 아니라 구성요건에 해당하는 결과가 발생한 때를 의미한다.[208] 따라서 ① 계속범의 경우에는 법익침해의 종료시점을 기준으로 하고, ② 결과적 가중범의 경우에도 중한 결과가 발생한 시점을 공소시효의 기산점으로 한다. 이에 대하여 결과발생을 요하지 않는 ③ 거동범이나 실행행위만으로 가벌성이 인정되는 미수범은 실행행위가 종료된 때로부터 그 시효가 진행한다. 그리고 ④ 목적범의 경우에는 목적이 달성된 때를 기준으로 판단한다. 한편 ⑤ 미성년자 또는 아동·청소년에 대한 성폭력범죄의 공소시효는 해당 성폭력범죄로 피해를 당한 미성년자 등이 성년에 달한 날부터 진행한다(성폭력처벌법 제21조 ①항, 청소년성보호법 제20조 ①항).

(나) 공범에 관한 특칙

공범의 경우에는 최종행위가 종료한 때로부터 모든 공범에 대한 시효기간이 진행한다(제252조 ②항). 여기서 공범이란 임의적 공범인 공동정범·교사범·종범뿐만 아니라 필요적 공범도 포함한다. 다만 교사범이나 종범의 시효는 정범의 범죄행위가 종료한 때부터 기산한다.

(2) 공소시효의 계산

공소시효의 계산에 있어서 초일은 시간을 계산함이 없이 1일로 산정한다. 공소시효기간의 말일이 공휴일 또는 토요일에 해당하는 날이라도 공소시효기간에 산입된다(제66조 ①항, ③항).

---

207) 대판 2002.10.11. 2002도2939.
208) 대판 2003.9.26. 2002도3924.

Ⅲ. 공소시효의 정지

공소시효의 정지는 일정한 사유의 발생에 의하여 공소시효의 진행이 정지되지만, 그 사유의 소멸에 의하여 나머지 기간이 다시 진행되는 제도를 말한다. 따라서 중단사유가 소멸하면 시효가 처음부터 다시 진행되는 시효중단(時效中斷)과 구별된다. 다만 현행 소송법은 시효중단을 인정하고 있지 않다.

1. 공소시효정지의 사유

(1) 공소의 제기

시효는 공소제기로 진행이 정지되고 공소기각 또는 관할위반의 재판이 확정된 때로부터 다시 진행된다(제253조 ①항). 이 때 공소제기가 반드시 유효하거나 적법할 필요는 없다. 다만 공소기각 또는 관할위반의 재판이 확정된 경우에도 상소권회복의 결정(제347조 ①항)이 있으면 시효진행은 정지된다.

(2) 국외도피

공소시효는 범인이 '형사처분을 면할 목적'으로 국외에 있는 경우 그 기간 동안 정지된다(제253조 ③항). 형사처분을 면할 목적은 국외 체류의 유일한 목적일 필요는 없고 여러 국외 체류의 목적 중에 포함되어 있으면 충분하다.[209]

(3) 재정신청

검사의 불기소처분에 대해 재정신청이 있으면 고등법원의 재정결정이 있을 때까지 공소시효의 진행은 정지된다(제262조의4 ①항). 이 경우 공소제기의 결정이나 기각결정을 불문하며, 이것은 검사의 부당한 불기소처분으로 인한 공소시효완성을 방지하기 위한 것이다.

(4) 대통령이 범한 죄

대통령이 내란 또는 외환의 죄를 범한 경우를 제외하고는 재직 중 형사상의 소추를 받지 아니한다(헌법 제84조). 따라서 내란죄나 외환죄의 경우를 제외하면

---

209) 대판 2008.12.11. 2008도4101.

대통령이 범한 죄에 대하여는 재직기간 동안 공소시효의 진행이 정지된다.[210]

(5) 소년보호사건의 심리개시결정

소년부판사가 소년보호사건에 대하여 심리개시의 결정을 한 때에는 그 사건에 대한 보호처분의 결정이 확정될 때까지 공소시효의 진행이 정지된다(소년법 제54조).

(6) 헌정질서파괴범죄에 관한 특칙

1979.12.12일과 1980.5.18일을 전후하여 발생한 헌정질서파괴범죄행위에 대하여 국가의 소추권행사에 장애사유가 존재하는 기간은 공소시효의 진행이 정지된 것으로 본다(헌정범죄시효법 제2조).

2. 공소시효정지의 효력범위

공소시효정지의 효력은, ① 주관적으로는 공소제기된 피고인에 대해서만 미친다. 따라서 진범이 아닌 자에 대한 공소제기는 진범에 대한 공소시효의 진행을 정지하지 않는다. 그러나 공범의 1인에 대한 공소시효의 정지는 다른 공범자에게도 효력이 미치고 당해 사건의 재판이 확정된 때로부터 진행한다(제253조 ②항). 한편 ② 객관적으로 공소시효정지의 효력은 공소사실과 동일성이 인정되는 사건 전체에 대하여 미친다.

Ⅳ. 공소시효완성의 효과

공소제기 없이 공소시효기간이 경과하거나 공소가 제기되었으나 판결이 확정되지 아니하고 25년이 경과한 때에는 공소시효가 완성된다(제249조 ②항). 이를 「의제공소시효」라고 하며, 실무상 영구미제사건을 종결하려고 마련된 제도이다.

공소시효의 완성은 그 부존재가 실체적 소송조건이 되기 때문에 검사는 공소권 없음을 이유로 불기소처분을 하여야 하며, 법원은 이러한 사건이 공소제기되면 면소판결을 하여야 한다(제326조 3호).

---

210) 헌재 1995.1.20. 94헌마246.

[36] 제 6 재정신청

Ⅰ. 의의 및 입법취지

1. 재정신청의 의의

재정신청은 검사의 불기소처분에 불복하는 고소인 또는 고발인 등의 신청에 대하여 법원이 이를 심리하여 공소제기 여부를 결정하는 절차를 말한다(제260조 이하). 법원의 공소제기 결정이 있으면 검사에게 기소를 강제하여 「기소강제절차」라고도 한다.

2. 입법취지

현행법은 기소독점주의와 기소편의주의를 채택하여 공소권 행사를 통한 형사사법의 탄력적 운용을 도모하고 있다. 그러나 공소권을 독점하고 있는 검사에게 공소제기에 대한 완전한 재량권을 부여하여 검사의 독선과 자의를 허용하는 결과가 되었다. 따라서 기소편의주의를 규제하여 고소인 또는 고발인의 이익을 보호하기 위한 제도가 필요하게 되는데 ① 항고 · 재항고제도(검찰청법 제10조)와 ② 재정신청제도가 바로 그것이다. 그러나 항고 · 재항고제도는 검찰내부의 자기 통제장치라는 점에서 그 적정성을 보장하기에 미흡하여, 이것을 보완하기 위한 제도로서 재정신청제도의 존재의의가 있다.

Ⅱ. 재정신청사건의 심리절차

1. 재정신청

(1) 신청권자

재정신청의 신청권자는 검사로부터 불기소처분의 통지를 받은 고소인 또는 고발인이다(제260조 ①항). 고소인은 모든 범죄에 대해 재정신청이 가능하지만, 고발인은 형법 제123조(직권남용), 제124조(불법체포 · 감금), 제125조(폭행 · 가혹행위), 제126조(피의사실공표죄)에 대하여 고발한 자에 제한된다. 재정신청권자는 대리인에 의하여도 재정신청을 할 수 있지만(제264조 ①항), 고소·고발을 취소한 자는 재정신청을 할 수 없다.

(2) 재정신청의 대상

재정신청의 대상은 '모든 범죄에 대한 검사의 불기소처분'이다. 불기소처분의 이유에는 제한이 없으므로 협의의 불기소처분뿐만 아니라 기소유예처분에 대해서도 재정신청을 할 수 있다.[211] 그러나 기소중지와 참고인중지처분은 수사중지처분에 불과하므로 재정신청의 대상에 포함되지 않는다고 본다.[212] 또한 공소취소도 불기소처분이 아니므로 재정신청의 대상이 되지 않는다.

(3) 재정신청의 절차

(가) 항고전치주의

재정신청을 하기 위해서는 검찰청법 제10조에 따른 항고를 거쳐야 한다(제260조 ②항). 이것은 재정신청에 대한 남용의 폐해를 줄이고 제도의 효율성을 도모하기 위한 것이다. 따라서 재정신청을 할 수 있는 자는 검찰청법에 의한 재항고를 할 수 없다(검찰청법 제10조 ③항).

그러나 「항고전치주의」에는 다음과 같은 예외를 인정하고 있다. 즉 ① 재정신청인의 항고에 대하여 재기수사가 이루어진 다음에 다시 공소를 제기하지 아니한다는 통지를 받은 경우, ② 항고신청 후 항고에 대한 처분이 행하여지지 아니하고 3개월이 경과한 경우, ③ 검사가 공소시효 만료일 30일 전까지 공소를 제기하지 아니한 경우, 이 가운데 어느 하나에 해당하는 경우는 재정신청을 할 수 있다(제260조 ②항 단서).

(나) 신청서의 제출

재정신청서는 서면으로 불기소처분을 한 검사 소속의 지방검찰청검사장 또는 지청장을 경유하여 그 검사 소속의 지방검찰청 소재지를 관할하는 고등법원에 신청하여야 한다(제260조 ①항, ③항). 재정신청서에는 그 신청의 대상이 되는 사건의 범죄사실 및 증거 등 재정신청을 이유 있게 하는 사유를 기재하여야 한다(동조

---

211) 대결 1988.1.29. 86모58.
212) 신동운 교수는 기소중지, 참고인중지처분도 재정신청의 대상으로 파악하고 있다(신동운, 442).

④항).

(다) 재정신청기간

재정신청을 하려는 자는 항고기각 결정을 통지받은 날로부터 10일 이내에 서면으로 신청을 하여야 한다. 다만 항고전치주의의 예외에 해당하여 항고절차를 거칠 필요가 없는 경우는 ① 불기소처분의 통지를 받거나 항고신청 후 3개월이 경과한 날로부터 10일 이내에, ② 공소시효 임박을 이유로 하는 재정신청은 공소시효 만료일 전날까지 재정신청서를 제출할 수 있다(제260조 ③항).

(라) 재정신청의 취소

재정신청은 고등법원의 재정결정이 있을 때까지 취소할 수 있고 재정신청을 취소한 자는 다시 재정신청을 할 수 없다(제264조 ②항). 재정신청의 취소는 관할 고등법원에 서면으로 하여야 한다. 다만 그 기록이 관할고등법원에 송부되기 전에는 기록이 있는 검찰청검사장 또는 지청장에게 하여야 한다(규칙 제121조 ①항).

(4) 재정신청의 효력

고소인 또는 고발인이 수인인 경우에 공동신청권자 중 1인의 재정신청은 그 전원을 위하여 효력을 발생한다(제264조 ①항). 또한 재정신청이 있으면 재정결정이 확정될 때까지 공소시효의 진행이 정지된다(제262조의4 ①항).

2. 검사장 또는 지청장의 처리

재정신청서를 제출받은 지방검찰청검사장 또는 지청장은 재정신청서를 제출받은 날부터 7일 이내에 재정신청서·의견서·수사관계서류 및 증거물을 관할 고등검찰청을 경유하여 관할 고등법원에 송부하여야 한다. 다만 항고전치주의가 적용되지 않는 경우에는 지방검찰청검사장 또는 지청장은 ① 신청이 이유 있는 것으로 인정한 때에는 즉시 공소를 제기하고 그 취지를 고등법원과 재정신청인에게 통지하여야 하며, ② 신청이 이유 없는 것으로 인정하는 때에는 30일 이내에 관할 고등법원으로 송부하여야 한다(제261조).

Ⅲ. 고등법원의 재정결정

1. 재정결정절차의 의의와 구조

(1) 의 의

고등검찰청으로부터 재정신청서를 송부받은 고등법원은 검사의 불기소처분에 대한 당부를 심리하여 공소제기의 여부를 결정하여야 하는데, 이 고등법원의 심리절차를 재정결정절차라고 한다. 그러나 이 절차는 재정신청의 이유의 유·무를 심사하는 법원의 재판절차이지만, 공소제기의 결정에 불과하다. 여기서 재정결정절차의 구조를 어떻게 파악할 것인지에 따라 피의자와 신청인의 절차참여의 범위가 달라지게 된다.

(2) 구 조

재정결정절차는 ① 공소제기의 여부를 판단하기 위한 절차이므로 수사절차의 연장이라고 보는 수사설, ② 검사의 불기소처분에 대한 당부를 심판대상으로 하는 행정사건의 항고소송에 준하는 소송절차로 파악하는 항고소송설, ③ 수사와 항고소송으로서의 성격을 함께 가지고 있다고 보는 중간설, ④ 재정결정절차는 수사절차가 아닌 재판절차로서, 특히 형사소송에 유사한 재판절차라고 보는 형사소송유사설[213] 등이 대립되어 있다. 그러나 형사소송법 제262조 제2항에 법원은 '항고의 절차'에 준하여 결정한다고 하여 형사소송유사설을 따르고 있다고 할 수 있다. 또한 법원은 '필요한 때에는 증거를 조사할 수 있다'(제262조 ②항)고 규정하여 재정신청절차의 형사소송적 성격을 보다 분명히 하고 있다.

2. 재정신청사건의 심리와 결정

(1) 사건의 관할

재정신청사건은 불기소처분을 한 검사 소속의 지방검찰청 소재지를 관할하는 고등법원의 관할에 속한다(제260조 ①항). 관할법원이 재정신청서를 송부받은 때에는 송부받은 날로부터 10일 이내에 피의자에게 그 사실을 통지하여야 한다

---

213) 배종대/이상돈/정승환/이주원, 279; 손동권/신이철, 361; 신동운, 446; 이재상/조균석, 386.

(제262조 ①항).

(2) 사건의 심리방식

고등법원은 3개월 이내에 항고절차에 준하여 재정결정을 하여야 한다(제262조 ②항). 재정신청사건의 심리와 결정은 일종의 재판이기 때문에 ① 법원은 피의자신문은 물론 증인신문이나 검증·감정을 할 수 있고, ② 피의자를 구속하거나 압수·수색·검증 등의 강제처분도 할 수 있다.[214] 그러나 재정신청사건의 심리는 특별한 사정이 없는 한 공개하지 아니한다(동조 ③항).

(3) 고등법원의 재정결정

재정신청에 대한 고등법원의 결정에는 기각결정과 공소제기의 결정이 있다.

(가) 기각결정

재정신청이 법률상의 방식에 위배되거나 이유 없는 때에는 신청을 기각한다(제262조 ②항 1호). 즉 ① 신청이 '법률상 방식에 위배되는 때'란, 신청권자가 아닌 자의 재정신청, 신청기간 경과 후의 재정신청, 검찰항고를 거치지 아니한 재정신청을 말한다. 그리고 ② '신청이 이유 없는 때'란, 불기소처분이 정당한 것으로 판단된 경우는 물론 검사의 무혐의 불기소처분이 위법하더라도 기록에 나타난 여러 사정을 고려하여 기소유예의 처분을 할 만한 사건인 때를 말한다.

법원이 기각결정을 한 때에는 즉시 그 정본을 재정신청인·피의자와 관할 지방검찰청검사장 또는 지청장에게 송부하여야 한다(동조 ⑤항). 그리고 재정신청을 기각하는 결정이 확정된 사건에 대하여는 다른 중요한 증거를 발견한 경우를 제외하고는 소추할 수 없다(동조 ④항).

(나) 공소제기의 결정

재정신청이 이유 있다고 인정하는 때에는 사건에 대한 공소제기를 결정하여야 한다(제262조 ②항 2호). 공소제기를 결정하는 때에는 죄명과 공소사실이 특정될 수 있도록 이유를 명시하여야 한다(규칙 제122조).

---

214) 배종대/이상돈/정승환/이주원, 279; 신동운, 448; 이은모, 434; 이재상/조균석, 387; 임동규, 327. 이에 대하여 재정신청사건의 심리절차에서 강제처분이 허용된다는 명문의 규정이 없다는 이유로 강제처분을 할 수 없다고 하는 견해로는 정웅석/백승민, 358; 차용석/최용성, 323.

고등법원이 공소제기의 결정을 한 때에는 즉시 그 정본을 재정신청인·피의자와 관할 지방검찰청검사장 또는 지청장에게 사건기록과 함께 송부하여야 한다(제262조 ⑤항). 이를 송부받은 지방검찰청검사장 또는 지청장은 지체 없이 담당 검사를 지정하고 그 검사는 공소를 제기하여야 한다(동조 ⑥항). 따라서 이 사건에 대한 공소유지는 검사가 하지만, 그 검사는 공소를 취소할 수 없다(제264조의2).

(4) 재정결정에 대한 불복

형사소송법은 재정신청을 인용하는 결정뿐만 아니라 기각하는 결정에 대하여도 불복을 허용하고 있지 않다(제262조 ④항). 그러나 헌법재판소[215]는 이 규정이 재정신청인의 재판청구권과 평등권을 침해하는 것으로서 헌법에 위반된다고 결정하였다. 따라서 재정신청은 고등법원의 공소제기결정에 대해서는 불복할 수 없으나, 재정신청을 기각하는 결정에 대해서는 헌법·법률·명령 또는 규칙위반을 이유로 대법원에 재항고할 수 있다.

(5) 재정신청인의 비용부담

현행 소송법은 재정신청 대상범죄의 전면 확대에 따라 이 제도의 부당한 남용을 억제하기 위하여 비용부담의 근거규정을 두고 있다. 즉 법원은 재정신청의 기각결정이 확정되거나 그 신청을 취소한 경우에 법원은 결정으로 재정신청인에게 신청절차에 의하여 생긴 비용의 전부 또는 일부를 부담하게 할 수 있다(제262조의3 ①항). 또한 법원은 직권 또는 피의자의 신청에 따라 재정신청인에게 피의자가 재정신청절차에서 부담하였거나 부담할 변호인선임료 등, 비용의 전부 또는 일부의 지급을 명할 수 있다(동조 ②항). 다만 이러한 법원의 결정에 대해서는 즉시항고를 할 수 있다(동조 ③항).

---

215) 헌재 2011.11.24. 2008헌마578.

제 3 편 　 공　　　판

제1장

공판절차

공판절차 일반

[37] 제1 공판절차의 의의와 기본원칙

I. 공판절차의 의의

공소제기에 의하여 사건이 법원에 계속된 이래 그 사건을 심리하여 재판이 확정될 때까지의 모든 절차를 공판절차(公判節次)라고 한다. 이 가운데 공판기일에 공판정에서 이루어지는 절차를 협의의 공판절차라고 한다. 현행법은 3심제도를 취하고 있기 때문에 제1심, 항소심, 상고심의 3단계로 분리되어 있지만 제1심의 공판절차가 매우 중요하다.

공판절차는 공판기일절차와 공판기일외의 절차로 구분할 수 있고, 공판기일외의 절차는 결국 공판기일의 준비를 위한 것이기 때문에 공판준비절차(公判準備節次)라고도 한다. 소송당사자가 사건에 대해 변론을 하고, 수소법원이 피고사건에 대하여 심증을 형성하는 공판기일절차야말로 공판절차의 중심이다. 특히 현행법은 예심제도를 폐지하고 있을 뿐만 아니라 공소장일본주의를 채택하여 법원의 심리를 공판절차에 집중시키는 공판중심주의(公判中心主義)를 확립하고 있기 때문에 공판절차는 형사절차의 핵심이며 정점이라고 할 수 있다.

Ⅱ. 공판절차의 기본원칙

공판절차에 있어서 형사재판의 공정한 재판을 실현하기 위한 기본원칙으로 현행법상 공개주의·구두변론주의·직접주의·집중심리주의 등의 원칙이 있다.[1)]

1. 공개주의

(1) 공개주의의 의의

(가) 의 의

「공개주의(公開主義)」는 일반국민에게 법원의 재판과정에 대한 방청을 허용하는 주의를 말한다. 우리나라 헌법 제27조 제3항은 공개재판을 받을 권리와 제109조에 공개재판의 원칙을 선언하고 있고, 법원조직법 제57조 제1항도 '재판의 심리와 판결은 공개한다'고 하여 공개주의를 명백히 규정하고 있다. 이러한 공개주의의 기능은 ① 법원의 심판절차를 국민의 감시 하에 둠으로써 재판의 공정성을 보장하고, ② 재판에 대한 국민의 신뢰를 확고히 하는 데 있다. 따라서 공개주의를 위반한 공판절차는 절대적 항소이유(제361조의5 9호)이자 상고이유(제383조 1호)가 된다.

(나) 적용범위

공개주의는 재판과정을 공개하여야 하는 것으로 수사절차에는 적용되지 않는다. 또한 소년보호사건의 심리에는 원칙적으로 공개주의가 적용되지 않는다(소년법 제24조 ②항).

---

1) 대판 2014.2.21. 2013도12652. '형사소송법은 헌법 제12조 제1항이 규정한 적법절차의 원칙, 그리고 헌법 제27조가 보장하는 공정한 재판을 받을 권리를 구현하기 위하여 공판중심주의·구두변론주의·직접심리주의를 기본원칙으로 하고 있다.'

(2) 공개주의의 내용

공개주의는 누구나 방청인으로서 공판절차에 참여할 수 있는 가능성을 의미하며 이를 일반공개주의라고 한다. 이러한 공개주의를 실현하기 위해서는 누구든지 공판의 일시·장소를 알 수 있어야 하고, 또한 관심 있는 사람의 공판정 출입을 보장하여야 한다.

(3) 공개주의의 한계

(가) 방청인의 제한 및 퇴정명령

재판장은 법정의 크기에 따라 방청인의 수를 제한하거나 법정의 질서를 유지하기 위하여 특정한 사람[2]의 방청을 허용하지 않을 수 있다. 또한 재판장은 법정의 존엄과 질서를 해할 우려가 있는 자의 입정금지 및 퇴정을 명할 수 있다.

(나) 특정사건의 비공개

재판의 심리가 국가의 안전보장 또는 안녕질서를 방해하거나 선량한 풍속을 해할 염려가 있을 때에는 법원은 결정으로 재판을 공개하지 않을 수 있다(헌법 제109조 단서). 그러나 이것은 심리의 비공개만을 의미하며 판결선고는 어떠한 경우에도 공개하여야 한다.[3]

(다) 법정에서의 사진촬영과 녹음

촬영과 녹음에 의한 법정공개를 간접공개라고 하는데, 이것은 법관의 여론에 의한 속박을 초래할 뿐만 아니라 피고인의 사회복귀를 방해하기 때문에 재판장은 피고인의 동의가 있는 때에 한하여 허가할 수 있다(법원조직법 제59조 참조).

2. 구두변론주의

(1) 구두변론주의의 의의

(가) 의 의

'공판정에서의 변론은 구두로 하여야 한다'(제275조의3)는 원칙을 「구두변론주

---

2) 예컨대 흉기 기타 질서를 파괴할 물건을 소지한 자
3) 배종대/이상돈/정승환/이주원, 402; 이재상/조균석, 429; 임동규, 335.

의(口頭辯論主義)」라고 한다. 즉 구두변론주의란 법원이 소송관계인의 구두에 의한 공격·방어를 기초로 심리와 재판하여야 한다는 원칙을 말하며, 특히 판결은 법률에 다른 규정이 없으면 구두변론에 의하여야 한다(제37조 ①항). 이러한 구두변론주의는 구두주의와 변론주의를 그 내용으로 한다.

(나) 적용범위

공판심리에 관한 구두변론주의의 원칙은 당사자의 실체형성행위에 관해서는 예외 없이 적용된다. 그러나 절차의 형식적 확실성이 요청되는 절차형성행위에 관해서는 서면주의를 취하고 있다. 또한 항소심과 상고심에서는 서면주의에 의한 판결이 허용되며(제364조 ⑤항, 제390조 ①항), 약식절차는 공판심리절차가 아니므로 서면심리주의의 원칙이 지배한다.

(2) 구두주의

「구두주의」는 서면주의에 대립하는 개념으로서 법원에 제출되는 주장과 입증자료의 제출을 구두로 하는 주의를 말한다. 이것은 법관에게 신선한 인상을 주며 관련 당사자들의 진술에 대한 진의를 쉽게 파악할 수 있어 정확한 심증을 형성할 수 있을 뿐만 아니라, 방청인에게 변론의 내용을 알릴 수 있다는 장점을 가지고 있다. 그러나 서면주의도 그 내용의 정확성을 보장하고 있어 장래 발생할지도 모르는 분쟁을 방지할 수 있다는 장점이 있기 때문에 절차형성행위에 대해서는 서면주의를 채용함과 동시에 구두주의를 취하는 경우에도 공판조서(제51조) 등에 의하여 그 결점을 보충하고 있다.

(3) 변론주의

(가) 의 의

「변론주의(辯論主義)」는 당사자의 주장과 입증에 의하여 재판하는 주의를 말한다. 형사소송의 변론주의는 민사소송의 그것과 구별된다. 민사소송에 있어서 변론주의는 소송자료의 제출책임을 원고와 피고에게 맡겨 당사자가 제출한 소송자료만을 재판의 기초로 삼고 나아가 당사자에게 심판에 대한 처분권까지 인정하고 있다. 그러나 형사소송의 변론주의는 법원 이외의 소송주체에게 실체적 진실발견을 위하여 최대한의 공격·방어를 할 수 있는 기회를 부여함을 그 내용으로 하고 있을 뿐이다. 그러므로 형사절차에 있어서 변론주의는 직권탐지주의(職權探知主義)[4]와 상호보완적 관계를 유지하고 있다.[5]

(나) 변론주의의 강화

현행법은 변론주의를 강화하기 위하여 다음과 같은 규정을 두고 있다. 즉 공판정에 당사자의 출석을 요구(제275조 ②항, 제276조)하는 것은 물론, 검사와 피고인에게 모두진술(제285조, 제286조)의 기회를 주고, 특히 피고인에게는 증거조사 후에 사실 및 법률적용에 관한 의견을 진술할 권리(제302조, 제303조)를 인정하고 있다. 이외에도 당사자의 증거신청권(제294조)과 증거조사에 대한 이의신청권(제296조), 증인신문방식에 있어서 교호신문제도(제161조의2), 공소장변경제도(제298조) 등은 모두 변론주의의 표현이라고 할 수 있다. 다만 간이공판절차에서는 변론주의의 내용인 증인에 대한 교호신문제도가 적용되지 않는다(제297조의2).

3. 직접주의

「직접주의」는 법원이 공판기일에 공판정에서 직접 조사한 증거만을 재판의 기초로 하는 주의로서 직접심리주의(直接審理主義)라고도 한다. 따라서 직접주의에는 법관이 직접 증거를 조사하여야 한다는 형식적 직접주의[6]와 원본증거를 재판의 기초로 삼아야 한다는 실질적 직접주의[7]를 포함한다. 이러한 직접주의는 구두주의와 함께 ① 법관에게 정확한 심증을 형성할 수 있게 할 뿐만 아니라, ② 피고인에게 증거에 관하여 직접 변명의 기회를 주기 위하여 요구되는 원칙이다. 현행법에서는 구두변론주의와 직접심리주의의 요청에 따라 공판개정 후 판사의 경질이 있는 때에는 공판절차를 갱신하도록 하고 있다(제301조).

---

4) 예컨대 법원의 직권에 의한 증거조사(제295조), 법관에 의한 증인신문(제161조의2), 법원의 공소장변경요구권(제298조 ②항)과 같이, 법원이 실체적 진실을 발견하기 위하여 당사자의 청구나 주장에 구속받지 않고 직권으로 조사하는 것을 말한다.
5) 배종대/이상돈/정승환/이주원, 405.
6) 법원이 공판기일에 공판정에서 직접 증거조사를 하여야 한다는 원칙을 말한다. 따라서 수소법원이 아닌 수명법관이나 수탁판사에 의한 증거조사(제167조, 제177조)는 예외적으로 인정될 뿐이다.
7) 법원이 원본증거를 사용하여 사실의 증명 여부를 판단하여야 한다는 원칙을 말한다. 즉 전문증거의 증거능력을 원칙적으로 배제하는 것(제310조의2)은 이것과 간접적으로 관련을 가지고 있다.

4. 집중심리주의

(1) 의　의

공판절차의 진행에 있어서 공판심리에 2일 이상을 요하는 사건은 가능한 한 매일 계속 개정하여 심리하여야 한다는 원칙을 말하며 계속심리주의(繼續審理主義)라고도 한다. 집중심리주의는 ① 심리의 중단으로 인한 법관의 심증형성이 약화되는 것을 방지하는 한편, ② 소송촉진과 신속한 재판을 실현하는 기능을 한다. 그러나 집중심리주의를 취하더라도 공판에 대한 준비활동을 충분히 보장함으로써 피고인의 보호도 동시에 고려하여야 한다.

(2) 내　용

현행 형사소송법은 '공판기일의 심리는 집중되어야 한다'(제267조의2 ①항)고 규정하여 집중심리주의를 명백히 하고 있다. 즉 심리에 2일 이상이 필요한 경우는 부득이한 사정이 없는 한 매일 계속 개정하여야 한다(동조 ②항). 따라서 이 경우는 공판기일을 일괄하여 지정할 수 있다(동조 ③항). 다만 재판장은 부득이한 사정으로 매일 계속하여 개정하지 못하는 경우에도 특별한 사정이 없는 한 전회의 공판기일로부터 14일 이내로 다음 공판기일을 지정하여야 한다(동조 ④항). 또한 판결선고기일에 관하여도 '판결의 선고는 변론을 종결한 기일에 하여야 한다'(제318조의4 ①항)고 규정하여 「즉일선고의 원칙」을 선언하고 있다. 다만 특별한 사정이 있는 때에는 따로 선고기일을 지정할 수 있다. 이외에도 「특정강력범죄의처벌에관한특례법」에서도 집중심리주의를 규정하고 있다(동법 제10조 ①항).

[38] 제 2 공판심리의 범위

Ⅰ. 심판의 대상

1. 심판대상의 의의

법원이 피고사건에 대하여 심판할 수 있는 범위는 「불고불리(不告不理)의 원칙」에 의하여 공소가 제기된 사건, 즉 심판의 청구를 받은 사건에 대해서만 심판할 수 있다. 이 경우 심판의 대상은 공소장에 기재된 피고인과 공소사실에 제한된다. 검사가 공소를 제기함에는 법원에 공소장을 제출하여야 하는데, 공소장에는 범죄시일·장소·방법을 명시하여 공소사실을 특정할 수 있어야 한다(제254조①항, ④항). 이와 같이 법원의 심판대상을 공소장에 기재된 공소사실에 제한하는 것은 피고인의 방어권행사를 보장하기 위한 것이다.

2. 심판대상의 기능

공소장에 의하여 법원의 심판대상이 확정되며, 이것은 모든 소송절차에 있어서 다음과 같은 중요한 기능도 한다. 즉 ① 공소제기 전에는 각종 영장의 효력범위와 변호인선임의 효력범위 등을 정하는 기준이 되고, ② 공소제기 시에는 공소제기의 효력범위(제248조), 수소법원의 심판범위, 공소장변경의 허용범위(제298조), 확정판결의 효력범위 등을 결정하는 표준이 될 수 있다. 또한 ③ 공소제기 후에는 공소장변경의 한계, 이중기소금지의 한계, 확정판결의 효력범위를 결정하는 표준이 된다.

Ⅱ. 심판대상에 관한 이론

1. 심판대상의 본질

심판대상이 되는 공소사실은 검사가 공소장에 기재한 피고인의 범죄사실에 대한 수사결과의 잠정적 결론에 불과하다. 따라서 공소사실은 법원의 공판절차에서 수사자료 이외의 소송관계인의 활동에 따라 그 사실과 다른 결론에 이를 수도 있다. 이처럼 심판대상은 소송진행에 따라 유동적으로 변화할 수 있다. 이것을 형사소송의 동적·발전적 성격이라고 한다. 구형사소송법의 직권주의적 소송구조 하에서는 공소장에 기재되지 않은 사실조차도 공소사실과 동일성이 인정되는 사실이라면 법원은 아무런 절차를 거치지 아니하고 이를 심판대상으로 인정하였다. 그러나 당사자주의적 색채가 강한 현행소송법 하에서 법원의 심판대상은 검사가 공소장에 기재한 공소사실에 한정되는지 또는 공소사실과 동일성이 인정되는 모든 범죄사실에 대해서도 미치는지 학설이 대립되어 있다.

2. 학 설

(1) 공소사실대상설

공소장에 기재된 공소사실과 단일성 및 동일성이 인정되는 모든 사실이 심판의 대상이 된다는 견해로서 범죄사실대상설이라고도 한다.[8] 이 견해에 의하면 공소사실과 단일성 및 동일성이 인정되는 사실에 대한 일부의 공소라도 그 효력은 전부에 미치므로 공판심리의 인적 범위는 불고불리(不告不理)의 원칙에 의하여 한정되고, 물적 범위는 공소불가분(公訴不可分)의 원칙에 의해 규율된다. 그러나 이 설에 따르면 심판의 범위가 지나치게 확대되어 피고인의 방어권 보장에 중대한 위협을 초래하게 되어 현행법이 공소장변경제도를 인정하는 취지를 살리지 못한다는 비판이 제기된다.

(2) 소인대상설

소인개념을 전제로 하는 소인대상설은 심판대상을 공소사실이 아닌 소인이라고 하는 견해이다.[9] 즉 소인(訴因)[10]이란, 검사가 주장하는 범죄사실로서 특별한 구성요건에 해당하는 구체적 사실을 말한다. 이 견해에 따르면 공소제기의 효력범위는 공소장에 기재한 범죄사실의 전체에 대해서 미치지만, 법원의 심판대상은 소인에 국한되므로 결국 공소제기의 효력범위와 법원의 심판범위가 일치하지 않게 된다. 이 경우 공소장에 기재한 범죄사실은 공소장변경의 한계가 될 뿐이다. 따라서 소인대상설은 검사가 공소장에 기재한 범죄사실뿐만 아니라 법률적 평가

---

8) 신동운, 556.

9) 차용석/최용성, 351.

10) 소인(訴因)은 일본의 현행소송법에서 도입된 제도로 미국의 'Count'에서 유래한 개념이다. 일본은 직권주의 하의 구법에서는 법관이 스스로 진실을 탐구하지 않으면 안 되기 때문에 검사가 공소제기의 대상으로 주장한 「범죄사실」에 심판범위가 제한되는 것은 아니었다. 이것은 피고인 측에서 보면 무엇을 대상으로 방어활동을 해야 할지 모르게 된다. 따라서 현행법에서는 당사자주의를 채용하여 검사에게 심판대상인 범죄사실(소인)을 제시하도록 하였다. 법원은 이 심판대상＝소인에 구속되고, 피고인은 이 소인을 대상으로 방어활동을 하게 된다. 즉 소인이 기재된 공소장의 제출에 의하여 법원은 심판의 대상을, 그리고 피고인·변호인에 대해서는 방어의 대상이 각각 제시된다. 소인 즉 검사가 공소제기의 대상으로 주장한 범죄사실은, 이와 같은 중요한 역할을 하기 때문에 우선 ① 소인은 가능한 한 명확하게 특정하지 않으면 안 되고(제256조 ③항), ② 일단 제시된 소인을 함부로 변경하는 것은, 특히 피고인의 방어의 관점으로부터 바람직하지 않다(安富 潔, 165; 白取裕司, 229; 最大判 昭和 37年11月28日[刑集16卷11号1633頁]).

대상인 소인도 법원의 심판대상을 제한하는 요소가 된다.

(3) 절충설

소인이 현실적 심판대상이고 공소사실은 잠재적 심판대상이라고 하는 견해이다.[11] 따라서 법원은 현실적 심판대상인 소인 이외의 사실은 심리할 수 없고, 단지 잠재적 심판대상인 공소사실의 범위 내에서 소인변경을 인정하는 설이다.

(4) 이원설

공소장에 기재된 공소사실이 현실적 심판대상이고 공소사실과 동일성이 인정되는 사실이 잠재적 심판대상이라고 보는 견해이다.[12] 그리고 잠재적 심판대상은 공소장변경에 의하여 현실적 심판대상이 되기 때문에 공소장변경제도는 피고인의 방어권을 보장하는 기능을 가진다고 한다.

3. 현행법과 판례의 태도

현행법은 일본이나 영미와 같은 소인제도를 취하고 있지 않을 뿐만 아니라 공소사실의 동일성이 인정되는 범위 내에서 공소사실의 추가·철회·변경을 허용하고 있으며, 그 범위 전부에 대해서 기판력(旣判力)이 미치기 때문에 이원설이 타당하다. 이원설에 의하면 공소장에 기재된 공소사실은 현실적 심판대상이 되지만, 그와 동일성이 인정되는 범위 내의 사실은 동시에 잠재적 심판의 대상이 된다. 다만 잠재적 사실에 관해서는 검사의 공소장변경이 없는 한 심판대상이 되지 않는다. 판례[13]도 이원설의 태도를 취하고 있다.

---

11) 서일교, 309.
12) 노명선/이완규, 336; 배종대/이상돈/정승환/이주원, 417; 손동권/신이철, 420; 신양균, 502; 이은모, 457; 이재상/조균석, 439; 임동규, 342; 정웅석/백승민, 448.
13) 대판 1991.5.28. 90도2977.

Ⅲ. 공소장변경

1. 공소장변경의 의의

(1) 공소장변경의 개념

공소장변경은 검사가 공소사실의 동일성을 침해하지 않는 범위 안에서 법원의 허가를 얻어 공소장에 기재된 공소사실 또는 적용법조를 추가·철회 또는 변경하는 것을 말한다(제298조 ①항). 공소사실 또는 적용법조의 추가(追加)는 공소장에 별개의 공소사실이나 적용법조를 부가하는 것을 말하며, 철회(撤回)는 공소장에 기재된 수개의 공소사실이나 적용법조 가운데 일부를 철회하는 것을 말하고, 변경(變更)은 개개의 공소사실 또는 적용법조의 내용을 새로운 공소사실과 적용법조로 대체하는 것을 말한다.

공소장변경에 관해서 법원은 공소장에 기재된 사실과 그 인정사실 사이에 어느 정도 일치할 때 공소장변경 없이도 심판할 수 있는지, 즉 '공소장변경의 필요성 문제'와 만약에 공소장변경을 필요로 한다면 그 허용범위는 어디까지 인정할 것인지, 즉 '공소장변경의 허용범위'가 문제된다.

(2) 구별개념

공소장변경은 공소사실의 동일성이 인정되는 범위 내에서 가능하기 때문에 ① 그 동일성이 인정되지 않는 경우에 할 수 있는 추가기소 또는 일부 공소취소와 구별된다. 또한 공소장변경은 법원의 심판대상이 되는 기존의 사실에 대해 변경을 가하는 점에서 ② 공소장에 기재된 일시나 피고인의 성명 등에 명백한 오기가 있는 경우14)에 이를 고치는 공소장정정(公訴狀訂正)과 구별되며, ③ 공소장의 기재사실이 불특정된 경우처럼 부적법한 기재사실을 바꾸는 보정(補正)과도 구별된다.

---

14) 대판 1997.11.28. 97도2215.

(3) 공소장변경제도의 취지

(가) 형벌권의 적정한 실현

불고불리의 원칙을 엄격하게 적용하면 법원의 심판범위는 검사의 공소장에 기재된 공소사실에 제한된다. 그러나 소송절차의 동적·발전적 성격상 공판심리 과정에서 검사가 청구하지 아니한 범죄사실이나 적용법조에 대해서도 심리할 필요가 생긴다. 이 경우 검사가 애초에 청구한 공소사실만을 심판대상으로 하고, 공소장변경을 인정하지 않게 되면 법원은 이미 구속되어 있는 피고인에 대해 무죄를 선고하지 않을 수 없게 된다. 따라서 진범인을 처벌할 수 없어 형벌권의 적정한 실현이 불가능하게 된다.

(나) 피고인의 방어권보장

법원은 공소사실과 동일성이 인정되는 사실이라 할지라도 공소장변경이 허용된 경우에만 이를 심판할 수 있도록 함으로써 피고인의 방어권을 보장하고 있다. 즉 공소장변경이 있는 때에는 그 사유를 신속히 피고인 또는 변호인에게 고지하게 하거나(제298조 ③항), 피고인으로 하여금 방어준비를 하게 하기 위하여 결정으로 공판절차를 정지하게 할 수 있다(동조 ④항).

2. 공소장변경의 필요성

(1) 공소장변경의 필요여부

법원의 심판범위는 검사가 공소장에 기재한 공소사실에 구속되기 때문에 공소사실과 다른 범죄사실을 인정하기 위해서는 공소장을 변경할 필요가 있다. 이것은 반대로 법원은 어떤 범위에서 공소장변경 없이도 공소사실과 다른 범죄사실을 심판할 수 있는지 문제가 되는데 이를 '공소장변경의 필요성 문제'라고 한다. 결국 이 문제의 핵심은 소송경제와 피고인의 방어권보장과의 조화에 있다고 할 수 있다. 즉 공소장변경의 필요한 범위를 좁게 인정하면 할수록 소송경제에는 유익하지만, 피고인의 방어권은 상대적으로 약화될 수밖에 없다.

(2) 필요성 판단에 관한 학설

(가) 동일벌조설

구체적 사실관계가 다른 경우에도 벌조(罰條) 또는 구성요건에 변경이 없는 한 법원은 공소장변경 없이 공소장에 기재된 사실과 다른 사실을 인정할 수 있다고 하는 견해로 구성요건동일설이라고도 한다. 즉 범죄의 일시·장소는 물론 수단 및 방법이 다를지라도 적용될 구성요건이 같으면 법원은 공소장변경 없이 다른 사실을 인정할 수 있다.[15] 그러나 절도죄가 횡령죄로, 사기죄가 공갈죄로 변경되는 경우와 같이 적용되는 구성요건이 다른 경우는 공소장을 변경하여야 한다.

(나) 사실기재설(기본적 사실동일설)

공소사실을 구성요건에 해당하는 구체적 사실의 주장이라고 파악하여 그 사실적 측면을 강조함으로써 공소장에 기재되어 있는 사실과 다른 사실을 인정할 때에는 공소장변경이 필요하다는 견해로서 통설[16]의 입장이다. 따라서 구체적 사실의 변경이 없는 한 법률 구성에 변경이 있다하더라도 공소장을 변경할 필요가 없으며, 판례[17]의 입장이기도 하다.

(다) 검 토

공소사실의 특정은 당사자에게 공격과 방어의 쟁점을 명백히 하여 피고인의 방어권을 보장하려는 데 그 취지가 있기 때문에 피고인의 방어에 불이익을 초래할 정도의 사실변경이 있으면 공소장변경을 필요로 한다는 사실기재설이 타당하다. 따라서 이 설에 의하면 ① 일시·장소·목적물의 수량 등 약간의 변화가 있거나,[18]

---

15) 예컨대 살인죄에 있어서 독살을 사살로, 강도죄에 있어서 폭행에 의한 강취를 협박에 의한 강취로와 같은 경우는 구성요건이 동일하기 때문에 공소장을 변경할 필요가 없다.

16) 배종대/이상돈/정승환/이주원, 447; 손동권/신이철, 425; 신동운, 587; 이은모, 464; 이재상/조균석, 447; 정웅석/백승민, 452.

17) 형사소송법 제298조 제1항은, 법원은 공소사실의 동일성을 해하지 아니하는 한도에서 허가하여야 한다고 규정하고 있으므로, '그 허가요건인 공소사실의 동일성은 그 사실의 기초가 되는 사회적 사실관계가 기본적인 점에서 동일하면 그대로 유지된다 할 것이고, 이러한 기본적 사실관계의 동일성을 판단함에 있어서는 그 사실의 동일성이 갖는 기능을 염두에 두고 피고인의 행위와 그 사회적인 사실관계를 기본으로 하되 규범적 요소도 아울러 고려하여야 한다(대판 2013.9.12. 2012도14097)고 판시하여, 사실기재설을 수정하고 있다.

18) 대판 2002.8.23. 2001도6876. 기소된 공소사실의 재산상의 피해자와 공소장 기재의 피해자가 다른 것이 판명된 경우(예컨대, 사기범행의 피해자가 김○○이냐 정○○이냐의 점에 관하여만 차이가 있을 뿐 그 밖의 피해목적물 자체나 기망의 일시, 방법 및 금액이 모두 동일하여

② 범죄사실의 축소를 인정할 때,[19] 그리고 ③ 사실의 변화 없이 법적 평가만을 달리하는 경우[20]에는 공소장을 변경할 필요가 없다. 그러나 동일구성요건 내의 사실이라도 피고인의 형사책임을 중대하게 할 정도의 사실의 변경이 있는 때에는 공소장을 변경하여야 한다.[21]

3. 공소장변경의 한계

(1) 공소장변경의 허용범위

법원은 공소사실과 다른 범죄사실을 인정하기 위해서는 공소장변경이 필요하다. 다만 공소장변경의 필요성이 인정되어도 그것이 항상 허용되는 것은 아니다. 현행법은 '공소사실의 동일성을 해하지 아니하는 한도에서 허가하여야 한다(제298조 ①항)'고 규정하여, 그 판단기준으로서 공소사실의 동일성을 명백히 하고 있다.

(2) 공소사실의 동일성

(가) 의 의

공소사실의 동일성은 다수설[22]에 따르면 공소사실의 단일성과 협의의 동일성을 포함하는 개념을 말한다. 즉 '협의의 동일성'은, 시간의 경과에 따른 사실관계의 변화에도 불구하고 두 시점에서 범죄사실의 시간적 동일성[23]을 의미하는데 비하여, '공소사실의 단일성'은, 일정한 시점에서 사건이 소송법상 하나로 취급된다는 의미로서 범죄사실의 객관적 동일성을 의미한다.[24] 예컨대 절도의 공소사실

그 기본적 사실에 있어서는 아무런 차이가 없는 경우)에는 공소사실에 있어서 동일성을 해하지 아니하고 피고인의 방어권 행사에 실질적 불이익을 주지 아니하는 한 공소장변경절차 없이 직권으로 공소장 기재의 사기피해자와 다른 실제의 피해자를 적시하여 이를 유죄로 인정하여야 한다(대판 1987.12.22. 87도2168; 1992.10.23. 92도1983. 등 참조).

19) 기수에 대한 미수, 살인에 대한 상해치사로 변경한 경우
20) 예컨대 특가법에 대한 공소사실에 대하여 절도죄 또는 준강도죄로 변경한 경우
21) 대판 2011.2.10. 2010도14391.
22) 신양균, 513; 이재상/조균석, 441. 임동규, 342.
23) 업무상 과실치사죄로 공소가 제기된 사건에서 검사가 피고인이 사고 당시 무면허였다는 사실을 나중에 밝혀내고, 이를 추가한 경우 무면허운전사실과 업무상과실치사사실은 공소사실의 동일성이 인정된다.
24) 예컨대 무면허로 사람을 치어 사망하게 한 사건에서 무면허운전사실과 과실치사사건이라는 두 가지 범죄사실은 소송법상 하나의 범죄사실로 인정되어 공소사실의 단일성이 인정된다.

로 공소를 제기하였으나 심리결과 절도의 사실은 인정되지 않고 장물을 취득한 사실이 명백한 경우에 공소사실을 장물취득으로 변경할 필요가 발생한다. 이 경우 절도와 장물취득이라는 범죄사실 사이에 변화가 있기 때문에 이것을 동일한 사실이라고 말할 수 있는지가 바로 협의의 의미의 '공소사실의 동일성'에 관한 문제이다. 결국 공소사실과 인정사실이 어느 정도 일치할 때 공소사실의 동일성을 인정할 수 있는지에 관한 문제로서 다음과 같은 학설이 대립하고 있다.

(나) 공소사실의 동일성의 기준

ⅰ) 기본적 사실동일설

공소사실을 그 기초가 되는 사회적 사실로 환원하여 그 사실과 인정사실 사이에 다소의 차이가 있더라도 기본적인 점에서 동일하다면 동일성을 인정하여야 한다는 견해로서 다수설[25]의 입장이다. 예컨대 목을 조르고 폭행한 사실이 있는 사건에서 살인미수를 강간치상으로 변경한 경우가 여기에 해당한다. 다만 최근의 판례[26]는 기본적 사실관계가 동일한지의 여부를 판단함에 있어서 그 규범적 요소를 전적으로 배제한 채 순수하게 사회적·전법률적인 관점에서만 파악할 수 없고 하여 규범적 요소를 강조하고 있다.

ⅱ) 죄질동일설

이 설은 기본적 사실동일설이 공소사실을 사회적 사실로 환원하는 것에 대한 비판에서 출발한 견해이다. 즉 공소사실을 단순한 자연적·사회적 사실이 아닌 구성요건의 유형적 본질(죄질)에 의한 사실관계로 파악하였다. 따라서 공소사실의 동일성은 죄질이 동일할 때 인정된다. 예컨대 절도죄와 강도죄, 사기죄와 공갈죄는 죄질이 동일하기 때문에 그 동일성이 인정되지만 수뢰죄와 공갈죄, 폭행죄와 강도죄는 그것이 다르기 때문에 동일성이 인정되지 않는다. 현재 이 견해를 주장하는 학자는 없다.

ⅲ) 구성요건공통설

구성요건공통설은 구성요건을 공소사실의 본질로 파악하여 공소사실의 동일

---

25) 배종대/이상돈/정승환/이주원, 428; 손동권/신이철, 425; 신양균, 517; 신동운, 587; 이재상/조균석, 446; 정웅석/백승민, 452.

26) 2012.4.13. 2010도16659. 이것을 배 교수는 사실적·규범적 사건개념설이라고 하고(배종대/이상돈/정승환/이주원, 426), 이와 같은 입장으로는 임동규, 346. 일본의 판례도 일관하여 기본적 사실동일성을 취하고 있다(最判 昭和29年5月14日[刑集8卷5号676頁]; 昭和34年12月11日[刑集13卷13号3195頁]).

성이 인정되기 위해서는 기본적 사실의 동일은 물론, 구성요건의 관점으로부터도 동일성이 있어야 한다는 설이다. 즉 비교되는 두 개의 사실이 구성요건적으로 전혀 합치되지 않는 경우는 가령 그것이 전(前)법률적인 생활사실로서 하나일지라도 공소사실의 동일성이 인정되지 않는다고 한다. 이 견해에 의하면 사기·공갈·횡령 등의 각 재산죄 상호간에 대해 그리고 공무집행방해와 소요·수뢰 등의 사이에는 동일성이 인정되지만, 절도죄와 장물죄 사이에는 일반적으로 인정하기가 곤란하다.

iv) 검 토

공소사실은 법적 평가가 아닌 구체적 범죄사실이라는 점에서 공소사실의 동일성에 관한 판단은 순수하게 자연적·전법률적 관점에서 사회일반인의 생활경험을 기준으로 판단하는 기본적 사실동일설이 타당하다. 따라서 공소사실의 단일성을 결정하는 기준은 형법상 죄수론이 아닌 형사소송법상의 (사실)행위개념이다. 즉 경합범이라고 할지라도 예컨대 역사적 사실로서 하나의 행위로 인정될 때에는 단일성을 인정할 여지가 있다.

4. 공소장변경의 절차

공소장변경은 검사가 법원에 신청하여 행해지는 경우(제298조 ①항)와 법원의 요구로 행해지는 경우(동조 ②항)가 있다. 다만 양자의 공소장변경절차는 대체로 동일하다.

(1) 검사의 신청에 의한 공소장변경

(가) 공소장변경의 신청

검사는 법원의 허가를 얻어 서면으로 공소장변경을 할 수 있다(제298조 ①항). 이 경우 검사는 공소장변경신청서를 법원에 제출하여야 하며 피고인의 수에 상응한 부본을 첨부하여야 한다(규칙 제142조 ①항, ②항). 다만 예외적으로 법원은 피고인이 재정하는 공판정에서는 피고인에게 이익이 되거나 피고인이 동의하는 경우 구술에 의한 공소장변경을 허가할 수 있다(규칙 제142조 ⑤항). 또한 검사는 공소사실을 예비적·택일적으로 변경할 수도 있으며, 이 경우 판례[27]에 따르면 법원의

---

27) 대판 1975.12.23. 75도114.

판단순서는 검사의 기소순위에 제한된다.

(나) 피고인에 대한 고지

검사의 공소장변경신청이 있으면 법원은 그 사유를 신속히 피고인 또는 변호인에게 고지하여야 한다(제298조 ③항). 고지의 방법은 검사가 제출한 공소장변경허가신청서의 부본을 송달함으로써 이루어지며, 그 송달은 허가재판을 기다리지 않고 즉시 하여야 한다(규칙 제142조 ③항). 그러나 부본을 송달하지 않고 공판정에서 직접 교부하더라도 피고인이 충분히 변론한 때에는 판결결과에 영향을 미치지 않는다.[28]

(다) 공소장변경의 결정

검사의 공소장변경신청이 공소사실의 동일성을 해하지 않는 경우에 법원은 결정으로 이를 허가하여야 한다. 이 경우 법원의 허가는 '의무적'이다. 다만 검사의 공소장변경신청이 소송을 현저히 지연시키거나[29] 공소사실의 동일성이 인정되지 아니하는 범죄사실을 공소사실로 변경하여 피고인의 방어를 곤란하게 하는 때에는 법원은 그 변경신청을 기각하여야 한다.

(2) 법원의 공소장변경의 요구

(가) 공소장변경요구의 의의

법원은 심리의 경과에 비추어 상당하다고 인정할 때에는 공소사실 또는 적용법조의 추가 또는 변경을 요구하여야 한다(제298조 ②항). 즉 공소의 유지는 공소권의 주체인 검사의 책무이므로 공소장변경은 검사가 신청하는 것이 원칙이며, 법원의 요구로 행해지는 공소장변경은 '보충적'으로 인정될 뿐이다. 이와 같이 법원에 의한 공소장변경요구를 인정하는 것은 검사가 필요한 공소장변경을 하지 않아 죄를 범한 피고인에 대해 무죄석방하는 것을 방지하기 위한 것이다.

(나) 공소장변경요구의 시기

법원의 공소장변경요구의 시기에 관하여 '심리의 경과에 비추어 상당하다고

---

28) 대판 1986.9.23. 85도1041.
29) 적법하게 공판의 심리를 종결하고 판결선고 기일까지 고지한 후에 이르러서 한 검사의 공소장변경에 대하여는 그것이 변론재개신청과 함께 된 것이라 하더라도 법원이 종결한 공판의 심리를 재개하여 공소장변경을 허가할 의무는 없다(대판 2003.12.26. 2001도6484).

인정한 때'(제298조 ②항)라고 규정하고 있다. 따라서 법원은 공소사실과 다른 범죄사실에 관해 어느 정도 심증을 가지고 있어야 하므로 증거조사 등 심리가 상당히 진행된 경우에 공판기일에서만 할 수 있다고 하여야 한다. 즉 적어도 제1회 공판기일 전에는 공소장변경요구를 할 수 없다고 본다.

(다) 공소장변경요구의 법적 성질

법원의 공소장변경요구가 법원의 의무[30]인지 또는 재량[31]인지에 관해서 학설의 대립이 있다. 판례[32]에 따르면 공소장변경요구는 법원의 권한에 불과하며, 법원이 공소장변경을 요구하지 않았다고 하여 심리미진의 위법이 있는 것은 아니라고 판시하여 '재량설'의 입장을 일관하고 있다.

(라) 공소장변경요구의 효력

공소장변경요구를 법원의 의무라고 해석하더라도 검사가 이에 응하지 아니할 경우에 공소장변경효과가 의제되지 않을 뿐만 아니라 그 이행도 강제할 방법이 없다. 따라서 법원의 공소장변경요구에 대해 검사가 복종의무가 있는지에 대한 권고효설[33]과 명령효설[34]이 대립하고 있으나 권고효설이 타당하다. 이처럼 법원의 공소장변경요구에 대한 형성력[35]을 인정하지 않는 것은, 공소사실의 설정과 변경은 공소권 주체인 검사의 권한에 속하기 때문이다.

---

30) 김기두, 252; 최영승, 334. 이에 대하여 예외적 의무설은 원칙적으로 공소장변경요구는 법원의 재량에 속하지만, 공소장변경요구를 하지 않아 무죄판결을 하는 것이 현저히 정의에 반하는 경우에는 예외적으로 법원의 의무가 된다는 견해로서 노명선/이완규, 410; 배종대/이상돈/정승환/이주원, 432; 신동운, 604.

31) 이재상/조균석, 456.

32) 대판 1999.12.24. 99도3003.

33) 법원의 공소장변경요구는 검사에게 권고적 효력에 그치므로 검사가 이에 복종할 의무가 없다고 하는 견해이다. 우리나라와 달리 일본의 다수설과 판례의 입장이다. 즉 검사가 공판청구의사의 내용, 피고인의 방어상황 등을 고려하여 법원이 석명권을 행사하면 명령까지는 필요 없다고 판시(最判 昭和58年9月6日[刑集37卷7号930頁])하고 있을 뿐 아니라, 다수설도 기소장에 기재한 소인을 고집하여 소인변경에 응하지 않은 경우 법원은 소인변경명령을 발할 의무가 없다(安富 潔, 195)고 하여 권고효설의 입장을 취하고 있다.

34) 배종대/이상돈/정승환/이주원, 433; 손동권/신이철, 444; 이재상/조균석, 457; 임동규, 363; 차용석/최용성, 382. 이에 대하여 명령효설은 그 의무이행을 강제할 방법이 없으므로 사실상 권고효설과 차이가 없다고 하여 검사에게 공소장변경의 의무를 부과하면서 동시에 그 이행강제의 수단도 확보하기 위한 수정된 명령효설을 주장하고 있다(신동운, 606).

35) 법원의 공소장변경요구에 대하여 검사가 불응한 경우 공소장변경을 시키는 효력이 있다고 하는 견해

(3) 상소심의 공소장변경

공소장변경은 법률심인 상고심에서는 허용되지 않는다. 이것은 상고심이 독자적인 증거조사를 인정하지 않는 사후심이므로 변경된 범죄사실에 관한 심증형성을 할 수 없기 때문이다.[36] 다만 항소심은 그 구조와 관련하여 견해의 대립이 있으나, 항소심은 원칙적으로 속심으로 보아야 하고, 항소심의 사후심적 구조는 소송경제를 위하여 이를 제한하는데 불과하기 때문에 당연히 공소장변경이 허용된다고 해석하는 것이 타당하며, 판례[37]의 입장이기도 하다.

제2절 공판의 준비절차

[39] 제1 공판의 준비

Ⅰ. 공판준비의 개념과 유형

1. 공판준비의 개념

법원은 공판기일에 심리를 신속하고 충실하게 하기 위하여 사전에 충분한 준비가 필요하다. 이처럼 공판기일의 심리를 준비하기 위하여 수소법원이 행하는 일련의 절차를 공판준비라고 한다. 공판준비는 제1회 공판기일 전은 물론 제1회 공판기일 이후에도 할 수 있다(제266조의15). 다만 수소법원과 관계없이 지방법원 판사가 행하는 증거보전절차(제184조), 증인신문절차(제221조의2) 및 각종의 영장발부는 공판준비에 포함되지 않는다.

2. 공판준비의 유형

공판준비는 광의의 공판준비와 협의의 공판준비의 두 가지 유형이 있다. ①

---

36) 배종대/이상돈/정승환/이주원, 433.
37) 대판 2014.1.16. 2013도7101.

광의의 공판준비 또는 일반적 의미의 공판준비는 공판기일의 심리를 준비하는 일련의 모든 절차를 말하기 때문에 협의의 공판준비도 여기에 포함된다. 이에 대하여 ② 협의의 공판준비는 공판기일의 효율적이고 집중적인 심리를 위하여 법에 규정된 일정한 형식적 준비절차로 공판준비절차라고 한다. 공판준비절차는 다시 제1회 공판기일 전에 행하는 '기일 전 공판준비절차'와 제1회 공판기일 이후에 공판기일과 공판기일 사이에 행하는 '기일 간 공판준비절차'로 구분된다.

II. 공판준비의 내용

1. 공소장부본의 송달

법원은 공소의 제기가 있는 때에는 지체 없이 공소장부본을 피고인 또는 변호인에게 송달하여야 한다. 단 제1회 공판기일 전 5일까지 송달되어야 한다(제266조). 그러나 공소장부본의 송달이 없거나 5일의 유예기간을 두지 아니하고 송달이 있었던 경우에 피고인은 공판기일의 모두진술에서 이익이 되는 사실을 진술하는 시점까지 심리개시에 대하여 이의신청을 할 수 있다(제286조 ②항). 이 경우 법원은 공판기일의 지정을 취소하거나 이를 변경하여야 한다.[38]

2. 의견서의 제출

피고인 또는 변호인은 공소장부본을 송달받은 날로부터 7일 이내에 ① 공소사실에 대한 인정 여부, ② 공판준비절차에 대한 의견 등을 기재한 의견서를 법원에 제출하여야 한다. 다만 피고인이 진술을 거부하는 경우에는 그 취지를 기재한 의견서를 제출할 수 있다(제266조의2 ①항). 법원은 피고인 또는 변호인으로부터 의견서가 제출된 때에는 이를 검사에게 송부하여야 한다(동조 ②항).

피고사건이 국민참여재판의 대상사건인 경우에는 피고인은 공소장 부본을 송달받은 날부터 7일 이내에 국민참여재판을 원하는지 여부에 관한 의사가 기재된 서면을 법원에 제출하여야 하며(국민참여재판법 제8조 ②항), 피고인이 서면을 제출하지 아니한 때에는 국민참여재판을 원하지 아니하는 것으로 본다(동조 ③항).

---

38) 법원실무제요(형사) I , 476.

3. 국선변호인선정에 관한 고지

필요적 변호사건에 관하여 변호인이 선임되어 있지 아니한 경우에 재판장은 피고인에게 국선변호인을 선정하게 된다는 취지 또는 국선변호인의 선정을 청구할 수 있다는 취지를 서면으로 고지하여야 한다(규칙 제17조 ①항, ②항). 법원은 국선변호인의 선정에 관한 고지를 받은 피고인이 상당한 기간 내에 변호인을 선임하지 아니한 때 및 빈곤 등의 사유에 해당하는 피고인이 국선변호인선정청구를 한 때에는 지체 없이 국선변호인을 선정하고, 피고인 및 변호인에게 그 뜻을 고지하여야 한다(규칙 제17조 ③항).

4. 공판기일의 지정과 변경

(1) 공판기일의 지정

공소장부본이 송달되고 국선변호인의 선정절차가 완료되면 재판장은 공판기일을 정하여야 한다(제267조 ①항). 공판기일은 가능한 한 각 사건에 대한 공판개정 시간을 구분하여 지정하여야 한다(규칙 제124조).

(2) 공판기일의 통지와 소환

공판기일은 검사·변호인과 보조인에게 통지하여야 한다(제267조 ③항). 또한 공판기일에는 피고인·대표자 또는 대리인을 소환하여야 한다(동조 ②항). 다만 법원의 구내에 있는 피고인에 대하여 공판기일을 통지한 때에는 소환장송달의 효력이 있다(제268조). 제1회 공판기일은 소환장의 송달 후 5일 이상의 유예기간을 두어야 한다. 그러나 피고인이 이의 없는 때에는 유예기간을 두지 아니할 수 있다(제269조 ①항, ②항). 공판기일에 소환 또는 통지서를 받은 자가 질병 기타의 사유로 출석하지 못할 때에는 의사의 진단서 기타의 자료를 제출하여야 한다(제271조).

(3) 공판기일의 변경

재판장은 직권 또는 검사·피고인이나 변호인의 신청에 의하여 공판기일을 변경할 수 있다(제270조 ①항). 공판기일 변경신청을 기각한 명령은 송달하지 아니한다(동조 ②항).

5. 공판기일 전의 증거조사

(1) 의 의

피고사건에 대한 실체심리는 원칙적으로 공판기일의 공판정에서 행하여야
한다. 그러나 공판기일의 신속하고 능률적인 심리를 위하여 '공판기일 전'이라도
일정한 범위 내에서 증거를 수집·조사를 할 필요가 있다. 현행법은 ① 공무소 등
에 대한 조회(제272조 ①항), ② 법원의 공판기일 전의 증거조사(제273조)와 ③ 당사
자의 공판기일 전의 증거제출(제274조)을 규정하고 있다. 그러나 이러한 공판기일
전의 증거조사는 법원의 예단을 금지하는 공소장일본주의의 정신에 반할 우려가
있다. 따라서 공판기일 전의 증거조사가 가능한 공판기일은, 제1회 공판기일 이
후의 공판기일을 의미한다고 해석하여야 한다.[39]

(2) 공무소 등에 대한 조회

법원은 직권 또는 검사·피고인이나 변호인의 신청에 의하여 공무소 또는 공
사단체에 조회하여 필요한 사항의 보고[40] 또는 그 보관서류의 송부를 요구할 수
있다(제272조 ①항). 이처럼 공판기일 전에 증거를 수집하여 공판기일에 신속한 심
리가 이루어질 수 있도록 하고 있다. 따라서 법원은 검사나 피고인·변호인의 신청
이 부적법하거나 이유 없는 때에는 결정으로 그 신청을 기각하여야 한다(동조 ②항).

(3) 법원의 증거조사

법원은 검사·피고인 또는 변호인의 신청에 의하여 공판준비에 필요하다고
인정한 때에는 공판기일 전에 피고인 또는 증인을 신문할 수 있고 검증·감정 또
는 번역을 명할 수 있다(제273조 ①항). 다만 증거조사는 당사자의 신청이 있을 때
에만 할 수 있다. 이 경우 재판장은 수명법관으로 하여금 증거조사를 하게 할 수
있으며, 이 신청을 기각할 때에는 결정으로 하여야 한다(제273조 ②항, ③항).

---

39) 배종대/이상돈/정승환/이주원, 439; 손동권/신이철, 458; 이재상/조균석, 460. 이에 대하여 제
1회 공판기일 이전에도 가능하다고 보는 견해로는 임동규, 371.
40) 교도소에 전과사실이나 출소일자 등을 조회하는 경우는 물론 사건의 실체에 관계되는 사항
을 관청, 은행, 회사에 조회할 수 있다.

(4) 당사자의 증거제출

공판기일 전의 증거조사절차에서 작성된 피고인신문조서, 증인신문조서, 감정인의 감정서 및 감정인신문조서, 번역서와 공판기일 전에 검사·피고인 또는 변호인이 법원에 제출한 서류나 물건은 공판기일에서의 증거조사를 거쳐서 이를 증거로 할 수 있다(제291조 ①항, ②항).

Ⅲ. 증거개시제도

1. 증거개시의 의의

증거개시는 검사 또는 피고인·변호인이 자신이 보유하고 있는 증거를 '공판기일 전'에 공개하여 공판에서의 피고인의 방어준비와 공판절차가 실효성 있게 진행되기 위하여 도입된 제도이다.

2. 증거개시의 대상

(1) 검사의 증거개시

(가) 증거개시의 신청

피고인 또는 변호인은 검사에게 공소제기된 사건에 관하여 서류 또는 물건의 목록과 공소사실의 인정 또는 양형에 미칠 수 있는 서류 또는 물건의 열람·등사 또는 서면의 교부를 신청할 수 있다. 다만 피고인에게 변호인이 있는 경우에는 피고인은 열람만을 신청할 수 있다(제266조의3 ①항).

(나) 증거개시의 대상

검사가 증거개시를 해야 할 대상은 ① 증거목록과 ② 공소사실의 인정 또는 양형에 영향을 미칠 수 있는 서류[41]·물건·서면으로 구분할 수 있다(제266조의3 ①항). 증거목록의 개시는 무제한인 반면, 서류·물건·서면에 대한 증거개시는 그

---

41) 이러한 서류에는, 1. 검사가 증거로 신청할 서류 등, 2. 검사가 증인으로 신청할 사람의 성명·사건과의 관계 등을 기재한 서면 또는 그 사람이 공판기일 전에 행한 진술을 기재한 서류 등, 3. 서면 또는 서류 등의 증명력과 관련된 서류 등, 4. 피고인 또는 변호인이 행한 법률상·사실상 주장과 관련된 서류 등이 있다(제266조 ①항 1호~4호).

것들이 공소사실의 인정 또는 양형에 미칠 수 있는 것이어야 한다. 여기서 서류는 도면·사진·녹음테이프·비디오테이프·컴퓨터용디스크, 그 밖에 정보를 담기 위하여 만들어진 물건으로서 문서가 아닌 특수매체를 포함한다(동조 ⑥항).

(다) 증거개시의 제한

검사는 국가안보, 증인보호의 필요성, 증거인멸의 염려, 관련사건의 수사에 장애를 가져올 것으로 예상되는 구체적인 사유와 상당한 이유가 있다고 인정하는 때에는 열람·등사 및 서면의 교부를 거부하거나 그 범위를 제한할 수 있다(제266조의3 ②항). 이 경우 검사는 지체 없이 그 이유를 서면으로 통지하여야 한다. 그러나 검사는 서류 등의 목록에 대하여 열람·등사를 거부할 수 없다(동조 ③항, ⑤항).

(2) 피고인·변호인의 증거개시

(가) 증거개시의 요구

형사소송법은 검사의 증거개시와 함께 피고인 또는 변호인이 보유하고 있는 일정한 서류 또는 물건에 대한 열람·등사권을 검사에게도 인정하고 있다(제266조의11). 다만 검사의 증거개시는 원칙적으로 '전면적 개시'인데 반하여 피고인 측의 증거개시는 일정한 사유를 전제로 하는 '제한적 개시'라는 점에서 구별된다.

(나) 증거개시의 사유와 대상

검사는 피고인 또는 변호인이 공판기일 또는 공판준비절차에서 현장부재·심신상실 또는 심신미약 등 법률상·사실상의 주장을 한 때에는 피고인 또는 변호인에게 증거개시를 요구할 수 있다(제266조의11 ①항). 증거개시의 대상이 되는 서류 등은 검사의 경우와 같다(동조 ①항 1호~4호).

(다) 증거개시의 거부

피고인 또는 변호인은 검사가 검사 측의 서류 등에 대한 증거개시신청을 거부한 때에는 피고인 측의 서류 등의 열람·등사 또는 서면의 교부를 거부할 수 있다. 다만 법원이 피고인·변호인의 증거개시신청을 기각하는 결정을 한 때에는 그러하지 아니하다(제266조의11 ②항).

(3) 증거개시에 관한 법원의 결정

(가) 법원에 대한 증거개시신청

피고인 또는 변호인은 검사가 서류 등의 증거개시를 거부하거나 그 범위를 제한한 때에는 법원에 그 서류 등의 증거개시를 허용하도록 할 것을 신청할 수 있다(제266조의4 ①항). 또한 검사도 피고인 또는 변호인이 증거개시를 거부하면 법원에 증거개시를 허용하도록 할 것을 신청할 수 있다(제266조의11 ③항).

(나) 법원의 결정

법원은 당사자의 신청이 있는 때에는 ① 열람·등사 또는 서면의 교부를 허용하는 경우에 생길 폐해의 유형·정도, ② 피고인의 방어 또는 재판의 신속한 진행을 위한 필요성 및 ③ 해당 서류 등의 중요성 등을 고려하여 증거개시를 허용할 것을 명할 수 있다. 이 경우 열람 또는 등사의 시기·방법을 지정하거나 조건·의무를 부과할 수 있다(제266조의4 ②항). 법원은 증거개시결정을 하는 때에는 상대방에게 의견을 제시할 수 있는 기회를 부여하여야 한다(동조 ③항). 또한 법원은 필요하다고 인정하는 때에는 상대방에게 해당 서류 등의 제시를 요구할 수 있고, 증거개시의 신청인 등을 심문할 수 있다(동조 ④항).

(다) 법원의 증거개시 결정의 효력

증거개시에 관한 법원의 결정을 지체 없이 이행하지 아니한 당사자는 해당 증인 및 서류 등에 대한 증거신청을 할 수 없다(동조 ⑤항).[42]

[40] 제2 공판준비절차

I. 공판준비절차의 의의

형사소송법은 앞에서 서술한 공판준비(광의의 공판준비) 이외에 공판기일의 효율적이고 집중적인 심리를 위하여 공판준비절차(협의의 공판준비)를 도입하였다(제

---

[42] 법원의 열람·등사 허용결정에도 불구하고 검사가 이를 신속하게 이행하지 아니하는 것은 피고인의 신속하고 공정한 재판을 받을 권리 및 변호인의 조력을 받을 권리를 침해하여 헌법에 위반한다(헌재 2010.6.24. 2009헌마257).

266조의5~15). 이를 공판 전 준비절차라고도 한다. 즉 공판준비절차란 법원의 효율적이고 집중적인 심리를 위하여 수소법원이 주도하여 검사·피고인 또는 변호인의 의견을 들어 제1회 공판기일 이전에 사건의 쟁점과 증거를 정리하는 절차를 말한다.

Ⅱ. 공판준비절차의 대상과 유형

1. 공판준비절차의 대상

공판준비절차의 대상은 효율적이고 집중적인 심리가 필요한 사건이다(제266조의5 ①항). 따라서 국민참여재판에 있어서는 공판준비절차가 필수적(국민참여재판법 제36조 ①항)이나, 배심원이 참여하지 않는 일반사건에 있어서는 법원이 필요하다고 스스로 결정한 사건이 그 대상이 된다. 즉 ① 사안이 복잡하고 쟁점이 많은 사건, ② 증거관계가 많거나 복잡한 사건, ③ 증거개시가 문제된 사건 등이 여기에 해당한다.[43]

2. 공판준비절차의 유형

(1) 서면제출에 의한 공판준비와 공판준비기일

공판준비절차는 ① 주장 및 입증계획 등을 서면으로 준비하게 하는 경우와 ② 공판준비기일을 열어 진행하는 경우의 두 가지가 있다(제266조의5 ②항).

(2) 기일 전 공판준비절차와 기일 간 공판준비절차

공판준비절차는 다시 ① 제1회 공판기일 전에 열리는 기일 전 공판준비절차와 ② 제1회 공판기일 이후에 열리는 기일 간 공판준비절차로 구분할 수 있다. 공판준비절차는 공판기일의 집중심리를 도모하기 위한 제도이므로 기일 전 공판준비절차가 원칙이다.

---

43) 이재상/조균석, 461.

Ⅲ. 서면제출에 의한 공판준비

1. 당사자의 서면제출

검사·피고인 또는 변호인은 법률상·사실상 주장의 요지 및 입증취지 등이 기재된 서면을 법원에 제출할 수 있다(제266조의6 ①항). 또한 재판장은 검사·피고인 또는 변호인에 대하여 위의 서면을 제출하도록 명할 수 있다(동조 ②항).

2. 법원의 처분

법원은 당사자의 서면이 제출된 때에는 그 부본을 상대방에게 송달하여야 하며(동조 ③항), 재판장은 검사·피고인 또는 변호인에게 공소장 등 법원에 제출된 서면에 대한 설명을 요구하거나 그 밖에 공판준비에 필요한 명령을 할 수 있다(동조 ④항).

Ⅳ. 공판준비기일의 공판준비

1. 공판준비기일의 실시

(1) 공판준비기일의 지정

공판준비절차는 수소법원이 주재한다. 즉 재판장은 효율적이고 집중적인 심리를 위하여 공판준비절차에 부칠 수 있고(제266조의5 ①항), 법원은 검사·피고인 또는 변호인의 의견을 들어 공판준비기일을 지정할 수 있다(제266조의7 ①항).

(2) 당사자의 출석

공판준비기일에는 검사 및 변호인의 출석이 필수요건이며, 이를 위해 법원은 검사·피고인 및 변호인에게 공판준비기일을 통지하여야 한다(제266조의8 ①항, ③항). 또한 법원은 공판준비기일이 지정된 사건에 관하여 변호인이 없는 때에는 직권으로 국선변호인을 선정하여야 한다(동조 ④항). 다만 피고인의 출석은 의무사항이 아니지만, 법원은 필요하다고 인정할 경우 피고인을 출석하게 할 수 있고, 피고인도 원하는 경우에는 법원의 소환이 없더라도 공판준비기일에 출석할 수 있다

(동조 ⑤항). 이 경우 재판장은 출석한 피고인에게 진술을 거부할 수 있음을 알려 주어야 한다(동조 ⑥항).

(3) 공판준비기일의 진행

공판준비기일은 공개진행을 원칙으로 하지만, 공개하는 것이 절차의 진행을 방해할 우려가 있는 때에는 비공개로 진행할 수 있다(제266조의7 ④항).

(4) 공판준비기일 결과의 확인

법원은 공판준비기일을 종료하는 때에는 검사·피고인 또는 변호인에게 쟁점 및 증거에 관한 정리결과를 고지하고, 이에 대한 이의의 유무를 확인하여야 한다(제266조의10 ①항). 또한 법원은 쟁점 및 증거에 관한 정리결과를 공판준비기일조서에 기재하여야 한다(동조 ②항).

2. 공판준비의 내용

법원은 공판준비절차에서 다음과 같은 행위를 할 수 있다(제266조의9 ①항).

(1) 공소장의 보완과 변경

법원은 검사에게 ① 공소사실 또는 적용법조를 명확하게 하는 행위와 ② 공소사실 또는 적용법조의 추가·철회 또는 변경을 허가할 수 있다(동조 ①항 1호, 2호).

(2) 쟁점의 정리

법원은 검사·피고인 및 변호인에 대하여 공소사실과 관련하여 주장할 내용을 명확히 하여 사건의 쟁점을 정리하도록 할 수 있으며, 그 밖에 공소사실에 포함된 수치의 계산 내용이나 복잡한 내용에 관하여 설명하도록 할 수 있다(동조 ①항 3호, 4호).

(3) 증거의 신청 및 증거결정

법원은 공판준비절차에서 당사자에게 증거신청을 하도록 하는 행위, 신청된 증거와 관련하여 입증취지 및 내용 등을 명확하게 하는 행위, 증거신청에 관한 의견을 확인하는 행위, 증거의 채부(採否)를 결정하는 행위, 증거조사의 순서 및 방법을 정하는 행위를 할 수 있다(동조 ①항 5호~9호).

(4) 기타 준비행위

법원은 공판준비절차에서 서류 등의 열람·등사와 관련된 신청의 당부를 결정하는 행위, 공판기일을 지정 또는 변경하는 행위, 그 밖에 공판절차의 진행에 필요한 사항을 정하는 행위를 할 수 있다(동조 ①항 10호~12호).

(5) 이의신청

공판준비절차에서도 검사·피고인 또는 변호인은 증거조사에 관하여 이의신청(동조 ②항, 제296조 ①항)은 물론 재판장의 처분에 대해서도 이의신청을 할 수 있다. 이 경우 재판장은 이의신청에 대하여 결정을 하여야 한다(제266조의9 ②항, 제304조).

Ⅴ. 공판준비기일의 종결

1. 종결의 사유

법원은 공판준비절차의 종결사유에 대해 ① 쟁점 및 증거의 정리가 완료된 때, ② 사건을 공판준비절차에 부친 뒤 3개월이 지난 때, ③ 검사·변호인 또는 소환받은 피고인이 출석하지 아니한 때 중에서 하나에 해당하는 사유가 있는 경우에는 공판준비절차를 종결하여야 한다고 규정하고 있다. 다만 ②와 ③에 해당하는 경우로서 공판준비를 계속하여야 할 상당한 이유가 있는 때에는 그러하지 아니하다(제266조의12).

2. 종결의 효과

공판준비절차의 목적에 비추어 볼 때 공판준비기일에서 신청하지 못한 증거는 이후에 신청할 수 없도록 하는 것이 원칙이다. 그러나 실체적 진실발견과 피고인의 방어권의 보호라는 형사절차의 본질적 요청에 따라 공판준비기일에 신청하지 못한 증거라도 ① 그 신청으로 인하여 소송을 현저히 지연시키지 아니하거나 또는 ② 중대한 과실 없이 공판준비기일에 제출하지 못하는 등 부득이한 사유를 소명한 경우에 한하여 공판기일에 신청할 수 있다(제266조의13 ①항). 그러나 이러한 제한은 법원이 직권으로 증거조사를 하는 것을 방해하지 않는다(동조 ②항).

3. 공판준비기일의 재개와 기일 간 공판준비절차

법원은 필요하다고 인정하는 때에는 직권 또는 당사자의 신청에 의하여 결정으로 종결한 공판준비기일을 재개할 수 있다(제266조의14, 제305조). 또한 법원은 쟁점 및 증거의 정리를 위하여 필요한 경우에는 제1회 공판기일 후에도 사건을 공판준비절차에 부칠 수 있다. 이를 기일 간 공판준비절차라고 한다. 이 경우는 공판준비절차에 관한 규정이 준용된다(제266조의15).

제 3 절 공판정의 심리

[41] 제 1 공판정의 구성

Ⅰ. 공판정의 구성요소

공판준비절차가 끝나면 공판기일의 심리에 들어가게 된다. 공판기일의 심리는 공판정에서 한다. 여기서 공판기일이란 판사·당사자·그 외의 소송관계자가 공판정에 모여 소송행위를 하는 때를 말하며, 공판정은 공개된 법정을 의미하고 판사와 검사·법원사무관 등이 출석하여 개정한다(제275조 ②항). 그리고 법정은 법원에서 개정하는 것을 원칙으로 한다(법원조직법 제56조 ①항). 공판정에서 검사의 좌석과 피고인 및 변호인의 좌석은 대등하며 법대의 좌우측에 마주 보고 위치하고, 증인의 좌석은 법대의 정면에 위치한다. 다만 피고인신문을 하는 때에는 피고인은 증인석에 좌석한다(제275조 ③항).

Ⅱ. 소송관계인의 출석

1. 피고인의 출석권

(1) 출석의 권리와 의무

피고인이 공판기일에 출석하지 않으면 특별한 규정이 없는 한 개정하지 못한다(제276조). 즉 피고인은 출석권을 가지고 있으므로 피고인의 출석은 공판개정의 요건이다. 피고인의 공판정 출석은 피고인의 권리인 동시에 의무이다. 따라서 공판정에 출석한 피고인은 재판장의 허가 없이 퇴정하지 못하며, 재판장은 피고인을 재정시키기 위하여 필요한 처분을 할 수 있다(제281조 ①항, ②항).

(2) 신뢰관계자의 동석

형사소송법은 사회적 약자 등 피고인을 위해 특별한 보호가 필요한 경우에 신뢰관계자를 동석하게 할 수 있다. 즉 재판장 또는 법관은 피고인을 신문할 때 ① 피고인이 신체적 또는 정신적 장애로 사물을 변별하거나 의사를 결정·전달할 능력이 미약한 경우, ② 피고인의 연령·성별·국적 등의 사정을 고려하여 그 심리적 안정의 도모와 원활한 의사소통을 위하여 필요한 경우에는 직권 또는 피고인·법정대리인·검사의 신청에 따라 피고인과 신뢰관계에 있는 자를 동석하게 할 수 있다(제276조의2 ①항). 여기서 신뢰관계 있는 자란 피고인의 배우자, 직계친족, 형제자매, 가족, 동거인, 고용주 그 밖에 피고인의 심리적 안정과 원활한 의사소통에 도움을 줄 수 있는 자를 말한다(규칙 제126조의2 ①항).

2. 피고인출석의 예외

(1) 의사능력자 또는 법인인 경우

(가) 의사무능력자

형법의 책임능력에 관한 규정(형법 제9조~제11조)이 적용되지 않는 범죄사건의 피고인이 의사무능력자인 경우에는 그 법정대리인이 소송행위를 대리하며(제26조), 법정대리인이 없는 경우 법원이 선임한 특별대리인이 그 임무를 행한다(제28조). 따라서 이 경우에는 피고인의 출석이 공판개정의 요건이 아니라 그 법정대리인 또는 특별대리인의 출석이 공판개정의 요건이 된다.

(나) 법 인

피고인이 법인인 때에는 법인이 소송행위를 할 수 없으므로 대표자가 출석하여야 한다(제27조 ①항). 이 경우에 대표자가 반드시 출석할 것을 요하지 않고 대리인을 출석하게 할 수 있다(제276조 단서).

(2) 경미한 사건의 경우

(가) 벌금 또는 과료에 해당하는 사건

법정형이 다액 500만원 이하의 벌금 또는 과료에 해당하는 사건에 관하여는 피고인의 출석을 요하지 아니한다(제277조 1호). 그러나 이 경우 피고인의 출석권이 상실되는 것이 아니기 때문에 법원이 피고인을 소환하면 피고인은 대리인을 출석하게 할 수 있다(동조 단서).

(나) 법원의 허가에 의한 불출석

장기 3년 이하의 징역 또는 금고, 다액 500만원을 초과하는 벌금 또는 구류에 해당하는 사건에서 피고인의 불출석허가신청이 있고 법원이 피고인의 불출석이 그의 권리를 보호함에 지장이 없다고 인정하여 이를 허가한 사건에 관하여는 피고인의 출석을 요하지 않는다(제277조 3호). 다만 이 경우에도 인정신문이나 판결선고 시에는 피고인이 출석하여야 한다(동조 3호 단서).

(다) 약식명령에 대한 정식재판에서의 판결선고

약식명령에 대하여 피고인만이 정식재판을 청구하여 공판절차가 진행된 사건에서 판결을 선고하는 경우에도 피고인의 출석을 요건으로 하지 않는다(동조 4호).

(라) 즉결심판사건

즉결심판에 의하여 피고인에게 벌금 또는 과료를 선고하는 경우에도 피고인의 출석을 요하지 아니한다(즉결심판법 제8조의2 ①항).

(3) 피고인에게 유리한 재판을 하는 경우

(가) 공소기각 또는 면소의 재판

공소기각(제327조, 제328조) 또는 면소의 재판(제326조)을 할 것이 명백한 사건에 관하여는 피고인의 출석을 요하지 않는다(제277조 2호).

(나) 피고인의 심신상실 또는 질병으로 인한 무죄판결

피고인에게 사물의 변별능력 또는 의사결정능력이 없거나, 피고인이 질병으로 출정할 수 없는 때에는 공판절차를 정지하여야 한다(제306조 ①항, ②항). 그러나 피고인에게 무죄·면소·형의 면죄·공소기각의 재판을 할 것이 명백한 때에는 피고인의 출정 없이 재판할 수 있다(동조 ④항). 이것은 피고인에게 유리한 재판이기 때문이다.

(4) 피고인이 퇴정하거나 퇴정명령을 받은 경우

(가) 일시퇴정의 경우

재판장은 증인 또는 감정인이 피고인 앞에서 충분한 진술을 할 수 없다고 인정한 때에는 피고인에게 일시퇴정을 명령할 수 있다(제297조 ①항). 이 경우 증인·감정인 또는 공동피고인의 진술이 종료한 때에는 퇴정한 피고인을 입정하게 한 후 서기로 하여금 진술의 요지를 고지하게 하여야 한다(동조 ②항).

(나) 무단퇴정과 퇴정명령

피고인이 재판장의 허가 없이 퇴정하거나 재판장의 질서유지를 위한 퇴정명령을 받은 때에는 피고인의 진술 없이 판결할 수 있다(제330조). 그러나 이러한 경우에 판결 이외의 증거조사, 최종변론 등의 '심리'에서도 가능하다고 하는 입장이 다수설[44] 및 판례[45]의 태도이다. 이것은 피고인이 그의 책임 있는 사유로 당사자로서의 출석권을 포기 또는 상실한 것이기 때문이다.

(5) 피고인이 불출석하는 경우

(가) 피고인의 소재불명

제1심 공판절차에서 피고인에 대한 송달불능보고서가 접수된 때로부터 6개월이 경과하도록 피고인의 소재가 확인되지 아니한 경우에는 피고인의 진술 없이

---

44) 손동권/신이철; 463; 이재상/조균석, 469; 임동규, 380; 정웅석/백승민, 500.
45) 대판 1991.6.28. 91도865. '필요적 변호사건이라 하여도 피고인이 재판거부의 의사를 표시하고 재판장의 허가 없이 퇴정하고 변호인마저 이에 동조하여 퇴정해 버린 것은 모두 피고인 측의 방어권의 남용 내지 변호권의 포기로 볼 수밖에 없는 것이므로 수소법원으로서는 형사소송법 제330조에 의하여 피고인이나 변호인의 재정 없이도 심리판결할 수 있다.

재판할 수 있다. 다만 사형·무기 또는 장기 10년 이상의 징역이나 금고에 해당하는 사건의 경우에는 그러하지 아니하다(소송촉진법 제23조). 이것은 피고인의 소재불명으로 인한 공판중단을 구제하려는 데 그 취지가 있다. 그러나 헌법재판소는 이 규정이 피고인의 공정한 재판을 받을 권리를 침해하고 적정절차의 원칙에 반한다는 이유로 위헌결정을 하였다.[46)]

(나) 구속피고인의 출석거부

구속된 피고인이 정당한 사유 없이 출석을 거부하고, 교도관에 의한 인치가 불가능하거나 현저히 곤란하다고 인정되는 때에는 피고인의 출석 없이 공판절차를 진행할 수 있다(제277조의2 ①항). 이에 따라 공판준비를 진행한 법원은 출석한 검사 및 변호인의 의견을 들어야 한다(동조 ②항).

(다) 항소심의 특칙

항소심에서 피고인이 공판기일에 출정하지 아니한 때에는 다시 기일을 정하여야 한다. 그러나 피고인이 다시 정한 기일에 정당한 사유 없이 출정하지 않으면 피고인의 진술 없이 재판을 진행할 수 있다(제365조 ①항, ②항).[47)]

(라) 정식재판청구에 의한 공판절차의 특칙

약식명령에 대하여 정식재판을 청구한 피고인이 정식재판의 공판기일에 2회 출석하지 아니한 경우에는 피고인의 출석 없이 심판할 수 있다(제458조 ②항, 제365조).

(마) 기타 피고인의 출석이 부적당한 경우

상고심은 법률심이므로 변호인 이외의 자는 변론할 수 없을 뿐만 아니라 사후심으로서 서면심리의 원칙이 지배하기 때문에 상고심의 공판절차에서는 피고인의 출석을 요하지 않는다(제389조의2). 또한 「치료감호등에관한법률」에 의한 피치료감호청구인이 심신장애로 공판기일에 출석이 불가능한 경우에도 법원은 피치료감호청구인의 출석 없이 개정할 수 있다(동법 제9조).

---

46) 헌재 1998.7.16. 97헌바22.
47) 대판 2010.1.28. 2009도12430. '이와 같이 피고인의 진술 없이 판결할 수 있기 위해서는 피고인이 적법한 공판기일 소환장을 받고도 정당한 이유 없이 출정하지 아니할 것을 필요로 한다.'

3. 검사와 변호인의 출석

(1) 검사의 출석

검사의 출석은 공판개정의 요건으로서 검사의 출석 없이는 원칙적으로 개정할 수 없다(제275조 ②항). 다만 검사가 공판기일의 통지를 2회 이상 받고 출석하지 아니하거나 판결만을 선고하는 때에는 검사의 출석 없이 개정할 수 있다(제278조). 이 경우 재판장은 공판정에서 소송관계인에게 그 취지를 고지하여야 한다(규칙 제126조의6).

(2) 변호인의 출석

변호인은 당사자가 아니므로 변호인의 출석 없이 개정할 수 있다. 다만 필요적 변호사건(제282조)과 국선변호사건(제33조)에 대하여는 변호인 없이 개정할 수 없다(제282조, 제283조). 그러나 필요적 변호사건에 있어서 변호인이 임의로 퇴정하거나 퇴정명령을 받은 경우[48]와 판결만을 선고하는 경우에는 변호인 없이 개정할 수 있다(제282조 단서).

Ⅲ. 소송지휘권

1. 소송지휘권의 의의

(1) 소송지휘권의 개념

현행법은 당사자주의적 소송구조를 취하고 있기 때문에 소송의 진행은 당사자가 주도적으로 공격·방어하는 형태로 이루어진다. 이 때 소송의 진행을 질서 있게 하고 심리를 원활하게 하기 위한 법원의 합목적적 활동을 소송지휘권이라고 한다. 소송지휘권은 수소법원의 고유한 권한이지만, 공판기일에는 소송의 신속·효율적인 진행을 위해 재판장에게 포괄적으로 위임되어 있다(제279조).

(2) 법정경찰작용과의 구별

법정경찰작용은 법정 내의 심판활동에 대한 방해를 배제하기 위한 활동이라는 점에서 광의의 소송지휘권개념에 포함된다. 그러나 법정경찰권은 소송당사자

---

48) 대판 1990.6.8. 90도646.

뿐만 아니라 방청인을 포함한 재정인은 물론 구체적 상황 하에서는 법정 외에 있는 자에게도 미친다는 점에서 소송지휘권과 구별된다. 즉 법정경찰은 사건의 실체와 관계없이 법정의 질서유지만을 목적으로 하는 일종의 사법행정작용이라는 점에서 구별된다.

2. 소송지휘권의 내용

(1) 재판장의 소송지휘권

공판기일의 소송지휘권은 재판장에게 있다(제279조). 소송지휘권은 본래 법원의 고유권한이지만 그 성질상 신속하고 적절히 행사될 것이 요구되기 때문에 재판장에게 위임되어 있다. 재판장의 소송지휘권 중 중요한 내용은 형사소송법과 그 규칙에 규정되어 있다. ① 공판기일의 지정과 변경(제267조, 제270조), ② 증인신문순서의 변경(제161조의2 ③항), ③ 인정신문(제284조), ④ 불필요한 변론의 제한(제299조), ⑤ 석명권(규칙 제141조 ①항)[49] 등이 그 대표적인 예이다. 다만 석명권은 재판장뿐만 아니라 합의부원에 대해서도 인정되는 점에 그 특색이 있다(규칙 제141조 ①항).

(2) 법원의 소송지휘권

공판기일에서의 소송지휘라 할지라도 중요한 사항은 법률에 의하여 법원에 유보되어 있다. ① 국선변호인의 선임(제283조), ② 특별대리인의 선임(제28조), ③ 증거신청에 대한 결정(제295조), ④ 공소장변경의 허가와 요구(제298조 ①항, ②항), ⑤ 증거조사에 대한 이의신청의 결정(제296조 ②항), ⑥ 재판장의 처분에 대한 이의신청의 결정(제304조 ②항), ⑦ 공판절차의 정지(제306조 ①항, ②항), ⑧ 변론의 분리·병합·재개(제300조, 제305조) 등이 있다.

3. 소송지휘권의 행사와 불복

(1) 소송지휘권의 행사방법

재판장의 소송지휘권은 법률에 명문의 규정이 있는 경우에 한하여 할 수

---

49) 석명(釋明)이란, 사건의 내용을 명확히 하기 위하여 당사자에 대하여 사실상 또는 법률상의 사항을 석명(질문)하여 그 진술 내지 주장을 보충·정정할 기회를 주고 입증을 촉구하는 것을 말한다(규칙 제141조).

있으며, 그리고 법원(합의부)의 의사에 반하지 않는 범위 안에서만 행사할 수 있다. 소송지휘권은 본래 법원의 권한이기 때문이다. 또한 법원의 소송지휘권은 결정의 형식을 취하고, 재판장의 소송지휘권은 명령의 형식에 의하는 것이 일반적이지만, 재판장이 결정에 의하여 소송지휘권을 행사하는 것이 금지되는 것은 아니다.[50]

(2) 소송지휘권에 대한 불복

당사자 등 소송관계인은 재판장 또는 법원의 소송지휘권에 대하여 복종할 의무가 있다. 재판장의 처분에 대한 이의신청은 법령의 위반이 있는 경우에만 허용된다(규칙 제136조). 다만 법원의 소송지휘권의 행사는 판결 전 소송절차에 관한 결정이므로 특히 즉시항고를 할 수 있는 경우를 제외하고는 항고가 허용되지 않는다(제403조 ①항).

Ⅳ. 법정경찰권

1. 법정경찰권의 의의

법정경찰권은 법정의 질서를 유지하고 공판심리의 방해를 예방·배제하기 위하여 법원이 하는 권력작용을 말한다. 본래 법정경찰권도 법원의 권한에 속하지만 질서유지의 신속성과 기동성을 위하여 재판장의 권한으로 규정되어 있다(법원조직법 제58조 ①항).

2. 법정경찰권의 적용범위

법정경찰권은 ① 재정(在廷)하는 모든 사람에게 미치고(인적 적용범위), ② 시간적으로는 법정의 개정 중은 물론 이것과 밀착한 전후의 시간에도 미친다(시간적 적용범위). 또한 ③ 장소적으로는 법정 내·외를 불문하고 판사가 심판활동의 방해를 직접 목격하거나 이것을 탐지할 수 있는 장소에까지 미친다(장소적 적용범위)고 하는 것이 일본의 판례[51]의 입장이다.

---

50) 이재상/조균석, 474.
51) 東京高決 昭和57年5月1日[判時1064號133頁].

3. 법정경찰권의 내용

(1) 예방조치

재판장은 법정의 존엄과 질서를 해할 우려가 있는 자의 입정금지 또는 퇴정을 명하거나 기타 법정의 질서유지에 필요한 명령을 내릴 수 있다(법원조직법 제58조 ②항). 예컨대 방청권의 발행이나 그 제한, 소지품의 검사, 피고인에 대한 신체구속의 조치(제280조) 등이 이를 위한 것이다.

(2) 방해배제조치

재판장은 법정의 질서와 존엄을 회복하기 위하여 피고인의 퇴정을 저지하거나 법정의 질서유지를 위해 필요한 방해배제처분을 할 수 있다(제281조). 또한 법정의 질서를 위하여 피고인이나 변호인 또는 방청인에 대한 퇴정명령을 내릴 수 있을 뿐만 아니라 필요한 경우에 관할경찰서장에게 경찰관의 파견을 요구할 수 있다(법원조직법 제60조).

(3) 제재조치

법원은 법정 내·외의 질서유지를 위하여 법원이 발한 명령에 위배되는 행위를 하거나 또는 폭언·소란 등의 행위로 법원의 심리를 방해하거나 재판의 위신을 현저히 훼손한 자에 대하여 20일 이내의 감치 또는 100만원 이하의 과태료에 처하거나 이를 병과할 수 있다(법원조직법 제61조 ①항). 감치는 경찰서 유치장, 교도소 또는 구치소에 유치함으로써 집행한다(동법 제61조 ③항).

[42] 제 2 공판기일의 절차

공판준비절차가 종료된 후 수소법원은 지정된 공판기일에 피고사건에 대한 실체심리를 하게 되며, 이를 공판기일의 절차라고 한다. 공판기일의 절차는 모두절차로 개시되어 사실심리절차와 판결선고절차를 거쳐 종료된다. 이 가운데 중심이 되는 것은 제1심 절차가 사실심이라는 특성상 사실심리절차 가운데 증거조사절차이다. 또한 공판기일의 절차는 그 세부에 이르기까지 엄격히 법적으로 규제되어 있지만, 특별한 사정이 있는 경우는 절차의 변형으로서 변론의 분리·병합·재개 및 공판절차의 정지와 갱신이 행해진다.

I. 모두절차

1. 진술거부권의 고지

모두절차는 제1회 공판기일에 행해지는 최초의 절차로서 피고인에 대한 진술거부권의 고지로 시작하여 재판장의 쟁점정리 및 검사·변호인의 증거관계 등에 대한 진술까지의 절차를 말한다. 즉 모두절차는 진술거부권의 고지에 의해서 시작되나 현행법은 피고인의 방어권을 강화하기 위하여 인정신문을 하기 전에 피고인에게 진술거부권을 고지하도록 하여 인정신문에 대해서도 진술을 거부할 수 있도록 하였다. 이 경우 재판장은 피고인이 진술하지 아니하거나 개개의 질문에 대하여 진술을 거부할 수 있음을 고지하여야 한다(제283조의2). 나아가 재판장은 진술거부권의 고지와 함께 피고인에게 이익되는 사실을 진술할 수 있음도 알려주어야 한다(규칙 제127조).

2. 인정신문

재판장은 피고인의 성명·연령·본적·주거와 직업을 물어서 피고인임에 틀림이 없음을 확인하여야 한다(제284조). 이와 같이 실질적인 심리에 들어가기에 앞서 피고인으로 출석한 사람이 공소장에 기재한 피고인과 동일인인지를 확인하는 절차를 인정신문(人定訊問)이라고 한다.

3. 검사의 모두진술

모두진술(冒頭陳述)은 검사가 사실심리에 들어가기에 앞서 사건의 개요와 입증방침을 밝히는 것을 말한다. 이것을 통하여 법원은 소송지휘의 기초를 마련하고 피고인은 적절한 방어준비를 할 수 있다. 따라서 현행 형사소송법 제285조에 '검사는 공소장에 의하여 공소사실·죄명 및 적용법조를 낭독하여야 한다. 다만 재판장은 필요하다고 인정하는 때에는 검사에게 공소의 요지를 진술하게 할 수 있다'고 하여 모두진술을 구법과 달리 필수적 절차로 규정하였다.

4. 피고인의 모두진술

(1) 의 의

피고인은 검사의 모두진술이 끝난 뒤에 공소사실의 인정 여부를 진술하여야 한다(제286조 ①항). 이를 피고인의 모두진술이라고 한다. 즉 피고인이 진술거부권을 행사하지 않는 이상, 스스로 공소사실의 인정여부를 진술하도록 규정한 것은 사건의 쟁점을 조기에 파악하여 심리의 효율을 도모하기 위한 것이다. 또한 공소사실의 인정여부를 진술한 후, 피고인과 변호인은 이익이 되는 사실 등도 진술할 수 있다(동조 ②항). 예컨대 알리바이의 주장·범행 동기·정상관계 등이 여기에 해당하며, 피고인의 모두진술과 검사의 모두진술에 의하여 당사자 쌍방이 주장하는 쟁점이 명확해 진다.

(2) 모두진술의 내용

피고인은 이익이 되는 사실의 진술기회를 이용하여 관할이전신청(제15조), ① 기피신청(제18조), ② 국선변호인의 선임신청(제33조), ③ 공판기일변경신청(제270조), ④ 변론의 병합·분리의 신청(제300조) 등을 할 수 있다. 또한 ⑤ 토지관할위반의 신청(제320조 ②항), ⑥ 공소장부본송달의 하자에 대한 이의신청(제266조 단서), ⑦ 제1회 공판기일의 유예기간에 대한 이의신청(제269조) 등은 늦어도 이 모두절차단계까지 이의신청을 하지 않으면 그 하자는 치유되어 더 이상 다툴 수 없게 된다.

5. 재판장의 쟁점정리 및 검사·변호인의 증거관계 등에 대한 진술

재판장은 피고인의 모두진술이 끝난 다음에 피고인 또는 변호인에게 쟁점정리를 위하여 필요한 질문을 할 수 있으며, 증거조사에 들어가기 이전에 검사 또는 변호인으로 하여금 공소사실 등의 증명과 관련된 주장 및 입증계획 등을 진술하게 할 수 있다. 이 경우 검사 및 변호인은 증거로 할 수 없거나 증거로 신청할 의사가 없는 자료에 기초하여 법원에 사건에 대한 예단 또는 편견을 발생하게 할 염려가 있는 사항은 진술할 수 없다(제287조). 이것은 증거조사 이전에, 즉 모두절차에서 쟁점을 정리하고 향후 진행될 증거조사를 명확히 하여 증거조사절차를 효율적으로 진행하기 위한 것이다.

II. 사실심리절차

1. 증거조사

(1) 증거조사의 의의

증거조사는 법원이 피고사건의 사실인정과 형의 양정(量定)에 관한 심증을 얻기 위하여 인증·서증·물증 등 각종의 증거방법을 조사하여 그 내용을 파악하는 소송행위를 말한다. 형사소송법은, '증거조사는 제287조의 재판장의 쟁점정리 등의 절차가 끝난 후에 실시한다'(제290조)고 규정하여, 그 실시시기에 관한 명문의 규정을 두고 있다.

증거조사는 공판절차의 필요적 부분으로서, 피고인이 검사의 모두진술에 대한 답변이나 그가 모두진술에서 공소사실의 전부를 자백한 경우에도 그것만으로는 유죄판결을 할 수 없어 반드시 증거조사를 하여야 한다. 이것은 헌법 제12조 제7항과 형사소송법 제310조의 자백보강법칙에 대한 제한 때문이다.

(2) 증거조사의 원칙

증거조사의 주체는 법원으로서 공판기일에 공판정에서 하는 것이 원칙이나 공판정 외에서의 증거조사도 허용된다. 따라서 수소법원이 아닌 수명법관이나 수탁판사가 행하는 증거조사(제167조), 증인의 법정 외의 신문(제165조) 또는 공판기일 전에 행하는 증거조사(제273조) 등도 예외적으로 허용된다. 증거조사는 ① 공개된 법정에서 구술에 의하여 이루어질 뿐만 아니라, ② 증거로서의 자격을 갖춘 증거에 대해서만 허용되며, ③ 그 증거조사의 방법도 증거의 종류에 따라 법률에 엄격하게 규정되어 있다(제292조, 제292조의2, 제292조의3).

(3) 증거조사의 절차

증거조사는 당사자의 신청에 의한 증거조사와 법원의 직권에 의한 증거조사가 있다. 다만 당사자주의를 기본으로 하는 현행법 하에서는 당사자의 청구에 의해서 행하여지는 증거조사가 원칙이고, 법원의 직권에 의한 증거조사는 이를 보충하고 있다. 또한 증거조사의 순서에 관해서는 ① 검사가 신청한 증거를 먼저 조사한 후, ② 피고인 또는 변호인이 신청한 증거를 조사하고, ③ 법원은 검사와 피고인 또는 변호인이 신청한 증거의 조사가 끝난 후에 직권으로 결정한 증거를 조사한다. 이와 같은 순서는 거증책임(擧證責任)이 검사에게 있기 때문이다(규칙 제133조). 다만 법원은 직권이나 검사·피고인 또는 변호인의 신청에 따라 증거조사의 순서를 변경할 수 있다(제291조의2 ③항).

(가) 당사자의 신청에 의한 증거조사

ⅰ) 증거조사의 신청

증거신청은 법원에 대해 특정한 증거조사를 요구하는 행위로서 그 청구권자는 검사·피고인 또는 변호인이다. 또한 이들은 서류나 물건을 증거로 제출할 수 있고, 증인·감정인·통역인 또는 번역인의 신문을 신청할 수 있다(제294조 ①항). 이 경우 신청시기에 대한 제한은 없지만, 재판장의 쟁점정리 등의 절차가 종료된 뒤에 하는 것이 원칙이다. 그러나 공판준비에 필요하다고 인정하는 때에는 공판기일 전의 증거신청도 예외적으로 허용된다(제273조 ①항).

증거조사를 신청함에 있어서는 그 대상인 증거를 특정하여야 하고, 증거와 증명하고자 하는 사실관계, 즉 입증취지도 구체적으로 명시하여야 한다(규칙 제132조의2 ①항). 이것은 증거결정의 여부와 공격방어의 대상을 명확히 하기 위한 것이다.

ⅱ) 증거결정

법원은 증거신청에 대하여 결정을 하여야 하며(제295조), 이 경우 법원이 필요하다고 인정하는 때에는 그 증거에 대한 검사·피고인 또는 변호인의 의견을 들을 수 있다(규칙 제134조 ①항).

법원의 증거결정에는 증거신청을 받아들여 신청된 증거를 조사하기로 하는 채택결정과 증거신청을 채택하지 않는 각하·기각결정 및 직권으로 증거조사를 하는 직권결정이 있다. 다만 법원의 증거결정권에 대한 법적 성격에 대해 견해가 대립되어 있지만, 판례[52]는 증거결정권은 사실심 법관의 전권사항이기 때문에 법원의 '재량행위'에 해당한다고 한다.

---

52) 대판 1995.6.13. 95도826. 일본의 판례도 재량설에 따르고 있다(最判 昭和23年7月29日[刑集2卷 9号1045頁]).

(나) 법원의 직권에 의한 증거조사

ⅰ) 의 의

법원은 직권으로 증거조사를 할 수 있다(제295조 후단). 일반적으로 증거조사는 검사, 피고인·변호인 또는 범죄피해자 등의 증거신청(제161조의2 ④항, 제294조의2 ①항)에 의하여 개시되지만, 법원은 실체적 진실을 밝혀야 하는 의무가 있을 뿐만 아니라, 피고인의 입증활동이 충분하지 못한 경우에 이를 보충할 필요가 있기 때문이다.

ⅱ) 증거조사의 범위

직권증거조사의 성질에 관해서는 학설의 대립이 있지만, 법원의 권한인 동시에 의무로 보는 견해가 다수설53) 및 판례54)의 입장이다. 따라서 법원의 직권에 의한 증거조사는 당사자의 신청에 의한 증거조사에 대하여 보충적으로 행하는 것이 바람직하다. 그러므로 당사자의 입증활동이 불충분한 경우에 법원은 석명권(규칙 제141조)을 행사하여 그 활동을 최대화하는 것이 필요하다. 다만 피고인에게 유리한 증거는 법원이 처음부터 직권으로 조사할 수 있다고 해석하여야 한다.55)

(4) 증거조사의 방법

(가) 증거조사의 방법

증거조사의 방법은 증거방법의 성질에 따라 다르다. 즉 ① 증인의 증거방법은 '신문'이고, ② 증거서류의 조사방법은 '요지의 고지' 또는 '낭독'이며, ③ 증거물의 조사는 '제시'에 의한다(제292조). 다만 간이공판절차에서는 법원이 상당하다고 인정하는 방법으로 증거조사를 할 수 있다(제297조의2). 이와 같이 형사소송법은 공판절차와 관련하여 서류 또는 물건에 대한 조사방법만을 규정하고 있다. 따라서 증인신문과 감정·검증 등에 대하여는 해당 항목에서 검토하기로 한다.

(나) 서류 및 물건 등에 대한 증거조사

ⅰ) 개별적인 지시설명

소송관계인이 증거로 제출한 서류나 물건 또는 공무소에 대한 조회(제272조),

---

53) 배종대/이상돈/정승환/이주원, 475; 신동운, 832; 이재상/조균석, 483; 임동규, 605; 정웅석/백승민, 495.
54) 대판 1974.1.15. 73도2522.
55) 배종대/이상돈/정승환/이주원, 475; 이재상/조균석, 483.

공판기일 전의 증거조사(제273조)에 의하여 작성 또는 송부된 서류는 검사·변호인 또는 피고인이 재판정에서 개별적으로 지시·설명하여 조사하여야 한다(제291조 ①항). 여기서 말하는 지시설명이란 증거조사의 대상을 명확히 하기 위하여 증거조사의 대상이 될 서류 또는 물건을 특정하는 것으로 엄밀한 의미의 증거조사는 아니다.

ii) 증거서류의 조사방법

당사자의 신청에 따라 조사하는 증거서류는 신청인이 그리고 법원이 직권으로 조사하는 증거서류는 소지인 또는 재판장이 이를 낭독하여야 한다(제292조 ①항, ②항). 그러나 재판장이 필요하다고 인정하는 때에는 그 내용을 고지하는 방법으로 조사할 수 있으며, 법원사무관 등으로 하여금 증거서류의 낭독이나 그 내용의 고지를 대신하게 할 수 있다(동조 ③항, ④항). 또한 재판장은 열람이 다른 방법보다 적절하다고 인정하는 때에는 증거서류를 제시하여 열람하게 하는 방법으로 조사할 수 있다(동조 ⑤항).

iii) 증거물의 조사방식

당사자의 신청에 따라 조사하는 증거물은 신청인이 그리고 법원이 직권으로 하는 증거물은 소지인 또는 재판장이 이를 제시하여야 한다(제292조의2 ①항, ②항). 그러나 재판장은 법원사무관 등으로 하여금 증거물을 제시하게 할 수 있다(동조 ③항).

iv) 컴퓨터디스크 등에 대한 증거조사

도면·사진·녹음테이프·비디오테이프[56)]·컴퓨터용디스크·그 밖에 정보를 담기 위하여 만들어진 물건[57)]으로서 문서가 아닌 증거의 조사에 관하여는 형사소송규칙에서 따로 정한다(제292조의3).

(다) 증거조사에 대한 이의신청

검사·피고인 또는 변호인은 증거조사에 관하여 이의신청을 할 수 있으며(제296조 ①항), 이 경우 법원은 이의신청에 대하여 결정하여야 한다(동조 ②항). 이의신청은 증거조사의 절차뿐만 아니라 증거조사단계에서 행하여지는 모든 처분을

---

56) 녹음, 녹화테이프, 컴퓨터용디스크 그 밖에 이와 비슷한 방법으로 음성이나 영상을 녹음 또는 녹화하여 재생할 수 있는 매체에 대한 증거조사는 녹음, 녹화테이프 등을 재생하여 청취 또는 시청하는 방법으로 한다(규칙 제134조의8).

57) 컴퓨터용디스크 그 밖에 이와 비슷한 정보저장매체에 기억된 문자정보를 증거자료로 하는 경우에는 읽을 수 있도록 출력하여 인증한 등본을 제출할 수 있다(규칙 제134조의2).

대상으로 한다. 따라서 이의신청은 법령의 위반이 있는 경우뿐만 아니라, 상당하지 아니함을 이유로 하는 경우에도 허용된다. 다만 재판장의 증거신청의 결정에 대한 이의신청은 법령의 위반이 있는 경우에만 할 수 있다(규칙 제136조).

(라) 증거조사의 결과와 피고인의 의견

재판장은 피고인에게 각 증거조사의 결과에 대한 의견을 묻고 권리를 보호함에 필요한 증거조사를 신청할 수 있음을 고지하여야 한다(제293조). 그러나 간이공판절차에서의 증거조사는 그러하지 아니하다(제297조의2, 제286조의2).

2. 피고인신문

(1) 피고인신문의 의의

피고인신문은 피고인에 대하여 공소사실과 그 정상에 관한 필요한 사항을 신문하는 절차를 말한다. 이 제도는 피고인이 소송당사자일 뿐만 아니라 사건을 직접 경험한 증거방법으로서의 지위를 가지고 있음을 명백히 하고 있다. 따라서 피고인신문은 증인신문과 동일한 방법·절차에 의해 진실을 발견하고자 하는 목적을 가지고 있다. 피고인이 공판정에서 공소사실에 대하여 자백한 때에는 법원은 그 공소사실에 한하여 간이공판절차에 의하여 심판할 것을 결정할 수 있다(제286조의2).

(2) 피고인신문의 순서

검사와 변호인은 증거조사 후에 순차로 피고인에게 공소사실과 정상에 관한 필요사항을 신문할 수 있다. 다만 재판장은 필요하다고 인정하는 때에는 증거조사가 완료되기 전이라도 이를 허가할 수 있으며, 피고인을 직접 신문할 수도 있다(제296조의2). 이러한 피고인신문의 순서는 증인신문에 관한 규정이 준용된다(동조 ③항). 따라서 피고인은 신청한 검사·변호인 또는 피고인이 먼저 신문하고 다음에 다른 검사·변호인 또는 피고인이 신문하며(제161조의2 ①항), 재판장은 그 신문이 끝난 뒤에 신문할 수 있다. 다만 재판장은 필요하다고 인정[58]하면 어느 때나 신문할 수 있으며, 또 그 신문순서를 변경할 수 있다(동조 ③항). 합의부원은 재판장에게 고하고 신문할 수 있다(동조 ⑤항).

---

58) 법원실무제요(형사)Ⅱ, 294. 복잡한 사안에서 쟁점파악이 필요한 경우와 증거조사절차가 진행되는 과정에서 쟁점이 부각되어 피고인의 답변이 필요한 경우 등

(3) 피고인신문의 방법

피고인신문을 하는 때에는 피고인을 증인석에 좌석하게 하고(제275조 ③항 단서), 그 신문범위는 공소사실과 정상에 관한 필요사항이다. 이 경우 피고인에게 진술을 강요하거나 신문을 유도하는 것은 금지된다. 또한 재판장은 피고인이 어떤 재정인의 앞에서 충분한 진술을 할 수 없다고 인정한 때에는 그 재정인을 퇴정하게 하고 진술하게 할 수 있다(규칙 제140조의3). 특히 현행 형사소송법은 장애인이나 아동과 같은 사회적 약자를 위하여 피고인신문 시에 피고인과 신뢰관계가 있는 일정한 자를 동석할 수 있도록 하여 피고인의 방어권보장을 강화하고 있다(제276조의2 ①항).

3. 최종변론

피고인신문이 끝나면 그 결과에 대한 당사자의 의견진술이 있는데, 이를 최종변론이라고 한다. 이 경우 의견진술은 검사의 의견진술, 피고인과 변호인의 최후진술의 순서로 진행된다.[59]

(1) 검사의 의견진술

증거조사와 피고인신문이 종료되면 검사는 사실과 법률적용에 관하여 의견을 진술하여야 한다. 단 검사의 출석 없이 개정한 경우는 공소장의 기재사항에 의하여 의견진술이 있는 것으로 간주한다(제302조). 이를 검사의 논고(論告)라고 하며, 특히 검사의 양형에 대한 의견을 구형이라고 한다. 그러나 법원은 검사의 구형에 구속되지 않으므로 구형을 초과하는 형을 선고할 수 있다.[60]

(2) 피고인과 변호인의 의견진술

재판장은 검사의 의견을 들은 후 피고인과 변호인에게 최종의 의견을 진술할 기회를 주어야 한다(제303조). 최종의견진술의 기회가 피고인이나 변호인 중 어느 한쪽에만 주어지거나 그것이 생략된 채 심리를 마치고 판결을 선고하는 것은

---

59) 다만 실무상 의견진술의 순서는 변호인의 의견진술이 있은 후에 피고인에게 최후진술의 기회를 주는 것이 일반적이다.
60) 대판 1984.4.24. 83도1789.

위법한 절차가 된다. 그러나 판례61)는 변호인이 공판기일통지서를 받고도 공판기일에 출석하지 아니하여 변호인 없이 변론을 종결하는 경우는 변호인에게 변론의 기회를 주지 않았다고 할 수 없다고 판시하고 있다.

피고인의 최종진술이 끝나면 변론이 종결되어 심리가 종결된다. 이 상태를 결심이라고 한다. 그러나 법원은 필요하다고 인정한 때에는 직권 또는 검사·피고인이나 변호인의 신청에 의하여 결정으로 종결한 변론을 재개할 수 있다(제305조). 재개에 의하여 변론종결 전의 상태로 되돌아간다.

Ⅲ. 판결의 선고절차

1. 판결선고

판결의 선고는 재판장이 하며 주문을 낭독하고 이유의 요지를 설명하여야 한다(제43조). 이 경우 판결의 선고는 변론을 종결한 기일에 하여야 한다. 다만 특별한 사정이 있는 때에는 따로 선고기일을 정할 수 있다(제318조의4 ①항). 그 선고기일은 변론종결 후 14일 이내로 지정되어야 한다(동조 ③항). 다만 변론을 종결한 기일에 판결을 선고하는 경우에는 판결의 선고 후에 판결서를 작성할 수 있다(동조 ②항). 또한 유죄를 선고하는 경우에는 재판장은 피고인에게 상소할 기간과 상소할 법원을 고지하여야 한다(제324조). 판결을 선고하는 공판기일에도 피고인은 출석하여야 하며, 판결의 선고에 의하여 당해 심급의 공판절차는 종결되고 상소기간이 진행된다. 그리고 판결을 선고한 사실을 공판조서에 기재하여야 한다(제51조 ②항 14호).

2. 판결선고의 효과

판결은 선고된 내용에 따라서 그 효과가 발생한다. 또한 선고에 있어서 판결서의 원본이 반드시 작성되어 있을 것을 요건으로 하지 않기 때문에 원고에 의한 선고도 가능하다. 다만 선고된 내용과 판결서의 내용이 일치하지 않는 경우는 선고된 내용이 판결로써의 효력을 갖게 된다.62)

---

61) 대판 1977.7.26. 77도835.
62) 最判 昭和51年11月4日[刑集30卷10号1887頁].

3. 판결선고 후의 조치

법원은 판결을 선고한 때에는 선고일로부터 14일 이내에 피고인에게 그 판결서등본을 송달하여야 한다. 또한 법원은 소송기록이 상소법원에 도달하기 전까지는 상소기간 중 또는 상소 중의 사건에 관하여 구속기간의 갱신, 구속의 취소, 보석, 구속의 집행정지와 그 정지의 취소에 대한 결정 등을 하여야 한다(제105조).

제 4 절　증인신문·감정과 검증

[43]　제 1 증인신문

Ⅰ. 증인신문의 의의

증인신문은 증인이 경험한 사실을 내용으로 하는 진술을 듣는 증거조사, 즉 증인에 대한 증거조사를 말한다. 형사소송법은 증인에게 ① 법정에 출석할 의무, ② 선서의무, ③ 증언의무를 규정하고 있다. 따라서 이와 같은 의무를 이행하지 아니하는 경우는 이를 직접·간접으로 강제를 할 수 있다. 이러한 의미에서 증인신문은 강제처분적 성질을 가진다.[63]

Ⅱ. 증인의 의의와 증인적격

1. 증인의 의의

증인은 법원 또는 법관에 대하여 자기가 과거에 경험한 사실을 진술하는 제3자를 말한다. 따라서 법원 또는 법관 이외의 자, 예컨대 수사기관에 대하여 진술하는 참고인은 증인이 아니다. 또한 증인은 특별한 지식·경험에 속하는 법칙이나 이를 구체적 사실에 적용하여 얻은 판단을 보고하는 감정인과도 구별된다.

---

63) 배종대/이상돈/정승환/이주원, 480; 손동권/신이철, 476; 이재상/조균석, 491; 임동규, 610.

2. 증인적격

(1) 증인적격의 의의

증인으로 선서하고 진술할 수 있는 자격을 증인적격이라고 한다. 형사소송법은 '법원은 법률에 다른 규정이 없으면 누구든지 신문할 수 있다'(제146조)고 규정하여 원칙적으로 누구든지 증인적격(證人適格)을 인정하고 있다. 그러나 증인은 당해 소송에 있어서 제3자라야 하므로 이론상, 법률상 증인적격이 배제되는 경우가 있다.

(2) 증인적격의 이론상 제한

당해 소송절차에 관계하는 자는 증인적격에 관하여 이론상 제한이 있다. 즉 ① 법관은 현재 심판하고 있는 당해 사건에 관하여 증인이 될 수 없다. 따라서 법관이 피고사건에 관하여 증인이 된 때에는 제척사유가 된다(제17조 4호). 그러나 그 직무로부터 탈퇴한 경우는 증인이 될 수 있다. ② 검사는 그 증인적격에 관해서 긍정설[64]과 부정설[65]이 대립되어 있으나, 다수설인 부정설은 당사자인 검사는 당해 소송의 제3자가 아니므로 증인이 될 수 없다고 한다. 그러나 검찰주사·사법경찰관리는 소송당사자가 아니므로 그 직무상 취급한 사건에 관해서도 증인이 될 수 있다.[66] ③ 변호인의 증인적격에 관해서도 긍정설[67]과 부정설[68]이 대립되어 있으나, 변호인은 피고인의 보호자이므로 당해 소송에서 제3자가 아니므로 역시 증인적격을 부인하는 부정설이 다수설의 입장이다.

이에 대해 ④ 피고인에게 증인적격이 있는지에 대해서는 의문이다. 영미법에서는 피고인에게 증인적격을 인정하고 있으나 피고인은 검사와 같이 당해 사건의 소송당사자이기 때문에 증인적격을 부정하는 것이 통설[69]의 입장이다. 또한 ⑤

---

64) 신동운, 865; 임동규, 613.
65) 배종대/이상돈/정승환/이주원, 482; 손동권/신이철, 477; 신양균, 643; 이은모, 532; 이재상/조균석, 492; 정웅석/백승민, 505.
66) 형사소송구조상 경찰 공무원은 당사자가 아닌 제3자의 지위에 있을 뿐만 아니라, 나아가 경찰 공무원의 증언에 대하여 피고인 또는 변호인은 반대신문권을 보장받고 있다는 점에서, 이 사건 법률조항에 의하여 경찰 공무원의 증인적격을 인정한다 하더라도 적법절차의 원칙에 반하지 아니한다(헌재 2001.11.29. 2001헌바41).
67) 배종대/이상돈/정승환/이주원, 483; 신동운, 867; 임동규, 613.
68) 손동권/신이철, 478; 신양균, 644; 이은모, 533; 이재상/조균석, 493; 정웅석/백승민, 504.
69) 배종대/이상돈/정승환/이주원, 483; 신동운, 867; 이재상/조균석, 495; 임동규, 614.

공동피고인은 다른 피고인사건에 관하여는 제3자가 되지만, 자기와 관련된 사건에 대한 진술에서는 피고인의 진술이라는 특성을 가지고 있어 학설이 대립되어 있다. 즉 공범관계에 있는 공동피고인은 제3자가 아니기 때문에 증인이 될 수 없으나, 자기의 피고사건과 사실상 아무런 관련이 없는 사건에 관해서는 증인이 될 수 있다고 하는 절충설70)이 타당하며 판례71)의 입장이기도 하다.

(3) 증인적격의 법률상 제한

공무상 비밀을 보호하기 위하여 명문으로 증인적격을 인정하지 않는 경우가 있다. 즉 공무원 또는 공무원이었던 자가 그 직무에 관하여 알게 된 사실에 관하여 본인 또는 당해 공무소가 직무상 비밀에 속한 사항임을 신고한 때에는 그 소속 공무소 또는 감독관공서의 승낙 없이는 증인으로 신문하지 못한다(제147조 ①항). 다만 그 소속 공무소 또는 당해 감독관공서는 국가의 중대한 이익을 해하는 경우를 제외하고는 승낙을 거부하지 못한다(동조 ②항).

Ⅲ. 증인의 권리와 의무

1. 증인의 소송법상 의무

(1) 출석의무

공판기일의 증인신문에 소환을 받은 증인은 물론, 공판준비절차(제273조)·증거보존절차(제184조)의 증인신문에 소환을 받은 증인도 출석의무가 있다. 이 경우 증인소환은 피고인소환에 관한 규정이 준용된다(제153조). 따라서 법원 또는 법관

---

70) 박상열/박영규/배상균, 510; 배종대/이상돈/정승환/이주원, 484; 신동운, 867; 신양균, 646; 이재상/조균석, 494; 임동규, 615.

71) 대판 2008.6.26. 2008도3300; 2012.3.29. 2009도11249. '피고인의 지위에 있는 공동피고인은 다른 공동피고인에 대한 공소사실에 관하여 증인이 될 수 없으나, 소송절차가 분리되어 피고인의 지위에서 벗어나게 되면 다른 공동피고인에 대한 공소사실에 관하여 증인이 될 수 있다.' 그러나 일본 통설과 판례는 공동피고인의 증인적격을 인정하지 않고 있다. '공동피고인은 사건을 분리하여 당해 소송에 있어서 피고인 지위로부터 탈퇴하게 할 수 없는 한, 가령 그 피고인과 전혀 관계없는 다른 공동피고인에 관한 사항이라고 하더라도 여전히 그 피고인을 증인으로서 신문하는 것은 허용되지 않는다고 해석하는 것이 상당하다'(大阪高判 昭和27年7月18日[高刑集5卷7号1170頁]). 따라서 공동피고인에 대해서는 변론분리 후에 증인적격을 인정하고 있으며, 분리 후에 증인으로서 진술은 분리 전의 상피고인의 범죄사실에 대한 관계는 물론 자기 자신의 범죄사실에 대한 관계에서도 증거증력을 인정하고 있다(司法協會, 377).

이 증인을 소환함에는 소환장을 발부하여 증인에게 송달하여야 한다(규칙 제68조). 만약 증인이 정당한 사유 없이 소환에 응하지 아니한 경우는 구인할 수 있다(제152조). 또한 정당한 사유 없이 출석하지 아니한 때에는 결정으로 당해 불출석으로 인한 소송비용을 증인이 부담하도록 명하고, 500만원 이하의 과태료를 부과할 수 있다(제151조 ①항).

(2) 선서의무

출석한 증인은 신문에 앞서 증인선서를 하여야 한다(제156조). 다만 선서무능력자인 16세 미만의 자와 선서의 취지를 이해하지 못하는 자는 선서하지 않고 신문할 수 있다(제159조). 그러나 선서무능력자가 한 선서는 선서로서의 효력은 없지만, 증언 자체의 효력에는 변함이 없다.[72] 여기서 선서는 증인 또는 감정인이 증인신문 전에 법원에 대하여 진실을 말할 것을 맹세하는 것을 말한다. 이 경우 증인이 정당한 이유 없이 선서를 거부한 때에는 결정으로 50만원 이하의 과태료에 처할 수 있으며(제161조), 또한 증인이 법정에서 선서한 후 거짓증언을 하면 형법상 위증죄(동법 제152조)에 의해서 처벌된다.

(3) 증언의무

선서한 증인은 신문받은 사항에 대하여 양심에 따라 숨김과 보탬이 없이 증언할 의무가 있다(제157조 ②항). 이것은 법원 또는 법관의 신문뿐만 아니라 검사와 피고인·변호인의 신문에 대해서도 동일하다. 그러나 증인이 연소자·정신병자와 같이 증인적격이 있는 자라 할지라도 증언능력이 없는 경우는 그 증언을 증거로 할 수 없다. 여기서 증언능력이란, 증인 자신이 경험한 구체적인 사실을 진술·표현할 수 있는 정신능력을 의미한다. 따라서 형사미성년자라고 해서 반드시 증언능력이 없는 것은 아니다. 증언능력의 유무는 증인적격처럼 일반적인 것이 아니고, 법원이 개별적·구체적으로 결정할 수밖에 없다. 다만 증인이 정당한 이유 없이 증언을 거부한 때에는 50만원 이하의 과태료에 처할 수 있다(제161조).

---

72) 대판 1987.8.18. 87도1268.

2. 증인의 소송법상 권리

증인의 소송법상 권리로서는 증언거부권과 비용청구권이 있다.

(1) 증언거부권

(가) 증언거부권의 의의와 그 고지

증언거부권은 증언의무가 있는 증인이 일정한 사유를 근거로 증언을 거부할 수 있는 권리를 말한다. 따라서 재판장은 증인이 증언거부권자(제148조, 제149조)에 해당하는 경우에는 신문 전에 증언을 거부할 수 있음을 설명하여야 한다(제160조). 그러나 증언거부권이 있는 증인은 증언 그 자체는 거부할 수 있으나 출석은 거부할 수 없다. 다만 증언을 거부하는 자는 거부사유를 소명(疏明)하여야 한다(제150조). 또한 증언거부권이 있음을 설명하지 아니하고 신문한 경우라 할지라도 증인이 선서하고 증언한 이상 그 증언의 효력에 관하여는 역시 영향이 없고 유효하다고 해석함이 타당하다.[73]

(나) 증언거부권의 내용

증인에게 증언거부권이 인정되는 것은 다음의 경우이다. ① 자기 또는 근친자의 형사책임이 우려 되는 경우이다. 즉 '누구든지 자기나 친족 또는 친족관계가 있던 자 또는 법정대리인·후견감독인의 어느 하나에 해당하는 관계있는 자가 형사소추 또는 공소제기를 당하거나 유죄판결을 받을 사실이 발로될 염려있는 증언을 거부할 수 있다'(제148조). 이것은 영미법상의 「자기부죄(自己負罪)의 강요금지」와 신분관계에 기한 정의(情誼)를 고려하여 진실한 증언을 기대하기가 곤란하기 때문이다. 또한 증언거부권은 ② 업무상 비밀을 보호하기 위하여도 인정된다. 즉 '변호사·변리사·공증인·공인회계사·세무사·대서업자·의사·한의사·치과의사·약사·약종상·조산사·간호사·종교의 직에 있는 자 또는 이러한 직에 있던 자가 그 업무상 위탁을 받은 관계로 알게 된 사실로서 타인의 비밀에 관한 것은 증언을 거부할 수 있다. 단 본인의 승낙이 있거나 중대한 공익상 필요 있는 때에는 예외로 한다'(제149조). 이것은 위탁자의 업무상 비밀의 보호는 물론, 헌법에 보장된 개인의 프라이버시권(헌법 제12조)을 보호하기 위한 것이다. 따라서 이외의

---

73) 대판 1957.3.8. 4290형상23.

업무는 성질상 보호의 실질적 필요성이 있어도 이 규정을 적용할 수 없다. 예컨대 신문기자의 취재원에 대해 증언거부권을 인정할지의 여부는 입법정책상 고려의 여지가 있는 문제이지만, 신문기자에게는 증언거부권이 인정되지 않는다.[74]

(2) 비용청구권

증인은 법률에 규정한 바에 의하여 여비·일당과 숙박료를 청구할 수 있다. 단 정당한 사유 없이 선서 또는 증언을 거부한 자는 예외로 한다(제168조).

(3) 증인신문조서의 열람권

증인은 자신에 대한 증인신문조서 등의 열람 또는 등사를 청구할 수 있다(규칙 제84조의2).

IV. 증인신문의 절차와 방법

1. 당사자의 참여권

'검사·피고인 또는 변호인은 증인신문에 참여할 수 있다'(제163조 ①항)고 규정하여 당사자에게 증인신문권을 보장하고 있다. 따라서 증인신문의 시기와 장소는 소송당사자에게 미리 통지하여야 한다. 다만 참여하지 않는다는 의사가 명백한 때에는 예외로 한다(동조 ②항). 그러나 검사·피고인·변호인이 증인신문에 참여하지 아니할 경우에는 법원에 대하여 필요한 사항의 신문을 청구할 수 있고, 법원은 피고인에게 불이익한 증언이 진술된 때에는 그 내용을 피고인 또는 변호인에게 알려주어야 한다(제164조).

2. 증인에 대한 신문방법

(1) 증인신문의 준비절차

재판장은 증인이 출석하면 우선 본인인지를 확인하기 위하여 인정신문을 하여야 한다. 재판장은 인정신문 후 선서할 증인에 대하여 위증의 경고(제158조) 및 증언거부권이 있는 자에 대하여 신문 전에 증언을 거부할 수 있음을 알려야 한다

---

74) 最大判 昭和27年8月6日[刑集6卷8号974頁].

(제160조). 또한 재판장은 피해자·증인의 인적사항의 공개 또는 누설을 방지하거나 안전을 위하여 필요하다고 인정할 때에는 증인신문을 청구한 자에 대하여 사전에 신문사항을 기재한 서면의 제출을 명할 수 있다(규칙 제66조). 이 경우 법원은 서면제출을 명받은 자가 신속히 서면을 제출하지 아니한 경우에 그 증거결정을 취소할 수 있다(규칙 제67조).

(2) 증인의 신문방법

(가) 증인신문의 원칙

피고인에게 충분한 증인신문의 기회를 보장하기 위하여 증인신문은 원칙적으로 ① 공판기일에 공판정에서 행하여야 한다. 그러나 법원은 증인의 사정을 고려하여 검사·피고인 또는 변호인의 의견을 물어 법정 외에 소환하거나 현재지에서 신문할 수 있다(제165조). 이를 공판정 외의 증인신문이라고 한다. 또한 ② 증인신문은 개별신문을 원칙으로 하기 때문에 신문하지 아니한 증인이 재정한 때에는 퇴정을 명하여야 한다. 그러나 필요한 때에는 증인과 다른 증인 또는 피고인과 대질하게 할 수 있다(제162조). 그리고 ③ 증인신문은 원칙적으로 구두로 하여야 한다. 이것은 증인에 대한 반대신문을 보장하기 위한 것이다. 또한 신문은 개별적이고 구체적이어야 하기 때문에(규칙 제74조 ①항), 포괄적이거나 막연한 질문은 허용되지 아니한다. 마지막으로 ④ 증인이 증언을 함에 있어서 공정한 처우를 받을 권리가 보장되어야 한다. 따라서 증인에 대한 위협적이고 모욕적인 신문은 절대로 금지된다.

(나) 증인신문의 순서(교호신문제도)

ⅰ) 의 의

교호신문은 증인을 신청한 당사자와 그 상대방이 교차하여 증인을 신문하는 방식을 말한다. 즉 증인에 대한 신문은 증인을 신청한 검사·변호인 또는 피고인이 먼저 이를 신문하고 다음에 다른 검사·변호인 또는 피고인이 신문한다(제161조의2 ①항). 이것은 당사자주의를 채용하고 있는 영미법에서 발달한 신문방식으로 증인을 신청한 자가 우선 신문하고 다음에 상대방이 신문하여, 당사자가 교차하여 증인을 신문하는 방식으로서 「교호신문제도(交互訊問制度)」라고 한다. 이 제도는 당사자 쌍방이 서로 자기주장의 정당성을 주장하는 것에 대해 상대방에게 그

주장의 결점과 맹점을 지적·폭로하여 실체적 진실발견에 이바지하게 할 뿐만 아
니라 구두변론의 내실화를 기할 수 있다는 점에 그 특징이 있다.

　ii) 교호신문의 방식

　　교호신문방식에 의하면 주신문 → 반대신문 → 재주신문 → 재반대신문의 순
서로 진행된다. ① 주신문은 직접신문이라고도 하며, 증인을 신청한 당사자가 하
는 신문을 말한다. 주신문의 목적은 증인신문을 신청한 당사자가 유리한 증언을
얻으려는데 있다. 따라서 입증할 사항 및 그와 관련된 사항에 관하여 행하여지나,
다만 유도신문은 원칙적으로 금지된다(규칙 제75조 ①항, ②항). 유도신문이 금지되
는 이유는 주신문에 있어서는 신문자와 증인 사이에 우호관계에 있는 것이 보통
이므로 증인이 신문자가 원하는 진술을 할 위험성이 크기 때문이다. 이에 대하여
② 반대신문은 주신문을 한 후에 반대편 당사자가 하는 신문을 말한다. 반대신문
의 목적은 주신문의 모순점을 지적하고, 반대당사자에게 유리한 진술을 이끌어내
는 데 있다. 따라서 반대신문은 주신문에서 나타난 사항과 이와 관련된 사항에
대해서 할 수 있으나, 반대신문에 있어서는 증인과 신문자 사이에 우호관계가 있
다고 보기 어렵기 때문에 원칙적으로 유도신문이 허용된다(규칙 76조 ①항, ②항).
③ 재주신문은 주신문을 한 검사·변호인 또는 피고인은 반대신문이 끝난 후에
반대신문에서 나타난 사항과 이와 관련된 사항에 관하여 다시 신문할 수 있다.
이것을 재주신문이라고 하며, 이것은 주신문의 예에 의한다(규칙 제78조 ①항, ②
항). 이에 대하여 ④ 추가신문은 교호신문의 절차에 의하여 주신문·반대신문·재
주신문이 끝난 후 재판장의 허가를 얻어 다시 신문하는 것을 말한다(규칙 제79조).
그리고 ⑤ 재판장은 당사자의 모든 신문이 끝난 다음에 보충사항에 관하여 신문
할 수 있으며, 이를 보충신문이라고 한다(제161조의2 ②항).

　iii) 교호신문제도의 직권주의적 수정

　　이처럼 형사소송법은 증인신문에 관하여 교호신문제도를 원칙으로 하지만,
당사자의 통모 등에 의하여 진실발견에 저해가 되는 경우에 법원은 직권으로 이
를 수정할 수 있도록 하였다. 즉 검사, 변호인이나 피고인이 신청한 증인을 신문
하는 경우에도 '재판장은 필요하다고 인정하면 어느 때나 증인을 신문할 수 있고
신문순서를 변경할 수 있다'(제161조의2 ③항). 이것은 법원의 진실발견의무를 고려
한 규정이다. 또한 법원은 직권으로 신문할 증인이나 범죄로 인한 피해자의 신청
에 의하여 신문할 증인의 신문방법은 재판장이 정할 수 있다(동조 ④항).

Ⅴ. 피해자의 진술권

1. 피해자 진술권의 의의

헌법이 보장하고 있는 형사피해자의 진술권(동법 제27조 ⑤항)을 구체화하기 위하여 법원은 범죄로 인한 피해자에게 진술할 기회를 부여하고 있는데, 이를 피해자진술권이라고 한다. 법원은 범죄로 인한 피해자 또는 그 법정대리인의 신청이 있는 경우에는 그 피해자를 증인으로 신문하여야 한다(제294조의2 ①항). 또한 검사는 피해자가 공판정에서 진술할 수 있는 기회를 보장하기 위하여 당해 사건의 공소제기 여부, 공판의 일시·장소 등을 신속하게 통지하여야 한다(제259조의2).

2. 피해자의 증거신청

(1) 증거신청

피해자가 공판정에서 진술하기 위해서는 피해자 또는 그 법정대리인의 신청(피해자가 사망한 경우에는 배우자·직계친족·형제자매를 포함한다)이 있어야 한다(제294조의2 ①항). 피해자가 출석통지를 받고도 정당한 이유 없이 출석하지 아니한 때에는 그 신청을 철회한 것으로 본다(동조 ④항).

(2) 법원의 증거결정

피해자진술권은 헌법상의 기본권이므로 법원은 피해자 등의 신청이 있는 때에는 원칙적으로 피해자 등을 증인으로 신문하여야 한다(동조 ②항). 다만 ① 피해자 등이 이미 당해 사건에 관하여 공판절차에서 충분히 진술하여 다시 진술할 필요가 없다고 인정되는 경우, ② 피해자 등의 진술로 인하여 공판절차가 현저히 지연될 우려가 있는 경우에는 증거신청을 기각할 수 있다(제294조의2 ①항). 또한 동일한 범죄사실에 대하여 신청인이 여러 명인 경우에는 진술할 자의 수를 제한할 수 있다(동조 ③항).

3. 증인신문절차

(1) 신문방식

피해자의 진술도 증인신문의 절차에 따라야 한다. 따라서 피해자의 신청이 있을 때에는 법원이 당사자에 의한 증거신청의 경우와 마찬가지로 결정을 하여야 한다(제295조). 그러나 피해자의 신청에 의한 증인신문은 교호신문방식에 의하지 아니하고 재판장이 정하는 바에 의한다(제161조의2 ④항). 이에 따라 법원이 피해자 등을 신문하는 경우에 ① 피해의 정도 및 결과, ② 피고인의 처벌에 관한 의견, ③ 그 밖에 당해 사건에 관한 의견을 진술할 기회를 주어야 한다(제294조의2 ②항).

(2) 진술의 비공개

법원은 피해자·법정대리인 또는 검사의 신청으로 피해자를 신문하는 경우 피해자의 사생활의 비밀이나 신변보호를 위하여 필요하다고 인정하는 때에는 결정으로 심리를 공개하지 아니할 수 있다(제294조의3 ①항). 이 결정은 이유를 고지하여야 한다(동조 ②항). 그러나 법원은 비공개결정을 한 경우에도 적당하다고 인정되는 자의 재정을 허가할 수 있다(동조 ③항).

(3) 신뢰관계자의 동석

법원이 범죄로 인한 피해자를 신문하는 경우 ① 증인의 연령, 심신의 상태 그 밖의 사정을 고려하여 증인이 현저하게 불안 또는 긴장을 느낄 우려가 있다고 인정하는 때에는 직권 또는 피해자·법정대리인·검사의 신청에 따라 피해자와 신뢰관계에 있는 자를 동석하게 할 수 있다(제163조의2 ①항). 또한 법원은 ② 범죄로 인한 피해자가 13세 미만이거나 신체적 또는 정신적 장애로 사물을 변별하거나 의사를 결정할 능력이 미약한 경우에 재판에 지장을 초래할 우려가 있는 등 부득이한 경우가 아닌 한 피해자와 신뢰관계에 있는 자를 동석하게 하여야 한다(동조 ②항).

(4) 비디오중계방식에 의한 증인신문

형사소송법은 증인 및 피해자의 심리적 압박과 정신적 고통을 완화하기 위하여 비디오 등 중계장치에 의한 증인신문규정을 신설하였다(제165조의2). 이러한 방법에 의한 증인신문의 대상으로는 ① 아동복지법(제71조 ①항 1호~3호에 해당하는 범죄) 및 ②「아동·청소년의성보호에관한법률」(제7조, 제8조, 제11조~제15조 및 제17 조 ①항에 해당하는 범죄)의 대상이 되는 아동·청소년 또는 피해자와 ③ 범죄의 성질·증인의 연령·심신의 상태·피고인과의 관계 그 밖의 사정으로 인하여 피고인 등과 대면하여 진술하는 경우 심리적인 부담으로 정신적 평온을 현저하게 잃을 우려가 있다고 인정되는 자가 해당된다(제165조의2).

[44] 제2 검증·감정

I. 검 증

1. 검증의 의의

검증은 법원 또는 법관이 오관(五官)의 작용에 의하여 사물의 존재와 상태를 직접 실험·인식하는 증거조사방법을 말한다. 검증 가운데 범죄가 발생한 장소나 기타 법원 이외의 장소에서 하는 검증을 현장검증 또는 임검(臨檢)이라고 한다.

2. 검증의 절차

(1) 검증의 요건

법원은 사실발견에 필요한 때에는 검증을 할 수 있으며(제139조), 수명법관에게 명하거나 수탁판사에게 촉탁할 수도 있다. 법원의 검증은 증거조사이기 때문에 영장을 요하지 아니하며, 오관에 의해 인식할 수 있는 한 그 대상과 장소에도 제한이 없다. 그러나 수사기관의 강제처분인 검증에는 영장을 필요로 한다는 점에서 구별된다(제215조).

(2) 검증의 준비

(가) 검증기일의 지정과 통지

공판기일에서의 검증은 별도의 절차를 요하지 않지만, 공판기일 이외의 일시·장소에서 검증을 하려면 검증기일을 지정하여야 한다. 검증을 실시함에는 미리 검증의 일시·장소를 검증참여자에게 통지하여야 한다.

(나) 신체검사와 소환

법원은 피고인의 신체를 대상으로 하는 검증, 즉 신체검사를 하기 위해서는 그 대상자에게 소환장을 발부하여야 한다(제68조). 소환장에는 신체검사를 위하여 소환한다는 취지를 기재하여야 한다(규칙 제64조). 법원은 피고인이 아닌 자도 신체검사를 하기 위하여 법원 기타 지정한 장소에 소환할 수 있다(제142조).

(3) 검증의 실시방법

(가) 필요한 처분

검증을 함에는 신체의 검사·사체의 해부·분묘의 발굴·물건의 파괴 기타 필요한 처분을 할 수 있다(제140조). 검증 실시 중에는 타인의 출입을 금지할 수 있고(제199조, 제145조), 검증을 중지한 경우 필요한 때에는 검증이 종료될 때까지 그 장소를 폐쇄하거나 간수자를 둘 수 있다(제127조, 제145조). 또한 법원은 검증현장에서 필요가 있으면 목적물을 압수할 수 있으며, 이 경우 압수영장을 필요로 하지 않는다(제106조 ①항).

(나) 신체검사에 대한 특칙

신체검사는 그 검사를 당하는 자의 성별·연령·건강상태 기타 사정을 고려하여 그 사람의 건강과 명예를 해하지 않도록 주의하여야 한다. 피고인 아닌 자의 신체검사는 증적의 존재를 확인할 수 있는 현저한 사유가 있는 경우에 한하여 할 수 있다. 여자의 신체를 검사하는 경우에는 의사나 성년의 여자를 참여하게 하여야 한다(제141조 ①항, ③항).

(다) 검증시각의 제한

일출 전, 일몰 후에는 가주·간수자 또는 이에 준하는 자의 승낙이 없으면 검증을 하기 위하여 타인의 주거·간수자 있는 가옥·건조물·항공기·선차 내에 들어가지 못한다. 단 일출 후에는 검증의 목적을 달성하지 못할 염려가 있는 경우에는 예외로 한다(제143조 ①항). 일몰 전에 검증에 착수한 때에는 일몰 후까지 검증을 계속할 수 있다(동조 ②항). 야간의 압수·수색이 허용되는 장소는 위와 같은 시간의 제한을 받지 않는다(동조 ③항).

3. 검증조서의 작성

검증에 관하여는 검증결과를 기재한 검증조서를 작성하여야 한다(제49조 ①
항). 검증조서에는 검증목적물의 현상을 명확하게 하기 위하여 도화나 사진을 첨
부할 수 있다(동조 ②항). 공판정에서 행한 검증은 공판조서(제51조 ②항 10호)에 기
재되고, 수소법원이 그 검증에 의해 취득한 결과는 증거가 된다. 이 검증조서는
법원이나 법관의 검증결과를 기재한 검증조서이므로 제311조에 의해 증거능력이
있다(제311조).

II. 감 정

1. 감정의 의의

감정은 특별한 지식·경험을 가진 제3자가 그 지식과 경험을 활용하여 얻은
의견이나 판단을 말한다. 감정인은 법원 또는 법관으로부터 감정의 명을 받은 자
이다. 따라서 수사기관으로부터 감정을 위촉받은 자는 감정인이 아니다. 감정인
의 감정은 증거자료의 하나일 뿐만 아니라, 그 진술이 증거로 된다는 점에서 증
인과 유사하다.[75] 즉 감정인은 넓은 의미에 있어서 증인에 속하지만, 그 기능에
있어서는 법원의 지식을 보충한다는 점에서 법원의 보조자적 성질을 갖는다. 그
렇기 때문에 법원은 감정인의 결과에 구속되지 않는다.

〈증인과 감정인의 구별〉

	증인	감정인
증언대상의 대체성	자신이 과거에 경험한 사실을 법원 또는 법관에게 보고하기 때문에 대체성이 없다.	특별한 지식, 경험에 속하는 법칙과 적용결과를 법원 또는 법관에게 보고하기 때문에 대체가 가능하다.
구인	가능(제152조)	불가능
증언거부	자기 또는 친족이 유죄판결을 받게 될 사실이 발로될 염려가 있는 경우에 증언을 거부할 수 있다(제148조, 제149조)	불가능

---

75) 영미법에서는 감정인을 당사자가 선임하기 때문에 증인에 가깝고, 대륙법에서는 법원이 선
임하기 때문에 법원보조자에 가깝다고 볼 수 있다(차용석/최용석, 668).

2. 감정의 절차

(1) 감정인의 지정과 소환

(가) 감정인의 지정

법원은 학식·경험 있는 자에게 감정을 명할 수 있다. 학식·경험이 있는 자는 모두 감정인적격이 인정된다. 그러나 법원은 소송당사자가 특정인을 지명하여 감정인을 신청한 경우에 그 감정인이 부적당하다고 인정되면 신청을 기각하고 직권으로 다른 감정인을 선정할 수 있다.[76] 다만 감정인에 대해서는 증인적격 및 증언거부권에 관한 규정(제177조)이 준용된다. 따라서 감정인은 ① 자기나 근친자가 형사책임을 지게 될 염려가 있는 사실 및 ② 법에 정한 업무자로서 업무처리상 알게 된 타인의 비밀과 관련된 사실에 대하여는 감정을 거부(제177조, 제148조, 제149)할 수 있어 감정인적격이 인정되지 않는다.

(나) 감정인의 소환

법원은 감정인이 지정되면 신문을 위하여 감정인을 출석시켜야 한다. 감정인의 소환은 증인의 소환방법에 의한다(제177조, 제153조, 제74조). 다만 감정인은 증인과 달리 대체성이 인정되므로 감정인의 구인은 허용되지 않는다.

(2) 감정인의 선서

(가) 선서의무

감정인에게는 감정 전에 선서하게 하여야 하며, 선서는 선서서에 의한다(제170조 ①항, ②항). 선서하지 않은 감정인의 감정은 증거능력이 없다.

(나) 감정촉탁

법원은 필요하다고 인정하는 때[77]에는 공무소·학교·법원 기타 상당한 설비가 있는 단체 또는 기관에 대하여 감정을 촉탁할 수 있다. 이 경우 선서에 관한

---

76) 배종대/이상돈/정승환/이주원, 507. 이에 대하여 소송당사자가 전개하는 변론활동을 최대한 보장해야 한다는 점에서 당사자에게 특정한 감정인을 신청할 수 있는 권리를 인정해야 한다(신동운, 910).

77) 필요하다고 인정하는 때란, 감정을 할 공무원, 의사, 교수 등이 피고인 또는 고소인 등 소송관계인으로부터 허위감정죄로 고소당할 것을 염려하여 감정을 거부할 개연성이 높은 경우를 말한다(배종대/이상돈/정승환/이주원, 508).

규정이 적용되지 않는다(제179조의2 ①항).

(3) 감정인신문

감정인에 대한 신문은 증인신문에 관한 규정이 준용된다(제177조). 따라서 재판장은 감정인의 학력·경력·감정경험 등 감정을 명하는데 적합한 능력이 있는지를 확인하는 신문을 먼저 한 후, 증인신문과 마찬가지로 주신문, 반대신문, 재주신문의 순서로 신문을 행한다.

(4) 법원 외에서는 행하는 감정

법원은 필요한 때에는 감정인으로 하여금 법원 외에서 감정하게 할 수 있다. 이 경우에는 감정을 요하는 물건을 감정인에게 교부할 수 있다(제172조 ①항, ②항).

3. 감정인의 권한

(1) 감정에 필요한 처분

감정인은 법원의 보조자적 성격이 있기 때문에 강력한 권한이 인정된다. 즉 감정인은 감정에 필요한 때에는 법원의 허가를 얻어 타인의 주거, 간수자 있는 가옥, 건조물, 항공기, 선차 내에 들어갈 수 있고, 신체의 검사, 사체의 해부, 분묘의 발굴, 물건의 파괴를 할 수 있다(제173조 ①항). 이러한 처분에는 감정허가장이 필요하고, 처분을 받은 자에게 이를 제시하여야 한다. 다만 공판정에서 행할 때에는 그러하지 아니하다(동조 ②항, ③항, ④항).

(나) 열람·등사권 등

감정인은 감정에 관하여 필요한 경우에는 재판장의 허가를 얻어 서류와 증거물을 열람 또는 등사하고 피고인 또는 증인의 신문에 참여할 수 있다(제174조 ①항). 이 때 피고인이나 증인의 신문을 구하거나 재판장의 허가를 얻어 직접 발문(發問)할 수 있다(동조 ②항).

(다) 비용청구권

감정인은 법률이 정하는 바에 의하여 여비, 일당, 숙박비 외에 감정료와 체당금의 변상을 청구할 수 있다(제178조).

4. 감정유치

피고인의 정신 또는 신체에 관한 감정이 필요한 때에는 법원은 기간을 정하여 병원 기타 적당한 장소에 피고인을 유치하게 할 수 있다(제172조 ③항). 감정유치는 피고인의 신체의 자유를 제한하는 대인적 강제처분이다. 따라서 유치를 하기 위해서는 감정유치장을 발부하여야 한다(동조 ④항). 또한 유치는 미결구금일수의 산입에 있어서 구속으로 간주하지만(동조 ⑧항), 구속 중인 피고인에 대하여 감정유치장이 집행되었을 때에는 피고인이 유치되어 있는 기간 구속은 그 집행이 정지된 것으로 간주한다(제172조의2 ①항).

5. 감정의 보고

감정의 경과와 결과는 감정인으로 하여금 서면으로 제출하게 하여야 한다(제171조 ①항). 감정의 결과에는 그 판단의 이유를 명시하여야 하며 필요한 때에는 감정인에게 설명하게 할 수 있다(동조 ③항, ④항). 이러한 감정인의 감정결과에 법원은 구속되지 않는다.

6. 통역과 번역

(1) 통 역

법정에서는 국어를 사용한다(법원조직법 제62조). 따라서 국어에 통하지 아니한 자의 진술에는 통역인으로 하여금 통역하게 하여야 한다(제180조). 농자(聾者) 또는 아자(啞者)의 진술에는 통역인으로 하여금 통역하게 할 수 있다(제181조). 통역인이 사건에 관하여 증인으로 증언한 때에는 직무집행에서 제척되고, 제척사유가 있는 통역인이 통역한 증인의 증인신문조서는 유죄인정의 증거로 사용할 수 없다.[78]

(2) 번 역

국어 아닌 문자 또는 부호는 번역하게 하여야 한다(제182조). 따라서 방언이나 널리 통용되는 외래어는 번역의 대상이 되지 않는다. 이러한 통역과 번역은 이른바 언어에 의한 감정이기 때문에 감정에 대한 규정이 준용된다(제183조).

---

78) 대판 2011.4.14. 2010도13583.

제 5 절   공판절차의 특칙

[45] 제 1 간이공판절차

Ⅰ. 간이공판절차의 의의

간이공판절차는 피고인이 공판정에서 스스로 자백한 사건에 대하여 일정한 요건 아래 증거조사절차를 간소화하고, 증거능력의 제한을 완화하여 심리를 신속하게 하기 위하여 마련된 공판절차를 말한다(제286조의2 참조).[79) 이 제도는 단순한 사건의 심리를 촉진하여 보다 다툼이 많은 사건에 대한 충실한 심리를 통하여 형사사건의 효율적인 처리와 신속한 재판을 하고자 하는데 그 목적이 있다.

Ⅱ. 간이공판절차의 개시요건

1. 제1심 관할사건

간이공판절차는 지방법원 또는 지방법원지원의 제1심 관할사건에 대하여만 인정된다. 따라서 상소심의 공판에서는 간이공판절차가 인정되지 않는다. 제1심 관할사건인 때에는 단독사건은 물론 합의부 관할사건[80)에 대하여도 간이공판절차를 할 수 있다.

---

79) 우리나라 형사소송법의 간이공판절차는 영미의 기소인부제도(arraignment)에 그 제도적 연원을 찾아볼 수 있으나, 공판절차의 특칙을 인정하는 것은 일본의 공판절차에서 유래되었다고 할 수 있다(이재상/조균석, 516).

80) 합의부 관할사건이란, ① 사형·무기 또는 단기 1년 이상의 징역이나 금고에 해당하는 사건과 이와 동시에 심판할 공범사건, ② 지방법원판사에 대한 제척·기피사건, ③ 다른 법률에 의하여 지방법원합의부의 권한에 속하는 사건, ④ 합의부에서 심판할 것을 스스로 결정한 사건 등을 말한다(법원조직법 제32조 ①항).

2. 피고인이 공판정에서 자백한 사건

(1) 자백의 주체

자백은 피고인이 공판정에서 하여야 한다(제286조의2). 따라서 변호인에 의한 자백이나 피고인의 출석 없이 개정할 수 있는 사건에 있어서는 간이공판절차를 개시할 수 없다. 다만 피고인이 법인인 경우는 법인의 대표자가 자백할 수 있다. 또한 다수설[81]에 의하면 피고인이 의사무능력자인 경우는 법정대리인(제26조)이나 특별대리인(제28조)이 피고인을 대신하여 자백의 주체가 될 수 있다.

(2) 공소사실에 대한 자백

간이공판절차는 공소사실에 대하여 자백을 한 경우에 한하여 허용된다. 여기서 '공소사실에 대한 자백'이란 공소장에 기재된 사실을 전부 인정하고 위법성조각사유나 책임조각사유의 원인이 되는 사실의 부존재를 인정하는 것을 말한다. 따라서 ① 공소사실에 대한 자백이 있으면 죄명·적용법조에 관하여 다툼이 있거나, 정상관계의 사유나 형면제의 원인이 되는 사실을 주장하는 경우에도 자백이라 할 수 있다.[82] 또한 ② 실체적 경합관계에 있는 범죄의 일부사실에 대한 자백은 자백부분에 한하여 간이공판절차를 진행할 수 있다. 그러나 ③ 일부사실에 대한 자백이라 할지라도 상상적 경합관계(형법 제40조)에 있는 범죄에 관한 것이거나, 예비적·택일적 기재의 범죄사실에 관한 것일 경우는 간이공판절차가 적용되지 아니한다.[83]

(3) 자백의 시기와 장소

자백은 공판정, 즉 공판절차에서 할 것을 요한다. 따라서 수사절차나 공판준비절차에서의 자백을 이유로 간이공판절차를 개시할 수 없다. 그리고 자백시기에

---

81) 신동운, 997; 이재상/조균석, 518; 임동규, 432. 이에 대하여 자백의 대리는 헌법상 보장된 피고인의 재판받을 권리를 침해하는 것으로 허용되지 않는다(배종대/이상돈/정승환/이주원, 514).

82) 따라서 공소사실에 관한 다툼이 있는 경우, 예컨대 상습범죄에서 상습성을 다투거나 정범에 대하여 종범, 기수에 대하여 미수를 주장하는 경우에는 자백한 것으로 볼 수 없다.

83) 노명선/이완규, 413; 박상열/박영규/배상균, 539; 배종대/이상돈/정승환/이주원, 516; 이은모, 572; 정웅석/백승민, 538.

대해서는 피고인이 모두진술을 할 때까지 가능하다는 설[84]과 변론이 종결될 때까지 가능하다는 설[85]이 대립되어 있다. 그러나 현행법은 증거조사 이전의 모두진술단계에서 공소사실의 인정여부를 진술하도록 하고 있으므로 피고인이 모두진술 시까지라고 하는 견해가 타당하다.

(4) 자백의 신빙성

자백은 신빙성이 있어야 한다. 따라서 신빙성이 없는 자백은 간이공판절차의 취소사유가 되기 때문에 간이공판절차를 개시할 수 없다(제286조의3).

Ⅲ. 간이공판절차의 개시결정

1. 결정의 방법

피고인이 자백한 공소사실이 위의 요건을 구비한 때에는 법원은 재량으로 간이공판절차에 의하여 심판할 것을 결정할 수 있다(제286조의2). 이 경우 법원이 간이공판절차의 개시결정을 하고자 할 때에는 재판장은 미리 피고인에게 간이공판절차의 취지를 설명하여야 한다(규칙 제131조). 개시결정은 공판정에서 구두로 고지하면 족하며 그 결정의 취지를 공판조서에 기재하여야 한다.

2. 결정에 대한 불복

간이공판절차의 개시결정은 판결 전의 소송절차에 대한 결정이므로 항고할 수 없다(제403조 ①항). 그러나 간이공판절차에 의할 수 없는 경우인데도 이에 의하여 심리한 경우는 소송절차의 법령위반에 해당하여 항소 또는 상고이유가 된다(제361조의5 1호, 제383조 1호).

Ⅳ. 간이공판절차의 특칙

간이공판절차에서는 증거능력과 증거조사에 대해서만 특칙이 인정된다. 따라서 그 외에는 통상의 공판절차에 관한 규정이 그대로 적용되기 때문에 간이공

---

84) 배종대/이상돈/정승환/이주원, 516; 신동운, 998; 이은모, 572; 정웅석/백승민, 538; 최영송, 441.
85) 노명선/이완규, 412; 신양균, 601; 이재상/조균석, 519; 임동규, 433.

판절차에서도 공소장변경이 가능하며, 유·무죄판결 이외에 공소기각이나 관할위
반의 재판도 선고할 수 있다.

1. 증거능력의 완화

간이공판절차에서는 직접심리주의와 전문법칙(傳聞法則)이 적용되지 않는다.
따라서 본래 직접심리주의와 전문법칙에 의하여 증거능력이 부인되는 증거(제310
조의2, 제312조~제314조, 제316조)라 할지라도 간이공판절차에서 증거로 함에 대하여
소송관계인의 동의(제318조 ①항)가 있는 것으로 간주되어 증거능력이 부여된다.
그러나 검사·피고인 또는 변호인이 증거로 함에 이의가 있는 경우에는 그러하지
아니하다(제318조의3).

이와 같이 간이공판절차에서 증거능력이 완화되는 대상은 '전문법칙'에 제한
되기 때문에 그 이외의 증거법칙은 적용되지 않는다. 따라서 임의성 없는 자백,
위법수집증거, 당해 사건에 관한 의사표시적 문서나 부적법하여 무효로 된 진술
조서 등은 증거로 할 수 없다. 또한 증거의 증거능력이 아니라 증명력의 문제인
자백의 보강법칙(제310조)도 그대로 적용된다.

2. 증거조사방식의 간이화

간이공판절차에서의 증거조사의 방식은 엄격한 증거조사의 방식이 아니라
법원이 '상당하다고 인정하는 방법'[86]으로 할 수 있다(제297조의2). 따라서 엄격한
증거조사방식을 규정한 ① 증인신문의 방식(제161조의2),[87] ② 증거조사의 시기와
방식(제290조~제292조),[88] ③ 증거조사결과와 피고인의 의견(제293조),[89] ④ 증인신

---

[86] 상당하다고 인정하는 방법이란, 공개주의의 원칙상 당사자 및 방청인에게 증거내용을 알게
   할 수 있을 정도로 행하는 것을 말한다. 피고인이 공판정에서 공소사실을 자백한 때에 법원
   이 취하는 심판의 간이공판절차에서의 증거조사는 증거방법을 표시하고 증거조사내용을 '증
   거조사함'이라고 표시하는 방법으로 하였다면 간이절차에서의 증거조사에서 법원이 인정·
   채택한 상당한 증거방법이라고 인정할 수 있다(대판 1980.4.22. 80도333).
[87] 증인신문을 함에 있어서 교호신문의 방식이 아니 법원이 상당하다고 인정하는 방법으로 증
   인신문을 할 수 있다(제161조의2 적용배제).
[88] 피고인신문을 반드시 증거조사 종료 후에 할 필요가 없다(제290조의 적용배제). 또는 서류
   나 물건의 증거조사방법도 개별적으로 지시·설명할 필요가 없으며(제291조의 적용배제), 서
   류나 물건의 증거조사방법도 제시·요지의 고지·낭독의 형식을 갖추지 않아도 된다(제292
   조의 적용배제).
[89] 증거조사의 종료 시에 피고인에게 증거조사에 관한 의견을 묻거나 증거신청권을 알려 줄
   필요가 없다(제293조의 적용배제).

문 시의 피고인의 퇴정(제297조)[90] 등은 간이공판절차에 적용되지 아니한다. 그러나 이외의 규정인 증인의 선서(제161조), 당사자의 증거조사참여권(제163조), 당사자의 증거신청권(제294조), 증거조사에 관한 이의신청(제296조) 등은 간이공판절차에서도 적용된다.

V. 간이공판절차의 취소

1. 취소의 사유와 절차

법원은 간이공판절차에 의하여 심판할 것을 결정한 사건에 관하여, ① 피고인의 자백이 신빙할 수 없다고 인정되거나, ② 간이공판절차로 심판하는 것이 현저히 부당하다고 인정할 때에는 검사의 의견을 들어 그 결정을 취소하여야 한다(제286조의3). 이 때 법원은 검사의 의견에 구속되지 아니하며 취소의 사유가 있는 때에 법원은 직권으로 반드시 취소하여야 한다.

2. 취소의 효과

간이공판절차의 결정이 취소된 때에는 공판절차를 갱신(更新)하여야 한다(제301조의2). 따라서 통상의 절차에 의하여 증거조사절차를 다시 밟는 것이 원칙이다. 그러나 검사·피고인 또는 변호인이 이의가 없는 때에는 갱신을 필요로 하지 않는다. 이러한 경우는 간이공판절차에서 행해진 증거조사가 그대로 효력을 유지하게 된다.

[46] 제2 공판절차의 정지와 갱신

I. 공판절차의 정지

1. 공판절차정지의 의의

공판절차의 정지는 심리를 진행할 수 없는 일정한 사유가 발생한 경우에 그

---

90) 증인·감정인·공동피고인을 신문할 때 피고인을 퇴정시킬 필요가 없다(제297조의 적용배제).

사유가 없어질 때까지 공판절차를 법률상 정지시키는 것을 말한다. 이것은 피고인의 방어능력이 없거나 출석할 수 없는 경우 또는 공소장변경이 있는 경우에 피고인의 방어권을 보장하기 위한 제도이다.

2. 공판절차정지의 사유

(1) 피고인의 심신상실과 질병

법원은 피고인이 사물을 변별할 능력이 없거나 또는 의사를 결정할 능력이 없는 상태에 있는 때에는 검사와 변호인의 의견을 들어서 결정으로 그 상태가 계속되는 기간 공판절차를 정지하여야 한다(제306조 ①항). 또한 피고인이 질병으로 출정할 수 없는 때에도 출정할 수 있을 때까지 공판절차를 정지하여야 한다(동조 ②항). 그러나 피고사건에 대하여 무죄·면소·형의 면제 또는 공소기각의 재판을 할 것이 명백한 때에는 피고인의 출정 없이 재판할 수 있다(동조 ④항).

(2) 공소장의 변경

법원은 공소사실 또는 적용법조의 추가·철회 또는 변경이 피고인의 불이익을 증가할 염려가 있다고 인정한 때에는 직권 또는 피고인이나 변호인의 청구에 의하여 피고인으로 하여금 필요한 방어준비를 하게 하기 위하여 결정으로 필요한 기간 공판절차를 정지할 수 있다(제298조 ④항).

(3) 소송절차의 정지

일정한 사유의 발생만으로 소송절차가 정지되는 경우에도 공판절차를 정지해야 한다. 다만 이 경우 법원은 결정을 요하지 아니하며, 그 정지사유는 다음과 같다. 즉 기피신청(제20조 ①항), 병합심리신청(제6조), 관할지정신청(제14조), 관할이전신청(제15조), 재심청구의 경합(규칙 제169조), 위헌법률심판의 제청(헌법재판소법 제42조 ①항)이 있다.

3. 공판절차정지의 절차와 효과

(1) 공판절차정지의 절차

공판절차의 정지는 법원의 결정으로 한다. ① 피고인의 심신상실 또는 질병

을 이유로 공판절차를 정지하는 경우는 법원의 직권에 의하여 행해지지만, 공소
장변경에 의한 경우는 법원의 직권 또는 피고인이나 변호인의 청구에 의한다. 또
한 ② 피고인의 심신상실 또는 질병을 이유로 공판절차를 정지하는 경우는 검
사·변호인 및 의사의 의견을 들어야 하지만(제306조 ①항, ②항, ③항), 공소장 변경
으로 인한 경우는 검사 등의 의견을 들을 필요가 없다 .

공판절차정지의 기간은 그 제한이 없다. 법원은 일정기간을 정하여 정지할
수 있지만, 그 기간을 정하지 않은 경우에는 정지결정이 취소될 때까지 공판절차
가 정지된다.

(2) 공판절차정지의 효과

공판절차가 정지된 기간에는 공판절차를 진행할 수 없으나, 구속이나 보석에
관한 재판 또는 공판준비는 정지기간 중에도 할 수 있다. 또한 정지기간이 정하
여진 때에는 그 기간의 경과로 인하여 공판절차의 정지는 당연히 효력을 잃는다.
이 경우 법원은 공판절차를 다시 진행하여야 한다(규칙 제143조). 그리고 공판절차
의 정지사유가 있음에도 불구하고 공판절차를 진행하는 것은 위법하므로 상소이
유가 된다(제361조의5 1호, 제383조 1호).

Ⅱ. 공판절차의 갱신

1. 의 의

공판절차의 갱신은 법원이 판결선고 이전에 이미 진행된 공판절차를 일단
무시하고 다시 그 절차를 진행하는 것을 말한다. 따라서 상급법원의 파기환송이
나 이송판결에 의해서 하급법원이 다시 사건을 맡아 공판절차를 진행하는 것은
공판절차의 갱신이 아니다.

2. 공판절차갱신의 사유

(1) 판사의 경질

공판개정 후 판사의 경질이 있는 때에는 공판절차를 갱신하여야 한다. 다만
판결의 선고만을 하는 경우는 갱신을 필요로 하지 않는다(제301조). 판사의 경질이

있음에도 불구하고 갱신하지 않은 경우는 절대적 항소이유가 된다(제361조의5 8호).

(2) 간이공판절차의 취소

법원은 간이공판절차의 결정이 취소된 때에는 공판절차를 갱신하여야 한다. 다만 검사·피고인 또는 변호인의 이의가 없는 경우는 그러하지 아니하다(제301조 의2).

(3) 심신상실로 인한 공판절차의 정지

피고인의 심신상실로 인하여 공판절차가 정지된 경우는 그 정지사유가 소멸한 후의 공판기일에 공판절차를 갱신하여야 한다(규칙 제143조).

3. 공판절차갱신의 절차와 효과

(1) 절 차

공판절차의 갱신은 공판절차를 다시 시작하는 것이므로 재판장은 모두절차부터 다시 진행하여야 한다. 즉 ① 진술거부권의 고지, ② 인정신문, ③ 검사의 기소요지의 진술, ④ 피고인의 공소사실의 인정여부 및 정상에 관한 진술, ⑤ 법원의 직권에 의한 증거조사, ⑥ 갱신 전의 증거조사에 대한 재증거조사 등의 순서로 진행된다. 증거조사 시 소송관계인의 동의가 있으면 상당한 방법으로 증거조사를 할 수 있다(규칙 제144조 ②항).

(2) 갱신 전 소송행위의 효력

갱신 전 소송행위의 효력은 판사의 경질, 간이공판절차의 취소, 심신상실에 의한 공판절차의 정지가 있는 경우에 문제가 된다. 우선 ① 판사경질의 경우 갱신 전의 실체형성행위는 효력을 상실하기 때문에 다시 할 것이 요구되지만, 절차형성행위는 갱신에 의하여 영향을 받지 않는다. ② 간이공판절차의 취소는 심리가 부적법하거나 현저히 부당하여 공판절차가 갱신되는 것으로서 실체형성행위뿐만 아니라 절차형성행위도 그 효력을 잃는다. 또한 ③ 피고인의 심신상실로 공판절차가 정지된 경우는 이전에 행한 피고인의 행위가 모두 무효였을 가능성이 높기 때문에 공판절차를 갱신하는 것이므로 실체형성행위뿐만 아니라 절차형성행위도 무효가 된다.

Ⅲ. 변론의 병합·분리·재개

1. 변론의 병합과 분리

(1) 의 의

법원은 필요하다고 인정한 때에는 직권 또는 검사·피고인이나 변호인의 신청에 의하여 결정으로 변론을 분리하거나 병합할 수 있다(제300조). ① 변론의 병합이란, 수개의 관련사건이 사물관할을 같이 하는 동일한 법원에 계속되어 있는 경우에 그 사건들을 같은 공판절차에서 한 사건으로 심리하는 것을 말한다. ② 변론의 분리란, 병합되어 있는 수개의 관련사건을 분리하여 각각 별도의 공판절차에서 심리하는 것을 말한다. 이와 같이 형사소송법이 변론의 병합과 분리를 인정하고 있는 것은 소송경제와 심리의 편의를 도모할 뿐만 아니라, 피고인의 입장에서 보면 경합범의 규정(형법 제37조 이하)을 적용받아 과형상 이익을 받을 수 있기 때문이다.

(2) 절 차

변론의 병합과 분리는 법원의 직권이나 검사·피고인 또는 변호인의 신청에 의하여 법원이 결정할 수 있다(제300조). 따라서 법원은 피고인에 대하여 여러 개의 사건이 별도로 공소가 제기되어 있다고 하더라도 반드시 병합심리하여 동시에 판결할 필요가 없다. 즉 변론의 병합과 분리는 법원의 재량행위이다.

2. 변론의 재개

(1) 의 의

법원은 필요하다고 인정한 때에는 직권 또는 검사·피고인 또는 변호인의 신청에 의하여 결정으로 종결한 변론을 재개할 수 있다(제305조). 변론이 재개되면 변론은 종결 전의 상태로 돌아가서 앞의 변론이 재개된다.

(2) 절 차

변론의 재개는 법원의 직권이나 검사·피고인 또는 변호사의 신청에 의하여 결정으로 행해진다. 즉 변론의 재개도 변론의 분리·병합과 마찬가지로 법원의 재량행위이다.[91] 따라서 변론종결 후 선임된 변호인의 변론재개 신청을 받아들이지 아니하였다고 하여 위법이 있는 것은 아니다.[92] 변론의 재개 후의 절차는 검사의 의견진술(제302조) 이전의 상태로 돌아가게 되므로 필요한 심리를 마치고 다시 변론을 종결할 때에는 검사의 의견진술과 피고인·변호인의 최종진술(제303조)이 다시 행해진다.

Ⅳ. 국민참여재판의 공판절차

1. 공판준비절차

재판장은 피고인이 국민참여재판을 원하는 의사를 표시한 경우에 사건을 공판준비절차에 부쳐야 한다. 다만 공판준비절차에 부치기 전에 법원의 배제결정(동법 제9조 ①항)이 있는 때에는 그러하지 아니하다(동법 제36조 ①항). 일반 형사재판에서의 공판준비절차는 임의적 절차이나 국민참여재판에서는 필수적 절차이다.[93]

법원은 주장과 증거를 정리하고 심리계획을 수립하기 위하여 공판준비기일을 지정하여야 한다(동법 제37조 ①항). 공판준비기일은 공개하지만, 법원이 공개함으로써 절차의 진행이 방해될 우려가 있는 때에는 공판준비기일을 공개하지 아니할 수 있다(동조 ③항). 공판준비기일에는 배심원이 참여하지 않는다(동조 ④항).

2. 공판절차의 특칙

(1) 공판정의 구성

공판정은 판사·배심원·예비배심원·검사·변호인이 출석하여 개정한다(국민

---

91) 대판 1983.12.13. 83도2279.
92) 대판 1986.6.10. 86도769; 2014.4.24. 2014도1414.
93) 이것은 공판준비를 통해 집중심리가 가능하도록 함으로써 배심원의 출석 부담을 줄이고, 배심원이 사건의 실체를 이해하여 형사재판에 실질적으로 관여할 수 있게 하기 위한 것이다(이재상/조균석, 528).

참여재판법 제39조 ①항). 검사와 피고인 및 변호인은 대등하게 마주보고 위치한다. 다만 피고인신문을 하는 때에는 피고인은 증인석에 위치한다. 배심원과 예비배심원은 재판장과 검사·피고인 및 변호인의 사이 왼쪽에 위치한다(동조 ②항, ③항).

(2) 배심원의 권리와 의무

배심원과 예비배심원은 법률에 따라 공정하게 그 직무를 수행할 것을 다짐하는 취지의 선서를 하여야 한다(동법 제42조 ①항). 또한 배심원과 예비배심원은 ① 피고인·증인에 대하여 필요한 사항을 신문하여 줄 것을 재판장에게 요청할 수 있으며(동법 제41조 ①항 1호), ② 재판장의 허가를 받아 각자 필기를 하여 이를 평의에 사용하는 행위를 할 수 있다(동조 ①항 2호).

(3) 간이공판절차 규정의 배제

국민참여재판에는 간이공판절차에 관한 규정을 적용하지 아니한다(동법 제43조). 간이공판절차에서와 같이 증거조사방식을 간편하게 진행하면 배심원이 증거관계를 제대로 파악하기 어렵기 때문이다.

(4) 공판절차의 갱신

공판절차가 개시된 후 새로 재판에 참여하는 배심원 또는 예비배심원이 있는 때에는 공판절차를 갱신하여야 한다(동법 제45조 ①항). 또한 공판절차의 갱신절차는 새로 참여한 배심원 또는 예비배심원이 쟁점 및 조사한 증거를 이해할 수 있도록 하되 그 부담이 과중하지 않도록 하여야 한다(동조 ②항).

3. 평의·평결 및 판결선고

(1) 평의와 평결

재판장은 변론이 종결된 후 법정에서 배심원에게 공소사실의 요지, 적용법조, 피고인과 변호인 주장의 요지, 증거능력 그 밖에 유의할 사항에 관하여 설명하여야 한다. 이 경우 필요한 때에는 증거의 요지에 관하여 설명할 수 있다(동법 제46조 ①항). 심리에 관여한 배심원은 재판장의 설명을 들은 후 유·무죄에 관하여 평의하고, 전원의 의견이 일치하면 그에 따라 평결한다. 다만 배심원 과반수의 요청이 있으면 심리에 관여한 판사의 의견을 들을 수 있다(동조 ②항). 배심원은 유·무죄에 관하여 전원의 의견이 일치하지 아니하는 때에는 평결을 하기 전에 심리에 관여한 판사의 의견을 들어야 한다. 이 경우에 유·무죄의 평결은 다수결의 방법으로 한다. 심리에 관여한 판사는 평의에 참석하여 의견을 진술한 경우에도 평결에는 참여할 수 없다(동조 ③항).

평결이 유죄인 경우 배심원은 심리에 관여한 판사와 함께 양형에 관하여 토의하고 그에 관한 의견을 개진한다(동조 ④항). 배심원의 평결과 의견은 법원을 기속하지 않는다(동조 ⑤항). 다만 평결결과와 양형에 관한 의견을 집계한 서면은 소송기록에 편철한다(동조 ⑥조).

(2) 판결의 선고

판결의 선고는 변론을 종결한 기일에 하여야 하며, 이 경우 판결서를 선고 후에 작성할 수 있다(동법 제48조 ①항, ②항). 다만 특별한 사정이 있는 때에는 변론 종결 후 14일 이내에 따로 선고기일을 지정할 수 있다(동조 ①항, ③항). 재판장은 판결선고 시 피고인에게 배심원의 평결결과를 고지하여야 하며, 배심원의 평결결과와 다른 판결을 선고하는 때에는 피고인에게 그 이유를 설명하여야 한다(동조 ④항). 판결서에는 배심원이 재판에 참여하였다는 취지를 기재하여야 하고, 배심원의 의견을 기재할 수 있다. 배심원의 평결결과와 다른 판결선고를 하는 때에는 판결서에 그 이유를 기재하여야 한다(동법 제49조).

제 2 장

증   거

제 1 절 증거법의 기초

[47] 제 1 증거의 기본개념

Ⅰ. 증거와 사실인정

공판기일의 모두절차에서 당사자 쌍방의 주장이 명확해지면, 그 다음의 심리 순서는 과연 그 주장이 정당한 근거가 있는지 여부를 조사하지 않으면 안 된다. 따라서 법원은 당사자가 주장한 사실이 정당하고 또 그 사실이 존재하지는 여부를 확인하게 되는데 이 때 주장된 사실에 대한 인정자료를 증거라고 한다. 이 사실의 인정은 원칙적으로 증거의 유무에 의하며 그 절차를 증거조사절차라고 한다. 다만 사실인정에 관해서는 다양한 법적 규제를 두고 있으며 이것을 증거법이라고 한다. 즉 증거법은 증거를 수집하고 조사하는 절차에 관한 규정94)과 개별적

---

94) 이에 관해서는 총칙편에 증거방법별로 검증(제139조 이하), 증인신문(제146조 이하), 감정(제169조 이하) 등을 규정하고 있다.

증거의 증거능력과 증명력에 관한 규정(제307조 이하)으로 이루어져 있다.

II. 증거의 종류와 분류

형사소송법상 증거는 사실인정에 사용되는 자료로서 법원이 범죄사실의 존부를 추인하는 근거를 말하며, 그 증거의 종류로는 증거방법과 증거자료가 있다. 「증거방법(證據方法)」은 증인·증거물·증거서류 등 사실인정의 자료가 되는 유체물(매체) 그 자체를 말한다. 이것에 대하여 「증거자료(證據資料)」는 증언의 내용, 증거물의 성질·형상, 서증의 기재내용 등 증거방법을 조사하여 알게 된 내용(정보)을 말한다.

이러한 증거는 다양한 관점으로부터 분류할 수가 있다. 우선 ① 증명의 대상이 되는 사실과의 관계에 따라 직접증거와 간접증거, 본증과 반증, 실질증거와 보조증거로 분류할 수 있으며, 또한 ② 증거방법의 성질 등에 따라 인적 증거와 물적 증거, 인증·물증·서증 등으로 분류할 수 있고, ③ 증거자료에 대한 증거법칙상의 차이에 따라 진술증거와 비진술증거로도 분류가 가능하며 이것이 특히 중요하다.

1. 직접증거와 간접증거

직접증거는 요증사실(증명대상)을 직접 증명하기 위한 증거로서, 예컨대 범행목격자의 증언·피해자의 진술조서·피고인의 자백 등이 있다. 이에 대하여 간접증거는 요증사실을 직접 증명할 수는 없지만, 이것을 추인하게 하는 사실(간접사실)을 증명하기에 필요한 사실로서 정황증거(情況證據)라고도 한다. 범죄현장에 남아있던 범인의 지문이 여기에 해당한다. 지문으로부터 범인이 현장에 있었다고 하는 것(간접사실)을 증명하고 그 사실로부터 범행을 추인할 수 있다. 직접증거와 간접증거 사이에 증거법상 우열은 없다. 다만 간접증거만으로도 유죄를 인정할 수 있으나 그 추론과정이 논리법칙과 경험법칙에 부합하여야 한다.

2. 본증과 반증

요증사실에 대하여 거증책임을 부담하는 당사자가 그 사실을 증명하기 위하여 제출하는 증거를 본증(本證)이라고 하고, 상대방이 그 사실을 부정하기 위하여 제출하는 증거를 반증(反證)이라고 한다. 형사소송법상 거증책임은 원칙적으로 검사에게 있기 때문에 검사가 제출하는 증거를 본증, 피고인 측이 제출하는 증거를 반증이라고 하여도 좋을 것이다.

3. 실질증거와 보조증거

요증사실의 존부를 직접·간접으로 증명하기 위하여 사용되는 증거를 실질증거(實質證據)라고 하며, 이 실질증거의 증명력을 다투기 위하여 사용되는 증거를 보조증거(補助證據)라고 한다. 즉 실질증거인 범행목격자의 증언에 대한 증명력을 약화시키기 위하여 목격자의 시력이 약하다고 하는 사실을 증명하는 증거가 보조증거이다. 보조증거에는 증명력을 약화시키는 증거인 탄핵증거와 반대로 이것을 강화시키는 보강증거가 있고, 또한 일단 약화된 증명력을 회복시키는 위한 증거를 회복증거라고 한다.

4. 인적 증거와 물적 증거

증거방법의 물리적인 성질에 의한 구분으로서 그것이 사람인 경우를 인적증거(人的證據)라고 하고, 그 이외의 경우를 물적 증거(物的證據)라고 한다. 양자는 주로 강제처분의 방법에 차이가 있다. 인적 증거를 취득하는 강제처분은 소환·구인이 있고, 물적 증거를 취득하는 강제처분으로는 압수가 있다.

5. 인증 · 물증 · 서증

증거는 그 증거조사의 방식에 따라 인증·물증·서증으로도 구분할 수 있다. ① 인증(人證)은 증인·감정인·피고인처럼 구두로 증거를 제출하는 증거로서 그 증거조사의 방식은 신문 또는 질문이다. 인증은 앞에서 설명한 인적 증거이지만, 인적 증거가 항상 인증에 제한되는 것은 아니다. 사람의 신체상태가 증거가 되는 경우[95]는 인적 증거이지만 인증이 아닌 물증에 해당한다. ② 물증(物證)은 범행에 사용된 흉기나 절도의 피해품처럼 그 물건의 상태가 증거로 사용되는 물체를 말한다. 범죄현장도 물증의 한 종류이며, 그 증거조사의 방식은 검증(檢證)이다. ③ 서증(書證)은 그 기재내용이 증거가 되는 서면을 말한다. 그러나 서면이라도 도품을 포장하는데 사용한 신문지처럼 그 존재 및 상태만이 증거로 이용되는 경우는

---

95) 예컨대 상흔, 지문 등

물증으로서 서증이 아니다.[96] 서증은 또한 증거조사의 방식에 따라 증거서류[97]와 증거물인 서면[98]으로 구분할 수 있다. 전자는 낭독 또는 내용의 고지의 방식에 의하지만(제292조), 후자는 제시에 의할 것을 요한다(제292조의2).

6. 진술증거와 비진술증거

증거자료의 성질에 의한 구별로서 진술증거는 증인의 증언처럼 사람의 지각 → 기억 → 표현 → 서술이라는 심리과정을 거쳐 법원에 도달하는 증거를 말한다. 이것에 대하여 범행에 사용한 흉기처럼 범죄의 흔적이 사람의 지각 이외의 물건에 남아 있는 증거를 비진술증거라고 한다. 진술증거와 비진술증거의 중요한 차이는 전문법칙(傳聞法則)의 적용여부이다. 즉 진술증거는 사람의 기억에 남아 있는 범죄의 흔적을 재현하는 증거이기 때문에 그것이 법정에 도달하기까지 그 과정에 오류가 개입할 위험성이 있고, 이 위험성 때문에 반대신문 등을 거치지 않으면 증거로 할 수 없다는 것이 바로 전문법칙이다. 한편 비진술증거는 이러한 위험성은 없지만,[99] 범죄사실과의 관련성이 명확하지 않으면 증거로 할 수 없다.

〈직접증거와 간접증거의 구별〉

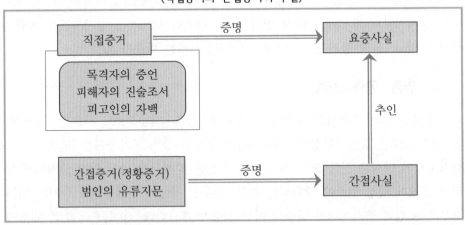

---

96) 판례인 내용기준설에 따르면 서면의 내용과 동시에 그 존재 또는 상태가 증거로 되는 것은 증거물인 서면이라고 한다(대판 2015.4.23. 2015도2275).
97) 예컨대 공판조서, 피의자신문조서 등
98) 예컨대 위조죄의 위조문서, 무고죄의 허위고소장 등
99) 예컨대 현장에서 발견된 칼과 같이 비진술증거는 주의하여 보존을 하면, 법정에서 증거조사를 하는 경우에도 그 상태가 동일하기 때문에 증거로서 진술증거처럼 오류가 개입될 가능성이 낮기 때문이다.

Ⅲ. 증거능력과 증명력

1. 증거능력과 증명력의 의의

증거는 범죄사실의 증명에 사용되기 때문에 증거능력과 증명력이 있어야 한다. '증거능력'은 범죄사실의 증명에 사용될 수 있는 증거의 법률상 자격을 말한다. 따라서 어떠한 증거가 증거능력이 있는지에 대해서 형사소송법 제307조는 그 자격을 형식적 · 객관적으로 규정[100]하고 있기 때문에 법관의 재량이 허용되지 않는다. 위법수집증거배제법칙(제308조의2), 자백배제법칙(제309조), 전문법칙(제310조의2)에 의하여 증거능력이 인정되지 않는 증거는 사실인정의 자료로 사용될 수 없는 것은 물론 증거조사도 허용되지 않는다.

이에 대하여 '증명력'은, 증거증력이 있는 증거에 대해 그 증거가 범죄사실의 증명에 어느 정도 가치를 갖는지, 즉 증거가치의 문제이다. 따라서 증거능력은 증명력의 전제이고, 증명력은 증거능력이 인정되어 법정에 제출된 증거에 대해서만 문제가 된다. 다만 어떠한 증거가 구체적으로 증명력이 있고, 또 어느 정도의 증명력을 갖는지 하는 것은 법관의 자유로운 판단에 맡겨져 있다. 이처럼 증명력 판단에 관한 기본원칙을 「자유심증주의」(제308조)라고 한다. 다만 자유심증주의의 예외에 관한 것으로 자백의 보강법칙(제301조)과 공판조서의 배타적 증명력(제56조)이 있다.

2. 증거능력과 증명력의 구별

이처럼 증거능력과 증명력은 서로 다른 개념이기 때문에 양자를 혼동해서는 안 된다. 예컨대 적법하게 선서한 증인의 허위증언은 증거능력은 있지만 증명력이 없고, 이에 반하여 고문이나 부당하게 장기간에 걸친 신문으로 얻은 진실한 자백은 증명력은 있지만, 증거능력이 없기 때문에 증거능력과 증명력은 서로 다른 차원의 문제이다.

그러나 증거능력과 증명력이 전혀 관련성이 없는 것도 아니다. 본래 증거능력의 제한은 신용성이 낮은 증거나 또는 오해나 편견을 생기게 할 만한 증거들과

---

100) 형사소송법 제307조의 '사실의 인정은 증거에 의하여야 한다'는 증거재판주의를 선언한 규정에 따르면, 엄격한 증명을 통한 사실의 인정을 요구하고 있어 결국 사실인정에 사용되는 증거란 법률상 증거능력이 있고 적법한 증거조사를 거친 것에 한한다.

같이 증명력에 의문이 있는 증거를 사실인정에 사용하는 것은 위험하기 때문에
소송법은 이러한 증거의 자격을 일률적으로 제한하고 있다. 이처럼 증명력과 관
련된 증거능력의 제한을 「협의의 증거능력의 제한」이라고 하며 전문증거(제310조
의2)가 여기에 해당한다. 이와 반대로 증거의 증명력과 관계없이 그 증거를 사용
하는 것이 절차의 적정이나 소송 외의 우월적 이익을 해하기 때문에 증거로서의
자격을 박탈하는 것으로 「증거금지(證據禁止)」가 있다. 예컨대 임의성 없는 자백이
나 수사기관의 위법수사를 억지하기 위하여 증거능력을 부인하는 위법수집증거
에 대한 증거능력제한은 여기에 해당한다.[101]

　이와 같이 동일한 증거능력의 제한이라고 하더라고 협의의 증거능력의 제한
과 증거금지를 구분하는 것은 증거능력의 제한에 관한 태양(態樣)을 고려할 수 있
다는 점에서 유익하다.[102]

[48] 제 2 증거재판주의

I. 증거재판주의의 의의

　'사실의 인정은 증거에 의하여야 한다'(제307조 ①항)는 원칙을 「증거재판주
의」라고 한다. 즉 증거에 의하지 않는 신판(神判)과 달리 형사소송상 문제가 되는
사실의 인정 또는 확정은 증거에 의하지 않으면 안 된다고 하는 것을 의미한다.
따라서 이 원칙은 규문주의 하의 자백존중주의(自白尊重主義)에 대한 결별을 선언
한 역사적 의의에 그치지 않고 실정법상 적극적 의의를 가지고 있다. 여기서 말
하는 '사실'이란, 소송에서 문제가 되는 모든 사실을 의미하는 것이 아니라 범죄
사실을 의미하며, '증거'도 또한 어떠한 증거라도 가능하다는 것이 아니라 증거능
력 및 증거조사의 절차를 거친 법적 자격을 갖춘 증거만을 의미한다고 해석된다.
따라서 이 원칙으로부터 범죄사실은 엄격한 증명을 필요로 하기 때문에 결국 엄
격한 증명과 자유로운 증명은 이 원칙에 따라 구분하지 않으면 안 된다.[103]

---

101) 차용석/최용성, 480. 白取祐司, 304.
102) 司法協會, 280.
103) 司法協會, 258.

Ⅱ. 증 명

1. 증명의 의의와 종류

법관은 증거에 의해서 사실의 존부에 대해 심증을 형성할 뿐만 아니라 사실을 인증하여야 한다. 이처럼 법관이 사실에 대하여 일정한 심증을 얻은 상태를 증명(證明)이라고 하고, 형사소송법상 사실을 인정하기 위해서는 증명이 필요하다. 증명은, ① 그 심증의 정도에 따라 법관이 요증사실의 존재에 대하여 '합리적 의심이 없을 정도로 확신을 얻은 상태'를 요하는 협의의 증명(제307조 ②항)과 주장되는 '사실의 존재를 일단 추측할 수 있을 정도로 충분한' 소명(疏明)으로 구분할 수 있다.104) 그리고 ② 협의의 증명은, 다시 증명의 방법과 수단의 관점에서 증거능력이 있고 적법한 증거조사를 거친 증거에 의한 증명인 엄격한 증명과 증거능력이나 적법한 증거조사를 요하지 않는 자유로운 증명으로 구분된다.

2. 증명의 대상

(1) 엄격한 증명의 대상

제307조의 사실은 엄격한 증명의 대상이 되는 사실로서 일반적으로 '주요사실'이라고 한다. 이 주요사실의 범위에 대해서 통설105)과 판례106)는, 공소장에 기재된 공소사실과 이것과 관련한 형벌권의 존부와 그 범위에 관한 사실이라고 하는 점에서 일치하고 있다. 다만 간이공판절차에서는 증거능력과 증거조사에 대한 특칙을 인정하고 있기 때문에 엄격한 증명을 요하는 사실이라도 법원은 '상당하다고 인정하는 방법'으로 증거조사(제297조의2)를 할 수 있다.

(가) 구성요건해당사실

구성요건에 해당하는 사실은 객관적 구성요건요소는 물론 주관적 구성요건

---

104) 소명의 대상은 법률에 개별적으로 규정하고 있으며, 그 절차에 있어서도 엄격한 형식이나 방식에 제한되지 않는다. 예컨대 기피사유의 소명(제19조 ②항), 상소권회복인사유의 소명(제346조 ②항), 증인신문청구사유의 소명(제221조의2 ③)이 있다.

105) 배종대/이상돈/정승환/이주원, 567; 손동권/신이철, 516; 신동운, 1019; 신양균, 713; 이은모, 606; 이재상/조균석, 538; 차용석/최용석, 487.

106) 원칙으로 범죄사실의 존부와 형벌권의 양적 범위를 결정하는데 필요한 사실의 존부 및 내용에 관하여는 모두 엄격한 증명을 요하며, 단지 양형의 자료가 되는데 불과한 정상사실에 관하여는 자유로운 증명으로 족하다고 할 것이다(대판 2000.9.22. 2000노337).

요소도 모두 엄격한 증명의 대상이 된다. 따라서 행위의 주체·객체·결과의 발생 및 인과관계 등 객관적 구성요건요소뿐만 아니라 고의·과실·목적·공동정범에 있어서 공모107) 등 주관적 구성요건사실도 엄격한 증명의 대상이 된다. 다만 범의(犯意)에 대해서 종래에는 이를 자유로운 증명으로 족하다고 하였으나, 판례108)를 변경하여 엄격한 증명을 요한다고 하였다.

(나) 위법성과 책임에 관한 사실

구성요건을 충족하는 사실이 증명되면 위법성·책임은 사실상 추정되므로, 위법성조각사유 또는 책임조각사유의 부존재를 특별히 증명할 필요는 없으나 당사자 사이에 다툼이 있는 경우에는 이것도 엄격한 증명을 요한다.

(다) 처벌조건

처벌조건은 예컨대 파산범죄에 있어서 파산선고가 확정된 사실(채무회생법 제650조) 등과 같이 비록 범죄성립요건은 아니지만, 형벌권의 발생에 직접 관련된 중대한 사실로서 엄격한 증명의 대상이 된다.

(라) 법률상 형의 가중·감면이 되는 사실

법률상 형의 가중·감면의 근거109)가 되는 사실에 대하여, 통설110)은 범죄사실 그 자체는 아니지만 범죄사실에 준하여 엄격한 증명의 대상이 된다고 한다. 그러나 판례111)는 심신상실·심신미약의 문제는 법률적 판단의 대상이지 범죄될 사실은 아니기 때문에 엄격한 증명이 필요 없다고 판시하고 있다.

(마) 간접사실·경험법칙·법규

간접사실은 범죄성립에 관한 주요사실의 존재여부를 간접적으로 추인하게 하는 사실로 엄격한 증명의 대상이 된다. 또한 경험법칙·법규는 일반적으로 불요증사실이나 과학적 경험법칙, 외국의 법규·관습 등이 공소범죄사실 또는 간접사실에 관한 것인 때에는 엄격한 증명의 대상이 된다.

---

107) 대판 2006.2.23. 2005도8645.
108) 대판 2004.7.22. 2002도4229; 2002.3.12. 2001도2064.
109) 예컨대 누범전과, 상습범 가중의 상습성, 심신미약, 중지미수, 자수·자복 등
110) 배종대/이상돈/정승환/이주원, 568; 손동권/신이철, 517; 신동운, 1020; 신양균, 714; 이재상/조균석, 539; 임동규, 458.
111) 피고인의 범행 당시의 정신상태가 심신상실이냐 또는 심신미약이었느냐의 문제는 법률적 판단이지 범죄 될 사실은 아니기 때문에 엄격한 증명이 필요 없다(대판 1961.10.26. 4294형상590).

(2) 자유로운 증명의 대상

자유로운 증명의 대상은 증거능력 및 적법한 증거조사를 거치지 않은 증거에 의한 증명을 말한다.

(가) 정상관계사실

정상관계사실은 양형의 자료가 되는 사실로서 범죄사실과 관련하여 두 가지 유형으로 구분할 수 있다. 즉 ① 범행의 동기, 수단·방법, 피해의 정도 등과 같이 범죄사실에 속하는 것과 ② 피고인의 성격·환경, 범죄 후의 반성, 피해변상112) 등 범죄사실과 독립된 것으로 구분할 수 있다. 원칙적으로 양형은 법원의 재량이므로 그 전제가 되는 정상관계사실은 자유로운 증명의 대상이 된다는 것이 다수설113)의 입장이다. 그러나 정상관계사실 중에 ①과 같이 범죄사실에 속하여 그 범죄사실의 입증과 불가분의 관계에 있는 것은 엄격한 증명의 대상이 된다.114)

(나) 소송법적 사실

소송법적 사실은 범죄사실이나 양형사실 이외에 형사절차와 관련된 사실을 말한다. 즉 친고죄에 있어서 고소의 유무, 피고인의 구속기간, 공소제기 등은 물론 증거의 증거능력을 인정하기 위한 기초사실115)이나 자백의 임의성을 기초하는 사실도 소송법적 사실에 불과하므로 자유로운 증명에 족하다고 하는 것이 다수설116)과 판례117)의 입장이다.

---

112) 일본의 실무에서는 피해변상의 사실의 존부에 대해서는 엄격한 증명을 요구하고 있다(司法協會, 263. 名古屋高判 昭和25年10月10日[判特13号102頁]).

113) 손동권/신이철, 518; 신동운, 1021; 이은모, 610; 이재상/조균석, 541; 임동규, 459; 정웅석/백승민, 581.

114) 이재상/조균석, 542. 일본의 판례에 따르면 '형사사건의 대부분은, 범죄사실 그 자체에 대해서는 다툼이 없고, 오히려 양형이 당사자의 관심사라고 하는 점에 비춰보면 당사자주의 소송구조 하에 있어서는, 정상에 대해서도 엄격한 증명을 필요로 한다고 해석할 여지가 있다'(名古屋高判 昭和25年9月19日[判特13号96頁]).

115) 형사소송법 제313조 단서에 의하여 그 진술이 '특히 신빙할 수 있는 상태' 하에서 행하여진 때에는 증거능력이 있고, 이러한 특신상태는 증거능력의 요건에 해당하므로 검사가 그 존재에 대하여 구체적으로 주장·입증하여야 하는 것이지만, 이는 소송상의 사실에 관한 것이므로, 엄격한 증명을 요하지 아니하고 자유로운 증명으로 족하다(대판 2001.9.4. 2000도1743).

116) 신동운, 1273; 신양균, 717; 이재상/조균석, 542; 임동규, 494. 이에 대해서 엄격한 증명을 요한다는 입장으로는 배종대/이상돈/정승환/이주원, 569, 정웅석/백승민, 607.

117) 대판 2011.2.24. 2010도14720.

(다) 보조사실

보조사실은 증거의 증명력에 영향을 미치는 사실[118]을 말한다. 다만 보조사실 중에서 증명력을 탄핵하는 사실은 자유로운 증명으로 족하지만, 요증사실의 증명력을 보강하는 사실에 대해서는 그 요증사실이 엄격한 증명의 대상인 이상 역시 엄격한 증명의 대상이 된다.

(3) 불요증사실

증명의 대상인 사실의 성질에 비추어 증명을 필요로 하지 않는 사실을 말하며, 여기에는 공지의 사실·추정된 사실·거증금지의 사실 등이 있다. 이것은 증거재판주의의 원칙에 대한 이론상 예외가 된다.

(가) 공지(公知)의 사실

공지의 사실은 일반적으로 알려져 있는 사실, 즉 보통의 지식·경험이 있는 사람이면 의심하지 않는 사실을 말한다.[119] 이러한 공지의 사실은 증거에 의하지 않더라도 사실인정에 지장이 없으므로 증명을 요하지 않는다. 그러나 법원이 직무상 명백히 알고 있는 사실, 즉 법원에 현저한 사실[120]은 이론이 있으나 증명을 요한다고 본다.[121]

(나) 추정된 사실

추정(推定)된 사실은 이미 인정된 전제사실로부터 다른 사실의 존재를 추론하는 것을 말한다. ① 법률상 추정된 사실은 전제사실의 존재가 증명되면 반대증명이 없는 한 다른 사실이 증명된 것으로 취급하도록 법률상 규정되어 있는 경우를 말한다. 이것은 법관에게 추정된 사실의 인정을 강제함으로 자유심증주의 원칙과 실체적 진실주의의 이념에 반하여 형사소송법상 인정하지 않는다. 이에 대하여 ② 사실상 추정된 사실은, 예컨대 구성요건해당성이 인정되면 위법성이 사실상 추정되는 것처럼 전제사실로부터 다른 사실을 추정하는 것이 논리적으로 합리적인 사실을 말한다. 이러한 사실상 추정된 사실은 증명을 요하지 아니한다. 그러나 반증에 의하여 의심이 생긴 때에는 증명을 필요로 한다.

---

118) 증인의 전력이나 시각·청각의 상태와 같이 증언의 신빙성에 영향을 미치는 사실 등
119) 예컨대 역사상 명백한 사실이나 자연계의 현저한 사실 등
120) 수소법원이 스스로 판결한 사건처럼 법원이 그 직무상 명백하게 알고 있는 사실
121) 신동운, 1025; 이재상/조균석, 543.

(다) 거증금지의 사실

거증금지의 사실은 증명으로 인하여 얻을 소송법적 이익보다 더 큰 초소송법적 이익 때문에 증명이 금지되는 사실로서, 예컨대 공무원 또는 공무원이었던 자의 직무상 비밀에 속하는 사실이 여기에 속한다(제147조). 따라서 거증금지의 사실도 증명을 요하지 아니한다.

[49] 제 3 거증책임

Ⅰ. 거증책임의 개념

1. 거증책임의 의의

거증책임은 요증사실의 존부가 증명되지 않을 경우에 불이익을 받게 되는 당사자의 법적 지위를 말한다. 법원은 당사자가 제출한 증거와 직권으로 조사한 증거에 의하여 사실의 존부에 관한 심증을 형성한다. 그러나 이러한 증거에 의해서도 법원이 확신을 얻지 못할 때에는 일방의 당사자에게 불이익을 받게 될 위험부담을 주게 된다. 이 위험부담을 바로 「거증책임(擧證責任)」이라고 한다.

2. 거증책임의 종류

(1) 실질적 거증책임

실질적 거증책임은 소송의 종결단계에서 범죄사실을 증명하지 못하여 불이익을 받게 되는 일방 당사자가 지는 법적 지위를 말한다. 이것은 소송의 진행과 관계없이 고정되어 있기 때문에 객관적 거증책임이라고도 한다.

(2) 형식적 거증책임

소송의 전개과정에 따라 어느 사실이 증명되지 않음으로써 불리한 판단을 받을 염려가 있는 당사자가 그 불이익을 면하기 위하여 당해 사실을 증명하여야 할 법적 부담을 형식적 거증책임이라고 한다. 예컨대 검사가 구성요건해당성을 입증하면 위법성과 책임은 사실상 추정되므로 위법성조각사유와 책임조각사유에 대하여는 피고인이 그 입증부담을 지게 된다. 이 경우 피고인이 알리바이를 입증하면 검사는 다시 이를 번복할 입증부담을 지게 된다. 이와 같이 형식적 거증책임은 소송의 발전과정에 따라 수시로 변화하는 점에서 실질적 거증책임과 구별되며, 이를 입증부담(立證負擔)이라고도 한다.

직권주의 소송구조 하에서 법원은 스스로 증거를 수집할 책임이 있기 때문에 형식적 거증책임은 그다지 의미가 없지만, 당사자주의 소송구조 하에서는 당사자가 증거를 제출할 책임을 지기 때문에 법원이 형식적 거증책임을 어느 당사자에게 입증을 촉구할까 등은 소송지휘의 기준으로서 중요하다.122)

II. 거증책임의 배분

1. 일반원칙

형사소송에서 법원이 심증을 형성하지 못할 경우에 「의심스러울 때에는 피고인의 이익으로(in dubio pro reo)의 원칙」에 따라 범죄사실에 대한 거증책임은 원칙적으로 검사가 부담한다. 즉 피고인이 자신의 범죄행위에 대하여 무죄를 증명하지 못하는 경우에 법원이 이를 유죄로 하여 형벌 또는 그 외의 불이익을 부과한다면, 피고인은 범죄를 범했기 때문에 처벌되는 것이 아니라 소송의 수행과정이 미숙했기 때문에 처벌될 위험성을 내포하게 된다. 이와 같은 부담이나 위험을 개인에게 부과하는 형사절차는 근대법의 인권사상에 반하지 않는다고 하지 않을 수 없다. 여기서 형벌권을 행사하는 국가가 범죄사실을 증명하지 못하는 한 피고인을 유죄로 할 수 없다고 하는 「무죄추정(presumption of innocence)의 원칙」이 근대 형사재판의 기본원칙으로 확립된다.

2. 검사가 부담하는 거증책임

거증책임의 일반원칙에 따라 검사는 범죄의 성립과 형벌권의 발생에 영향을 미치는 모든 사실에 대하여 거증책임을 부담하게 된다. 즉 ① 범죄의 구성요건에 해당하는 사실(공소범죄사실)·처벌조건인 사실·법률상 형의 가중사유가 되는 사실의 존재, ② 위법성조각사유·책임조각사유·처벌조각사유·법률상 형의 감면

---

122) 安富 潔, 261; 신양균, 719.

사유가 되는 사실의 부존재, ③ 소송조건의 존재,[123] ④ 증거능력이 전제되는 사실 중 검사가 제출한 증거의 증거능력[124] 등이다. 또한 검사는 범죄사실의 증명 정도에 관하여도 그 사실이 존재한다는 것을 법원에 대해 '합리적인 의심의 여지가 없을 정도의 증명'을 하지 않으면 안 된다(제307조 ②항). 즉 이 정도에 이르지 않으면 범죄사실은 존재하지 않는 것으로서 무죄판결을 하여야 한다. 여기서 '합리적인 의심의 여지가 없을 정도의 증명'이라는 것은 일반인이라면 누구라도 의심을 갖지 않을 정도의 상태를 말한다.

Ⅲ. 거증책임의 전환

1. 거증책임전환의 의의

거증책임은 원칙적으로 공소권자인 검사가 부담하지만, 법률에 특별한 규정이 있는 경우는 예외적으로 피고인이 부담하게 된다. 이것을 거증책임의 전환이라고 한다.

2. 현행법상 거증책임전환

(1) 상해죄의 동시범 특례

형법 제263조는 '독립행위가 경합하여 상해의 결과를 발생하게 한 경우에 있어서 원인된 행위가 판명되지 아니한 때에는 공동정범의 예에 의한다'고 규정하여, 형법 제19조의 독립행위의 경합에 대한 예외로서 상해죄의 동시범특례를 인정하고 있다. 따라서 이 경우에 피고인은 자기의 행위로 인하여 상해가 발생하지 않았다고 하는 사실을 스스로 입증하여야 하며, 그 증명이 없는 한 상해의 공동정범으로 취급된다. 이 규정을 '법률상 추정된 사실'로 해석하는 견해도 있으나, 현행소송법상 법률상 추정에 관한 규정을 두고 있지 아니하므로 다수설[125]은 동조를 거증책임의 전환규정으로 해석하고 있다.

---

123) 친고죄의 고소, 반의사불벌죄의 처벌의사, 공소시효의 완성, 사면 등
124) 진술증거의 임의성에 관하여 의심할 만한 사정이 나타나 있는 경우에는 법원은 직권으로 그 임의성 여부에 관하여 조사를 하여야 하고, 검사가 그 임의성의 의문점을 없애는 증명을 하지 못한 경우에는 그 진술증거는 증거능력이 부정된다(대판 2013.7.25. 2011도6380).
125) 노명선/이완규, 439; 신동운, 1039; 이은모, 616; 이재상/조균석, 549; 임동규, 467; 정웅석/백승민, 591.

(2) 명예훼손죄에 있어서 사실의 증명

형법 제310조는 동법 제307조 제1항의 명예훼손죄가 '진실한 사실로서 오로지 공공의 이익에 관한 때에는 처벌하지 아니한다'고 규정하여, 적시한 사실의 진실성과 공익성에 대해 피고인에게 거증책임이 전환된다고 한다. 즉 판례[126]는 사실을 적시하여 명예를 훼손한 피고인이 적시된 사실이 진실하고 오로지 공익을 위하여 한 것이라는 것을 증명하여야 할 책임이 있다고 하여 거증책임이 피고인에게 전환된다고 판시하고 있다.

이에 대하여 우리 형법 제310조는 위에서 보듯이 일본(제230조의2)[127]과 독일(제186조)의 규정처럼 거증책임이 검사에게 있음을 명백히 규정하고 있지 않을 뿐만 아니라, 범죄사실의 부존재 증명을 피고인에게 부과하는 것은 무죄추정의 원칙에도 반한다. 따라서 검사는 피고인에게 위법성조각사유가 부존재한다고 하는 것을 입증할 책임이 있다고 해석하는 것이 다수설[128]이다.

| 제2절 | 증거능력에 관한 증거법의 원칙 |

범죄사실의 인정에 사용되는 증거는 증거능력이 있고 증거로서 실질적 가치, 즉 증명력이 인정되어야 한다. 여기서 '증거능력'이란 범죄사실의 인정에 사용될

---

126) 대판 2007.5.10. 2006도8544.
127) 일본 형법 제230조의2 제1항은, '전조 제1항의 행위가 공공의 이해에 관한 사실에 관계되고 또한 그 목적이 오로지 공익을 위함에 있었다고 인정되는 경우에는 사실의 진실여부를 판단하여 <u>진실이라는 증명이 있을 때에는</u> 이를 벌하지 아니한다.' 또한 독일 형법 제186조도, '타인에 대한 관계에서 타인을 경멸하거나 또는 세평을 저하시키기에 적합한 사실을 주장하거나 또는 유포하는 자는 이러한 사실을 <u>증명할 만한</u> 진실이 아닌 경우 …… 처한다고 규정하고 있다. 그러나 우리 형법 제310조에는 진실이라는 증명이 있을 때, 또는 증명할 만한 진실 등의 표현 없이 '벌하지 아니한다'라고만 규정하고 있어 여전히 검사에게 거증책임이 있다고 해석해야 한다.
128) 배종대/이상돈/정승환/이주원, 562; 손동권/신이철, 528; 이은모, 617; 이재상/조균석, 549; 정웅석/백승민, 593. 이에 대하여 판례와 같이 거증책임전환규정으로 보는 입장으로는 박상열/박영규/배상균, 574; 임동규, 468.

수 있는 증거의 법률상 자격을 말한다. 형사소송법 제307조는 어떠한 증거가 증거능력이 있는지에 대하여 형식적·객관적으로 규정하고 있어 증명력과 달리 법관의 재량을 허용하지 않는다. 따라서 증거능력이 없는 증거는 법관의 심증형성에 부당한 영향을 미칠 우려가 있기 때문에 현행법은 이러한 증거로서 위법수집증거배제법칙(제308조의2), 자백배제법칙(제309조), 전문법칙(제310조의2)의 규정을 두어 그 증거능력을 제한하고 있다.

[50] 제1 위법수집증거배제법칙

Ⅰ. 위법수집증거배제법칙의 의의

1. 개 념

위법한 절차에 의하여 수집된 증거의 증거능력을 부정하는 원칙을 「위법수집증거배제법칙」이라고 한다. 형사소송법은 '적법한 절차에 따르지 아니하고 수집한 증거는 증거로 할 수 없다'(제308조의2)는 위법수집증거의 배제법칙을 명문으로 규정하고 있다. 이 배제법칙은 수사절차상 위법이 있는 경우에 그 결과로 얻은 증거의 증거능력을 부정하고, 사실인정의 자료로부터 배제하는 미국의 판례법[129]에 의해서 발전한 증거법상의 원칙이다.

---

129) 위법수집증거배제법칙은 미국의 판례법상 전개된 원칙으로 Boyd사건(1886년) 전까지는 증거의 수집과정이 위법하여도 증거능력에 영향을 미치지 아니한다는 보통법(common law)의 원칙이 지배하고 있었다. 그러나 Weeks사건(1914년)에서 위법하게 압수한 물건을 증거로 사용하면 수정헌법 제4조의 '불합리한 압수·수색의 금지규정'을 무의미하게 하여 그 증거배제는 동조의 요구라고 판시하여 연방판례가 확립되었다.

　그 후 McNabb판결(1943년)과 Mallory판결(1957년)에 의하여 불법구속 중에 한 자백의 증거능력을 부정하였고, Escobedo판결(1964년)에서는 변호인의뢰권을 침해한 자백의 증거능력을 부정하였다. 또한 Miranda판결(1966년)에서는 진술거부권을 고지하지 않고 얻은 자백의 증거능력까지도 부정하기에 이르렀다. 이처럼 미국에서는 헌법에 보장된 기본권을 침해하고 획득한 증거는 사실인정의 증거로 사용할 수 없도록 하는 위법수집증거배제법칙을 위법수사의 억제원리로서 발전시켜 왔다.

2. 증거배제의 근거

진술증거와 달리 물적 증거는 그 성질상 수집절차가 위법하더라도 증명력에 영향을 미치지 않기 때문에 진실발견의 관점에서 증거능력을 부정할 이유가 없다고 생각된다. 그러나 형사소송법은 진실발견뿐만 아니라 인권보장도 중요한 목적이기 때문에 적정절차의 보장이라는 관점에서 위법한 수사활동을 허용해서는 안된다. 이와 같은 위법한 수사활동을 억제하기 위해서는 위법하게 수집한 증거를 증거로부터 배제하는 것이 가장 효과적이다. 또한 사법에 대한 신뢰를 확보하기 위해서도 사법의 염결성(judical integrity)을 유지하는 것이 중요하다.

따라서 위법수집증거의 배제근거로서 ① 적정절차의 보장, ② 위법수사의 억제, ③ 사법의 염결성 유지의 관점으로부터 그 증거의 증거능력을 부정해야 한다고 해석할 수 있다.

Ⅱ. 위법수집증거배제법칙의 적용범위

1. 배제의 기준

증거의 수집절차가 어느 정도 위법한 경우에 증거능력을 부정할 것인지에 대하여 견해의 대립이 있지만, 위법의 정도가 경미한 경우까지도 증거능력을 부정하여야 할 이유는 없다. 즉 사법에 대한 국민의 신뢰확보와 위법수사의 억제라는 관점으로부터 증거수집절차의 위법성의 정도와 그 억제효과 등을 종합적으로 판단하여야 한다. 따라서 ① '증거수집절차가 본질적인 증거절차규정에 위반하거나, ② 적정절차의 기본이념에 반하는 정도의 중대한 위법'이 있는 경우에는 증거능력이 배제된다고 할 수 있다. 판례[130]도 수사기관의 절차위반행위가 적법절차의 실질적인 내용을 침해하는 경우에 해당하지 아니하고 오히려 그 증거능력을 배제하는 것이 형사사법의 정의를 실현하려고 한 취지에 반하는 결과를 초래하는 것으로 평가되는 예외적인 경우라면 유죄인정의 증거로 사용할 수 있다고 판시하고 있다.

---

130) 대판 2007.11.15. 2007도3061.

2. 위법수집증거의 유형

(1) 영장주의에 위반하여 수집된 증거

영장주의에 위반하여 수집된 증거는 증거능력이 부정된다. 예컨대 압수·수색영장 없이 압수·수색한 경우[131]는 물론, 영장 자체에 중대한 하자가 있는 경우,[132] 영장에 포함되지 않은 증거물을 압수한 경우, 직무질문에 수반한 동의 없는 소지품검사에 의하여 수집한 증거[133] 등의 증거능력은 부정된다. 그러나 영장의 방식 또는 집행방법의 단순한 위법은 증거능력에 영향을 미치지 않는다.

(2) 적정절차에 위반하여 수집된 증거

법의 적정절차도 앞에서 서술한 영장주의와 마찬가지로 헌법 및 형사소송법에 보장된 것이므로 이에 위반하여 수집된 증거는 당연히 증거능력이 부정된다. 예컨대 압수·수색에 있어서 야간집행을 위반한 경우, 당사자의 참여권을 보장하지 아니한 증인신문,[134] 함정수사의 결과로 수집한 증거,[135] 의사나 성년의 여자를 참여시키지 않은 여자의 신체검사결과 등도 증거능력이 부정된다.

(3) 위법한 증거조사절차에 의하여 수집된 증거

증거조사절차가 위법하여 무효인 경우에 이로 인하여 수집한 증거도 증거능력이 없다. 예컨대 거절권(제110조~제112조)을 침해한 압수·수색, 선서 없이 한 증인신문(제156조)·감정·통역·번역(제170조, 제183조)의 결과는 증거로 할 수 없다. 이에 반하여 증인의 소환절차에 잘못이 있거나, 위증의 벌을 경고하지 않고 선서하게 한 증인의 증언 등과 같이 그 절차위반의 하자가 사소하다고 볼 수 있는 경

---

131) 대판 2009.3.12. 2008도11437.
132) 대판 2002.6.11. 2000도5701. 긴급체포 당시의 상황으로 보아서도 그 요건의 충족 여부에 관한 검사나 사법경찰관의 판단이 경험칙에 비추어 현저히 합리성을 잃은 경우에는 그 체포는 위법한 체포라 할 것이고, 이러한 위법은 영장주의에 위배되는 중대한 것이니 그 체포에 의한 유치 중에 작성된 피의자신문조서는 위법하게 수집된 증거로서 특별한 사정이 없는 한 이를 유죄의 증거로 할 수 없다.
133) 最判 昭和53年9月7日[刑集32卷6号1672頁].
134) 대판 1992.9.22. 92도1751. 증거보전절차에서는 그 증인신문 시 그 일시와 장소를 피의자 및 변호인에게 미리 통지하지 아니하여 증인신문에 참여할 기회를 주지 아니한 경우에는 증거능력이 없다.
135) 대판 2007.7.12. 2006도2339.

우에는 증거능력에 영향이 없다고 할 것이다.

Ⅲ. 관련문제

1. 독수의 과실이론

(1) 의 의

독수(毒樹)의 과실(Fruit of the Poisonous Tree)이론은, 위법하게 수집된 증거의 증거능력은 물론 그 증거로부터 제2차적 또는 파생적으로 얻은 증거(과실)도 증거능력을 배제하는 것으로 미국의 판례[136]에 의하여 발전된 이론이다. 그 이론적 근거는 위법하게 수집된 증거로부터 발견된 제2차적 증거의 증거능력을 배제하지 않으면 제1차적인 위법수집증거의 배제법칙도 그 실효성을 담보할 수 없다는 데에 있다.

(2) 독수의 과실이론의 예외

위법하게 수집된 증거로부터 얻은 제2차적 또는 파생적 증거라 할지라도 모두 증거능력이 배제되는 것이 아니라, 제2차적 증거가 배제되기 위해서는 아래의 이론처럼 증거수집방법의 위법 정도는 물론 두 증거사이에 관련성의 강약[137]에 의해서 판단하지 않으면 안 된다. 즉 독수의 과실이론에 의하여 사소한 위법수사만 있어도 그 이후에 획득된 모든 증거의 증거능력을 부정하는 것은 아니다.[138]

(가) 독립된 증거원이론

위법한 수사가 있더라도 그와 별도로 독립된 원(independent source)으로부터 증거를 입수한 경우에는 그 증거를 배제하지 않는다는 견해이다. 즉 피고인을 위

---

136) 독수의 과실이론은 미국의 Silverthorne사건(1920년)에서 인정되기 시작하여 그 용어가 처음으로 사용된 것은 Nardone사건(1939년)이 있다. 그 후 Wong Sun사건(1963년)에서 위법한 압수·수사뿐만 아니라 위법한 체포의 과실로 얻은 자백과 증거물의 증거능력을 부정하였고, Escobedo사건(1964년)에서는 수정헌법 제6조에 의한 변호권을 침해하고 얻은 진술을 기초로 하여 수집한 증거에 대해 독수의 과실에 해당한다고 판시하였다.

137) 대판 2007.11.15. 2007도3061.

138) 배종대/이상돈/정승환/이주원, 585; 이에 관한 일본의 판례로는 最判 昭和61年4月25日[刑集40卷3号215頁], 最決 平成6年9月16日[刑集48卷6号420頁], 最決 平成7年5月30日[刑集49卷5号703頁], 最決 平成8年10月29日[刑集50卷9号683頁] 등이 있다.

법하게 체포한 후 그로부터 얻은 지문은 독수의 과실로 사용할 수 없지만, 그 지문과는 별도로 FBI의 오래된 자료 중에서 검사가 찾아낸 피고인의 지문을 증거로 재기소한 Bynum사건139)에서, 법원은 독립된 증거원을 근거로 증거능력을 인정하였다.

(나) 오염순화에 의한 예외

수사기관의 위법행위와 당해 증거의 발견 사이에 인과관계가 인정되는 경우에도 위법에 의한 오염을 제거할 정도로 순화(purged taint) 또는 희석(attenuation)되었다면, 제2차 증거인 파생적 증거에 대해서는 그 영향을 미치지 않는다는 견해이다. 예컨대 Wong Sun사건140)은 위법한 압수·수사뿐만 아니라 위법한 체포에 의하여 얻은 자백과 증거물의 증거능력을 독수의 과실로 부정하였다. 그러나 그가 보석으로 석방된 후 임의로 출석하여 진술거부권과 변호인의뢰권을 고지받고 한 자백에 대하여는 증거로 사용할 수 있음을 인정하였다.

(다) 불가피한 발견이론

위법수사에 의한 오염된 제1차적 증거가 없더라도 파생적 증거가 다른 경로를 통해 불가피하게 발견(inevitable discovery)되었을 것으로 증명할 수 있는 경우에는 증거능력을 인정할 수 있다는 견해이다. 예컨대 10세 소녀가 실종된 Williams사건에서 경찰은 그를 불법하게 신문하여 그의 진술에 따라 소녀의 사체를 발견하였지만, 그 장소는 다음날 경찰의 수색대가 수색할 곳이었다. 이에 대하여 연방대법원141)은 적법한 수단에 의하여 발견된 증거를 배제하는 것은 헌법위반에 대한 억지효가 거의 없으므로, 증거가 독립된 자료로부터 불가피하게 발견될 수 있는 것이라면 허용할 수 있다고 판시하였다.

(라) 선의이론

선의이론(good faith)이란, 수사기관이 수색영장을 적법한 것으로 신뢰하여 수색을 하였으나 그 후 그 영장이 형식적 또는 실질적 요건을 갖추지 않아 무효임이 밝혀진 경우에도 당해 수색으로 획득한 증거는 증거능력을 가진다는 이론142)이다. 이 이론은 위법수집증거배제법칙에서 증거를 배제하는 근거가 위법수사의

---

139) Bynum v. United States, 274 F. 2d 767(D.C.Cir 1960).
140) Wong Sun v. U.S., 371 U.S. 471(1963).
141) Nix v. Willams, 467 U.S. 431(1984).
142) Massachusetts v. Sheppard, 486 U.S 981(1984).

억제라고 하는 점을 근거로 들고 있다. 따라서 영장을 발부한 판사에게 위법이 있을 뿐 그것을 집행한 수사기관에게는 위법이 없는 경우에는 배제법칙이 적용될 수 없다는 것이다.

2. 위법수집증거와 증거동의 및 탄핵증거

(1) 위법수집증거와 증거동의

위법하게 수집된 증거에 대하여 피고인이 증거로 함에 동의한 경우에 당해 증거의 증거능력을 인정할 수 있는지 문제가 된다. 동의는 반대신문권의 포기일 뿐만 아니라 제318조에 따라 증거능력을 부여하는 행위로서 긍정설[143]은 피고인의 동의가 있으면 증거능력을 인정한다. 그러나 증거수집절차의 중대한 위법으로 인하여 허용되지 않는 증거가 동의에 의하여 증거능력을 인정하게 되는 것은 타당하지 않다고 하는 것이 다수설인 부정설[144]과 판례[145]의 입장이다.

(2) 위법수집증거와 탄핵증거

법원의 결정에 의해 증거조사의 중지 · 철회 · 취소 · 변경 등으로 배제된 증거는 본증 · 반증 · 보조증거 등 어떠한 형태로든 피고인에게 불리한 증거로 사용될 수 없다. 그렇다면 위법하게 수집되어 배제된 증거를 피고인의 진술 등의 신용성을 탄핵하는 목적으로 사용할 수 있는지 문제가 된다. 그러나 만약 이러한 예외를 허용한다면 위법수집증거배제법칙의 의의가 상실될 뿐만 아니라, 탄핵증거로 사용되는 경우에도 간접적으로 유죄의 심증형성에 영향을 미칠 염려가 있기 때문에 사용할 수 없다고 하여야 한다.[146]

---

143) 노명선/이완규, 455; 정웅석/백승민, 610.

144) 배종대/이상돈/정승환/이주원, 593; 손동권/신이철, 572; 신동운, 1240; 신양균, 747; 이은모, 641; 이재상/조균석, 592; 임동규, 478; 최영승, 487.

145) 대판 2010.1.28. 2009도10092; 2013.3.14. 2010도2094. 그러나 일본 판례는 긍정설에 따라 '압수절차가 위법하다고 하여 각성제의 증거능력을 부정하면서, 피고인과 변호인이 이것을 증거로 하는 것에 동의하여 이의 없이 그 피고인을 신문하여 얻은 각성제에 대한 압수조서와 감정조서의 증거능력을 인정하고 있다'(大阪高判 昭和56年1月23日[判示998号126頁]).

146) 배종대/이상돈/정승환/이주원, 594; 손동권/신이철, 573; 신양균, 748; 이재상/조균석, 593; 임동규, 479.

3. 사인에 의한 위법한 증거수집

위법수집증거의 문제는 주로 경찰관 등 수사기관에 의해 수집된 증거이다. 따라서 사인(私人)이 위법하게 수집한 증거에 대해서도 위법수집증거배제법칙을 적용할 것인지에 관하여 학설이 대립하고 있지만, 판례[147]는 피고인에 대한 간통사건에서 제3자가 공갈목적을 숨기고 피고인의 동의하에 찍은 나체사진은 위법수집증거로서 증거능력이 배제되지 않는다고 판시하여, 적용배제설의 입장에 따르고 있다. 이것은 형사소송에서의 진실발견이라는 공익과 개인의 사생활의 보호이익을 교량하여 그 적용여부를 판단하고 있다고 할 수 있다.

[51] 제2 자백배제법칙

Ⅰ. 자백의 의의

1. 자백의 개념

자백은 피의자 또는 피고인이 범죄사실의 전부 또는 일부를 인정하는 진술을 말한다.

(1) 자백의 주체와 내용

제309조는 '피고인의 자백'이라고 규정하고 있으나, 자백의 주체에 대해서는 피의자·피고인으로서 행한 진술뿐만 아니라 증인·참고인의 지위에서 한 진술도 자백에 해당하기 때문에 진술하는 자의 법률상 지위는 문제가 되지 않는다. 또한 자백의 내용은 범죄사실을 인정하는 진술이면 족하고 형사책임을 인정하는 진술임을 요하지 않는다. 따라서 구성요건에 해당하는 사실을 인정하면서 위법성조각

---

147) 대판 1997.9.30. 97도1230. 미국은 Burdeau(1921년)판결 이래 일관되게 수사기관이 사인에게 불법한 수색을 고무시키거나 참여시키지 않는 한 그 증거를 허용하고 있다. 또한 일본의 판례도 '의사가 치료목적으로 구급환자로부터 채뇨하여 약물검사를 한 결과, 각성제반응이 있었기 때문에 그 뜻을 경찰관에게 통보하자 경찰관이 그 채뇨를 압수한 사안에서, 경찰관이 채뇨를 입수한 과정에 위법이 없다고 판단하여 변호인의 위법수집증거배제의 주장을 배척하였다(最決 平成17年年7月19日[刑集59卷6号600頁]).

사유나 책임조각사유를 주장하는 것도 자백에 해당한다.

(2) 자백의 시기와 형식 등

자백은 피고인 등이 자신의 범죄사실을 인정하는 진술로서 그 자백이 행해진 시기(범죄의 발각 전, 또는 참고인·피의자단계)와 형식(구술, 편지·일기·메모 등)을 묻지 않는다. 또한 누구에 대해서 행해졌는지(사인에 대한 진술, 공판정에서 증인으로서의 증언 등)도 묻지 않는다. 따라서 공판정에서의 진술이든 공판정 외에서의 진술이든 차이가 없다.

2. 자백의 성격

자백은 피고인 본인에게 형사책임의 근거가 되는 불이익한 내용을 진술하는 것으로 일반적으로 다른 증거보다도 신용성이 높은 증거이다. 다만 모든 자백을 신용할 수 있는 것은 아니지만, 자백이 가지고 있는 높은 신용성 때문에 수사기관은 자백에 편중되거나 이를 과신하여 오판의 위험성이 커진다. 헌법과 형사소송법은 이러한 점을 고려하여 자백이라는 증거에 대하여 증거법상 특별규정을 두고 있다. ① 임의성에 의심이 있는 자백의 증거능력을 부정하는 자백배제법칙(제309조)과 ② 임의성 있는 자백일지라도 그 자백이 유일한 증거인 때 다시 증명력을 제한하는 자백보강법칙(제310조)을 규정하고 있다.

II. 자백배제법칙

1. 자백배제법칙의 의의

헌법 제12조 제7항과 형사소송법 제309조는 임의성이 의심되는 자백의 증거능력을 부정하는 자백법칙 또는 자백배제법칙(自白排除法則)을 명백히 하고 있다. 즉 형사소송법은 '피고인의 자백이 고문·폭행·협박·신체구속의 부당한 장기화 또는 기망 기타의 방법으로 임의로 진술한 것이 아니라고 의심할 만한 이유가 있는 때에는 이를 유죄의 증거로 할 수 없다'(제309)고 규정하고 있다. 따라서 자백에 증거능력을 인정하기 위해서는 그 요건으로서 '임의성'이 요구된다.

2. 자백배제법칙의 근거

임의성 없는 자백에 대해 증거능력을 부정하는 이론적 근거에 관해서 아래와 같은 학설들이 대립되어 있다. 자백배제법칙의 이론적 근거를 어떻게 파악하느냐에 따라 제309조의 적용범위가 달라진다.

(1) 허위배제설(虛僞排除說)

고문·폭행 등으로 임의성이 의심되는 자백은 허위일 위험성이 크고 그 진술에 대한 신뢰성이 낮기 때문에 증거능력을 부정한다는 견해이다. 즉 '임의성이 없는 자백'이란, 허위의 자백을 유인하는 정황이 존재한다는 것을 의미한다. 따라서 자백이 비록 고문·폭행 등에 의하여 이루어진 경우에도 자백내용의 진실성이 입증되면 증거능력이 인정된다. 그러나 이 설은 고문 등 강제에 의한 자백을 배제하는 이유가 허위보다는 인권을 보호하는데 있다는 점을 간과하여 자백의 진위를 불문하고 증거능력을 부정하는 것에 대하여 설명하지 못한다는 비판이 있다.[148]

(2) 인권옹호설(人權擁護說)

진술의 자유를 중심으로 한 피고인의 인권보장을 위하여 고문·폭행 등에 의하여 얻은 임의성 없는 자백은 진실여부와 관계없이 증거로 할 수 없다는 견해이다. 즉 '임의성 없는 자백'이란, 의사결정의 자유와 진술의 자유를 침해한 위법·부당한 압력 하에서 행하여진 자백을 의미하게 된다. 따라서 이 설은 결국 임의성의 판단을 의사결정의 자유침해라고 하는 자백자의 주관적 사정에 따라 판단하기 때문에 합리적인 기준을 정하기가 곤란하고,[149] 기망적인 방법이나 유도적인 방법에 의한 자백의 경우에는 증거능력을 부정하는 이유를 설명하지 못한다는 비판[150]이 있다.

(3) 절충설

고문·폭행 등으로 임의성 없는 자백은 허위일 위험성이 클 뿐만 아니라, 자

---

148) 이재상/조균석, 564.
149) 배종대/이상돈/정승환/이주원, 598; 신동운, 1260; 이재상/조균석, 565; 임동규, 484; 정웅석/
    백승민, 600.
150) 임동규, 484.

백강요의 방지라는 인권보장을 위해서도 그 증거능력이 배제되어야 한다는 견해이다. 즉 허위배제설과 인권옹호설을 절충하여 자백배제법칙의 근거를 찾는 견해로서 종래 우리나라 다수설[151]의 견해였다. 그러나 이 설에 대해서도 허위배제설과 인권옹호설이 서로 상호보완성을 갖는 것이 아니기 때문에 두 학설의 문제점을 그대로 안고 있다는 비판이 있다.

(4) 위법배제설(違法排除說)

위법배제설은 자백획득의 수단이 위법하기 때문에 증거능력이 부정된다는 견해이며 다수설[152]의 입장이다. 이 견해에 의하면 '임의성 없는 자백'이 배제되는 것은 허위를 배제하거나 진술거부권을 보장하기 위한 것이 아니라 자백획득과정의 적정절차를 보장하기 위한 것이다. 그러나 위법배제설은 임의성 없는 자백의 증거능력을 부정하는 이유를 임의성에서 찾지 않고 자백획득절차의 위법여부에서 그 근거를 찾으려고 하는 점에 문제가 있다.[153]

(5) 종합설

허위배제설과 인권옹호설 및 위법배제설도 모두 자백배제법칙의 근거가 된다는 견해이다.[154] 즉 자백배제법칙은 형사소송법상 증거법칙의 의미를 넘어서 헌법상의 기본권이라는 독자적 의미를 갖고 있으며, 제309조의 적용범위는 사인간의 영역에까지도 최대한 확대되어야 마땅하다고 한다. 이를 위해서는 허위배제설, 인권옹호설 및 위법배제설을 상호보완적으로 사용할 필요가 있다고 한다.

(6) 판 례

자백의 증거능력을 제한하는 근거에 관한 종래의 판례는 허위배제[155] 또는

---

151) 신양균, 755; 정웅석/백승민, 602.
152) 배종대/이상돈/정승환/이주원, 601; 손동권/신이철, 540; 이은모, 652; 이재상/조균석, 569; 임동규, 486; 차용석/최용성, 517; 최영승, 491. 일본의 통설적인 견해이다(寺崎嘉博/355, 白取祐司/361).
153) 박상열/박영규/배상균, 622; 배종대/이상돈/정승환/이주원, 599; 임동규, 485.
154) 신동운, 1263; 池田修/前田雅英, 405.
155) 대판 1977.4.26. 77도210; 最大判 昭和23年7月14日[刑集2卷8号856頁]; 最大判 昭和26年8月1日[刑集5卷9号1684頁].

위법배제[156] 등의 입장이 대부분이었지만, 최근에 대법원 판례[157]는 임의성 없는 자백의 증거능력을 부정하는 이유가 오판의 소지와 기본적 인권의 침해를 막기 위한 것이라고 판시하여 절충설[158]의 입장을 명백히 하고 있다.

Ⅲ. 자백배제법칙의 적용범위

자백의 임의성을 판단함에 있어서는 자백이 이루어진 상황을 종합적으로 고려하여야 한다. 형사소송법은 '피고인의 자백이 고문·폭행·협박, 신체구속의 부당한 장기화 또는 기망 기타의 방법으로 임의로 진술한 것이 아니라고 의심할 만한 이유가 있는 때에는 이를 유죄의 증거로 하지 못한다'(제309조)고 규정하여, 정형적·유형적 사정뿐만 아니라 비유형적 사정도 임의성 판단의 사유가 될 수 있음을 명시하고 있다.[159]

1. 고문·폭행·협박에 의한 자백

고문은 사람의 신체에 대하여 위해를 가하는 것을 말하고, 폭행은 유형력 행사를 의미한다. 또한 협박이란 해악을 고지하여 공포심을 일으키는 것을 말한다. 이러한 강제에 의한 자백은 임의성 없는 자백의 전형적인 예로서, 고문 등의 행위와 자백 사이에 인과관계가 필요하지만, 양자가 시간적으로 접근하여 있으면 인과관계를 추인할 수 있다.[160]

---

156) 대판 1983.3.8. 82도3248; 最大判 昭和45年11月25日[刑集24卷12号1670頁]; 東京高判 平成14年9月4日[判時1808号144頁].

157) 대판 1999.1.29. 98도3584; 2000.1.21. 99도4940; 2012.11.28. 2010도11788.

158) 이은모, 652; 신양균, 754; 정웅석/백승민, 601. 그러나 일본의 최고재판소판례는 임의성의 판단근거와 기준에 대해서 명확한 기준을 제시하고 있지 않지만, 허위배제설(最大判 昭和23年7月14日[刑集2卷8号856頁]; 最大判 昭和26年8月1日[刑集5卷9号1684頁])을 취하는 것이 대부분이다. 그러나 일부 위법배제설(最大判 昭和45年11月25日[刑集24卷12号1670頁])에 따른 것도 보인다.

159) 대판 1985.2.26. 82도2413.

160) 대판 1992.11.24. 92도2409. 피의자가 경찰의 고문에 의하여 자백을 한 후 검사에게 동일한 자백을 한 경우에, '임의성 없는 심리상태'가 검사의 조사단계까지 계속된 경우는 검사 앞에서 한 자백도 고문 등에 의하여 강요받은 바가 없다고 하여도 임의성이 없다고 판시하고 있다.

2. 신체구속의 부당한 장기화에 의한 자백

부당한 구속에 의한 자백은 자백의 임의성을 문제시하지 아니하고 구속의 위법성 때문에 자백의 증거능력이 부정되는 경우로 위법배제설의 색채가 강하다고 할 수 있다. 따라서 부당한 장기간의 구속으로 인한 자백인지의 여부는 어디까지나 구속 자체의 위법성을 기준으로 결정하여야 하며, 구체적인 사정에 따라 구속의 필요성과 비례성을 고려하여 판단하여야 한다.

3. 기망에 의한 자백

기망에 의한 자백은 기망 또는 위계에 의하여 상대방을 착오에 빠트려 얻은 자백을 말한다. 예컨대 공범자가 자백을 하였다고 거짓말을 하거나,161) 거짓말탐지기의 검사결과 피의자의 진술이 허위임이 판명되었다고 속인 경우처럼 임의로 진술한 것이 아니라고 의심할 만한 이유가 있는 때에는 그 증거능력을 부정한다.162)

4. 기타 방법에 의한 자백

제309조 후단은 전단의 정형적인 자백배제사유와 달리 '기타의 방법으로 임의로 진술한 것이 아니라고 의심할 만한 이유가 있는 때'에도 자백의 증거능력을 부정하여, 비정형적인 자백배제사유를 규정하고 있다. 비정형적인 자백배제사유의 구체적인 예로는 다음과 같은 것이 있다.

(1) 약속에 의한 자백

약속에 의한 자백은 피고인이 자백하는 대가로 일정한 이익을 제공할 것을 약속하여 얻은 자백을 말한다. 따라서 이익을 제공할 의사가 없는데도 이를 약속한 경우는 기망에 의한 자백이 된다. 판례163)에 의하면 기소유예를 해주겠다는 검사의 약속을 믿고 한 자백에 대하여 그 증거능력을 부정하였다. 그러나 일정한 증거가 발견되면 자백하겠다는 약속만으로는 이익과 교환된 것이 아니므로 임의성에 의심이 있는 자백이라고 할 수 없다.164)

---

161) 最大判 昭和45年11月25日[刑集24巻12号1670頁].
162) 대판 1985.12.10. 85도2182.
163) 最判 昭和41年7月1日[刑集20巻6号537頁].
164) 대판 1993.9.13. 83도712.

(2) 기본권침해에 의한 자백

진술거부권을 고지하지 않은 자백165)과 변호인의 조력을 받을 권리(변호인 선임권, 접견교통권)를 침해한 자백166) 등은 기본권을 침해한 자백으로서 증거능력을 부정하고 있다.

(3) 거짓말탐지기에 의한 자백

거짓말탐지기의 검사결과로 취득한 자백에 대한 증거능력의 존부에 관해서는 긍정설과 부정설이 대립되어 있으나, 피검사자의 동의가 있는 경우는 거짓말탐지기의 사용이 인격권이나 진술거부권을 침해한 것이 아니므로 증거능력을 인정하는 것이 타당하다고 생각된다.167)

(4) 위법한 신문방법에 의한 자백

피의자를 약 30시간 동안 잠을 재우지 않고 하는 철야신문에 의한 자백168)과 양손에 수갑을 채운 상태에서는 자유로운 진술을 기대하기 어렵기 때문에 그 증거능력을 부정하여야 한다.169) 또한 마취분석에 의한 자백도 약물을 투여하여 피의자의 무의식 상태 하에서 얻는 진술로 진술거부권을 침해한 위법한 수사방법으로써 상대방의 동의 유무와 관계없이 증거능력이 배제된다.

Ⅳ. 관련문제

1. 인과관계의 요부

자백배제법칙이 적용되기 위해서는 고문·폭행·협박, 신체구속의 부당한 장기화와 임의성 없는 자백 사이에 인과관계를 요하는지에 관하여 견해가 대립되고

---

165) 대판 1992.6.23. 92도682.
166) 대판 1990.8.24. 90도1285.
167) 손동권/신이철, 545; 이은모, 658; 이재상/조균석, 575. 일본의 판례는 검사자가 필요한 기술과 경험을 가진 적격자로서 검사에 사용된 기구의 성능 및 조작기술로 보아 그 검사결과를 신뢰할 수 있는 경우에는 일본 형사소송법 제326조 제1항의 동의가 있는 거짓말탐지기의 검사결과회답서에 대한 증거능력을 인정하고 있다(最決 昭和43年2月8日[刑集22卷2号55頁]).
168) 대판 1997.6.27. 95도1964.
169) 最判 昭和 38年9月13日[刑集17卷8号1703頁].

있다.

(1) 학 설

적극설170)은 자백의 임의성에 영향을 미치는 사유와 자백 사이에 인과관계가 있어야 한다는 견해이다. 고문·폭행 등의 원인행위와 무관한 자백까지 증거능력을 배제할 이유가 없다는 것이 그 이유이다. 한편 다수설인 소극설171)은 제309조의 사유가 인정되면 자백과 인과관계를 묻지 않고 증거능력을 부인해야 한다는 견해로 위법배제설이 지지하는 입장이며, 정책적 필요에 의해 인과관계를 요구하지 않는다. 이에 대하여 절충설172)은 자백의 임의성을 침해하는 사유를 고문 등 중대한 사유와 그 외의 사유로 구분하여, 전자에 대해서는 인과관계가 필요하지 않지만, 후자의 경우에는 자백의 증거능력을 부인하기 위해서는 인과관계가 필요하다는 견해이다.

(2) 판 례

'피고인의 자백이 임의성이 없다고 의심할 만한 사유가 있는 때에 해당한다고 할지라도 그 임의성이 없다고 의심하게 된 사유들과 피고인의 자백과의 사이에 인과관계가 존재하지 않는 것이 명백한 때에는 그 자백은 임의성이 있는 것으로 인정된다'고 판시하여 양자 사이에 인과관계가 존재할 것을 요구하면서, 다만 '임의성이 없다고 의심할 만한 이유가 있는 자백은 그 인과관계의 존재가 추정되는 것이므로 이를 유죄의 증거로 하려면 적극적으로 그 인과관계가 존재하지 아니하는 것이 인정되어야 할 것'이라고 하여 인과관계가 추정된다는 입장을 취하고 있다.173)

2. 임의성의 입증

(1) 임의성의 거증책임

형사소송에서 거증책임은 원칙적으로 검사에게 있으므로 자백을 증거로 주

---

170) 신양균, 760.
171) 배종대/이상돈/정승환/이주원, 608; 손동권/신이철, 545; 임동규, 492; 정웅석/백승민, 606.
172) 신동운, 1270.
173) 대판 1984.11.27. 84도2252. 일본의 판례도 위법한 행위와 자백 사이에 인과관계를 요구하지만 양자가 시간적으로 접근한 경우에는 인과관계의 존재를 추정하고 있다(最大判 昭和23年6月23日[刑集2卷7号715頁]).

장하기 위해서는 피고인의 자백이 임의로 진술하였다는 것을 증명하여야 한다. 판례[174])도 임의성에 다툼이 있을 때에는 피고인이 그 임의성을 의심할 만한 합리적인 이유가 되는 구체적인 사실을 입증할 것이 아니고, 검사가 그 임의성에 대한 의문점을 해소하는 입증을 하여야 한다고 판시하여, 임의성에 영향을 미치는 사유의 부존재를 검사로 하여금 입증하도록 하고 있다.

(2) 임의성에 대한 입증

자백의 임의성을 입증함에 있어서 그 증명의 정도에 관하여 엄격증명설[175]) 과 다수설인 자유로운 증명설[176])이 대립되어 있다. 그러나 자백의 임의성은 소송법적 사실에 불과하므로 자유로운 증명으로 족하다는 설이 타당하며 판례[177])의 입장이기도 하다. 즉 자백의 임의성은 조서의 형식 · 내용, 진술자의 신분, 사회적 지위, 학력 · 지능정도, 기타 여러 사정을 종합하여 자유롭게 판단할 수 있다고 판시하고 있다.

Ⅴ. 자백배제법칙의 효과

1. 임의성이 의심되는 자백의 증거능력

임의성이 의심되는 자백은 제309조에 의하여 증거능력이 인정되지 않는다. 이러한 효과는 절대적이어서 피고인이 동의하더라도 증거능력이 인정되지 아니한다.[178]) 또한 임의성이 의심이 있는 자백은 탄핵증거로도 사용할 수 없다.[179]) 따라서 임의성이 의심되는 자백을 유죄의 증거로 한 경우는 상대적 항소이유(제361조의5 1호) 및 상고이유(제383조 1호)가 된다.

---

174) 대판 2000.1.21. 99도4940.
175) 배종대/이상돈/정승환/이주원, 609; 이은모, 661; 정웅석/백승민, 607.
176) 신양균, 762; 손동권/신이철, 547; 이재상/조균석, 577; 임동규, 493.
177) 대판 2004.10.28. 2003도8238; 2011.2.24. 2010도14720. 最判 昭和28年2月12日[刑集7卷2号204頁]. 다만 임의성이 있는 자백은 피고인의 형사책임을 긍정하는 증거가 되기 때문에 피고인이 구체적 사실을 적시하여 임의성을 다투는 경우에는 엄격한 증명에 의하여야 할 것이다(安富 潔, 288).
178) 대판 2006.11.23. 2004도7900참조.
179) 대판 2005.8.19. 2005도2617.

2. 임의성 없는 자백에 의해 수집된 증거의 증거능력

임의성 없는 자백의 증거능력을 배제하는 것은 수사기관의 위법한 수사활동을 억제하고 적정절차의 보장을 실현하는 데 그 의의가 있다. 그런데 만약 임의성 없는 자백에 의하여 수집된 증거의 증거능력을 인정하게 되면 자백배제법칙은 그 실효를 거둘 수 없게 된다. 따라서 임의성 없는 자백에 의해 수집된 증거의 증거능력 또한 부정하게 된다. 이것은 앞에서 살펴 본 독수의 과실이론이 적용된 효과라고도 할 수 있다.

[52] 제3 전문법칙

Ⅰ. 전문증거와 전문법칙

1. 전문증거의 의의

사실인정의 기초가 되는 사실을 경험자(원진술자) 자신이 법원에 직접 진술하지 아니하고 다른 간접적인 방법으로 공판정에 보고하는 증거를 「전문증거(傳聞證據)」라고 한다. 예컨대 피고인 X가 Y를 살해하는 현장을 목격한 甲이 증인으로 공판정에 직접 출석하여 증언(진술)하였다면, 그 증언은 원본증거가 된다. 그러나 乙이 친구인 甲에게 들은 사실을 증인으로 증언하거나, 甲의 진술을 기재한 참고인진술조서를 증거로 제출한 경우에는 전문증거가 된다. 이와 같은 진술과 서면은 전문증거로서 경험자인 甲이 직접 공판정에서 진술한 것이 아니기 때문에 당사자에 대해 반대신문의 기회가 주어지지 않아 증거로 이용하는 것을 원칙적으로 금지하고 있다.

2. 전문증거의 종류

전문증거는 그것이 법원에 전달되는 형태에 따라 다음과 같이 구분할 수 있다. ① 경험자(원진술자)의 진술을 들은 타인이 법원에 그 전문한 내용을 진술하는 경우를 「전문진술」이라고 한다. 또한 ② 경험자가 자신이 체험한 사실을 서면에 기재하여 그 서면을 법원에 제출하는 경우를 진술서라고 하며, 이것을 ③ 타인이 듣고 서면에 기재하여 법원에 제출하면 진술녹취서가 된다. 이 진술서와 진술녹취서를 포함하여 「전문서류」라고 한다.

▪참 고▪

　甲은 X가 Y를 살해하는 것을 보았다고 하자. 이 경우 甲이 증인으로 법정에 출정하여 X가 Y를 살해하는 광경을 목격한 대로 진술하면 그 증언은 원본증거로서 증거능력이 있다. ① 甲이 선서한 후에 증언을 하고, 위증을 하면 형벌로 처벌될 가능성이 있기 때문에 신용성이 담보된다. 또한 ② 판사는 甲의 태도나 표정 등을 보고 甲의 증언을 신용할 수 있는지를 판단한다. 이에 대하여 ③ 변호인은 甲에 대해 반대신문을 통하여 甲이 거짓말을 하는 것은 아닌지, 또는 잘못 본 것이나 오해·착오가 있는 것은 아닌지라고 하는 관점으로부터 甲에 대한 증언의 신빙성을 음미할 수 있다.

　그러나 甲이 위의 살해 장면을 목격한 후 乙에게 이야기하고, 甲으로부터 전해들은 乙이 법정에서 그 내용을 증언한 경우 또는 甲의 진술을 乙이 녹취한 경우에는, 乙의 증언이나 乙이 녹취한 서면은 「X가 Y를 살해하였다」고 하는 요증사실과의 관계에서 전문증거가 된다. 왜냐하면 공판정에서 甲에게 진술을 시켜 그 진술의 신용성을 음미할 수 없기 때문이다. 甲을 신문하여 신용성을 음미할 수 없다고 하는 의미에서 甲 자신이 작성한 진술서도 전문증거가 된다. 乙의 증언이나 진술녹취서의 내용에 대하여 乙에게 반대신문으로 확인할 수 있는 것은 「X가 Y를 살해하였다'고 甲이 말하였다」는 사실에 불과하다.

II. 전문법칙

1. 전문법칙의 의의

　'전문증거는 증거로 되지 않는다(hearsay is no evidence)'고 하는 영미의 증거법에서 유래한 원칙을 「전문법칙(傳聞法則)」이라고 한다. 형사소송법은 '제311조 내지 제316조에 규정한 것 이외에는 공판준비 또는 공판기일에서의 진술에 대신하여 진술을 기재한 서류나 공판준비 또는 공판기일 외에서의 타인의 진술을 내용으로 하는 진술은 이를 증거로 할 수 없다'(제310조의2)고 하여 전문법칙을 명백히 규정하고 있다. 따라서 제311조 내지 제316조에 해당하지 않는 전문증거는 증거능력이 인정되지 않기 때문에 사실인정의 자료로 사용할 수 없을 뿐만 아니라, 증거조사 자체도 허용되지 않는다.

2. 전문법칙의 근거

형사소송법 제310조의2에서 규정하고 있는 전문법칙은 영미의 증거법에서 유래한 제도라고 할 수 있다.[180] 그러나 전문법칙의 예외를 규정하고 있는 제311조 내지 제316조의 규정은 영미의 전문법칙에서는 인정되지 않는 형태를 포함하고 있다. 여기서 형사소송법의 전문법칙의 이론적 근거를 어떻게 파악할 것인지 문제가 된다. 반대신문의 결여를 포함한 신용성의 결여에서 그 근거를 찾는 견해[181]와 반대신문의 결여와 함께 직접주의를 그 근거로 하는 견해[182]가 주장되고 있다.

(1) 반대신문권의 보장

전문법칙의 가장 중요한 근거는 진술증거의 위험성을 제거하기 위한 반대신문권의 보장이다. 전문증거는 기억과 표현 또는 서술 과정에서 오류가 개입될 위험성이 크기 때문이다. 이러한 위험을 제거하기 위하여 가장 효과적인 방법이 당사자의 반대신문이다. 따라서 진술증거에 의하여 불이익을 받게 될 당사자에게는 반대신문을 통하여 잘못을 시정할 권리가 보장되어야 한다.

(2) 신용성의 결여

공판정 외에서 행한 진술은 반대신문을 거치지 않고, 또한 공판정에서의 증언과 달리 선서에 의한 위증죄로도 처벌될 위험성이 없을 뿐 아니라 법관이 진술시 진술자의 태도를 관찰할 수 없기 때문에 신용성이 희박하여 증거능력이 부정된다.

(3) 직접주의의 요청

진술내용의 정확성을 체크하는 부차적 방법으로 법관은 직접 진술자의 태도증거 등을 직접 관찰하여 진술을 음미하고 이에 따라 정확한 심증을 형성한다. 이것은 직접주의 요청에 근거한 것으로 전문증거는 이러한 태도증거를 얻을 수

180) 신양균, 765; 이은모, 681; 이재상/조균석, 594.
181) 신양균, 768; 이재상/조균석, 598; 임동규, 469.
182) 배종대/이상돈/정승환/이주원, 614; 손동권/신이철, 579; 신동운, 1055; 정웅석/백승민, 633. 池田修/前田雅英, 418; 司法協會, 289.

없기 때문에 증거로 사용할 수 없다고 한다.

3. 전문법칙의 적용범위

(1) 진술증거

전문증거는 요증사실을 직접 경험한 자의 진술을 내용으로 하는 진술증거를 의미한다. 다만 전문법칙이 진술증거에 대해서만 적용되는 것은, 진술증거는 증거물인 비진술증거와 달리 그 증거가 법원에 보고되는 과정에서 오류가 개입될 위험성이 크기 때문이다.[183] 따라서 진술증거인 이상 전문진술인지 진술을 기재한 전문서류인지는 불문한다.

(2) 요증사실과의 관련성

전문법칙은 타인의 진술이나 서류에 포함된 원진술자의 진술내용에 대한 진실성을 증명하는 증거로 사용되는 경우에 적용된다. 즉 전문법칙이 적용되는 전문증거는 요증사실과 관련성이 있어야 한다. 예컨대 '甲은「乙이 소매치기하는 것을 보았다」고 말하였다'는 것을 공판정에서 丙이 증언한 경우, '乙의 소매치기 사실이 요증사실이라고 하면, 丙의 증언은 원진술자인 甲의 진술내용에 대한 진실성을 증명하는 증거로 전문증거가 되지만, 甲의 乙에 대한 명예훼손의 사실이 요증사실이라고 하면, 증인 丙은 스스로 경험한 사실, 즉 원진술의 존재자체를 증언한 것으로 그 증언은 원본증거이고 전문증거가 아니다.[184] 이러한 의미에서 전문증거는 요증사실과의 관계에 의하여 결정되는 상대적 개념이다.

4. 전문법칙이 적용되지 않는 경우

전문법칙은 위에서 설명한 것처럼 요증사실과 관련된 진술증거에 대해서만 적용된다. 따라서 요증사실이 원진술자의 진술내용이 아니라, 원진술의 존재 자체를 증명하는 경우에는 전문(傳聞)이 아니기 때문에 전문법칙이 적용되지 않는 경우이다. 그 예로서 다음과 같은 것이 있다.

---

183) 전문법칙이 진술증거에만 적용되고 비진술증거에는 적용되지 않는 이유는, 진술증거는 그 증거의 전달 과정, 즉 진술증거는 원진술자의 진술을 청취한 타인이 지각 → 기억 → 표현의 과정을 거쳐 법원에 전달되기 때문에 그 각 과정에서 오류가 개입될 위험성이 크기 때문이다(대판 2015.4.23. 2015도2275 참조).

184) 대판 2013.7.26. 2013도2511; 2015.1.22. 2014도10978.

(1) 요증사실의 일부로서의 진술

진술내용이 요증사실의 일부를 구성하는 진술은 전문법칙이 적용되지 않는다. 예컨대 위의 전문법칙의 적용범위에 관한 (2)의 사례에서, 丙의 증언이 乙의 소매치기사실에 관한 증명을 위해 사용되는 경우에는 그 진술내용의 진실성이 문제가 되기 때문에 전문증거가 된다. 그러나 丙의 증언이 명예훼손의 사실을 증명하기 위하여 사용되는 경우라면, 乙이 정말로 소매치기를 하였는지에 대한 진술내용의 진실성은 문제가 되지 않는다. 따라서 이 경우에 '甲은 「乙이 소매치기하는 것을 보았다.」'고 말한 丙의 증언 자체가 증명되어야 할 사실(요증사실)이기 때문에 원진술자인 甲에 대해서는 신문할 필요가 없고 甲의 말을 들은 丙에 대해서 신문하면 충분하다. 즉 丙의 증언이 요증사실인 명예훼손죄를 구성하는 범죄행위의 일부이기 때문에 丙은 범죄를 목격한 자와 동일한 입장에 있다고 할 수 있다.

(2) 행위의 일부로서의 진술

진술이 행위의 일부가 되어 있는 경우에도 전문증거에 해당되지 않는다. 예컨대 甲이 乙을 껴안은 행동이 폭행인지 아니면 우정의 표현인지를 설명하기 위하여 그 장면을 목격한 丙이 공판정에서 '甲이 乙에게 나쁜 놈이라고 격노에 찬 말을 하였다'라고 증언을 한 경우, 甲의 말은 형식적으로 진술이지만 실질적으로는 폭행행위에 부수된 진술에 불과하므로 전문법칙이 적용되지 않는다. 이 경우는 甲의 진술내용에 대한 진실성이 문제가 되는 것이 아니라 甲의 진술 그 존재 자체가 증거가 되기 때문에 전문법칙이 적용되지 않는다.

(3) 정황증거로서의 진술

전문진술을 원진술자의 심리적·정신적 상태를 증명하기 위한 정황증거로 사용하는 경우에도 전문법칙이 적용되지 않는다.[185] 이 경우는 그 진술이 원진술의 내용에 대한 진실성을 입증하기 위한 것이 아니라, 원진술자의 정신상태를 추인하기 위한 간접사실로 사용한 것에 불과하기 때문이다. 예컨대 甲이 '나는 神이다'라고 말하는 것을 들었다는 乙의 진술로부터 甲의 정신이상을 추인하는 등이 그것이다.

---

185) 대판 2000.2.25. 99도1252.

(4) 탄핵증거로서의 진술

증인의 신용성을 탄핵하기 위하여 공판정에서의 자기모순의 진술을 증거로 제출하는 경우(제318조의2)에는 적극적으로 원진술의 진실성을 증명하기 위한 경우가 아니므로 전문법칙이 적용되지 않는다. 전문증거로서 증거능력이 부정되는 증거라 할지라도 당사자가 증거로 함에 동의한 때에는 증거능력이 인정(제318조)되나 이 경우에도 전문법칙은 적용되지 않는다.

Ⅲ. 전문법칙의 예외이론

1. 예외인정의 필요성

전문증거는 당사자의 반대신문권이 보장되어 있지 않고 신용성이 결여되어 있기 때문에 증거능력이 부정된다. 그러나 형사재판에서 모든 전문증거의 증거능력을 완전히 배제하면 사실인정의 자료를 지나치게 제한하게 되어 실체적 진실발견을 저해함은 물론 소송경제도 도모할 수 없다. 따라서 진실발견과 소송경제의 관점에서 전문법칙의 예외를 인정하여야 할 필요가 있다.[186] 우리 형사소송법도 제311조 내지 제316조에 걸쳐 전문법칙의 예외를 규정하고 있는 이유도 여기에 있다.

2. 예외인정의 일반적 기준

증거능력이 인정되지 않는 전문증거일지라도 ① 반대신문을 대체할 정도의 '신용성의 정황적 보장'이 인정되고, ② 그 증거를 사용할 '필요성'이 있는 경우에는 전문법칙의 예외로서 증거능력을 인정하고 있다. 이것은 영미 증거법의 판례를 통하여 형성된 원칙으로서 우리 형사소송법도 이 두 가지 요건을 요구하고 있다. 다만 이 두 개의 요건은 상호보완관계 또는 반비례관계[187]에 있기 때문에 일방의 요건이 강하게 보장되면 그 만큼 다른 요건은 엄격성이 완화될 수 있다.

---

186) 신동운, 1059; 이재상/조균석, 601; 임동규, 497.
187) 배종대/이상돈/정승환/이주원, 617; 이재상/조균석, 602.

(1) 신용성의 정황적 보장

원진술자의 진술이 공판정 외에서 행하여진 것이지만 진술 당시의 여러 정황으로 보아 진실성을 담보할 수 있는 경우를 말한다. 즉 당사자에게 반대신문의 기회를 주지 않더라도 원진술자의 진술이 특히 신용할 수 있는 상태에서 행하여져 허위의 위험성이 없고, 진술의 신빙성·임의성을 담보할 구체적이고 객관적인 정황이 있는 경우를 말한다.[188]

(2) 필요성

전문진술을 증거로 하지 않으면 그 외에 다른 증거가 없는 경우처럼 그 전문증거를 사용할 필요가 있는 경우를 말한다. 형사소송법 제316조 제2항은 '원진술자의 사망·질병·외국거주·소재불명 그 밖에 이에 준하는 사유'를 필요성의 사유로 규정하고 있다.

Ⅳ. 현행법상 전문법칙의 예외규정

현행법은 제311조에서 제316조까지 전문법칙의 예외를 인정하여 증거능력을 부여하는 규정을 두고 있다. 즉 제311조에서 제315조는 원진술자의 진술에 대신하는 '전문서류(傳聞書類)'에 관한 것이고, 제316조는 '전문진술(傳聞陳述)'에 관한 것이다.

1. 법원 또는 법관의 면전조서

(1) 제311조의 의의와 근거

(가) 제311조의 의의

'공판준비 또는 공판기일에 피고인이나 피고인 아닌 자의 진술을 기재한 조서는 증거로 할 수 있다. 제184조(증거보전절차) 및 제221조의2(증인신문의 청구)의

---

188) 예컨대 ① 부지불각 중에 한 말, ② 사람의 죽음에 임해서 하는 말, ③ 어떠한 자극에 의해서 반사적으로 하는 말, ④ 경험상 앞뒤가 맞고 이론정연한 말, ⑤ 범행에 접착하여 범증은폐를 할 시간적 여유가 없는 때 한 말, ⑥ 범행 직후 자기의 소행에 충격을 받고 깊이 뉘우치는 상태에서 한 말 등이 있다(대판 1983.3.8. 82도3248).

규정에 의하여 작성한 조서도 또한 같다'(제311조)고 규정하고 있다. 즉 이러한 조서는 법원 또는 법관의 면전에서의 진술을 기재한 것으로써 그 성립이 진정하고 신용성의 정황적 보장이 높기 때문에 무조건 증거능력을 인정하고 있다.[189]

(나) 증거능력 인정의 근거

증거보전과 증인신문절차에서 작성된 조서가 전문법칙의 예외에 속하는 점은 의문이 없으나, 공판준비 또는 공판기일에 피고인이나 피고인 아닌 자의 진술을 기재한 조서에 증거능력을 인정하는 근거에 대하여, ① 당사자의 반대신문권이 보장되어 있으므로 처음부터 전문법칙이 적용이 되지 않는다고 하는 견해,[190] ② 직접주의의 예외라고 보는 견해,[191] ③ 전문법칙의 예외를 규정한 것이라고 보는 견해[192]가 대립되어 있다. 그러나 형사소송법 제311조가 이들 조서에 대하여 명문으로 예외를 규정하고 있는 취지에 비추어 볼 때 전문법칙의 예외로 인정하는 것이 타당하다.

(2) 피고인의 진술을 기재한 조서

(가) 당해 사건의 공판준비 또는 공판기일

공판준비에 있어서 피고인의 진술을 기재한 조서란, 공판기일 전에 피고인을 신문한 조서(제273조 ①항)나 공판준비기일조서(제266조의10 ②항), 공판기일 전의 법원의 검증조서 중 피고인의 진술을 기재한 부분을 말한다. 그리고 공판기일에 피고인의 진술을 기재한 조서란, 공판절차갱신 전의 공판조서, 상소심에 의한 파기환송 전의 공판조서, 이송된 사건의 이송 전의 공판조서, 관할위반의 재판이 확정된 후에 재기소된 경우의 공판조서 등을 의미한다. 공판정에서 피고인이 한 진술은 그 자체가 증거가 되기 때문에 전문법칙이 적용되지 않는다.

(나) 다른 사건의 공판준비조서 또는 공판조서

피고인의 진술을 기재한 다른 사건의 공판준비조서 또는 공판조서도 본조에 의하여 증거능력이 인정된다는 견해[193]가 있으나 당해 사건의 조서에 제한된다고

---

189) 대판 1956.2.17. 4288형상308.
190) 백형구, 651.
191) 신동운, 1063.
192) 신양균, 775; 손동권/신이철, 585; 이재상/조균석, 604; 임동규, 499; 정웅석/백승민, 641.
193) 정웅석/백승민, 642.

보는 견해가 통설[194]이다. 판례[195]도 다른 피고인에 대한 형사사건의 공판조서는 제315조 3호(기타 신용할 만한 정황에 의하여 작성된 문서)에 의하여 증거능력이 인정된다고 판시하고 있다.

(3) 피고인 아닌 자의 진술을 기재한 조서

(가) 당해 사건의 공판준비 또는 공판기일

공판준비에서 피고인 아닌 자의 진술을 기재한 조서란, 당해 사건의 공판준비절차에서 피고인을 제외한 제3자, 즉 증인·감정인·통역인·번역인뿐만 아니라 공범인 공동피고인 등을 신문한 조서를 말한다. 공판기일에 피고인 아닌 자의 진술을 기재한 조서란, 피고인을 제외한 제3자의 진술이 기재된 것을 의미한다.

(나) 다른 사건의 공판준비조서 또는 공판조서

피고인 아닌 자의 진술을 기재한 다른 사건의 공판준비조서와 공판조서를 제311조의 조서에 해당한다고 해석하는 견해[196]가 있으나, 앞에서 살펴 본 것처럼 다른 사건의 공판준비조서와 공판조서는 제315조 3호의 문서로서 증거능력이 인정된다고 본다.

(다) 공동피고인의 진술을 기재한 조서

i) 공범인 공동피고인

공범인 공동피고인도 피고인 아닌 자이므로 공판정에서 공동피고인의 진술을 기재한 조서는 피고인의 동의가 없더라도 증거능력이 인정된다.[197] 여기서 말하는 공범이란, 공동정범·교사범·종범뿐만 아니라 합동범·필요적 공범도 포함한다.

ii) 공범 아닌 공동피고인

피고인의 사건과는 다른 공소사실로 기소되어 병합심리된 공동피고인은 피고인에 대한 관계에서 증인의 지위에 있다. 따라서 공동피고인이 선서 없이 피고인으로서 한 공판정에서의 진술은 피고인에 대한 공소사실을 인정하는 증거로 사용할 수 없다.[198] 그러므로 공범 아닌 공동피고인의 법정진술을 기재한 공판조서

194) 배종대/이상돈/정승환/이주원, 620; 신양균, 776; 이재상/조균석, 605; 임동규, 499.
195) 대판 2005.4.28. 2004도4438.
196) 강구진, 454.
197) 대판 2006.5.11. 2006도1944.
198) 대판 2006.1.12. 2005도7601.

도 피고인의 범죄사실에 대한 증거로는 사용할 수 없다고 본다.

(4) 증거보전절차 · 증인신문청구절차에서 작성한 조서

증거보전절차(제184조)에서 작성한 조서와 검사의 청구에 의한 제1회 공판기일 전 증인신문조서(제221조의2)는 법관의 면전에서 작성된 조서로서 강한 신용성이 인정되므로 공판조서와 같이 취급된다. 또한 공동피고인이 증거보전절차에서 증언한 증인신문조서도 당연히 증거능력이 인정된다.[199)

2. 피의자신문조서

(1) 의의와 성격

(가) 의 의

피의자신문조서는 검사 또는 사법경찰관이 피의자를 신문하여 그 진술을 기재한 조서를 말한다(제200조, 제244조 ①항). 수사기관이 피의자를 신문하여 그의 진술을 녹취 또는 기재한 서류는 그 명칭을 진술조서 · 진술서 · 자술서라는 형식을 취하는 경우에도 피의자신문조서에 해당한다.[200) 또한 수사과정에서 검사가 피의자를 신문하면서 나눈 대화내용과 장면을 녹화한 비디오테이프나 이에 대한 검증조서도 그 실질에 따라 피의자신문조서에 준하여 증거능력을 판단하여야 한다.[201)

(나) 제312조의 법적 성격

피의자신문조서는 전문증거이기 때문에 원칙적으로 증거능력이 부정되지만(제310조의2), 형사소송법 제312조는 일정한 요건 하에서 예외적으로 증거능력을 인정하고 있다. 다만 그 법적 성격에 대해, ① 신용성과 필요성을 조건으로 예외적으로 증거능력을 인정한다고 하는 전문법칙예외설[202)과 ② 피의자신문조서는 원진술자가 피고인 자신이므로 피고인에게 반대신문권을 보장해야 할 의미가 없고, 신문 주체인 검사에게도 반대신문권을 보장할 필요가 없기 때문에 제312조는 직접주의와 피의자 인권보장의 요청에 의하여 증거능력을 제한한다고 하는 직접

---

199) 대판 1966.5.17. 66도276.
200) 대판 2015.10.29. 2014도5939.
201) 대판 1992.6.23. 92도682.
202) 손동권/신이철, 590; 이은모, 691; 이재상/조균석, 608; 임동규, 502.

주의예외설[203])이 대립하고 있다.

그러나 전문법칙의 이론적 근거를 전문증거에 대한 반대신문권이 보장되어 있지 않을 뿐만 아니라 널리 신용성의 결여에서 찾는다고 하면 제312조는 신용성과 필요성을 조건으로 증거능력을 인정하는 것으로 전문법칙예외설이 타당하다.

(2) 검사작성의 피의자신문조서

(가) 의 의

'검사가 피고인이 된 피의자의 진술을 기재한 조서는, 적법한 절차와 방식에 따라 작성된 것으로서 피고인이 진술한 내용과 동일하게 기재되어 있음이 공판준비 또는 공판기일에서의 피고인의 진술에 의하여 인정되고, 그 조서에 기재된 진술이 특히 신빙할 수 있는 상태 하에서 행하여졌음이 증명되거나'(제312조 ①항), '피고인이 그 조서의 성립의 진정을 부인하는 경우에는 그 조서에 기재된 진술이 피고인이 진술한 내용과 동일하게 기재되어 있음이 영상녹화물이나 그 밖의 객관적인 방법에 의하여 증명되고, 그 조서에 기재된 진술이 특히 신빙할 수 있는 상태 하에서 행하여졌음이 증명된 때에 한하여 증거로 할 수 있다'(동조 ②항).

(나) 조서작성의 주체와 시기

제312조 제1항과 제2항에 의하여 증거능력이 인정되기 위해서는 신용성의 관점에서 조서의 작성주체뿐만 아니라 작성시기도 중요한 의미를 갖는다. 따라서 ① 피의자신문조서는 그 주체인 검사에 의하여 작성되어야 한다. 다만 검사작성의 서명날인이 있다고 하더라도 검찰주사가 검사가 참석하지 않은 상태에서 검사의 지시에 따라 작성한 피의자신문조서[204])나, ② 검사에 의하여 작성된 경우라 하더라도 사건이 검찰에 송치되기 전에 사법경찰관의 요청에 따라 검사가 피의자를 상대로 작성한 피의자신문조서도 여기에 해당하지 않는다.[205])

---

203) 신동운, 1074.
204) 검찰주사가 검사가 참석하지 않은 상태에서 검사의 지시에 따라 피의자신문조서를 작성하고 검사는 검찰주사의 조사 직후에 피의자에게 개괄적으로 질문한 사실이 있을 뿐인 경우에는 피의자신문조서에 검사가 작성한 것으로 서명날인이 되어 있다고 하더라도 당해 조서는 검사가 작성한 것으로 볼 수 없다(대판 2003.10.9. 2002도4372).
205) 이것을 인정하게 되면, 피의자가 내용만 부인하면 증거능력이 상실되는 사법경찰관작성의 피의자신문조서상의 자백을 부당하게 유지하는 수단으로 악용될 가능성이 있으므로 부정하고 있다(대판 1994.8.9. 94도1228).

(다) 증거능력의 인정요건

검사가 작성한 피고인이 된 피의자의 진술을 기재한 조서의 증거능력을 인정하기 위한 요건은 다음과 같다.

ⅰ) 적법한 절차와 방식

검사가 피고인이 된 피의자의 진술을 기재한 조서는 적법한 절차와 방식에 따라 작성된 것이어야 한다. 따라서 피의자신문조서는 법에 규정된 방식에 따라 피의자가 그 조서에 간인한 후 기명날인 또는 서명하여야 한다(제244조 ③항). 피의자의 서명날인 또는 서명의 진정은 종래의 형식적 진정성립206)을 의미한다. 다만 피의자신문조서가 적법한 절차와 방식에 따라서 작성되었다고 하기 위해서는 형식적 진정성립 이외에도 피의자신문과 참여자(제243조), 변호인의 참여(제243조의2), 수사과정의 기록(제244조의4) 등의 규정을 따라야 한다.

ⅱ) 실질적 진정성립

조서의 기재내용이 피고인의 진술내용과 동일하게 기재되어 있어야 한다. 즉 조서의 기재내용과 진술자의 진술내용이 일치하는 것을 실질적 진성성립이라고 한다. 실질적 진정성립은 공판준비 또는 공판기일에서의 피고인의 진술에 의하여 인정되어야 한다(제312조 ①항). 따라서 피고인이 조서의 작성절차와 방식에 대하여 이의를 하지 않았다거나 그 적법성을 인정하였다는 것만으로는 실질적 진정성립을 인정하였다고 볼 수 없다.207)

그러나 피고인이 성립의 진정을 부인하는 경우에는 영상녹화물이나 그 밖의 객관적 방법208)으로 증명되어야 한다(동조 ②항). 다만 영상녹화물에 의하여 실질적 진정성립을 증명하기 위하여는 조사의 개시부터 종료까지의 전 과정 및 객관적 정황을 영상녹화한 것이어야 하는 등 영상녹화에 관한 규정을 준수하지 않으면 안 된다(제244조의2).

---

206) 형식적 진정성립이란, 조서에 기재된 서명·날인 등이 진술자의 것임에 틀림없다는 원진술자의 진술을 말한다. 원진술자의 성명만 있고, 날인이 없거나 또는 원진술자의 날인만 있고 서명이 없는 경우 그 피의자신문조서는 증거능력이 없다(대판 1999.4.13. 99도237 참조).
207) 대판 2013.3.14. 2012도13611.
208) 그 밖의 객관적 방법이란, 원진술자인 피고인과 수사기관 이외의 객관적 제3자의 행위를 의미하기 때문에 과학적·기계적 방법에 제한되지 않는다. 예컨대 녹음, 피의자신문에 참여한 변호인의 증언 등은 여기에 해당하지만, 조사자의 증언은 객관성이 없으므로 제외된다(대판 2016.2.18. 2015도16586).

iii) 특신상태

조서에 기재된 진술이 특히 신빙할 수 있는 상태에서 행하여졌음이 증명되어야 한다. 여기서 특히 신빙할 수 있는 상태란, 진술내용이나 조서의 작성에 허위개입의 여지가 없고, 진술내용의 신빙성이나 임의성을 담보할 구체적이고 외부적인 정황이 있는 것을 말하는 것으로,209) 영미법의 신용성의 정황적 보장과 같은 의미이다. 다만 특신상태의 존재는 소송법적 사실로 검사의 자유로운 증명으로 족하다.210)

(라) 제314조의 적용여부

'제312조 또는 제313조의 경우에 공판준비 또는 공판기일에 진술을 요하는 자가 사망·질병·외국거주·소재불명 그 밖에 이에 준하는 사유로 인하여 진술할 수 없는 때에는 그 조서 및 그 밖의 서류(피고인 또는 피고인 아닌 자가 작성하였거나 진술한 내용이 포함된 문서·사진·영상 등의 정보로서 컴퓨터용디스크, 그 밖에 이와 비슷한 정보저장매체에 저장된 것을 포함한다)를 증거로 할 수 있다(제314조). 다만 그 진술 또는 작성이 특히 신빙할 수 있는 상태 하에서 행하여졌음이 증명된 때에 한한다'라고 규정하고 있다. 이는 원진술자가 출석할 수 없는 경우에 필요성과 신용성의 정황적 보장을 근거로 증거능력을 인정하는 전형적인 전문법칙의 예외규정이다.

그러나 피고인이 된 피의자에 대한 검사작성의 피의자신문조서가 제312조 제1항 및 제2항에 의하여 증거능력이 인정되지 않는 경우에도 제314조를 적용할 수 있는지 문제가 된다. 이에 대하여 다수설211)은, 피고인이 된 피의자는 '사망·질병·외국거주·소재불명 그 밖에 이에 준하는 사유로 인하여 진술할 수 없는 때'의 필요성을 충족할 수 없기 때문에 제314조가 적용될 여지가 없다고 해야 한다. 다만 당해 피고인이 아닌 공범자나 공동피고인에 대한 피의자신문조서에 대하여는 제312조 제1항과 제2항이 아닌 제4항이 적용되므로 필요성과 특히 신빙할 수 있는 상태가 인정되면 증거능력이 인정된다.212)

209) 대판 1990.4.10. 90도246; 2006.9.28. 2006도3992; 2012.7.26. 2012도2937.
210) 대판 2012.7.26. 2012도2937.
211) 배종대/이상돈/정승환/이주원, 651; 신양균, 793; 이은모, 698; 이재상/조균석, 613.
212) 배종대/이상돈/정승환/이주원, 636; 이은모, 698; 이재상/조균석, 615; 임동규, 506.

(3) 사법경찰관작성의 피의자신문조서

(가) 의 의

'검사 이외의 수사기관이 작성한 피의자신문조서는 적법한 절차와 방식에 따라 작성된 것으로서 공판준비 또는 공판기일에 그 피의자였던 피고인 또는 변호인이 내용을 인정할 때에 한하여 증거로 할 수 있다'(제312조 ③항). 이처럼 사법경찰관작성의 피의자신문조서는 피고인(또는 변호인)에 의한 내용인정을 요건으로 하고 있어, 검사 작성의 그것보다 조건이 엄격하다. 그 이유는 검사작성 이외(검찰수사관·사법경찰관·국가정보원 직원·외국의 권한 있는 수사기관)의 피의자신문조서는 신용성의 정황적 보장이 미약할 뿐만 아니라, 그 신문에 있어서 발생할지 모르는 인권보장의 결여를 방지하려는 입법정책적 고려 때문이다.

(나) 적용범위

검사 이외의 수사기관이 작성한 피의자신문조서는 검사작성의 피의자신문조서와 달리 반드시 '피고인이 된 피의자'의 진술을 기재한 조서에 제한되지 않는다. 따라서 제312조 제3항은 공범인 공동피고인에 대한 피의자신문조서에 대해서도 적용된다.[213] 또한 이 규정은 별개의 사건에서 피의자였던 피고인에 대해 사법경찰관이 작성한 피의자신문조서에도 적용된다.[214]

(다) 증거능력의 요건

ⅰ) 적법한 절차와 방식

사법경찰관이 작성한 피의자신문조서도 적법한 절차와 방식에 따라 작성된 것이어야 한다. 여기서 적법한 절차와 방식은 검사작성의 피의자신문조서의 경우와 같다.

ⅱ) 내용의 인정

내용의 인정은 피고인 또는 변호인이 그 ① 조서가 진정하게 성립되었다는 것과 ② 조서의 내용이 객관적으로 진실하다고 인정하는 것을 의미한다. 따라서 사법경찰관이 작성한 피의자신문조서는 피고인 또는 변호인이 그 내용을 부인하

---

213) 대판 2015.10.29. 2014도5939.
214) 예컨대 피고인 甲이 A사건으로 재판을 받고 있는데 그 이전에 B사건에서 작성된 甲에 대한 사법경찰관작성의 피의자신문조서가 A사건의 증거로 제출된 경우 피고인 甲이 그 조서의 내용을 부인하면 그 조서는 증거능력이 없다(대판 1995.3.24. 94도2287).

거나, 피고인의 진술내용과 배치되는 기재부분을 부인하면 당해 조서의 증거능력은 부정된다.[215]

(라) 제314조의 적용여부

검사작성의 피의자신문조서의 경우와 마찬가지로 사법경찰관이 작성한 당해 피의자에 대한 피의자신문조서에 대해서도 제314조가 적용되지 않는다. 문제는 당해 피고인과 공범관계에 있는 다른 피의자에 대하여 사법경찰관이 작성한 피의자신문조서에 대하여 제314조를 적용할 것인지에 있다. 다수설[216]과 판례[217]는 공범에 대한 피의자신문조서의 경우에 공범의 법정진술에 의하여 성립의 진정이 인정되더라도 당해 피고인이 그 조서의 내용을 부인하면 증거능력이 부정되므로 공범에 대한 피의자신문조서에 대해서도 형사소송법 제314조가 적용되지 않는다.

(4) 관련문제

(가) 증거동의의 대상

피고인이 피의자신문조서를 증거로 함에 동의한 경우는 이를 증거로 할 수 있다(제318조 ①항). 따라서 진정성립이 인정되지 않거나, 내용을 부인한 피의자신문조서라도 사후에 피고인이 증거로 함에 동의한 때에는 증거로 할 수 있다.

(나) 증거능력이 없는 피의자신문조서의 탄핵증거사용

증거능력이 없는 피의자신문조서를 탄핵증거로 사용할 수 있는지에 관하여 견해의 대립이 있다. 다수설인 긍정설[218]은 피의자신문조서는 전문증거로서 제312조가 이에 대한 예외를 규정한 것이므로 탄핵증거로 사용할 수 있다고 한다. 또한 판례[219]도 피고인이 내용을 부인하는 증거능력이 없는 사법경찰관리작성의 피의자신문조서라도 피고인의 법정진술을 탄핵하는 증거로 허용된다고 한다.

---

215) 피고인이 공소사실을 부인하고 있음에도 그와 반대되는 취지가 담겨 있는 검사 이외의 수사기관이 작성한 피고인 및 공범에 대한 피의자신문조서에 대하여 증거목록에는 피고인이 그 내용을 인정한 것으로 기재되어 있는 경우 이는 착오 기재이거나 조서를 잘못 기재한 것으로 위 조서는 증거능력이 없다(대판 2007.5.10. 2007도1807).
216) 배종대/이상돈/정승환/이주원, 651; 신양균, 793; 이은모, 699; 이재상/조균석, 615.
217) 대판 2004.7.15. 2003도7185; 2009.7.9. 2009도2865.
218) 손동권/신이철, 657; 이재상/조균석, 615; 임동규, 576.
219) 대판 1998.2.27. 97도1770; 2005.8.19. 2005도2617.

3. 진술조서

(1) 의 의

검사 또는 사법경찰관은 수사에 필요한 때에는 피의자가 아닌 자(주로 참고인)의 출석을 요구하여 진술을 들을 수 있는데(제221조 ①항), 이와 같이 수사기관이 피의자 아닌 자를 신문하여 그 진술을 기재한 조서를 진술조서(陳述調書)라고 한다. 수사기관이 피의자의 진술을 기재한 조서는 진술조서의 형식을 취하더라도 피의자신문조서에 해당한다.[220]

진술조서도 '적법한 절차와 방식에 따라 작성된 것으로서 그 조서가 검사 또는 사법경찰관 앞에서 진술한 내용과 동일하게 기재되어 있음이 원진술자의 공판준비 또는 공판기일에서의 진술이나 영상녹화물 또는 그 밖의 객관적인 방법에 의하여 증명되고, 피고인 또는 변호인이 공판준비 또는 공판기일에 그 기재 내용에 관하여 원진술자를 신문할 수 있었던 때에는 증거로 할 수 있다. 다만 그 조서에 기재된 진술이 특히 신빙할 수 있는 상태 하에서 행하여졌음이 증명된 때에 한한다'(제312조 ④항).

(2) 증거능력의 요건

(가) 적법한 절차와 방식

검사 또는 사법경찰관이 작성한 진술조서도 적법한 절차와 방식에 따라 작성된 것이어야 한다. 따라서 법에 규정된 조서의 작성방법(제48조) 및 제3자의 출석요구에 관한 규정(제221조), 수사과정의 기록(제244조의4) 등의 절차에 따라 그 조서가 작성되고, 진술자의 서명날인의 진정이라는 형식적 진정성립(제48조 ⑦항)이 인정되어야 한다.

(나) 실질적 진정성립

진술조서의 기재내용이 검사 또는 사법경찰관 앞에서 진술한 내용과 동일하게 기재되어 있음이 인정되어야 한다. 즉 진술조서의 실질적 진정성립이 인정되기 위해서는 원진술자의 공판준비 또는 공판기일에서의 진술이나 영상녹화물 또

---

220) 대판 1983.7.26. 82도385.

는 그 밖의 객관적인 방법에 의하여 증명되어야 한다. 따라서 원진술자가 실질적 진정성립을 인정한 이상 내용을 부인하거나 내용과 다른 진술을 하여도 증거능력이 인정된다.[221]

(다) 반대신문의 기회보장

진술조서는 피고인 또는 변호인이 공판준비 또는 공판기일에 그 기재 내용에 관하여 원진술자를 신문할 수 있었던 때에는 증거로 할 수 있다고 하여, 반대신문의 기회가 보장된 경우에 한하여 진술조서의 증거능력을 인정하고 있다. 이것은 증인의 증언이나 참고인의 진술에 대한 허위와 부정확을 막기 위한 수단이라고 할 수 있다.

(라) 특신상태

조서에 기재된 진술이 특히 신빙할 수 있는 상태에서 행하여졌음이 증명되어야 한다. 특히 신빙할 수 있는 상태의 의미는 검사가 작성한 피고인이 된 피의자의 진술을 기재한 피의자신문조서의 증거능력에서와 같다.[222]

(3) 제314조에 의한 증거능력

검사 또는 사법경찰관이 작성한 진술조서는 '공판준비 또는 공판기일에서 진술을 요하는 자가 사망·질병·외국거주[223]·소재불명 그 밖에 이에 준하는 사유로 인하여 진술할 수 없고, 신용성의 정황적 보장이 인정되는 때에는 원진술자에 의하여 성립의 진정이 인정되지 않아도 증거로 할 수 있다. 다만 그 조서 또는 서류는 그 진술 또는 작성이 특히 신빙할 수 있는 상태 하에서 행하여졌음이 증명된 때에 한한다'(제314조). 따라서 사법경찰관이 작성한 참고인진술조서라 할지라도 원진술자가 행방불명이 되어 공판기일에 환문(喚問)할 수 없으나 그 진술이 특히 신빙할 수 있는 상태에서 행하여진 경우는 이를 증거로 채택하여도 위법하지 않다.[224]

---

221) 대판 1985.10.8. 85도1843.
222) 앞의 각주 209)참조.
223) 외국거주는 진술을 하여야 할 사람이 단순히 외국에 있다는 것만으로는 부족하고, 가능하고 상당한 수단을 다하더라도 그 사람을 법정에 출석하게 할 수 없는 사정이 있어야 한다 (대판 2013.7.26. 2013도2511).
224) 대판 1983.6.28. 83도931.

(4) 피고인·증인에 대한 진술조서

(가) 피고인에 대한 진술조서

공소제기 후 검사가 피고인을 공판정 외에서 신문하여 그 진술을 기재한 피고인진술조서의 증거능력을 인정한 것인지 문제가 된다. 이것은 공소제기 후 임의수사의 허용성과 관련된 문제일 뿐만 아니라 대등한 당사자인 피고인을 검사가 신문하는 것은 당사자주의와도 일치하지 않는다. 따라서 피고인을 신문하여 진술조서를 작성한 경우에는 위법수집증거에 해당하여 증거능력이 인정되지 않는다.[225]

(나) 증인에 대한 진술조서

검사가 피고인에게 유리한 증언을 한 증인을 다시 소환하여 공판정 외에서 신문하여 공판정에서 진술을 번복하는 내용의 진술조서를 작성한 경우에도, 그 진술조서는 공판중심주의에 위반되는 위법수집증거이므로 증거능력이 없다.[226]

4. 진술서 및 진술기재서류

(1) 의 의

진술서는 피고인·피의자 또는 참고인이 스스로 자기의 의사·사상·관념 및 사실관계 등을 기재한 서면을 말하고,[227] 진술기재서류는 제3자가 원진술자의 진술을 기재한 서류를 말한다. 진술서 및 진술기재서류에는 피고인 등이 작성하였거나, 진술한 내용이 포함된 문자·사진·영상 등의 정보로서 컴퓨터용디스크 그 밖에 이와 비슷한 정보저장매체에 저장된 것도 포함된다(제313조 ①항). 다만 수사과정에서 작성한 진술서[228]는 제312조 제1항 내지 제4항의 적용대상이 되므로

---

225) 배종대/이상돈/정승환/이주원, 636; 이은모, 702; 이재상/조균석, 621. 판례는 공소제기 후의 피고인에 대한 검사작성 진술조서가 진술조서의 형식을 취하였다고 하더라도 그 내용은 피의자의 진술을 기재한 피의자신문조서와 실질적으로 같다고 하여(대판 2009.8.20. 2008도8213), 조서작성의 적법성·실질적 진정성립·특신상태의 세 가지 요건을 구비하면 그 증거능력을 인정하고 있다.

226) 배종대/이상돈/정승환/이주원, 637; 이은모, 703; 이재상/조균석, 621. 대판 2013.8.14. 2012도13665.

227) 진술서는 사건과 관계없이 작성된 메모나 일기등도 포함되기 때문에 그 명칭(자술서, 시말서)은 물론 그 작성 장소도 묻지 않는다.

228) ① 검사의 수사과정에서 작성한 「피고인이 된 피의자의 진술서」는 제312조 제1항과 제2항

제313조 제1항의 적용대상은 수사과정 이외에서 작성된 진술서 또는 진술기재서 류가 된다.

(2) 종 류

진술서는 ① 작성의 주체에 따라 피고인진술서·피의자진술서·피고인이 아 닌 자(참고인)의 진술서로 구분된다. 피고인이 당해 사건의 수사 및 공판절차에서 작성한 서면뿐만 아니라 다른 사건과 관련되어 작성한 것도 피고인진술서에 포함 된다. 그러나 공동피고인의 진술서는 피고인이 아닌 자의 진술서에 해당한다. 또 한 진술서는 ② 작성 과정에 따라 사법경찰관의 수사단계와 검찰의 수사단계에서 작성된 진술서 및 공판심리 중 작성된 진술서로 구분할 수 있다.

(3) 진술서의 증거능력

(가) 제313조의 의의

제313조 제1항은 '전2조의 규정 이외에 피고인 또는 피고인 아닌 자가 작성 한 진술서나 그 진술을 기재한 서류로서 그 작성자 또는 진술자의 자필이거나 그 서명 또는 날인이 있는 것(피고인 또는 피고인 아닌 자가 작성하였거나 진술한 내용이 포 함된 문자·사진·영상 등의 정보로서 컴퓨터용디스크, 그 밖에 이와 비슷한 정보저장매체에 저 장된 것을 포함한다. 이하 이 조에서 같다)은, 공판준비나 공판기일에서의 그 작성자 또 는 진술자의 진술에 의하여 성립의 진정함이 증명된 때에는 증거로 할 수 있다. 단 피고인의 진술을 기재한 서류는 공판준비 또는 공판기일에서의 그 작성자 또 는 진술자의 진술에 의하여 그 성립의 진정함이 증명되고 그 진술이 특히 신빙할 수 있는 상태 하에서 행하여진 때에 한하여 피고인의 공판준비 또는 공판기일의 진술에도 불구하고 증거로 할 수 있다'(제313조 ①항)고 규정하고 있다.

이처럼 참고인 또는 피의자의 진술서에 대해서는 성립의 진정만으로 증거능 력을 인정하고 내용의 인정과 특신상태를 원칙적으로 요구하지 않는다. 이것은 진술서가 진술자 자신이 스스로 작성한 것으로 그 신용성이 높고, 자백이나 불리 한 사실의 인정은 재현이 불가능하여 증거로 할 필요성이 크기 때문이다.

에 의하여, ② 사법경찰관의 수사과정에서 「피의자가 작성한 진술서」는 제312조 제3항에 따라 그리고 ③ 검사 또는 사법경찰관의 수사과정에서 「참고인이 작성한 진술서」는 제312 조 제4항에 따라 행하여졌음이 증명되어야 증거능력이 인정된다.

(나) 증거능력의 요건

ⅰ) 성립의 진정

진술서는 공판준비나 공판기일에서 그 작성자의 진술에 의해 성립의 진정이 증명되어야 증거능력이 인정된다(제313조 ①항). 즉 진술서는 서류작성자가 동시에 진술자이므로 자필이나 서명 또는 날인이 있으면 형식적 진정성립이 인정되고 별도로 실질적 성립의 진정은 문제되지 않는다. 또한 진술서는 반드시 자필일 것도 요하지 않기 때문에 타이프 기타 부동문자로 작성된 서류에 서명 또는 날인이 있는 한 진술서에 해당한다.

그러나 종래 피고인 등이 스스로 진술서를 작성하고도 공판준비 또는 공판기일에서 진정성립을 부인하면 객관적 방법에 의해 진정성립을 증명할 수 있는 경우조차도 증거로 사용할 수 없는 문제점이 제기되었다. 따라서 2016년 형사소송법의 개정에 의하여 '진술서의 작성자가 공판준비나 공판기일에서 그 성립의 진정을 부인하는 경우에도 과학적 분석결과에 기초한 디지털포렌식 자료, 감정 등 객관적 방법으로 성립의 진정함이 증명되는 때에는 증거로 할 수 있도록 하였다'(동조 ②항). 다만 피고인 아닌 자가 작성한 진술서는 피고인 또는 변호인이 공판준비 또는 공판기일에 그 기재내용에 관하여 원진술자를 신문할 수 있었을 것을 요한다(제313조 ②항 단서).

한편 진술기재서류는 진술서와 달리 형사소송법 제313조 제2항이 적용되지 않기 때문에 진정성립을 부인하는 경우에는 원진술자의 진술에 의하여 그 성립의 진정함이 증명되지 않으면 증거로 할 수 없다(제313조 ①항 본문). 다만 피고인의 진술을 기재한 서류는 제313조 제1항 단서의 요건(성립의 진정과 특신상태)을 충족하면 피고인이 진정성립을 부인하더라도 증거로 할 수 있다.

ⅱ) 특신상태

피고인이 작성한 진술서는 공판준비 또는 공판기일에서 그 작성자의 진술에 의하여 성립의 진정이 인정되고 그 진술이 특히 신빙할 수 있는 상태에서 행하여진 때에 증거능력이 인정된다. 즉 피고인의 진술서는 성립의 진정과 특신상태가 인정될 경우에는 피고인이 그 내용을 부인하는 경우에도 증거능력이 인정된다(제313조 ①항 단서). 여기서 특신상태란 신용성의 정황적 보장이 인정되는 경우를 말한다.

(4) 제314조의 적용

진술서의 작성자가 사망·질병·외국거주·소재불명 그 밖에 이에 준하는 사유로 진술할 수 없는 때에는 그 작성이 특히 신빙할 수 있는 상태 하에서 행하여진 때에 한하여 증거로 할 수 있다(제314조). 즉 필요성과 신용성의 정황적 보장이 인정될 때에는 진술서의 증거능력을 인정한다.

5. 검증조서와 감정서

(1) 의 의

검증조서는 법원 또는 수사기관이 검증(檢證)을 하고 그 검증결과를 기재한 서면을 말한다. 검증은 오관의 작용에 의하여 법원이나 수사기관이 직접 지각한 내용을 기재한 조서이기 때문에 진술에 의한 경우보다 정확성을 기할 수 있다. 따라서 검증조서에 대해 전문법칙의 예외를 인정하고 있다. 다만 법원 또는 법관의 검증조서와 수사기관의 검증조서는 증거능력의 인정요건에서 차이가 있다.

(2) 법원 또는 법관의 검증조서

(가) 검증조서의 증거능력

'공판준비 또는 공판기일에서 법원 또는 법관의 검증결과를 기재한 조서는 증거능력이 인정된다'(제311조). 또한 증거보존을 위하여 판사가 공판기일 전에 행한 검증조서도 증거능력이 인정된다(제184조, 제311조). 검증조서에 대해 당연히 증거능력을 인정하는 근거로는 ① 검증자가 제3자인 법원 또는 법관이 직접 행한 검증조서로서 신용성이 인정되며, ② 검증에 당사자의 참여권(제145조, 제121조)이 보장되어 그 기재의 정확성이 추정되기 때문이다.

(나) 다른 사건의 검증조서

법원 또는 법관의 검증조서는 당해 사건의 조서뿐만 아니라 다른 사건의 검증조서도 포함되는지에 대하여 견해의 대립이 있다. 다수설[229]은 제311조가 검증조서에 대해 당연히 증거능력을 인정하는 것은 법관의 검증에 당사자의 참여권이

---

229) 배종대/이상돈/정승환/이주원, 622; 손동권/신이철, 614; 이은모, 712; 이재상/조균석, 628; 임동규, 517; 차용석/최용성, 580.

보장되어 있기 때문이지만, 다른 사건의 검증조서에 대해서는 재판 중인 당사자가 참여할 수 없어 이를 부정하고 있다. 따라서 다른 사건의 검증조서는 제315조 3호의 문서로서 증거능력이 인정된다고 본다.

(다) 검증조서에 기재된 진술의 증거능력

검증조서에 검증결과 이외에 참여인의 진술을 기재하는 경우가 있다. 참여인의 진술에는 현장지시와 현장진술이 있다. ① '현장지시'는 검증대상을 지시하는 진술을 말하고, ② '현장진술'은 검증현장을 이용하여 행하여지는 현장지시 이외의 진술을 말한다. 따라서 참여인의 진술은 검증결과 자체가 아니라 진술에 불과하므로 그 진술 부분의 증거능력을 인정할 것인지에 관해서 견해의 대립이 있다. 다수설230)은 현장지시가 비진술증거로서 이용되는 때에는 검증조서와 일체를 이루지만, 진술 자체가 범죄사실을 인정하기 위한 진술증거로 이용되는 때에는 현장진술과 같이 취급된다. 현장진술은 법원 또는 법관의 면전에서 이루어진 것이므로 제311조의 전단에 의하여 증거능력을 인정하는 것이 타당하다.

(라) 검증조서에 부착된 사진·도서의 증거능력

검증조서에는 검증목적물의 현상을 명확하게 하기 위하여 사진이나 도화를 첨부할 수 있도록 하고 있으며(제49조 ②항), 실무적으로도 대부분의 검증조서에 사진이나 그림을 첨부하고 있다.231) 이 경우 사진이나 도화는 검증결과의 이해를 돕도록 첨부된 것으로 검증조서와 일체를 이루고 있기 때문에 제311조에 따라 증거능력을 인정하여야 한다.

(3) 검사 또는 사법경찰관의 검증조서

(가) 의 의

검사 또는 사법경찰관이 작성한 검증조서란, ① 수사기관의 영장에 의한 검증(제215조), ② 영장 없이 또는 사후영장에 의한 검증(제216조, 제217조)과 ③ 피검자의 승낙에 의해 검증결과를 기재한 조서를 말한다.

---

230) 배종대/이상돈/정승환/이주원, 623; 이재상/조균석, 629; 임동규, 518.
231) 법원실무제요(형사)Ⅱ, 275.

(나) 검증조서의 증거능력

ⅰ) 적법한 절차와 방식

검사 또는 사법경찰관이 작성한 검증조서도 적법한 절차와 방식에 따라 작성된 것이어야 한다. 따라서 수사기관의 검증절차가 위법한 경우[232]에는 그 검증조서를 증거로 사용할 수 없다.

ⅱ) 실질적 진정성립

검사 또는 사법경찰관이 작성한 검증조서는 공판준비 또는 공판기일에서의 작성자의 진술에 따라 그 성립의 진정함이 증명된 때에 한하여 증거능력이 인정된다(제312조 ⑥항). 여기서 작성자라 함은 검증조서의 작성자를 의미하며, 검증에 단순히 참여한 자는 여기에 포함되지 않는다.[233] 따라서 단순히 검증에 참여한 경찰관의 증언에 대해서는 증거증력이 인정되지 않는다. 이처럼 법원의 검증조서(제311조)에 비해 그 요건을 강화하는 것은 수사기관의 검증에는 법원 또는 법관의 검증과 달리 '당사자의 참여권'이 인정되지 않기 때문이다.

(다) 검증조서에 기재된 진술의 증거능력

검증조서에는 검증자가 검증목적물의 존재 및 상태를 인식한 내용을 기재하지만, 피의자나 참여인의 진술을 기재하는 경우도 많다. 이 경우 법원의 검증조서와 마찬가지로 견해의 대립이 있다.[234] 이에 대해 판례[235]는, 사법경찰관이 작성한 검증조서에 기재된 피고인의 진술부분에 대하여 성립의 진정이 인정되면 증거능력이 인정된다고 판시하였다. 그러나 그 후 태도를 변경하여 성립의 진정뿐만 아니라 내용의 진정을 인정할 때에만 증거능력이 있다고 판시하고 있다.[236]

(라) 제314조의 적용

검증조서의 작성자인 검사 또는 사법경찰관이 사망·질병·외국거주·소재불명 그 밖에 이에 준하는 사유로 인하여 진술할 수 없게 된 때에는 그 작성이 특히 신빙할 수 있는 상태 하에서 행하여진 때에 한하여 증거로 할 수 있다(제314조).

---

232) 예컨대 영장 없이 검증을 실시한 후 사후에 영장을 발부 받지 않는 경우가 여기에 해당한다.
233) 이재상/조균석, 630; 임동규, 518; 대판 1976.4.13. 76도500; 1990.2.13. 89도2567.
234) 현장지시가 검증활동의 동기를 설명하는 비진술증거로 이용되는 때에는 검증조서와 일체를 이루므로 제312조 제6항을 적용하지만, 현장지시 자체가 진술증거로 이용되는 때에는 현장진술과 같이 취급한다(배종대/이상돈/정승환/이주원, 642).
235) 대판 1981.4.14. 81도343.
236) 대판 1998.3.13. 98도159.

(4) 실황조사서의 증거능력

(가) 의 의

실황조서는 교통사고·화재사고 등 각종 재난사고 직후에 사법경찰관이 사고현장의 상황을 임의로 조사하여 그 결과를 기재한 서류를 말한다. 실황조사는 임의수사의 한 방법으로 행해진다는 점에서 원칙적으로 영장주의가 적용되는 강체처분인 검증과 구별된다.[237]

(나) 실황조사서의 증거능력

실황조사서도 검증조서로 보아 제312조 제6항에 의하여 성립의 진정이 인정되면 증거능력이 인정되는지에 관하여 견해의 대립이 있다. 다수설[238]은 실황조사는 임의수사에 해당하고, 그 실황을 기재한 실황조사서는 그 실질에 있어서 검증조서(제216조 ③항)와 같으므로 제312조 제6항의 적용을 받는다고 한다. 판례[239]도 작성자의 공판기일에서의 진술에 의하여 그 성립의 진정함이 증명된 실황조사서의 증거능력을 인정함으로써 다수설의 입장을 따르고 있다.

(5) 감정서

(가) 의 의

감정의 경과와 결과를 기재한 서류를 감정서(鑑定書)라고 한다. 감정은 법원의 명령에 의한 경우(제169조)와 수사기관의 촉탁에 의한 경우(제221조 ②항)가 있다. 법원의 명령을 받은 감정인과 수사기관의 위촉을 받은 감정수탁자는 감정의 결과를 서면으로 보고하여야 한다(제171조 ①항).

(나) 감정서의 증거능력

ⅰ) 법원의 감정명령에 의한 감정서

법원의 감정명령에 의한 경우는 선서와 허위감정(형법 제154조)에 대한 형법상 제재를 통해 신용성이 담보되기 때문에 진술서에 준하여 증거능력이 인정된다(제313조 ②항). 즉 감정서가 감정인의 자필이거나 그 서명 또는 날인이 있고 공판준

---

237) 법원실무제요(형사) Ⅰ, 345.
238) 이은모, 716; 이재상/조균석, 631; 임동규, 521.
239) 대판 1982.9.14. 82도1504.

비나 공판기일에 감정인의 진술에 의하여 그 성립의 진정함이 증명되어야 증거능
력이 인정된다.

ⅱ) 수사기관의 감정위촉에 의한 감정서

수사기관에 의하여 감정을 촉탁받은 자가 작성한 감정서에 대하여 제313조
제2항의 적용을 부정하는 견해가 있지만, 수사기관의 촉탁에 의한 감정서도 법원
의 명령에 의한 감정에 준하여 동조 제2항을 적용하는 것이 타당하다.[240] 이것은
현행법이 감정서를 그 작성주체에 따라 증거능력을 구별하지 않기 때문이다. 그
러나 사인인 의사가 작성한 진단서는 감정서라 할 수 없으므로 제313조 제1항에
따라 증거능력이 인정된다.[241]

ⅲ) 감정인신문조서

법원은 감정인이 감정서를 제출한 경우 필요한 때에는 감정의 결과를 감정
인에게 설명하게 할 수 있다(제171조 ④항). 이 때 작성된 감정인신문조서는 그 작
성주체에 따라 제311조 내지 제313조에 의하여 개별적으로 증거능력을 판단하여
야 한다. 따라서 법원이 작성한 감정인신문조서는 법원 또는 법관의 면전조서로
서 제311조에 의하여 당연히 증거능력이 인정되며, 수사기관이 작성한 감정인신
문조서는 제312조 제4항에 의하여 증거능력이 인정된다.

(다) 제314조의 적용

감정인의 사망·질병·외국거주·소재불명 그 밖에 이에 준하는 사유로 인하
여 진술을 할 수 없는 때에는 그 감정서의 작성이 특히 신빙할 수 있는 상태 하
에서 행하여진 때에 한하여 증거능력이 인정된다(제314조).

6. 당연히 증거능력이 있는 서류

(1) 의 의

제315조에 규정된 일정한 서류는 진술서의 일종이지만 당연히 증거능력을
인정하고 있다. 진술서는 원래 제313조에 따라 성립의 진정이 인정되어야 증거능
력이 인정된다. 그러나 제315조에 규정된 진술서의 경우는 그 작성자를 증인으로
신문하는 것이 부적당하거나 실익이 없고, 그 작성이 특히 신빙할 수 있는 상태

---

240) 임동규, 523.
241) 대판 1969.3.31. 69도179.

하에서 행하여졌기 때문에 증거능력이 당연히 인정된다.

(2) 종 류

(가) 공권적 증명문서

가족관계기록사항에 관한 증명서, 공정증서등본 기타 공무원 또는 외국공무원의 직무상 증명할 수 있는 사항에 관하여 작성한 문서는 당연히 증거능력이 있다(제315조 1호). 이러한 공권적 증명문서[242]는 고도의 신용성이 보장되며, 원본을 제출하거나 공무원을 증인으로 신문하는 것이 어렵다는 이유로 증거능력을 인정하고 있다.

(나) 업무상 작성된 통상문서

상업장부·항공일지 기타 업무상 필요로 작성한 통상문서를 말한다(제315조 2호). 이러한 일상적인 업무의 과정에서 작성된 문서는 업무의 기계적 반복성으로 인하여 허위가 개입할 여지가 없을 뿐만 아니라, 작성자를 소환하여도 서면을 제출하는 것 이상의 의미가 없기 때문이다. 금전출납부·전표·통계표·의사의 진료부(chart)·성매매업소에서 성매매 상대방의 아이디와 전화번호 및 성매매방법 등을 입력한 메모리카드의 내용[243] 등이 여기에 해당한다. 그러나 사인인 의사의 진단서는 업무상 필요에 의하여 순서적·계속적으로 작성되는 것이 아니고 개개적으로 작성되는 것이며, 또 그 작성이 특히 신용한 말한 정황에 의하여 작성된 문서라고 볼 수 없으므로 제313조에 의하여 증거능력이 판단된다.[244]

(다) 기타 특히 신용할 만한 정황 하에 작성된 문서

공권적 증명문서나 업무상 작성된 통상문서(제315조 1호, 2호)에 해당되지 않더라도 그에 준할 정도로 신용할 만한 정황에 의하여 작성된 문서를 말한다(제315조 3호). 예컨대 공공기록·공무소 작성의 각종 통계와 연감·역서·스포츠기록 등이 여기에 속한다. 판례는 다른 피고사건의 공판조서[245]나 구속적부심문조서[246]는

---

242) 등기부등(초)본, 인감증명서, 전과조회회보, 신원증명서, 세관공무원의 시가(市價)감정서, 법원의 판결문사본 등이다. 그러나 공소장, 사법경찰관작성의 현행범인체포보고서와 외국 수사기관의 수사결과는 본조의 문서에 해당하지 않는다.
243) 대판 2007.7.26. 2007도3219.
244) 대판 1969.3.31. 69도179.
245) 대판 2005.4.28. 2004도4428.
246) 대판 2004.1.16. 2003도5693.

여기에 해당하지만, 주민들의 진정서사본[247)은 증거능력이 인정되지 않는다고 판시하고 있다.

7. 전문진술

(1) 전문진술과 전문증거

형사소송법상 전문증거에는 이미 앞에서 살펴 본 ① 서면의 형식에 의한 전문증거(제311조~제315조)와 여기서 살펴 볼 ② 구두에 의한 전문진술(제316조)이 있다.

「전문진술(傳聞陳述)」이란, 요증사실을 경험한 甲이 공판정에 증인으로 직접 출석하지 않고 乙에게 자기의 경험을 말하여, 이것을 들은 乙이 甲을 대신하여 증인으로서 진술한 증언을 말한다. 이 경우 乙이 전문증인이고, 그의 증언이 바로 전문진술이다. 따라서 공판준비 또는 공판기일 외에서의 타인(甲)의 진술을 내용으로 하는 증인(乙)의 진술은 전문증거로서 이를 증거로 할 수 없다(제310조의2). 이와 같이 전문법칙은 전문진술의 증거능력을 부정하는 것이 원칙이지만, 형사소송법 제316조는 이에 대한 예외를 규정하고 있다.

(2) 피고인이 아닌 자의 전문진술

(가) 피고인의 진술을 내용으로 하는 경우

ⅰ) 의의 및 성격

피고인이 아닌 자의 공판준비 또는 공판기일에서의 진술이 피고인의 진술을 그 내용으로 하는 것인 때에는 그 진술이 특히 신빙할 수 있는 상태 하에서 행하여졌음이 증명된 때에 한하여 이를 증거로 할 수 있다(제316조 ①항). 이 경우 원진술자인 피고인이 공판정에 출석하여 진술할 수 있으므로 필요성은 문제가 되지 않고, 신용성의 정황적 보장만으로 증거능력이 인정된다.

제316조 제1항의 성격에 대해 원진술자가 피고인이므로 당사자의 반대신문권은 무의미하므로 직접심리주의의 예외라고 설명하는 견해[248)도 있으나, 증거능력이 없는 전문증거에 대해서도 신용성이 높은 경우에는 예외적으로 증거능력을 인정한다는 전문법칙예외설이 다수설[249)이다.

---

247) 대판 1983.12.13. 83도2613.
248) 김기두, 139.
249) 배종대/이상돈/정승환/이주원, 655; 손동권/신이철, 636; 이은모, 721; 이재상/조균석, 634;

ⅱ) 증거능력의 요건

제316조 제1항에서 피고인은 당해 피고인만을 의미한다. 즉 공동피고인이나 공범자도 '피고인 아닌 타인'에 해당한다. 그리고 피고인의 진술은 피고인의 지위에서 행하여진 것에 국한하지 않고, 피의자·참고인·증인·기타 지위에 행해진 것도 포함한다.[250] 따라서 사건 직후 피고인의 자백을 청취한 자가 그 내용을 증언하는 경우는 물론 피고인을 신문한 사법경찰관[251]이나 제3자가 경찰에서 조사받을 때 피고인의 진술내용을 증언하는 경우에도 여기에 해당한다.

(나) 피고인 아닌 자의 진술을 내용으로 하는 경우

ⅰ) 의의와 성격

'피고인 아닌 자의 공판준비 또는 공판기일에서의 진술이 피고인 아닌 타인의 진술을 그 내용으로 하는 것인 때에는 원진술자가 사망·질병·외국거주·소재불명 그 밖에 이에 준하는 사유로 인하여 진술할 수 없고 그 진술이 특히 신빙할 수 있는 상태 하에서 행하여졌음이 증명된 때에 한하여 이를 증거로 할 수 있다'(제316조 ②항). 이것은 전문법칙의 예외를 규정한 전형적 유형으로 필요성과 신용성의 정황적 보장을 요건으로 전문진술의 증거능력을 인정한 것이다.

ⅱ) 증거능력의 요건

피고인 아닌 자에는 수사기관이나 제3자는 물론 공범과 공동피고인을 모두 포함한다.[252] 또한 피고인 아닌 자의 전문진술은 '피고인 아닌 타인'의 진술을 내용으로 하는 것이어야 한다. 따라서 원진술자(피고인 아닌 자)가 공동피고인인 경우에 그가 법정에서 공소사실을 부인하는 경우[253]나 원진술자가 법정에 출석하여 수사기관에서의 진술을 부인하는 취지로 증언한 경우에는 '원진술자가 진술할 수 없는 때'에 해당하지 않으므로 공동피고인의 진술을 내용으로 하는 전문진술 및 조사자의 증언[254]은 전문증거로서 증거능력이 없다.

임동규, 531; 정웅석/백승민, 702; 최영승, 540.

250) 대판 2000.9.8. 99도4814.
251) 대판 2005.11.25. 2005도5831.
252) 대판 2011.11.24. 2011도7173.
253) 대판 2000.12.27. 99도5679.
254) 대판 2008.9.25. 2008도695.

(다) 조사자의 증언

ⅰ) 의의와 성격

공소제기 전에 피고인을 피의자로 조사하였거나 그 조사에 참여하였던 자 또는 피고인 아닌 자를 조사하였거나 그 조사에 참여하였던 자의 공판준비 또는 공판기일에서의 진술이 피고인의 진술 또는 피고인 아닌 타인의 진술을 내용으로 하는 것인 때에도 제316조 제1항 또는 제2항의 요건을 갖춘 경우에는 증거능력이 인정된다(제316조).

이와 같은 「조사자의 증언제도」는 피의자 또는 피의자 아닌 자를 조사한 경찰관이 증인으로 선서하고 위증죄의 부담과 피고인 측의 반대신문을 거친 증언에 대해서는 증거능력을 인정함으로써 실체적 진실발견과 피고인의 방어권보장 사이에 조화를 도모하는 기능을 한다.

ⅱ) 증거능력의 요건

피고인을 피의자로 조사하였거나 그 조사에 참여하였던 자 또는 피고인 아닌 자를 조사하였거나 그 조사에 참여하였던 자의 증언이어야 한다. 또한 조사자의 증언이 ① 피고인의 진술을 내용으로 하는 경우에는 원진술자인 그 피고인의 진술이 '특히 신빙할 수 있는 상태 하'에서 행해져야 하고(제316조 ①항), ② 피고인 아닌 타인의 진술을 내용으로 하는 경우에는 '원진술자가 사망 등의 사유로 인하여 진술할 수 없는 때와 그 진술이 특히 신빙할 수 있는 상태 하에서' 행해졌음이 증명된 때에 한하여 증거로 할 수 있다(제316조 ②항).

(3) 피고인의 전문진술

형사소송법은 피고인의 공판준비 또는 공판기일에서의 진술이 피고인 아닌 자의 진술을 내용으로 하는 경우에 관하여는 명문의 규정을 두고 있지 않다. 이에 대하여 학설은 ① 피고인에게 불이익한 경우는 반대신문권을 포기한 것이므로 증거능력을 인정하고, 이익이 되는 경우는 제316조 제2항을 유추적용하여야 한다는 견해[255]와 ② 현행법은 진술내용의 불이익을 증거능력의 요건으로 하고 있지 않으므로 원진술이 피고인에게 유리한지 여부에 관계없이 제316조 제2항을 유추적용하여야 한다는 다수설[256]이 대립되고 있다. 생각건대 증거능력은 피고인의

---

255) 주광일, 217.
256) 배종대/이상돈/정승환/이주원, 658; 신양균, 815; 손동권/신이철, 639; 이재상/조균석, 637;

전문진술의 내용에 따라 결정되는 것이 아니므로 이익여부와 관계없이 제316조 제2항을 유추적용하는 견해가 타당하다.

8. 재전문증거

(1) 의 의

재전문증거는 타인의 진술을 내용으로 하는 진술(전문진술)을 다시 전문하여 제출된 증거를 말하며, 이중전문증거라고도 한다. 재전문증거에도 전문진술을 기재한 서류(재전문서류)와 전문진술을 들은 자가 그 내용을 다시 전하는 진술증거(재전문진술)가 있다. 이러한 재전문증거의 경우에는 원진술자의 존재나 진술정황을 확인할 수 없는 경우가 많기 때문에 원칙적으로 전문법칙에 의해 증거능력이 인정되지 않는다.

(2) 학설과 판례

재전문증거의 증거능력을 인정할 것인지에 대하여 긍정설과 부정설이 대립되어 있으나, 전문진술을 기재한 서류에 대해서는 이중으로 예외조항을 모두 충족하면 증거능력을 인정할 수 있다고 것이 다수설[257]과 판례[258]의 태도이다. 다만 판례는 재전문진술(증언)에 대하여는 그 증거능력을 인정하는 규정이 없기 때문에 피고인이 증거로 하는데 동의하지 않는 한 이를 증거로 할 수 없다는 입장이다.

임동규, 534. 차용석/최용성, 612.

257) 배종대/이상돈/정승환/이주원, 659; 손동권/신이철, 640; 임동규, 536; 최영승, 546; 대판 2000.3.10. 2000도159. 전문진술이 기재된 조서는 형사소송법 제312조 또는 제314조의 규정에 의하여 각 그 증거능력이 인정될 수 있는 경우에 해당하여야 함을 물론 나아가 형사소송법 제316조 제2항의 규정에 따른 위와 같은 요건을 갖추어야 예외적으로 증거능력이 있다.

258) 형사소송법은 전문진술에 대하여 제316조에서 실질상 단순한 전문의 형태를 취하는 경우에 한하여 예외적으로 그 증거능력을 인정하는 규정을 두고 있을 뿐, 재전문진술이나 재전문진술을 기재한 조서에 대하여는 달리 그 증거능력을 인정하는 규정을 두고 있지 아니하고 있으므로, 피고인이 증거로 하는 데 동의하지 아니하는 한 형사소송법 제310조의2의 규정에 의하여 이를 증거로 할 수 없다(대판 2000.3.10. 2000도159).

V. 진술증거의 증거능력

1. 제317조의 의의와 적용범위

(1) 제317조의 의의

형사소송법 제317조는 '① 피고인 또는 피고인 아닌 자의 진술이 임의로 된 것이 아닌 것은 증거로 할 수 없다. ② 전항의 서류는 그 작성 또는 내용인 진술이 임의로 되었다는 것이 증명된 것이 아니면 증거로 할 수 없다. ③ 검증조서의 일부가 피고인 또는 피고인 아닌 자의 진술을 기재한 것인 때에는 그 부분에 한하여 전2항의 예에 의한다'고 규정하여, 진술 및 진술기재서류의 작성에 대하여 '임의성'을 요구하고 있다.

본조의 입법취지에 관해서, 진술의 임의성이 증거능력의 요건임을 선언한 규정이라고 보는 견해[259] 및 진술의 임의성에 대한 증거능력의 요건과 조사의무를 함께 규정한 것이라고 보는 견해[260]가 대립하고 있다. 이에 관하여 현행법은 일본의 형사소송법[261]과 달리 법원에 대해 진술의 임의성에 관한 조사의무를 부과하는 규정을 두고 있지 않으나, 판례[262]가 이를 인정하고 있다. 따라서 본조는 진술의 임의성을 증거능력의 요건으로 하면서 그 진술의 임의성에 대한 '법원의 조사의무'도 규정한 것으로 해석하는 것이 타당하다.

(2) 제317조의 적용범위

제317조의 진술의 임의성이 요구되는 범위에 관하여 ① 제309조를 본조의 특별규정으로 보아 자백 이외의 일체의 진술증거를 그 적용대상으로 한다는 광의설[263]과 ② 본조는 제310조의2 내지 제316조가 규정하고 있는 전문증거에 제한된다고 해석하는 협의설[264]이 주장되고 있다. 즉 제317조가 전문증거만을 대상으

---

259) 배종대/이상돈/정승환/이주원, 661; 신동운, 1171; 이은모, 743; 차용석/최용성, 622.
260) 신양균, 831; 이재상, 639; 임동규, 557; 정웅석/백승민, 609.
261) 일본 형사소송법 제325조는 '재판소는 …… 진술이 임의로 된 것인가 여부를 조사한 후가 아니면 이를 증거로 할 수 없다'고 규정하여 법원에 대해 임의성의 조사에 관한 명문의 규정을 두고 있다.
262) 대판 2006.11.23. 2004도7900.
263) 배종대/이상돈/정승환/이주원, 662; 신동운, 1171; 신양균, 831; 이은모, 744; 이재상/조균석, 640; 임동규, 558.
264) 강구진, 468.

로 하는데 대하여 제309조는 자백배제법칙을 규정한 것으로 그 성질을 달리 한다
고 한다. 그러나 제317조가 진술의 범위를 제한하고 있지 않는 이상, 자백 이외의
일체의 진술증거가 여기에 포함된다고 하는 광의설이 타당하다. 따라서 자백의
임의성이 인정되지 않으면 제309조에 의하여 그리고 자백 이외의 진술의 임의성
이 인정되지 않는 경우는 본조에 의하여 증거능력을 부정하여야 한다.

2. 임의성의 판단기준

제317조는 진술증거의 증거능력을 인정하기 위한 요건으로 ① 진술의 임의
성(동조 ①항)과 ② 서류작성의 임의성(동조 ②항)을 요구하고 있다.

(1) 진술의 임의성

원진술(피고인 또는 피고인 아닌 자의 진술)이 임의로 된 것이 아닌 전문증거는
증거로 할 수 없다(제317조 ①항). 이 경우 진술의 임의성은 자백의 임의성과 동일
한 의미인지에 관하여 학설이 대립되어 있다. 다수설[265]은 제309조의 자백의 임
의성과 제317조의 진술의 임의성은 그 내용에 있어서 차이가 없으므로 자백의 임
의성을 위법배제에서 찾는 것처럼 진술의 임의성도 위법배제에 그 근거가 있다고
본다. 또한 진술이 임의로 된 것이 아닌 것은 증거로 할 수 없다는 의미에 대해서
도 증명력의 배제로 이해하는 견해[266]도 있으나 증거능력을 부정하는 것이라고
본다.[267]

(2) 서류작성의 임의성

진술을 기재한 서류는 그 진술의 임의성뿐만 아니라 서류작성의 임의성도
인정되어야 한다. 이 경우 작성의 임의성이 요구되는 것은 피의자 또는 참고인이
작성하는 진술서에 제한된다. 그 이유는 법원 또는 수사기관이 작성한 조서나 공
적인 증명문서에 관하여는 서류작성의 임의성이 일반적으로 인정되기 때문이다.

265) 배종대/이상돈/정승환/이주원, 661; 신양균, 832; 이은모, 745; 이재상/조균석, 640; 임동규,
　　559; 정웅석/백승민, 610.
266) 강구진, 470.
267) 대판 2006.11.23. 2004도7900.

3. 임의성의 조사와 증명

(1) 임의성의 조사

(가) 직권조사

진술의 임의성은 증거능력의 요건이므로 법원이 직권으로 그 유무를 조사하여야 한다. 조사결과 임의성이 인정되지 않아 증거능력이 없는 진술증거는 당사자가 증거로 함에 동의하더라도 이를 증거로 할 수 없다.[268]

(나) 조사시기

진술의 임의성은 증거능력의 요건이므로 원칙적으로 증거조사 전에 하여야 한다. 그러나 증거조사에 들어간 후에도 임의성에 의문이 있으면 다시 조사할 수 있다.[269]

(다) 조사방법

진술의 임의성은 소송법적 사실로서 자유로운 증명으로 충분하다. 따라서 법원은 적당하다고 인정되는 방법에 의해 당해 조서의 형식과 내용, 진술자의 학력·경력·직업·사회적 지위·지능 정도 등 제반 사정을 참작하여 임의성 여부를 판단할 수 있다.[270]

(2) 임의성의 증명

진술의 임의성 및 서류작성의 임의성은 증명을 요한다(제317조 ②항). 이 경우 증명이란, 법관에게 확신을 줄 정도의 증명을 말하며 그 임의성과 관련된 사실에 대해서는 자백과 마찬가지로 검사에게 거증책임이 있다. 따라서 피고인이 조서에 기재된 진술의 임의성을 다투는 경우는 피고인이 그 임의성을 의심할 만한 합리적인 이유가 되는 구체적 사실을 입증할 것이 아니고, 검사가 그 임의성에 대한 의문점을 해소하는 입증을 하여야 한다.[271]

---

268) 대판 2006.11.23. 2004도7900.
269) 임동규, 559; 最決 昭和54年10月16日[刑集33卷6号633頁].
270) 대판 2012.11.29. 2010도3029.
271) 대판 2008.7.10. 2007도7760.

Ⅵ. 특수한 증거방법의 전문법칙

1. 문제의 소재

형사소송법상 위법수집증거배제법칙(제308조의2), 자백배제법칙(제309조), 전문증거(제310조의2)와 같이 명문의 규정에 의하여 증거능력이 제한되는 이외의 모든 증거는 원칙적으로 유죄인정의 자료로 사용할 수 있다. 그러나 기계문명의 발달에 의하여 새로운 형태의 증거(예컨대 녹음테이프, 사진, 비디오테이프 등)가 법정에 제출되면서 이러한 형태의 증거가 진술증거에 해당하는지 여부가 쟁점이 되고 있다. 즉 음화사진이나 음란비디오 등 그 자체가 증거물이 되는 경우는 문제가 없으나, 그 안에 수록된 화면이나 음성 등의 자료가 증거로 제출된 경우에, 특히 전문법칙과 관련하여 증거능력이 문제가 된다.

2. 녹음테이프의 증거능력

(1) 녹음테이프의 특성

녹음테이프는 사람의 음성이나 기타 음향을 기계적인 방법에 의하여 역사적 사실을 재생시키는 것으로 증거가치가 높은 과학적 증거방법이지만, 다른 한편 녹음이나 편집 등에 의하여 조작될 가능성도 있어 그 증거능력이 문제된다. 녹음테이프의 증거능력은 진술녹음과 현장녹음, 비밀녹음이 문제된다.

(2) 진술녹음의 증거능력

녹음테이프에 녹음되어 있는 진술내용이 증명대상이 되는 것을 진술녹음이라고 한다. 진술녹음은 진술에 대신하는 서류와 그 기능이 동일한 전문증거에 해당하므로 전문법칙이 적용된다는 것이 일반적인 견해이다. 다만 전문법칙을 적용하는 경우 그 근거규정뿐만 아니라, 증거능력을 인정하기 위한 조건으로서 전문서류와 같이 서명·날인이 필요한지 여부가 문제된다.

전문 '녹음테이프'에 대해서는 전문서류(제311조~제315조)와 전문진술(제316조)과 같은 규정을 두고 있지 않기 때문에 그 근거규정에 관하여 ① 녹음테이프는 진술서와 진술녹취서의 성질을 가지므로 제313조가 적용된다는 견해[272]와 ② 원

---

272) 백형구, 433.

진술자와 녹음테이프의 주체에 따라 제311조 내지 제313조를 준용해야 하다는
견해가 대립273)하고 있다. 판례도 후자의 학설에 따라 검사가 피의자와 대화하는
내용을 녹화한 비디오테이프는 피의자신문조서에 준하여 증거능력을 가려야 하
며,274) 수사기관이 아닌 사인이 다른 사람과의 대화내용을 녹화한 녹음테이프는
제313조 제1항에 따라 증거능력이 인정되어야 한다고 판시275)하고 있다.

피의자신문조서 · 진술조서 · 진술서의 증거능력을 인정하기 위하여는 원진술
자의 서명 또는 날인이 있어야 한다(제312조, 제313조). 따라서 녹음테이프의 증거
능력을 인정하기 위해서도 진술자의 서명 · 날인이 필요하다는 견해276)가 있다.
그러나 녹음테이프는 원래 서명 · 날인이 적합하지 않은 증거방법이므로 진술자
또는 녹음자의 진술에 의하여 진술자의 음성임이 인정되고 녹음의 정확성이 증명
되면 별도의 서명 · 날인이 없더라도 그 증거능력이 인정된다고 본다.277) 판례278)
도 동일한 입장이다.

(3) 현장녹음의 증거능력

현장녹음(現場錄音)은 범죄현장에서 채취된 말이나 음향을 녹음한 것으로서
그 증거능력에 관하여 학설이 대립되어 있다. ① 비진술증거설279)은 현장녹음테
이프는 비진술증거이므로 전문법칙이 적용되지 않으며, 범죄사실에 대한 관련성
만 인정되면 증거능력이 인정된다고 한다. ② 진술증거설280)은 현장녹음테이프도
진술증거이므로 전문법칙이 적용되며, 제312조 내지 제313조에 의하여 증거능력
이 인정된다고 한다. ③ 검증조서유사설281)은 현장녹음테이프는 비진술증거이지

---

273) 배종대/이상돈/정승환/이주원, 666; 신양균, 817; 이은모, 735; 이재상/조균석, 647; 임동규,
542; 정웅석/백승민, 722; 차용석/최용성, 595.
274) 대판 1992.6.23. 92도682.
275) 대판 2005.12.23. 2005도2945.
276) 차용석/최용성, 617.
277) 배종대/이상돈/정승환/이주원, 667; 이재상/조균석, 647;임동규, 542; 정웅석/백승민, 723.
278) 녹음테이프는 그 성질상 작성자나 진술자의 서명 혹은 날인이 없을 뿐만 아니라, 녹음자의
의도나 특정한 기술에 의하여 그 내용이 편집, 조작될 위험성이 있음을 고려하여, 그 대화
내용을 녹음한 원본이거나 혹은 원본으로부터 복사한 사본일 경우에는 복사과정에서 편집
되는 등의 인위적 개작 없이 원본의 내용 그대로 복사된 사본임이 입증되어야만 하고, 그
러한 입증이 없는 경우에는 쉽게 그 증거능력을 인정할 수 없다(대판 2005.12.23. 2005도
2945).
279) 임동규, 545; 정웅석/백승민, 724; 차용석, 617.
280) 신양균, 819; 이은모; 737; 이재상/조균석, 649.
281) 배종대/이상돈/정승환/이주원, 668.

만 검증조서에 준하여 증거능력을 판단하여야 한다고 한다.

현장녹음테이프도 원진술이 법원에 간접적으로 보고되는 것으로 그 구조가 전문서류와 유사하기 때문에 진술증거로 보는 설이 타당하다고 하여야 한다. 따라서 수사기관의 현장녹음은 검증조서에 준하여 증거능력이 인정되고(제312조 ⑥항), 사인의 현장녹음은 진술서에 준하여 증거능력을 인정하여야 한다(제313조 ①항).

(4) 비밀녹음의 증거능력

통신비밀보호법은 '누구든지 이 법과 형사소송법 또는 군사법원법의 규정에 의하지 아니하고는 우편물의 검열 또는 전기통신의 감청을 하거나, 공개되지 아니한 타인간의 대화를 녹음 또는 청취하지 못한다'(동법 제3조, 14조 ①항)고 규정하고 있다. 따라서 이러한 절차에 위반한 비밀녹음의 유형으로는, ① 수사기관이 한 비밀녹음, ② 제3자인 사인이 한 비밀녹음, ③ 대화당사자가 한 비밀녹음 등이 있으며, 이것들에 대한 증거능력이 문제가 된다.

수사기관의 불법감청에 의한 비밀녹음과 제3자인 사인이 한 비밀녹음은 각각 통신비밀보호법 제3조와 제4조에 의하여 증거능력이 인정되지 않는다. 그러나 대화당사자가 다른 사람과의 대화내용을 상대방 몰래 녹음한 경우, 그 녹음결과를 증거로 사용할 수 있는지 여부가 문제된다. 대화상대방의 프라이버시를 침해한 것이 명백한 이상 증거능력을 부정하여야 한다는 견해[282]가 있지만, 판례[283]는 대화당사자에 의한 비밀녹음의 경우는 프라이버시 보호의 필요성이 없거나 약화되었다고 볼 수 있어 그 증거능력을 인정하고 있다.

(5) 녹음테이프의 증거조사방법

녹음테이프는 그 성질상 형사소송법에 증거조사방법으로 규정(제292조 내지 292조의3)된 고지나 낭독 또는 제시의 방법에 의한 증거조사가 불가능하다. 따라서 공판정에서 이를 제시함과 동시에 녹음재생기에 의하여 재생하거나 검증에 의해 그 결과를 기재하는 방법으로 조사하여야 한다. 그리고 증거조사가 종료되면 녹음테이프의 녹음내용 그 자체도 증거가 된다.[284]

---

282) 강동범. '녹음테이프의 증거능력', 형사판례연구 6, 474.
283) 대판 1999.3.9. 98도3169; 2005.2.18. 2004도6323; 2006.10.12. 2006도4981; 2008.7.10. 2007도 10755.
284) 대판 1996.10.15. 96도1669.

3. 사진의 증거능력

(1) 사진의 특성

실물의 모양을 그대로 그려내는 사진은 그 자체로서 정확성과 신용성이 높은 증거가치를 가지고 있다. 그러나 현상과 인화과정에서 인위적인 조작 가능성이 크기 때문에 일정한 제한을 가하지 않을 수 없다. 사진의 증거능력은 사진의 성질과 용법에 따라 ① 사본으로서의 사진, ② 진술의 일부인 사진, ③ 현장사진으로 나누어 개별적으로 검토하여야 한다.

(2) 사본(寫本)인 사진

원래 증거로 제출될 자료의 대용물로 사진이 사용되는 경우로 문서를 찍은 사본이나, 범행에 사용된 흉기의 사진 등을 말한다. 사본인 사진의 증거능력에 대해 학설이 대립하고 있으나, 이 경우에도 일반적인 사본의 증거능력에 대한 문제와 같이 취급할 수 있다. 따라서 원본증거가 증거능력을 가지고 있고 원본제출이 불가능하거나 곤란해야 하며, 원본의 정확한 사본인 경우에 한하여 당해 사진과 사건과의 관련성이 증명될 때 증거로 할 수 있다.[285] 이에 대해 판례[286]도 ① 증거능력이 있는 원래의 증거가 존재하거나 존재하였고(원본의 존재), ② 원래의 증거를 정확히 전사하였으며(정확성), ③ 원래의 증거를 공판정에 제출할 수 없거나 곤란한 경우(필요성)에 한하여 증거능력을 인정하고 있다.

(3) 진술의 일부인 사진

진술자의 진술내용을 정확하게 표현하기 위하여 사진이 진술증거의 일부로 사용되는 경우를 말한다. 즉 참고인이 사진을 사용하여 진술하고 이를 진술조서에 첨부하거나, 검증조서나 감정서에 사진이 첨부되어 있는 경우와 같이

---

285) 임동규, 537; 정웅석/백승민, 717.
286) 대판 2002.10.22. 2000도5461. 피고인에 대한 검사 작성의 피의자신문조서가 그 내용 중 일부를 가린 채 복사를 한 다음 원본과 상위 없다는 인증을 하여 초본의 형식으로 제출된 경우에, 위와 같은 피의자신문조서초본은 피의자신문조서원본 중 가려진 부분의 내용이 가려지지 않은 부분과 분리 가능하고 당해 공소사실과 관련성이 없는 경우에만, 그 ① 피의자신문조서의 원본이 존재하거나 존재하였을 것, ② 피의자신문조서의 원본 제출이 불능 또는 곤란한 사정이 있을 것, ③ 원본을 정확하게 전사하였을 것 등 3가지 요건을 전제로 피고인에 대한 검사 작성의 피의자신문조서원본과 동일하게 취급할 수 있다.

사진이 진술증거의 일부로 사용되는 경우를 말한다. 이 경우 사진은 진술증거의 일부를 이루는 보조수단에 불과하기 때문에 그 증거능력은 진술조서 또는 검증조서·감정서와 전체를 이루어 판단하여야 한다는 것이 통설[287] 및 판례[288]의 입장이다.

(4) 현장사진

현장사진은 범인의 범행을 중심으로 범행상황과 그 전후 상황을 촬영한 것으로 독립증거로 사용되는 경우를 말한다. 현장사진의 증거능력에 대해서 ① 사진은 과거의 역사적 사실에 대한 흔적이지 사람의 지각에 의한 진술이 아니므로 독립된 비진술증거로 전문법칙이 적용되지 않는다고 하는 비진술증거설[289]과, ② 사진은 현장검증처럼 사실을 보고한다는 기능면에서 진술증거와 동일하므로 전문법칙이 적용되어야 한다고 해석하는 다수설인 진술증거설[290]이 대립하고 있다. 다만 제312조 제6항에 의하여 촬영자의 진술에 의하여 진정하게 작성되었다는 것이 인정되거나 촬영자가 진술할 수 없는 특별한 사정이 있는 때에는 제314조의 요건이 충족되는 경우에 한하여 증거능력이 인정된다고 해석할 수 있다. 그러나 우리나라의 판례[291]와 일본의 통설[292] 및 판례[293]는 비진술증거설에 따르고 있다.

(5) 사진의 증거조사방법

증거물의 사본인 사진과 현장사진에 대한 증거조사는 제시의 방법에 의한다(제292조 ①항). 그리고 서증의 사본인 사진은 제시 및 그 요지를 고지하여야 한다(동조 ③항). 또한 진술의 일부인 사진은 낭독이나 고지에 의하여 증거조사를 할

---

287) 배종대/이상돈/정승환/이주원, 669; 신양균, 820; 이은모, 728; 이재상/조균석, 644; 임동규, 537; 법원실무제요(형사)Ⅱ, 131.
288) 대판 1998.3.13. 98도159.
289) 법원실무제요(형사)Ⅱ, 127; 임동규, 539; 정웅석/백승민, 719.
290) 신양균, 823; 손동권/신이철, 669; 이은모, 730; 이재상/조균석, 645.
291) 대판 1997.9.30. 97도1230.
292) 池田修/前田雅英, 427; 寺崎嘉博, 378.
293) 最決 昭和59年12月21日[刑集38卷12号3071頁]. '범행의 정황 등을 촬영한 이른바 현장사진은 비진술증거에 해당하고, 당해 사진자체 또는 그 외의 증거에 의해 사건과의 관련성을 인정할 수 있는 한 증거능력을 갖고, 이것을 증거로 채용하기 위해서는 반드시 촬영자 등에게 현장사진의 작성과정 내지 사건과의 관련성을 증언시킬 필요는 없다'고 판시하고 있다.

수 없으므로 제시하여 열람하게 하여야 한다(동조 ⑤항).

4. 거짓말탐지기 검사결과의 증거능력

(1) 거짓말탐지기의 의의와 법적 성격

피의자나 피검자에게 피의사실과 관계있는 질문을 하고 그에 대한 진술 시 발생하는 신체적 변화(호흡·혈압·맥박·피부전기반사)를 기술적 방법으로 측정하여 그 진술내용의 신용성을 판별하기 위하여 사용되는 기계장치를 거짓말탐지기 (Polygraph)라고 한다. 거짓말탐지기는 자백강요의 위험을 방지한다는 현실적인 의미가 있지만, 기계측정의 신뢰도는 물론 인권침해 여부 등과 관련하여 문제가 제기되고 있다. 여기서 피검사자의 동의를 얻어 행해진 거짓말탐지기검사결과를 증거로 할 수 있는지 문제가 된다.

(2) 증거능력의 문제

(가) 학 설

ⅰ) 부정설

거짓말탐지기 검사결과는 ① 인간의 인격을 침해하는 것이므로 동의여부를 불문하고 증거능력을 부정하는 견해294)와 ② 거짓말탐지기의 검사결과는 최량의 조건을 가진 경우에도 피검자에 대한 질문과 생리적 변화의 관련성이 정확히 해명되지 않기 때문에 증거능력을 배제하여야 한다는 견해295) 등이 있다.

ⅱ) 긍정설

피검자의 명시적 동의 또는 적극적인 요구가 있는 경우에 거짓말탐지기의 검사결과는 증거능력이 인정된다고 하는 학설296)이다. 이 견해는 피검자의 동의가 있을 때에는 인격권의 침해라고 볼 수 없고, 검사결과는 감정서의 성질을 가지므로 전문법칙과의 관계에서도 제313조 제2항의 요건을 충족하면 증거능력이 인정된다고 한다.297)

---

294) 배종대/이상돈/정승환/이주원, 674; 신양균, 829; 신동운, 1244.
295) 손동권/신이철, 674; 이은모, 742; 임동규, 553.
296) 정웅석/백승민, 728.
297) 신양균, 829.

(나) 판 례

거짓말탐지기에 의한 검사결과는 과학적 정확성을 인정할 수 없으므로 그 검사결과에 대하여 증거능력을 인정할 수 없다는 판례[298]의 입장이다. 그러나 거짓말탐지기의 검사결과 증거능력을 인정하기 위한 전제조건을 모두 갖춘 경우에는 감정서(제313조 ②항)에 준하여 증거능력이 있으나, 이 경우에도 피검자의 신빙성을 가늠하는 정황증거로서의 기능을 하는데 그친다고 본다.[299]

(3) 거짓말탐지기의 관련문제

(가) 수사기관의 거짓말탐지기 사용문제

거짓말탐지기의 증거능력을 부정하는 경우에도 수사를 위하여 수사기관이 이것을 사용할 수 있는지 문제된다. 수사기관이 피의자 또는 참고인의 동의·요구에 의하여 거짓말탐지기를 사용하는 것은 수사의 신속한 종결을 촉진하며 피의자의 불안한 지위를 조기에 해소할 수 있다는 이점이 있으므로 이를 금지할 이유가 없다고 본다.

(나) 거짓말탐지기의 사용과 진술거부권

거짓말탐지기를 사용하여 피검자의 대답(진술)을 듣는 경우에도 진술거부권을 고지하여야 하는지 문제가 된다. 이것은 거짓말탐지기검사의 법적 성격에 관한 문제로서 이를 통해서 사용하려는 증거가 ① 검사자의 질문에 대한 피검자의 대답인 진술(진술증거)[300]인지 또는 ② 그 대답 시 발생한 생리적 변화(비진술증거)인지에 따라 그 결론을 달리한다. 이에 대하여 다수설[301]은 피검자의 동의를 전제로 수사의 효율성을 높이기 위하여 그 검사 결과를 사용하는 것이므로 진술거부권이 적용될 여지가 없다고 해석하여 '비진술증거'로 보고 있다고 할 수 있다. 따라서 당연히 진술거부권도 고지할 필요가 없다.[302] 그러나 거짓말탐지기검사의

---

298) 대판 1985.4.9. 84도2277; 1985.9.24. 85도306; 1986.11.25. 85도2208. 이에 대하여 일본의 최고재판소는 피검자의 동의가 있었던 사안에서 '거짓말탐지기검사결과를 피검자 진술에 대한 신용성 유무의 판단자료로 사용하는 것은 신중한 고려를 요한다'고 하면서도 증거능력을 인정하고 있다(最決 昭和43年2月8日[刑集22卷2号55頁]).

299) 대판 1984.2.14. 83도3146; 1987.7.21. 87도968.

300) 신양균, 828.

301) 손동권/신이철, 674; 신동운, 1246; 이재상/조균석, 653; 임동규, 554. 일본의 다수설의 입장이기도 하다(池田修/前田雅英, 205; 平野龍一, 107).

302) 이와 반대로 진술거부권을 고지하여야 한다고 하는 견해로는 신동운, 1246; 신양균, 829;

결과는 피검자의 대답 시 발생한 생리적 변화만을 가지고 진술에 대한 진위를 판단하는 것이 아니라 그의 대답(진술)도 종합하여 판단한다고 하는 점에서 진술증거로서의 성격도 가지고 있다고 하지 않을 수 없다.

(다) 거짓말탐지기를 사용하여 얻은 자백의 증거능력

거짓말탐지기를 이용하여 얻은 피검자·피의자 자백의 증거능력에 관하여 부정하는 학설[303]이 있으나, 피검자의 동의가 있는 경우는 증거능력을 부정하여야 할 이유가 없다고 보며 판례[304]의 입장이기도 하다.

(라) 거짓말탐지기의 검사결과와 탄핵증거

거짓말탐기지의 검사결과는 증거능력이 없으므로 유죄인정의 자료로 사용할 수 없으나, 진술의 신빙성을 판단하는 탄핵증거로 사용하는 것은 가능하다고 본다.[305] 다만 이 경우에도 그 전제로 검사결과의 정확성과 신뢰성이 있어야 한다.

5. 기타 과학적 증거

(1) 전자적 정보의 증거능력

전자기록은 전자적 방식(하드·광디스크)과 자기적 방식(자기디스크) 기타 사람의 지각으로 인식할 수 없는 방식에 의하여 만들어진 기록으로서 컴퓨터에 의해 정보처리에 사용되는 것을 말한다. 이러한 전자기록의 특징은 기계적 방식에 의한 전자기록매체에 입력·저장되기 때문에 그 자체로서는 가시성과 가독성이 없어 증거로 제출하기 위해서는 출력해야 한다는 점이다.

전자기록의 증거능력이 특히 문제가 되는 것은 전자기록에 저장된 정보가 증거가 되는 경우로 그 정보의 내용에 따라 판단을 달리한다는 점이다. 우선 ① 전자기록에 저장된 정보가 '음성이나 영상'을 녹음·녹화한 것을 내용으로 하는 경우에는 녹음테이프나 사진의 예에 따라 증거능력을 인정할 수 있다. ② 전자기록에 저장된 정보가 '문자정보'를 내용으로 하는 경우에는 그 기재내용의 진실성

정웅석/백승민, 731.
303) 배종대/이상돈/정승환/이주원, 675; 신양균, 829; 신동운, 1247; 정웅석/백승민, 731.
304) 손동권/신이철, 676; 이은모, 743; 이재상/조균석, 655; 임동규, 554. 대판 1983.9.13. 83도712.
305) 손동권/신이철, 676; 이재상/조균석, 654; 임동규, 554; 정웅석/백승민, 731. 이에 대하여 거짓말탐지기검사의 결과는 정확성과 신뢰성을 인정하기 어렵기 때문에 탄핵증거로 사용할 수 없다고 하는 견해로는 박상열/박영규/배상균, 676.

을 증명하기 위한 것이므로 문자정보는 진술증거로서 전문법칙이 적용된다.[306] 또한 ③ 전자기록 가운에 '공무원이 작성한 증명문서'로서 컴퓨터로 작성한 서면 및 업무의 통상과정에서 업무목적의 원활한 수행을 위하여 컴퓨터로 작성한 서면 이나 그에 준하는 컴퓨터기록들은 제315조에 따라 당연히 증거능력을 인정할 수 있다. 다만 정보저장매체로부터 출력한 문서가 증거로 사용되기 위해서는 정보저 장매체에 저장된 전자기록과 출력문서의 동일성이 인정되어야 한다.[307]

(2) 유전자감정결과의 증거능력

지문대조나 혈액형 감정과 같이 개인의 동일성을 확인하는 방법의 하나로 DAN염기배열의 개인차를 이용한 감정법을 유전자감정이라고 한다. 즉 DNA분석 을 통한 유전자감정은 한 가닥의 모발만으로도 이론적으로는 개인 식별이 가능하 기 때문에 세계 각국의 범죄수사분야에 폭넓게 도입되어 사용하고 있다. 그러나 DNA감정은 분석재료의 수집과 보관, 검사기법, 감정인의 능력에 따라 분석결과 가 달라질 수도 있다는 점에서 아직은 형사재판에 있어서 유죄를 기초하는 증거 로 사용하기에는 신뢰성에 의문이 있다는 지적도 있다.

그러나 판례[308]는 DNA감정결과에 대하여 ① 감정인이 충분한 전문적 지식 과 경험을 지니고 있고, ② 적절하게 관리·보존된 감정자료에 의하여 ③ 일반적 으로 확립된 표준적인 검사기법을 활용하여 감정을 실행하고, ④ 그 결과의 분석

---

306) 대판 2013.7.26. 2013도2511.
307) 대판 2007.12.13. 2007도7275. 압수물인 디지털 저장매체로부터 출력한 문건을 증거로 사용 하기 위해서는 ① 디지털 저장매체 원본에 저장된 내용과 출력한 문건의 동일성이 인정되 어야 하고(동일성), 이를 위해서는 디지털 저장매체 원본이 ② 압수 시부터 문건 출력 시 까지 변경되지 않았음이 담보(원본성)되어야 한다. 특히 디지털 저장매체 원본을 대신하여 저장매체에 저장된 자료를 '하드카피' 또는 '이미징'한 매체로부터 출력한 문건의 경우에는 디지털 저장매체 원본과 '하드카피' 또는 '이미징'한 매체 사이에 자료의 동일성도 인정되 어야 할 뿐만 아니라, 이를 확인하는 과정에서 이용한 컴퓨터의 기계적 정확성, 프로그램 의 신뢰성, ③ 입력·처리·출력의 각 단계에서 조작자의 전문적인 기술능력과 정확성이 담 보(전문성)되어야 한다. 그리고 압수된 디지털 저장매체로부터 출력한 문건을 진술증거로 사용하는 경우, 그 기재 내용의 진실성에 관하여는 전문법칙이 적용되므로 형사소송법 제 313조 제1항에 따라 그 작성자 또는 진술자의 진술에 의하여 그 성립의 진정함이 증명된 때에 한하여 이를 증거로 사용할 수 있다.
308) 부산고법 2014.5.14. 2013노514. 일본의 최고재판소도 足利(아시까가)사건의 상고심결정에서 '이른바 MCT118DNA형 감정은, ① 그 과학적 원리가 이론적 정확성을 가지고 있고, ② 구 체적인 실시방법도 그 기술을 습득한 자에 의하여 ③ 과학적으로 신뢰할 수 있는 방법으 로 행해진다고 인정되고 있다. 따라서 …… 이것을 증거로 이용하는 것은 허용된다'고 판 시하고 있다(最決 平成12年7月17日[刑集54卷6号550頁]).

이 적정한 절차를 통하여 수행되었음이 인정되는 이상 높은 신뢰성을 지닌다고 판시하여, 이러한 엄격한 요건 하에서 유죄의 증거로 인정하였다.

[53] 제4 당사자의 동의와 증거능력

I. 증거동의의 의의와 본질

1. 증거동의의 의의

제318조 제1항은 '검사와 피고인이 증거로 할 수 있음을 동의한 서류 또는 물건은 진정한 것으로 인정한 때에는 증거로 할 수 있다'고 규정하고 있다. 이것은 전문법칙에 의하여 증거능력이 없는 증거라고 할지라도 당사자가 동의한 때에는 원진술자나 서류작성자를 소환·신문하지 않고도 증거능력을 인정하여 재판의 신속과 소송경제에 부합하기 위한 규정이라고 할 수 있다. 그러나 형사소송법은 민사소송과 달리 그 절차는 물론 소송물처분에 있어서도 당사자처분권을 인정하지 않기 때문에 제318조는 ① 당사자의 동의만으로는 부족하고, ② 법원이 진정한 것으로 인정한 경우에만 비로소 증거능력이 인정된다. 따라서 증거동의를 규정한 제318조는 전문법칙의 예외규정이라고 해석한다.[309]

2. 동의의 본질

증거동의란 원진술자에 대한 반대신문권을 포기하는 의사표시일 뿐만 아니라 전문증거에 적극적으로 증거능력을 부여하는 당사자의 소송행위이다. 다만 이와 같은 증거동의에 대한 이론적 근거가 무엇인지에 대하여 학설의 대립이 있다.

(1) 반대신문포기설

증거동의에 관한 제318조의 규정을 원진술자에 대한 반대신문권의 포기로

---

309) 제318조는 증거능력이 없는 전문증거가 당사자의 동의에 의하여 예외적으로 증거능력이 인정된다는 의미에서 '전문법칙의 예외'를 규정한 것이라고 보는 것이 다수설 및 판례의 입장이다(배종대/이상돈/정승환/이주원, 676; 신양균, 837; 이은모, 749; 임동규, 562; 대판 1983.3.8. 82도2873).

해석하는 통설적 견해[310]이다. 따라서 반대신문권과 관계없는 것은 당사자의 동의가 있더라도 증거로 할 수 없게 된다. 예컨대 임의성 없는 자백(제309조)이나 위법하게 수집된 증거는 증거동의(제308조의2)가 있어도 증거로 사용할 수 없다고 하는 것이 판례[311]의 입장이기도 하다.

(2) 처분권설

증거동의에 관한 제318조의 규정을 증거의 증거능력에 관하여 당사자에게 처분권을 인정한 것이라고 해석하는 견해[312]이다. 따라서 이 설에 의하면 모든 증거능력의 제한은 당사자의 동의에 의하여 제거된다고 본다. 그리하여 전문증거뿐만 아니라 위법한 절차에 의해 수집된 증거 등 모든 증거물이 동의의 대상이 된다고 한다.

(3) 병합설

증거동의의 대상이 되는 증거는 원칙적으로 전문증거(제310조의2)로서 증거능력이 인정되지 않는 증거이다. 그런데 제310조의2를 전문법칙뿐만 아니라 직접심리주의에 대한 근거규정으로 보는 입장에서는, 제318조에 의한 증거동의는 한편으로는 반대신문권의 포기를 의미하고 다른 한편으로는 직접주의의 예외를 의미한다고 보는 견해이다.[313]

---

310) 박상열/박영규/배상균, 687; 배종대/이상돈/정승환/이주원, 677; 신양균, 837; 이은모, 748; 이재상/조균석, 656; 임동규, 561. 일본은 형사소송법 제326조 제1항은, 우리 형사소송법 제318조 제1항의 '증거로 할 수 있음에 동의한 서류 또는 물건'과 달리, '동의한 서면 또는 진술'이라고 규정하고 있음에도 불구하고 동의의 본질을 반대신문포기설로 파악하는 것이 통설(安冨潔, 317)이다. 그러나 판례는 증거능력부여설(처분권설)을 택하고 있어(大阪高判 昭和56年1月23日[判示998号126頁]). 증거물이나 비진술증거에 대해서는 제326조 제1항을 준용하여 증거능력의 부여하고 있다(池田修/前田雅英, 456).
311) 대판 2004.3.11. 2003도171; 1983.3.8. 82도2873. 형사소송법 제318조 제1항은 전문증거금지의 원칙에 대한 예외로서 반대신문권을 포기하겠다는 피고인의 의사표시에 의하여 서류 또는 물건의 증거능력을 부여하려는 규정이므로 피고인의 의사표시가 위와 같은 내용을 적극적으로 표시하는 것이라고 인정되면 증거동의로서의 효력이 있다.
312) 신현주, 656.
313) 손동권/신이철, 642; 정웅석/백승민, 733.

Ⅱ. 증거동의의 방법

1. 동의의 주체와 상대방

(1) 동의의 주체

증거에 동의할 수 있는 당사자는 검사와 피고인이다. 즉 증거동의를 반대신문권의 포기로 해석하는 통설의 입장에서는 신청된 증거에 의하여 불이익을 받게 될 우려가 있는 상대방이 증거동의권을 행사하게 된다. 다만 법원이 직권으로 채택한 증거에 대해서는 검사와 피고인의 동의가 각각 필요하다. 그리고 피고인의 증거동의가 있으면 별도로 변호인의 동의는 필요 없지만, 변호인은 피고인의 명시한 의사에 반하지 않는 한 피고인을 대리하여 증거동의를 할 수 있다.314)

(2) 동의의 상대방

증거동의는 당사자의 소송행위로써 그 의사표시의 상대방은 법원이 된다. 즉 동의의 본질은 반대신문권의 포기이며 증거능력이 없는 증거에 대하여 증거능력을 부여하는 의사표시이기 때문이다. 따라서 법정 외에서는 반대당사자에게 증거로 함에 동의한 경우라도 동의의 효과가 발생하지 않는다.

2. 동의의 대상

(1) 증거능력이 없는 증거

동의의 대상은 증거능력이 없는 전문증거에 한한다. 따라서 전문법칙의 예외에 해당하여 이미 증거능력이 있는 것은 증거동의의 대상이 아니다. 예컨대 피고인이 성립의 진정을 인정한 검사작성의 피의자신문조서는 이미 증거능력이 인정된 전문증거로써 동의대상이 되지 않는다.315) 또한 피고인이 무죄입증을 위하여 제출하는 반대증거와 같이 피고인의 유죄사실을 인정하는 증거가 되는 것이 아닌 이상 반드시 그 진정성립이 증명되지 않거나 동의가 없더라도 증거의 판단자료로 사용할 수 있기 때문에 동의의 대상이 아니다.316)

---

314) 대판 2013.3.28. 2013도3.
315) 대판 1968.12.6. 67도657.
316) 대판 1981.12.22. 80도1547.

(2) 서류 또는 물건

(가) 서류 또는 진술

증거능력이 없는 전문증거는 모두 증거동의의 대상이 된다. 따라서 전문서류뿐만 아니라 전문진술도 동의의 대상이 된다는 점에서 학설[317])과 판례[318])가 일치하고 있다. 판례에 나타난 동의서류로는 피고인 자신의 진술이 기재된 피의자신문조서,[319]) 공동피고인에 대한 피의자신문조서,[320]) 참고인에 대한 진술조서,[321]) 조서나 서류의 사본,[322]) 사진,[323]) 조서의 일부[324]), 재전문진술을 기재한 조서[325]) 등이 있다.

(나) 물 건

형사소송법 제318조 제1항은 '물건'도 동의의 대상으로 규정하고 있어 장물과 같은 증거물도 동의의 대상이 되는지에 대하여 학설이 대립되어 있다. 그러나 증거물은 당사자의 동의와 관계없이 증거능력이 인정될 뿐만 아니라 반대신문과도 관계가 없어 전문법칙이 적용되지 않기 때문에 동의의 대상이 되지 않는다고 하는 소극설이 다수설[326])의 입장이다. 다만 실무상 물건도 증거동의의 대상으로 다루고 있다.[327])

3. 동의의 시기와 방식

(1) 동의의 시기

동의는 원칙적으로 증거조사 전에 하여야 한다. 동의가 증거능력의 요건이고 증거능력이 없는 증거에 대해서는 증거조사를 허용하지 않기 때문이다. 그러나 예

---

317) 배종대/이상돈/정승환/이주원, 679; 이재상/조균석, 658.
318) 대판 1983.9.27. 83도516.
319) 대판 1965.7.20. 65도453.
320) 대판 1982.9.14. 82도1000.
321) 대판 1990.6.26. 90도827.
322) 대판 1991.5.10. 90도2601.
323) 대판 1997.9.30. 97도1230.
324) 대판 1990.7.24. 90도1303.
325) 대판 2000.3.10. 2000도159.
326) 배종대/이상돈/정승환/이주원, 680; 손동권/신이철, 645; 신양균, 839; 이은모, 752; 이재상/조균석, 659; 임동규, 563.
327) 법원실무제요(형사)Ⅱ, 142.

외적으로 증거조사의 도중이나 증거조사 후 전문증거임이 밝혀진 경우에는 사후동의에 의하여 증거능력이 소급적으로 인정된다.[328] 이 경우 사후동의는 변론종결 시까지 가능하며, 공판기일뿐만 아니라 공판준비기일에서도 가능한 것으로 본다.

(2) 동의의 방식

(가) 명시적 동의

증거의 동의는 반대신문권을 포기하거나 증거능력을 부여하는 중요한 소송행위이므로 명시적으로 하여야 한다는 것이 다수설[329]이다. 그러나 판례[330]는 소극적 의사표시, 즉 피고인 아닌 자의 진술조서에 대해 '이견이 없다'는 진술에 의해서도 증거동의의 의사표시가 있는 것으로 인정하고 있다.

(나) 개별적 동의

동의의 의사표시는 개개의 증거에 대해 이루어져야 하기 때문에 포괄적 동의는 허용되지 않는다고 하는 입장이 다수설[331]이다. 그러나 판례[332]는 검사가 제시한 모든 증거에 대하여 피고인이 증거로 함에 동의한다는 방식으로 이루진 것이라고 하여도 증거동의로서의 효력을 부정할 이유가 되지 못한다고 판시하여 포괄적 증거동의를 인정하고 있다.

Ⅲ. 증거동의의 의제

1. 피고인의 불출석

피고인의 출정 없이 증거조사를 할 수 있는 경우에 피고인이 출정하지 아니한 때에는 증거동의가 있는 것으로 간주한다. 다만 대리인 또는 변호인이 출정한 때에는 예외로 한다(제318조 ②항). 이와 같이 증거동의의 의제(擬制)는 피고인의 불

---

328) 배종대/이상돈/정승환/이주원, 681; 신양균, 840; 이은모, 752; 이재상/조균석, 660; 임동규, 564; 정웅석/백승민, 738.
329) 배종대/이상돈/정승환/이주원, 681; 손동권/신이철, 646; 신양균, 841; 이은모, 752; 정웅석/백승민, 738.
330) 대판 1972.6.13. 72도922 ; 1983.9.27. 83도516. 판례와 같은 견해로는 이재상/조균석, 660; 임동규, 564; 법원실무제요(형사)Ⅱ, 143.
331) 배종대/이상돈/정승환/이주원, 681; 손동권/신이철, 646; 신양균, 841; 이은모, 753.
332) 대판 1983.3.8. 82도2873. 판례와 입장을 같이 하는 견해로는 신동운, 1184; 이재상/조균석, 660.

출정으로 인한 소송지연을 구제하려는 데 그 취지가 있으나 이 경우에도 경미한 사건에 제한된다.

(1) 불출석재판사건

현행법상 피고인이 출정 없이 증거조사를 할 수 있는 경우로는 ① 피고인이 법인인 경우에 그 대리인이 출석하지 않은 경우(제276조 단서), ② 다액 500만원 이하의 벌금 또는 과료에 해당하거나 공소기각 또는 면소의 재판을 할 것이 명백한 사건 등에서 피고인이 출석하지 않는 경우(제277조), ③ 구속된 피고인이 정당한 사유 없이 출석을 거부하고, 교도관리에 의한 인치가 불가능하거나 현저히 곤란하다고 인정되는 경우(제277조의2), ④ 약식명령에 불복하여 정식재판을 청구한 피고인이 정식재판절차에서 2회 불출정한 경우(제458조 ②항)가 있다.[333]

그러나 피고인이 소재불명인 경우(소송촉진법 제23조)에도 피고인의 출석 없이 재판을 할 수 있으나 이 경우에는 반대신문권을 포기한 것으로 볼 수 없어 증거동의가 의제되지 않는다.[334]

(2) 피고인의 퇴정

피고인이 재판장의 허가 없이 퇴정한 경우(제330조)나 퇴정명령을 받은 경우(제281조, 제330조)에도 동의한 것으로 의제할 것인지에 관하여 문제가 된다. 재판장의 퇴정명령을 받은 경우에는 동의를 의제할 수 없지만,[335] 피고인이 허가 없이 퇴정하거나 출석하지 않는 경우에 대하여는 반대신문권의 포기로 보아 동의를 의제한 것으로 해석하여야 할 것이다.[336] 그러나 판례[337]는 피고인과 변호인이

333) 대판 2010.7.15. 2007도5776.
334) 신양균, 842. 다만 실무에서는 이 경우에도 증거동의가 의제된 것으로 본다(1998.9.7. 송무예규 제640호).
335) 일본의 판례는 의제의 취지를 '피고인이 출두하지 않아도 증거조사를 할 수 있는 경우에 피고인 및 변호인 또는 대리인도 출석하지 않은 때 법원은 그 동의 유무를 확인할 필요 없이 소송의 진행이 현저히 저해되기 때문에 이것을 방지하기 위하여 피고인의 진의 여하를 불문한다'고 해석(最決 昭和53年6月28日[刑集32卷4号724頁])하고 있다. 따라서 이 입장에서 법원은 '소송의 진행'이라는 이익을 중시하기 때문에 「피고인이 허가 없이 퇴정하거나 질서유지를 위하여 퇴정명령을 받은 경우에도 동의의제가 적용된다고 해석하여야 한다」는 결론이 된다(白取裕司, 399).
336) 노명선/이완규, 529; 손동권/신이철, 648; 신양균, 843.
337) 대판 1991.6.28. 91도865; 最決 昭和53年6月28日[刑集32卷4号724頁].

출석하지 않은 상태에서 증거조사를 할 수밖에 없는 경우에는 형사소송법 제318조 제2항의 규정상 피고인의 진의와 관계없이 동의가 있는 것으로 간주한다고 판시하고 있다.

2. 간이공판절차

간이공판절차의 결정(제286조의2)이 있는 사건은 증거에 대해서 증거동의가 있는 것으로 의제된다. 다만 검사·피고인 또는 변호인이 증거로 함에 이의가 있는 때에는 그러하지 아니하다(제318조의3). 이것은 간이공판절차의 개시요건 중의 하나인 피고인이 공소사실에 대하여 자백한 이상, 증거에 대한 반대신문권도 포기한 것으로 보는 취지에서 인정된 특칙이다.

Ⅳ. 증거동의의 효과

1. 증거능력의 인정

(1) 의 의

검사와 피고인이 동의한 서류 또는 물건은 전문증거로서 제311조 내지 제316조의 요건을 갖추지 않은 경우에도 '진정성'이 인정되면 증거능력이 부여된다(제318조 ①항). 따라서 법원은 증거동의가 있으면 직권으로 그 진정성 여부를 조사하여야 한다.

(2) 진정성의 내용

진정성의 의미에 대하여 학설은 대립되어 있으나, 형사소송법 제318조의 진정성은 증거능력을 인정하기 위한 요건으로 증거의 실질적 가치인 증명력과는 구별되어야 한다. 진정성이란, 서류 또는 물건의 신용성을 의심스럽게 하는 유형적 상황이 없음을 의미한다고 보아야 한다.[338] 예컨대 진술서에 서명·날인이 없거나, 진술서의 기재내용이 진술과 상이한 경우 등은 진정성이 인정되지 않는 대표적인 예이다. 또한 이러한 진정성은 증거능력의 요건에 관한 소송법적 사실로서

---

338) 배종대/이상돈/정승환/이주원, 684; 손동권/신이철, 649; 이은모, 756; 이재상/조균석, 664; 정웅석/백승민, 741.

법원은 자유로운 증명에 의해 인정할 수 있다.

2. 동의의 효력범위

(1) 물적 범위

동의의 효력은 그 대상으로 특정된 서류·물건의 전체에 미치므로 일부에 대한 동의는 인정되지 않는다. 다만 동의한 서류의 내용을 나눌 수 있는 경우에는 일부에 대한 동의도 가능하다.[339] 또한 동의는 증거능력을 부여하는 데 미칠 뿐 그 증거의 증명력까지 인정하는 것은 아니다.

(2) 인적 범위

동의의 효력은 동의한 피고인에게만 미치고 다른 피고인에게는 미치지 않는다. 따라서 공동피고인 중 1인이 동의한 경우에는 다른 공동피고인에 대해서는 그 동의의 효력이 미치지 아니한다.[340]

(3) 시간적 범위

동의의 효력은 공판절차의 갱신이 있거나 심급을 달리하는 경우에도 소멸되지 않는다. 따라서 제1심 법정에서 피고인이 사법경찰관작성의 조서에 대하여 증거동의를 하였다면 항소심에서 피고인이 범행여부를 다투어도 제1심에서 행한 증거동의의 효력은 계속 유지된다.[341]

V. 증거동의의 철회 · 취소

1. 동의의 철회

동의는 절차형성행위이므로 절차의 안정성을 현저히 해하지 않는 한 그 철회가 허용된다고 하는 점에서 견해가 일치하고 있다. 다만 그 허용시기에 관해서

---

339) 피고인들이 제1심 법정에서 경찰의 검증조서 가운데 범행부분만 부동의하고 현장상황 부분에 대해서는 모두 증거로 함에 동의하였다면, 위 검증조서 중 범행상황 부분만을 증거로 채용한 제1심판결에 잘못이 없다(대판 1990.7.24. 90도1303).
340) 대판 1982.9.14. 82도2000.
341) 대판 1990.2.13. 89도2366.

는 학설이 대립되어 있다. 소송절차의 안정성이라는 관점에서 증거조사완료 전이라고 보는 설이 타당하며 다수설342)과 판례343)의 입장이기도 하다. 따라서 제1심에서 한 증거동의를 제2심에서 취소할 수 없다고 판시하고 있다.

2. 동의의 취소

동의의 취소는 원칙적으로 허용되지 않으나 동의가 중대한 착오에 기인한 경우 또는 수사기관의 강박에 의한 경우와 같이 특별한 사유가 있는 경우는 취소가 허용된다.344) 이 경우에 동의는 소급하여 그 효력을 상실하며 또한 피고인은 변호인이 한 동의를 취소할 수 있으나 변호인은 피고인이 한 동의를 취소하지 못한다.

[54] 제5 탄핵증거

Ⅰ. 탄핵증거의 의의와 본질

1. 탄핵증거의 개념

형사소송법 제318조의2 제1항은 '제312조부터 제316조의 규정에 따라 증거로 할 수 없는 서류나 진술이라도 공판준비 또는 공판기일에서의 피고인 또는 피고인이 아닌 자(공소제기 전에 피고인을 피의자로 조사하였거나 그 조사에 참여하였던 자를 포함한다)의 진술의 증명력을 다투기 위하여 이를 증거로 할 수 있다'고 규정하고 있다. 이와 같이 전문법칙에 의하여 증거로 할 수 없는 증거일지라도 진술의 증명력을 다투기 위해 사용되는 증거를 「탄핵증거」라고 한다. 다만 탄핵증거가 진술의 증명력을 다툰다고 하여도 증명력은 법관의 자유로운 판단의 대상이기 때문에 탄핵증거는 자유심증주의(제308조)의 예외가 아니다.

---

342) 신양균, 847; 이은모, 758; 이재상/조균석, 664; 임동규, 570; 정웅석/백승민, 743.
343) 대판 1983.4.26. 83도267. 일본의 다수설과 판례도 동일하다(大阪高判 昭和63年9月29日[判示 1314号152頁]).
344) 배종대/이상돈/정승환/이주원, 684; 신동운, 1191; 신양균, 847; 이은모, 759; 정웅석/백승민, 743; 같은 취지, 대판 1992.3.13. 92모1.

2. 구별개념

진술의 증명력을 다투는 방법에는 탄핵증거 외에 반대신문과 반증의 방법이 있지만 그 대상이나 요건 등에서 다음과 같이 구별할 수 있다.

(1) 반대신문과의 구별

반대신문은 증언의 증명력을 다투는 경우에 한정되지만, 탄핵증거는 피고인의 진술은 물론 피고인이 아닌 자, 즉 증인의 증언이나 증인 이외의 자의 진술에 대해서도 증명력을 다툴 수 있는 방법이 된다. 또한 반대신문은 법관의 면전에서 구두질문의 형태로 행해지지만 탄핵증거는 구두진술 이외에 서면의 제출도 허용된다.

(2) 반증과의 구별

반증은 본증에 의하여 증명하려고 하는 사실의 존재를 부인하기 위하여 제출하는 증거로 본증과 마찬가지로 증거능력이 있고, 엄격한 증거조사절차를 거친 증거임을 요한다. 그러나 탄핵증거는 본증 또는 반증으로 제출된 증거 자체의 증명력을 다투기 위하여 제출되는 증거로서, 전문법칙이 적용되지 않고 엄격한 증거조사절차도 필요로 하지 않는다는 점에서 구별된다.[345]

3. 탄핵증거의 존재이유

탄핵증거제도는 기본적으로 법관의 증명력 판단에 대한 합리성과 소송경제를 도모하기 위하여 인정된 제도이다. 즉 ① 탄핵증거는 범죄사실이나 간접사실의 존부를 인정하는데 사용되는 것이 아니라 단순히 증거의 증명력을 다투는데 이용되기 때문에 이를 인정하여도 전문증거를 배제하는 취지에 반하지 않고, ② 반증에 의한 번잡한 절차를 거치지 않게 하여 소송경제에도 도움이 될 뿐만 아니라, ③ 당사자의 반대신문권을 효과적으로 보장할 수 있다는 점에 있다. 따라서 탄핵증거제도는 자유심증주의를 보완하는 의미를 가지는 제도라고 할 수 있다.

---

345) 대판 1994.11.11. 94도1159; 1996.1.26. 95도1333.

Ⅱ. 탄핵증거와 전문법칙과의 관계

탄핵증거가 전문법칙의 예외인지 또는 전문법칙의 적용이 없는 경우인지에 대하여 견해의 대립이 있다. 현재 우리나라에서는 전문법칙의 적용이 없는 경우라고 해석하는데 견해346)가 일치하고 있다. 즉 탄핵증거는 전문증거처럼 반대신문을 통한 원진술자의 진술내용의 진실성을 증명하려는 것이 아니라, 원진술자가 공판정에서 행한 진술과 공판정 외에서 진술이 모순된다는 사실자체를 증명하는 것에 불과하므로 전문증거에 해당하지 않는다. 따라서 형소사송법 제318조의2에 규정된 탄핵증거는 전문법칙이 적용되지 않는다는 것을 '주의적'으로 규정한 것에 불과하다.

Ⅲ. 탄핵증거의 허용범위

1. 탄핵증거의 문제점

탄핵증거가 진술의 증명력을 다투기 위한 증거일지라도 그 내용은 역시 범죄사실의 인정에 관한 법관의 심증형성에 영향을 줄 수 있기 때문에 이것은 결국 범죄사실의 인정에 있어서 증거능력이 없는 전문증거를 사용하게 된다는 것을 의미한다. 여기서 제318조의2는 탄핵증거의 사용과 피고인 보호를 위한 엄격한 증명의 법리(제307조)가 충돌하게 된다. 따라서 양자의 요청을 조화시켜 탄핵증거의 범위를 결정하지 않으면 안 된다. 그러나 이에 관하여 아래와 같은 학설이 대립되어 있지만, 판례는 그 범위에 관하여 명시적으로 그 입장을 밝힌 것은 아직 없다.347)

2. 탄핵증거의 범위에 관한 학설

(1) 한정설

탄핵증거로 사용할 수 있는 증거는 동일인의 자기모순의 진술, 즉 공판정에

---

346) 배종대/이상돈/정승환/이주원, 684; 신양균, 850; 이은모, 760; 이재상/조균석, 667; 임동규, 571; 정웅석/백승민, 748.
347) 법원실무제요(형사)Ⅱ, 150.

서 한 진술과 상이한 공판정 외에서의 진술에 한정된다는 견해[348]로 다수설의 입장이다. 이것은 동일인이 동일사항에 관한 진술이 서로 다를 때 그 진술자체가 법정에서의 진술의 신용성을 저하시키기 때문이다. 따라서 이 설에 의하면 전문법칙에 의하여 증거능력이 부정되는 타인의 진술을 이용하여 원진술자의 진술을 다툴 수 없게 된다.

(2) 비한정설

제318조의2 조문에 충실한 해석으로서 자기모순의 진술에 한하지 않고 증거의 증명력을 다투기 위한 증거라면 어떤 전문증거라도 제한 없이 증거로 제공될 수 있다는 견해[349]이다. 따라서 자기모순의 진술뿐만 아니라 타인의 진술이 기재된 서면도 탄핵증거로 허용된다.

(3) 절충설

탄핵증거는 공판정에서의 진술에 대한 증명력을 다투기 위한 증거로 자기모순의 진술 이외에도 증인의 신빙성에 대한 보조사실(예컨대 증인의 성격·능력·이해관계·교양정도·전과사실)을 입증하기 위한 증거도 포함한다는 견해[350]이다.

(4) 이원설

검사와 피고인을 구별하여 검사는 피고인에게 불이익한 증거로서 자기모순의 진술에 제한되지만, 피고인은 이러한 제한 없이 모든 전문증거를 탄핵증거로

---

348) 노명선/이완규, 536; 박상열/각영규/배상균, 597; 신양균, 851; 이은모, 763; 이재상/조균석, 669. 일본 다수설(池田修/前田雅英, 462)과 판례의 입장이다. '형사소송법 제328조는 공판준비 또는 공판기일에서의 피고인, 증인 그 외의 자의 진술이, 별도의 기회에 한 그 자의 진술과 모순된 경우에, 모순된 진술을 한 자체의 입증을 허용하는 것에 의해 공판준비 또는 공판기일에서의 그 자의 진술의 신용성에 대한 감쇄를 꾀하는 것을 허용하는 취지의 것'이기 때문에 '형사소송법 제328조에 의하여 허용되는 증거는, 신용성을 다투는 진술을 한 자의 그것과 모순된 내용의 진술이 동인의 진술서, 진술을 녹취한 서면, 동인의 진술을 들은 자의 공판기일의 진술 또는 이것들과 동일 시할 수 있는 증거 중에 나타난 부분에 한한다'고 판시하였다(東京高判 平成8年4月11日[高刑集49卷1号174頁]; 最判 平成18年11月7日[刑集60卷9号561頁]).
349) 비한정설은 제318조의2 조문의 문리에 충실한 해석이지만, 전문법칙의 예외를 엄격하게 적용하고 있는 현행법의 취지와 충돌하고 있어 현재 이 설을 취하는 학자는 없다. 東京高判 昭和26年7月27日[高刑集4卷13号1715頁].
350) 손동권/신이철, 655; 신동운, 1202; 임동규, 573; 정웅석/백승민, 753.

제출할 수 있다는 견해[351]이다. 이것은 검사가 피고인에 비하여 우월한 권한과 조직을 가지고 있기 때문이라고 할 수 있다.

3. 탄핵증거의 제한

탄핵증거의 범위는 제318조의2에 따라 진술의 증명력을 다투기 위한 증거에 제한되기 때문에, 범죄사실이나 간접사실을 인정하기 위한 목적으로는 사용할 수 없다. 또한 다수설인 한정설의 입장에 따르면, 탄핵증거는 공판정 외에서 행한 자기모순의 진술 및 그 진술을 기재한 서면에 제한된다. 그러나 자기모순의 진술이라도 다음의 경우는 증거로 사용할 수 없다.

(1) 원본증거를 대체하는 전문증거

탄핵증거는 진술의 증명력을 다투는데 사용되는 증거이므로 범죄사실 또는 간접사실을 인정하는 증거로는 사용될 수 없다.[352] 그러나 탄핵증거로 제출된 증거가 범죄사실을 인정하기 위한 증거능력을 갖춘 경우에는 당사자의 이익을 부당하게 침해하지 않는 한 범죄사실을 증명하기 위한 증거로도 사용할 수 있다.[353]

(2) 임의성 없는 자백

자백배제법칙(제309조)에 위반한 임의성 없는 자백이나 진술은 탄핵증거로도 허용되지 않는다. 임의성 없는 자백이나 진술을 증거의 세계에서 완전히 배제하려고 하는 것이 증거법의 취지라고 볼 수 있다. 판례[354]도 같은 입장이다.

(3) 성립의 진정이 인정되지 않는 증거

진술자의 서명·날인이 없는 전문서류는 탄핵증거로 사용할 수 없다는 견해가 다수설[355]이다. 그러나 탄핵증거는 전문법칙의 적용이 없는 경우이므로 진술자의 서명·날인이 없는 진술기재서류도 탄핵증거로 제출될 수 있다고 본다.[356]

---

351) 배종대/이상돈/정승환/이주원, 691; 차용석/최용성, 615.
352) 대판 1996.9.6. 95도2945; 2012.10.25. 2011도5459.
353) 이은모, 763; 이재상/조균석, 673; 임동규, 574.
354) 대판 2005.8.19. 2005도2617.
355) 배종대/이상돈/정승환/이주원, 691; 신양균, 852; 이은모, 764.
356) 손동권/신이철, 659; 임동규, 574; 정웅석/백승민, 756.

또한 판례357)도 탄핵증거는 성립의 진정이 인정될 것을 요하지 않는다.

(4) 공판정에서의 진술 이후의 자기모순의 진술

증인이 공판정에서 행한 증언을 탄핵하기 위하여 증언 이후에 수사기관에서 작성한 진술조서를 탄핵증거로 사용하는 것은 허용되지 않는다.358) 만약 이것을 허용한다면 검사는 이를 위하여 증인을 재소환하여 다시 증인신문을 할 것이다. 그러나 이것은 공판중심주의를 형행화시키기 때문에 허용하지 않는 것이 타당하다.

(5) 진술을 내용으로 하는 영상녹화물

피고인 또는 피고인이 아닌 자의 진술을 내용으로 하는 영상녹화물도 전문증거에 해당한다. 그러나 형사소송법 제318조의2 제2항은 영상녹화물에 대하여 '피고인이나 피고인이 아닌 자의 …… 기억을 환기시켜야 할 필요가 있다고 인정되는 때에 한하여 피고인 또는 피고인 아닌 자에게 재생하여 시청하게 할 수 있다'고 규정하고 있다. 즉 영상녹화물은 기억환기의 목적에 제한되고, 이 경우에도 법관이 아닌 피고인 또는 피고인이 아닌 자에게 재생하고 있다. 따라서 피고인 등이 법정에서 진술을 번복하였다는 이유로 영상녹화물을 탄핵증거로 사용할 수 없도록 하고 있다.359)

Ⅳ. 탄핵증거의 대상과 범위

1. 탄핵의 대상

탄핵의 대상은 공판준비 또는 공판기일에서의 피고인 또는 피고인이 아닌 자의 진술의 증명력이다(제318조의2 ①항). 여기서 피고인이 아닌 자, 예컨대 증인의 증언이 탄핵의 대상이 된다는 점은 의문의 여지가 없다. 다만 형사소송법은 공판준비 또는 공판기일에서의 진술만을 명시하고 있으나, 공판정 외에서의 진술도 서면의 형식으로 증거가 된 경우에는 탄핵의 대상이 된다. 탄핵의 대상과 관

---

357) 대판 1972.1.13. 71도2060; 1994.11.11. 94도1159.
358) 배종대/이상돈/정승환/이주원, 691; 손동권/신이철, 659; 신양균, 853; 이은모, 764; 이재상/조균석, 675; 임동규, 575.
359) 박상열/박영규/배상균, 599; 신양균, 853; 이은모, 755; 이재상/조균석, 674.

련해서는 다음의 경우가 문제된다.

(1) 피고인의 진술

피고인의 진술이 탄핵의 대상이 되는지에 관하여는 ① 제318조의2가 명문으로 피고인의 진술을 탄핵의 대상으로 규정하고 있으므로 이를 긍정하는 적극설360)과 ② 부정하는 소극설361)이 대립하고 있다. 소극설에 따르면 피고인이 공판정에서 공소사실을 부인하는 진술을 증거능력이 없는 공판정 외의 진술로 탄핵하는 것은 자백편중의 수사관행을 부추길 우려가 있어 탄핵대상이 되지 않는다고 한다. 판례362)는 적극설에 따라 피고인이 공판정에서 내용을 부인한 사법경찰관 작성의 피고인에 대한 피의자신문조서도 피고인의 법정진술을 탄핵하는 증거가 될 수 있다고 판시하고 있다.

현행법의 규정상 피고인의 진술을 탄핵의 대상에서 제외할 수 없으나, 본래 탄핵증거가 증인의 진술에 대한 신빙성을 다투기 위한 제도라는 점과 피고인의 수사절차에서 진술을 탄핵증거로 사용할 수 있도록 하면 자백편중의 수사관행을 조장할 우려가 있다는 점 등에서 볼 때 입법론적으로 재검토가 필요하다고 할 것이다.

(2) 자기 측 증인의 탄핵

자기 측 증인의 증언은 일반적으로 자신에게 유리한 증언을 하기 때문에 원칙적으로 탄핵할 필요가 없다. 그러나 자기 측 증인이라 하더라도 당사자의 기대에 반하는 진술을 하거나 반대신문을 통해 진술을 번복할 경우도 있으므로 자기 측 증인에 대해서도 탄핵을 허용하는 견해가 다수설363)이다.

2. 탄핵의 범위

(1) 증명력의 감쇄

전문증거라도 증거로 사용할 수 있는 탄핵의 범위는 다른 증거의 증명력을 다투기 위해서 사용되는 경우에만 인정된다. 여기서 증명력을 다툰다는 것은, 증

---

360) 손동권/신이철, 656; 이은모, 767; 이재상/조균석, 672; 임동규, 576; 차용석/최용성, 620.
361) 배종대/이상돈/정승환/이주원, 692; 신양균, 854.
362) 대판 2005.8.19. 2005도2617.
363) 손동권/신이철, 657; 신양균, 855; 이은모, 767; 이재상/조균석, 672; 임동규, 577.

명력을 감쇄(減殺)하는 경우를 말하고, 증명력을 지지·보강하는 것은 여기에 포함되지 않는다. 따라서 적극적으로 탄핵증거를 범죄사실이나 간접사실을 인정하는 증거로는 사용할 수 없다.

(2) 감쇄된 증명력의 회복

감쇄된 증명력을 회복하는 경우, 즉 감쇄된 증명력을 다시 지지·보강하는 경우도 증명력을 다툰다는 의미에 포함시킬 것인지에 대하여 견해의 대립이 있다. 다수설[364]은 증명력이 감쇄된 당사자에게 이를 회복할 기회를 주는 것이 공평의 원칙에 부합되며, 회복증거가 탄핵된 증거의 증명력을 회복하는 수준에 그친다면 이를 금지해야 할 이유가 없기 때문이라고 한다.

Ⅴ. 탄핵증거의 조사방법

1. 탄핵증거의 제출시기

탄핵증거는 그 성질상 증명력을 다투어야 할 증거가 제출된 이후에 언제든지 제출할 수 있다. 예컨대 증인의 경우에는 증인신문 중 증언이 행해지거나 신문이 종료된 후에 제출하는 것이 일반적이다. 즉 탄핵증거는 사전에 일괄 제출할 수는 없다.

2. 증거조사

탄핵증거는 범죄사실을 인정하는 증거가 아니므로 엄격한 증거조사를 거쳐야 할 필요가 없다는 점에서 통설[365]과 판례[366]는 일치한다. 그러나 법정에서 탄

---

364) 배종대/이상돈/정승환/이주원, 694; 신양균, 856; 이재상/조균석, 671; 임동규, 577. 일본 의 판례도 '형사소송법 제328조의 탄핵증거란, 진술증거의 증명력을 감쇄하는 것뿐만 아니라, 탄핵증거에 의하여 감쇄된 진술증거의 증명력을 회복하기 위한 것도 포함하는 것이 상당하다. 생각하건대 동법 제328조에는 「증명력을 다투기 위해서는 이것을 증거로 할 수 있다」라고 되어 있어, 규정의 문언상 증명력회복을 위한 증거를 제외할 근거가 희박할 뿐만 아니라, 이와 같이 해석하는 것이 즉 공격방어에 관한 당사자 대등·공평이라는 형사소송 법상의 원칙과 나아가 진실의 규명이라고 하는 동법의 이념에도 적합하기 때문이다'라고 판시하고 있다(東京高判 昭和54年2月7日[判時940号138頁]).
365) 이재상/조균석, 675.
366) 대판 1978.10.31. 78도2292.

핵증거로 사용하기 위해서는 적어도 증거조사절차를 거쳐야 한다. 따라서 법정에 증거로 제출된 바가 없이 수사기록에만 편철되어 있는 증거는 탄핵증거로도 사용될 수 없다.[367]

제3절 증명력에 관한 증거법의 원칙

증거는 사실을 증명하는 자료이다. 증거가 일정한 범죄사실의 증명자료로 사용되기 위해서는 법률상 증거능력이 인정되고 그 사실을 인정하는데 증거로서 실질적 가치, 즉 증명력이 인정되어야 한다. 다만 '증명력'은 증거의 형식적 자격인 증거능력과 달리 구체적으로 어느 증거가 그리고 어느 정도 증명력을 갖는지는 법관의 자유판단에 맡겨져 있다. 이러한 증명력 판단에 관한 기본원칙을 자유심증주의(제308조)라고 하며, 현행법은 그 예외로서 자백의 보강법칙(제310조)과 공판조서의 증명력(제56조)을 규정하고 있다.

[55] 제1 자유심증주의

Ⅰ. 자유심증주의의 의의

증거재판주의와 자유심증주의는 증거법상 중요한 기본원칙이다. 형사소송법 제308조는 '증거의 증명력은 법관의 자유로운 판단에 의한다'고 규정하여 증거의 평가에 대한 자유심증주의를 채용하고 있다. 즉「자유심증주의」는 법정증거주의에 대립되는 개념으로서 증거의 증명력을 적극적 또는 소극적으로 법정(法定)하지 아니하고, 법관의 자유로운 판단에 맡기는 주의를 말한다. 이와 같은 자유심증주의의 형사소송법상 기능으로는 법관이 증거의 증명력을 평가함에 있어서 그의 자유로운 판단에 맡겨 합리적이고 적정한 사실인정을 담보하고자 함에 있다고 할 수 있다.

---

367) 대판 1998.2.27. 97도1770.

II. 자유심증주의의 내용

형사소송법 제308조는 '증거의 증명력은 법관의 자유판단에 의한다'고 규정되어 있을 뿐 그 내용이 무엇인지에 관해서는 명백하지 않다. 이것을 분석해 보면 다음과 같다.

1. 자유판단의 주체

증거의 증명력을 판단하는 주체는 제308조에 규정되어 있는 개개의 법관이다. 또한 합의체 법원에서는 그 구성원인 법관이 각 법관의 자유심증에 따라 합의의 방식으로 행하여지기 때문에 합의부의 결론과 개별 법관의 심증내용이 다르더라도 그것은 자유심증주의에 위배되지 않는다.

2. 자유판단의 대상

법관의 자유판단의 대상은 증거의 증명력이고, 증거능력의 유무는 법률에 의하여 획일적으로 규정되어 있다. 따라서 증거능력이 있는 증거의 증명력만이 법관의 자유심증에 맡겨져 있다. 이것을 「제한된 자유심증주의」라고도 한다.[368]

(1) 증   거

법관이 증명력을 판단해야 하는 증거로는 엄격한 증명을 요하는 증거뿐만 아니라 자유로운 증명을 요하는 증거도 그 대상이 된다. 다만 엄격한 증명의 경우는 적법한 증거조사를 거친 증거만이 증명력 판단의 대상이 되지만, 자유로운 증명의 경우는 이러한 제한이 없다.

(2) 증명력

증거의 증명력은 사실인정을 위한 증거의 실질적 가치로서 신용력과 협의의 증명력을 포함하는 개념이다. 여기서 ① '신용력'은 증거자체의 신빙성을 의미하고, ② '협의의 증명력'은 증거의 신용력을 전제로 하여 요증사실을 인정하는 힘, 즉 증거와 범죄사실 사이의 관련성을 의미한다. 예컨대 신빙성 없는 증언은 신용력이 없는 증거이며, 요증사실과 관련성이 없는 증언은 협의의 증명력이 없는 증

---

368) 平野龍一, 194.

거로서 자유심증주의는 이 양자를 법관의 자유로운 판단대상으로 하고 있다.

3. 자유판단의 의미와 유형

(1) 자유판단의 의미

자유심증은 법관이 증거의 증명력을 어떠한 법률적 제한도 받지 아니하고, 자신의 주관적 확신에 따라 판단하는 것을 의미한다. 따라서 증거의 종류에 제한은 물론 증거의 취사선택(증거의 일부, 다수 증거의 종합적 판단 등), 즉 증거능력이 있는 증거라도 증명력이 없다고 하여 이를 증거로 채택하지 않을 수도 있다. 또 상호 모순되는 증거가 있는 경우에도 어느 것을 사실인정의 자료로 채택할 것인지도 법관의 자유이다. 그러나 자유심증주의가 법관의 자의나 자유재량을 허용하는 것이 아니기 때문에 법관의 자유판단은 객관적이고 합리적일 것을 요하며, 논리법칙과 경험법칙에 부합해야 한다는 한계를 가질 수밖에 없다.[369] 이러한 의미에서 자유심증주의를 합리적 심증주의 또는 과학적 심증주의라고 한다. 법관의 자유로운 판단과 관련하여 그 유형을 살펴보면 다음과 같다.

(2) 인적 증거

(가) 증인의 증언

증인이 성년·미성년이거나 책임능력 및 선서의 유무를 불문하고 증언의 증명력에 법률상 차이가 있는 것은 아니다.[370] 따라서 선서한 증인의 증언과 선서하지 않은 증인의 증언이 모순되는 경우에 후자를 선택할 수도 있고, 또한 증인의 공판정 외의 진술이 공판정의 진술보다 우선할 수도 있다.

(나) 피고인의 진술

피고인의 진술도 증거자료로서 증명력 판단의 대상이 된다. 법관은 피고인이 자백한 때에도 자백과 다른 사실을 인정할 수 있고, 피고인이 법정에서 부인하는 때에도 피고인의 검찰진술을 믿을 수 있다.[371]

---

369) 대판 2011.1.27. 2010도12728.
370) 3세 7개월 된 유아의 증언에 신빙성을 인정하였다(대판 2006.4.14. 2005도9561).
371) 대판 2001.10.26. 2001도4112.

(다) 감정인의 의견

감정인의 감정의견은 비교적 다른 증거들에 비하여 그 증거가치가 크지만 법관이 반드시 감정인의 감정의견에 구속되는 것은 아니다. 따라서 법관은 피고인이 심신상실의 상태에 있다는 감정결과에 반하여 피고인에게 유죄판결을 선고할 수도 있고, 그 반대도 가능하다.[372]

(3) 증거서류

증거서류의 증명력도 자유판단의 대상이 된다. 따라서 검사의 증인신문청구에 의해 작성된 증인신문조서의 기재내용에 의해 공판정에서 작성된 기재내용이 배척될 수 있다.[373] 즉 피고인의 공판정 진술이 증거서류에 기재된 내용보다 우월한 증명력을 가지는 것도 아니다.

(4) 간접증거

직접 주요사실을 증명하는 것은 아니지만 그 사실을 추인하게 하는 간접사실을 증명하는데 사용되는 간접증거의 증명력도 자유판단의 대상이 된다. 따라서 직접증거보다 간접증거를 우선시킬 수 있고, 간접증거만으로도 유죄를 인정할 수도 있다.[374] 다만 목격자의 진술 등 직접증거가 없어 간접증거만으로 심증을 형성하는 경우에 이를 통한 사실인정은 논리법칙과 경험법칙에 반하지 않아야 한다.[375]

4. 자유심증의 합리성을 보장하기 위한 제도

자유심증주의는 증거의 가치판단에 대해 법관의 자유재량에 맡기고 있지만

---

372) 그러나 감정의 결과가 과학적 증거방법에 해당하는 경우에는 감정인이 전문적인 지식·경험·기술을 가지고 공인된 표준 검사기법으로 분석하였을 뿐만 아니라 사료의 채취·보관·분석 등 모든 과정에서 시료의 동일성이 인정되고 인위적인 조작·훼손·첨가가 없었음이 담보되는 등 정확한 감정을 위한 전제조건이 갖추어져 있는 한, 법관의 사실인정에 있어서 상당한 정도로 구속력을 가진다(대판 2011.5.26. 2011도1902). 예컨대 혈액감정에 의한 친자관계의 부정, 유전자검사를 통한 동일성확인, 지문을 통한 물건접촉확인 등이 여기에 해당한다.
373) 대판 1956.3.16. 4288형상184.
374) 대판 1961.11.16. 4294형상497.
375) 대판 2011.1.13. 2010도13226.

자의적 재량까지를 허용하는 것은 아니다. 자유심증의 합리성을 담보하기 위하여 현행법상 인정되는 제도는 다음과 같다.

(1) 당사자주의적 소송구조에 의한 보장

현행법상 법관의 심증은 당사자주의적 증거조사절차를 전제로 이루어지고 있다. 즉 당자자가 제출한 증거(제294조)를 기초로 심증을 형성함은 물론 증거조사 과정에서 당사자의 의견을 반영(제293조)함으로써 자유심증은 법관의 자의로부터 합리성을 담보하게 된다.

(2) 증거능력의 제한

자유심증주의에 있어서 자유로운 판단대상은 증거의 증명력이지 증거능력은 그 대상이 아니다. 즉 위법수집증거배제법칙, 자백배제법칙, 전문법칙 등과 같이 정형적으로 허위 등의 위험을 동반하기 쉬운 증거를 사전에 배제시켜 증거평가에 대한 자유심증의 합리성을 보장하고 있다.

(3) 유죄판결의 이유에 증거요지의 기재

법관의 유죄판결에는 반드시 이유를 기재하여야 하고, 그 이유에는 사실인정의 기초가 된 증거요지를 명시하여야 한다(제323조 ①항). 판결이유에 증거의 요지를 기재하도록 요구하는 것은 당사자에게 증거평가의 오류를 시정할 수 있는 기회를 제공하고 상소심 법원에 심사의 자료를 제공함으로써 궁극적으로 법관에 의한 사실인정의 합리성을 담보하는 데 그 목적이 있다.

(4) 상소제도

증거의 증명력은 자유심증주의에 의하여 법관의 자유판단의 대상이 되지만, 현행법은 법관이 논리법칙과 경험법칙에 위배하여 '사실의 오인이 있어 판결에 영향을 미친 때(제361조의5 14호)' 등을 항소이유로 규정하고, 상소법원이 이를 심판하도록 하여 자유심증에 의한 오류를 구제하고 있다.

Ⅲ. 자유심증주의의 예외

1. 자백의 증명력 제한

증거의 증명력은 자유심증주의에 따라 법관의 자유로운 판단에 의한다. 그러나 형사소송법은 그 예외로서 '피고인의 자백이 그 피고인에게 불리한 유일의 증거인 때에는 이를 유죄의 증거로 하지 못한다'(제310조)고 규정하여 자백의 증명력을 제한하고 있다. 즉 피고인이 자백한 경우는 보강증거가 없는 한, 법관이 유죄의 심증을 얻었다고 하더라도 유죄를 선고할 수 없다.

2. 공판조서의 증명력

형사소송법 제56조는 '공판기일의 소송절차로서 공판조서에 기재된 것은 그 조서만으로써 증명한다'고 규정하고 있다. 이것은 공판조서에 기재된 소송절차에 관한 사항은 법관의 심증에 관계없이 기재된 내용대로 인정하여야 하기 때문에 자유심증주의의 예외라고 할 수 있다.

3. 피고인의 진술거부권 행사

형사소송법 제283조의2는 피고인에게 진술거부권을 보장하고 있다. 피고인이 진술거부권을 행사한 경우에 법관이 이를 피고인에게 불리한 정황증거로 하여 심증을 형성할 수 있는지 문제가 된다. 만약 이것을 허용한다면 진술을 강요하는 결과를 초래하기 때문에 결국 피고인이 진술거부권을 행사하는 경우도 자유심증주의의 예외로 보아야 한다.

Ⅳ. 의심스러울 때에는 피고인의 이익으로

1. 원 칙

범죄사실의 존부는 결국 법관의 자유로운 증거의 평가에 따라 형성된 심증을 기초로 판단하게 된다. 여기서 자유로운 심증형성은 증명의 정도에 이를 것을 요한다. 즉 증거평가의 결과 피고인의 유죄에 관하여 '합리적인 의심의 여지가 없을 정도의 증명(proof beyond a reasonable doubt)'에 이르지 아니한 경우에 법원은 피고인에게 무죄를 선고하여야 한다.[376) 이를「의심스러울 때에는 피고인의 이익으로(in dubio pro reo)의 원칙」이라고 한다. 따라서 이 원칙도 자유심증주의의 예외가 된다.

2. 적용범위

이 원칙은 사실판단을 위한 최종적인 기준이므로 법률판단의 문제에는 적용이 되지 않는다. 그 이유로서 법률판단은 법원의 전권사항으로 그 판단이 불분명하다는 것은 생각할 수 없기 때문이다.

[56] 제2 자백의 보강법칙

Ⅰ. 자백보강법칙의 의의와 필요성

1. 자백보강법칙의 의의

법관이 자백만으로 완전한 유죄의 심증을 얻었다고 하더라도 그것을 보강하는 증거가 없으면 유죄로 할 수 없다는 증거법칙을「자백의 보강법칙(補强法則)」이라고 한다. 형사소송법 제310조에 '피고인의 자백이 그 피고인에게 불이익한 유일의 증거인 때에는 이를 유죄의 증거로 하지 못한다'고 규정하고 있을 뿐만 아니라, 헌법 제12조 제7항에도 자백의 보강법칙을 헌법상의 원칙으로 선언하고 있다.

자백배제법칙이 '자백의 증거능력'에 관한 것임에 반하여, 자백의 보강법칙은 '자백의 증명력'에 관한 것이다. 즉 증거능력이 있는 자백에 의하여 유죄의 심증을 얻었음에도 불구하고 보강증거가 없으면 유죄의 판단을 하지 못하도록 한다는 점에서 자백의 보강법칙은 자유심증주의의 예외로서의 성질을 갖는다.

---

376) 대판 2006.4.27. 2006도735. 일본의 최고재판소도 '형사재판에서 유죄인정에 있어서「합리적 의심이 허용되지 않을 정도」의 입증이 필요하다고 한다. 여기서 합리적인 의심이 허용되지 않을 정도라고 하는 것은, 반대사실이 존재할 의심을 완전히 배제하는 경우를 말하는 것이 아니라, 추상적 가능성으로서 반대사실이 존재한다는 의심을 가질 여지가 있어도 건전한 사회상식에 비추어 그 의심에 합리성이 없다고 일반적으로 판단된 경우에는 유죄인정이 가능하다고 하는 취지이다'(最決 平成19年10月16日[判夕1253巻118頁]).

2. 보강법칙의 입법취지

(1) 법원의 오판방지

피고인의 자백은 범죄 체험자의 고백으로서 과대평가되기 쉽고 역사적으로 도 '증거의 왕'으로 고도의 증명력이 부여되어 왔다. 그러나 피고인의 자백은 반 대신문을 거치지 않아 허위가 개입할 위험성이 적지 않다. 따라서 자백의 보강법 칙은 피고인의 허위자백으로 인한 오판의 위험을 방지하기 위하여 요구될 뿐만 아니라,[377] 법관의 심증이 자백에 편중되는 위험도 감소시킬 수 있다.

(2) 수사기관의 인권침해방지

자백만으로도 유죄를 인정하게 되면 수사기관은 피의자·피고인으로부터 자 백을 얻기 위하여 강제적 수단 등 인권침해의 위험성이 커진다. 따라서 자백의 보강법칙은 그 증거가치를 제한하여 자백편중수사에서 이루어지기 쉬운 인권침 해를 방지하는 기능을 가지고 있다.

Ⅱ. 자백보강법칙의 적용범위

1. 자백보강법칙이 적용되는 절차

(1) 형사소송법이 적용되는 절차

자백의 보강법칙을 선언한 헌법 제12조 제7항 후단의 '정식재판'이라고 하는 것은 검사의 공소제기에 의하여 공판절차가 진행되는 일반적인 형사절차를 말한 다. 따라서 간이공판절차나 약식명령절차도 정식재판이므로 자백보강법칙이 적용 된다.

(2) 형사소송법이 적용되지 않는 절차

형사소송법을 따르지 않고 즉결심판절차법의 적용을 받는 즉결심판과 소년 법의 적용을 받는 소년보호사건의 경우는 자백의 보강법칙이 적용되지 않으므로

---

377) 일본의 통설 및 판례(最決 昭和34年7月7日[刑集13卷7号1113頁])의 입장이다.

자백만을 증거로 범죄사실을 인정할 수 있다.

2. 보강이 필요한 자백

(1) 피고인의 자백

(가) 자백의 범위

제310조에 의하여 보강법칙을 필요로 하는 자백이란, 피고인의 자백이다. 따라서 증인의 증언이나 감정인의 감정 등에는 적용되지 않는다. 그러나 자백 당시의 지위는 피고인·피의자·참고인·증인을 불문한다. 자백의 상대방도 수사기관·사인을 불문하고, 그 방법도 구두·서면을 불문하므로 일기장·메모·수첩에 기록한 경우도 자백에 해당한다. 다만 자백은 증거능력이 있는 것을 전제[378]로 하기 때문에 임의성 없는 자백(제309조)은 보강증거가 있다고 하여도 유죄의 증거가 될 수 없다.

(나) 공판정에서의 자백

공판정에서 행하는 피고인의 자백은 비교적 자유로운 상태 하에서 그리고 법관의 충분한 신문절차 하에서 이루어진다는 점에서 상대적으로 신빙성이 높다고 할 수 있다. 그러나 이러한 공판정에서의 자백에 대해서도 제310조의 보강법칙이 적용되는지 문제가 된다. 현행 형사소송법은 기소사실인부제도(起訴事實認否制度)를 채택하고 있지 않을 뿐만 아니라, 공판정에서의 자백이라 할지라도 언제나 진실이라고 할 수 없으므로 자백보강법칙이 적용되어야 한다고 해석하는 것이 통설[379]이다. 특히 판례[380]는 형사소송법 제310조의 자백은 공판정의 자백과 공판정 외의 자백을 불문한다고 판시하고 있다.

---

378) 대판 1983.9.13. 83도712.
379) 배종대/이상돈/정승환/이주원, 711; 손동권/신이철, 549; 신양균, 878; 이은모, 665; 이재상/조균석, 679; 임동규, 587.
380) 대판 1966.7.26. 66도634. 일본 형사소송법 제319조 제2항은 피고인은 공판정의 자백 여하를 불문하고 그 자백에 대해 보강증거가 필요하다고 명문으로 규정하고 있다. 그러나 최고재판소는 공판정에서의 자백은 임의성·신용성이 높기 때문에 헌법상 보강증거를 필요로 하지 않는다고 판시하고 있다(最大判 昭和23年7月29日[刑集2卷9号1012頁]; 昭和24年6月29日[刑集3卷7号1150頁]).

(2) 공범자의 자백

범죄사실을 부인하는 피고인에 대해 유죄판결을 하기 위해서는 공범자의 자백 이외에 보강증가가 필요한지에 대하여 학설이 대립되어 있다.

(가) 필요설

공범자의 자백을 본인의 자백과 동일시하여 공범자의 자백만으로는 유죄를 인정할 수 없고 보강증거가 필요하다고 하는 견해[381]이다. 그 근거로는 ① 자백 강요의 우려와 자백편중방지의 관점으로부터 본다면, 본인의 자백과 공범자의 자백 사이에 차이가 없을 뿐만 아니라, ② 불요설처럼 공범자의 자백과 피고인의 자백을 달리 취급하면 다른 보강증거가 없는 경우에 자백한 공범자는 보강증거가 없어 무죄가 되고, 부인한 공범자는 다른 공범의 자백이 증거가 되어 유죄로 되는 불합리한 결과를 초래하게 된다.

(나) 불요설

공범자의 자백은 피고인의 자백이라고 할 수 없으므로 공범자의 자백에 대해서는 보강증거가 필요하지 않는다는 견해[382]이며, 이 설이 타당하다고 생각된다. 즉 ① 형사소송법 제310조의 문언상 피고인의 자백을 '피고인 또는 공범자의 자백'으로 확장해석하는 것은 무리가 있고, ② 공범자의 자백은 당해 피고인에 대한 관계에 있어서는 증언에 불과하기 때문에 자백이라고 할 수 없다. 판례[383]도 일관하여 이 견해를 지지하고 있다.

(다) 절충설

공동피고인인 공범자의 자백에는 보강증가를 필요로 하지 않지만, 공동피고인이 아닌 공범자의 자백에 대해서는 보강증거를 필요하다고 해석하는 견해[384]이다. 즉 ① 공동피고인으로 심리를 받고 있는 공판절차 내의 공범자의 자백은 법관이 그 진술태도를 관찰할 수 있고, 피고인이 그에 대해 반대신문권을 행사할

381) 배종대/이상돈/정승환/이주원, 712; 손동권/신이철, 555; 신양균 881. 일본 통설의 입장이다 (白取祐司, 373).
382) 노명선/이완규, 548; 이은모, 668; 이재상/조균석, 681; 임동규, 590.
383) 대판 1985.7.9. 85도951. 일본도 초기 판례를 제외하고는 대부분 부정설을 취하고 있다(最判 昭和51年2月19日[刑集30卷1号25頁]; 昭和51年10月28日[刑集30卷9号1859頁] 등).
384) 박상열/박영규/배상균, 586; 신동운, 1304. 田宮 裕, 223.

수 있으므로 보강증거가 필요 없다. 그러나 ② 공범자가 피고사건의 수사절차나 또는 별개의 사건에서 자백 진술을 하는 경우는 진실성을 담보할 수 있는 보완장치가 없으므로 보강증거를 통해 법관의 심증형성에 신중을 기할 필요가 있다고 해석한다.

Ⅲ. 보강증거의 적격

1. 의 의

어떤 증거가 자백의 증명력을 보강하는 증거가 될 수 있는지 그 여부에 관한 자격을 보강증거의 적격(適格)이라고 한다. 즉 자백만으로는 유죄를 인정할 수 없다는 자백보강법칙에 따라 그 자백의 증명력을 보강하여 유죄판결을 가능하게 할 수 있는 증거로서의 성질을 말한다. 보강증거는 원칙적으로 ① 증거능력이 있는 증거라면 그 자격이 인정되지만, 앞에서 서술한 자백보강법칙의 입법취지로부터 ② 자백으로부터 독립된 증거이어야 한다. 따라서 위법하게 수집된 증거는 물론 전문증거도 전문법칙의 예외규정(제311조~제316조)에 해당하지 않는 한 보강증거로 사용할 수 없다.

2. 독립증거

보강증거는 자백의 증명력을 보강하는 증거이므로 피고인의 자백과는 실질적으로 독립된 증거이어야 한다. 따라서 피고인의 자백이 공판정 외의 자백이든 수사기관에서의 자백이든 그것에 의하여 자백을 보강하는 것은 허용되지 않는다.[385]

(가) 피고인 자백의 범위

피고인의 자백을 내용으로 하는 한, 그 형태가 진술인 경우뿐만 아니라 서면이나 소송서류도 보강증거가 될 수 없다. 또한 피고인의 자백을 내용으로 하는 피고인 아닌 자의 진술도 보강증거로 사용할 수 없다. 다만 범죄혐의와 관계없이 작성된 피고인의 일기장·수첩·메모·상업장부 등이 피고인의 진술을 내용으로

---

385) 배종대/이상돈/정승환/이주원, 714. 池田修/前田雅英, 412. 最判 昭和25年7月12日[刑集4卷7号 1298頁].

하는 경우 자백에 포함되는지에 대해 학설의 대립이 있다. 다수설[386]은 수첩에 기재된 내용이라도 범죄사실의 전부나 일부를 인정하는 내용이라면 자백이라고 보아야 하므로 보강증거가 될 수 없다고 한다. 그러나 판례[387]는 업무상 작성되는 수첩 등의 경우에는 사무내용을 계속적·기계적으로 작성한 것으로 범죄사실을 인정하는 자백의 성격이 약하기 때문에 이것을 자백에서 제외시켜 독립된 보강증거로 인정하고 있다.

(나) 독립증거의 성격

보강증거는 피고인의 자백과 독립된 증거로서 증거능력이 인정되는 경우에는 그것이 인증·물증 또는 증거서류이든 증거방법의 형태를 불문한다. 또한 직접증거·간접증거도 보강증거가 될 수 있다.[388] 다만 정황증거는 공소사실과 직접관련이 있는 것이어야 하고 범행동기에 관한 것인 경우에는 보강증거가 될 수 없다.[389]

3. 공범자의 자백

피고인이 자백한 경우에 그와 공범관계에 있던 자의 자백을 보강증거로 하여 유죄판결을 할 수 있는지가 보강증거로서 공범자의 자백문제이다. 이에 관해서는 긍정설과 부정설이 대립되어 있다. 통설[390] 및 판례[391]는 형사소송법 제310조의 피고인의 자백을 엄격하게 해석하여 공범자의 자백은 여기에 해당하지 않는다고 해석한다. 따라서 공범자의 자백은 피고인의 자백과는 별개의 독립된 증거로서 보강증거로 사용할 수 있다.

---

386) 배종대/이상돈/정승환/이주원, 714; 이은모, 664; 이재상/조균석, 682. 이에 반대하는 견해로는 신동운, 1305.

387) 대판 1996.10.17. 94도2865. 일본의 최고재판소도 이와 같은 서면은 「미수금관계를 비망하기 위하여, …… 그때마다 기입한 것이 인정되고, 그 기재내용을 피고인의 자백으로 봐야 하는 것은 아니다」라고 판시하고 있다(最判 昭和32年11月2日[刑集11卷12号3047頁]).

388) 이재상/조균석, 683. 最判 昭和26年4月5日[刑集5卷5号809頁].

389) 대판 1990.12.7. 90도2010.

390) 신동운, 1306; 신양균, 884; 이재상/조균석, 684; 임동규, 594. 이를 부정하는 견해로는 배종대/이상돈/정승환/이주원, 715.

391) 대판 1990.10.30. 90도1939.

Ⅳ. 보강증거의 범위

1. 학설의 대립

자백이 유일한 증거인 경우에 피고인을 처벌하기 위하여 자백 가운데 범죄
사실의 어느 부분에 대해서 보강증거가 필요한지를 보강증거의 범위라고 한다.
형사소송법은 이에 관하여 규정을 두고 있지 않다. 다만 자백한 범죄사실의 전부
에 대하여 보강증거를 필요로 하는 것은 사실상 불가능할 뿐만 아니라, 만약 이
를 인정하게 되면 자백의 증거가치를 완전히 부정하는 결과가 될 것이다. 따라서
보강증거는 범죄사실의 전부에 대한 증거임을 요하지 않지만, 범죄사실의 어느
부분에 대해서 보강증거를 필요로 하는지에 대하여 견해가 대립되어 있다.

(1) 죄체설

범죄의 주관적 요소에 관해서는 자백만으로도 인정할 수 있으나 범죄사실의
객관적인 측면, 즉 죄체(罪體)[392]에 대해서는 그 전부 또는 중요부분에 대해서는
보강증거가 있어야 한다는 견해[393]이다.

(2) 진실성담보설(실질설)

자백보강법칙은 본래 자백으로 인한 오판의 위험을 방지하기 위한 것이므로
피고인의 자백에 대한 보강증거는 어느 범위의 사실인지는 중요하지 않고 자백의
진실성을 담보하는 증거이면 족하다고 하는 견해로 다수설[394]의 입장이다.

(3) 학설의 검토

죄체의 개념은 본래 공판정 외에서의 자백에 대해 엄격한 보강증거를 요한

---

392) 죄체(corpus delicti)란, 범죄를 구성하는 기본적 사실로 자연재해나 사고가 아닌 사람에 의
해서 범해진 범죄라는 의미에서 죄체라는 용어가 사용되었다.
393) 차용석/최용성, 561. 일본은 자백편중에 의한 오판방지라고 하는 자백보강법칙의 취지로부
터 '죄체의 전부 또는 중요부분에 대한 보강을 필요로 한다'는 객관적인 명확한 기준을 제
시하는 죄체설이 통설이다(白取裕司, 369). 그러나 진실성담보설(실질설)은 객관적 사실(죄
체)과 관련이 없어도 자백의 진실성을 담보하면 족하기 때문에 결국 이 설에 따르면 보강
을 필요로 하는 범위는 개개의 범죄마다 판단하지 않을 수 없게 된다.
394) 박상열/박영규/배상균, 591; 배종대/이상돈/정승환/이주원, 717; 신양균, 887; 이은모, 669;
이재상/조균석, 686; 임동규, 595; 정웅석/백승민, 779.

다는 미국의 증거법에서 사용되는 것으로 이러한 구별이 없는 현행법 하에서는 반드시 필요한 개념이 아니다.[395] 또한 자백의 보강법칙은 오판방지가 그 주된 목적임으로 자백의 진실성이 담보되면 오판의 위험성이 없어지기 때문에 진실성 담보설이 타당하다고 생각된다. 판례[396]도 진실성담보설에 따르고 있다.

2. 보강증거가 필요한 구체적 범위

형사소송에서 범죄사실을 인정하기 위해서는 형법상 구성요건에 해당하는 범죄사실이 존재한다는 것과 그 범죄가 피고인에 의하여 범하여졌다는 것이 증명되지 않으면 안 된다. 다만 구성요건해당사실은 행위·결과·인과관계라고 하는 객관적 사실(죄체)과 고의·과실·목적과 같은 주관적 사실에 의해서 이루어지기 때문에 구체적으로 어느 부분에 대하여 보강증거를 필요로 하는지 살펴보기로 한다.

(1) 범죄의 구성요건사실

범죄를 구성하는 사실 가운데 객관적 사실에 대해서는 보강증거를 필요로 하지만 주관적 사실에 대해서는 그것을 요구하지 않는다.[397] 즉 주관적 사실은 고의·과실 또는 목적범의 목적 등과 같이 피고인의 내심(內心)이라는 일정한 주관적 상태가 문제되기 때문에 자백 이외는 보강증거가 없는 경우가 일반적이다.[398] 다만 객관적 사실에 대해서도 그 사실 전체에 대해서 보강증거를 필요로 하는 것이 아니라, 자백에 의하여 그 사실의 진실성을 담보할 정도로 족하다고 한다.

(2) 구성요건사실 이외의 사실

구성요건사실 이외의 처벌조건에 관한 사실이나 전과에 관한 사실 등은 엄격한 의미에 있어서 범죄사실과 구별된다. 따라서 이러한 사실들은 피고인의 자백으로 충분하며 별도의 보강증거를 요하지 아니한다는 점에서 견해[399]가 일치하

---

395) 임동규, 595.
396) 대판 1969.12.26. 69도1419; 2004.5.14. 2004도1066; 2006. 1.27. 2005도8704. 일본판례도 '피고인의 자백을 보강하는 증거는 반드시 자백에 관한 범죄구성요건의 전부에 대해 빠짐없이 이것을 뒷받침할 필요 없고, 자백에 관한 사실의 진실성을 보장할 수 있을 정도면 족하다'고 한다(最判 昭和25年10月10日[刑集4卷10号1959頁])
397) 대판 1961.8.16. 4294형상171.
398) 安富 潔, 291.
399) 배종대/이상돈/정승환/이주원, 717; 이재상/조균석, 687; 임동규, 595.

고 판례[400])의 입장이기도 하다.

(3) 범인과 피고인의 동일성

자백을 기초로 유죄판결을 할 때, 피고인과 범인의 동일성에 대하여 보강증거가 필요한지에 관하여 학설이 대립하고 있다. ① 피고인이 범인이라는 사실은 공소범죄사실의 핵심이므로 피고인의 자백에 대한 보강증거가 있어야 한다는 필요설[401])과, ② 범죄사실에 대한 보강증거가 이미 있는 이상, 범인과 피고인의 동일성은 피고인의 자백만으로 인정할 수 있다는 불요설[402])이 있다. 그러나 목격자가 없는 범죄에 있어서 범인과 피고인의 동일성을 확인할 수 있는 증거를 수집한다는 것은 사실상 불가능하다고 할 수 있으므로 불요설이 타당하다고 생각된다.

(4) 죄수와 보강증거

(가) 경합범

경합범은 수죄이므로 개개의 범죄에 관해 각각의 보강증거가 필요하다는 점에 이론이 없다.[403])

(나) 상상적 경합범

상상적 경합범은 실체법상 수죄이므로 각각의 범죄에 대하여 보강증거가 필요하다는 견해[404])와 소송법상 일죄이므로 중한 죄에 대한 보강증거가 있으면 족하다는 견해[405])가 대립하고 있다. 그러나 상상적 경합범은 하나의 행위가 수개의 죄에 해당하는 경우이므로 통상 일죄에 대하여 보강증가가 있으면 다른 죄에 대하여도 보강증거가 있는 것이 보통이므로 실익이 없는 논쟁이다.

---

400) 대판 1979.8.21. 79도1528; 1983.8.23. 83도820. 最判 昭和26年3月6日[刑集5卷4号486頁]. 누범가중의 사유인 전과의 사실을 피고인의 자백만으로 인정하여도 헌법 제38조 제3항 및 형사소송법 제319조 제2항에 위반하지 않는다.
401) 신양균, 888; 정웅석/백승민, 780.
402) 배종대/이상돈/정승환/이주원, 718; 손동권/신이철, 561; 이은모, 670; 임동규, 596. 일본의 통설 및 판례의 입장이기도 하다. 즉 '피고인이 범죄의 실행자라는 것을 추단하기에 충분한 직접적인 보강증거가 없어도 다른 점에 대해서 보강증거를 구비하고 있고, 그것과 피고인의 자백과를 종합하여 본건 범죄사실을 인정하기에 충분한 이상, 헌법 제38조 제3항의 위반이 있는 것은 아니다'라고 판시하였다(最判 昭和30年6月22日[刑集9卷8号1189頁]).
403) 이재상/조균석, 688.
404) 신양균, 888.
405) 신동운, 1310.

(다) 포괄적 일죄

포괄적 일죄의 경우 포괄성 내지 집합성을 인정할 수 있는 범위에서 보강증거가 있으면 된다는 견해[406]와 각각의 범죄에 대해 보강증거를 요한다는 견해[407]가 대립되어 있다. 그리고 포괄적 일죄의 경우는 구체적 사정을 고려하여 개별행위가 구성요건상 독립된 의미를 가진 경우(상습범, 연속범)와 그렇지 않은 경우로 나누어 고찰하여야 한다는 견해[408]가 대립되어 있다. 즉 전자의 경우는 개별 범죄에 관하여 보강증거가 필요하지만, 후자의 경우는 개별 범죄에 대한 보강증거를 필요로 하지 않는다고 한다.

3. 보강증거의 증명력정도

자백을 유일한 증거로 유죄판결을 하기 위해서는 보강증거가 필요한데 이 경우 그 자백을 보강하는 증거가 어느 정도의 증명력을 가져야 하는지, 즉 보강증거 자체에 대한 증명력이 문제가 된다. 학설은 ① 보강증거 자체만으로 범죄사실을 인정할 수 있어야 한다는 절대설[409]과 ② 자백의 증명력과 종합하여 범죄사실을 인정할 수 있는 정도면 족하다는 상대설[410]이 대립되어 있다. 자백보강법칙의 취지가 자백편중에 의한 오판방지에 있기 때문에 상대설이 타당하고 판례[411]의 입장이기도 하다.

V. 보강법칙위반의 효과

자백을 유일한 증거로 하여 유죄를 인정한 경우는 법령위반에 해당하기 때

---

406) 임동규, 596; 차용석/최용성, 563.
407) 백형구, 626.
408) 배종대/이상돈/정승환/이주원, 719; 손동권/신이철, 562; 신양균, 888; 이은모, 671; 정웅석/백승민, 781.
409) 차용석/최용성, 563.
410) 손동권/신이철, 562; 신양균, 885; 임동규, 597; 정웅석/백승민, 781.
411) '보강증거는 자백의 진실성을 담보할 수 있는 정도로 족하므로 비록 보강증거 자체만으로 범증을 확증할 수 없다하더라도 자백과 서로 관련하여 범증을 인증할 수 있으면 보강증거로서 족하다'고 판시하고 있다(대판 1967.12.18. 67도1084). 또한 일본 최고재판소는 보강증가가 어느 범위의 사실에 대하여 필요한지의 문제와 보강증거의 증명력이 어느 정도 필요한지의 문제를 명확히 구별하지 않고, 자백과 보강법칙에 관련하여 범죄사실을 증명할 정도로 족하다고 판시하고 있다(最判 昭和24年4月7日[刑集3卷4号489頁]).

문에 항소이유(제361조의5 1호) 또는 상고이유(제383조 1호)가 된다. 이 경우에 유죄판결이 확정되었다면 비상상고(제441조)를 통해 구제가 가능하다. 그러나 유죄판결이 보강법칙을 위반한 경우는 무죄의 증거가 새로 발견된 경우가 아니므로 재심사유(제420조 5호)가 되지 않는다.

[57] 제 3 공판조서의 증명력

Ⅰ. 공판조서의 의의와 증명력

1. 공판조서의 의의

공판조서는 공판기일의 소송절차가 법정의 방식에 따라 적법하게 행하여졌는지를 인정하기 위하여 그 소송경과를 기재하는 조서를 말한다. 공판조서는 당해 공판에 참여한 법원사무관 등이 작성하며(제51조 ①항), 공판조서의 정확성을 담보하기 위하여 재판장과 공판에 참여한 법원사무관 등이 기명날인이나 서명을 하도록 하고 있다(제53조 ①항). 공판조서는 기본이 되는 공판조서, 증인 등의 각종 신문조서, 증거목록 등 세 가지로 분류할 수 있다.[412]

2. 배타적 증명력

(1) 의 의

형사소송법 제56조는 '공판기일의 소송절차로서 공판조서에 기재된 것은 그 조서만으로써 증명한다'고 하여, 공판조서의 배타적 증명력, 즉 절대적 증명력을 인정하고 있다. 이것은 공판조서 이외의 다른 자료에 의한 반증을 허용하지 않는다는 의미이다.[413] 따라서 법관의 심증내용과 상관없이 공판조서로써 공판기일의 소송절차에 관한 사실을 증명하기 때문에 공판조서의 증명력은 자유심증주의의 예외가 된다.[414]

---

412) 법원실무제요(형사) Ⅰ, 161.
413) 대판 2005.12.22. 2005도6557.
414) 이재상/조균석, 689.

(2) 입법취지

공판조서에 배타적 증명력을 인정하는 이유는 상소심에서 원심의 공판절차에 대한 분쟁이 발생한 경우에 공판조서에 기재된 이외의 자료에 의한 반증을 허용하지 않음으로써 절차가 불필요하게 지연되는 것을 방지하기 위한 것이다. 따라서 형사소송법은 공판조서의 기재에 정확성을 보장할 수 있는 장치[415]를 마련하고 상소심의 판단자료를 공판조서에 한정함으로써 소송경제를 도모하고 있다.

Ⅱ. 배타적 증명력의 범위

1. 공판기일의 소송절차

(1) 공판기일의 절차

공판조서의 증명력은 공판기일의 절차에 한한다. 따라서 당해 사건에 관한 절차라고 하더라도 공판준비절차, 공판기일 전의 증인신문청구나 증거보전절차, 공판기일 이외의 증인신문이나 검증 등의 절차에서 작성된 조서는 배타적 증명력을 가지지 않는다.

(2) 소송절차

또한 공판기일의 절차라고 하더라도 소송절차, 즉 순수하게 피고사건의 '절차면'에 관련된 부분에 대해서만 배타적 증명력이 인정된다.[416] 따라서 피고인이나 증인이 진술한 것은 소송절차의 절차면에 해당하지만, 그 진술내용과 같은 실체면에 관한 사항에 대하여는 공판조서에 기재되어 있다고 할지라도 다른 증거에 의하여 이를 다툴 수 있다. 진술 자체는 소송절차가 아니기 때문이다. 또한 소송절차에 관한 공판조서의 배타적 증명력은 일단 진행된 소송절차의 적법성뿐만 아니라 소송절차의 존부에 대해서도 인정된다.

---

415) 예컨대 심리의 공개, 공판조서의 열람·녹취, 공판조서의 정확성에 대한 이의진술 등이 있다.
416) 예컨대 피고인 또는 변호인의 출석여부, 진술거부권의 고지(제283조의2), 검사의 모두진술(제285조), 피고인의 이익사실의 진술(제286조), 최종의견진술기회의 부여(제303조), 판결선고의 유무 및 일자 등이 공판기일의 소송절차에 해당한다.

2. 공판조서에 기재된 소송절차

(1) 기재된 사항의 증명

공판조서의 배타적 증명력은 공판조서에 기재된 소송절차에 대하여만 인정된다. 따라서 공판기일의 중요한 소송절차에 관한 것이라 할지라도 공판조서에 기재되지 않은 사항에 대하여는 다른 자료에 의하여 증명할 수 있다. 다만 여기서 공판조서란, 당해 사건의 공판조서만을 의미하고 다른 사건의 공판조서에 대해서는 배타적 증명력이 인정되지 않는다.

(2) 기재되지 않은 사항의 증명

공판조서에 기재되지 않은 소송절차는 공판조서에 의한 증명이 불가능하므로 공판조서 이외의 자료에 의한 증명이 허용된다. 이것은 소송법적 사실에 관한 증명이므로 자유로운 증명으로 족하다. 또한 공판조서에 기재되지 아니한 절차라고 하더라도 소송절차의 부존재가 추정되는 것은 아니며, 통상의 절차는 적법하게 절차가 행하여졌다고 사실상 추정된다. 판례[417]는 공판조서에 인정신문에 대한 기재가 없더라도 피고인이 공소사실에 관하여 진술한 사실이 인정되면 인정신문을 한 것으로 추정된다.

(3) 기재가 불분명한 사항의 증명

공판조서에 기재사항이 불명확하거나 모순이 있는 경우에 배타적 증명력은 인정되지 않는다. 또한 공판조서의 기재의 정확성에 대한 이의신청이 있거나(제54조 ③항), 이의신청이 방해된 경우에도 공판조서의 배타적 증명력은 인정되지 않는다. 다만 공판조서의 기재가 명백한 오기나 착오에 의한 경우에는 공판조서의 배타적 증명력이 인정되지 않지만, 명백한 오기가 있는 경우에는 정확한 내용에 대해 배타적 증명력이 인정된다.[418]

---

417) 대판 1972.12.26. 72도2421.
418) 대판 1995.4.14. 95도110.

Ⅲ. 공판조서의 멸실 및 무효

공판조서의 배타적 증명력은 유효한 공판조서의 존재를 전제로 한다. 따라서 공판조서가 처음부터 작성되지 아니하였거나, 도중에 멸실된 경우 또는 공판조서가 무효인 경우에 배타적 증명력을 논하는 것은 의미가 없다. 무효인 경우의 예로는 공판조서의 작성자인 법원서기관의 기명날인이 없거나, 공판정에 출석하지 아니한 법관이 재판장으로 기명날인한 경우와 같이 중대한 절차상의 오류가 있는 경우 등이 있다.[419] 다만 공판조서가 무효이거나 멸실된 경우에 상소심에서 원심의 소송절차가 위법하다고 주장할 때 다른 자료를 사용할 수 있는지 학설이 대립되어 있다. 통설[420]은 원심공판절차의 법령위반여부를 다른 자료에 의해 증명할 수 있다고 하는 적극설의 입장이다.

419) 대판 1983.2.8. 82도2940.
420) 배종대/이상돈/정승환/이주원, 722; 손동권/신이철, 582; 신양균, 893; 이은모, 772; 이재상/조균석, 691; 임동규, 601; 정웅석/백승민, 787.

제 3 장

재 판

---

[58] 제 1 재판의 기본개념

Ⅰ. 재판의 의의

재판(裁判)은 좁은 의미로 피고사건의 실체에 대한 법원의 공권적 판단, 즉 유죄와 무죄에 대한 실체적 종국재판을 말한다. 그러나 형사소송법에 있어서 재판은 넓은 의미로 사용되고 있으며, 이것은 법원 또는 법관의 의사표시를 내용으로 하는 소송행위를 말한다. 재판은 법원 또는 법관의 소송행위라는 점에서 검사 또는 사법경찰관의 소송행위와 구별되고, 법률행위적 소송행위라는 점에서 사실행위적 소송행위421)와 구별된다.

---

421) 진술거부권의 고지나 증거조사, 판결의 선고도 법원 또는 법관의 소송행위이지만, 법률행위가 아니라 사실행위로서 재판이 아니다.

II. 재판의 종류

재판은 그 형식이나 내용 및 기능의 관점으로부터 아래와 같이 분류할 수 있다.

1. 재판형식에 의한 분류

(1) 판 결

판결은 종국재판의 원칙적 형식이며, 법원의 재판 가운데 가장 중요한 의미를 갖는다. 판결에는 유죄 및 무죄판결과 관할위반·공소기각 및 면소판결이 있다. 판결은 원칙적으로 구두변론(제37조 ①항)에 의하여야 하고, 이유를 명시하여야 한다(제39조). 판결에 대한 상소방법은 항소(제357조) 또는 상고(제371조)이다. 재심(제420조)과 비상상고(제441조)도 판결에 대해서만 가능하다.

(2) 결 정

결정은 법원이 하는 종국 전 재판의 원칙적 형식이며, 절차에 관한 재판은 원칙적으로 결정에 의한다. 보석허가결정(제95조), 증거신청에 대한 결정(제295조), 공소장변경의 허가(제298조)가 여기에 해당한다. 결정은 구두변론을 요하지 않으나(제37조 ②항), 상소를 불허하는 결정을 제외하고는 원칙적으로 이유를 명시하여야 한다(제39조). 결정에 대한 상소는 항고(제402조)에 의한다.

(3) 명 령

명령은 법원이 아니라 재판장·수명법관·수탁판사로서 법관이 하는 재판을 말한다. 명령은 모두 종국전의 재판이며, 재판장 공판기일의 지정·변경(제267조 ①항, 제270조 ①항)이 여기에 해당한다. 다만 약식명령은 명령이라는 명칭을 사용하고 있으나 명령과는 독립된 형식의 재판(제448조 이하)이다. 명령은 결정과 같이 구두변론을 요하지 않으나(제37조 ②항), 명령에 대한 일반적인 상소방법은 없다. 다만 특수한 경우에 이의신청(제304조)이나 준항고(제416조)가 허용된다.

〈판결·결정·명령〉

	주체	이유	구두변론의 여부	불복방법
판 결	법원	○	○	항소, 상고
결 정	법원	○	X	항고
명 령	법관	X	X	이의신청, 준항고

2. 재판의 내용에 의한 분류

(1) 실체재판

사건의 실체에 대한 판단인 유죄판결(제321조, 제322조)과 무죄의 판결(제325조)을 말하며, 이를 본안재판(本案裁判)이라고도 한다. 실체재판은 모두 종국재판이며 판결의 형식에 의한다.

(2) 형식재판

피고사건의 실체가 아닌 절차적 법률관계를 판단하는 재판으로서 절차재판이라고 한다. 종국 전의 재판은 모두 형식재판이며, 종국재판 중에도 관할위반재판(제319조)·공소기각재판(제327조, 제328조) 및 면소의 재판(제326조)은 형식재판에 해당한다.

3. 재판의 기능에 의한 분류

(1) 종국재판

종국재판은 소송을 당해 심급에서 종결시키는 재판을 말한다. 여기에는 유죄·무죄의 재판과 관할위반·공소기각·면소의 재판·상소심에서 행하는 파기자판·상소기각의 재판·파기환송·파기이송 등이 있다. 종국재판은 그 성격상 법적 안정성이 중시되어야 하므로 종국재판을 한 법원은 그 재판을 취소·변경할 수 없다. 종국재판에는 원칙적으로 상소가 허용된다.

(2) 종국 전의 재판

종국재판에 이르기까지 절차상의 문제를 해결하기 위해 행하는 재판을 말하

며, 이를 중간재판이라고도 한다. 종국재판 이외의 결정과 명령이 여기에 해당한
다. 종국 전의 재판은 합목적성의 원리가 지배되므로 그 재판을 한 법원이 취소·
변경할 수 있다. 이러한 종국 전의 재판에는 원칙적으로 상소가 허용되지 않는다
(제403조 ①항).

〈재판의 종류〉

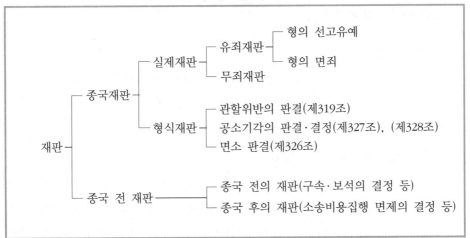

Ⅲ. 재판의 성립과 방식

1. 재판의 성립

(1) 재판의 내부적 성립

재판은 법원 또는 법관의 의사표시적 소송행위로서 그 내용이 법원 내부에
서 객관적으로 형성되어 외부에 고지할 절차만 남겨둔 상태를 내부적 성립이라고
한다. 재판이 내부적으로 성립한 후에는 판사가 경질되어도 공판절차를 갱신할
필요가 없다. 다만 그 내부적 성립의 시기는 합의부와 단독판사의 경우가 다르다.

(가) 합의부의 재판

합의부의 재판은 그 구성원인 법관들의 합의가 있을 때 내부적으로 성립한
다. 재판의 합의는 과반수로 결정하며(법원조직법 제66조 ①항), 그 합의는 공개하지
않는다(동법 제65조).

(나) 단독판사의 재판

합의단계가 필요 없는 단독판사의 경우는 절차갱신의 요부라는 합목적적 관점을 고려하여 재판서의 작성시점을 내부적 성립시기로 보아야 한다. 통설[422]도 판사의 경질이 있어도 공판절차를 갱신할 필요가 없는 단계를 내부적 성립시기로 이해한다.

(2) 재판의 외부적 성립

(가) 의의와 성립시기

재판의 외부적 성립은 재판의 의사표시 내용이 재판을 받은 자에게 인식될 수 있는 상태에 이르는 것을 말한다. 재판은 판결의 선고 또는 고지에 의하여 외부적으로 성립한다.

(나) 재판의 선고와 고지의 방법

재판의 선고 또는 고지는 공판정에서는 재판서에 의하여야 하고 기타의 경우는 재판서의 등본의 송달 또는 다른 적당한 방법으로 하여야 한다. 다만 법률에 다른 규정이 있는 때에는 예외로 한다(제42조). 재판의 선고 또는 고지는 재판장이 하여야 하며, 판결을 선고함에는 주문을 낭독하고 이유의 요지를 설명하여야 한다(제43조).

(다) 외부적 성립의 효력

종국 전 재판과 달리 종국재판이 외부적으로 성립한 때에는 그 재판을 한 기관에 의해서도 철회나 변경이 불가능하다. 이를 재판의 구속력이라고 한다. 다만 대법원은 그 판결내용에 오류가 있는 경우는 직권 또는 당사자의 신청에 의하여 판결로써 정정(訂正)이 가능하다(제400조 ①항).

2. 재판의 구성과 방식

(1) 재판의 구성

재판은 주문과 이유로 구성된다. 주문은 재판의 대상이 된 사실에 대한 최종적 결론을 말하며, 이유는 주문에 이르게 된 논리적 과정을 설명한 것을 말한다.

---

422) 배종대/이상돈/정승환/이주원, 725.

이처럼 주문 이외에 이유를 명시하는 것은 ① 재판의 사실인정의 합리성을 분명히 하고, ② 당사자의 불복이 있는 경우 상소심에서 심사의 기초자료로 사용하며, ③ 기판력의 범위를 명백히 하고, ④ 집행기관에게 수형자의 처우에 대한 기준을 제공하기 위한 것이다. 다만 상소를 불허하는 결정 또는 명령은 이유를 기재하지 않을 수 있다(제39조).

(2) 재판의 방식

재판은 법관이 작성한 재판서에 의하여야 한다. 다만 결정 또는 명령을 고지하는 경우는 재판서를 작성하지 않고 조서에만 기재하여 할 수 있다(제38조). 재판서는 재판의 형식에 따라 판결서·결정서 또는 명령서라고 부른다.

[59] 제 2 종국재판

Ⅰ. 유죄판결

1. 의의와 종류

(1) 의 의

유죄판결은 법원이 피고사건의 실체에 대하여 범죄의 증명이 있는 경우에 행하는 종국재판이다(제321조 ①항). 여기서 '범죄증명이 있는 때'라 함은 공판정에서 조사한 적법한 증거에 의하여 법관이 범죄사실의 존재에 대하여 확신을 얻은 것을 말한다.

(2) 종 류

유죄판결에는 ① 형선고의 판결, ② 형면제의 판결, ③ 형의 선고유예의 판결이 있다.

(가) 형의 선고의 판결

피고사건에 대하여 범죄의 증명이 있는 때에는 형의 면제 또는 선고유예의 경우 외에는 판결로써 형을 선고하여야 한다. 형의 집행유예, 판결 전 구금일수의 산입, 노역장의 유치기간은 형의 선고와 동시에 판결로써 선고하여야 한다(제321조 ②항). 재산형의 가납명령도 형의 선고와 동시에 선고하여야 한다(제344조 ②항).

(나) 형의 면제 또는 선고유예의 판결

피고사건에 대하여 범죄증명이 있는 경우에도 형의 면제 또는 선고유예를 하는 때에는 판결로써 선고하여야 한다(제322조).

2. 유죄판결에 명시할 이유

(1) 의의 및 불비의 효과

(가) 의 의

유죄판결은 피고인에게 불이익한 재판으로서 그 판결이유를 구체적으로 명시하지 않으면 안 된다. 형사소송법은 그 이유로 ① 범죄될 사실, ② 증거의 요지와 ③ 법령의 적용을 명시하여야 하며, 또한 ④ 법률상 범죄의 성립을 조각하는 이유 또는 ⑤ 형의 가중·감면의 이유되는 사실의 진술을 한 때에는 이에 대한 판단도 명시하여야 한다고 규정하고 있다(제323조). 이와 같이 유죄판결에는 어떤 범죄사실에 대하여 어떤 법령을 적용하였는지를 객관적으로 알 수 있도록 분명하게 기재할 것이 요구된다.[423]

(나) 이유불비의 효과

형을 선고하면서 '판결에 이유를 붙이지 아니하거나 이유에 모순이 있는 때'에는 절대적 항소이유(제361조의5 11호)[424]가 된다. 또한 '법률상 범죄의 성립을 조각하는 이유 또는 형의 가중·감면의 이유되는 사실의 진술을 하였으나 이에 대한 판단을 하지 아니한 때에는' 판결에 영향을 미친 법률의 위반에 해당하여 상대적 상고이유(제381조 1호)가 된다.[425]

---

423) 대판 1974.7.26. 74도1477.
424) 대판 2012.6.28. 2012도4701.
425) 임동규, 651. 그러나 이와 같은 판단누락은 이유기재의 누락에 못지 않게 피고인의 방어권을 침해한 것이므로 절대적 항소이유 및 상대적 상고이유가 된다는 견해로는 배종대/이상돈/정승환/이주원, 725; 이은모, 781.

(2) 유죄판결의 적시범위

(가) 범죄될 사실

범죄될 사실은 특정한 구성요건에 해당하는 위법·유책한 구체적 사실을 말한다. 이것은 피고인에 대한 형사처벌의 근거가 되는 사실을 기재함으로써 형벌법규의 적용대상을 명백히 하고, 사건의 동일성과 일사부재리의 효력범위를 명확히 하는 의미를 가진다.

ⅰ) 구성요건해당사실

구성요건에 해당하는 구체적 사실은 객관적 구성요건은 물론 주관적 구성요건과 이와 관련된 모든 사실을 포함한다. 따라서 구성요건의 요소가 되는 행위의 주체와 객체, 행위의 결과 및 인과관계는 유죄의 판결이유에 명시하여야 한다. 그러나 고의와 과실은 범죄사실에 해당하지만 고의는 객관적 구성요건요소의 존재에 의하여 인정될 수 있고, 과실은 주의의무의 위반으로 인정되기 때문에 특히 이를 명시할 것을 요하지 아니한다. 또한 구성요건의 수정형식인 예비·음모·미수·공범 등은 모두 구성요건적 사실이므로 범죄될 사실에 표시되어야 한다. 특히 범죄의 일시와 장소는 그것이 구성요건요소로 되어 있는 경우를 제외하고는 범죄사실 그 자체가 아니라 범죄사실을 특정하기 위한 요소에 지나지 않기 때문에 명시할 필요가 없다.[426]

ⅱ) 위법성과 책임

구성요건해당성은 위법성과 책임을 사실상 추정하므로 특별한 판단을 요하지 아니한다. 그러나 피고인이 위법성조각사유나 책임조각사유를 주장하는 경우에는 제323조 제2항(유죄판결에 명시될 이유)에 따른 소송관계인의 주장에 대한 판단으로서 명시하여야 한다.

ⅲ) 처벌조건 등

처벌조건인 사실은 범죄사실 자체는 아니지만 형벌권의 존부를 좌우하는 범죄될 사실이므로 판결이유에 명시하여야 한다. 또한 형의 누범가중이나 법률상 감면사유도 형벌권의 범위와 관련된 중요사실이므로 명시하여야 한다.[427] 그러나 단순한 양형사유인 정상에 관한 사실은 명시할 필요가 없다.

---

426) 대판 1986.8.19. 86도1073.
427) 最判 昭和24年11月10日[刑集3卷11号1751頁].

iv) 죄수의 명시방법

경합범의 경우는 개별 범죄마다 범죄될 사실을 명시하여야 하고, 과형상 일죄의 경우에도 실체법상 수죄이므로 각개의 범죄마다 범죄될 사실을 명시하여야 한다. 그러나 포괄적 일죄는 전체의 범행에 대하여 그 시기와 종기·범행방법·범행회수·피해액의 합계 등을 포괄적으로 명시하면 족하다.428)

(나) 증거의 요지

형의 선고를 하는 때에는 판결이유에 증거의 요지를 명시하여야 한다(제323조 ①항). 이것은 증거재판주의의 요청이다. 여기서 증거의 요지는 범죄사실을 인정하는 자료가 된 증거의 요지를 말한다. 유죄판결의 이유에 증거의 요지를 명시할 것을 요구하는 것은 ① 법관의 사실인정에 대한 합리성을 담보하고 ② 당사자에게 판결의 타당성을 설득하며 ③ 상소심의 심사자료를 제공하는 데 그 목적이 있다.

ⅰ) 증거의 적시를 요하는 범위

증거요지를 적시하는 범위는 범죄사실의 내용을 이루는 사실에 제한된다. 따라서 유죄판결의 증거는 범죄사실을 증명할 적극적 증거를 적시하면 충분하고 범죄사실에 배치되는 소극적 증거까지 적시하여 판단할 필요는 없다.429) 즉 알리바이, 고의, 소송법적 사실에 관해서는 증거요지를 명시할 필요가 없다.430) 예컨대 자백의 임의성이나 신빙성 또는 소송조건에 관한 사실에 관해서는 증거요지를 명시할 필요가 없다.

ⅱ) 증거적시의 방법·정도

증거의 요지를 명시하면 충분하고 개개의 모든 증거를 나열할 필요는 없다. 그러나 법원이 인정한 범죄사실의 내용과 적시된 증거의 요지를 대조하여 어떠한 증거자료에 의하여 범죄사실을 인정하였는지를 짐작할 수 있을 정도로 증거의 중요부분을 표시하여야 한다.431)

---

428) 대판 1983.1.18. 82도2572; 2005.11.10. 2004도1164.
429) 대판 1987.10.13. 87도1240.
430) 대판 1982.9.28. 82도1798. 판례는 고의를 책임요소로 이해하여 증거적시를 요하지 않는다고 한다(대판 1961.9.29. 4294형상431).
431) 대판 2000.3.12. 99도5312; 2010.2.11. 2009도2338.

(다) 법령의 적용

법령의 적용은 법원이 인정한 범죄사실에 대하여 형벌법규를 구체적으로 적용하는 것을 말하며, 이것에 의해서 죄형법정주의의 준수가 담보된다.[432] 따라서 형법각칙의 각 본조와 처벌에 관한 규정을 명시하여야 하며, 형법총칙의 규정도 형사책임의 기초를 명백히 하기 위하여 중요한 의미를 가진 규정은 명시하여야 한다.[433]

(라) 소송관계인의 주장에 대한 판단

ⅰ) 의의와 입법취지

형사소송법 제323조 제2항의 규정에 따르면 '법률상 범죄의 성립을 조각하는 이유 또는 형의 가중·감면의 이유되는 사실의 진술이 있는 때에는 이에 대한 판단을 명시하여야 한다'고 규정하고 있다. 이처럼 법원이 당사자의 주장에 대해 판단을 명시하는 것은 피고인에 대한 소송주체성을 인정하고 있을 뿐만 아니라 재판의 객관적 공정성을 보장하는 데 있다고 할 수 있다.[434]

ⅱ) 판단의 대상

우선 ① 법률상 범죄의 성립을 조각하는 이유되는 사실의 진술이란, 위법성조각사실과 책임조각사유가 여기에 해당한다. 그러나 단순히 범죄사실을 부인하거나 범의가 없음을 주장하는 것은 여기에 해당하지 않는다.[435] 또한 ② 법률상 형의 가중·감면의 이유되는 사실의 진술이란, 법률상 형의 가중·감경의 이유되는 사실은 누범, 심신장애, 중지미수와 같은 필요적 가중·감경만을 의미하는 견해[436]와 임의적 가중·감경도 포함한다는 견해[437]가 대립되어 있다. 판례[438]는 자수나 정상의 주장과 같은 임의적 감면사유에 대해서는 유죄판결의 이유에서 판단할 필요가 없다고 한다.

---

432) 高田卓爾, 484.
433) 예컨대 누범, 심신미약 등 형의 가중·감면에 관한 규정, 경합범 등 죄수에 관한 규정, 미수와 공범에 관한 규정이 여기에 해당한다.
434) 이재상/조균석, 705; 임동규, 658.
435) 대판 1983.10.11. 83도594; 2004.6.11. 2004도2018.
436) 임동규, 659.
437) 배종대/이상돈/정승환/이주원, 736; 신양균, 916; 이은모, 788; 이재상/조균석, 706.
438) 대판 1991.11.12. 91도2241; 2004.6.11. 2004도2018.

ⅲ) 주장과 판단의 방법

소송관계인은 공판정에서 제323조 제2항에 해당하는 사실에 관한 주장을 진술하여야 한다. 이 경우 진술은 단순한 법적 평가만으로는 부족하고 사실을 주장하여야 한다. 이에 대하여 법원의 판단은 소송관계인의 주장에 대하여 채부의 결론만을 명시적으로 표시하면 족하다고 하는 것이 판례[439]의 입장이다.

Ⅱ. 무죄판결

1. 무죄판결의 의의와 사유

(1) 의 의

무죄판결은 '피고사건이 범죄로 되지 아니하거나 범죄사실의 증명이 없는 때'에 법원이 선고하는 실체적 종국판결을 말한다(제325조). 무죄판결은 일사부재리의 효력이 인정된다는 점에서 공소기각의 판결(제327조)과 구별되고, 실체판결이라는 점에서 면소판결(제326조)과도 구별된다.

(2) 무죄판결의 사유

(가) 피고사건이 범죄로 되지 아니할 때

피고사건이 범죄로 되지 아니할 때란, 공소제기된 사실 자체는 인정되지만 그 사실이 구성요건에 해당하지 않거나 위법성조각사유 또는 책임조각사유가 존재하는 경우를 말한다. 다만 이러한 사유가 실체심리를 거친 후에 밝혀진 경우를 말하므로 범죄로 되지 않는 것이 공소장의 기재에 의하여 처음부터 명백한 때에는 '공소장에 기재된 사실이 진실하다 하더라도 범죄가 될 만한 사실이 포함되지 아니한 때'에 해당하므로 공소기각결정을 하여야 한다(제328조 ①항 4호).

(나) 범죄사실의 증명이 없는 때

범죄사실의 증명이 없는 때란, 공소범죄사실의 부존재가 적극적으로 증명된 경우와 그 사실의 존부에 관하여 법관이 합리적인 의심의 여지가 없을 정도로 확신을 얻지 못한 경우를 말하며, 이를 증거불충분이라고 한다. 증거불충분으로 인

---

439) 대판 1952.7.29. 4285형상82.

한 무죄판결은 '의심스러울 때에는 피고인의 이익'으로 원칙의 당연한 귀결이다. 또한 피고인의 자백에 의하여 법관이 유죄의 심증을 얻는 경우에도 그 보강증거 (제301조)가 없는 경우는 범죄사실의 증명이 없는 때에 해당한다.

2. 무죄판결의 판시방법

(1) 죄수론과 무죄판결

무죄판결의 주문은 일반적으로 '피고인은 무죄'라는 형식을 취한다. 또한 무죄는 피고사건을 단위로 선고하는 것이 원칙이지만 죄수론과 관련하여 특히 문제가 되는 것은 상상적 경합범의 경우이다. 즉 상상적 경합은 소송법적으로 하나의 범죄사실에 해당하기 때문에 주문도 하나여야 한다. 따라서 주문에 유죄부분만을 명시하고 무죄부분은 판결이유에서 판단하여야 한다.440) 단순일죄의 결합범과 포괄일죄의 경우에도 상상적 경합의 경우와 같은 방법으로 판시한다.

(2) 무죄판결의 이유설시 방법

무죄판결은 유죄판결의 경우(제39조)와 달리 판결이유의 설시방법이 명시되어 있지 않다. 그러나 무죄판결도 재판의 일반원칙에 따라서 이유를 명시하여야 하지만(제39조), 피고인에게 가장 유리한 판결이므로 그 설시정도를 완화하여도 무방하다.

Ⅲ. 면소판결

1. 면소판결의 의의

피고사건에 대하여 실체적 소송조건이 결여된 경우에 선고하는 판결을 면소판결이라고 한다. 면소판결은 일사부재리의 효력이 인정된다는 점에서 다른 형식재판인 관할위반이나 공소기각과 구별된다. 다만 면소판결의 본질에 관하여 실체재판설과 형식재판설이 대립되어 있지만, 통설441)과 판례442)는 공소권의 소멸을

---

440) 대판 1993.10.12. 93도1512.
441) 배종대/이상돈/정승환/이주원, 742; 신양균, 930; 이은모, 793; 이재상/조균석, 713.
442) 대판 1996.2.23. 96도47.

이유로 하여 소송을 종결시키는 형식재판설의 입장을 취하고 있다.

2. 면소판결의 사유

(1) 확정판결이 있을 때

확정판결은 동일한 사건에 대하여 이미 일사부재리의 효력이 미치는 재판이 확정되었다는 것을 의미한다. 즉 유·무죄의 실체판결과 면소판결이 확정된 경우를 말하고, 공소기각과 관할위반의 형식재판은 여기에 포함되지 않는다. 또한 확정판결은 정식재판에서 선고된 경우는 물론 약식명령, 즉결심판이 확정된 경우도 포함된다. 다만 행정벌에 지나지 않는 과태료의 부과처분과 소년법상 보호처분은 확정판결에 속하지 않는다.

(2) 사면이 있는 때

사면에 의하여 형벌권이 소멸한 경우는 실체심판의 이익이 없기 때문에 이를 면소사유로 규정하고 있다. 단지 특별사면은 형의 선고를 받은 자에 대하여 형의 집행만이 면제되는 것에 불과하기 때문에 여기서 말하는 사면은 대통령의 일반사면만을 의미한다.[443]

(3) 공소시효가 완성되었을 때

공소시효가 완성되면 증거의 산일과 멸실로 인하여 형사소추의 가능성이 희박해지고 일반인의 처벌감정도 감소한다. 이 점에서 소송추행의 이익이 없다고 보아 면소판결로써 형사절차를 종결시키도록 한 것이다. 다만 공소가 제기되면 시효의 진행이 정지되므로 면소판결을 하기 위해서는 원칙적으로 공소제기 시에 공소시효가 완성되어 있어야 한다.

(4) 범죄 후 법령개폐로 형이 폐지되었을 때

형의 폐지는 명문으로 벌칙을 폐지한 경우뿐만 아니라 법령에 정해진 유효기간의 경과로 전법과 후법이 저촉되어 실질상 벌칙의 효력이 상실된 경우를 포함한다. 이 경우를 면소사유로 규정한 것은 입법자의 형법적 가치판단의 변경으

---

443) 대판 2000.2.11. 99도2983.

로 재판 시에 이를 처벌할 필요성이 인정되지 않기 때문이다.

3. 면소판결의 관련사항

(1) 심리의 특칙

(가) 궐석재판(闕席裁判)의 인정

피고인이 출석하지 않을 때는 원칙적으로 공판을 개정하지 못한다(제276조). 그러나 면소판결을 할 것이 명백한 사건에서는 피고인의 출석을 요하지 아니한다. 다만 피고인은 대리인을 출석하게 할 수 있다(제277조 2호).

(나) 공판절차정지의 예외

피고인이 사물의 변별능력 또는 의사결정능력이 없거나 질병으로 인하여 출정할 수 없는 때에는 공판절차를 정지하여야 한다(제306조 ①항, ②항). 그러나 면소판결을 할 것이 명백한 때에는 피고인의 출정 없이 재판할 수 있다(제306조 ④항).

(2) 일죄의 일부에 면소판결이 있는 경우의 재판

과형상 일죄 또는 포괄적 일죄의 일부에 면소사유가 있고 나머지 부분에 실체판결을 한 때에는 주문에는 유·무죄의 판단만을 표시하고 일부에 대한 면소판결은 판결이유에 설시한다.[444]

(3) 구속영장의 효력상실과 형사보상

면소판결이 선고된 때에는 구속영장은 원칙적으로 효력을 잃는다(제331조). 그리고 면소판결이 확정된 피고인이 면소판결을 할 만한 사유가 없었더라면 무죄판결을 받을 만한 현저한 사유가 있었을 경우에는 구금에 대한 보상을 청구할 수 있다(형사보상법 제26조 ①항 1호).

---

444) 대판 1982.2.23. 81도3277.

IV. 공소기각의 재판

1. 의의와 종류

(1) 의 의

공소기각의 재판은 피고사건에 대하여 관할권 이외의 형식적 소송조건이 결여된 경우에 절차상의 하자를 이유로 사건의 실체에 대한 심리를 하지 않고 소송을 종결시키는 형식재판이다.

(2) 공소기각재판의 종류

공소기각의 재판에는 공소기각의 결정(제328조)과 공소기각의 판결(제327조)이 있다. 결정에 의한 공소기각은 판결에 의한 공소기각보다 그 절차상의 하자가 더 명백하고 중대한 경우이다. 이것은 결정에 대한 재판형식이 구두변론을 거치지 않고 할 수 있다는 점에서 그러하다(제37조 ②항). 공소기각의 판결에 대한 상소는 항소(제357조)와 상고(제371조)이지만, 공소기각의 결정에 대한 상소는 즉시항고(제328조 ②항)이다.

2. 공소기각의 결정

형사소송법 제328조 제1항은 결정으로 공소기각을 하여야 하는 사유로 네 가지를 규정하고 있다. 즉 ① 공소가 취소되었을 때, ② 피고인이 사망하거나 피고인인 법인이 존속하지 아니하게 되었을 때, ③ 관할의 경합으로 인하여 재판할 수 없을 때, ④ 공소장에 기재된 사실이 진실하다고 하더라도 범죄가 될 만한 사실이 포함되지 아니한 때가 그것이다. 그러나 공소장에 기재된 사실이 범죄를 구성하는지에 대하여 의문이 있는 경우는 실체에 대한 심리를 거쳐 유죄 또는 무죄의 실체판결을 선고하여야 한다.[445]

3. 공소기각의 판결

형사소송법 제327조에 의하여 판결로써 공소기각을 선고하여야 하는 사유로 여섯 자지를 규정하고 있다. 즉 ① 피고인에 대하여 재판권이 없을 때, ② 공소제

---

445) 대판 1990.4.10. 90도174.

기의 절차가 법률의 규정에 위반하여 무효인 때, ③ 공소가 제기된 사건에 대하여 다시 공소가 제기되었을 때, ④ 공소취소 후 다른 중요한 증거가 발견되지 않았음에도 불구하고 공소가 제기되었을 때, ⑤ 친고죄에 대하여 고소의 취소가 있을 때, ⑥ 반의사불벌죄에 대해 처벌을 희망하지 않는 의사표시나 처벌을 희망하는 의사표시가 철회되었을 때가 그것이다.

4. 심리상의 특칙

공소기각의 사유가 있는 때에는 공소기각의 판결 또는 결정을 하여야 하고 실체에 대하여 판단할 수 없다.[446] 그리고 공소기각의 재판을 할 것이 명백한 경우에는 피고인의 출석을 요하지 않으며(제277조 2호), 공판절차의 정지사유가 있는 때에도 피고인의 출정 없이 재판을 계속할 수 있다(제306조 ④항).

V. 관할위반의 판결

1. 의 의

관할위반의 판결은 피고사건이 법원의 관할에 속하지 아니한 때 판결로써 관할위반을 선고하는 재판을 말한다(제319조). 관할권은 재판권을 전제로 하는 개념으로써 재판권이 없는 경우는 공소기각의 판결(제327조 1호)을 하여야 하지만, 그 전제가 되어 있는 관할권이 없는 경우는 관할위반의 판결을 하여야 한다. 즉 관할위반의 판결은 관할권 부존재만을 유일한 사유로 하는 형식적 종국재판이다. 따라서 관할위반의 판결은 형식적 확정력과 내용적 구속력을 가지나 일사부재리의 효력은 가지지 않는다.

2. 관할위반의 사유

(1) 원 칙

관할위반의 사유는 피고사건이 해당 법원의 관할에 속하지 않는 경우이다. 이 때 해당 관할이란 토지관할과 사물관할만을 의미하며, 또한 관할권의 존재는 소송조건으로써 법원이 직권으로 그 유무를 조사하여야 한다. 다만 사물관할은

---

446) 대판 2004.11.26. 2004도4693.

공소제기 시뿐만 아니라 재판 시에도 존재할 것을 요하는 것에 대하여, 토지관할은 공소제기 시에 존재하면 충분하다. 그리고 관할권의 유무는 공소장에 기재된 공소사실을 기준으로 결정한다.[447]

(2) 예   외

법원은 피고인의 신청이 없으면 토지관할에 관하여 관할위반의 선고를 하지 못하며(제320조 ①항), 그 신청은 피고사건에 대한 진술 전에 하여야 한다(동조 ②항). 토지관할은 피고인의 편의를 위하여 인정된 것이기 때문이다.

3. 관할위반판결의 관련문제

관할위반의 판결에는 공소기각의 재판과 달리 피고인불출석(제277조)과 공판절차정지에 관한 특칙(제306조 ④항)이 인정되지 않는다. 또한 구속영장의 실효사유도 되지 않는다(제331조). 다만 관할위반의 판결이 확정되면 공소시효가 다시 진행된다(제253조 ①항).

Ⅵ. 종국재판의 부수적 효과와 부수처분

1. 종국재판의 부수적 효과

(1) 구속영장의 효력

무죄·면소·형의 면제·형의 선고유예·형의 집행유예·공소기각 또는 벌금이나 과료를 과하는 판결이 선고된 때에는 구속영장은 효력을 잃는다(제331조). 선고와 동시에 구속영장은 효력을 상실하므로 검사는 그 판결의 확정력을 기다릴 필요 없이 즉시 석방을 지휘하여야 한다.

(2) 압류물의 처분관계

압수한 서류 또는 물품에 대하여 몰수의 선고가 없는 때에는 압수를 해제한 것으로 간주한다(제332조). 또한 압수한 장물로 피해자에게 환부할 이유가 명백한 것은 판결로써 피해자에게 환부를 선고하여야 한다(제333조 ①항). 이 경우에 장물

---

447) 대판 1987.12.22. 87도2196.

을 처분하였을 때에는 판결로써 그 대가로 취득한 것을 피해자에게 교부하는 선
고를 하여야 한다(동조 ②항). 가환부한 장물에 대하여 별단의 선고가 없는 때에는
환부의 선고가 있는 것으로 간주한다(동조 ③항). 이 경우 이해관계인이 민사소송
절차에 의해 그 권리를 주장하는 것에는 영향을 미치지 않는다(동조 ④항).

(3) 가납(假納)의 재판

법원은 벌금·과료 또는 추징의 선고를 하는 경우에 판결의 확정 후에는 집
행할 수 없거나 집행하기 곤란할 염려가 있다고 인정하는 때에는 직권 또는 검사
의 청구에 의하여 피고인에게 벌금·과료 또는 추징에 상당한 금액의 납부를 명
할 수 있다(334조 ①항). 가납의 재판은 형의 선고와 동시에 판결로써 선고하여야
하며(동조 ②항), 즉시 집행할 수 있다(동조 ③항). 가납의 재판은 상소에 의하여 정
지되지 아니하며, 약식명령에 대하여도 가납명령을 할 수 있다(제448조).

2. 종국재판의 부수처분

(1) 형의 집행유예의 취소절차

형의 집행유예를 취소할 경우에 검사는 피고인의 현재지 또는 최후의 거주
지를 관할하는 법원에 그 취소를 청구하여야 한다(제335조 ①항). 형의 집행유예의
취소청구는 취소사유를 구체적으로 기재한 서면으로 한다(규칙 제149조). 이 경우
청구를 받은 법원은 결정을 위해 필요한 때에는 사실조사를 할 수 있고, 피고인
또는 대리인의 의견을 물은 후에 결정을 하여야 한다(제335조 ②항).

(2) 경합범 중 다시 형을 정하는 절차

판결선고 후의 누범발각(형법 제36조), 형의 집행과 경합범(동법 제39조 ④항) 또
는 선고유예의 실효의 규정(동법 제61조)에 의하여 형을 다시 정할 경우에 검사는
그 범죄사실에 대한 최종판결을 내린 법원에 청구하여야 한다. 다만 형법 제61조
의 규정에 의해 유예한 형을 선고할 때에는 판결이유를 설명하여야 하고(제323조),
선고유예를 해제하는 이유를 명시하여야 한다(제336조 ①항). 이 청구를 받은 법원
은 피고인 또는 그 대리인의 의견을 물은 후에 결정을 내려야 한다(동조 ②항).

(3) 형소멸의 재판

형의 실효(형법 제81조) 또는 복권의 규정(제82조)에 의한 선고는 그 사건에 관한 기록이 보관되어 있는 검찰청에 대응한 법원에 신청하여야 한다(제337조 ①항). 이 신청에 대한 선고는 결정으로 한다(동조 ②항). 또한 이 신청을 각하하는 결정에 대해서는 즉시항고를 할 수 있다(동조 ③항).

제 2 절　재판의 확정과 소송비용

[60]　제 1 재판의 확정

Ⅰ. 재판확정의 의의

1. 재판확정의 의의와 기능

(1) 의 의

재판이 통상의 불복방법으로는 더 이상 다툴 수 없게 되어 그 내용을 변경할 수 없는 상태에 이른 것을 가리켜 재판의 확정이라고 한다. 그리고 이러한 상태에 있는 재판을 확정재판이라고 한다. 재판이 확정되면 본래의 효력이 발생하는데 이를 재판의 확정력이라고 한다.

(2) 기 능

재판의 확정은 국가형벌권의 존부를 확인하고 그 집행의 근거를 제공함으로써 정의를 실현하는 한편 당사자의 분쟁을 해결한다는 점에서 법적 안정성에도 기여한다. 따라서 재판확정의 기능은 정의실현과 법적 안정성이라는 모순되는 두 이념을 조화하는 기능을 가진다고 할 수 있다.

2. 재판확정의 시기

(1) 불복신청이 허용되지 않는 재판

불복신청이 허용되지 않는 재판은 그 선고 또는 고지와 함께 확정된다. 즉 ① 법원의 관할 또는 판결 전의 소송절차에 관한 결정(제403조 ①항), ② 항고법원 또는 고등법원의 결정(제415조)에 대하여는 원칙적으로 불복이 허용되지 않으며, ③ 대법원의 결정에 대해서도 불복이 허용되지 않는다.[448] 또한 대법원의 판결도 최종심이므로 원칙적으로 선고와 동시에 확정된다.[449] 그러나 대법원이 판결에 오기·오산과 같은 오류를 정정하기 위해 판결의 정정을 하는 경우에는 정정판결 또는 신청의 기각결정을 한 때에 비로소 확정된다는 견해[450]도 있다.

(2) 불복신청이 허용되는 재판

불복신청이 허용되는 재판에는 불복신청기간의 경과와 불복신청의 포기 또는 취하 그리고 불복신청을 기각하는 재판의 확정에 의하여 재판이 확정되기 때문에 이러한 경우에 있어서는 그 불복의 가능성이 소멸된 때에 확정된다. 따라서 항소·상고·약식명령 및 즉결심판의 경우는 재판을 선고 또는 고지받은 날로부터 7일, 그리고 즉시항고의 경우는 3일이 경과되면 재판은 확정된다(제405조). 또한 보통항고가 허용되는 결정은 그 항고기간에 제한이 없으므로 그 결정을 취소하여도 실익이 없게 된 때에 확정된다(제404조).

Ⅱ. 재판의 확정력

1. 형식적 확정력

(1) 형식적 확정력의 의의

재판을 일반적인 불복방법에 의하여 다툴 수 없는 상태를 재판의 형식적 확정이라고 한다. 즉 재판대상이 된 사안을 더 이상 동일한 절차에서 다툴 수 없다

---

448) 대결 1987.1.30. 87모4.
449) 박상열/박영규/배상균, 738; 이은모, 803; 이재상/조균석, 722.
450) 신현주, 686; 정영석/이형국, 433.

는 재판의 불가쟁적(不可爭的) 효력을 의미한다. 이러한 형식적 확정력은 소송절차면에서의 효력이기 때문에 종국재판이나 종국 전의 재판은 물론, 실체적 재판과 형식적 재판을 불문하고 모든 재판에 대하여 발생한다.

(2) 형식적 확정력의 효과

재판이 형식적으로 확정되면 ① 종국재판의 경우는 당해사건에 대한 소송계속이 종결되고, ② 그 시점이 재판집행의 기준시점이 되며(제459조), ③ 특히 유죄판결의 형식적 확정은 누범가중·선고유예의 실효·집행유예의 실효 등에 관한 기준시점이 된다. 또한 재판의 형식적 확정은 재판의 내용적 확정의 전제가 된다.

2. 내용적 확정력

(1) 내용적 확정력의 의의

재판이 형식적으로 확정되면 이에 따라 그 의사표시적 내용도 확정되는데 이를 재판의 내용적 확정 또는 실질적 확정력이라고 한다. 내용적 확정력은 실체재판뿐만 아니라 형식재판에도 발생한다. 이 경우에 유·무죄의 실체재판이나 면소판결의 경우에 내용적 확정이 있게 되면 형벌권의 존부와 범위가 확정된다. 이와 같이 피고사건의 실체와 관련된 내용적 확정력을 실체적 확정력이라고 한다. 이 실체적 확정력에 의하여 동일한 사건에 대한 재소가 금지되는 특별한 효과가 발생하는데 이것을 「일사부재리효과(一事不再理效果)」 또는 「기판력(旣判力)」이라고 한다.

(2) 내용적 확정력의 효과

(가) 내부적 효과

재판이 확정되면 원칙적으로 집행력이 발생하며, 특히 재판이 유죄판결인 경우는 형벌집행권이 발생한다. 재판의 집행력은 당해 사건 자체에 대한 효력이라는 의미에서 내용적 확정력의 내부적 효과 또는 대내적 효과라고 한다. 재판의 집행력은 실체재판·형식재판[451]을 가리지 않고 집행을 요하는 재판에 발생한다.

---

451) 예컨대 형식재판 중에서 보석허가결정이나 구속취소결정, 구속영장의 발부 등은 석방이나 구속 등의 집행을 해야 하기 때문에 집행력이 발생한다.

(나) 외부적 효과

재판이 확정되면 후소법원으로 하여금 동일한 사정과 동일한 사항에 대해 원래의 재판과 상이한 판단을 할 수 없도록 하는 효과가 발생한다. 이것을 재판의 내용적 구속력이라고 한다. 내용적 구속력은 확정재판이 다른 법원에 대해 갖는 효과라는 점에서 내용적 확정력의 외부적 효과 또는 대외적 효과라고 할 수 있다.

ⅰ) 형식재판의 경우

관할위반의 판결·공소기각의 판결·공소기각의 결정 등 형식재판이 확정되면 다른 법원은 동일한 사정 및 동일한 사항에 관하여 다른 판단을 할 수 없다. 그러나 형식재판의 내용적 구속력은 사정변경이 있는 경우에까지 적용되는 것은 아니다.

ⅱ) 유죄·무죄 및 면소판결의 경우

유죄·무죄 및 면소판결이 확정되면 형식재판과 마찬가지로 그 외부적 효력으로서 동일한 사건에 대하여 후소법원의 심리가 금지되는 효과가 발생한다. 이 경우에 실체재판 및 면소판결에 부여되는 「재소금지(再訴禁止)의 효력」을 기판력 또는 일사부재리의 효력이라고 한다.

〈재판의 효력〉

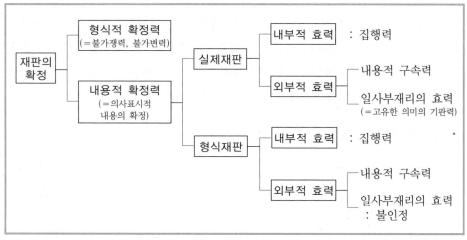

Ⅲ. 기판력

1. 기판력의 개념

(1) 기판력과 일사부재리의 효과와의 관계

(가) 일치설

기판력과 일사부재리의 효력을 동일한 개념이라고 보는 견해452)로서 동일설이라고도 한다. 재판이 형식적으로 확정되면 형식적 확정력은 물론 그 재판의 의사표시적 내용인 실체적 확정력도 함께 발생한다. 즉 실체적 확정력의 내부적 효과가 집행력이고, 외부적 효과가 일사부재리의 효력이다. 이 설에 의하면, 실체적 확정력＝기판력이고, 그 기판력의 일부가 일사부재리의 효력이 된다고 한다.

(나) 구별설

기판력과 일사부재리의 효과를 별개의 개념으로 파악하는 견해453)로서 분리설이라고도 한다. 즉 기판력은 재판의 내용적 확정력 중 외부적 효과를 의미하는 소송법적 개념이지만, 일사부재리의 효력은 형사절차에 수반하는 피고인의 불안정한 상태를 제거하기 위한 이중위험금지의 법리에서 유래하는 개념으로써 이들은 전혀 관계가 없다고 한다.

(다) 포함설

기판력이 일사부재리의 효력을 포함한다고 보는 견해454)이다. 즉 형식재판·실체재판을 불문하고 재판의 내용적 확정력 가운데 외부적 효력을 기판력이라고 한다. 즉 기판력을 재판내용의 후소에 대한 구속력인 내용적 구속력과 일사부재리의 효력을 포함하는 넓은 개념으로 이 설이 타당하다고 생각한다.

(2) 기판력의 기능

유죄·무죄의 실체판결과 면소판결이 확정되면 ① 피고사건에 대한 형사절차는 그것으로 종결되고 ② 동일사건에 대한 재차의 심리나 판결은 금지된다. 이

---

452) 신동운, 1393; 정웅석/백승민, 824.
453) 임동규, 688; 이은모, 813; 차용석/최용성, 750.
454) 노명선/이완규, 579; 박상열/박영규/배상균, 744; 배종대/이상돈/정승환/이주원, 759; 손동권/신이철, 702; 신양균, 954; 이재상/조균석, 725.

것이 기판력의 주된 기능이며 이외에도 ③ 형사재판의 반복을 방지함으로써 형사사법기관의 업무와 비용을 절약할 수 있고, ④ 동일한 사건에 대한 모순되는 판결을 미연에 방지하여 재판의 공정성에 대한 일반인의 신뢰를 높일 수 있다는 점들이 있다.

2. 기판력의 본질

(1) 실체법설

기판력은 확정판결에 의하여 객관적인 실체형법의 법률관계를 형성·변경하는 효력이라고 이해하는 견해이다. 따라서 이 설에 의하면 잘못된 판결이라 할지라도 기판력에 의하여 판결내용과 같은 실체법률관계를 형성하게 된다.

(2) 구체적 규범설

추상적인 실체법이 확정판결을 통하여 구체적 법률관계로 형성된다고 하는 견해이다. 이러한 구체적 규범을 형성하는 힘이 기판력이고, 이 구체적 규범으로부터 집행력, 일사부재리의 효력, 구속력 등의 효력이 발생한다는 것이다. 따라서 확정판결이 오판인 경우에도 그 집행은 적법하다. 단지 이 경우는 재심제도에 의한 구제만이 가능하게 된다고 하는 견해[455]로서 종래의 다수설적인 입장이다.

(3) 소송법설

기판력은 실체법률관계에는 아무런 영향을 미치지 않고, 후소법원의 실체심리만을 차단하는 확정판결의 소송법적 효력이라고 보는 견해로서 다수설[456]의 입장이다. 이 설에 따르면 기판력은 후소법원에 대하여 전소법원의 확정판결과 모순되는 판단을 금지시키는 효력을 의미하게 된다. 따라서 법원이 오판한 경우에도 재소가 금지되기 때문에 재심이나 비상상고 등의 절차를 거치지 않으면 그 확정판결을 파기할 수 없고, 오판에 기한 형집행에 대해서도 정당방위가 허용되지 않는 것이 된다.

---

455) 신현주, 708.

456) 노명선/이완규, 580; 배종대/이상돈/정승환/이주원, 760; 신동운, 1398; 신양균, 957; 이은모, 814; 이재상/조균석, 726; 임동규, 690; 차용석/최용성, 751. 일본의 田宮교수가 이 설을 주장한 이래 통설이 되었다(田宮 裕, 「一事不再理の原則」, 有斐閣, 1978年, 137頁).

3. 일사부재리의 효력

(1) 일사부재리효력의 의의

「일사부재리의 효력(non bis in idem)」은 유죄·무죄의 실체판결이나 면소판결이 확정되면 동일한 사건에 대해 다시 심리·판단하는 것이 허용되지 않는다는 효력을 말한다. 헌법 제13조 제1항은 '모든 국민은 동일한 범죄에 대하여 거듭 처벌받지 아니한다'고 규정하여, 영미법의 「이중위험금지의 법리」를 수용하고 있다. 이러한 일사부재리의 효력은 실체재판과 면소판결에 대해서만 인정되고 그 효력의 적용대상이 동일한 사건에 국한된다는 점에서 기판력과 구별된다.

(2) 일사부재리효력이 인정되는 재판

(가) 실체재판

유죄·무죄의 실체재판에 일사부재리의 효력이 인정된다. 또한 약식명령과 즉결심판도 확정되면 유죄판결과 동일한 효력을 가지므로 일사부재리효력이 발생한다. 다만 일사부재리의 효력은 형사재판에 대하여만 인정되는 것이므로, 행정법상 징계처분이나 소년의 보호처분결정(동법 제53조)457)에 대해서는 인정되지 않는다. 그러나 경범죄처벌법(동법 제7조 ③항), 도로교통법(동법 제119조 ③항), 관세법(동법 제317조)은 범칙금을 납부하거나 통고의 요지를 이행한 때에는 그 범칙행위에 대하여 다시 처벌받지 아니하므로 일사부재리의 효력이 인정된다.

(나) 면소판결

공소기각과 관할위반의 형식재판에는 일사부재리의 효력이 인정되지 않는다. 그러나 형식재판이면서 일사부재리효력이 인정되는 면소판결(제326조)이 있다. 이것은 면소판결도 형식재판이지만 그 본질이 단순한 절차의 하자가 아닌 소송추행의 이익이 없는 것으로 다시 소추를 금지하기 위함이다.

(다) 당연무효의 판결

당연무효의 판결은 동일한 사건에 대하여 이미 확정판결이 있음에도 불구하고 다시 판결이 선고된 것처럼, 판결로 그 재판은 성립은 하였으나 명백하고 중

---

457) 대판 1996.2.23. 96도47.

대한 하자가 있어 상소 기타 불복신청을 하지 않더라도 그 본래의 효력이 발생하지 않는 것을 말한다.[458] 이 경우에도 판결은 일단 성립하므로 형식적 확정력은 발생하지만 집행력은 발생하지 않는다. 이와 같이 당연무효의 판결도 법원은 심리를 종결하여 최종적 판단을 한 것이므로 피고인은 처벌의 위험에 있다고 할 것이므로 일사부재리의 효력은 인정된다고 해석하여야 한다.[459]

4. 일사부재리의 효력이 미치는 범위

(1) 객관적 범위

(가) 동일한 범죄

일사부재리의 효력은 법원의 현실적 심판대상인 공소사실뿐만 아니라 공소사실과 단일성·동일성이 인정되는 모든 사실(잠재적 심판범위)에 미친다고 보는 것이 다수설[460]이며 판례[461]의 입장이다. 따라서 포괄일죄의 일부에 대한 확정판결의 효력은 포괄일죄 전부에 대해 미친다.

(나) 이론적 근거

기판력이 공소사실과 단일성·동일성이 인정되는 범위까지 일사부재리효력이 미치는 근거에 대해서는 다양한 견해가 있다. 그러나 피고인의 법적 지위의 안정과 피고인보호를 위하여 이중위험을 금지하고자 하는 일사부재리의 원칙의 취지에 비추어 볼 때 공소사실과 단일성·동일성이 있는 범위에서는 피고인이 유죄로 처벌될 위험성이 있기 때문이라고 해석하는 것이 타당하다.[462]

(다) 보충소송의 문제

확정판결이 행위의 불법내용을 모두 판단하지 않은 경우에 그 부분에 대해 새로운 공소제기를 하는 것을 보충소송이라고 한다. 예컨대 피고인이 상해죄로 유죄판결을 선고받아 그 판결이 확정된 후 피해자가 사망하였다면 전소에서 판단

---

458) 동일사건에 대하여 실체판결이 확정된 경우, 사자에 대하여 형을 선고한 경우, 법률상 인정되지 않는 형벌을 선고한 경우 등이 있다.
459) 배종대/이상돈/정승환/이주원, 762; 신동운, 1401; 신양균, 958; 이은모, 816; 이재상/조균석, 730; 임동규, 696.
460) 배종대/이상돈/정승환/이주원, 763; 이재상/조균석, 731.
461) 대판 2014.1.16. 2013도11649.
462) 배종대/이상돈/정승환/이주원, 763; 이은모, 817; 이재상/조균석, 731.

되지 못한 치사의 결과에 대해 다시 재판을 할 수 있는지의 문제가 그것이다. 그러나 일사부재리의 원칙을 피고인보호를 위한 헌법상 기본적 권리로 인정하고 있는 이상, 일단 확정판결에 의하여 기판력이 발생한 범죄사실의 일부에 대하여 다시 보충소송을 인정하는 것은 타당하지 않다.[463]

(2) 주관적 범위

일사부재리효력은 공소제기된 피고인에 대해서만 발생한다. 공소는 검사가 피고인으로 특정한 이외의 다른 사람에게는 효력이 미치지 않기 때문이다(제248조 ①항). 공동피고인의 경우에도 한 피고인에 대한 판결효력은 다른 피고인에게 그 효력이 미치지 않는다.

(3) 시간적 범위

계속범·상습범 등이 확정판결 전후에 걸쳐서 행하여진 경우에 어느 시점까지 일사부재리의 효력이 미치는지에 대하여 변론종결시설·판결선고시설·판결확정시설이 있다. 일사부재리효력의 시간적 한계는 사실심리가 가능한 최종시점을 표준으로 하는 것이 원칙이다. 그러나 현행법은 변론재개(제305조)를 허용하고 있기 때문에 통설[464]과 판례[465]는 판결선고시설을 표준으로 하고 있다. 또한 약식명령에서는 그 명령의 발령시가 기준이 된다.[466]

5. 일사부재리효의 배제

일사부재리효력은 법적 안정성과 피고인의 지위를 보호하기 위하여 인정되는 효력이다. 그러나 정의의 실현과 실체적 진실의 발견을 위하여 확정판결에 중대한 사실오인이 있거나 피고인에게 불평등하고 가혹한 결과를 초래하는 경우는 예외적으로 일사부재리의 효력을 배제할 필요가 있다. 형사소송법은 그 효력(확정력)을 배제하기 위한 제도로서 ① 상소권의 회복, ② 재심, ③ 비상상고를 인정하고 있다. 상소권 회복(제345조 이하)은 재판의 확정자체가 당사자, 특히 피고인의 이익을 부당하게 박탈한 경우에 인정되는 구제제도이고, 재심(제420조)은 사실오

---

463) 대판 1990.3.9. 89도1046.
464) 배종대/이상돈/정승환/이주원, 765; 신양균, 963; 이은모, 820; 이재상/조균석, 733; 임동규, 701.
465) 대판 1993.5.25. 93도836.
466) 대판 1994.8.9. 94도1318.

인을 시정하여 유죄판결을 받은 자의 불이익을 구제하는 제도이며, 비상상고(제
441조)는 확정판결의 법령위반을 시정하여 법령해석의 통일을 기하기 위한 제도
이다.

[61] 제 2 소송비용

Ⅰ. 소송비용의 의의와 성격

소송비용은 소송절차를 진행함에 따라 발생하는 비용으로서 「형사소송비용
등에관한법률」에서 특히 소송비용으로 규정한 것을 말한다. 여기에는 ① 증인·
감정인·통역인·번역인의 일당·여비 및 숙박료, ② 감정인·통역인 또는 번역인
의 감정료·통역료·번역료 그 밖의 비용, ③ 국선변호인의 일당·여비·숙박료
및 보수가 포함된다(동법 제2조). 이러한 소송비용의 성격은 피고인의 범죄에 대한
책임과 연관이 있는 것이 아니기 때문에 형벌이나 사법행정상 제재가 아니지만,
피고인에 대해 재산적 이익을 박탈한다는 점에서 벌금형과 유사한 성격을 가지고
있다.

Ⅱ. 소송비용의 부담자

소송비용은 지출원인에 대하여 책임 있는 자에게 부담시키는 것이 원칙이지
만, 형사소송법은 피고인 기타 고소인·고발인의 소송비용부담에 관한 규정만을
두고 있다.

1. 피고인 및 공범자의 소송비용부담

(1) 원 칙

형의 선고를 하는 때에는 피고인에게 소송비용의 전부 또는 일부를 부담하
게 하여야 한다(제186조 ①항). 여기서 형의 선고는 집행유예는 포함되지만 형의 면
제나 선고유예는 포함되지 아니한다. 또한 형의 선고를 하지 아니하는 경우에도
피고인의 책임 있는 사유로 발생된 비용은 피고인에게 부담시킬 수 있다(동조 ②

항). 공범의 소송비용은 공범 전부에게 연대하여 부담시킬 수 있다(제187조). 여기서 공범은 임의적 공범뿐만 아니라 필요적 공범도 포함한다.

(2) 예 외

검사만이 상소 또는 재심청구를 한 경우에 상소 또는 재심청구가 기각되거나 취하된 때에는 그 소송비용을 피고인에게 부담하게 하지 못한다(제189조). 또한 피고인의 경제적 사정으로 소송비용을 납부할 수 없는 때에는 소송비용부담을 면제할 수 있다(제186조 ①항 단서).

2. 제3자의 소송비용부담

(1) 고소인·고발인

고소 또는 고발에 의해 공소를 제기한 사건에 관하여 피고인이 무죄 또는 면소의 판결을 받은 경우에 고소인 또는 고발인에게 고의 또는 중대한 과실이 있는 때에는 그에게 소송비용의 전부 또는 일부를 부담하게 할 수 있다(제188조). 이것은 무죄 또는 면소판결에 한하므로 형의 면제·선고유예 또는 공소기각의 재판을 받은 경우는 제외된다.

(2) 상소 또는 재심청구자

검사 아닌 자가 상소 또는 재심청구를 한 경우에 상소 또는 재심청구가 기각되거나 취하된 때에는 그에게 소송비용을 부담하게 할 수 있다(제190조 ①항). 피고인 아닌 자가 피고인이 제기한 상소 또는 재심의 청구를 취하한 경우에도 그에게 소송비용을 부담하게 할 수 있다(동조 ②항).

Ⅲ. 소송비용부담의 절차

1. 재판으로 소송절차가 종료되는 경우

재판으로 소송절차가 종료되는 경우에 피고인에게 소송비용을 부담하게 하는 때에는 직권으로 재판하여야 한다. 이 재판에 대하여는 본안의 재판에 관하여 상소하는 경우에 한하여 불복할 수 있다(제191조 ①항, ②항). 피고인 아닌 자에게

소송비용을 부담하게 하는 때에는 직권으로 결정하여야 한다. 이 결정에 대하여
는 즉시항고를 할 수 있다(제192조).

2. 재판에 의하지 아니하고 소송절차가 종료되는 경우

재판에 의하지 않고 소송절차가 종료되는 경우, 즉 상소·재심 또는 정식재
판청구의 취하에 의한 경우로서 피고인 아닌 자에게 소송비용을 부담하게 하는
때에는 사건이 최종적으로 계속된 법원이 직권으로 이를 결정하여야 한다(제193조
①항). 이 결정에 대하여 즉시항고를 할 수 있다(동조 ②항).

3. 소송비용부담액의 산정과 그 집행

소송비용부담액은 재판에 의하여 구체적으로 명시할 것을 요하지 않는다. 즉
법원은 소송비용에 관한 재판을 할 때 구체적인 부담액을 명시하지 않고 추상적
으로 부담자 및 부담부분만을 지정하여 표시할 수 있다. 이 경우 금액을 표시하
지 아니한 때에는 그 집행을 지휘하는 검사가 산정하고(제194조), 집행비용은 집행
을 받은 자가 부담한다(제493조). 또한 소송비용부담의 재판을 받은 자가 빈곤으로
인하여 이를 완납할 수 없을 때에는 그 재판의 확정 후 10일 이내에 재판을 선고
한 법원에 소송비용의 전부 또는 일부에 대한 집행면제를 신청할 수 있다(제487조).

제4편 상소 · 비상구제절차 · 특별절차 · 재판의 집행과 형사보상

제 1 장

상   소

제1절 상소의 일반이론

[62] 제1 상소의 의의와 요건

Ⅰ. 상소의 의의

1. 상소의 개념

상소는 확정되지 않은 재판에 대해 상급법원에 구제를 구하는 불복신청제도를 말한다. 형사소송법이 인정하는 상소에는 항소(제357조), 상고(제371조) 그리고 항고(제402조 이하)가 있다.

상소는 ① 확정되지 않은 재판에 대한 불복신청이라는 점에서 확정판결에 대한 비상구제제도인 재심(제420조 이하)이나 비상상고(제441조 이하)와 구별되고, ② 상급법원에 대한 구제신청이라는 점에서 재판을 한 법원에 대한 이의신청이나 약식명령 또는 즉결심판에 대한 정식재판의 청구와 구별된다. 또한 ③ 상소는 재판에 대한 불복신청이라는 점에서 검사의 불기소처분에 대한 검찰항고(검찰청법 제

441

10조) 또는 재정신청(제260조)과도 구별된다.

2. 상소의 종류

현행법상 상소의 종류에는 항소 · 상고 · 항고의 세 가지가 있다. 항소 · 상고
는 판결에 대한 상소방법이며, 항고는 결정에 대한 상소방법이다. 우선 ① 항소
는 제1심 판결에 대한 상소로써 단독판사의 제1심 판결에 대한 항소는 지방법원
본원의 합의부에 할 수 있으며, 지방법원합의부의 제1심 판결에 대한 항소는 고
등법원에 할 수 있다(제357조). 또한 ② 상고는 제2심 판결에 대한 상소이다. 다만
제1심 판결에 대해서도 예외적으로 상고가 허용되며 이를 비약상고(飛躍上告)라
한다. 어느 경우나 상고사건의 관할법원은 대법원이다. 그리고 ③ 항고는 법원의
결정에 대한 상소로써 일반항고와 특별항고가 있으며, 일반항고에는 다시 보통항
고와 즉시항고로 구분할 수 있다.

3. 상소제도의 기능

상소제도는 ① 원판결의 잘못을 시정하여 ② 법령해석의 통일과 ③ 피고인
의 구체적 구제를 하는 기능을 한다. 즉 잘못된 재판을 시정하는 것은 법적 안정
성을 희생해서라도 구체적 정의를 실현하기 위한 것이지만, 그 정의는 결국 피고
인의 구체적 구제를 의미한다. 따라서 상소의 이익이 요구되고 불이익변경의 원
칙이 주장되는 것도 상소제도의 기능이 피고인의 구체적 구제에 있기 때문이다.

Ⅱ. 상소권

1. 상소권의 의의

(1) 고유의 상소권자

(가) 검사와 피고인

소송의 주체로서 재판을 받은 검사와 피고인은 고유의 상소권자가 된다(제
338조 ①항). 검사는 공익의 대표자로서 피고인을 위하여 상소할 수 있다.[1]

---

1) 대판 1975.7.8. 74도3195.

(나) 항고권자

검사 또는 피고인 아닌 자로서 법원의 결정을 받은 자는 항고할 수 있다(제339조). 과태료의 결정을 받은 증인 또는 감정인(제151조, 제161조, 제177조), 소송비용부담의 결정을 받은 피고인 이외의 자가 여기에 해당한다(제190조).

(2) 당사자 이외의 상소권자

피고인의 법정대리인은 물론 피고인의 배우자·직계친족·형제자매 또는 원심의 대리인이나 변호인은 피고인을 위하여 상소할 수 있다(제340조, 제341조). 이를 독립대리권2)이라고 한다. 따라서 피고인의 사망 등으로 인하여 상소권이 소멸한 후에는 변호인은 상소를 제기할 수 없다.

2. 상소권의 발생·소멸·회복

(1) 상소권의 발생

상소권은 재판의 선고 또는 고지에 의하여 발생한다. 그러나 상소가 허용되지 아니하는 재판(결정)은 고지되더라도 상소권이 발생하지 않는다. 다만 상소권자 등이 책임질 수 없는 사유로 상소기간이 경과한 때에는 상소권회복을 통해 상소권을 행사할 수 있다.

(2) 상소권의 소멸

상소권은 상소기간의 경과, 상소의 포기 또는 취하, 그리고 피고인의 사망에 의하여 소멸한다.

(가) 상소기간의 경과

항소와 상고의 기간은 7일이고(제358조, 제374조), 즉시항고는 3일이다(제405조). 보통항고에는 기간의 제한이 없고 항고의 이익이 있는 한 할 수 있다(제404조). 상소의 제기기간은 재판을 선고 또는 고지한 날로부터 진행한다(제343조 ②항). 상소기간이 경과한 후에 상소를 제기한 때에는 부적법한 상소로서 결정으로 이를 기각하여야 한다.

---

2) 이재상/조균석, 743.

(나) 상소의 포기 · 취하

상소권은 상소권자가 상소기간 내에 포기하거나 일단 제기한 상소를 재판 전에 취하함으로써 소멸한다(제349조). 상소포기는 원심법원에, 상소취하는 상소법원에 하여야 하며(제353조), 상소를 취하한 자 또는 상소의 포기나 취하에 동의한 자는 그 사건에 대하여 다시 상소하지 못한다(제354조).

(다) 피고인의 사망

피고인이 사망하면 상소권은 소멸한다. 따라서 원심판결선고 후에 피고인이 사망하면 원심의 변호인은 공소기각의 결정(제328조 2호)을 구할 수 있을 뿐 상소는 허용되지 않는다.

(3) 상소권의 회복

(가) 상소권회복의 의의

상소권자 또는 그 대리인이 책임질 수 없는 사유로 인하여 상소기간이 경과한 경우에 법원의 결정에 의하여 상소권을 회복하는 제도를 말한다(제345조). 이것은 법적 안정성보다는 실체적 정의를 우선시켜 상소권자를 보호하기 위하여 인정된 제도이다.

(나) 상소권회복의 사유

ⅰ) 상소제기기간의 경과

상소제기기간의 경과로 인하여 상소권이 소멸한 경우에 한하여 상소권회복 청구를 할 수 있다. 따라서 아직 상소제기기간이 경과되기 전이거나 또는 적법하게 상소권을 포기한 경우에는 상소권회복이 인정되지 않는다.[3]

ⅱ) 대리인의 의미

상소권자에는 상소대리권자가 포함되므로, 여기서의 '대리인'은 상소대리권자를 의미하는 것이 아니라 상소권자를 대신해서 상소에 필요한 사실행위를 대행하는 자,[4] 즉 변호인의 사무장, 피고인의 가족 등을 말한다.

ⅲ) 책임질 수 없는 사유

책임질 수 없는 사유란, 상소권자 본인 또는 대리인에게 기간을 준수하지 못

---

3) 대결 2002.7.23. 2002모180.
4) 대결 1986.9.17. 86모46.

한 데 대하여 고의나 과실이 없는 경우를 말한다.5)

(다) 상소권회복의 청구

고유의 상소권자와 상소권의 대리행사자는 상소권회복청구를 할 수 있으며 (제345조), 이 경우 청구권자는 그 원인된 사유를 소명하여야 한다(제346조 ②항). 상소권회복의 청구는 그 사유가 끝난 날로부터 상소의 제기기간에 상당한 기간 내에 서면으로 원심법원에 제출하여야 한다(동조 ①항). 상소권회복의 청구를 받은 법원은 청구의 허부에 관한 결정을 하여야 하며, 이 결정에 대하여는 즉시항고를 할 수 있다(제347조).

Ⅲ. 상소의 이익

1. 상소이익의 의의

(1) 개 념

상소는 본래 당사자의 권리구제수단의 성격을 가지므로 당연히 당사자에게 권리보호의 이익이 존재하는 경우에만 허용된다. 따라서 상소하는 자는 원심재판으로 인하여 법적으로 보호된 이익에 대한 침해가 있어야 한다. 이처럼 상소이익을 상소의 일반적 적법요건이라고 할 수 있다.

(2) 법적 근거

상소의 일반적 적법요건으로 상소이익의 법적 근거를 어디에서 구할 것인지에 관하여 견해의 대립이 있다. 형사소송법은 항소(제357조)·상고(제371조)·항고(제402조)의 제기에 관하여 '불복이 있으면'이라고 규정하고 있어, 이러한 조문들 자체에서 구하는 설6)이 타당하다.

---

5) 판례에 의하면, ① 제1심판결에 피고인의 주소를 잘못 기재한 결과 항소심에서 송달불능을 이유로 공시송달절차에 의해 판결이 선고되고, 그 때문에 피고인이 판결사실을 알지 못한 경우(대결 1973.10.20. 73모68), ② 요건이 미비되었음에도 불구하고 공시송달의 방법으로 판결절차가 진행되어 항소제기기간 안에 항소하지 못한 경우(대결 1984.9.28. 83모55) 등은 상소권회복을 인정하고 있다.
6) 신양균, 982; 이은모, 834; 임동규, 713.

2. 상소이익의 판단기준

(1) 검사의 상소이익

검사도 상소권자로서 상소의 이익이 있어야 상소를 할 수 있다는 점에서는 피고인과 동일하다. 다만 검사의 상소이익은 피고인에게 불리한 경우와 피고인의 이익을 위한 경우로 구분할 수 있다. 이것은 검사가 소송당사자로서의 지위뿐만 아니라 공익의 대표자로서의 지위도 아울러 가지고 있기 때문이다.

(가) 피고인에게 불이익한 상소

검사는 피고인과 대립하는 소송주체이므로 피고인에게 불이익한 상소를 할 수 있다는 점에는 의문이 없다. 즉 검사는 무죄판결뿐만 아니라 유죄판결에 대해서도 중한 죄나 중한 형을 구하는 상소를 제기할 수 있다.

(나) 피고인의 이익을 위한 상소

검사는 공익의 대표자로서 법령의 정당한 적용을 법원에 청구하여야 할 직무와 권한이 있다. 따라서 검사는 피고인을 위한 상소도 제기할 수 있다고 하는 것이 통설[7] · 판례[8]의 입장이다.

(2) 피고인의 상소이익

피고인은 원심재판이 자신에게 불리한 경우에만 상소를 제기할 수 있다. 즉 피고인은 자신에게 유리한 재판을 불리한 내용으로 변경하는 상소제기는 허용되지 않는다. 다만 무엇이 피고인에게 이익이 되는 재판청구인지에 대해서는 학설이 대립하고 있다. 다수설[9]인 객관설에 따르면 상소가 오판으로 인한 당사자의 구체적 구제를 목적으로 하고 있어, 그 상소이익은 비교적 명확하고 형식적인 법익박탈의 대소라는 법률적 · 객관적 표준에 의하여 판단하여야 한다. 따라서 이 설에 따르면 형의 경중을 규정한 형법 제50조와 불이익변경금지의 원칙을 규정한 제368조가 중요한 판단기준이 된다.

---

7) 배종대/이상돈/정승환/이주원, 780; 신양균, 984.
8) 대판 1993.3.4. 92모21.
9) 박상열/박영규/배상균, 782; 배종대/이상돈/정승환/이주원, 781; 신양균, 985; 이은모, 836; 이재상/조균석, 748; 임동규, 715.

(3) 상소이익의 구체적 내용

(가) 유죄판결에 대한 상소

ⅰ) 형선고의 판결

유죄판결은 피고인에게 가장 불이익한 재판이다. 따라서 유죄판결에 대하여 무죄를 주장하거나 경한 형의 선고를 구하는 상소는 당연히 상소의 이익이 있다. 그러나 유죄판결에 대한 상소취지가 피고인에게 이익이 되지 않거나 불이익한 경우는 상소이익이 없으므로 부적법한 상소가 된다.

ⅱ) 형면제 및 선고유예의 판결에 대한 상소

형면제의 판결 및 형의 선고유예판결은 유죄판결의 일종이므로 이에 대하여 피고인이 무죄를 주장하여 상소를 하는 경우는 상소의 이익이 있다고 할 수 있다.

ⅲ) 제3자의 소유물을 몰수하는 재판에 대한 상소

소유자 아닌 피고인이 제3자 소유물에 대한 몰수의 재판에 대하여 상소할 이유가 있는지에 대해 통설은 상소의 이익을 인정하고 있다. 제3자의 소유물에 대한 몰수재판도 피고인에 대한 부가형이고, 제3자로부터 배상청구를 받을 위험이 있기 때문이다.

(나) 무죄판결에 대한 상소

피고인에 대한 무죄판결은 상소의 이익이 없기 때문에 상소가 인정되지 않는다.[10] 따라서 피고인은 무죄판결에 대해 유죄판결을 구하는 상소는 물론 면소·공소기각 또는 관할권위반의 재판을 구하는 상소도 제기할 수 없다. 그러나 무죄판결의 이유에 불복하여 상소할 수 있는지에 관하여는 학설이 대립되어 있다. 이에 대하여 다수설[11]과 판례[12]는 재판의 이유만을 다투기 위하여 상소하는 것은 허용되지 않는다고 판시하고 있다.

(다) 형식재판에 대한 상소

공소기각·관할위반 및 면소판결 등의 형식재판에 대하여 무죄를 주장하여 상소하는 경우에 상소의 이익이 있는지에 대해 견해가 대립되어 있다. ① 적극

---

10) 대판 2012.12.27. 2012도11200.
11) 신양균, 986; 이은모, 837; 이재상/조균석, 750; 정웅석/백승민, 845.
12) 대판 1993.3.4. 92도21; 1998.11.10. 98두11915.

설[13])은 유죄도 무죄도 아닌 재판보다는 무죄판결이 객관적으로 피고인에게 유리하고 형사보상을 받을 수 있는 법률상 이익이 있기 때문에 무죄를 주장하여 상소할 수 있다고 한다. 이에 대하여, ② 다수설인 소극설[14])은 피고인이 형식재판에 대하여 무죄를 주장하여 상소할 수 없다고 한다. ③ 판례는 공소기각의 판결에 대해서는 상소의 이익이 없다는 이유로,[15]) 면소판결에 대해서는 피고인에게 실체판결청구권이 없다는 이유로[16]) 각각 무죄를 구하는 상소를 인정하지 않는 소극설을 따르고 있다.

(라) 항소기각판결에 대한 상고

제1심 판결에 대하여 피고인이 항소를 제기하였으나 항소기각의 판결이 선고된 경우에 피고인은 상고의 이익이 있다. 다만 제1심의 유죄판결에 대하여 피고인이 항소를 포기하고 검사만 양형부당을 이유로 항소하였다가 기각된 경우에 그 판결은 피고인에게 제1심 판결에 비해 불이익한 판결이 아니므로 이 경우 항소기각판결에 대한 피고인은 상소이익이 없다고 하여야 한다.[17])

(4) 상소이익이 없는 경우의 재판

상소의 이익은 상소의 적법요건이기 때문에 그 이익이 없는 상소는 부적법한 상소로서 기각하여야 한다. 다만 ① 무죄 · 면소 · 공소기각 · 관할위반의 재판에 대한 상소와 같이 상소의 이유없음이 상소장의 기재에 의해 명백한 경우에는 결정으로 상소를 기각하여야 한다(제360조 ①항). 한편 ② 유죄판결에 대한 상소와 같이 상소의 이익이 없다는 것이 상소이유에 의해 비로소 밝혀진 경우에도 상소기각판결을 하여야 한다(제364조 ④항, 제399조, 제414조 ①항).

---

13) 신현주, 738.
14) 손동권/신이철, 726; 이재상/조균석, 751; 임동규, 717; 정웅석/백승민, 846.
15) 대판 2008.5.15. 2007도6793.
16) 대판 1996.6.25. 96도1069.
17) 대판 1996.10.11. 96도1212.

Ⅳ. 상소제기의 절차

1. 상소의 제기

(1) 상소제기의 방법

상소제기는 상소기간 내에 상소장을 원심법원에 제출함에 의하여 이루어진다(제343조 ①항). 다만 교도소 또는 구치소에 있는 피고인은 상소의 제기기간 내에 교도소장이나 구치소장에게 상소장을 제출하면 상소한 것으로 간주한다(제344조 ①항). 상소제기가 있으면 법원은 지체 없이 그 사유를 상대방에게 통지하여야 한다(제356조).

(2) 상소제기의 효과

(가) 정지의 효력

상소의 제기에 의하여 재판의 확정과 집행이 정지된다. 이를 정지의 효력이라고 한다. 상소가 제기되면 재판확정의 정지효력은 언제나 발생하지만 재판집행의 정지효력에 대해서는 예외가 인정된다. 즉 ① 항고는 즉시항고에만 집행정지의 효력이 발생한다(제409조). 그리고 ② 가납재판의 집행은 상소에 의하여 정지되지 않는다(제334조 ③항).

(나) 이심(移審)의 효력

상소의 제기에 의하여 소송계속은 원심을 떠나 상소심으로 옮겨진다. 이 경우 이심의 효력은 상소제기와 동시에 발생하는 것이 아니고, 상소장과 증거물 및 소송기록을 원심법원으로부터 상소법원에 송부한 때 발생한다고 하는 소송기록송부기준설이 다수설[18]의 입장이다.

2. 상소의 포기 · 취하

(1) 의 의

상소권의 포기는 상소권자가 상소의 제기기간 내에 법원에 대하여 상소권의

---

18) 배종대/이상돈/정승환/이주원, 787; 신양균, 989; 이은모, 843; 이재상/조균석, 753; 임동규, 702; 정웅석/백승민, 850.

행사를 포기하는 적극적인 의사표시를 말한다. 따라서 상소권의 포기가 있는 경우는 상소기간의 경과 전에 상소권이 소멸된다는 점에서 상소기간의 경과에 의하여 상소권이 소멸하는 상소권의 불행사와 구별된다. 또한 상소의 취하는 일단 제기된 상소의 철회와도 구별된다.

(2) 상소의 포기 및 취하권자

고유의 상소권자는 상소의 포기 또는 취하를 할 수 있다. 다만 피고인 또는 상소권의 대리행사자는 사형·무기징역이나 무기금고가 선고된 판결에 대해서는 상소의 포기를 할 수 없다(제349조). 또한 법정대리인이 있는 피고인이 상소의 포기·취하하는 경우는 법정대리인의 동의가 있어야 한다. 다만 법정대리인의 사망 기타 사유로 인하여 그 동의를 얻을 수 없는 때에는 예외로 한다(제350조). 그리고 피고인의 상소권 대리행사자는 피고인의 동의를 얻어 상소를 취하할 수 있다(제351조). 따라서 피고인이 상소를 포기 또는 취하하면 변호인은 상소하지 못한다.

(3) 상소의 포기 및 취하의 방법

상소포기는 원심법원에 그리고 상소취하는 상소법원에 각각 서면으로 하여야 한다. 단 공판정에서는 구술로써 할 수 있다. 구술로써 상소의 포기 또는 취하를 한 경우는 그 사유를 조서에 기재하여야 한다(제352조).

(4) 상소의 포기 및 취하의 효력

상소포기나 취하가 있으면 상소권은 소멸한다. 이 경우 법원은 지체 없이 그 사유를 상대방에게 통지하여야 한다(제356조). 상소취하의 효력은 상소취하서의 접수 시에 발생한다. 일단 포기·취하한 사건에 대해서는 재상소가 금지된다(제354조).

[63] 제 2 일부상소

I. 일부상소의 의의

1. 일부상소의 개념

일부상소란 재판의 일부에 대한 상소를 말한다(제342조 ①항). 여기서 재판의 일부란, 한 개의 사건의 일부를 말하는 것이 아니라 수개의 사건이 병합심리되고 그 결과 판결주문이 수개인 경우의 재판의 일부를 말한다. 또한 재판의 일부는 재판의 객관적 범위의 일부를 말하는 것으로 주관적 범위, 즉 공동피고인의 일부가 자신의 범죄사실에 대하여 상소하는 경우는 일부상소가 아니다. 그러나 재판의 일부에 대한 상소는 그 일부와 불가분의 관계가 있는 부분에 대해서도 효력이 미친다. 이를 「상소불가분의 원칙」이라고 한다(동조 ②항).

2. 일부상소와 상소이유의 개별화와의 구별

일부상소와 상소이유의 개별화는 상소심의 심판범위를 축소하여 소송경제를 도모하기 위한 제도라는 점에서 같다. 그러나 일부상소가 상소제기된 일부사건에 대해서만 이심의 효력을 인정하여 상소심의 심판대상이 되는데 대하여, 상소이유의 개별화란 원심판결의 구성부분인 사실인정, 법령적용, 형의 양정 가운데 그 일부만을 다툴 수 있는 제도이다. 다만 상소이유의 개별화는 상소이유에 기재되지 않은 부분에 대해서도 상소심의 심판대상이 된다는 점에서 일부상소와 구별된다.

II. 일부상소의 허용범위

일부상소가 허용되기 위해서는 재판의 내용을 분할할 수 있고 독립된 판결이 가능할 것을 요한다. 따라서 상소부분이 다른 부분과 논리적으로 관련되어 있거나, 양형에 상호작용하기 때문에 그 판결의 영향을 받는 경우는 일부상소가 허용되지 않는다. 또한 일부상소가 허용되는 범위 내에서 그 일부에 대한 상소포기와 취하도 인정된다.

1. 일부상소의 허용범위

(1) 경합범의 일부에 대한 상소

경합범의 각 부분에 대하여 각각 다른 수개의 재판이 선고된 때에는 재판내용이 가분(可分)인 경우에 해당하므로 일부상소가 가능하다. 그러나 경합범이라고 하더라도 그 전부에 대하여 하나의 형이 선고된 때에는 재판의 내용이 불가분인 것으로 되어 이에 대한 일부상소는 허용되지 않는다. 이것은 수개의 범죄사실이 전부의 형과 유기적으로 관련되어 있기 때문이다.

경합범 중 일부상소가 허용되는 구체적 보기로는 다음과 같은 것이 있다. ① 경합범 가운데 일부에 대하여 유죄, 다른 일부에 대하여 무죄 · 면소 · 공소기각 · 관할위반 등의 판결이 선고된 경우, ② 경합범 전부에 대하여 유죄가 선고되었더라도 일부는 징역형, 다른 일부는 벌금형이 선고된 경우와 같이 판결주문에 2개 이상의 다른 형이 병과된 경우(형법 제38조 ①항 3호), ③ 경합범의 관계에 있는 공소사실의 전부에 대하여 무죄가 선고된 경우, ④ 수개의 공소사실이 확정판결 전후에 범한 죄이기 때문에 수개의 형이 선고된 경우 등을 들 수 있다.

(2) 일죄의 일부에 대한 상소

일죄의 일부는 재판내용을 분할할 수 없으므로 일부상소가 허용되지 않는다. 따라서 일죄의 일부에 대한 상소가 제기되면 상소불가분의 원칙에 따라 상소의 효력은 그 전부에 대하여 미친다(제342조 ②항). 여기서 일죄란, 협의의 단순일죄는 물론 포괄일죄도 포함하며, 과형상 일죄도 소송법상 일죄이므로 일부상소가 허용되지 않는다. 다만 판례[19]는 피고인의 이익보호라는 차원에서 포괄일죄에 있어서 상소불가분의 원칙의 적용범위를 제한하여 그 예외를 인정하고 있다.

---

19) 대판 2010.1.14. 2009도12934. '포괄일죄의 일부만이 유죄로 인정된 경우 그 유죄 부분에 대하여 피고인만이 항소하였을 뿐 공소기각으로 판단된 부분에 대하여 검사가 항소를 하지 않았다면, 상소불가분의 원칙에 의하여 유죄 이외의 부분도 항소심에 이심되기는 하나 그 부분은 이미 당사자 간의 공격 · 방어의 대상으로부터 벗어나 사실상 심판대상에서부터도 이탈하게 되므로 항소심으로서도 그 부분에까지 나아가 판단할 수 없다'고 판시함으로써 피고인의 실질적 이익을 고려하여 포괄일죄에 있어서 상소불가분의 원칙의 적용범위를 제한하고 있다.

(3) 주형과 일체가 된 부가형

주형과 일체가 되어 있는 부가형(몰수, 추징) · 집행유예 · 환형처분 · 압수물의
환부 등에 대하여만 상소할 수 없다. 부가형 등에 대하여만 상소를 제기한 경우
에는 상소불가분의 원칙에 따라 부가형에 관한 부분과 함께 주형에 관한 부분도
상소심으로 이심된다.[20]

Ⅲ. 일부상소의 방식

1. 일부상소의 특정

일부상소를 하기 위해서는 그 취지를 상소장에 명시하고 불복부분을 특정하
여야 한다. 다만 일부상소인지 전부상소인지 명백하지 않은 때에는 상소이유를
참작할 필요 없이 상소장에 기재된 것을 기준으로 판단하여야 한다는 것이 통
설[21]의 입장이다. 이것은 상소이유를 참고할 경우에는 상소이유서 제출기간까지
재판의 확정여부가 불명확한 상태에 놓이기 때문이다.

2. 상소부분의 불특정

상소장에 판결에 대한 불복부분이 특정되지 않은 경우는 전부상소로 보는
것이 원칙이다. 다만 일부무죄 · 일부유죄의 판결에 대하여 피고인이 상소하였다
면 무죄판결 부분에 대해서는 피고인에게 상소의 이익이 없으므로 유죄부분에 대
해서만 일부상소한 것으로 보아야 하고,[22] 반대로 검사가 일부상소한 경우는 무
죄부분에 대한 상소로 보아야 한다.[23]

---

20) 대판 2008.11.20. 2008도5596.
21) 배종대/이상돈/정승환/이주원, 796; 신양균, 1000; 이재상/조균석, 758; 임동규, 726.
22) 대판 1960.10.18. 4293형상659.
23) 대판 1959.9.18. 4292형상142.

Ⅳ. 상소심의 심판범위

1. 일반원칙

상소심의 심판범위는 상소인이 상소를 제기한 부분에 제한되는 것이 원칙이다. 그러나 일죄의 일부에 대한 상소는 상소불가분의 원칙이 적용되기 때문에 일죄의 전부가 상소심의 심판대상이 된다. 또한 경합범에 대한 일부상소는, 상소를 제기하지 않은 부분은 상소의 제기기간의 경과로 확정되고 상소를 제기한 부분에 대해서만 이심의 효과가 발생한다. 따라서 상소심은 상소가 제기된 일부부분에 대해서만 심판을 할 수 있다.[24] 다만 이 경우 검사 또는 피고인이 상소하고 상소심의 심리결과 상소이유가 인정되어 원심을 파기해야 할 경우 상소심의 심판 내지 파기범위가 문제된다.

2. 경합범의 일부상소와 상소심의 심판범위

(1) 피고인만 상소한 경우

피고인만이 유죄부분에 대해서 상소한 경우에는 경합범의 일반원칙에 따라 상소를 제기한 부분에 대해서만 이심의 효과가 발생하여 상소심의 심판대상이 된다. 따라서 상소심은 피고인이 상소한 유죄부분에 대해 상소이유가 인정되는 경우에는 그 부분을 파기하고, 만약 상소의 이유가 없는 때에는 원심대로 판결을 확정하여야 한다는 것이 통설[25]의 입장이다.

(2) 검사만 상소한 경우

경합범 중 일부에 대하여 유죄, 일부에 대하여 무죄를 선고한 판결에 대하여 검사만이 무죄부분에 대하여 상소한 경우, 일부상소의 법리에 따라 무죄부분에 대해서만 이심의 효과가 발생하여 상소심의 심판대상이 된다. 상소하지 않은 유죄부분은 상소기간의 경과로 그대로 확정된다. 이에 대하여 상소심이 원심판결을 파기하는 경우에는 유죄부분까지 전부파기해야 한다는 견해[26]와 검사가 상소한

---

24) 대판 1984.11.27. 84도862.
25) 배종대/이상돈/정승환/이주원, 795.
26) 신현주, 747.

무죄부분에 대해서만 일부파기할 수 있다는 견해[27]가 대립되어 있다. 판례[28]는 일부상소의 법리에 따라 현실적으로 상소가 제기된 부분에 대해서만 상소의 효력이 미친다고 해석하는 일부파기설의 입장을 따르고 있다.

(3) 검사와 피고인이 동시 상소한 경우

검사와 피고인이 각각 무죄부분과 유죄부분에 대하여 모두 상소한 경우에는 각자로는 일부상소이지만 전체로는 전부상소한 것이 되어 원심판결 전부에 대해 확정이 차단된다. 이 경우 ① 피고인의 상소만이 이유가 있으면 검사의 상소를 기각하고 피고인이 상소를 받아들여 유죄부분만을 파기하면 된다. 그러나 ② 검사의 상소만이 이유가 있는 경우에 대해서는, 이들 범죄가 형법 제37조 전단의 경합범 관계에 있다면, 상소심은 양자가 양형상 불가분의 관계에 있으므로 피고인의 보호차원에서 유죄부분도 무죄부분과 함께 전부파기하여야 한다는 것이 학설[29]과 판례[30]의 입장이다.

3. 상소심에서 죄수판단의 변경

원심이 두 개의 공소사실을 경합범의 관계로 판단하여 일부에 대하여는 유죄판결을 하고 나머지 일부에 대하여는 무죄판결을 선고하였고, 이에 대하여 검사 또는 피고인만이 상소를 제기하였는데 상소심에서 심리결과 양 사실이 과형상 일죄나 포괄적 일죄로 판명된 경우에 상소심의 심판범위가 문제된다.

(1) 피고인만 상소한 경우

피고인만 유죄부분에 대하여 상소한 경우에는 상소의 제기기간의 경과로 인하여 무죄를 선고한 부분은 확정되고, 유죄부분만이 상소심으로 이심되어 심판대상이 된다는 것이 통설[31]의 입장이다. 즉 상소심의 심리결과 일죄로 밝혀진 경우라도 무죄부분의 확정으로 양 사실은 소송법상 한 개의 사실이지만 두 개의 사실

---

27) 배종대/이상돈/정승환/이주원, 795; 손동권/신이철, 739; 신양균, 이은모, 850; 이재상/조균석, 760.
28) 대판 2010.11.25. 2010도10985.
29) 신양균, 1003; 이은모, 850.
30) 대판 2005.9.15. 2005도40.
31) 이재상/조균석, 762.

로 나누어져 유죄부분만이 상소심의 심판대상이 된다.

(2) 검사만 상소한 경우

검사만 무죄부분에 대하여 상소한 경우에도 상소의 제기기간의 경과로 인하여 유죄부분은 확정되고 무죄부분만이 상소심의 심판대상이 된다고 하는 것이 통설[32]의 입장이다. 그러나 판례[33]는 이 경우에 상소불가분의 원칙에 따라 유죄부분도 상소심의 심판대상이 되는 것으로 본다.

[64] 제3 불이익변경금지의 원칙

I. 불이익변경금지원칙의 의의

1. 개 념

「불이익변경금지(不利益變更禁止)」의 원칙은 피고인이 상소한 사건이나 피고인을 위하여 항소 또는 상고한 사건에 관하여 상소심은 원심판결의 형보다 중한 형을 선고하지 못한다는 원칙을 말한다(제368조, 제396조). 따라서 상소심에서는 원심판결과 비교하여 피고인에게 불이익한 어떠한 변경도 할 수 없다는 것이 아니라 원심판결의 형보다 중한 형으로 변경하는 것을 금지하는 원칙이라는 점에서 중형변경금지의 원칙이라고도 한다.

2. 인정 근거

불이익변경금지의 원칙은 피고인의 상소권을 보장하는데 그 주된 존재이유가 있다. 즉 피고인이 중형변경의 위험 때문에 상소를 포기하는 일이 없도록 하기 위한 정책적 배려에 그 이유가 있다는 견해로서 통설[34] 및 판례[35]의 입장이다.

---

32) 배종대/이상돈/정승환/이주원, 795.
33) 대판 1980.12.9. 80도384.
34) 배종대/이상돈/정승환/이주원, 797; 신양균, 1005; 이재상/조균석, 763; 임동규, 732.
35) 대판 1999.11.26. 99도3776.

Ⅱ. 불이익변경금지원칙의 적용범위

불이익변경금지의 원칙은 피고인이 상소한 사건과 피고인을 위하여 상소한 사건에 대해서만 적용된다.

1. 피고인이 상소한 사건

불이익변경금지의 원칙은 '피고인이 상소한 사건'에 대해서 적용된다(제368조). 따라서 검사만 상소한 사건과 검사와 피고인 쌍방이 상소한 사건에 대해서는 적용되지 않는다.[36) 다만 제1심판결에 대하여 피고인만이 항소를 제기한 경우에 그 항소판결에 대해 검사가 다시 상고한 경우와 한미행정협정사건에서는 검사가 상소한 사건이나, 검사와 피고인이 상소한 사건에 대하여도 불이익금지의 원칙이 적용된다(합의의사록 제22조). 또한 검사와 피고인측 쌍방이 항소 또는 상고를 제기하였으나 검사의 상소가 기각된 경우는 이 원칙이 적용된다.[37)

2. 피고인을 위하여 상소한 사건

불이익변경금지의 원칙은 '피고인을 위하여 상소한 사건'에 대해서도 적용된다. 피고인을 위하여 상소한 사건이란 피고인을 위하여 상소한 당사자 이외의 상소권자가 상소한 사건을 말한다. 문제는 검사가 피고인의 이익을 위하여 상소한 경우 이를 피고인을 위하여 상소한 사건으로 취급하여 이 원칙을 적용할 수 있는지 하는 점이다. 이에 대해 학설이 대립되어 있으나, 다수설[38)과 판례[39)는 검사가 공익적 지위 내지는 피고인에 대한 후견적 지위에서 피고인을 위하여 상소한 때에는 피고인의 상소대리권자가 피고인을 위하여 상소한 경우와 구별할 이유가 없다는 점에서 이 원칙을 적용하여야 한다고 한다.

---

36) 대판 2006.1.26. 2005도8507.
37) 대판 1998.9.25. 98도2111.
38) 배종대/이상돈/정승환/이주원, 799; 신동운, 1471; 신양균, 1007; 이은모, 854; 임동규, 732; 정웅석/백승민, 861. 이에 대하여 검사의 상소는 단순히 피고인의 이익만을 위한 것이 아니라 공익을 위한 것으로 보아야 한다는 이유로 이 원칙을 적용해서는 안 된다고 하는 입장으로 이재상/조균석, 765.
39) 대판 1971.5.24. 71도574.

3. 상소한 사건

불이익변경금지의 원칙은 피고인 또는 피고인을 위하여 상소한 사건, 즉 항소심과 상고심의 재판에 적용된다. 따라서 다음과 같은 사건에 대해서도 적용될 것인지 문제가 된다.

(1) 항고사건

현행법은 피고인이 항소(제368조) 또는 상고한 사건(제398조 ②항)에 대하여 불이익변경금지의 원칙이 적용된다고 규정하고 있다. 따라서 피고인이 항고한 항고사건에 대해서는 그것이 상소의 일종이라도 상소심이 아닐 뿐만 아니라, 항고심에서는 하급심의 결정에 대한 인용과 취소여부를 결정할 뿐 형을 선고하는 것이 아니므로 불이익변경금지의 원칙이 적용되지 않는다고 보는 설이 다수설[40]의 입장이다.

(2) 파기환송 또는 파기이송 사건

상고심이 피고인의 상소를 이유 있다고 하여 제2심판결을 파기하고 환송 또는 이송한 경우에 이송받은 항소심법원은 제1심판결을 계속 심리하는 것이므로 상소심이라고 할 수 없다. 그러나 상고심이 파기한 판결을 자판이나 환송하는지 여부에 따라 이 원칙의 적용이 달라지면 우연한 사정에 의하여 그 적용여부가 결정되어 피고인의 상소권을 충분히 보장할 수 없게 된다. 따라서 환송 또는 이송받은 법원이 형을 선고하는 경우에도 이 원칙이 적용된다고 하는 것이 통설[41]과 판례[42]의 입장이다.

(3) 정식재판의 청구

형사소송법은 '피고인이 정식재판을 청구한 사건에 대하여는 약식명령의 형보다 중한 형을 선고하지 못한다'(제457조의2)고 규정하여 약식명령에 대한 정식재판을 청구한 경우에도 불이익변경금지의 원칙을 적용하고 있다. 또한 판례[43]는

40) 배종대/이상돈/정승환/이주원, 799; 신양균, 1008; 이재상/조균석, 765; 임동규, 734.
41) 배종대/이상돈/정승환/이주원, 800; 이재상/조균석, 765; 임동규, 734.
42) 대판 2006.5.26. 2005도8607.
43) 대판 1999.1.15. 98도2550.

즉결심판에 대하여 정식재판을 청구한 사건에 있어서도 불이익변경금지의 원칙이 적용된다고 판시하고 있다.

(4) 병합사건

항소한 사건에 대하여 항소심에서 다른 사건이 병합되어 당해 사건과 경합범으로 처단되어 결과적으로 제1심의 각 형량보다 중한 형이 선고된 경우에는 불이익변경에 해당하지 않는다.[44]

Ⅲ. 불이익변경금지의 내용

1. 불이익변경금지의 대상

(1) 중한 형의 선고금지

불이익변경이 금지되는 것은 원심판결보다 중한 형의 선고에 제한된다. 따라서 새롭게 선고되는 형이 중하게 변경되지 않는 한, 사실인정·법령적용·죄명선택은 물론 일죄를 경합범으로 변경하는 경우[45]에 원심판결보다 불이익하게 변경되어도 이 원칙에 반하지 않는다.

(2) 형의 의미와 범위

여기서 형이란, 선고형을 말하므로 처단형이 중한 경우라도 선고형이 경한 경우는 불이익한 변경이라고 할 수 없다.[46] 이 경우의 형은 형법 제41조가 규정하고 있는 형의 종류에 제한되지 않는다. 즉 실질적으로 피고인에게 형벌과 같은 불이익을 주는 처분을 모두 포함한다. 따라서 추징이나 미결구금일수의 산입 또는 노역장 유치기간 등도 금지된다. 또한 소송비용과 보안처분도 불이익변경금지의 원칙이 적용되는지에 대해서는 학설이 대립되어 있다. 다수설[47]과 판례[48]는 소송비용에 대해서는 형의 성질을 가지지 않기 때문에 이 원칙이 적용되지 않는

---

44) 대판 2001.9.18. 2001도3448.
45) 대판 1988.7.26. 88도936.
46) 대판 1999.2.5. 98도4534.
47) 신양균, 1010; 이재상/조균석, 767; 임동규, 737.
48) 대판 2008.3.14. 2008도488.

다고 한다. 그러나 형벌과 유사한 성질인 보안처분에 대해서는 적용되지만, 치료에 중점을 두고 있는 치료감호는 이 원칙이 적용되지 않는다고 한다.

2. 불이익변경의 판단기준

선고형의 경중에 관하여는 법정형의 경중을 규정하고 있는 형법 제50조가 원칙적인 기준이 된다. 따라서 ① 형의 경중은 형법 제41조에 기재된 순서에 의한다. 다만 무기금고와 유기징역은 금고를 중한 것으로 하고, 유기금고의 장기가 유기징역의 장기를 초과하는 때에는 금고를 중한 것으로 한다(형법 제50조 ①항). ② 동종의 형은 장기가 긴 것과 다액이 많은 것을 중한 형으로 한다(동조 ②항).

그러나 이와 같은 형법의 형식적 기준만으로는 구체적인 사례에서 선고형의 경중을 판단하기 어렵다. 따라서 형법 제50조의 기준으로 그 경중을 판단할 수 없을 때에는 원심판결과 상소심판결의 주문을 전체적·실질적으로 고찰하여 어느 형이 실질적으로 피고인에게 불이익한가를 판단하여 결정하여야 한다.[49]

3. 형의 경중의 구체적 비교

(1) 형의 추가와 종류의 변경

상소심에서 동종의 형을 선고하면서 무거운 형을 선고하거나 원심판결이 선고한 형 이외의 다른 형을 추가하는 것은 물론 중한 종류의 형으로 변경하는 것도 불이익변경에 해당한다.

(가) 징역형과 금고형

형의 경중을 정한 형법 제41조에 따라 징역형은 금고형보다 무거운 형이다. 따라서 징역형을 금고형으로 변경하면서 형기를 높이는 것은 금지되지만, 형기가 같은 경우에는 금고형을 징역형으로 변경하지 못한다. 그러나 금고형을 징역형으로 변경하면서 형기를 단축하는 것은 불이익변경에 해당하지 않는다.

(나) 자유형과 벌금형

자유형을 벌금형으로 변경하는 것은 원칙적으로 불이익변경에 해당되지 않

---

49) 대판 2013.12.12. 2012도7198.

는다. 그러나 이 경우에도 노역장 유치기간이 자유형을 초과하는 경우는 불이익변경금지에 해당하는지에 대해서는 학설이 대립되어 있으나, 이것은 벌금형의 특수한 집행방법에 불과하기 때문에 다수설[50] 및 판례[51]는 불이익변경에 해당하지 않는다고 한다. 또한 징역형을 단축하면서 벌금형의 액수가 같고 환형유치기간이 길어진 것만으로는 불이익변경이라고 할 수 없다.[52]

(다) 부정기형과 정기형

부정기형을 정기형으로 변경하는 경우에 부정기형의 무엇을 기준으로 형의 경중을 정할 것인지에 대하여 장기표준설·단기표준설·중간기간표준설 등이 대립되어 있으나, 다수설[53] 및 판례[54]는 단기표준설에 따르고 있다. 이것은 피고인이 부정기형을 선고받은 때에는 단기가 경과되면 석방될 가능성이 있기 때문이다.

(2) 집행유예와 선고유예

(가) 집행유예와 형의 경중

집행유예를 붙인 자유형판결에 대하여 집행유예만을 없애거나 유예기간만을 연장한 경우는 불이익변경에 해당한다. 징역형을 늘리면서 집행유예를 붙인 경우에도 불이익변경이 된다. 그러나 집행유예를 붙인 자유형판결에 대하여 형을 가볍게 하면서 유예기간을 길게 하는 경우에 다수설[55]은 형을 가볍게 하면 불이익변경에 해당되지 않는다고 한다.

(나) 집행유예·선고유예와 벌금형의 경중

자유형에 대한 집행유예판결을 벌금형으로 변경하는 것은 불이익변경이 되지 않는다.[56] 그러나 자유형에 대한 선고유예를 벌금형으로 변경하는 것은 불이익변경이 된다. 선고유예는 형이 선고된 것이 아니고(제321조 ①항), 선고받은 날로부터 2년이 경과하면 면소된 것으로 간주되기 때문이다(형법 제60조).

---

50) 손동권/신이철, 751; 신양균, 1012; 이은모, 858; 이재상/조균석, 769; 임동규, 739.
51) 대판 2000.11.24. 2000도3945.
52) 대판 1994.1.11. 93도2894.
53) 배종대/이상돈/정승환/이주원, 805; 이재상/조균석, 770; 임동규, 739.
54) 대판 2006.4.14. 2006도734.
55) 신양균, 1013; 이재상/조균석, 771.
56) 대판 1966.9.27. 66도1026.

(다) 형의 집행유예와 집행면제

형의 집행면제의 판결을 집행유예로 변경하는 것은 불이익변경에 해당하지 않는다.[57] 집행유예는 유예기간이 경과한 때에 형의 선고효력이 상실되나, 전자의 경우는 그 형의 집행만을 면제하는 것이기 때문이다.

(3) 몰수·추징과 미결구금일수 산입

(가) 주형과 몰수·추징

원심의 징역형을 그대로 두면서 새로이 몰수·추징을 추가하거나 원심보다 무거운 추징을 병과하는 것은 불이익변경에 해당한다. 그러나 주형을 가볍게 하고 몰수나 추징을 추가 또는 증가한 경우는 불이익변경이 아니지만 추징액이 현저히 증가한 때에는 불이익변경이 된다.

(나) 미결구금일수의 산입

미결구금일수의 산입을 박탈하거나 감소시키면 불이익변경이 된다. 그러나 본형이 경하게 변경되거나 또는 집행이 유예된 때에는 미결구금일수의 감소 또는 삭제가 있더라도 불이익변경이 되지 않는다.[58]

(4) 보안처분

제1심 판결에서 치료감호만 선고되고 피고인만이 항소한 경우 항소심이 치료감호를 징역형으로 바꾸는 것은 불이익변경으로 보아야 한다.[59] 징역형은 형벌로서 치료감호보다 피고인에게 불리한 처분이기 때문이다. 또한 원심의 형을 그대로 유지하면서 보호관찰이나 사회봉사명령 또는 수강명령을 부가하는 것도 불이익변경에 해당한다.

---

57) 대판 1985.9.24. 84도2972.
58) 대판 2000.2.11. 98도295.
59) 대판 1983.6.14. 83도765.

[65] 제4 파기판결의 구속력

I. 파기판결의 의의 및 법적 성격

1. 의 의

상소심이 원판결을 파기하여 사건을 하급심으로 환송 또는 이송하는 경우에 상급심의 판단은 환송 또는 이송을 받은 하급심에 대하여 구속력을 갖는다. 이를 「파기판결의 구속력」 또는 「기속력(羈束力)」이라고 한다. 상고심에서 원심판결을 파기하는 경우는 환송·이송이 원칙이다. 반면 항소심이 제1심판결을 파기하는 경우는 자판(自判)이 원칙이고(제364조 ⑥항), 공소기각 또는 관할위반의 재판이 법률에 위반되거나 관할인정이 법률에 위반됨을 이유로 원심판결을 파기하는 경우에 한하여 예외적으로 환송·이송하게 된다(제366조, 제367조). 이러한 구속력을 인정하는 이유는 심급제도의 본질에서 유래하나 그 법적 성격에 대해서는 아래와 같은 학설 대립이 있다.

2. 법적 성격

(1) 중간판결설

파기판결을 중간판결의 일종으로 이해하는 견해이다. 이 설에 의하면 환송을 받은 하급심의 심리는 환송판결을 한 상급심절차의 속행이며, 이 중간판결의 구속력이 하급심을 구속한다고 한다.

(2) 확정력설

파기판결의 구속력을 확정판결의 기판력으로 이해하는 견해[60]이다. 이 설에 의하면 파기판결의 구속력은 상급법원의 환송·이송판결의 확정으로 인하여 발생하는 기판력의 일종이므로 하급심은 물론 파기판결을 한 법원과 상급심도 모두 기속하는 결과가 된다.

---

60) 차용석/최용성, 793.

(3) 특수효력설

파기판결의 기속력은 심급제도의 합리적 유지를 위한 특별한 효력으로 이해하는 견해이며 다수설[61]이다. 기속력은 심급제도를 유지하기 위한 정책적 근거로서 인정된 것이고, 새로운 증거가 발견된 경우 파기판결의 기속력이 배제된다는 점을 근거로 삼고 있다.

II. 구속력의 범위

1. 구속력이 미치는 법원

(1) 하급법원

파기판결은 당해 사건에 관하여 하급심을 구속한다(법원조직법 제8조). 즉 상고심에서 항소심판결을 파기하여 제1심 법원에 환송하고, 제1심 법원이 환송된 사건을 재판하여 그 판결을 다시 항소한 경우 제2심 법원도 당해 사건의 하급심에 해당하므로 상고심의 판단에 구속된다.

(2) 파기한 상급법원

파기판결의 구속력은 하급법원뿐만 아니라 파기판결한 상급법원 자신도 구속한다. 이것은 하급심에서 상급심의 의사에 따라 한 판결을 상급심에서 다시 변경할 수 있다고 하면 불필요한 절차가 반복되어 파기판결의 구속력을 인정하는 취지가 무의미하기 때문이며 판례[62]도 같은 입장이다.

(3) 상고법원

항소심의 파기판결은 하급심인 제1심 법원에 대해서만 구속력을 가진다. 상급법원인 상고심에 대해서는 구속력을 가지지 않는다. 만약 항소심의 파기판결에 상고심이 구속된다고 하면 법령통일을 위한 상고심의 기능에 반하고 사법의 경직을 초래하기 때문이다.

---

61) 배종대/이상돈/정승환/이주원, 808; 신양균, 1016; 이재상/조균석, 775; 임동규, 746.
62) 대판 2006.1.26. 2004도517.

2. 구속력이 미치는 판단

(1) 법률판단과 사실판단

파기판결의 구속력은 법률판단뿐만 아니라 사실판단에 대하여도 미친다. 이 것은 현행법상 항소심이나 상고심(제383조 3호, 4호) 모두 사실오인이 상소이유로 되어 있으며, 사실오인을 이유로 파기판결을 할 수 있다는 점을 고려하면 법률판 단뿐만 아니라 사실판단에 대해서도 구속력이 발생한다고 해석하여야 한다.[63]

(2) 적극적·긍정적 판단

파기판결의 구속력은 직접적 파기이유인 소극적·부정적 판단에 대해서만 미치는 것이 원칙이고, 그 이면에 있는 적극적·긍정적 판단은 단지 파기이유에 대한 배경이 되는 사유에 불과하므로 구속력이 미치지 않는다.[64]

Ⅲ. 구속력의 배제

파기판결의 구속력은 사실관계와 법령의 동일성을 전제로 한 효력이다. 따라 서 파기판결 후에 법령이 변경되거나 새로운 증거의 추가로 인하여 사실관계가 변동되는 경우는 파기판결의 구속력이 미치지 아니한다.[65]

---

63) 대판 2009.4.9. 2008도10572.
64) 대판 1984.9.11. 84도1379; 2004.4.9. 2004도340.
65) 대판 2004.9.24. 2003도4781.

제 2 절   항   소

[66] 제 1 항소의 의의와 항소심의 구조

Ⅰ. 항소의 의의

항소는 제1심 판결에 불복하여 제2심 법원에 제기하는 상소를 말한다. 따라서 제1심 판결에 대해 대법원에 상소하는 것, 즉 비약적 상고는 항소가 아니다. 또한 판결에 대한 불복방법이므로 결정이나 명령에 대해서는 항소할 수 없다. 항소의 기능인 사실오인과 양형부당으로 인하여 불이익을 받은 당사자를 구제하는 점에서 주로 법리오해를 중점적으로 다루는 상고와 구별된다.

Ⅱ. 항소심의 구조

1. 입법주의

(1) 복심(覆審)

복심이란, 원심의 심판이 없었던 것처럼 피고사건 자체에 대하여 처음부터 전면적으로 다시 심판하는 구조를 말한다. 따라서 복심에 있어서 항소심은 제2의 제1심이라고 한다. 복심의 특징으로는 ① 항소심의 심판대상은 피고사건 자체이고, ② 항소인은 제1심 판결에 대하여 불복한다는 취지로 항소하면 충분하고 따로 항소 이유서를 제출할 필요가 없을 뿐만 아니라 항소이유도 제한이 없으며, ③ 항소심의 심리도 기소요지의 진술로부터 새롭게 시작하고 사실심리나 증거조사에 제한을 받지 않는다. 또한 ④ 기판력의 시간적 범위도 항소심판결 선고시라는 점에 있다. 이처럼 복심구조 하에서는 항소심에서의 심리를 철저히 할 수 있다는 장점이 있다. 그러나 항소심의 업무부담을 가중시켜 소송경제에 반할 뿐만 아니라 제1심에 대한 경시풍조의 조장은 남상소(濫上訴)를 초래할 우려가 있다.

(2) 속심(續審)

속심이란, 제1심의 심리절차를 전제로 그 소송자료를 이어받아 피고사건에 대하여 심리를 속행하는 제도를 말한다. 따라서 항소심은 원심의 변론을 재개하는 것과 유사한 심리방식을 취하여 속심은 복심과 사후심제도의 중간에 위치한 소송구조라고 할 수 있다. 속심의 특징은 ① 항소심의 심판대상은 피고사건 자체이지만, ② 제1심판결 후에 발생한 사실이나 새로 발견된 증거도 항소심판단의 자료로 사용할 수 있고, ③ 항소심에서도 공소장변경이 허용되며, ④ 기판력의 시간적 범위는 항소심판결 선고시를 기준으로 하고, ⑤ 판결은 원칙적으로 파기자판의 형식을 취하게 된다. 속심구조는 제1심의 심리절차를 승계하여 심리하므로 복심구조에 비하여 소송경제적이라는 장점이 있다. 그러나 항소심에서 증거조사를 허용하여 소송지연과 상소권남용의 폐단을 초래할 위험이 있다.

(3) 사후심(事後審)

원심법원의 소송자료만을 기초로 원판결 당시를 기준으로 하여 원판결의 당부를 사후적으로 심사하는 항소심구조를 사후심이라 한다. 사후심의 특징 ① 항소심에서 증거조사 등 사실심리가 허용되지 않고, ② 공소장변경도 허용되지 아니하며, ③ 원판결 후에 발생한 사실은 원판결의 당부를 판단하는 자료로 사용되지 아니하며, 원판결을 파기하는 경우에 환송이 원칙이고 자판은 원칙적으로 허용되지 않는다. 또한 ④ 기판력의 시간적 범위는 사실심리의 종료시점인 원심법원의 판결 선고시를 기준으로 한다. 이러한 사후심구조는 소송경제의 이념에 부합하고 상소권의 남용을 억제하여 소송의 신속을 도모할 수 있다는 장점이 있다. 그러나 제1심의 심리가 철저하지 못한 경우는 실체적 진실발견에 부합하지 못하는 단점이 있다.

2. 현행법상 항소심의 구조

(1) 학 설

현행 상고심이 사후심이라는 점에는 의문이 없다. 그러나 항소심은 사후심의 요소와 속심의 요소를 모두 가지고 있기 때문에 아래와 같은 학설이 대립되어 있다.

(가) 사후심설

현행법상 항소심의 구조를 사후심으로 파악하거나 사후심을 원칙으로 한다고 해석하는 견해[66]이다. 그 실정법적 근거로는 ① 항소이유가 원판결의 법령위반 · 사실오인 및 양형부당에 제한되어 있고(제361조의5), ② 항소법원은 항소이유에 포함된 사유에 관하여만 심판하여야 하며(제364조 ①항), ③ 항소이유가 없음이 명백한 경우는 변론 없이 항소를 기각할 수 있고(동조 ⑤항), ④ 항소이유가 있다고 인정될 때에는 원심판결을 파기하도록 하고 있다(동조 ⑥항)는 규정을 든다.

(나) 속심설

항소심의 구조를 원칙적으로 속심이라고 해석하는 견해이다. 그 실정법적 논거로는 ① 항소이유 중에서 판결 후 형의 폐지나 변경 또는 사면이 있을 때(제361조의5 2호)와 재심청구의 사유가 있는 때(동조 13호)는 속심적 성격의 항소사유이고, ② 현행법의 항소이유 가운데에 사실오인 · 양형부당(동조 14호, 15호)은 순수한 사후심에서는 볼 수 없는 항소이유이며, ③ 항소심의 심리에 관하여 제1심 법원에서 증거로 할 수 있었던 증거는 항소법원에서도 증거로 할 수 있고(제364조 ③항), ④ 파기자판을 원칙으로 한다는 점(제364조 ⑥항) 등을 그 근거로 하고 있다.

(2) 판 례

대법원은 항소심은 원칙으로 속심이고, 사후심적 요소를 가진 조문들은 남상소의 폐해를 억제하고 소송경제상 필요에서 항소심의 속심적 성격에 제한을 가한 것에 불과하다고 판시[67]하여, 원칙적으로 속심이라는 입장을 명백히 하고 있다.

3. 관련문제

(1) 항소심에서의 공소장변경

항소심에서 공소장변경이 허용될 수 있는지 하는 문제는 항소심구조와 관련된 것으로써 이에 대하여 학설이 대립되어 있다. 항소심을 다수설과 판례와 같이

---

66) 차용석/최용성, 798.
67) 대판 1983.4.26. 82도2829. 학설도 대부분은 원칙적 속심이며 보충적으로 사후심으로 판단하고 있다(배종대/이상돈/정승환/이주원, 816; 신양균, 1022; 이은모, 869; 이재상/조균석, 782; 임동규, 751).

속심으로 파악하는 속심설에 의하면 항소심에서도 당연히 공소장변경이 허용되며 그 시기는 변론종결 시까지 가능하다. 그러나 원판결의 당부만을 사후적으로 판단하는 사후심설에 의하면 공소장변경은 허용되지 않는다.

(2) 기판력의 시간적 범위

기판력은 사실심리가 가능한 최후의 시점까지 미치므로 사후심설에 의하면 그 시간적 범위는 원심판결선고시가 된다. 그러나 항소심을 속심이라고 보는 다수설의 입장에서는 항소심판결선고시가 된다. 따라서 제1심 판결선고시에 소년이었기 때문에 부정기형을 선고받은 자가 항소심 계속 중에 성년에 달하였을 때에는 원판결을 파기하고 정기형을 선고하여야 한다.[68]

[67] 제2 항소이유

I. 항소의 의의와 분류

1. 항소이유의 의의

항소인은 항소이유서를 항소법원에 제출하여야 한다(제361조의3 ①항). 항소이유서를 제출하지 않은 때에는 결정으로 항소를 기각하여야 한다(제361조의4 ①항). 여기서 항소이유란 항소권자가 적법하게 항소를 제기할 수 있는 법률상의 근거로서 형사소송법은 항소이유를 제한적으로 열거하고 있다(제361조의5).

2. 항소이유의 분류

형사소송법이 규정하고 있는 항소이유는 ① 법령위반을 이유로 하는 것과 법령위반 이외의 사유를 이유로 하는 것으로 분류할 수 있다. 또한 ② 일정한 객관적 사유가 있으면 무조건적으로 항소이유가 인정되는 절대적 항소이유와 그 사유의 존재가 판결내용에 영향을 미친 경우에 한하여 항소이유로 인정되는 상대적 항소이유로 구분할 수 있다.

---

68) 대판 1990.4.24. 90도539.

Ⅱ. 법령위반

일반적으로 법령위반은 상대적 항소이유에 해당하지만, 법령위반이 중대한 경우는 절대적 항소이유가 된다. 법령위반은 항소이유 외에도 상고이유(제383조 1호) 및 재항고이유(제415조)로 된다는 점에서 상소제도의 전반에 걸쳐서 중요한 의미를 가지고 있다.

1. 상대적 항소이유

판결에 영향을 미친 헌법 · 법률 · 명령 또는 규칙의 위반이 있는 때(제361조의5 1호)에는 상대적 항소이유가 된다. 즉 원심판결과 소송절차가 법령에 위반되는 경우를 말한다. 여기서 법령위반이란 법령적용의 착오와 소송법규의 위반이 포함된다. 이처럼 법령위반이 판결에 영향을 미친 경우는 항소이유가 되지만, 법령위반이라도 아래와 같은 경우(동조 제3호~제11호)는 절대적 항소이유가 되기 때문에 상대적 항소이유에서 제외된다.

2. 절대적 항소이유

(1) 관할규정의 위반

관할 또는 관할위반의 인정이 법률에 위반한 때이다(제361조의5 3호). 관할에는 토지관할과 사물관할을 포함한다. 또한 관할의 인정이 법률에 위반한 때라 함은 관할위반의 판결을 하여야 할 것임에도 불구하고 실체에 대하여 재판한 경우를 말한다. 그리고 관할위반의 인정이 법률에 위반한 때란 관할권이 있거나 관할위반의 선고를 할 것이 아님에도 불구하고 관할위반의 판결을 한 때를 의미한다.

(2) 법원구성의 위반

법원구성의 위반에는 다음과 같이 구분할 수 있다. ① 판결법원의 구성이 법률에 위반한 때(제361조의5 4호)이다. 예컨대 합의법원이 구성원을 충족하지 못한 경우 또는 결격사유 있는 법관이 구성원이 된 경우 등이 있다. 또한 ② 법률상 그 재판에 관여하지 못할 판사가 그 사건의 심판에 관여한 때(제7호)이다. 여기서 재판에 관여하지 못할 판사란 제척사유가 있는 판사이거나 기피신청의 이유가 있다

고 인정되는 판사를 말한다. 그리고 ③ 사건의 심리에 관여하지 아니한 판사가
그 사건의 판결에 관여한 때(제8호)이다. 즉 공판심리 도중에 판사의 경질이 있음
에도 불구하고 공판절차를 갱신하지 않고 판결을 한 경우를 말한다. 따라서 판결
의 선고에만 관여한 때는 여기에 속하지 않는다.

(3) 공판공개에 관한 규정위반

재판공개에 관한 규정을 위반한 때이다(제9호). 재판의 공개에 관한 헌법 제
109조와 법원조직법 제57조에 위반한 경우를 말한다. 여기서 공개는 심리와 판결
이며 결정과 명령은 제외된다.

(4) 이유불비와 이유모순

판결에 이유를 붙이지 아니하거나 이유에 모순이 있는 때이다(제11호). 이유
를 붙이지 아니한 때란 이유를 붙이지 않았거나 불충분한 경우를 말한다. 또한
이유에 모순이 있는 때는 주문과 이유 또는 이유와 이유 사이에 모순이 있는 때
를 의미한다.

Ⅲ. 법령위반 이외의 항소이유

1. 상대적 항소이유

사실오인이 있어 판결에 영향을 미친 때이다(제14호). 사실오인이란 원심법원
이 인정한 사실과 객관적 사실 사이에 차이가 있는 것을 말한다. 여기서 사실이
란 재판의 기초가 되는 모든 사실을 의미하는 것이 아니라 형벌권의 존부와 범위
에 관한 사실, 즉 엄격한 증명을 요하는 사실을 의미한다.[69] 따라서 소송법상 사
실이나 정상에 관한 사실은 제외된다.

2. 절대적 항소이유

(1) 판결 후 형의 폐지·변경·사면

판결 후 형의 폐지나 변경 또는 사면이 있는 때이다(제361조의5 2호). 여기서

---

[69] 배종대/이상돈/정승환/이주원, 823; 신양균, 1029; 이은모, 874; 이재상/조균석, 784; 임동규, 755.

형의 변경이란 경한 형으로의 변경만을 의미한다. 판결 후 형의 폐지나 사면이 있으면 면소의 판결을 하여야 하고, 형이 경하게 변경된 경우는 피고인에게 경한 형을 과하여야 하므로 피고인의 이익을 위해서 항소이유로 한 것이다.

(2) 재심청구의 사유

재심청구의 사유가 있는 때(제13호)에는 절대적 항소이유가 된다. 재심사유가 있는데도 불구하고 판결의 확정을 기다려 재심청구를 하도록 하는 것은 소송경제에 반하기 때문이다.

(3) 양형부당

형의 양정이 부당하다고 인정할 사유가 있는 때이다(제15호). 처단형의 범위에서 선고한 형이 지나치게 무겁거나 가벼운 경우를 말한다. 여기서 형이란 주형뿐만 아니라 부가형 · 환형유치 또는 집행유예의 여부도 포함된다.

[68] 제 3 항소심의 절차

Ⅰ. 항소의 제기

1. 항소제기의 방식

항소는 항소권자가 7일 이내에 항소장을 원심법원에 제출함으로써 이루어진다(제358조, 제359조). 항소법원은 제1심 법원이 지방법원 단독판사인 때에는 지방법원본원 합의부, 지방법원 합의부인 때에는 고등법원이 된다(제357조). 항소장에는 항소를 제기하는 취지와 대상이 되는 판결을 기재하면 족하고 항소이유를 기재할 필요가 없다.

2. 원심법원과 항소법원의 조치

(1) 원심법원 조치

원심법원은 항소장을 심사하여 항소의 제기가 법률상 방식에 위반하거나 항소권이 소멸된 후인 것이 명백한 때에는 결정으로 항소를 기각하여야 한다. 이 결정에 대하여는 즉시항고할 수 있다(제360조). 항소기각의 결정을 하지 않는 경우에 원심법원은 항소장을 받은 날로부터 14일 이내에 소송기록과 증거물을 항소법원에 송부하여야 한다(제361조).

(2) 항소법원의 조치

항소법원이 기록의 송부를 받은 때에는 즉시 항소인과 상대방에게 그 사유를 통지하여야 한다. 기록접수통지 전에 변호인이 선임되면 변호인에게도 통지하여야 한다(제361조의2).

3. 항소이유서와 답변서의 제출

(1) 항소이유서의 제출과 송달

항소인 또는 변호인은 소송기록의 접수통지를 받은 날로부터 20일 이내에 항소이유서를 항소법원에 제출하여야 한다(제361조의3 ①항). 항소이유서를 제출받은 항소법원은 지체 없이 그 부본 또는 등본을 상대방에게 송달하여야 한다(동조 ②항). 그러나 항소이유서를 제출하지 않은 때에는 결정으로 이를 기각하여야 한다. 단 직권조사사항이 있거나 항소장에 항소이유서의 이유가 있을 때에는 제외한다(제361조의4 ①항).

(2) 답변서의 제출

항소이유서의 부본 또는 등본을 송달받은 상대방은 그 송달받은 날로부터 10일 이내에 답변서를 항소법원에 제출하여야 한다(제361조의3 ③항). 이 경우 답변서란, 항소이유에 대한 상대방의 반론을 기재한 서면으로서 의무적인 것이 아니기 때문에 제출하지 않더라도 소송법상 특별한 효력이 발생하지 않는다.

Ⅱ. 항소심의 심리

1. 항소법원의 심판범위

항소법원은 항소이유에 포함된 사유에 관하여 심판하여야 한다(제364조 ①항).

그러나 판결에 영향을 미친 사유에 관하여는 항소이유서에 포함되지 아니한 경우에도 직권으로 심판할 수 있다(동조 ②항). 여기서 판결에 영향을 미친 사유라 함은 법령위반 · 사실오인 · 양형부당을 모두 포함한다.[70] 이는 항소절차가 제한되어 있는 현행법에서 피고인의 이익보호와 판결의 적정을 기하기 위한 것이다.

2. 심리의 특칙

항소심의 심판은 원칙적으로 제1심 공판절차에 관한 규정이 준용된다(제370조). 다만 예외적으로 다음과 같은 특칙이 인정된다.

(1) 피고인의 불출석재판

피고인이 공판기일에 출정하지 않은 경우는 다시 기일을 정하여야 한다. 피고인이 정당한 사유 없이 다시 정한 기일에도 출정하지 않으면 피고인의 진술 없이 판결할 수 있다(제365조 ①항, ②항).

(2) 무변론 항소기각의 판결

항소이유가 없음이 명백한 때에는 항소장 · 항소이유서 기타의 소송기록에 의하여 변론 없이 항소기각의 판결을 선고할 수 있다(제364조 ⑤항). 판결은 구두변론을 거쳐서 선고하는 것이 원칙이지만, ① 제1심에서 최하한의 형을 선고받고도 양형부당을 이유로 항소한 경우, ② 집행유예 기간을 경과시키기 위한 항소임이 명백한 경우에는 법률상 무변론 항소기각의 판결을 할 수 있도록 예외를 인정하고 있다.

(3) 증거조사

제1심에서 증거로 할 수 있었던 증거는 항소심에서도 증거로 할 수 있다(제364조 ③항). 즉 제1심 법원에서 증거능력이 있었던 증거는 항소심에서도 증거능력이 그대로 유지되어 심판의 기초가 될 수 있고 다시 증거조사를 할 필요가 없다. 항소심을 사후심으로 해석하는 견해는 새로운 증거조사가 허용되지 않으나, 판례[71]는 항소심을 속심으로 해석하기 때문에 원심판결 후 등장한 새로운 증거에 대해서도 증거조사가 가능하다고 한다.

---

70) 대판 2010.12.9. 2008도1092.
71) 신양균, 1038; 이은모, 882; 이재상/조균석, 791.

(4) 피고인신문

검사 또는 변호인은 항소심의 증거조사가 종료한 후 항소이유의 당부를 판단함에 필요한 사항에 한하여 피고인을 신문할 수 있다(규칙 제156조의6 1항). 재판장은 이 경우 제1심의 피고인신문과 중복되거나 항소이유의 당부를 판단하는데 필요 없다고 인정하는 때에는 그 신문의 전부 또는 일부를 제한할 수 있다(동조 ②항). 재판장도 필요하다고 인정하는 때에는 피고인을 신문할 수 있다(동조 3항).

Ⅲ. 항소심의 재판

1. 공소기각의 결정

공소기각의 결정에 해당하는 사유(제328조 ①항)가 있으면 항소법원은 결정으로 공소를 기각하여야 한다(제362조 ①항). 원심법원이 공소기각의 사유를 간과하여 실체재판을 한 경우뿐만 아니라 원심판결 후에 공소기각결정의 사유가 발생한 경우도 포함한다. 이 결정에 대하여는 즉시항고 할 수 있다(동조 ②항).

2. 항소기각의 재판

(1) 항소기각의 결정

항소의 제기가 ① 법률상 방식에 위반하거나 ② 항소권소멸 후인 것이 명백한 때에 원심법원이 항소기각의 결정을 하지 아니한 때에는 항소법원은 결정으로 항소를 기각하여야 한다(제360조). 또한 ③ 항소인이나 변호인이 항소이유서를 제출기간 내에 제출하지 않은 때에도 결정으로 항소를 기각하여야 한다(제361조의4). 이 결정에 대하여는 즉시항고할 수 있다(제360조 ②항, 제361조의4 ②항).

(2) 항소기각의 판결

항소제기의 적법요건은 구비되었으나 실질적인 항소이유가 없다고 인정한 때에는 판결로써 항소를 기각하여야 한다(제364조 ④항). 이 경우는 구두변론을 필요로 하지 않는다. 이것을 무변론 항소기각이라고 하며, 이는 소송지연을 목적으로 하는 남상소를 방지하기 위한 것이다.

3. 원심판결파기의 판결

항소이유가 있다고 인정한 때에는 원심을 파기하여야 한다(제364조 ⑥항). 항소이유에 포함된 사항이 항소이유가 인정되지 않더라도 직권조사결과 판결에 영향을 미친 사유가 있다고 인정할 때에는 원심판결을 파기하여야 한다. 또한 피고인을 위하여 원심판결을 파기하는 경우는 파기한 이유가 항소한 공동피고인에게 공통되는 때에는 그 공동피고인에 대하여도 원심판결을 파기하여야 한다(제364조의2). 여기서 공동피고인이란 항소한 자와 원심에서의 공동피고인을 말하며 항소심에서의 병합심리 여부를 불문한다.

4. 파기 후의 조치

원심판결을 파기한 사건은 원심판결 전의 상태로 항소심에 계속된다. 따라서 소송계속을 벗어나기 위하여 항소심법원은 환송 · 이송 또는 자판의 판결을 하지 않으면 안 된다. 형사소송법은 파기자판을 원칙으로 하고 있다(제364조 ⑥항). 이것은 사후심의 구조와는 근본적으로 다른 점이라고 볼 수 있다.

(1) 파기자판(破棄自判)

항소법원이 원심판결을 파기하고 다시 판결하는 것을 파기자판이라고 한다(제364조 ⑥항). 항소심은 원칙적으로 파기자판하여야 한다. 파기자판에 의해 선고하는 판결은 유죄 · 무죄의 실체판결과 공소기각 · 면소의 형식판결이 있다. 형을 선고하는 경우는 불이익변경금지의 원칙이 적용된다(제368조). 파기자판의 경우에 구두변론을 필요로 하는지에 대해 학설의 대립이 있으나, 파기자판은 항소기각의 경우와 달리 무변론재판을 허용하는 규정이 없으므로(제364조 ⑤항) 반드시 구두변론을 거쳐야 한다.[72]

(2) 파기환송(破棄還送)

공소기각 또는 관할위반의 재판이 법률에 위반됨을 이유로 원심판결을 파기하는 때에는 판결로써 사건을 원심법원에 환송하여야 한다(제366조). 이 경우는 제1심에서 실체에 관하여 전혀 심리를 하지 않았기 때문에 예외로 환송하도록 한

---

72) 배종대/이상돈/정승환/이주원, 830; 이재상/조균석, 794; 임동규, 764. 대판 1994.10.21. 94도2078.

것이다.[73] 따라서 항소법원이 제1심의 공소기각판결을 위법이라고 하여 파기하면서 사건을 환송하지 않고 본안에 들어가 심리한 후 범죄의 증명이 있다고 하여 피고인에게 유죄의 판결을 선고하면 판결에 영향을 미친 위법(제366조 위반)이 인정된다.[74]

(3) 파기이송(破棄移送)

관할인정이 법률에 위반됨을 이유로 원심판결을 파기하는 때에는 판결로써 사건을 관할법원에 이송하여야 한다. 다만 항소법원이 그 사건의 제1심 관할권이 있는 때에는 제1심으로 심판하여야 한다(제367조). 원심이 관할권 없음에도 불구하고 심리한 것이므로 관할법원으로 하여금 제1심으로 심리하도록 하기 위하여 파기이송을 하도록 한 것이다.

5. 재판서의 기재방식

(1) 항소이유에 대한 판단

항소법원의 재판서에는 항소이유에 대한 판단을 기재하여야 하며, 원심판결에 기재한 사실과 증거를 인용할 수 있다(제369조). 검사와 피고인 쌍방이 항소한 경우 양자를 모두 배척할 경우는 이를 모두 판단하여야 한다. 그러나 여러 개의 항소이유 중에서 1개의 이유로 원심판결을 파기하는 경우는 나머지 항소이유를 판단하지 아니하여도 된다.

(2) 유죄이유에 대한 설시

원판결을 파기하여 유죄판결을 하는 경우는 범죄사실과 증거요지 및 법령적용을 명시하여야 한다(제370조, 제323조). 그러나 항소를 기각하는 경우는 항소이유에 대한 판단으로 충분하며, 범죄될 사실과 증거의 요지를 기재할 것을 요하지 않는다.

---

73) 이에 대하여 제1심 법원이 공소기각사유의 존재 여부를 판단하기 위하여 피고사건에 대한 실체심리를 행하는 경우도 있으므로 제366조 규정의 근본적인 취지는 피고인의 심급이익을 보호하기 위한 것이라고 본다(임동규, 764).
74) 대판 1998.5.8. 98도631.

제 3 절   상고와 항고

[69] 제 1 상   고

Ⅰ. 상고의 의의와 상고심의 구조

1. 상고의 의의

(1) 개   념

상고는 제2심 판결에 대해 대법원에 제기하는 상소를 말한다(제371조). 상고는 원칙적으로 제2심 판결에 대해 허용되나 예외적으로 제1심 판결에 대하여 상고가 인정되는 경우가 있다. 이를 비약상고(飛躍上告)라고 한다(제372조). 3심제를 취하고 있는 현행법 하에서 상고심은 최후의 심급으로서 법률심과 사후심의 성격을 가지고 있다.

(2) 상고의 기능

상고도 상소의 일종으로서 ① 항소심의 오판을 시정하여 침해된 당사자의 권리를 구제하는 기능을 가지고 있다. 그러나 상고심의 판결은 당해 사건에 관하여 하급심을 기속하는 효력을 가지기 때문에 ② 상고심의 주된 기능은 법령해석의 통일에 있다고 할 수 있다.

2. 상고심의 구조

(1) 원칙적 법률심과 예외적 사실심

상고심은 원칙적으로 법률문제를 심리·판단하는 법률심이다. 따라서 상고의 이유는 판결에 영향을 미친 헌법·법률·명령 또는 규칙에 대한 위반이 있는 경우이며(제383조 1호), 다만 중대한 사건에 있어서 사실오인과 양형부당도 상고이유가 된다(제383조 4호)는 점에서 상고심은 예외적으로 사실심으로서의 성격도 함께

가진다고 할 수 있다.[75]

(2) 원칙적 사후심과 예외적 속심

상고심의 구조가 사후심이라는 것에 대하여는 견해가 일치하고 있다.[76] 그 근거로는 다음과 같은 것이 있다. 즉 상고심은 ① 상고이유가 법령위반에 엄격히 제한되어 있고(제383조), ② 변론 없이 서면심리에 의해 판결(제390조 ①항)할 뿐만 아니라, ③ 원심판결을 파기하는 때에는 파기환송 또는 이송하여야 하고 파기재판은 예외적이라는 점(제397조)이다. 따라서 사후심인 상고심은 원심의 소송자료만을 기초로 하여 원판결의 당부를 판단하여야 하고, 상고심에서 새로운 증거를 제출하거나 증거를 조사하는 것은 허용되지 않는다.[77] 또한 원판결에 대한 판단도 원판결시를 기준으로 그 당부를 판단하여야 한다.[78]

다만 상고심도 예외적으로 원심판결 이후에 나타난 사실이나 증거를 사용함으로써 속심적 성격을 가지는 경우가 있다. 판결 후 형의 폐지나 변경 또는 사면이 있는 때(제383조 2호)나 원판결 후에 재심청구의 사유가 판명된 때에(동조 3호)는 원심판결 후에 발생한 사실이나 증거가 상고심의 대상이 된다.

Ⅱ. 상고이유

형사소송법 제383조는 상고이유로 다음과 같은 네 가지를 규정하고 있다. ① 판결에 영향을 미친 헌법·법률·명령 또는 규칙의 위반이 있는 때(제1호), ② 판결 후 형의 폐지·변경 또는 사면이 있는 때(제2호), ③ 재심청구의 사유가 있는 때(제3호), ④ 사형·무기 또는 10년 이상의 징역이나 금고가 선고된 사건에서 중대한 사실의 오인이 있어 판결에 영향을 미친 때 또는 형의 양정이 심히 부당하다고 인정될 현저한 사유가 있는 때(제4호) 등이 그것이다. ④와 같이 사실오인 또는 형의 양정도 상고의 이유가 되는 것은 중대한 사실오인과 심히 부당한 형의 양정에 한해서 피고인의 구제를 상고심에 맡긴 것이다. 따라서 검사는 사실오인

---

75) 대판 2010.3.11. 2009도5858.
76) 대판 2014.5.29. 2011도11233.
77) 대판 2010.10.14. 2009도4894.
78) 따라서 항소심 판결선고 당시 20세 미만자로서 부정기형을 선고받은 피고인이 상고심 계속 중에 성년이 된 경우에 원판결을 파기할 수 없다(대판 1986.12.9. 86도2181).

과 양형부당을 이유로 상고할 수 없다.[79]

Ⅲ. 상고심의 절차

1. 상고의 제기

(1) 상고제기의 방식

상고를 할 때에는 상고기간 내에 상고장을 원심법원에 제출하여야 한다(제375조). 상고법원은 대법원이며(제371조), 상고기간은 7일이다(제374조).

(2) 원심법원과 상고법원의 조치

(가) 원심법원의 조치

상고의 제기가 법률상의 방식에 위반하거나 상고소멸 후인 것이 명백한 때에는 원심법원은 결정으로 상고를 기각하여야 한다. 이 결정에 대하여는 즉시항고할 수 있다(제376조). 상고기각결정을 하는 경우 외에는 원심법원은 상고장을 받은 날로부터 14일 이내에 소송기록을 상고법원에 송부하여야 한다(제377조).

(나) 상고법원의 조치

상고법원이 소송기록의 송부를 받은 때에는 즉시 상고인과 상대방에 대하여 그 사유를 통지하여야 한다. 기록접수통지 전에 변호인의 선임이 있는 때에는 변호인에 대하여도 이를 통지하여야 한다(제378조).

(3) 상고이유서와 답변서의 제출

상고인 또는 변호인은 소송기록접수를 통지받은 날로부터 20일 이내에 상고이유서를 상고법원에 제출하여야 한다(제379조 ①항). 상고이유서에는 소송기록과 원심법원의 증거조사에 표현된 사실을 인용하여 그 이유를 명시하여야 한다(동조 ②항). 상고이유서를 제출받은 상고법원은 지체 없이 그 부본 또는 등본을 상대방에게 송달하여야 한다(동조 ③항). 상대방은 이 송달받은 날로부터 10일 이내에 답변서를 제출할 수 있다(동조 ④항). 답변서를 받은 상고법원은 그 부본 또는 등본

---

79) 배종대/이상돈/정승환/이주원, 830; 이재상/조균석, 797.

을 상고인 또는 변호인에게 송달하여야 한다(동조 ⑤항).

2. 상고심의 심리

상고심의 심판에는 특별한 규정이 없는 한 항소심의 규정을 준용한다(제399조). 그러나 상고심은 법률심이므로 다음과 같은 특칙이 인정된다.

(1) 상고심의 변론

상고심에서는 변호인 아닌 자를 변호인으로 선임하지 못한다(제386조). 또한 변호인이 아니면 피고인을 위하여 변론하지 못한다(제387조). 검사와 변호인은 상고이유서에 의하여 변론하여야 한다(제388조). 변호인의 선임이 없거나 변호인이 공판기일에 출정하지 않은 경우는 필요적 변론사건을 제외하고는 검사의 진술만을 듣고 판결할 수 있다. 이 경우에 적법한 상고이유서의 제출이 있는 때에는 그 진술이 있는 것으로 간주한다(제389조). 또한 상고심은 법률심이므로 공판기일에 법률전문가가 아닌 피고인을 소환할 필요가 없다. 다만 법원사무관 등은 공판기일통지서를 피고인에게 송달하여야 한다(규칙 제161조 ①항).

(2) 상고심의 심판범위

상고심은 상고이유서에 포함된 사유에 관하여 심판하여야 한다. 그러나 제383조에 규정된 ① 판결에 영향을 미친 헌법·법률·명령 또는 규칙의 위반이 있을 때(제1호), ② 판결 후 형의 폐지나 변경 또는 사면이 있을 때(제2호), ③ 재심청구의 사유가 있을 때(제3호)의 경우는 상고이유서에 포함되지 않은 경우에도 직권으로 심판할 수 있다(제384조).

(3) 서면심리에 의한 판결의 허용

판결은 구두변론에 의하는 것이 원칙이지만, 상고심은 사후심의 성격과 소송경제를 고려하여 그 예외를 인정하고 있다. 즉 상고법원은 상고장·상고이유서 기타의 소송기록에 의하여 변론 없이 판결할 수 있다(제390조). 이와 같은 서면심리주의는 상고기각의 경우뿐만 아니라 원심판결을 파기하는 경우에도 적용된다.

3. 상고심의 재판

(1) 공소기각의 결정

공소기각의 결정에 해당하는 사유(제328조 ①항)가 있음에도 불구하고 원심법원이 실체판결을 한 경우에는 상고법원은 원심판결을 파기할 필요 없이 결정으로 공소기각을 하여야 한다(제382조). 이 결정으로 원심판결은 확정된다.

(2) 상고기각의 재판

(가) 상고기각의 결정

상고인이나 변호인이 상고이유서 제출기간 내에 상고이유서를 제출하지 아니한 때에는 결정으로 상고를 기각하여야 한다. 단 상고장에 이유의 기재가 있는 때에는 예외로 한다(제380조 ①항). 상고장 및 상고이유서에 기재된 상고이유의 주장이 제383조 각 호의 어느 하나의 사유에 해당하지 아니함이 명백한 때에는 결정으로 상고를 기각하여야 한다(동조 ②항). 상고제기가 법률상의 방식에 위반하거나 상고권소멸 후인 것이 명백함에도 불구하고 원심법원이 상고기각의 결정을 하지 아니한 때에는 상고법원은 결정으로 상고를 기각하여야 한다(제381조).

(나) 상고기각의 판결

심리결과 상고이유가 없다고 인정되면 판결로써 상고를 기각하여야 한다(제399조, 제364조 ④항).

(3) 원심판결파기의 판결

상고이유가 있는 때에는 판결로써 원심판결을 파기하여야 한다(제391조). 상고심에서 원심판결을 파기하는 경우 파기환송이 원칙이고, 파기자판은 예외에 속한다. 피고인의 이익을 위하여 원심판결을 파기하는 경우에 파기의 이유가 상고한 공동피고인에 공통되는 때에는 그 공동피고인에 대하여도 원심판결을 파기하여야 한다(제392조). 상고법원이 원심판결을 파기할 때에는 파기와 동시에 환송 · 이송 또는 자판을 하여야 한다.

(가) 파기환송

적법한 공소를 기각하였다는 이유로 원심판결 또는 제1심 판결을 파기하는 경우는 판결로써 사건을 원심법원 또는 제1심 법원에 환송하여야 한다(제393조). 또는 관할위반의 인정이 법률에 위반됨을 이유로 원심판결 또는 제1심 판결을 파기하는 경우에는 판결로써 사건을 원심법원 또는 제1심 법원에 환송하여야 한다(제395조). 이 외의 이유로 원심판결을 파기하는 때에도 자판하는 경우가 아니면 환송 또는 이송의 결정을 내려야 한다(제397조).

(나) 파기이송

관할의 인정이 법률에 위반됨을 이유로 원심판결 또는 제1심 판결을 파기하는 경우에는 판결로써 사건을 관할권이 있는 법원에 이송하여야 한다(제394조). 이 경우에 관할항소법원에 이송할 것인지 또는 제1심 법원으로 이송할 것인지는 관할위반이 어느 심급에서 있었는지에 따라 결정된다.

(다) 파기자판

상고법원은 원심판결을 파기할 경우에 해당 소송기록 그리고 원심법원과 제1심 법원이 조사한 증거로 충분히 판결할 수 있다고 인정되면 피고사건에 대해 직접 판결을 내릴 수도 있다(제396조 ①항). 이를 파기자판이라고 한다. 이 경우에도 불이익변경금지의 원칙이 적용되며(동조 ②항, 제368조), 자판의 내용으로는 유죄·무죄의 실체판결, 공소기각·면소의 형식판결이 포함된다.

(4) 재판서의 기재방법

상고심의 재판서에는 일반적 기재사항 외에 상고이유에 관한 판단을 기재하여야 한다(제398조). 이것은 법령해석의 통일이라는 상고심 기능과의 조화를 위한 것이다. 그 밖에 합의에 관여한 대법관의 의견도 기재하여야 한다(법원조직법 제15조).

4. 상고심판결의 정정

(1) 판결정정의 의의

상고심판결에 명백한 오류가 있는 경우에 이를 정정하는 것을 판결정정(判決訂正)이라고 한다(제400조 ①항). 상고심은 최종심이므로 선고와 함께 확정되기 때문에 원래 정정할 수 없는 것이 원칙이다. 그러나 판결의 적정을 위하여 형사소송법은 상고법원 자신이 판결에 대한 명백한 오류가 있는 경우에 이를 자체적으로 시정할 수 있도록 판결정정제도를 두고 있다.

(2) 정정의 사유와 대상

(가) 정정의 사유

정정사유는 판결내용에 오류가 있는 경우이다(제400조 ①항). 여기서 오류란, 위산(違算)·오기 기타 이와 유사한 잘못이 명백한 경우를 말한다. 예컨대 미결구금일수를 산입하지 않은 경우[80]를 말하며, 본적·성명 등과 같은 단순한 오기 등은 여기에 해당되지 않고 재판서경정(규칙 제25조)의 사유가 될 뿐이다.

(나) 정정의 대상

상고심판결뿐만 아니라 상고심결정도 정정의 대상이 된다. 예컨대 상고장에 상고이유의 기재가 있음에도 불구하고 상고이유서의 제출이 없다는 이유로 상고기각결정을 한 경우 그 결정을 정정할 수 있다.[81]

(3) 정정의 절차

상고법원은 직권 또는 검사·상고인이나 변호인의 신청에 의하여 판결을 정정할 수 있다(제400조 ①항). 신청은 판결의 선고가 있는 날로부터 10일 이내에 신청의 이유를 기재한 서면으로 하여야 한다(제400조 ②항, ③항). 정정은 판결에 의하여 변론 없이 할 수 있다. 또한 정정할 필요가 없다고 인정한 때에는 지체 없이 결정으로 신청을 기각하여야 한다(제401조).

Ⅳ. 비약적 상고

1. 비약적 상고의 의의

제1심 판결에 대한 항소를 제기하지 않고 직접 대법원에 상고하는 것을 비약상고(飛躍上告)라고 한다. 비약상고는 법령해석의 통일에 신속을 기하기 위하여 제

---

80) 대결 1987.5.12. 86초2703.
81) 대판 1979.11.30. 79도952.

2심을 생략한 것이다.

2. 비약적 상고의 요건

비약상고의 대상은 제1심 판결이므로 결정에 대해서는 비약상고가 허용되지 않는다. 또한 형사소송법은 비약상고의 이유로 다음과 같은 사유를 규정하고 있다(제372조). ① 원심판결이 인정한 사실에 대하여 법령을 적용하지 아니하였거나 법령의 착오가 있는 때(제1호), ② 원심판결이 있은 후 형의 폐지나 변경 또는 사면이 있는 때(제2호)에는 항소의 제기 없이 상고할 수 있다.

3. 비약적 상고의 제한

비약적 상고는 이로 인하여 상대방은 심급의 이익을 잃게 될 우려가 있으므로 상대방의 심급이익을 보호할 필요가 있다. 따라서 형사소송법은 비약적 상고를 한 사건에 대하여 항소가 제기된 때에는 상고의 효력을 잃도록 하고 있다(제373조). 여기서 항소는 비약적 상고를 제기한 자의 상대방이 제기한 항소를 말한다. 다만 항소취하나 항소기각결정이 있는 때에는 비약적 상고는 그 효력을 유지한다(동조 단서).

[70] 제2 항   고

Ⅰ. 항고의 의의와 종류

1. 개 념

항고는 법원의 결정에 대한 상소를 말한다. 결정은 판결에 이르는 과정에 있어서 절차상의 사항에 대한 종국 전의 재판이다. 따라서 결정에 대한 상소인 항고는 종국재판인 판결에 대한 상소와 구별된다. 판결에 대한 항소·상고는 언제나 허용되지만, 항고는 법률이 특별히 인정되는 경우에만 허용되고 그 절차도 간단하다.

2. 항고의 종류

항고는 일반항고와 재항고(특별항고)가 있다. 일반항고는 제1심법원의 결정에 대한 불복방법이고, 재항고는 항고법원 또는 고등법원의 결정에 대한 불복방법이다. 일반항고는 다시 불복기간에 대한 제한의 유무에 따라 보통항고와 즉시항고로 나누어진다. 즉시항고는 불복기간이 제한되어 있으며 법률에 명문의 규정이 있는 때에만 허용되는 항고이며, 보통항고는 즉시항고를 제외한 나머지 항고를 말한다.

Ⅱ. 일반항고

1. 보통항고

(1) 의 의

보통항고는 법원의 결정에 대한 일반적인 불복방법으로 즉시항고 이외의 항고를 말한다. 법원의 결정에 대해 불복이 있으면 항고할 수 있는 것이 원칙이지만, 형사소송법에 특별한 규정이 있는 경우는 보통항고가 허용되지 않는다(제402조).

(2) 보통항고가 허용되지 않는 경우

(가) 판결 전 소송절차에 대한 결정

법원의 관할 또는 판결 전의 소송절차에 관한 결정82)에 대하여는 특히 즉시항고할 수 있는 경우 외에는 항고하지 못한다(제403조 ①항). 이에 대한 불복은 종국재판에 대한 상소로 충분하기 때문이다. 그러나 구금·보석·압수나 압수물의 환부에 관한 결정 또는 감정하기 위한 피고인의 유치에 관한 결정에 대하여는 보통항고를 할 수 있다(동조 ②항). 이러한 강제처분으로 인한 권리침해의 구제는 종국재판에 대한 소송에 의하여 실효를 거둘 수 없기 때문이다.

---

82) 소송절차에 관한 결정으로 국선변호인청구를 기각하는 결정(대판 1993.12.3. 92모49), 공소장 변경허가에 관한 결정(대결 1987.3.28. 87모17), 국민참여재판으로 진행하기로 한 결정(대결 2009.10.23. 2009모1032) 등은 독립하여 항고할 수 없다.

(나) 성질상 항고가 허용되지 않는 결정

대법원의 결정에 대해서는 성질상 항고가 허용되지 않는다.[83] 대법원은 최종심이므로 그 재판에 대해서는 상소가 있을 수 없기 때문이다. 항고법원 또는 고등법원의 결정에 대하여도 보통항고를 할 수 없고 재항고만 허용된다(제415조).

2. 즉시항고

(1) 의 의

즉시항고는 명문의 규정이 있을 때만 허용되는 항고로서 그 제기기간도 3일로 제한되어 있다(제405조). 즉시항고를 제기하면 재판집행은 정지된다(제410조).

(2) 즉시항고의 허용범위

종국재판으로서의 결정에 대해서는 즉시항고가 허용된다. 공소기각결정(제328조 ②항), 상소기각결정(제360조 ②항, 제362조 ②항, 제376조 ②항), 약식명령에 대한 정식재판청구의 기각결정(제455조 ②항)이 여기에 속한다. 또한 기피신청기각결정(제23조), 구속취소결정(제97조 ③항), 소용비용부담결정(제192조 ②항, 제193조 ②항) 등이 이에 해당한다.

Ⅲ. 재항고

1. 재항고의 의의

재항고는 항고법원 또는 고등법원의 결정에 대하여 대법원에 하는 항고를 말한다(법원조직법 제14조 2호). 항소법원의 결정에 대한 불복도 재항고의 방법에 의한다.[84] 고등법원이나 항소법원의 결정에 대한 항고는 사전의 항고를 전제로 하지 않는다는 점에서 재항고라고 할 수 없으나, 관할법원이 모두 대법원이고 효과가 동일하다는 점에서 양자를 합쳐서 통상 재항고 또는 특별항고라고 한다.

---

83) 대결 1987.1.30. 87모4.
84) 대결 2002.9.27. 2002모6.

2. 재항고의 대상과 절차

항고법원·고등법원의 결정 또는 항소법원의 결정에 대하여는 원칙적으로
항고할 수 없지만, 재판에 영향을 미친 헌법·법률·명령 또는 규칙의 위반이 있
음을 이유로 하는 때에 한하여 대법원에 즉시항고를 할 수 있다(제415조). 재항고
는 즉시항고이다. 따라서 재항고의 절차는 즉시항고의 경우와 같다.

Ⅳ. 항고심의 절차

1. 항고의 제기

(1) 항고의 제기방법

항고는 항고장에 항고이유를 기재하여 원심법원에 제출하여야 한다(제406조).
즉시항고의 제기기간은 3일이며(제405조), 보통항고는 기간제한이 없으므로 언제
든지 할 수 있다.

(2) 원심법원의 조치

(가) 항고기각결정

항고의 제기가 법률상의 방식에 위반하거나 항고권 소멸 후인 것이 명백한
때에는 원심법원은 결정으로 항고를 기각하여야 한다(제407조 ①항). 이에 대해서
는 즉시항고를 할 수 있다(동조 ②항).

(나) 경정결정

원심법원은 항고가 이유 있다고 인정한 때에는 결정을 경정(更正)하여야 한다
(제408조 ①항). 결정의 경정이란 원결정 자체를 취소하거나 변경하는 것을 말한다.
판결에 대한 상소절차에서는 원심법원이 원판결을 다시 고칠 수 없으나 항고절차
에서는 스스로 원결정을 고칠 수 있도록 하고 있다. 공소기각결정, 항소기각결정,
상고기각결정과 같은 종국적 재판도 원심법원은 경정결정을 할 수 있다.

(다) 항고장 · 소송기록의 송부

원심법원은 항고의 전부 또는 일부가 이유 없다고 인정한 때에는 항고장을

받은 날로부터 3일 이내에 의견서를 첨부하여 항고법원에 송부하여야 한다(제408조). 또한 원심법원이 필요하다고 인정한 때에는 소송기록과 증거물을 항고법원에 송부하여야 한다(제411조 ①항).

(3) 항고제기의 효과

즉시항고의 제기기간 내에 그 제기가 있는 때에는 재판의 집행은 정지된다(제410조). 그러나 보통항고에는 재판의 집행을 정지하는 효력이 없다. 단 원심법원 또는 항고법원은 결정으로 항고에 대한 결정이 있을 때까지 집행을 정지할 수 있다(제409조).

2. 항고심의 심판

(1) 항고심의 심리

항고심에서는 항고인이 항고이유로 주장한 사유만이 심사대상이 되는 것이 아니라 그 이외의 사유에 대해서도 직권으로 심사할 수 있다. 항고심은 결정을 위한 심리절차이므로 구두변론에 의하지 않을 수 있다(제37조 ②항). 항고심은 사실과 법률을 모두 심사할 수 있고, 증인을 신문하거나 감정을 명할 수도 있다(규칙 제24조 ①항). 또한 검사는 항고사건에 대하여 의견을 진술할 수 있다(제412조).

(2) 항고심의 재판

(가) 항고기각의 결정

항고법원은 항고제기가 법률상의 방식에 위반하였거나 항고권이 소멸 후인 것이 명백한 경우에 원심법원이 항고기각의 결정을 하지 아니한 때에는 결정으로 항고를 기각하여야 한다(제413조). 또한 항고를 이유 없다고 인정한 때에는 결정으로 항고를 기각하여야 한다(제414조 ①항).

(나) 항고인용의 결정

항고를 이유 있다고 인정한 때에는 결정으로 원심결정을 취소하고 필요한 경우에는 항고사건에 대하여 직접재판을 하여야 한다(제414조 ②항).

3. 결정에 대한 불복

항고법원의 결정에 대하여는 대법원에 재항고할 수 있다(제415조). 재항고는 즉시항고이므로 그 기간을 준수하여야 한다.

Ⅴ. 준항고

1. 준항고의 의의

준항고는 재판장 또는 수명법관의 재판이나 수사기관의 처분에 대하여 그 소속법원에 또는 관할법원에 취소 또는 변경을 청구하는 불복신청방법이다. 준항고는 상급법원에 대한 구제신청이 아니므로 엄격한 의미에서 상소가 아니지만, 실질적으로는 항고에 준하는 성격이 있음을 고려하여 항고에 관한 규정을 준용한다(제419조).

2. 준항고의 종류

준항고는 ① 재판장 또는 수명법관의 일정한 재판에 대한 준항고(제416조)와 ② 수사기관의 처분에 대한 준항고(제417조)로 구분할 수 있다. 앞의 준항고는 법관의 재판에 대한 불복방법이라는 점에서 항고에 가깝고, 뒤의 준항고는 행정소송에 더 가깝다고 할 수 있다. 다만 수탁판사에 대한 재판은 준항고의 대상이 아니므로 본래의 항고가 문제될 뿐이다.[85] 또한 수사절차에서 지방법원판사가 행한 영장기각재판도 수소법원을 전제로 한 재판장 또는 수명법관이 행하는 재판이 아니므로 준항고가 허용되지 않는다.[86]

3. 준항고의 대상

(1) 재판장 또는 수명법관의 재판

재판장 또는 수명법관의 재판에 대하여 준항고가 허용되는 경우로는 ① 기피신청을 기각한 재판, ② 구금 · 보석 · 압수 또는 압수물환부에 관한 재판, ③ 감

---

85) 대결 1986.7.12. 86모25.
86) 대판 2006.12.18. 2006모646.

정하기 위하여 피고인의 유치를 명한 재판, ④ 증인·감정인·통역인 또는 번역인에 대하여 과태료 또는 비용의 배상을 명한 재판 등이 있다(제416조 ①항).

(2) 수사기관의 처분

검사 또는 사법경찰관의 구금·압수 또는 압수물환부에 관한 처분, 변호인의 참여 등에 관한 처분에 대하여 불복이 있으면 그 직무집행지의 관할법원 또는 검사의 소속 검찰청에 대응한 법원에 그 처분의 취소 또는 변경을 청구할 수 있다(제417조).

4. 준항고의 절차

준항고의 청구는 서면으로 관할법원에 제출하여야 한다(제418조). 법관의 재판에 대한 준항고의 청구는 재판의 고지가 있는 날로부터 3일 이내에 하여야 하며(제416조 ③항), 지방법원이 청구를 받은 때에는 합의부에서 결정하여야 한다(동조 ②항). 그 밖에 보통항고와 집행정지(제409조), 항고기각의 결정(제413조), 항고기각과 항고이유인정(제414조), 재항고(제415조)의 규정은 준항고의 청구에 대하여 준용된다(제419조).

제 2 장

비상구제절차 · 특별절차

제1절   비상구제절차

[71] 제1 재   심

Ⅰ. 재심의 의의와 근거

1. 개 념

재심은 유죄의 확정판결에 중대한 사실오인이 있는 경우에 이를 시정하기 위하여 인정되는 비상구제절차를 말한다. 확정판결에 대한 비상구제절차라는 점에서 미확정재판에 대한 구제절차인 상소와 구별된다. 그리고 재심(제420조)은 사실오인을 시정하기 위한 비상구제절차인 점에서 법령위반을 이유로 검찰총장이 청구하고 판결의 효력도 원칙적으로 피고인에게 미치지 않는 비상상고(제441조)와도 구별된다.

2. 이론적 근거

(1) 이익재심제도

현행 형사소송법은 '유죄의 확정판결에 대하여 그 선고를 받은 자의 이익을 위하여(제420조)', 항소 또는 상고의 기각판결에 대해서는 '그 선고를 받은 자의 이익을 위하여(제421조 ①항)' 재심을 청구할 수 있다고 규정하고 있다. 따라서 확정판결을 받은 자에게 불이익이 되는 재심은 인정되지 않는다. 이것을 이익재심(利益再審)이라고 하며 그 근거에 관하여 견해의 대립이 있다.

(2) 재심제도의 근거

(가) 입법정책설

재심은 법적 안정성을 해치지 않는 범위 안에서 실질적 정의를 실현하는 제도라고 보는 견해[87]이다. 유죄판결이 확정된 자의 구제는 정의의 요청에서 비롯된다. 현행법상 이익재심은 바로 이 설에 근거를 두고 있다.

(나) 헌법적 근거설

헌법이 규정한 적법절차의 원칙(동법 제12조 ①항)과 일사부재리의 원칙(동법 제13조 ①항)에서 재심제도의 근거를 구하는 견해[88]이다. 재심은 단순히 판결내용을 시정하는 제도가 아니라 공정한 재판을 받을 권리에 기초하여 피고인의 인권보장이념을 실현하기 위한 제도이며, 현행법상 이익재심은 일사부재리의 원칙을 내포하고 있는 이중위험금지의 원칙의 당연한 귀결이라고 한다.

II. 재심의 구조와 대상

1. 재심의 구조

재심은 유죄의 확정판결에 사실인정의 오류가 있다고 인정되는 경우에 이를 공판절차에서 다시 심판하는 절차이다. 따라서 재심의 구조는 ① 재심이유의 유

---

87) 신양균, 1086; 이재상/조균석, 810; 임동규, 789; 정웅석/백승민, 906.
88) 신동운, 1571; 이은모, 909.

무를 심사하여 다시 심판할 것인지 여부를 결정하는 재심개시절차와 그 후 ② 다시 동일한 심급의 공판절차로 심판하는 재심심판절차라는 2단계 구조를 취하고 있다. 재심개시절차는 결정의 형식으로 그리고 재심심판절차는 통상의 공판절차와 동일한 종국재판의 형식에 의하여 종결된다. 다만 재심심판절차는 재차심판이 진행되는 심급의 공판절차와 거의 동일하므로 결국 재심개시절자가 재심절차의 핵심이 된다.

2. 재심의 대상

(1) 유죄의 확정판결

형사소송법은 이익재심만을 인정하므로 재심의 대상은 원칙적으로 유죄의 확정판결에 한정된다(제420조). 따라서 무죄판결·면소판결·공소기각판결·관할위반의 판결 등은 그 판결에 중대한 사실오인이 있다고 하더라도 재심의 대상이 되지 않는다. 또한 판결만이 재심의 대상이 되므로 판결이 아닌 재판(공소기각결정·항고기각결정)은 재심의 대상이 될 수 없다.

유죄판결에는 정규의 유죄판결뿐만 아니라 그 밖에 확정판결의 효력이 부여되는 약식명령(제457조), 즉결심판(즉결심판법 제16조), 경범죄처벌법(동법 제7조 ③항) 및 도로교통법(동법 제119조 ③항)에 의한 범칙금의 납부 등도 포함된다.

(2) 상소기각판결

재심은 확정된 유죄판결뿐만 아니라 항소 또는 상고를 기각한 판결도 그 대상이 된다(제421조 ①항). 여기서 항소기각판결 또는 상고기각판결이라 함은 상고기각판결에 의하여 확정된 하급심판결을 의미하는 것이 아니라, 항소기각 또는 상고기각판결 그 자체를 의미한다.[89] 다만 상소기각의 판결에 대한 재심청구는 제420조 1호, 2호, 7호에 해당하는 사유가 있는 경우에만 가능하다(제421조 ①항).

---

89) 대결 1984.7.27. 84모48.

Ⅲ. 재심이유

재심은 예외적인 비상구제절차이므로 형사소송법은 그 예외가 허용되는 이유에 관하여 개별적으로 열거하고 있으며(제420조), 이러한 재심이유는 일반적으로 허위증거에 의한 재심이유와 신증거에 의한 재심이유로 구분할 수 있다.

1. 유죄의 확정판결에 대한 재심

(1) 허위증거에 의한 재심이유

형사소송법이 규정하고 있는 허위증거에 의한 재심이유에는 다음과 같은 경우가 있다. 즉 ① 원판결의 증거된 서류 또는 증거물이 확정판결에 의하여 위조 또는 변조된 것이 증명된 때(제1호), ② 원판결의 증거된 증언 · 감정 · 통역 또는 번역이 확정판결에 의하여 허위인 것이 증명된 때(제2호), ③ 무고로 인하여 유죄의 선고를 받은 경우에 그 무고의 죄가 확정판결에 의하여 증명된 때(제3호), ④ 원판결의 증거된 재판이 확정재판에 의하여 변경된 때(제4호), ⑤ 저작권 · 특허권 · 실용신안권 · 의장권 또는 상표권을 침해한 죄로 유죄의 선고를 받은 사건에 관하여 그 권리에 대한 무효의 심결 또는 무효의 판결이 확정된 때(제6호), ⑥ 원판결 · 전심판결 또는 그 판결의 기초된 조사에 관여한 법관, 공소의 제기 또는 그 공소의 기초된 수사에 관여한 검사나 사법경찰관이 그 직무에 관한 죄를 범한 것이 확정판결에 의하여 증명된 때(제7호) 등이다.

이러한 이유들은 확정판결에 의하여 증명되지 않으면 안 된다. 확정판결은 동조 4호를 제외하고는 형사확정판결에 제한된다. 여기서 형사확정판결이란 반드시 유죄판결임을 요하지 않고, 구성요건에 해당하는 사실이 증명된 때에는 위법성 또는 책임이 조각된다는 이유로 무죄판결이 선고된 경우에도 포함된다고 하여야 한다.

(2) 신증거에 의한 재심이유

형사소송법 제420조 5호는 '유죄의 선고를 받은 자에 대하여 무죄 또는 면소를, 형의 선고를 받은 자에 대하여 형의 면제 또는 원판결이 인정한 죄보다 경한 죄를 인정할 명백한 증거가 새로 발견된 때'를 재심이유로 규정하고 있다. 그 적

용범위를 살펴보면 다음과 같다. 즉 ① 유죄의 선고를 받은 자에 대하여 무죄 또
는 면소를 선고할 경우로 한정하고 있으므로 공소기각의 판결을 선고할 경우는
포함되지 않는다.[90] ② 형의 면제는 필요적 면제만을 의미하고,[91] 경한 죄라 함
은 법정형이 경한 다른 죄를 의미하므로, 양형의 자료에 변동을 가져오는데 지나
지 않는 것은 포함되지 않는다.[92] 또한 ③ '명백한 증거가 새로 발견된 때'란 증
거가 새로 발견된 것을 의미하며, 그 증거가 명백하여 사실인정의 오류를 밝혀줄
수 있는 증거를 말하기 때문에 법률적용의 오류에 관한 것은 제외된다. 여기서
새로운 증거의 증거능력에 대해 견해의 대립이 있으나, 엄격한 증명의 경우에는
증거능력을 요하지만, 자유로운 증명의 경우에는 증거능력을 요하지 않는다고 하
는 다수설[93]의 입장이다.

2. 상고기각의 확정판결에 대한 재심

항소 또는 상고의 기각판결에 대하여는 제420조 1호 · 2호 · 7호의 이유가 있
는 경우에 한하여 그 선고를 받은 자의 이익을 위하여 재심을 청구할 수 있다(제
421조 ①항). 여기서 항소 또는 상고기각의 판결이라 함은, 항소 또는 상고기각판
결에 의하여 확정된 제1심 또는 항소심 판결을 의미하는 것이 아니고 항소기각
또는 상고기각판결 자체를 의미한다. 그러나 제1심 판결에 대한 재심청구사건의
판결이 있은 후에는 항소기각판결에 대하여 다시 재심을 청구하지 못하며(동조 ②
항), 제1심 또는 제2심의 확정판결에 대한 재심청구사건의 판결이 있은 후에는 상
고기각의 판결에 대하여 다시 재심을 청구하지 못한다(동조 ③항).

3. 확정판결에 대신하는 증명

확정판결로써 범죄가 증명됨을 재심청구의 이유로 할 경우에 그 확정판결을
얻을 수 없는 때에는 그 사실을 증명하여 재심의 청구를 할 수 있다. 다만 증거가
없다는 이유로 확정판결을 얻을 수 없는 때에는 예외로 한다(제422조). 이것은 확
정판결에 의하여 범죄나 증거의 허위 등을 증명할 수 없는 경우에 다른 방법으로
사실을 증명하여 재심을 청구할 수 있도록 한 것이다.

---

90) 대결 1986.8.28. 86모15.
91) 대결 1984.5.30. 84모32.
92) 대결 1992.8.31. 92모31.
93) 배종대/이상돈/정승환/이주원, 856; 이재상/조균석, 815.

여기서 확정판결을 얻을 수 없다는 것은 유죄판결을 할 수 없는 사실상 또는 법률상의 장애가 있는 경우를 말한다. 예컨대 공소시효의 완성, 범인이 사망, 행방불명, 심신상실의 상태, 범인을 기소유예 처분한 경우 등으로 유죄판결의 선고를 받을 수 없는 사실상 또는 법률상의 장애가 있는 경우를 말한다.

Ⅳ. 재심절차

1. 재심의 관할

재심의 청구는 원판결의 법원이 관할한다(제423조). 여기서 원판결이란, 재심청구인이 재심청구의 대상으로 삼은 판결을 말한다. 따라서 재심청구인이 제1심 판결을 재심청구의 대상으로 하는 경우에는 제1심 법원이, 상소기각판결이면 상소법원이 재심청구사건을 관할한다. 그러나 대법원이 제2심 판결을 파기하고 자판한 판결에 대한 재심청구는 원판결을 선고한 대법원에 하여야 한다.[94]

2. 재심의 청구

(1) 재심청구권자

(가) 검 사

검사는 공익의 대표자로서 유죄의 선고를 받은 자의 이익을 위하여 재심을 청구할 수 있다(제424조 1호). 또한 법관·검사 또는 사법경찰관의 직무상 범죄를 이유로 재심을 청구하는 경우(제420조 7호)에 유죄선고를 받은 자가 그 죄를 범하게 한 경우에는 검사가 아니면 재심을 청구하지 못한다(제425조). 검사는 유죄의 선고를 받은 자의 의사에 반하여도 재심을 청구할 수 있다.

(나) 유죄의 선고를 받은 자 등

유죄의 선고를 받은 자와 그 법정대리인도 재심을 청구할 수 있다(제424조 2호, 3호). 그리고 유죄판결을 선고받은 자가 사망하거나 심신장애가 있는 경우에는 그 배우자·직계친족 또는 형제자매(동조 4호) 등도 청구할 수 있다.

---

94) 대결 1961.12.4. 4294형항20.

(다) 변호인

검사 이외의 자가 재심청구를 하는 경우에는 변호인을 선임할 수 있다(제426 조 ①항). 이 경우 변호인도 대리권에 의하여 재심을 청구할 수 있다.

(2) 재심청구의 시기

재심청구의 시기는 제한이 없다. 따라서 판결이 확정된 후라면 형의 집행을 종료하거나 형의 집행을 받지 아니하게 된 때에도 재심을 청구할 수 있다(제427 조). 또한 형면제의 판결이나 집행유예기간의 경과에 따라서 형의 선고가 실효된 경우에도 재심청구는 가능하다.

(3) 재심청구의 방식

재심의 청구는 재심청구의 취지 및 재심청구의 이유를 구체적으로 기재한 재심청구서에 원판결의 등본 및 증거자료를 첨부하여 관할법원에 제출하여야 한 다(규칙 제166조). 재소자는 재심청구서를 교도소장에게 제출하면 재심을 청구한 것으로 간주한다(제430조).

(4) 재심청구의 효과

재심청구는 형의 집행을 정지하는 효과가 없다. 다만 관할법원에 대응한 검 찰청 검사는 재심청구에 대한 재판이 있을 때까지 형의 집행을 정지할 수 있다(제 428조).

(5) 재심청구의 취하

(가) 취하의 방식

재심청구는 서면으로 취하할 수 있다. 다만 공판정에서는 구술로 할 수도 있 다. 구술로 취하한 때에는 그 사유를 조서에 기재하여야 한다(제429조, 규칙 제167 조). 재소자가 교도소장에게 취하서를 제출한 때에는 재심청구를 취하한 것으로 간주한다(제430조). 다만 재심청구를 취하한 자는 동일한 이유로 다시 재심을 청구 하지 못한다(제429조 ②항).

(나) 취하시기

취하시기에 관하여 재심개시결정시설과 재심의 제1심 판결선고시설의 대립이 있으나, 재심청구의 취하시기를 공소취소의 시기와 구별할 이유가 없기 때문에 제1심 판결선고시설이 타당하다.[95]

3. 재심청구에 대한 심리와 재판

(1) 재심청구의 심리

(가) 심리의 방법

재심청구에 대한 심리는 판결절차가 아니라 결정절차이므로 구두변론을 요하지 않으며(제37조 ②항), 절차도 공개할 필요가 없다. 즉 공판심리절차가 아니므로 당사자소송구조를 갖지 아니한다. 그러나 재심청구를 받은 법원은 필요한 때에 사실을 조사할 수 있으며(제37조 ③항), 사실조사의 범위는 재심청구인이 재심청구이유로 주장한 사실의 유무로 제한된다.

(나) 당사자의 의견진술기회

재심의 청구에 대하여 결정을 함에는 청구한 자와 상대방의 의견을 들어야 한다(제432조). 단 유죄선고를 받은 자의 법정대리인이 재심을 청구한 경우는 유죄선고를 받은 자의 의견을 들어야 한다(동조 단서). 이 경우에 청구한 자와 상대방에게 의견진술의 기회를 주면 충분하고 반드시 의견진술이 있을 것을 요하지 않는다.[96]

(2) 재심청구에 대한 재판

(가) 청구기각의 결정

법원은 재심청구가 부적법한 경우(제433조), 재심청구가 이유 없는 경우(제434조), 재심청구가 경합하는 경우(제436조)에는 청구기각결정을 하여야 한다.

ⅰ) 재심청구가 부적법한 경우

재심청구가 법률상의 방식에 위반하거나 청구권의 소멸 후인 것이 명백한 경우는 결정으로 이를 기각하여야 한다(제433조). 예컨대 재심청구취지 및 재심청구

---

95) 배종대/이상돈/정승환/이주원, 864; 신양균, 1105; 이재상/조균석, 822.
96) 대판 1982.11.15. 82모11.

이유를 구체적으로 기재하지 않거나 원판결의 등본 및 증거자료를 첨부하지 않는 경우 또는 재심청구를 취하한 후 동일한 이유로 다시 재심을 청구한 경우 등이다.

ⅱ) 재심청구가 이유 없는 경우

재심청구가 이유 없는 것으로 인정될 때에는 결정으로 그 청구를 기각하여 야 한다(제434조 ①항). 이 결정이 있는 경우는 누구든지 동일한 이유로 다시 재심 을 청구하지 못한다. 따라서 동일한 이유로 재심청구를 하면 청구권소멸 후의 청 구로 기각된다(제433조).

ⅲ) 청구의 경합과 소송절차의 정지

상고를 기각하는 확정판결과 이에 따라 확정된 하급심의 판결에 대하여 각 각 재심의 청구가 있는 경우에 상급법원은 결정으로 하급심법원의 소송절차가 종 료할 때까지 소송절차를 정지하여야 한다(규칙 제169조). 하급심법원이 재심청구를 받아들여 재심판결을 한 때에는 상소기각판결을 한 법원은 재심청구를 기각하여 야 한다(제436조).

(나) 재심개시결정

재심의 청구가 이유 있다고 인정한 때에는 재심개시의 결정을 하여야 한다 (제435조 ①항). 법원이 청구의 이유 유무를 판단함에 있어서 재심청구인의 사실에 관한 주장에는 구속되지만 법률적 견해에 구속받지 않는다.[97] 재심의 개시결정을 할 때에는 결정으로 형의 집행을 정지하여야 한다(동조 ②항).

경합범 중 일부의 범죄사실에 대하여만 재심청구가 이유 있다고 인정되는 경우에 경합범 전부에 대하여 재심개시결정을 해야 하는지에 대해 견해가 대립되 어 있다. 다수설[98]과 판례[99]는 판결 전부에 대하여 재심개시결정을 해야 하지만 재심사유가 없는 부분에 대해서는 양형을 위하여 필요한 범위에서만 심리할 수 있다고 한다.

(3) 결정에 대한 불복

재심결정에 대한 기각결정과 재심개시결정에 대해서는 즉시항고할 수 있다 (제437조). 따라서 재심청구의 재판은 즉시항고에 의하지 않고는 취소할 수 없다.

---

97) 배종대/이상돈/정승환/이주원, 866; 신양균, 1109; 이재상/조균석, 824.
98) 손동권/신이철, 794; 이재상/조균석, 824.
99) 대판 2001.7.13. 2001도1239.

다만 대법원의 결정에 대하여는 즉시항고할 수 없다. 재심개시결정은 3일의 즉시 항고기간(제405조)이 경과하거나 즉시항고가 기각된 때에 확정된다.

V. 재심심판절차

1. 재심의 공판절차

재심개시의 결정이 확정된 사건에 대하여 법원은 그 심급에 따라 다시 심판하여야 한다(제438조 ①항). 이는 법원의 의무사항으로 재심개시결정이 확정된 이상 개시 결정이 부당한 경우에도 법원은 당해 사건을 심판하지 않으면 안 된다.[100] 여기서 ① '심급에 따라'란, 제1심 확정판결에 대한 재심의 경우는 제1심 공판절차에 따라, 항소심에서 파기자판된 확정판결에 대하여는 항소심절차에 따라, 그리고 항소기각 또는 상고기각의 확정판결에 대해서는 항소심 또는 상고심의 절차에 따라서 각각 심판한다는 의미이다. 따라서 재심판결에 대해서 다시 상소하는 것도 가능하다. 또한 ② '다시 심판하여야 한다'는 것은, 원판결의 당부를 심사하는 것이 아니라[101] 피고사건 자체를 처음부터 새로 심판하는 것을 말한다. 따라서 다시 심판한 결과 원심판결과 동일한 결론에 이를 수도 있다.

2. 재심심판절차의 특칙

재심의 심판절차에 대해서는 당해 심급의 공판절차에 관한 규정이 준용되지만, 재심의 특수성에 비추어 다음과 같은 특칙이 인정된다.

(1) 공판절차의 정지와 공소기각의 결정

재심의 심판절차에서는 다음과 같은 경우에 공판절차의 정지와 공소기각의 결정에 관한 규정이 적용되지 않는다(제438조 ②항). 즉 ① 사망자 또는 회복할 수 없는 심신장애를 위하여 재심의 청구가 있는 때(제1호), ② 유죄선고를 받은 자가 재심의 판결 전에 사망하거나 회복할 수 없는 심신장애로 된 때(제2호) 등이다. 이와 같은 경우는 피고인이 출정하지 아니하여도 심판할 수 있다. 다만 변호인이

---

100) 대판 1960.10.7. 4293형상307; 2013.7.11. 2011도14044.
101) 대판 2015.5.14. 2014도2946.

출정하지 아니하면 개정하지 못한다. 따라서 재판장은 직권으로 변호인을 선임하여야 한다(동조 ③항, ④항).

(2) 공소취소와 공소장변경

공소취소는 제1심 판결의 선고 전까지 가능(제255조 ①항)하지만, 제1심 판결이 선고되어 확정된 이상 재심소송절차에서는 공소취소를 할 수 없다.[102] 다만 재심에도 불이익변경금지의 원칙이 적용되므로 공소장변경이 허용될 수 있는지에 관하여 학설이 대립되어 있으나, 원판결보다 중한 죄를 인정하기 위한 공소사실의 추가 · 변경은 허용되지 않는다고 하는 제한적 허용설이 다수설[103]의 입장이다.

3. 재심의 재판

(1) 불이익변경의 금지

재심의 본질인 이익재심에 따라 재심에는 원판결의 형보다 중한 형을 선고하지 못한다(제439조).

(2) 무죄판결의 공시

재심에서 무죄의 선고를 한 때에는 그 판결을 관보와 법원소재지의 신문지에 기재하여 공고하여야 한다(제440조). 이는 유죄선고를 받은 자의 명예회복을 위한 조치이다. 무죄판결공시는 무죄판결선고와 동시에 의무적으로 행하여야 한다.

(3) 재심판결과 원판결의 효력

재심판결이 확정되면 원판결은 당연히 그 효력을 잃는다. 그러나 재심판결이 확정된 경우에도 원판결에 의한 형의 집행까지 무효가 되는 것은 아니다. 따라서 원판결에 의한 자유형의 집행은 재심판결에 의한 자유형의 집행에 통산된다.[104]

---

102) 대판 1976.12.28. 76도3203.
103) 배종대/이상돈/정승환/이주원, 868; 이은모, 929; 이재상/조균석, 827; 임동규, 809; 차용석/최용석, 862.
104) 1991.7.26. 91재감도58.

[72] 제 2 비상상고

I. 비상상고의 의의

비상상고는 확정판결에 대하여 그 심판의 법령위반을 이유로 이를 시정하기 위하여 인정된 비상구제절차이다. 비상상고는 확정판결에 대한 구제절차라는 점에서 미확정판결의 시정방법인 상소와 구별된다. 또한 비상상고는 법령위반을 이유로 하지만, 재심은 사실오인을 그 이유로 한다는 점에서도 구별된다. 따라서 비상상고는 재심과 달리 신청권자가 검찰총장에 제한되고 관할법원은 대법원이며, 판결의 효력은 원칙적으로 피고인에게 미치지 않는다는 점에 특색이 있다.

II. 비상상고의 대상

1. 확정판결

비상상고는 재심과 다르게 모든 확정판결을 그 대상으로 한다(제441조). 따라서 확정판결은 유 · 무죄의 실체판결은 물론이고, 관할위반 · 공소기각 · 면소판결과 같은 형식재판도 포함된다. 당연무효의 판결에 대해서는 판결이 확정되었다고 하기 어렵고, 사건의 심리도 없으므로 비상상고의 대상이 되지 않는다고 볼 수도 있다. 그러나 일단 판결이 확정되어 존재하는 이상 법적 안정성의 관점으로부터 비상상고에 의하여 당연무효를 확인할 필요가 있기 때문에 그 대상이 된다.[105]

2. 판결 이외의 재판

약식명령(제457조), 즉결심판(동법 제16조), 경범죄처벌법(동법 제7조 ③항) 등은 판결의 형식이 아니지만 확정판결의 효력이 부여되기 때문에 비상상고의 대상이 되된다. 또한 공소기각의 결정 · 항소기각의 결정 · 상고기각의 결정[106] 등도 결정의 형식을 취하지만, 종국판결이라는 점에서 비상상고의 대상이 된다.

---

105) 신양균, 1116; 이재상/조균석, 829; 임동규, 812.
106) 대판 1963.1.10. 62오4.

Ⅲ. 비상상고의 이유

비상상고는 확정판결에 대한 사건의 심판이 법령에 위반한 때이다. 심판이란 심리와 판결을 의미하므로 절차법상의 위반(주로 심리절차)과 실체법상의 위반을 모두 포함한다(제446조). 따라서 비상상고의 이유는 판결의 법령위반과 소송절차의 위반이 포함된다. 여기서 판결의 법령위반과 소송절차의 법령위반에 대한 구별의 필요성과 사실오인으로 인하여 법령을 위반한 때에도 비상상고의 이유가 되는지가 문제된다.

1. 판결의 법령위반과 소송절차의 법령위반

형사소송법은 비상상고의 이유로 판결의 법령위반과 소송절차의 법령위반을 규정(제446조)하고 있으며, 양자는 대법원이 판시하는 재판형식에도 차이가 있다. 즉 판결의 법령위반은 원판결을 파기하여야 할 뿐만 아니라 원판결이 피고인에게 불이익한 때에는 다시 판결을 하여야 하지만, 소송절차의 법령위반은 그 위반된 절차를 파기하는데 그치기 때문에 양자를 구별할 필요성이 있다. 이에 관한 다수설[107]에 따르면, 판결내용에 직접 영향을 미치는 법령위반을 판결의 법령위반이라고 하고, 이외의 판결내용에 직접 영향을 미치지 않는 소송절차상의 법령위반을 소송절차의 법령위반이라고 하여 양자를 구별하고 있다.

2. 사실오인과 비상상고

비상상고는 심판의 법령위반을 이유로 하므로 단순한 사실오인에 대하여는 비상상고를 할 수 없다. 문제는 사실오인의 결과로 인하여 법령위반의 오류가 발생한 경우에 그 사실오류를 이유로 비상상고를 제기할 수 있는지 견해의 대립이 있다. 이에 대해서 법령위반이 소송법적 사실에 대한 오인으로 인한 때에는 비상상고의 이유가 되지만, 실체법적 사실의 오인으로 인한 때에는 비상상고의 이유가 되지 않는다는 절충설이 다수설[108]의 입장이다. 그러나 판례[109]는 피고인이 이미 사망한 사실을 알지 못하여 공소기각의 결정을 하지 않고, 유죄판결을 한

107) 배종대/이상돈/정승환/이주원, 873; 이재상/조균석, 831; 임동규, 812.
108) 배종대/이상돈/정승환/이주원, 876; 손동권/신이철, 798; 신동운, 1605; 임동규, 814; 정웅석/백승민, 937.
109) 대판 2005.3.11. 2004오2.

사건에 대해 비상상고의 이유가 될 수 없다고 판시하였다. 즉 사실오인에 의한 법령위반의 경우에는 그 오인의 기초가 된 사실이 실체법적 사실이던 소송법적 사실을 묻지 않고 비상상고를 인정하지 않고 있다.

Ⅳ. 비상상고의 절차

1. 비상상고의 신청

(1) 신청권자와 관할법원

검찰총장은 판결이 확정된 후 그 사건의 심판이 법령에 위반한 것을 발견한 때에는 대법원에 비상상고를 할 수 있다(제441조). 즉 비상상고의 신청권자는 검찰총장이며, 그 목적이 법령의 해석·적용의 통일성을 도모하려는 데 있으므로 관할법원은 대법원이 된다.

(2) 신청의 방식

비상상고를 함에는 그 이유를 기재한 신청서를 대법원에 제출하여야 한다(제442조). 신청서에는 비상상고의 대상인 확정판결을 특정하고 그 신청취지를 명시하여야 하나, 그 신청기간은 제한되어 있지 않다. 따라서 형의 시효완성, 형의 실효, 집행유예기간의 경과, 확정판결을 받은 자가 사망한 등의 사유가 발생한 경우에도 제기할 수 있다.

2. 비상상고의 심리

(1) 공판준비

대법원은 비상상고의 심리를 위하여 공판기일을 열어야 한다. 검사는 공판기일에 신청서에 의하여 진술하여야 하며(제443조), 이 공판기일에는 피고인을 소환할 필요가 없다. 비상상고의 공판절차에는 제1심의 공판절차에 관한 규정이 준용되지 않고, 상고심절차가 준용되는데 상고심의 공판기일에는 피고인을 소환할 필요가 없기 때문이다(제389조의2). 다만 변호인이 공판기일에 출석하여 의견을 진술할 수 있는지에 대하여 견해의 대립이 있으나, 비상상고가 피고인의 불이익 구제

기능도 있으므로 피고인의 이익을 위하여 의견을 진술할 수 있다고 해석하여야
한다.

(2) 사실조사

대법원은 신청서에 포함된 이유에 한하여 조사하여야 한다(제444조 ①항). 따
라서 비상상고에는 법원의 직권조사사항이 있을 수 없으므로 그 이외의 사항에
관하여 조사할 권한도 의무도 없다. 다만 법원의 관할, 공소의 수리와 소송절차에
관하여는 사실조사를 할 수 있다(동조 ②항).

3. 비상상고의 판결

(1) 기각판결

비상상고가 부적법하거나 이유 없다고 인정한 때에는 판결로써 이를 기각하
여야 한다(제445조).

(2) 파기판결

비상상고가 이유 있다고 인정한 때에는 대법원은 확정판결을 파기한다. 이
경우 파기판결의 종류는 다음과 같다.

(가) 판결의 법령위반

원판결이 법령에 위반한 때에는 그 위반된 부분을 파기하여야 한다(제446조 1
호). 이를 부분파기(部分破棄)라고 한다. 부분파기는 비상상고의 파기판결에서 원칙
이며, 이는 비상상고의 목적이 법령의 해석 · 적용의 통일에 있다는 점에서 비롯
된다. 또한 원판결이 피고인에게 불리한 때에는 원판결을 파기하고 그 피고사건
에 대하여 다시 판결한다(제446조 1호 단서). 이를 파기자판(破棄自判)이라고 한다.

(나) 소송절차의 법령위반

원심소송절차가 법령을 위반한 때에는 그 위반된 절차를 파기한다(제446조 2
호). 이 경우 원판결 자체의 파기가 아니라 위반된 절차만 파기된다. 즉 부분파기
를 하여야 한다.

(3) 비상상고에 대한 판결 효력

비상상고의 판결은 원판결이 피고인에게 불리하여 파기자판하는 경우가 아니면 그 효력이 피고인에게 미치지 않는다(제447조). 즉 부분파기의 경우에 판결주문은 그대로 효력을 가지며, 소송계속은 부활되지 않는다. 따라서 비상상고의 효력은 이론적 효력에 불과하다.

제 2 절   특별절차

[73] 제 1 약식절차

Ⅰ. 약식절차의 의의

1. 개 념

약식절차(略式節次)는 지방법원의 관할사건에 대하여 공판절차에 의하지 않고 검사가 제출한 자료만을 조사하여 약식명령으로 피고인에게 벌금·과료 또는 몰수의 형을 과하는 간편한 절차를 말한다. 약식절차에 의하여 형을 선고하는 재판을 약식명령(略式命令)이라고 한다. 약식절차는 ① 서면심리를 원칙으로 한다는 점에서 간이공판절차(제286조의2)와 구별되며, ② 청구권자가 검사라는 점에서 경찰서장의 청구에 의하여 진행되는 즉결심판절차(즉결심판법 제3조 ①항)와도 구별된다.

2. 기 능

약식절차는 비교적 경미한 범죄는 물론 대량화되어 가는 재산형 범죄를 간단하게 처리하여 공개재판에 따른 피고인의 사회적·심리적 부담을 덜어주기 위한 제도이다. 즉 약식절차의 간편성과 비공개성으로 인하여 피고인의 이익도 도모할 수 있으며, 실질적으로 국가의 형벌권을 제한한다는 점에서 그 제도적 의의를 찾을 수 있다.

Ⅱ. 약식절차의 청구

1. 청구권자

약식명령의 청구권자는 검사이다(제448조). 약식명령의 청구는 공소제기와 동시에 이루어지는 소송행위이므로 공소권자인 검사에게 그 청구권을 부여한 것이다. 이 점에서 경찰서장이 청구권자로 되어 있는 즉결심판과는 구별된다(즉결심판법 제3조 ①항).

2. 청구의 대상

약식명령을 청구할 수 있는 사건은 지방법원의 관할에 속하는 벌금·과료 또는 몰수에 해당하는 사건에 한정된다(제448조 ①항). 대상이 되는 범죄유형에 대하여 벌금형이 법정형으로 규정되어 있는 이상 벌금·과료 또는 몰수 등이 자유형과 함께 선택적으로 규정되어 있더라도 약식명령을 청구할 수 있다. 그러나 벌금·과료 또는 몰수 이외의 형을 선고하여야 하는 사건이나 또는 다른 형과 벌금·과료 또는 몰수에 병과하여야 하는 사건에 대해서는 약식명령을 청구할 수 없다.[110]

3. 청구의 방식

약식명령의 청구는 검사가 공소의 제기와 동시에 서면으로 하여야 한다(제449조). 따라서 약식명령의 청구는 공소제기와 이론상 별개의 소송행위이지만 양자가 동시에 이루어지므로 약식명령을 청구하면 당연히 공소를 제기한 것으로 간주된다. 즉 약식절차는 서면심리의 방식을 취하므로 약식명령청구서의 부본을 첨부할 필요가 없다. 그러나 이 경우 검사는 약식명령을 하는데 필요한 증거서류 및 증거물을 법원에 제출하여야 한다(규칙 제170조). 따라서 약식명령을 청구하는 경우는 공소장일본주의가 적용되지 않는다.

---

110) 배종대/이상돈/정승환/이주원, 882; 임동규, 819.

4. 약식명령의 청구와 공소취소와의 관계

공소를 취소하면 약식명령의 청구도 동시에 효력을 잃게 된다. 반대로 약식명령이 취소된 경우에 공소도 취소되는지에 대하여는 견해의 대립이 있다. 이론상 약식명령의 청구가 공소제기와 별개라는 점을 고려하면 약식명령의 청구만 취소하는 것도 허용된다고 보아야 하며, 그 취소는 공소의 취소와는 별개의 것으로 공소제기의 효력에 영향을 미치지 않는다고 보아야 한다.111)

Ⅲ. 약식절차의 심판

1. 법원의 사건심사

(1) 관 할

약식명령이 청구된 사건은 사건의 경중에 따라 지방법원합의부 또는 단독판사의 관할에 속한다. 일반적으로 약식사건이 합의부 관할사건과 관련사건인 경우는 합의부가 사건을 관할하게 된다. 약식명령을 청구받은 법원이 관할권이 없는 경우는 통상의 공판절차로 이행한 다음 판결로써 관할위반의 선고를 하여야 한다(제450조).

(2) 서면심사의 원칙

법원은 검사가 제출한 서류와 증거물을 기초로 약식명령의 청구에 관한 서면심사를 한다. 즉 약식절차에서는 서면심사의 원칙이 적용된다. 다만 서면조사만으로는 약식명령의 당부를 결정하기 어려운 경우에 약식절차의 본질을 해하지 않는 범위에서만 사실조사를 할 수 있다.112)

(3) 약식절차와 증거법칙

약식절차는 공판절차와 달리 서면심사를 원칙으로 하기 때문에 원칙적으로 공판기일의 심판절차에 관한 규정이 적용되지 않는다. 따라서 피고인신문을 요하

111) 배종대/이상돈/정승환/이주원, 883; 신양균, 1127; 이재상/조균석, 857; 임동규, 820.
112) 배종대/이상돈/정승환/이주원, 883; 임동규, 821.

지 않고, 증인신문 · 감정 · 검증 등 통상의 증거조사도 원칙적으로 행해지지 않는다. 그러나 자백배제법칙(제309조)과 자백의 보강법칙(제310조) 등은 공판정 · 공판기일의 심리와 무관하고, 위법수사배제를 위한 법적 장치이기 때문에 약식절차에도 적용되어야 한다.

2. 공판절차에의 이행

(1) 이행사유

약식명령의 청구가 있는 경우에 그 사건이 약식명령으로 할 수 없거나 약식명령으로 하는 것이 적당하지 않다고 인정한 때에는 공판절차에 의하여 심판하여야 한다(제450조). 이것을 공판절차에의 이행이라고 한다. 여기서 약식명령으로 할 수 없는 경우란, ① 법정형으로 벌금 · 과료 이외의 형벌이 규정되어 있는 죄에 대한 약식명령의 청구가 있거나, ② 무죄, 형면제의 판결 또는 면소 · 공소기각 또는 관할위반의 재판을 선고하여야 하는 사건의 경우 등이다. 한편 약식명령으로 하는 것이 부적당한 경우란, 법률상으로는 약식명령이 가능하지만 사건의 내용이 성질에 비추어 공판절차의 신중한 심판이 바람직하다고 판단되는 경우 등이다.

(2) 이행의 결정

이와 같은 공판절차에의 이행사유가 있는 경우에 법원은 별도의 결정을 해야 하는지에 대하여 현행법은 명문의 규정을 두고 있지 않다. 따라서 이에 관하여 학설이 대립되어 있지만, 다수설[113]은 절차의 명확성을 확보하기 위하여 정식재판회부의 결정을 필요로 한다고 한다.

(3) 이행 후의 절차

법원은 약식명령의 청구가 있는 사건에 대하여 공판절차로 이행을 결정한 경우는 즉시 그 취지를 검사에게 통지하여야 한다(규칙 제172조 ①항). 이 통지를 받은 검사는 5일 이내에 피고인 수에 상응하는 공소장 부본을 법원에 제출하여야 한다(동조 ②항). 또한 법원은 그 공소장부본을 지체 없이 피고인 또는 변호인에게 송달하여야 한다(동조 ③항). 이처럼 정식의 공판절차로 사건을 이행한 경우는 공

---

113) 배종대/이상돈/정승환/이주원, 885; 신동운, 1622; 신양균, 1131; 이은모, 947.

소장일본주의 취지에 비추어 검사가 공소와 동시에 제출한 증거서류와 증거물을 다시 검사에게 반환하여야 한다.

3. 약식명령

(1) 약식명령의 방식

(가) 약식명령의 발부와 고지

법원은 검사의 약식명령청구를 심리한 결과 약식명령으로 하는 것이 적당하다고 인정한 경우는 약식명령청구가 있은 날로부터 14일 이내에 약식명령을 하여야 한다(소송촉진법 제22조, 규칙 제171조). 약식명령에 의하여 과할 수 있는 형은 벌금·과료·몰수에 한정되며(제448조 ①항), 그 고지는 검사와 피고인에 대한 재판서의 송달에 의하여야 한다(제452조).

(나) 약식명령의 기재사항

약식명령을 할 때에는 범죄사실, 적용법령, 주형, 부수처분과 약식명령의 고지를 받은 날로부터 7일 이내에 정식재판을 청구할 수 있음을 명시하여야 한다(제451조). 여기서 범죄사실이란, 단순히 고발장에 기재된 범죄사실을 의미하는 것이 아니라, 제323조 제1항에 규정된 유죄판결의 이유에 명시될 범죄사실을 의미한다. 또한 약식명령에 의하여 과할 수 있는 형은 벌금·과료·몰수에 한하기 때문에, 무죄·면소·공소기각 또는 관할위반의 재판을 할 수는 없다. 검사의 약식명령청구서에는 벌금과 과료의 액이 기재되어 있는데 법원은 기재한 액수에 구속되지 않고 이를 변경할 수 있다.

(2) 약식명령의 효력

약식명령은 청구기간이 경과하거나 그 청구의 취하 또는 청구기각의 결정이 확정한 때에는 확정판결과 동일한 효력이 발생한다(제457조). 유죄의 확정판결과 동일한 효력이 있으므로 기판력과 집행력이 발생하며, 재심 또는 비상상고의 대상이 될 수 있다. 약식명령에 대한 기판력의 시간적 범위에 대해 발령시설과 고지설이 대립하고 있으나 판례[114]는 발령시설을 취하고 있다.

---

114) 대판 1994.8.9. 94도1318.

4. 정식재판의 청구

(1) 의 의

약식절차에 의하여 법원이 약식명령을 한 경우 그 재판에 불복이 있는 자가 정식재판절차에 의한 심판을 구하는 소송행위를 말한다. 상소가 원심판결에 대해 상급법원에 재판의 시정을 구하는 제도인 반면, 정식재판의 청구는 동일 심급의 법원에 대해 원재판의 시정을 구하는 제도라는 점에서 구별된다. 따라서 형사소송법은 약식명령의 성질에 반하지 않는 범위 내에서 상소에 관한 규정의 일부를 준용하고 있다(제458조).

(2) 절 차

(가) 정식재판의 청구권자

정식재판의 청구권자는 약식명령에 불복이 있는 검사와 피고인이다(제453조 ①항). 또한 피고인의 법정대리인은 피고인의 의사와 관계없이 정식재판을 청구할 수 있고, 피고인의 배우자 · 직계친족 · 형제자매 · 원심의 대리인 또는 변호인도 피고인의 명시적인 의사에 반하지 않는 한 독립하여 정식재판을 청구할 수 있다(제458조, 제340조, 제341조). 여기서 변호인의 정식재판청구권은 고유권이 아닌 독립대리권이라고 보아야 한다.

(나) 정식재판청구의 절차

정식재판의 청구는 약식명령의 고지를 받은 날로부터 7일 이내에 약식명령을 한 법원에 서면으로 하여야 한다. 이 경우 법원은 지체 없이 검사 또는 피고인에게 그 사유를 통지하여야 한다(제453조). 또한 정식재판의 청구는 공소불가분의 원칙에 반하지 않는 한 약식명령의 일부에 대하여도 할 수 있다(제458조 ①항, 제342조).

(다) 정식재판청구의 취하

정식재판의 청구권자는 제1심 판결의 선고 전까지 정식재판을 취하할 수 있다(제454조). 정식재판청구를 취하한 자는 다시 정식재판을 청구하지 못한다(제458조 ①항, 제354조).

5. 정식재판청구에 대한 재판

(1) 기각결정

정식재판의 청구가 법령상의 방식에 위반하거나 청구권의 소멸 후인 것이 명백한 때에는 결정으로 기각하여야 한다(제455조 ①항). 이 결정에 대하여는 즉시항고를 할 수 있다(동조 ②항).

(2) 공판절차에 의한 심판

정식재판의 청구가 적법한 때에는 공판절차에 의하여 심판하여야 한다(제455조 ③항). 이 경우는 약식명령에 구속되지 않고 사실인정, 법령적용과 양형에 관하여 법원은 자유롭게 판단할 수 있다. 또한 약식절차와 정식재판절차는 동일 심급의 소송절차이므로 약식절차에서의 변호인선임효력은 정식재판절차에서도 계속 유지되며, 불이익변경금지의 원칙도 적용된다. 그리고 약식명령을 한 판사가 정식재판에 관여한 경우에도 전심재판에 관여한 경우가 아니므로 제척사유로 되지 않고 기피사유(제18조)가 되는데 그친다.

(3) 약식명령의 실효

약식명령은 정식재판의 청구에 의한 판결이 있는 때에는 그 효력을 잃는다(제456조). 여기서 판결이란 확정판결을 의미하고, 실체재판과 형식재판을 포함한 종국재판이 그 대상이 되므로 공소기각의 결정도 포함된다고 보아야 한다. 또한 정식재판의 청구가 부적법한 경우에도 그 청구에 의하여 확정판결이 있는 때에는 약식명령은 실효된다. 그러나 청구기간이 경과된 경우는 약식명령이 확정되므로 정식재판이 있더라도 약식명령의 효력에 영향을 미치지 못한다.

[74] 제2 즉결심판절차

I. 즉결심판의 의의와 법적 성격

1. 즉결심판의 의의

즉결심판은 20만원 이하의 벌금·구료 또는 과료에 처할 경미한 범죄에 대하여 지방법원·지원 또는 시·군 법원의 판사가 공판절차에 의하지 아니하고「즉결심판에관한절차법」에 의해 신속하게 처리하는 심판절차를 말한다. 이와 같이 즉결심판절차는 경미한 사건에 대한 신속한 처리를 목적으로 하고 정식재판청구권이 보장되어 있다는 점에서 앞에서 서술한 약식절차와 유사하다. 다만 즉결심판의 경우는 경찰서장이 청구권자이고, 지방법원·지원 또는 시·군법원의 판사가 직접 피고인을 신문하며 구류를 과할 수 있다는 점에 특징이 있다.

2. 법적 성격

(1) 공판 전의 절차

즉결심판절차는 피고인의 청구에 의해 정식재판으로 이행될 수 있고, 법관이 기각결정을 하면 검사에게 사건이 송치되는 이른바 공판 전의 절차이다.[115] 다만 공개된 법정에서 구두주의와 직접주의를 원칙으로 법관이 피고인을 직접 심리한다는 점에서 약식절차보다는 공판절차에 가깝다고 할 수 있다.

(2) 특별 형사소송법

즉결심판절차는 형법상 형벌을 과하는 절차이고, 확정되면 확정판결과 동일한 효력이 부여된다(즉결심판법 제16조). 따라서 즉결심판에 관한 법은 특별형사소송법이라고 할 수 있다.

---

115) 배종대/이상돈/정승환/이주원, 892; 이재상/조균석, 864.

Ⅱ. 즉결심판의 청구

1. 청구권자

즉결심판의 청구권자로서 관할경찰서장 또는 관할해양경비안전서장은 법원에 즉결심판을 청구할 수 있다(동법 제3조 ①항). 이 경우 청구권자의 청구는 보통의 공판절차상 검사의 공소제기에 해당하는 소송행위이다. 따라서 약식절차에서는 약식명령청구와 동시에 공소제기를 하여야 하지만, 즉결심판청구에 있어서는 공소제기가 요구되지 않는다. 이러한 의미에서 경찰서장의 즉결심판청구는 검사의 기소독점주의에 대한 예외라고 할 수 있다.

2. 청구의 방식

(1) 즉결심판청구서의 제출

즉결심판청구서에는 피고인의 성명 기타 피고인을 특정할 수 있는 사항 · 죄명 · 범죄사실과 적용법조를 기재한 서면을 제출하여야 한다(동법 제3조 ②항). 이것은 공소장의 필요적 기재사항과 같다. 또한 약식절차에 있어서는 선고할 형을 검사가 미리 기재하여야 하지만 즉결심판에서는 선고할 형량을 기재하지 않는다.

(2) 서류와 증거물의 제출

경찰서장은 즉결심판청구와 동시에 즉결심판을 하는 데 필요한 서류와 증거를 판사에게 제출하여야 한다(동법 제4조). 이는 경미한 사건을 신속하게 처리하는 것을 목적으로 하는 즉결심판절차에서도 약식절차와 마찬가지로 공소장일본주의의 적용을 배제한 것이다.

(3) 관할법원

즉결심판의 관할법원은 지방법원 · 지원 또는 시 · 군법원이다(동법 제3조의2, 헌법재판소법 제34조). 지방법원 또는 그 지원판사는 소속지방법원장의 명령을 받아 소속법원의 사무와 관계없이 즉결심판청구사건을 심판할 수 있다(즉결심판법 제3조의2).

Ⅲ. 즉결심판청구사건의 심리

1. 판사의 심사와 경찰서장의 송치

(1) 판사의 심사와 기각결정

즉결심판의 청구가 있는 경우에 판사는 먼저 사건이 즉결심판하는 것이 적당한지 여부를 심사하고, 그 사건이 즉결심판에 부적당하다고 인정할 때에는 결정으로 그 청구를 기각하여야 한다(동법 제5조 ①항). 여기서 즉결심판에 부적당한 경우란 즉결심판하기에 필요한 실체법상 또는 절차법상의 요건을 구비하지 않은 경우를 말한다.

(2) 송치명령과 불기소처분

경찰서장은 즉결심판청구가 기각결정된 경우는 지체 없이 사건을 관할지방검찰청 또는 지청의 장에게 송치하여야 한다(동법 제5조 ②항). 이 경우 검사는 공소를 반드시 제기하여야 하는지에 대해 견해의 대립이 있다. 다수설[116]은 판사의 기각결정에 의하여 사건은 즉심판결 이전의 상태로 돌아갔다고 볼 수 있기 때문에 검사는 불기소처분을 할 수 있다고 한다.

2. 심리상의 특칙

(1) 심판기일의 절차

(가) 심리의 시기

판사는 심사결과 즉결심판이 적법하고 상당하다고 인정할 때에는 즉시 심판을 하여야 한다(동법 제6조). 따라서 통상의 공판준비절차 등은 생략된다. 그리고 여기서 즉시 심판하여야 한다는 의미는 즉시 기일을 열어 심판하여야 한다는 의미이지만, 그러나 필요한 경우는 기일을 속행하거나 변경하는 것이 허용된다고 보아야 한다.

(나) 심리의 장소

즉결심판의 심리와 재판의 선고는 공개된 장소에서 행하여야 한다. 다만 그

---

116) 배종대/이상돈/정승환/이주원, 894; 신양균, 1144; 이은모, 955; 이재상/조균석, 866.

법정은 경찰관서 이외의 장소임을 요한다(동법 제7조 ①항). 그러나 판사는 상당한 이유가 있는 경우는 개정 없이 피고인의 진술서와 경찰서장이 송부한 서류 또는 증거물에 의하여 심판할 수 있다. 이와 같이 서면심리를 허용하는 것은 즉결심판의 신속을 위한 것이다.

(다) 피고인의 출석

즉결심판에 있어서도 피고인의 출석은 개정요건이나 경찰서장의 출석은 요하지 않는다. 다만 벌금 또는 과료를 선고하는 경우는 피고인의 진술을 듣지 않고 형을 선고할 수 있다(동법 제8조의2 ①항). 그리고 피고인 또는 즉결심판출석통지서를 받은 자는 법원에 불출석심판을 청구할 수 있고, 법원이 이를 허가한 때에는 피고인이 출석하지 아니하더라도 심판할 수 있다(동조 ②항). 그러나 경찰서장의 출석은 요하지 않는다.

(라) 심리의 방법

즉결심판의 심리는 즉결심판원칙에 반하지 않는 한 공개된 법정에서 구두주의와 직접주의에 의하여 판사가 직권심리한다. 즉 판사는 피고인에게 피고사건의 내용을 고하고 변명할 기회를 주어야 하며, 필요하다고 인정할 때에는 적당한 방법에 의하여 재정하는 증거에 한하여 조사할 수 있다(동법 제9조 ②항).

(2) 증거에 대한 특칙

즉결심판절차에서도 증거재판주의나 자유심증주의 그리고 증거금지나 자백배제법칙과 같은 증거법의 일반원칙이 적용되지만, 제도의 특성에 따라 증거법에 대한 몇 가지 특칙이 인정된다. 즉 즉결심판절차에서는 ① 신속한 심리를 위해 통상의 증거조사방법에 의하지 않고, 증거조사의 대상도 경찰서장이 제출한 서류와 증거물 그리고 재정증거에 한정되며, ② 형사소송법 제312조 제2항과 제313조도 적용되지 않고, ③ 자백보강법칙이 적용되지 않으므로 피고인의 자백만으로 유죄를 인정할 수 있다.

(3) 형사소송법의 준용

즉결심판절차법은 특별한 규정이 없고 또 그 성질에 반하지 않는 한, 형사소송법규정을 즉결심판절차에 준용한다(동법 제19조). 따라서 즉결심판절차에서도 공개된 법정에서 구두주의와 직접주의의 방식에 의한 절차진행이 원칙이지만, 신속한 재판을 위해 직권주의에 의한 심리가 이루어져 당사자의 소송활동이 일정한 정도 제약될 수 있다.

Ⅳ. 즉결심판의 선고와 효력

1. 즉결심판의 선고

(1) 선고의 방식

즉결심판은 피고인이 출석한 경우는 선고의 방식에 의하고, 피고인 없이 심리한 경우는 즉결심판서등본의 교부에 의한다. 즉결심판으로 유죄를 선고한 경우는 형, 범죄사실과 적용법조를 명시하고 피고인에게 7일 이내에 정식재판을 청구할 수 있다는 것을 고지하여야 한다(동법 제11조 ①항).

(2) 선고할 수 있는 형

즉결심판으로 유죄를 선고하는 경우에 선고할 수 있는 형은 20만원 이하의 벌금 · 구류 또는 과료이다. 그러나 즉결심판사건에서는 약식명령과 달리 판사가 사건이 무죄 · 면소 또는 공소기각에 해당함이 명백하다고 인정할 때에는 이를 선고 · 고지할 수 있다(동법 제11조 ⑤항).

(3) 유치명령과 가납명령

판사는 구류의 선고를 받은 피고인이 일정한 주소가 없거나 또는 도망할 염려가 있을 때에는 5일을 초과하지 않는 범위 내에서 경찰서유치장에 유치할 것을 명령할 수 있다. 다만 그 기간이 선고기간을 초과할 수는 없고, 집행된 유치기간은 본형의 집행에 산입한다(동법 제17조 ①항, ②항). 또한 판사가 벌금 또는 과료를 선고하였을 때에는 노역장유치기간을 선고(형법 제70조)하여야 하고, 가납명령을 할 수 있다(즉결심판법 제17조 ③항). 유치명령과 가납명령은 선고와 동시에 집행력이 발생한다. 따라서 유치명령이 있는 구류는 정식재판을 청구하더라도 석방되지 않으며, 가납명령이 있는 경우는 벌금 또는 과료를 납부하지 않을 때에는 환형유치를 할 수 있다.

2. 즉결심판의 효력과 형의 집행

즉결심판은 정식재판청구기간의 경과, 정식재판청구권의 포기 또는 그 청구의 취하에 의하여 확정판결과 동일한 효력, 즉 집행력과 기판력이 생긴다. 또한 즉결심판에 의한 형은 경찰서장이 집행하고 그 집행결과를 지체 없이 관할검사에게 보고하여야 한다(동법 제18조 ①항). 구류는 경찰서유치장, 구치소 또는 교도소에서 집행한다. 단 구치소 또는 교도소에서 집행할 경우는 검사가 이를 지휘한다(동조 ②항).

V. 정식재판의 청구

1. 정식재판의 청구절차

(1) 청구권자

경찰서장과 즉결심판을 받은 피고인은 정식재판을 청구할 수 있다. 유죄를 선고받은 피고인은 정식재판을 청구할 수 있고, 경찰서장은 무죄 · 면소 · 공소기각이 선고 또는 고지된 경우에는 정식재판을 청구할 수 있다(동법 제14조 ①항, ②항).

(2) 청구의 방식과 기간

피고인이 정식재판을 청구하는 경우는 그 심판이 선고된 날 또는 심판서등본이 송달된 날로부터 7일 이내에 정식재판청구서를 경찰서장에게 제출하여야 하고, 경찰서장은 지체 없이 이 청구서를 판사에게 송부하여야 한다. 이 경우 경찰서장은 관할지방검찰청 또는 지청 검사의 승인을 얻어 정식재판청구서를 판사에게 제출하여야 한다(동법 제14조 ②항).

2. 정식재판의 청구 이후의 절차

판사는 정식재판청구서를 받은 날로부터 7일 이내에 경찰서장에게 정식재판청구서를 첨부한 사건기록과 증거물을 송부하고 경찰서장은 지체 없이 관할지방검찰청 또는 지청의 장에게 이를 송부하여야 하며, 그 검찰청 또는 지청의 장은 지체 없이 관할법원에 이를 송부하여야 한다(동법 제14조 ③항). 이 경우 검사는 공소장일본주의의 원칙에 따라 정식재판청구서와 즉결심판청구서만을 법원에 송부하여야 하며, 사건기록과 증거물은 공판기일에 제출하여야 한다고 해석하는 것이 타당하다.117)

3. 정식재판청구의 포기와 취하

정식재판청구의 포기나 취하에 대해서는 상소 및 약식절차에 관한 규정의 일부가 준용된다(동법 제14조 ④항). 따라서 정식재판청구권을 포기하거나 취하할 수 있고, 일부의 정식재판청구와 정식재판청구권의 회복청구도 인정된다(제342조, 제345조~제348조). 다만 정식재판청구의 취하는 제1심판결선고 전까지 할 수 있다(제454조).

[75] 제 3 배상명령절차

Ⅰ. 배상명령의 의의

배상명령절차는 범죄행위로 인하여 피해자에게 손해가 발생한 경우에 법원의 직권 또는 피해자의 신청에 의해 가해자인 피고인에게 손해배상을 명하는 절차를 말하며(소송촉진법 제25조), 이것을 부대소송(附帶訴訟) 또는 부대사소(附帶私訴)라고도 한다. 이것은 범죄인에게 배상을 하게 한다는 점에서, 국가가 생활보호차원에서 피해자에게 보상을 하는 「범죄피해자구제제도」와 구별된다.

배상명령제도의 취지는, ① 범죄행위로 인하여 손해배상청구권이 발생한 경우에 형사절차에서 민사상 손해배상까지 판단하게 하여 소송경제는 물론 피해자의 이익을 도모하기 위한 것이다. 반면 이와 같이 ② 형사판결과 피고인의 손해배상의무를 동시에 확정하는 것은 피고인의 사회복귀와 개선에도 도움이 된다.118)

---

117) 배종대/이상돈/정승환/이주원, 899; 이재상/조균석, 870.
118) 이재상/조균석, 872.

Ⅱ. 배상명령의 요건

1. 배상명령의 대상

배상명령은 일정한 피고사건에 대해 유죄를 선고하는 경우에 한해서만 인정된다. 따라서 무죄 · 면소 또는 공소기각의 재판을 할 때에는 배상명령을 할 수 없다. 배상명령을 할 수 있는 피고사건은 원칙적으로 상해죄, 중상해죄, 상해치사와 폭행치사상 및 과실치사상의 죄, 강간과 추행의 죄, 절도와 강도의 죄, 사기와 공갈의 죄, 횡령과 배임의 죄, 손괴의 죄가 그 대상이 된다(소송촉진법 제25조 ①항). 또한 이러한 범죄를 가중 처벌하는 특별법상의 범죄에 대해서도 배상명령을 할 수 있다. 그러나 이러한 범죄 이외의 피고사건에 대해서도 피고인과 피해자가 손해배상액에 합의한 경우에도 배상명령을 할 수 있다(동조 ②항). 이와 같이 피해범위의 존부와 판단을 용이하게 할 수 있는 범죄에 대해서만 배상명령을 할 수 있도록 하였다.

2. 배상명령의 범위

배상명령의 범위는 피고사건으로 인하여 직접 발생한 물적 피해와 치료비 손해 및 위자료 배상을 명할 수 있다(동법 제25조 ①항). 따라서 간접적인 손해의 배상은 포함되지 않는다. 단 합의가 있는 경우에는 가능하다(동조 ②항).

3. 배상명령의 불허사유

법원이 배상명령을 하여서는 안 되는 경우로는, ① 피해자의 성명 · 주소가 분명하지 아니한 때, ② 피해금액이 특정되지 아니한 때, ③ 피고인의 배상책임의 유무 또는 그 범위가 명백하지 아니한 때, ④ 배상명령으로 인하여 공판절차가 현저히 지연될 우려가 있거나 형사소송절차에서 배상명령을 하는 것이 상당하지 아니하다고 인정한 때에는 배상명령을 하여서는 안 된다(동조 ③항).

Ⅲ. 배상명령의 절차

1. 직권에 의한 배상명령

(1) 처분권주의의 예외

법원은 직권으로 배상명령을 할 수 있다(소송촉진법 제25조 ①항). 손해배상은 사법상의 권리임에도 불구하고 이를 인정한 것은 민사소송의 당사자처분주의(민사소송법 제188조)에 대한 중대한 예외가 된다. 즉 법원은 ① 피해자의 배상신청은 없지만 심리 도중에 피고인의 재산이 발견되어 배상명령하는 것이 상당하다고 인정되는 경우, ② 피해자가 의도적으로 배상금의 수령을 거부하는 경우 등은 직권으로 배상명령을 할 수 있다.

(2) 배상액의 결정

직권으로 배상명령을 하는 경우에 법원은 피고인의 재산상태를 고려하여 액수 · 방법 등을 결정하여야 한다. 이 경우 법원은 신청에 의한 배상명령과 마찬가지로 피고인에게 배상책임의 유무와 범위를 설명하고 의견을 진술할 기회를 주어야 한다.

2. 신청에 의한 배상명령

(1) 신청권자

배상명령의 신청은 피해자 또는 그 상속인이 할 수 있다(소송촉진법 제25조 ①항). 피해자는 법원의 허가를 받아 그 배우자 · 직계혈족 · 형제자매에게 배상신청에 관하여 소송행위를 대리하게 할 수 있다(동법 제27조 ①항).

(2) 신청기관과 관할법원

피해자는 제1심 또는 제2심 공판의 변론종결 시까지 사건이 계속된 법원에 배상명령을 신청할 수 있다(동법 제26조 ①항). 따라서 상고심에서는 신청이 허용되지 않는다. 배상명령은 피고사건이 계속된 법원의 전속관할에 속하기 때문에 배상청구금액이 합의부의 사물관할에 속하는지 여부는 문제가 되지 않는다.

(3) 신청방법

피해자가 배상신청을 하는 경우는 신청서와 상대방 피고인의 수에 상응한 신청서 부본을 제출하여야 한다(동법 제26조 ②항). 신청서에는 필요한 증거서류를 첨부할 수 있다(동조 ④항). 법원은 서면에 의한 배상신청이 있는 때에는 지체 없이 그 신청서 부본을 피고인에게 송달하여야 한다(동법 제28조). 그러나 피해자가 증인으로 법정에 출석한 경우에는 서면에 의한 배상신청을 대신하여 구술에 의한 배상신청을 할 수 있으며, 이 경우 공판조서에 신청취지를 기재하여야 한다(동조 ⑤항).

(4) 신청의 효과

피해자의 배상신청에는 민사소송에서의 소의 제기와 동일한 효력이 인정된다(동법 제26조 ⑧항). 따라서 피해자는 피해사건의 범죄행위로 인하여 발생한 피해에 관하여 다른 절차에 의한 손해배상청구가 법원에 계속 중인 때에는 배상신청을 할 수 없다(동조 ⑦항). 또한 신청인은 배상명령이 확정되기 전까지는 언제든지 배상신청을 취하할 수 있다(동조 ⑥항).

3. 배상신청사건의 심리

(1) 공판기일의 통지

배상신청이 있는 경우에 법원은 신청인에게 공판기일을 통지하여야 한다(동법 제29조 ①항). 그러나 신청인이 공판기일의 통지를 받고도 출석하지 아니한 경우는 신청인의 진술 없이 재판할 수 있다(동조 ②항).

(2) 소송기록의 열람 및 증거제출

신청인 및 그 대리인은 공판절차를 현저히 지연시키지 않는 범위 안에서 재판장의 허가를 받아 소송기록을 열람할 수 있고 공판기일에 피고인 또는 증인을 신문할 수 있으며, 기타 필요한 증거를 제출할 수 있다(동법 제30조 ①항). 이 경우 재판장이 허가를 하지 아니하는 재판에 대해서는 불복을 신청하지 못한다(동조 ②항). 피고인의 변호인은 배상신청에 관하여 피고인의 대리인으로서 소송행위를 할 수 있다(동법 제27조 ②항).

4. 배상신청에 대한 재판

(1) 배상신청의 각하

법원은 배상신청이 부적법한 때 또는 그 신청이 이유 없거나 배상명령을 하는 것이 상당하지 아니하다고 인정한 때에는 결정으로 이를 각하하여야 한다. 다만 유죄판결의 선고와 동시에 신청각하의 재판을 할 때에는 이를 유죄판결의 주문에 표시할 수 있다(동법 제32조 ①항, ②항). 신청을 각하하거나 그 일부를 인용한 재판에 대해 신청인은 불복할 수 없으며, 다시 동일한 배상신청을 할 수도 없다(동조 ④항).

(2) 배상명령의 선고

법원은 배상신청이 이유 있다고 인정되는 경우 또는 직권으로 배상명령을 할 사유가 있다고 인정되는 경우에 배상명령을 한다. 이 경우 배상명령은 유죄판결선고와 동시에 하여야 한다(동법 제31조 ①항). 배상명령은 일정액의 금전지급을 명함으로써 하고 배상의 대상과 금액을 유죄판결의 주문에 표시하여야 한다. 배상명령의 이유는 특히 필요하다고 인정되는 경우에 한하여 이를 기재할 수 있다(동조 ②항). 그리고 배상명령에 대한 가집행선고도 할 수 있다(동조 ③항). 배상명령을 한 때에는 유죄판결서의 정본을 피고인과 피해자에게 지체 없이 송달하여야 한다(동조 ⑤항). 배상명령의 절차비용은 특히 그 부담할 자를 정한 경우를 제외하고는 국고의 부담으로 한다(동법 제35조).

(3) 배상명령에 대한 불복

신청인은 법원이 신청을 각하하거나 그 일부를 인용한 재판에 대해 불복할 수 없지만 민사소송에 의한 손해배상청구는 할 수 있다. 또한 피고인이 배상명령에 대해 불복하고자 하는 경우는 피고사건에 대한 상소와 배상명령 자체에 대한 즉시항고에 의한 불복이 가능하다. 배상명령은 유죄판결을 전제로 하고 있으므로, 유죄판결에 대한 상소제기가 있는 경우는 배상명령에 대해 불복하지 않더라도 배상명령은 확정되지 않고 피고사건과 함께 상소심으로 이심된다(동법 제33조 ①항). 그러므로 상소심에서 원심의 유죄판결을 파기하고 피고사건에 대해 무죄·

면소 또는 공소기각재판을 할 경우는 원심의 배상명령을 취소하여야 한다. 이 경우 상소심에서 원심의 배상명령을 취소하지 않은 경우는 이를 취소한 것으로 본다(동조 ②항). 피고인이 유죄판결에 대해서는 상소하지 않고 배상명령에 대해서만 상소제기기간 내에 형사소송법에 의한 즉시항고를 할 수 있다(동조 ⑤항).

5. 배상명령의 효력

배상명령은 민사판결과 유사한 효력을 가지므로 확정에 따른 효과는 원칙적으로 민사소송의 경우와 유사하다. 즉 확정된 배상명령 또는 가집행선고가 있는 배상명령이 기재된 유죄판결서의 정본은 민사소송법에 의한 강제집행에 관하여 집행력이 있는 민사판결의 정본과 동일한 효력이 있다(동법 제34조 ①항). 즉 확정된 배상명령 또는 가집행선고가 있는 배상명령에 대해서는 집행력이 인정된다. 그러나 배상명령에 기판력이 인정되는 것은 아니다.

Ⅳ. 범죄피해자보상제도

1. 범죄피해자구조의 의의

범죄행위로 인하여 생명 · 신체에 대한 피해를 입은 국민이 국가로부터 구조를 받을 수 있는 제도를 말한다. 배상명령도 일종의 범죄피해자 구조이나 피고인이 무자력자이거나 가해자가 불명인 경우는 실효성이 없다는 점에 한계가 있다. 여기에 국가에 의한 범죄피해자보상제도가 요구된다. 우리 헌법 제30조는 '타인의 범죄행위로 인하여 생명 · 신체에 대한 피해를 받은 국민은 법률이 정하는 바에 의하여 국가로부터 구조를 받을 수 있다'고 규정하여 이를 법제화한 것이 「범죄피해자보호법」이다.

2. 범죄피해자구조의 요건

(1) 구조의 대상

범죄피해자보호법에 의하면, ① 생명 · 신체를 해하는 범죄행위로 인하여 사망하거나 장해 또는 중상해를 입은 피해자 또는 유족이 피해의 전부 또는 일부를 배상받지 못하고, ② 범죄피해자가 자기 또는 타인의 형사사건의 수사 또는 재판에서 고소·고발 등 수사단서를 제공하거나 진술·증언 또는 자료제출을 하다가 피해자가 된 경우(범죄피해자보호법 제16조)에는 범죄피해구조금을 신청할 수 있다. 피해자구조의 범위를 생명·신체에 대한 범죄에 제한한 것은 재산범죄나 기타 범죄로 확대할 경우 남용과 사기의 위험을 제거할 수 없다는 것을 고려한 것이다.

(2) 구제제외의 사유

범죄피해자구조를 신청할 수 있는 경우일지라도 ① 피해자와 가해자간의 친족관계가 있는 경우, ② 피해자가 범죄행위를 유발하였거나 피해발생에 관하여 피해자에게 귀책사유가 있는 경우 등에는 구조금의 전부 또는 일부를 지급하지 아니할 수 있다(동법 제19조).

3. 범죄피해구조금의 종류 및 지급

(1) 종 류

구조금은 유족구조금과 장해구조금 및 중상해구조금으로 구분된다(동법 제17조 ①항). 유족구조금은 피해자가 사망하였을 때 유족에게 지급되는 구조금이며(동법 제17조 ②항), 장해구조금 및 중상해구조금은 해당 피해자에게 지급하는 구조금이다(동법 제17조 ③항).

(2) 범죄피해자구조금의 지급

구조의 지급에 관한 사무를 심의·결정하기 위하여 각 지방검찰청에 범죄피해구조심의회를 두고 법무부에 범죄피해자구조본부심의회를 둔다(동법 제24조 ①항). 구조금을 지급받으려는 사람은 해당 구조대상 범죄피해의 발생을 안 날로부터 3년 또는 해당 구조대상 범죄피해가 발생한 날로부터 10년 이내에 법무부령으로 정하는 바에 따라 그 주소지·거소지 또는 범죄발생지를 관할하는 지구심의회에 신청하여야 한다(동법 제25조). 구조금은 지구심의회의 결정에 의하여 지급한다(동법 제26조).

제 3 장

재판의 집행과 형사보상

[76] 제 1 재판집행의 일반원칙

Ⅰ. 재판집행의 의의

재판집행은 재판의 내용인 의사표시를 국가권력에 의하여 강제적으로 실현하는 것을 말한다. 재판의 집행에는 형의 집행 이외에 ① 추징·소송비용과 같은 부수처분의 집행, ② 과태료·보증금의 몰수, 비용배상 등 형 이외의 제재의 집행, ③ 강제처분을 위한 영장집행 등도 포함된다. 형의 집행 중에서 재판의 의사표시만으로 충분한 의미를 갖는 무죄판결·공소기각재판·관할위반판결 등에서는 그 집행이 문제되지 않으나, 유죄판결은 형의 집행이 매우 중요하다. 따라서 징역형이나 금고형 등과 같은 자유형의 집행을 특히 행형(行刑)이라고 한다.

Ⅱ. 재판집행의 기본원칙

1. 재판집행의 시기

재판은 법률에 특별한 규정이 없으면 확정된 후에 집행함이 원칙이다(제459 조). 이를 「즉시집행의 원칙」이라고 한다. 그러나 이 원칙에 대하여는 일정한 예외가 인정된다.

(1) 확정 전의 재판집행

재판이 확정되기 전에 집행할 수 있는 경우로는 ① 결정과 명령의 재판을 하는 경우에 즉시항고 또는 이에 준하는 불복신청이 허용되는 경우를 제외하고는 즉시집행할 수 있다(제409조, 제416조 ④항, 제419조). ② 벌금 · 과료 또는 추징의 선고를 하는 경우에 가납의 재판명령이 있는 때에는 재판확정을 기다리지 않고 즉시집행할 수 있다(제334조).

(2) 확정 후 일정기간경과 후의 집행

재판이 확정되더라도 즉시집행할 수 없는 경우가 있다. ① 소송비용부담의 재판은 소송비용집행면제의 신청기간 내 또는 그 신청에 대한 재판이 확정된 후에 집행할 수 있다(제472조). ② 노역장유치의 집행은 벌금 또는 과료의 재판이 확정된 후 30일 이내에는 집행할 수 없다(형법 제69조 ①항). ③ 사형의 집행은 법무부장관의 명령이 있어야만 집행할 수 있다(제463조). ④ 보석허가결정은 보석금을 납부한 후에 집행할 수 있다(제100조 ①항). ⑤ 사형선고를 받은 자와 자유형의 선고를 받은 자가 심신장애로 의사능력이 없는 상태에 있거나 잉태 중인 때에는 심신장애가 회복되거나 출산할 때까지 사형집행을 정지한다(제469조 ①항, 제470조 ①항).

2. 재판집행의 지휘

(1) 검사주의의 원칙

재판집행은 그 재판을 한 법원에 대응한 검찰청 검사가 지휘한다(제460조 ①항). 형사소송법은 재판집행에 대해 「검사주의」를 취하고 있다. 상소의 재판 또는 상소의 취하로 인하여 하급법원의 재판을 집행하는 경우는 상소법원에 대응한 검찰청검사가 지휘한다(동조 ②항). 단 소송기록이 하급법원 또는 그 법원에 대응한 검찰청에 있는 때에는 그 검찰청검사가 지휘한다(동조 ②항 단서).

(2) 검사주의의 예외

재판의 성질에 비추어 볼 때 법원이나 법관이 지휘하여야 하는 경우가 있다(제460조 ①항 단서). 즉 ① 급속을 요하는 구속영장의 집행(제81조 ①항 단서), ② 법원에서 필요한 경우의 압수·수색영장의 집행(제115조 ①항 단서), ③ 압수장물의 환부(제333조), ④ 법정경찰권에 의한 퇴정명령(제281조 ②항) 등이 그것이다.

3. 집행지휘의 방식

재판은 그 집행을 신중하게 하기 위하여 재판서 또는 재판에 기재한 조서의 등본 또는 초본을 첨부한 서면으로 하여야 한다. 이 서면을 재판집행지휘서라고 한다. 다만 형의 집행을 지휘하는 경우가 아니면 재판서의 원본·등본이나 초본 또는 조서의 등본이나 초본에 인정하는 날인으로 대신할 수 있다(제461조).

4. 형집행을 위한 소환

검사는 형의 집행을 하기 위하여 사형·징역·금고 또는 구류의 선고를 받은 자가 구금되지 아니한 때에는 소환하여야 한다(제473조 ①항). 소환에 응하지 아니한 때에는 검사는 형집행장을 발부하여 구인하여야 한다(동조 ②항). 형집행장은 구속영장과 동일한 효력이 있으며, 그 집행에는 피고인의 구속에 관한 규정이 준용된다(제474조, 제475조).

Ⅲ. 재판집행에 대한 구제방법

1. 재판해석에 대한 의의(疑義)신청

형의 선고를 받은 자는 집행에 관하여 재판의 해석에 관한 의의가 있는 때에는 재판을 선고한 법원에 의의신청을 할 수 있다(제488조). 여기서 재판을 선고한 법원이란, 형을 선고한 법원이 관할법원이 되기 때문에 상소기각의 경우는 원심법원이 그 관할법원이 된다. 또한 의의신청의 대상이 되는 것은 판결주문의 취지가 불명확하여 주문의 해석에 의문이 있는 경우에 한하며, 판결이유의 모순·불명확 또는 부당을 주장하는 의의신청은 허용되지 않는다.

의의신청이 있는 때에는 법원은 결정하여야 하며, 이 결정에 대하여는 즉시항고를 할 수 있다(제491조). 또한 그 신청은 법원의 결정이 있을 때까지 취하할 수 있다(제490조).

2. 재판집행에 대한 이의신청

재판의 집행을 받은 자 또는 그 법정대리인이나 배우자는 재판집행에 대한 검사의 처분에 대하여 부당함을 이유로 재판을 선고한 법원에 이의신청을 할 수 있다(제489조). 원칙적으로 검사의 재판집행에 관한 이의신청은 확정판결에 대한 집행을 전제로 하지만, 재판이 확정되기 전에도 검사가 형의 집행지휘를 하는 경우는 이의신청을 할 수 있다. 그러나 집행이 종료한 후에는 이의신청이 허용되지 않는다고 하여야 한다.

[77] 제2 형의 집행

I. 형집행의 순서

1. 중형우선의 원칙

형의 집행은 유죄의 확정판결을 근거로 한 재판의 집행을 말한다. 이러한 형의 집행에는 사형의 집행·자유형의 집행·자격형의 집행·재산형의 집행이 있다. 그리고 몰수·소송비용·비용배상의 집행은 재산형의 집행에 준하여 취급한다.

2개 이상의 형의 집행은 자격상실·자격정지·벌금·과료와 몰수 외에는 중한 형을 먼저 집행한다(제462조). 여기서 형의 경중은 형법 제41조 및 제50조에 의한다. 따라서 사형·징역·금고·구류의 순서로 집행한다. 동일한 형기의 자유형에 대해서는 금고보다 징역을 먼저 집행하고, 형기가 다른 때에는 형종을 불문하고 장기의 건을 먼저 집행한다. 이외에 형의 집행은 죄질과 법정에 의하여 형의 경중을 정하여 집행한다(형법 제50조 참조).

2. 집행순서의 변경

검사는 소속장관의 허가를 얻어 중한 형의 집행을 정지하고 다른 형의 집행을 할 수 있다(제462조 단서). 즉 자유형과 노역장유치가 병존하는 경우에 검사는 자유형의 집행을 정지하고 후자를 먼저 집행할 수도 있다. 다만 자유형과 벌금형은 동시에 집행할 수 있다.

Ⅱ. 사형의 집행

1. 집행절차

사형은 법무부장관의 명령에 의하여 집행한다(제463조). 다만 군형법 및 군사법원법의 적용을 받는 사건의 경우는 국방부장관의 명령에 의하여 집행한다(군사법원법 제506조). 이것은 사형집행절차를 신중히 하고 재심, 비상상고 또는 사면의 기회를 주기 위한 배려라고 볼 수 있다.

법무부장관은 판결이 확정된 날로부터 6월 이내에 사형의 집행명령을 하여야 한다. 다만 상소권회복의 청구, 재심의 청구 또는 비상상고의 신청이 있는 때에는 그 절차가 종료할 때까지의 기간은 이 기간 내에 산입하지 아니한다(제465조). 한편 사형확정자는 교도소 또는 구치소에 수용한다(형집행법 제11조 ①항 4호). 사형을 선고한 판결이 확정된 때에는 검사는 지체 없이 소송기록을 법무부장관에게 제출하여야 한다(제464조). 법무부장관이 사형집행을 명한 때에는 5일 이내에 집행하여야 한다(제466조).

2. 집행방법

사형은 교도소 또는 구치소 내에서 교수(絞首)하여 집행한다(형법 제66조). 다만 군형법의 적용을 받는 사형수에 대한 집행은 소속 군참모총장 또는 군사법원의 관할관이 지정한 장소에서 총살로써 집행한다(군형법 제3조). 사형의 집행은 비공개로 하며, 검사, 검찰청서기관과 교도소장 또는 구치소장이나 그 대리자가 참석하여야 한다(제467조 ①항). 사형집행에 참여한 검찰청서기관은 집행조서를 작성하고 검사와 교도소장 또는 구치소장이나 그 대리자와 함께 기명날인 또는 서명하여야 한다(제468조).

3. 사형의 집행정지

법무부장관은 사형선고를 받은 자가 심신장애로 의사능력이 없는 상태에 있거나 잉태 중에 있는 여자인 경우는 명령으로 사형집행을 정지할 수 있다(제469조 ①항). 이 경우 심신장애의 회복 또는 출산 후 법무장관의 명령에 의하여 형을 집행한다(동조 ②항).

Ⅲ. 자유형의 집행

1. 집행의 방법

자유형의 집행은 검사가 형집행지휘서에 의하여 지휘한다(제460조). 자유형, 즉 징역·금고 또는 구류는 교도소에 구치하여 집행하며(형법 제67조, 제68조), 검사는 자유형의 집행을 위하여 형집행장을 발부할 수 있다(제473조). 자유형의 집행에 관해서는 「형의집행및수용자의처우에관한법률」에 따른다.

2. 형기계산

자유형을 집행할 때에는 형기를 준수하여야 한다. 형기는 판결이 확정된 날로부터 기산한다(형법 제84조 ①항). 그러나 불구속 중인 자에 대해서는 형집행지휘서에 의하여 수감된 날을 기준으로 형기를 기산한다. 형집행의 초일은 시간을 계산함이 없이 1일로 산정하며(동법 제85조), 석방은 형기종료일에 하여야 한다(동법 제86조).

3. 미결구금일수의 산입

(1) 의 의

피의자나 피고인을 구금한 경우 '판결선고 전의 구금일수는 그 전부를 유기징역, 유기금고, 벌금이나 과료에 관한 유치 또는 구류에 산입한다'(형법 제57조 ①항)고 규정하여, 구금당한 날로부터 판결확정일 전까지 실제로 구금된 일수를 자유형 집행의 포함시키는 것을 미결구금일수의 산입이라고 한다. 미결구금의 통산에서 구금일수의 1일은 징역, 금고, 벌금이나 과료에 관한 유치 또는 구류의 기간의 1일로 계산한다(동조 ②항).

(2) 법정통산과 재정통산

종래 미결구금일수가 법률에 의하여 당연히 본형의 집행에 산입되는 법정통산과 본형의 산입 정도를 법원의 재량에 맡겨져 있는 재정통산이 있었다. 다만 재정통산은 헌법재판소가 미결구금일수의 일부 산입이 무죄추정의 원칙 및 적법절차의 원칙에 위반한다는 결정[119]에 따라 현재는 폐지되었다. 따라서 법정통산은 판결에서 별도로 미결구금일수 산입에 관한 사항을 판단할 필요가 없다.[120]

4. 자유형의 집행정지

자유형의 집행정지에는 필요적 집행정지와 임의적 집행정지가 있다.

(1) 필요적 집행정지

징역·금고 또는 구류의 선고를 받은 자가 심신장애로 의사능력이 없는 상태에 있는 때에는 형을 선고한 법원에 대응한 검찰청검사 또는 형의 선고를 받은 자의 현재지를 관할하는 검찰청검사의 지휘에 의하여 심신장애가 회복될 때까지 형의 집행을 정지한다(제470조 ①항). 이 경우 검사는 형의 선고를 받은 자를 감호의무자 또는 지방공공단체에 인도하여 병원 기타 적당한 장소에 수용할 수 있다(동조 ②항).

(2) 임의적 집행정지

징역·금고 또는 구류의 선고를 받은 자가 ① 형집행으로 인하여 현저히 건강을 해하거나 생명을 보전할 수 없을 염려가 있는 때, ② 연령이 70세 이상인 때, ③ 잉태 후 6월 이상인 때, ④ 출산 후 60일을 경과하지 않은 때, ⑤ 직계존

---

119) 헌재 2009.6.25. 2007헌바25. 미결구금은 신체의 자유를 침해받는 피의자 또는 피고인의 입장에서 보면 실질적으로 자유형의 집행과 다를 바 없으므로 인권보호 및 공평의 원칙상 형기에 전부 산입되어야 한다. 형법 제57조 제1항 중 '또는 일부' 부분은 헌법상 무죄추정의 원칙 및 적법절차의 원칙 등에 위배하여 합리성과 정당성 없이 신체의 자유를 지나치게 제한함으로써 헌법에 위반된다.

120) 대판 2009.12.10. 2009도11448.

속이 연령 70세 이상 또는 중병이나 불구자로 보호할 다른 친족이 없을 때, ⑥
직계비속이 유년으로 보호할 다른 친족이 없을 때, ⑦ 기타 중대한 사유가 있을
때 등의 사유에 해당하는 경우는 형을 선고한 법원에 대응한 검찰청검사 또는 형
의 선고를 받은 자의 현재지를 관할하는 검찰청검사의 지휘에 의하여 형집행을
정지할 수 있다(제471조 ①항). 이 경우 소속 고등검찰청검사장 또는 지방검찰청검
사장의 허가를 얻어 검사가 형의 집행정지를 지휘한다(동조 ②항). 형의 집행정지
자에 대한 집행정지사유가 없어진 경우에는 검사는 다시 자유형의 집행을 지휘하
여야 한다.

Ⅳ. 자격형의 집행

자격형에는 자격상실과 자격정지가 있다. 자격상실과 자격정지의 선고를 받
은 자에 대하여 이를 수형자 원부에 기재하고 지체 없이 그 등본을 형의 선고를
받은 자의 본적지와 주거지의 시 · 읍 · 면장에게 송부하여야 한다(제476조).

Ⅴ. 재산형의 집행

1. 검사의 집행명령

벌금 · 과료 · 몰수 · 추징 · 과태료 · 소송비용 · 비용배상 또는 가납의 재판은
검사의 명령에 의하여 집행한다(제477조 ①항). 이 검사의 명령은 집행력 있는 채무
명의와 동일한 효력이 인정된다(동조 ②항). 재산형 등의 재판집행비용은 집행을
받은 자의 부담으로 하고, 민사집행법의 규정에 준하여 집행과 동시에 징수하여
야 한다(제493조).

2. 상속재산에 대한 집행

재산형 및 재산형에 준하는 각종 선고를 받은 본인, 즉 수형자의 재산에 대
하여만 집행하는 것이 원칙이다. 그러나 몰수 또는 조세 · 전매 기타 공과(公課)에
관한 법령에 의하여 재판한 벌금 또는 추징은 그 재판을 받은 자가 재판확정 후
사망하여 재산의 상속이 있는 경우는 그 상속된 재산에 대하여 재판의 내용대로

집행할 수 있다(제478조). 또한 법인에 대하여 벌금·과료·몰수·추징·소송비용 또는 비용배상을 명한 경우에 법인이 그 재판확정 후 합병에 의하여 소멸한 때에는 합병 후 존속한 법인 또는 합병에 의하여 설립된 법인에 대하여 집행할 수 있다(제479조).

3. 가납재판의 집행조정

제1심의 가납재판을 집행한 후에 제2심 가납재판이 있는 때에는 제1심 재판의 집행은 제2심 가납금액의 한도에서 제2심 재판의 집행으로 간주한다(제480조). 또한 가납재판을 집행한 후 벌금·과료 또는 추징의 재판이 확정된 때에는 그 금액의 한도 내에서 형이 집행된 것으로 간주한다(제481조). 따라서 확정재판의 금액을 초과하는 가납금액에 대해서는 환부하여야 하며 또한 원심판결이 상소심에서 파기되어 무기 또는 자유형이 선고되는 경우는 그 전에 가납재판에 의해 집행된 금액을 전액 환부하여야 한다.

4. 노역장유치의 집행

벌금 또는 과료를 선고할 때에는 납입하지 아니하는 경우의 유치기간을 정하여 동시에 선고하여야 한다(형법 제70조). 이 경우 노역장유치의 집행은 형의 집행에 관한 규정을 준용한다(제492조).

Ⅵ. 몰수와 압수물의 처분

1. 몰수물의 처분·교부

몰수형의 집행은 검사가 몰수물을 처분하는 방법에 의한다(제483조). 처분방법에는 국고수입처분·인계처분·폐기처분 등이 있다. 몰수를 집행한 후 3월 이내에 그 몰수물에 대하여 정당한 권리 있는 자가 몰수물의 교부를 청구한 때에는 검사는 파괴 또는 폐기할 것이 아니면 이를 교부하여야 한다. 또한 교부의 청구가 몰수물의 처분에 후에 있는 경우에는 검사는 공매에 의하여 취득한 대가를 교부하여야 한다(제484조 ①항, ②항).

2. 압수물의 처분에 대한 특례

(1) 압수물의 환부

압수물은 원칙적으로 정당한 권리자에게 환부하여야 한다(제332조 참조). 그러나 당해 서류나 물품이 위조 또는 변조된 물건인 경우는 그 물건의 전부 또는 일부에 위조나 변조라는 사실을 표시한 후 환부하여야 한다(제485조 ①항). 위조 또는 변조한 물건이 압수되지 아니한 경우는 그 물건을 제출하게 하여 사실을 표시한 후 환부하여야 한다.[121] 다만 그 물건이 공무소에 속하는 경우는 위조나 변조의 사유를 공무소에 통지하여 적당한 처분을 하게 하여야 한다(동조 ②항).

(2) 환부불능과 공고

압수물을 환부받을 자의 소재가 불명하거나 기타 사유로 인하여 환부할 수 없는 경우에는 검사는 그 사유를 관보에 공고하여야 한다. 공고 후 3월 이내에 환부청구가 없는 때에는 그 물건은 국고에 귀속된다. 이 기간 내에도 가치 없는 물건은 폐기할 수 있고, 보관하기 어려운 물건은 공매하여 그 대가를 보관할 수 있다(제486조).

| 제 2 절 | 형사보상 |

[78] 제 1 형사보상

Ⅰ. 형사보상의 의의와 적용범위

1. 형사보상의 개념

형사보상은 국가의 잘못된 형사사법권의 행사로 인하여 부당하게 미결구금

---

121) 대결 1984.7.24., 84모43.

이나 형집행을 받은 사람에 대하여 국가가 그 손해를 보상하여 주는 제도를 말한다. 우리 헌법 제28조는 '형사피의자 또는 형사피고인으로서 구금되었던 자가 법률이 정하는 불기소처분을 받거나 무죄판결을 받은 때에는 법률이 정하는 바에 의하여 국가에 정당한 보상을 청구할 수 있다'고 하여 형사보상청구권을 국민의 기본권으로 보장하고 있다.

2. 형사보상의 적용범위

헌법이 보장하고 있는 형사보상청구권을 구체적으로 실현하기 위한 법이 「형사보상및명예회복에관한법률」이다. 헌법은 구금된 자에 대해서만 명문으로 형사보장규정을 두고 있으나, 사형 또는 재산형의 집행을 받은 자에 대해서도 당연히 포함하는 규정이라고 할 수 있다. 또한 군사법원에서 무죄의 재판을 받은 자에 대해서도 이 법이 준용된다(형사보상법 제29조 ②항).

Ⅱ. 형사보상의 요건

1. 피의자보상의 요건

(1) 협의의 불기소처분

피의자로서 구금되었던 자 중 검사로부터 공소를 제기하지 아니하는 처분을 받은 자는 국가에 대하여 그 구금에 관한 보상을 청구할 수 있으며, 이를 피의자보상(被疑者報償)이라고 한다. 다만 ① 구금된 이후 공소를 제기하지 아니하는 처분을 할 사유가 생긴 경우와 ② 공소를 제기하지 아니하는 처분이 종국적인 처분이 아니거나, ③ 기소유예처분을 받은 경우에는 피의자보상청구가 허용되지 않는다(동법 제27조 ①항).

(2) 미결구금의 집행

피의자보상을 청구할 수 있는 자는 불기소처분이 있기 전까지 사실상 미결구금을 당한 자에 한한다. 따라서 미결구금이 아닌 형의 집행을 받은 자는 피고인 보상만이 가능하다.

(3) 보상의 배제사유

미결구금의 집행을 받은 피의자라도 ① 본인이 수사 또는 재판을 그르칠 목적으로 허위의 자백을 하거나 다른 유죄의 증거를 만듦으로써 구금된 것이 인정된 경우, ② 구금기간 중에 다른 사실에 대하여 수사가 행하여지고 그 사실에 관하여 범죄가 성립한 경우, ③ 보상을 하는 것이 선량한 풍속 기타 사회질서에 반한다고 인정할 특별한 사정이 있는 경우에 법원은 형사보상의 전부 또는 일부를 기각할 수 있다(형사보상법 제27조 ②항).

2. 피고인보상의 요건

(1) 무죄판결·면소·공소기각 등의 재판

(가) 무죄판결

형사소송법에 따른 일반절차 또는 재심이나 비상상고절차, 그리고 상소권회복에 의한 상소절차에서 무죄판결을 받아 확정된 피고인이 미결구금을 당하였을 때 국가에 대하여 그 구금에 관한 보상을 청구할 수 있다(동법 제2조 ①항).

(나) 면소·공소기각

면소 및 공소기각의 재판을 받아 확정된 피고인이 면소 또는 공소기각의 재판을 할 만한 사유가 없었더라면 무죄의 재판을 받을 만한 현저한 사유가 있었을 때에는 형사보상을 청구할 수 있다(동법 제26조 ①항 1호).

(다) 치료감호청구기각

「치료감호등에관한법률」 제7조에 따라 치료감호의 독립 청구를 받은 피치료청구인의 치료감호사건이 범죄로 되지 아니하거나 범죄사실의 증명이 없는 때에 해당되어 청구기각의 판결을 받아 확정된 경우에도 그 구금에 대한 보상을 청구할 수 있다(동조 2호).

(3) 미결구금 또는 형의 집행

보상의 청구대상은 무죄·면소·공소기각·치료감호청구기각의 재판을 받은 피고인에 대한 미결구금과 형의 집행이다. 피고인이 무죄판결을 받을 당시에 구금되어 있음을 요하지 않는다. 따라서 구속의 취소 또는 보석으로 석방된 피고인도 미결구금에 대한 형사보상을 청구할 수 있다. 한편 형의 집행은 확정판결에 의하여 형의 집행이 개시되기 때문에(제459조), 확정판결의 효력을 다툴 수 있는 경우, 즉 상소권회복에 의한 상소, 재심 또는 비상상고절차에서 무죄판결을 받은 경우에만 형의 집행에 대한 형사보상이 가능하다(형사보상법 제2조 ②항). 따라서 심신상실에 의한 자유형의 집행정지자에 대한 수용(제470조 ③항), 형집행장에 의한 구인도 구금 또는 형의 집행으로 본다(동법 제2조 ③항).

(4) 보상의 배제사유

피고인보상은 ① 피고인이 형사미성년자 내지 심신장애의 사유로 무죄판결을 받은 경우, ② 본인이 수사 또는 심판을 그르칠 목적으로 허위자백을 하거나 또는 다른 유죄증거를 만듦으로써 기소, 미결구금 또는 유죄재판을 받게 된 것으로 인정된 경우, ③ 1개의 재판으로 경합범의 일부에 대하여 무죄재판을 받고 다른 부분에 대하여 유죄재판을 받았을 경우에 법원은 재량에 의하여 전부 또는 일부를 기각할 수 있다(형사보상법 제4조).

Ⅲ. 형사보상의 내용

1. 구금에 대한 보상

구금에 대한 보상에 대해서는 그 일수에 따라 1일 5천원 이상 대통령령이 정하는 금액 이하의 비율에 의한 보상금을 지급하여야 한다(동법 제5조 ①항). 여기서 구금은 미결구금과 기결구금을 포함하며, 노역장유치의 집행을 한 경우에도 이에 준한다(동조 ⑤항). 또한 법원이 보상금을 산정할 때에는 구금의 종류와 기간의 장단, 기간 중에 받은 재산상의 손실과 얻을 수 있었던 이익의 상실, 정신상의 고통과 신체상의 손상 그리고 경찰·검찰·법원의 각 기관의 고의 또는 과실의 유무 등 기타 모든 사정을 고려하여야 한다(동조 ②항).

2. 사형집행에 대한 보상

사형집행에 대한 보상금은 집행 전 구금에 대한 보상금 외에도 법원은 모든 사정을 고려하여 상당하다고 인정되는 경우 3천만원 이내에서 가산한 금액을 보상한다. 이 경우 본인의 사망에 의하여 생긴 재산상의 손실액이 증명된 경우는 그 손실액도 보상한다(동조 ③항).

3. 벌금·과료의 집행에 대한 보상

벌금 또는 과료의 집행에 대한 보상에 있어서는 이미 징수한 벌금 또는 과료의 액에 징수일의 다음 날부터 보상결정일까지의 일수에 따라 연 5분의 이율(민법 제379조)에 의한 금액을 보상한다(형사보상법 제5조 ④항).

4. 몰수·추징의 집행에 대한 보상

몰수의 집행에 대한 보상에 있어서는 그 몰수금을 반환하고 그것이 이미 처분되었을 때에는 보상결정시의 시가를 보상한다. 또한 추징금에 대한 보상에서는 추징한 금액과 그 금액을 징수한 다음 날부터 보상결정일까지의 일수에 따라 민법상의 법정이율인 연 5분의 이율에 의한 금액을 보상한다(동조 ⑥항). 다만 면소 또는 공소기각의 재판을 받은 자는 구금에 대한 보상만을 청구할 수 있으므로(동법 제26조), 몰수 또는 추징에 대한 보상을 청구할 수 없다.

Ⅳ. 형사보상절차

1. 보상의 청구

(1) 청구권자

형사보상의 청구권자는 ① 피고인보상의 경우는 무죄·면소 또는 공소기각의 재판을 받은 본인이나 그 상속인이고(동법 제2조, 제26조), ② 피의자보상인 경우는 기소유예처분 이외의 불기소처분을 받은 피의자이다(동법 제27조 ①항). 이러한 보상청구권은 양도 또는 압류할 수 없으나(동법 제23조), 상속의 대상이 된다(동법 제3조 ①항). 또한 사망한 자에 대하여 재심 또는 비상상고의 절차에서 무죄재판이 있었을 경우는 보상청구에 관련하여 사망한 때에 무죄재판이 있었던 것으로 본다(동조 ②항). 따라서 사망 시에 본인의 보상청구권이 발생하고 그것이 상속인에게 상속된 것으로 본다.

(2) 청구시기와 관할법원

피고인보상은 무죄·면소 또는 공소기각의 재판·치료감호청구의 기각판결이 확정된 사실을 안 날로부터 3년, 이들 재판이 확정된 때로부터 5년 이내에 하여야 한다(동법 제8조, 제26조 ②항). 피의자보상의 청구는 검사로부터 공소를 제기하지 아니하는 처분의 고지 또는 통지를 받은 날로부터 3년 이내에 하여야 한다(동법 제28조 ③항). 피고인보상청구는 무죄재판을 한 법원에 하여야 하며(동법 제7조), 피의자보상청구는 공소를 제기하지 아니하는 처분을 한 검사가 소속된 지방검찰청의 심의회에 보상을 청구하여야 한다(동법 제28조 ①항).

(3) 청구의 방식

피고인보상을 청구하는 경우는 보상청구서에 재판서의 등본과 그 재판의 확정증명서를 법원에 제출하여야 하며(형사보상법 제9조 ①항), 그 청구는 대리인에 의해서도 가능하다(동법 제13조). 이에 반해 피의자보상을 청구하는 경우는 보상청구서와 공소를 제기하지 아니하는 처분을 받은 사실을 증명하는 서류를 첨부하여 제출하여야 한다(동법 제28조 ②항). 한편 피의자 보상청구는 물론 피고인 보상청구도 법원의 보상청구에 대한 재판이 있을 때까지 취소할 수 있고, 다만 동순위의 상속인이 수인인 경우에 보상을 청구한 자는 다른 전원의 동의 없이 청구서를 취소할 수 없다(동법 제12조 ①항). 또한 보상청구를 취소한 자는 다시 보상을 청구할 수 없다(동법 ②항).

(4) 상속인의 보상청구 효과

상속인이 보상을 청구할 때에는 본인과 동순위의 상속인의 유무를 소명할 수 있는 자료를 제출하여야 한다(동법 제10조). 보상청구를 할 수 있는 동순위의 상속인이 수인인 경우에 그 중 1인의 보상청구는 보상을 청구할 수 있는 전원을 위하여 그 전부에 대하여 한 것으로 본다(동법 제11조 ①항). 법원이 이 경우 보상을 청구할 수 있는 다른 동순위의 상속인이 있음을 안 때에는 지체 없이 그 상속인에 대하여 보상청구가 있었음을 통지하여야 한다(동조 ③항).

2. 피고인보상청구에 대한 재판

(1) 보상청구의 심리

무죄의 재판 등을 받은 자가 한 보상청구는 법원합의부에서 재판한다(동법 제14조 ①항). 보상청구에 대하여 법원은 검사와 청구인의 의견을 들은 후 결정하여야 한다(동조 ②항). 보상청구의 원인이 된 사실인 구금일수 또는 형 집행의 내용에 관하여는 법원이 직권으로 이를 조사하여야 한다(동법 제15조). 이처럼 청구원인이 되는 사실을 법원에서 직권으로 조사하게 한 것은 청구자의 입증부담을 완화하기 위한 것이다.

(2) 보상청구의 중단과 승계

보상을 청구한 자가 청구절차 중 사망하거나 또는 상속인의 신분을 상실한 경우에 다른 청구인이 없는 때에는 청구의 절차는 중단된다(동법 제19조 ①항). 이 경우에 청구한 자의 상속인 또는 보상을 청구한 자와 동순위의 상속인은 2월 이내에 청구의 절차를 승계할 수 있다(동조 ②항). 법원은 이 기간 내에 절차승계의 신청이 없는 경우는 각하결정을 하여야 한다(동조 ④항).

(3) 법원의 결정

법원은 보상청구에 대하여 결정을 하여야 한다. 보상청구에 대한 법원의 결정에는 청구각하 · 청구기각 및 보상의 결정이 있다.

(가) 청구각하결정

보상청구의 절차가 법령상의 방식에 위반하여 보정할 수 없을 때, 청구인이 법원의 보정명령에 응하지 아니할 때 또는 청구기간이 경과한 후에 보상을 청구하였을 경우에는 이를 각하하여야 한다(동법 제16조). 청구절차가 중단된 후 2월 이내에 승계신청이 없는 때에도 법원은 각하결정을 하여야 한다(동법 제19조 ②항, ④항).

(나) 보상결정과 청구기각결정

보상의 청구가 이유 있는 때에는 보상의 결정을 하여야 하며, 이유 없는 때에는 청구기각의 결정을 하여야 한다(동법 제17조 ①항, ②항). 보상청구를 할 수 있는 동순위의 상속인이 수인인 경우에 그 1인에 대한 청구기각의 결정은 동순위자 전원에 대하여 한 것으로 본다(동법 제18조). 한편 보상청구자가 동일한 원인으로 다른 법률에 의하여 충분한 손해배상을 받았다는 이유로 보상청구를 기각하는 결정이 확정된 때에도 그 기각결정을 공시하여야 한다(동법 제25조 ②항).

(다) 불복신청

법원의 보상결정에 대하여는 1주일 이내에 즉시항고를 할 수 있다(동법 제20조 ①항). 보상청구를 기각한 결정에 대하여는 명문의 규정은 없으나 즉시항고 할 수 있다.

3. 피의자보상의 결정

피의자보상에 관한 사항은 지방검찰청에 둔 피의자보상심의회에서 심사·결정하며(동법 제27조 ③항), 이 심의회는 법무부장관의 지휘·감독을 받는다(동조 ④항). 이 심의회의 결정에 대하여 행정심판법에 따른 행정심판을 청구하거나 행정소송법에 따른 행정소송을 제기할 수 있다(동법 제28조 ④항).

4. 보상금지급의 청구

(1) 보상청구의 방식과 절차

보상결정이 확정되면 보상의 지급을 청구하고자 하는 자는 보상을 결정한 법원에 대응하는 검찰청에 보상지급청구서를 제출하여야 한다(동법 제21조 ①항). 이 청구서에는 법원의 보상결정서를 첨부하여야 한다(동조 ②항). 보상결정이 송달된 후 2년 이내에 보상지급청구를 하지 아니할 때에는 권리를 상실한다(동조 ③항). 그러나 보상의 지급을 받을 수 있는 자가 수인인 경우 그 중 1인이 한 보상지급청구는 보상결정을 받은 모두를 위하여 그 전부에 대하여 효력이 발생한다(동조 ④항).

(2) 보상지급의 효과

보상지급을 받을 수 있는 자가 수인인 경우 그 중 1인에 대한 보상지급은 그 전원에 대하여 효력을 발생한다(동법 제22조).

찾아보기

기타

[저자 약력]

김형만(金炯晩)
숭실대학교 법과대학 졸업
일본 명치대학대학원(법학석사·박사)
경찰청 치안연구소 연구위원
국립경찰대학 강사
중앙경찰학교 외래교수
경찰청채용시험 출제위원
인사혁신처 시험출제위원
사법시험출제위원
광주고등검찰청 행정심판위원
전남지방경찰청 수사이의심의위원
대불대학교 경찰학부 교수
현) 광주대학교 경찰법행정학부 교수
    광주지방경찰청 수사이의심의위원장
    전라남도 행정심판위원

<저서>
객관식 형법(서울고시각, 2001)
객관식 형사소송법(서울고시각, 2002)
범죄학개론(청목출판사, 2002년, 공역)
경찰학개론(법문사, 2004, 공저)
경찰행정학(법문사, 2005, 공저)
형법총론강의[제2판](형지사, 2009)
형사소송법강의[전정판](청목출판사, 2013)
경찰사회(박영사, 2014, 공저)
비교경찰제도론[제4판](법문사, 2015, 공저)
형법총론(박영사, 2015)
법학개론[제5판](홍문사, 2016, 공저)

형사소송법

초판발행	2017년 9월 1일
지은이	김형만
펴낸이	안종만
편 집	한두희
기획/마케팅	이영조
표지디자인	권효진
제 작	우인도 · 고철민
펴낸곳	(주) **박영사**
	서울특별시 종로구 새문안로3길 36, 1601
	등록 1959. 3. 11. 제300-1959-1호(倫)
전 화	02)733-6771
f a x	02)736-4818
e-mail	pys@pybook.co.kr
homepage	www.pybook.co.kr
ISBN	979-11-303-3052-5 93360

copyright©김형만, 2017, Printed in Korea

* 잘못된 책은 바꿔드립니다. 본서의 무단복제행위를 금합니다.
* 저자와 협의하여 인지첩부를 생략합니다.

* 책값은 뒤표지에 있습니다.